Die aktienrechtliche Haftung der Mitglieder
des Vorstands/Verwaltungsrates
einer konzernunabhängigen Aktiengesellschaft
nach deutschem und türkischem Recht

Europäische Hochschulschriften

Publications Universitaires Européennes
European University Studies

Reihe II
Rechtswissenschaft

Série II Series II
Droit
Law

Bd./Vol. 3285

PETER LANG
Frankfurt am Main · Berlin · Bern · Bruxelles · New York · Oxford · Wien

Erhan Temel

Die aktienrechtliche Haftung der Mitglieder des Vorstands/ Verwaltungsrates einer konzernunabhängigen Aktiengesellschaft nach deutschem und türkischem Recht

Unter Berücksichtigung des alten und revidierten schweizerischen Obligationenrechts

Eine rechtsvergleichende Untersuchung zu § 93 AktG, Art. 336 THGB, Art. 754 aOR und Art. 754 OR

PETER LANG
Europäischer Verlag der Wissenschaften

Die Deutsche Bibliothek - CIP-Einheitsaufnahme

Temel, Erhan:

Die aktienrechtliche Haftung der Mitglieder des Vorstands/ Verwaltungsrates einer konzernunabhängigen Aktiengesellschaft nach deutschem und türkischem Recht : unter Berücksichtigung des alten und revidierten schweizerischen Obligationenrechts ; eine rechtsvergleichende Untersuchung zu § 93 AktG, Art. 336 THGB, Art. 754 aOR und Art. 754 OR / Erhan Temel. - Frankfurt am Main ; Berlin ; Bern ; Bruxelles ; New York ; Oxford ; Wien : Lang, 2001

(Europäische Hochschulschriften : Reihe 2, Rechtswissenschaft ; Bd. 3285)
Zugl.: Augsburg, Univ., Diss., 2000
ISBN 3-631-38659-1

D 384
ISSN 0531-7312
ISBN 3-631-38659-1

www.peterlang.de

MEINER FAMILIE

VORWORT

Die Arbeit wurde im Wintersemester 1999/2000 von der Juristischen Fakultät der Universität Augsburg als Dissertation angenommen. Das Manuskript wurde im Dezember 1999 abgeschlossen. Rechtsprechung und Schrifttum konnten grundsätzlich bis zu diesem Zeitpunkt berücksichtigt werden.

Mein aufrichtiger Dank geht in erster Linie an meinen akademischen Lehrer, Herrn Professor Dr. Volker Behr. Er hat die Arbeit als mein Doktorvater in vielfältiger Weise betreut und mich väterlich unterstützt. Zugleich danke ich Herrn Professor Dr. Herbert Buchner für die Erstellung des Zweitgutachtens.

Zu Dank verpflichtet bin ich ferner der Abteilung Wissenschaftliche Dienste und Begabtenförderung der Friedrich-Naumann-Stiftung für die Gewährung eines Promotionsstipendiums.

Danken möchte ich ebenfalls meinen Freunden Dipl. Oec. Martin Schußmann, RA Klaus Ammesdörfer, RA Marc Wichlajew und wiss. Ass. Alexandra Zech für die redaktionelle Unterstützung sowie wertvolle Anregungen.

Mein Dank gilt ferner meinem Bruder Dipl. Ing. Özcan Temel und meinem Vetter Dipl. Ing. Samet S. Temel, die mir in vielerlei Hinsicht mit Rat und Tat zur Seit gestanden haben.

Zu danken habe ich schließlich meinen Eltern, die mich in meiner gesamten Ausbildung unterstützt haben.

München, im Juli 2001 *Erhan Temel*

INHALTSVERZEICHNIS

ABKÜRZUNGSVERZEICHNIS

a.a.O.	am angegebenen Ort
ABD (Ank.Bar.Der.)	Ankara Baro Dergisi
Abs.	Absatz
AcP	Archiv für die civilistische Praxis
ADHGB	Allgemeine Deutsche Handelsgesetzbuch vom 16. März 1861
AG	Aktiengesellschaft
aHGB	(Deutsches) Handelsgesetzbuch vom 10. Mai 1897
AktG	(Deutsches) Aktiengesetz
Ank. Bar. Der.	Ankara Baro Dergisi
Anm.	Anmerkung
aOR	(Schweizerisches) Bundesgesetz über das Obligationenrecht vom 30. März 1911/ 18 Dezember 1936 (vor der Revision vom 4. Oktober 1991)
ArbGG	Arbeitsgerichtsgesetz
Art.	Artikel
AT	Allgemeiner Teil
Aufl.	Auflage
B.	Band
Batider	Banka ve Ticaret Hukuku Dergisi
BB	Betriebsberater
BGB	(Deutsches) Bürgerliches Gesetzbuch
BetrVG	Betriebsverfassungsgesetz
BGE	Entscheidungen des Schweizerischen Bundesgerichts. Amtliche Sammlung
BGH	(Deutscher) Bundesgerichtshof
BGHZ	Entscheidungen des Deutschen Bundesgerichtshofes in Zivilsachen
BT	Besonderer Teil
BWL	Betriebswirtschaftslehre
bzw.	beziehungsweise
c., C.	Cilt
d.h.	das heißt
DJ	Deutscher Justiz
DB	Der Betrieb

ders.	derselbe
Diss.	Dissertation
DM	Deutsche Mark
E.	Esas
etc.	etecire
ff.	Fortfolgende Seite(n) oder Note(n)
Fn.	Fußnote
FS	Festschrift
gem.	gemäß
GenG	(Deutsches) Gesetz betreffend die Erwerbs- und Wirtschaftsgenossenschaften
GmbH	Gesellschaft mit beschränkter Haftung
GmbHG	(Deutsches) Gesetz betreffend die Gesellschaften mit beschränkter Haftung
GmbHRsch.	GmbH-Rundschau
GV	Generalversammlung
HD.	Hukuk Dairesi
HGB	(Deutsches) Handelsgesetzbuch
HGK	(Yargitay) Hukuk Genel Kurulu
HGKI	(Yargitay) Hukuk Genel Kurulu Ictihadi
Hrsg.	Hergestellt
HUMK	Hukuk Usulü Muhakemeleri Kanunu
HV	Hauptversammlung
IHFM	Istanbul Hukuk Fakültesi Mecmuasi
IKID	Ilmi ve Kazai Ictihatlar Dergisi
Ikt. Mal.	Iktisat ve Maliye
IKID (Ilm. Kaz. Ict.)	Ilmi ve Kazai Ictihatlar Dergisi
InsO	(Deutsche) Insolvenzordnung
Ist. Bar. Mec.	Istanbul Baro Mecmuasi
(Ist.) ITIA	Istanbul Iktisadi ve Ticari Ilimler Akademisi Dergisi
JuS	Juristische Schulung
JW	Juristische Wochenschrift
JZ	Juristenzeitung
K.	Karar

KO	(Deutsche) Konkursordnung
Komm.	Kommentar
KundSchG	Kündigungsschutzgesetz
LG	Landgericht
LJZ	Liechtensteinische Juristen-Zeitung
Ltq.	Tükische Lira
m.E.	meines Erachtens
Masch-Schr.	Maschinenschrift
MDR	Monatsschrift für deutsches Recht
MitbestG	Gesetz über die Mitbestimmung der Arbeitnehmer
Montan-MitbestG	Gesetz über die Mitbestimmung der Arbeitnehmer in den Aufsichtsräten und Vorständen der Unternehmen des Bergbaus und der Eisen und Stahl erzeugenden Industrie
Muh. Huk. Ar. D.	Mukayeseli Hukuk Arastirma Dergisi
m.W.	Meines Wissens
m.w.N.	Mit weiteren Nachweisen
NJW	Neue juristische Wochenschrift
Nr.	Nummer
NZZ	Neue Züricher Zeitung
ÖJZ	Österreichische Juristenzeitung
OLG	Oberlandesgericht
OR	(Schweizerisches) Bundesgesetz über das Obligationenrecht (nach der Revision vom 4. Oktober 1991).
RdA	Recht der Arbeit
Rep	Repertorio di Guirisprodenza
RG	Reichsgericht
RG HRR	Reichsgericht Höchstrichterliche Rechtsprechung
RGZ	Entscheidungen des Reichsgerichts in Zivilsachen
S.	Seite
s.	sayfa
sa.	sayi
SAG	Schweizerische Aktiengesellschaft, Zürich
SBG	Schweizerischer Bundesgericht
SJZ	Schweizerische Juristenzeitung

sog	sogenannte
ST	Schweizerische Treuhänder
T.	Tarih
TBG	Türkisches Bankengesetz Nr. 3182
THGB	Türkisches Handelsgesetzbuch
TOG	Türkisches Obligationengesetz
TSPG	Türkisches Steuerprozeßgesetz
TTK	Türk Ticaret Kanunu
TStGB	Türkisches Strafgesetzbuch
TZGB	Türkisches Zivilgesetzbuch
TZPG	Türkisches Zivilprozeßgesetz
usw.	und so weiter
u.ä.	und ähnliches
v.	von
vd.	ve devami
VerlO	Vergleichsordnung
vgl.	vergleiche
VM	Vorstandsmitglied
Vorbem.	Vorbemerkungen
VR	Verwaltungsrat
VUK	Vergi Usul Kanunu
WM	Wertpapiermitteilungen
Y.	Yargitay
YKD	Yargitay Kararlari Dergisi
z.B.	zum Beispiel
ZAKDR	Zeitschrift der Akademie für Deutsches Recht
ZBJV	Zeitschrift des bernischen Juristenvereins, Bern
ZGB	Schweizerisches Zivilgesetzbuch vom 10. Dezember 1907
ZHR	Zeitschrift für gesamtes Handelsrecht und Wirtschaftsrecht
ZGR	Zeitschrift für das Unternehmens- und Gesellschaftsrecht
ZIP	Zeitschrift für Wirtschaftsrecht und Insolvenzpraxis
ZPO	(Deutsche) Zivilprozeßordnung
ZR	Blätter für Zürherische Rechtsprechung
ZvglRWiss.	Zeitschrift für vergleichende Rechtswissenschaft

EINLEITUNG

1. Anlaß für die vorliegende Untersuchung

Die Aktiengesellschaften als handelsrechtlicher Kooperationstyp sind ein Erzeugnis des 19. Jahrhunderts. Sie bilden den elementarsten Aspekt der industriellen Revolution. Die charakteristische Funktion der Aktiengesellschaft als Handelsgesellschaft mit eigener Rechtspersönlichkeit ist heutzutage die eines großen Finanzierungsinstrumentes, das von einzelnen Personen meist nicht gedeckt werden kann, sondern durch ein breites Publikum (d.h. die Ersparnisse zahlreicher Haushalte) auf den Kapitalmärkten angesammelt und sodann in langfristig gebundenes Unternehmenskapital transformiert wird. Dadurch ist die Aktiengesellschaft insbesondere in Deutschland vorzugsweise eine Gesellschaftsform für wirtschaftliche Großrisiken. Das deutsche AktG von 1965 geht von der Publikumsgesellschaft als typischer Form der Aktiengesellschaft aus. Die kleinen und mittleren Unternehmen bevorzugen dagegen in Deutschland meistens die Gesellschaft mit beschränkter Haftung. Heute kommen auf eine Aktiengesellschaft etwa 160 Gesellschaften mit beschränkter Haftung. Am 31. 12. 1992 befanden sich in Deutschland 3219 Aktiengesellschaften mit einem Grundkapital von etwa 174 Mrd. DM.

In dor Sohwoiz ist die Lage hingegen anders. Dort werden die Aktiengesellschaften sozusagen als „Mädchen für alles" betrachtet. Neben großen Unternehmen, etwa Bank- oder Chemieunternehmen, bevorzugen auch viele Kleinbetriebe die Aktiengesellschaft als Unternehmensform. Es gab z.B. im Jahre 1993 in der Schweiz 166 000 Aktiengesellschaften.

In der Türkei wurden die Aktiengesellschaften bis vor kurzem meistens in Form einer Familiengesellschaft gegründet. Das aktuelle THGB geht auch prinzipiell von der Familiengesellschaft als typischer Form der Aktiengesellschaft aus. Die Investoren, die sich aus Familienmitgliedern zusammensetzten, gründeten eine Aktiengesellschaft meistens mit dem Gedanken, damit eine Haftung mit dem Gesamtvermögen vermeiden zu können. Der durch den verstorbenen Premierminister der Türkei *Turgut ÖZAL* eingeleitete Wirtschaftsliberalismus und die Privatisierung der durch staatliches Kapital gegründeten Gesellschaften haben die Schwäche des vom *Etatismus* geprägten THGB noch einmal ans Tageslicht gebracht. Aufgrund dieser Tatsache wurde im Jahre 1981 ein neues Gesetz zur Erweiterung und Verbesserung des Aktienrechts verabschiedet (Kapitalmarktgesetz). Das US-amerikanische AG-System hatte Vorbildcharakter für dieses Gesetz.

In den letzten drei Jahrzehnten hat die Liberalisierung des Welthandels und des Kapitalverkehrs zu einer starken Zunahme des grenzüberschreitenden Wirtschaftsverkehrs geführt. Parallel zu diesem wirtschaftlichen Aufschwung haben die Anzahl und Umsatz der Publikumsgesellschaften, insbesondere nach dem Inkrafttreten des Kapitalmarktgesetzes, in der Türkei enorm zugenommen. Die neu gegründeten Aktiengesellschaften veranlaßten die Gründung der Aktienbörse in Istanbul.

In allen drei Ländern stellen die Aktiengesellschaften jedenfalls einen unentbehrlichen Teil des Wirtschaftslebens dar. Sie sind für die Volkswirtschaft von zentraler Bedeutung. Durch sie werden Produktions- und Vertriebsaufgaben jeglicher Art bewältigt. Für solch ein wichtiges Wirtschaftselement spielen sicherlich neben anderen zwingenden Organen die Leitungsorgane die bedeutendste Rolle. Sie sind nämlich hauptsächlicher Entscheidungsträger der Gesellschaft. An deren erfolgreichem Management haben die Gesellschaft (Unternehmen), Aktionäre, Gläubiger der Gesellschaft, Belegschaft und schließlich die Allgemeinheit ein Interesse. Das Leitungsorgan im deutschen Vorstands-Aufsichtsrats-System (*two tier system*) ist gem. § 76 AktG der Vorstand, während der Aufsichtsrat diese Leitung zu überwachen hat. Dagegen gilt in der Türkei und Schweiz das *one board system* und die Leitung der Gesellschaft obliegt gem. Art. 317 THGB, Art. 721 aOR, Art. 716 OR dem Verwaltungsrat. Die oben genannten Interessengruppen, vor allem die ersten drei, haben auch ein starkes Interesse daran, die Mitglieder dieses Leitungsorgans (des Vorstands und Verwaltungsrates) wegen Pflichtverletzungen bei ihren Tätigkeiten zur Rechenschaft zu ziehen. Wirft man jedoch einen Blick in die bereits erwähnten drei Länder, insbesondere nach Deutschland, und betrachtet man die Anzahl der Entscheidungen des jeweiligen obersten Gerichtshofes über die aktienrechtliche Haftung der Mitglieder des Leitungsorgans einer AG, so stellt man fest, daß sie nicht sehr häufig vor Gericht stehen. Dies liegt wohl daran, daß die Aktiengesellschaften befürchten, ihrem Ruf in der Wirtschaft zu schaden, wenn sie gegen ihre Leitungsorgane gerichtlich vorgehen würden. Anläßlich dieser Tatsache bleibt die Aufgabe, Lösungsversuche für die Verantwortlichkeit der Mitglieder des Leitungsorgans einer AG bei Pflichtverletzungen zu finden, überwiegend der Literatur überlassen. Insbesondere in der Schweiz und der Türkei ist die Anzahl der zu dieser Problematik erschienenen Werke nicht zu unterschätzen. Eine zusätzliche Arbeit hierzu erscheint jedoch infolge ihres Charakter als Untersuchung, die im Vergleich das Recht dreier Staaten behandelt, für die Rechtswissenschaft gerechtfertigt.

2. Aufgabe und Vorgehensweise der Untersuchung

Nach dem Zusammenbruch des osmanischen Reiches stellte die Reform von Mustafa Kemal *ATATÜRK* auch das türkische Privatrecht auf eine völlig neue Grundlage. Dabei richtete sich das türkische Parlament bei der Gestaltung von Gesetzentwürfen überwiegend nach westlichem Vorbild, und zwar in der Weise, daß die entsprechenden ausländischen Gesetze in die türkische Sprache übersetzt wurden und somit als Grundlage für die eigene Gesetzesentwicklung dienen konnten. So stellen das türkische Zivilgesetzbuch sowie das Obligationenrecht nichts anderes dar als die entsprechenden schweizerischen Gesetzestexte. Das im Jahre 1957 in Kraft getretene aktuelle türkische Handelsgesetzbuch, in dem die AG geregelt ist, enthält die übersetzten Regelungen folgender Nationen: Schweiz, Deutschland, Italien, England. Die Regelungen, zumal über die Organe einer AG, haben im THGB und alten OR der Schweiz viele Gemeinsamkeiten. Dieser Umstand hat sich auch bei der Revision des schweizerischen Aktienrechts (d.h. des OR) im 1991 nicht fundamental geändert. Aufgrund dieser „Verwandtschaft" zwischen türkischem und schweizerischem Recht, sowohl hinsichtlich des allgemeinen Privatrechts als auch des Aktienrechts, ist die Miteinbeziehung des jeweiligen schweizerischen Rechts (vor und nach der Revision) in diese Untersuchung geradezu unentbehrlich und sinnvoll.

Die vorliegende Untersuchung beschäftigt sich konkret mit der aktienrechtlichen Haftung der Mitglieder des Vorstands/Verwaltungsrates einer nicht konzerngebundenen AG wegen Pflichtverletzungen bei der Leitung der Gesellschaft nach § 93 AktG, Art. 336 THGB, Art. 754 aOR und Art. 754 OR. Als solche ist sie eine rechtsvergleichende Untersuchung. Somit ist die Aufgabe dieser Arbeit gestellt, die haftungsrechtliche Stellung der Mitglieder des Vorstands und des Verwaltungsrates im Rahmen der bereits genannten Rechtsvorschriften dreier Staaten darzustellen und für die bei der Untersuchung anfallenden Probleme mit Hilfe der Literatur und Judikatur des jeweiligen Landesrechts angemessene sowie zweckmäßig begründete Lösungsversuche aufzuzeigen.

Die Ausführungen zur Thematik werden zuerst nach deutschem Recht und grundsätzlich separat davon nach türkischem und schweizerischem Recht erfolgen. Aufgrund der gleich oder ähnlich lautenden thematisch einschlägigen Vorschriften geschieht dies indes prinzipiell unter gleicher Überschrift, jedoch mit dem Zusatz „im türkisch-schweizerischen Recht". Die aus diesen Darlegungen zum türkisch-schweizerischen Recht resultierenden Ergebnisse sowie Lösungsversuche werden sodann mit denjenigen für das deutsche Recht verglichen.

3. Abgrenzung und Aufbau der Untersuchung

Die vorliegende Untersuchung beschränkt sich auf die Fragen der aktienrechtlichen Schadensersatzhaftung der Mitglieder des Vorstands/Verwaltungsrates wegen Pflichtverletzungen bei der Leitung (d.h. der Geschäftsführung und Vertretung) der Gesellschaft nach § 93 AktG, Art. 336 THGB, Art. 754 aOR, Art. 754 OR. Somit bleiben die Fragen der Haftung von Mitgliedern der anderen Organe der Gesellschaft wie z.B. der Aufsichtratsmitglieder sowie der Mitglieder der Kontrollstelle grundsätzlich außer Betracht. Genauso unberücksichtigt bleiben die steuer- und strafrechtliche Haftung der Vorstands- und Verwaltungsratsmitglieder.

Aufgrund der inhaltlichen Ähnlichkeit der Vorschriften von § 43 GmbHG und § 34 GenG, welche die Schadensersatzhaftung eines GmbH-Geschäftsführers und der Vorstandsmitglieder einer Genossenschaft regeln, werden auch die diesbezügliche Literatur und Judikatur für die Untersuchung herangezogen.

Die Arbeit gliedert sich insgesamt in folgende fünf Teile:

Im ersten Kapitel der Arbeit werden die Rechtsbeziehung zwischen dem einzelnen Mitglied des Vorstands und des Verwaltungsrates und der AG sowie die Rechtsnatur von dessen Haftung nach deutschem und türkisch-schweizerischem Recht untersucht. Im gleichen Kapitel wird versucht, eine Antwort auf die Frage zu finden, ob Schadensersatz von der Gesellschaft auch aufgrund deliktischer Haftung verlangt werden kann. Danach folgt eine Untersuchung des Beginns und Endes der Haftung der Vorstands- und Verwaltungsratsmitglieder.

Im zweiten Kapitel wird auf Fragen der Sorgfaltspflicht, die die Vorstands- und Verwaltungsratsmitglieder bei jeder Maßnahme der Gesellschaftsleitung zu beachten haben, eingegangen.

Im dritten Kapitel der Untersuchung werden die Voraussetzungen der Haftung von Vorstands- und Verwaltungsratsmitgliedern sowie die Darlegungs- und Beweislast dafür behandelt.

Im Anschluß daran, also im vierten Kapitel, wird die Haftung des Vorstands- und Verwaltungsrates in den verschiedenen möglichen Fällen untersucht. Die Untersuchung ist schwerpunktmäßig auf dieses vierte Kapitel ausgerichtet.

Schließlich wird im fünften Kapitel den Fragen nachgegangen, wann und wie die Ersatzpflicht eines Vorstands- und Verwaltungsrates überhaupt nicht eintritt oder später wegfällt.

KAPITEL I

DIE RECHTSSTELLUNG EINES MITGLIEDS DES VORSTANDS/VERWALTUNGSRATS EINER AKTIENGESELLSCHAFT UND DIE RECHTSNATUR VON DESSEN HAFTUNG

I) Nach deutschem Recht

1) Rechtsverhältnisse zwischen dem Vorstandsmitglied und der Aktiengesellschaft

Es ist heute im Gegensatz zum früheren Recht[1] allgemein anerkannt, daß zwischen Vorstandsmitglied und AG zwei Rechtsverhältnisse bestehen: auf der einen Seite das organisationsrechtliche Bestellungsverhältnis, auf der anderen Seite das schuldrechtliche Anstellungsverhältnis. Dies ergibt sich aus den Bestimmungen von § 84 Abs. 1 Satz 5 und Abs. 3 Satz 4 und 5 AktG. Die beiden Rechtsverhältnisse bedingen sich nicht wechselseitig, sondern sie können ein unterschiedliches Schicksal haben.[2]

Die rechtliche Trennung der Bestellung von der Anstellung hat unter anderem vor allem eine praktische Funktion. Sie erleichtert dem sachfremden Aufsichtsratsplenum das Aushandeln des komplizierten Anstellungsvertrages und gewährt ihm die Gelegenheit, diese belastenden Aufgaben an einen sachkundigen Ausschuß zu delegieren.[3]

a) Bestellung

Gemäß der zwingenden Bestimmung des § 84 Abs.1 Satz 1 AktG ist der Aufsichtsrat ausschließlich zuständiges Organ für die Bestellung der Vorstandsmitglieder. Dieses Bestellungsrecht des Aufsichtsrats kann weder durch seinen Beschluß noch durch eine Satzungsbestimmung einem Aufsichtsratsausschuß sowie einem einzelnen Aufsichtsratsmitglied oder der Hauptversammlung oder irgend einem Dritten übertragen werden. Die Vor-

---

[1] Zu einem einzigen Rechtsverhältnis, einem körperschaftsrechtlichen Bestellungsvertrag zwischen dem Vorstandsmitglied und der Gesellschaft vgl. Schilling, § 35 Anm. 40 und § 52 Anm. 38 Hachenburg (6. Aufl.); Godin-Wilhelmi, § 75 Anm. 2, 7 AktG 1937 Komm.; Ritter, § 75 Anm. 2a, 2b AktG 1937. Auch Stein betrachtet die Bestellung und Anstellung als ein einheitliches Verhältnis zwischen Organ und Gesellschaft. Stein, Faktisches Organ S. 57.

[2] Fleck, Dienstverhältnis, WM Sonderbeilage 3/1981 S. 3.; ders., Dienstverhältnis, WM Sonderbeilage 3/1968 S. 3.

[3] Vgl. Säcker, Kompetenzstrukturen, DB 1979 S. 1322.

bereitung der Bestellung dagegen kann einem Ausschuß oder einem Aufsichtsratsmitglied übertragen werden.

Die Bestellung der Vorstandsmitglieder erfordert nach §§ 84 Abs. 1, 108 Abs. 1 AktG einen wirksamen Beschluß des Gesamtaufsichtsrats, welcher der einfachen Mehrheit bedarf. Durch eine Bestimmung der Satzung kann keine qualifizierte Mehrheit verlangt werden[1], sie widerspräche der zwingenden Zuständigkeit des Aufsichtsrats zur Bestellung der Vorstandsmitglieder.[2] Es ist jedoch zulässig, daß ein Aufsichtsratsmitglied, das zum Vorstandsmitglied bestellt werden soll, mitstimmt.

Der Vorgang der Bestellung ist im Gesetz nicht ausdrücklich geregelt. Deswegen herrscht in der Literatur keine Einigkeit darüber, welche zusätzlichen Erfordernisse zum Bestellungsbeschluß des Aufsichtsrats noch hinzukommen müssen, damit ein Bestellungsrechtsverhältnis wirksam begründet wird. In der Literatur[3] und Rechtsprechung[4] wird neben dem Bestellungsbeschluß noch eine empfangsbedürftige Bestellungserklärung von seiten des Aufsichtsrats gegenüber dem Bestellten als weitere Voraussetzung zur Entstehung eines Bestellungsrechtsverhältnisses für nötig gehalten. Hier besteht aber m.E. kein Anlaß, den Zugang der Bestellungserklärung als Wirksamkeitselement der Bestellung zu erachten. Der Aufsichtsrat als Kreationsorgan hat nämlich mit dem Bestellungsbeschluß den Willen der Gesellschaft ausgedrückt, daß der Bestellte das Mitglied des Vorstands sein soll, wenn er dieses Amt akzeptiert. Mit anderen Worten, der Aufsichtsrat hat seinerseits alles Erforderliche getan, damit das Bestellungsverhältnis begründet werden kann. Auf den Zugang seines Beschlusses an den Bestellten kommt es nicht mehr an.[5]

Mit der Feststellung des Bestellungsbeschlusses (d.h. der Verlautbarung) ist die Bestellung auf Seiten der Gesellschaft vollendet. Der Beschluß sollte jedoch dem Bestellten bekanntgemacht werden, damit er die Möglichkeit bekommt, darauf mit Zustimmung oder Ablehnung zu reagieren. Die Bestellung ist demnach ein einseitiger, nicht empfangsbe-

---

[1]Meyer-Landrut, § 84 Anm. 2 Großkomm.; Baumbach-Hueck, § 108 Anm. 4 AktG Komm.

[2]Hefermehl, § 84 Anm. 12 Komm. AktG.

[3]Gerlach, Anstellung, AG 1965 S. 251, 252 ff.; Plander, Geschäftsführer, GmbHRsch. 1968 S. 202 ff.; Mertens, § 84 Anm. 3 Kölner Komm.; Meyer/Meulenbergh/Beuthien, § 24 Anm. 13 GenGK.; Baumbach-Hueck, § 84 Anm. 4 AktG Komm.

[4]Vgl. etwa BGHZ 52, 316, 321.

[5]Vgl. Natzel, Bestellung, AG 1959 S. 97 ff.; Lenze, Diss. S. 75 ff.

dürftiger, körperschaftlicher Organbildungsakt[1], und somit zugleich Selbstverwirklichungsakt.

Der Gesetzgeber hat die Frage, ob die Bestellung der Annahme (der Zustimmung) von seiten des Bestellten bedarf, offen gelassen. Nach der herrschenden Lehre bildet die Zustimmung des Bestellten einen Teil des ganzen Bestellungsrechtsgeschäfts.[2] Ohne Zustimmung fällt der Bestellungsakt ins Leere.[3] Die Zustimmungsbedürftigkeit basiert auf dem Prinzip der Privatautonomie. Demnach kann niemand ohne sein Einverständnis zum Vorstandsmitglied gemacht und dadurch mit einer Reihe von Pflichten belastet werden. Die Zustimmungserklärung des Bestellten ist eine empfangsbedürftige Willenserklärung.[4] Sie kann entweder ausdrücklich oder konkludent erfolgen. Die konkludente Erklärung liegt vor, wenn der Bestellte mit der Ausübung seines Amtes anfängt oder sich ins Handelsregister eintragen läßt.

Mit dem Zugang der Zustimmungserklärung ist ein körperschaftsrechtliches Verhältnis[5] zwischen Vorstandsmitglied und der AG wirksam begründet, d.h. der Bestellte wird als Träger der Organstellung des Vorstandes der juristischen Person angegliedert.[6]

Zum Schluß ist festzuhalten: der Gesamtvorgang der Bestellung ist als ein einseitiges, von seiten des zu Bestellenden mitwirkungsbedürftiges, aber nicht empfangsbedürftiges körperschaftsrechtliches Rechtsgeschäft zu qualifizieren.

---

[1]Vgl. Baumbach-Hueck, § 84 Anm. 4 AktG Komm.; Mertens, § 84 Anm. 3 Kölner Komm.; Hefermehl, § 84 Anm. 6 Komm. AktG.

[2]Bergmann, Diss. S. 12; Schwarz, Diss. S. 57; Natzel, Bestellung, AG 1959 S. 98; Mertens, § 84 Anm. 3 Kölner Komm.; Baumbach-Hueck, § 84 Anm. 4 AktG Komm.; Hefermehl, § 84 Anm. 13 Komm. AktG; Hüffer, § 84 Anm. 3, 4 AktienG; Müller, § 24 Anm. 29 KommGenG.; Meyer/Meulenbergh/Beuthien, § 24 Anm. 13 GenGK.

[3]Mertens, § 84 Anm. 3 Kölner Komm.

[4]Schwarz, Diss. S. 59; Hüffer, § 84 Anm. 4 AktienG.

[5]Nach der Ansicht von Schilling käme mit der Annahmeerklärung des Bestellten ein einheitliches, zweiseitiges Rechtsgeschäft, nämlich Geschäftsführungsvertrag, zustande, der sich in erster Linie nach dem Gesellschaftsrecht richtete; in Hachenburg (6. Aufl.) § 35 Anm. 40. M.E trifft diese Ansicht nicht zu. Die Zustimmungserklärung qualifiziert sich nicht als die Annahme des Angebots im Sinne des Vertragsrechts, sondern sie ist lediglich eine Rechtsbedingung, die dem körperschaftlichen Akt der Bestellung die Wirksamkeit verleiht. Vgl. Natzel, Bestellung, AG 1959 S. 99; Lenze, Diss. S. 82. So auch Reuter, § 27 Anm. 2 Münchener BGB; Schlegelberger-Quassowski, §75 Anm. 2 AktGKomm. 1937.

[6]Lehmann, Aktiengesellschaft S. 243; Mack, Diss. S. 10; Lenze, Diss. S. 82.

b) Anstellung

Bei der Anstellung des Vorstandsmitglieds handelt es sich um einen Vertrag, in dem das schuldrechtliche Verhältnis zwischen Vorstandsmitglied und der Gesellschaft entsteht. Der Beschluß über den Anstellungsvertrag fällt wieder in den ausschließlichen Zuständigkeitsbereich des Aufsichtsrates (§ 84 Abs. 1 Satz 5). Hätte das AktG einem anderen Organ die Kompetenz für den Abschluß des Anstellungsvertrags eingeräumt, könnten sich die Organe bei der Bestellung und Anstellung blockieren.[1] Nach einhelliger Literaturmeinung darf aber der Aufsichtsrat die Unterzeichnung des Vertrages - im Gegensatz zur Bestellung - an einen Ausschuß überweisen. Dies folgt aus dem Verweis des § 107 Abs. 3 Satz 2 AktG auf § 84 Abs. 1 Satz 1 und 3 AktG. Der Anstellungsvertrag ist im § 84 Abs. 1 Satz 5 geregelt. Der Gesetzgeber hat bewußt in § 107 Abs. 3 Satz 2 AktG den Anstellungsvertrag ausgenommen.

Der rechtlichen Trennung zwischen Anstellungs- und Bestellungsverhältnis entsprechend kann der Abschluß des Anstellungsvertrags der Bestellung vorgehen oder ihr nachfolgen. Sie können aber auch gleichzeitig erfolgen. Aus dem dem Anstellungsvertrag vorangegangenen Bestellungsakt kann das angehende Vorstandsmitglied keinen Anspruch auf den Abschluß des Anstellungsvertrags herleiten[2], da die Bestellung nur auf der körperschaftsrechtlichen Ebene von Bedeutung ist.

Der Anstellungsvertrag ist ein gegenseitiger Vertrag. Solange das AktG keine Sonderbestimmung enthält, finden die für gegenseitige Verträge allgemein geltenden Vorschriften des §§ 323 ff. BGB Anwendung.[3] Aus dem Anstellungsvertrag lassen sich hauptsächlich die Rechte und Pflichten des Vorstandsmitglieds ableiten, die ihn nicht als Organ, sondern als Partner des zweiseitigen, schuldrechtlichen Vertrages gegenüber der AG betreffen, wie z.B. finanzielle Rechte: Gehalt, Tantieme, Ruhegeld, Umsatzbeteiligung etc. oder Nebenleistungspflichten der Gesellschaft: Gewährung einer Wohnung oder eines PKW etc. Dieser Vertrag dient also im Grunde genommen der Sozialabsicherung und Festlegung der Arbeitsbedingungen des Vorstandsmitglieds.[4]

---

[1] Bauer, Beendigung, DB 1992 S. 141.

[2] Bergmann, Diss. S. 18; Lenze, Diss. S. 94. Zum Gegenstandpunkt vgl. Müller, § 24 Anm. 38 KommGenG.

[3] BGHZ 10, 187, 190; Godin, Natur, ZAKDR 1938 S. 597; Meyer-Landrut, § 84 Anm. 15 Großkomm.

[4] Lenze, Diss. S. 100.

Im Anstellungsvertrag verpflichtet sich das Vorstandsmitglied, seine ganze Arbeitskraft der Gesellschaft zur Verfügung zu stellen. Seine Leistung ist eine bestimmte Dienstleistung. Dabei kommen zwei Vertragstypen in Frage: Auftrag oder Dienstvertrag. Bei der rechtlichen Unterscheidung des Auftrags von dem Dienstvertrag kommt es im deutschen Recht darauf an, ob die Tätigkeit entgeltlich übernommen wurde.[1] Arbeitet das Vorstandsmitglied unentgeltlich (ehrenamtlich), so finden die Vorschriften des BGB für den Auftrag (§§ 662 ff. BGB) Anwendung. Betätigte es sich aber gegen Entgelt, was nach § 612 Abs. 1 BGB vermutet wird, dann spricht man vom Dienstvertrag, der eine Geschäftsbesorgung zum Gegenstand hat[2] (§ 611 BGB). Im deutschen Recht ist der freie bzw. selbständige Dienstvertrag von dem unselbständigen Dienstvertrag (Arbeitsvertrag) zu unterscheiden. Das Abgrenzungskriterium zwischen beiden Verträgen ist, ob die Tätigkeit in einer abhängigen (unselbständigen) Stellung ausgeübt wird.[3] Folglich ist ein Arbeitsvertrag dann gegeben, wenn der Dienstverpflichtete den Weisungen des Dienstherrn unterliegt und ihm Arbeitszeit und -ort allgemein vorgeschrieben sind.

Auf diesem Kriterium basierend haben in Deutschland die Rechtsprechung und die herrschende und m. E. zutreffende Lehre die Frage, ob die Vorstandsmitglieder als Arbeitnehmer im Sinne des Arbeitsrechts, d.h. des § 5 Abs. 1 Satz 3 ArbGG, §§ 14 Abs. 1 Nr. 1 und 17 Abs. 5 Nr. 1 KündSchG, § 5 Abs. 2 Nr. 1 BetrVG von 1972, zu qualifizieren sind, verneint.[4] In diesem Zusammenhang ist die Bestimmung des § 76 Abs. 1 AktG entscheidend.[5] Es steht ihnen zu, die Gesellschaft als Mitglied des obersten Leitungsorgans unter eigener Verantwortung zu leiten, indem sie Art und Weise sowie Dauer und Ort ihrer Tätigkeit selbst bestimmen. Diese autonome Leitungsbefugnis schließt die Weisungsabhängigkeit gegenüber Dritten und infolgedessen auch ein Arbeitsverhältnis zur Gesellschaft

---

[1]RG, JW 1936 S. 3212.

[2]Mayer-Landrut, § 84 Anm. 15 Großkomm.; Baumbach-Hueck, § 84 Anm. 8 AktG Komm.; Mertens, § 84 Anm. 33 Kölner Komm.; Meyer/Meulenbergh/Beuthien § 24 Anm. 14 GenGK.; Schaffland, § 24 Anm. 47 GenG Komm.; Schuster-Bonnott, Rechtsnatur, FS für Kastner S. 421, 439.

[3]Larenz, Schuldrecht II, Besonderer Teil, § 52 S. 250 ff.; Esser/ Weyers, Schuldrecht Band II, § 27 S. 231 ff; Medicus, Schuldrecht II, S. 147 ff.; Wilhelmi, Versicherungspflicht, BB 1968 S. 139.

[4]BGHZ 10, 187, 191; 36, 142, 143; 49, 30, 31, 32; 79, 38; BGH, BB 1988 S. 290, 291; Mertens, § 84 Anm. 38, 39 Kölner Komm.; Wiesner, § 21 Anm. 5 S. 150 Münchener; Henn, Handbuch § 18 Anm 550; Hessler, Anstellung RdA 1992 S. 291; Flook, Organmitglied, FS Hilger-Stumpf S. 197 ff., S. 208; Hueck, Rechtsstellung, DB 1954 S. 275.

[5]Hefermehl, § 84 Anm. 35 Komm. AktG; Wiesner, § 21 Anm. 5 S. 150 Münchener.

aus. Im Gegenteil übt der Vorstand hinsichtlich der Stellung als Unternehmensträger[1] die Arbeitgeberfunktion[2] gegenüber anderen Arbeitnehmern des Betriebes aus, und es steht ihm das Recht und die Pflicht zu, bindende Weisungen zu erteilen.

2) Die Rechtsnatur der Haftung

Die Frage der Rechtsnatur der sich aus dem § 93 AktG ergebenden Haftung läßt sich nur unter Berücksichtigung der Natur des Rechtsverhältnisses zwischen dem Vorstandsmitglied und der Gesellschaft lösen. In der Rechtsliteratur und Judikatur haben sich zwei Theorien zu diesem Zweck entwickelt: Die Vertragstheorie und die Gesetzestheorie.

a) Vertragstheorie

Sie geht davon aus, daß die Haftung der Ausfluß des zwischen dem Vorstandsmitglied und der AG begründeten Anstellungsverhältnisses und daher vertraglicher Natur ist. Danach würden die Vorschriften des § 93 AktG Teil des Geschäftsführungsvertrages zwischen Gesellschaft und Verwaltungsmitglied und dadurch komme eine von Gesetz geregelte positive Forderungsverletzung in Betracht.[3]

Nach der Ansicht von Mühlbauer[4] erhält das Vorstandsmitglied durch die Bestellung nur die Befugnis zur Ausübung seines Amtes, aber nicht auch bereits eine allgemeine Geschäftsführungspflicht.[5] Diese erfordere eine Vereinbarung im Anstellungsvertrag. Da die gesetzlichen, statuarischen oder sonstigen Bestimmungen die aus dem Anstellungsvertrag entspringende Pflicht zur Geschäftsführung gestalten, so ist dann auch der Anspruch vertraglicher Natur[6], wenn er seinen Entstehungsgrund in einer Verletzung von Gesetz oder Satzung hat.

---

[1]Fleck, Organmitglied, FS Hilger-Stumpf S. 208.

[2]BGHZ 36, 142, 143; Bauer, Beendigung, DB 1992 S. 141; Hueck A., Rechtsstellung, DB 1954 S. 275; Hueck G, Anstellungsverhältnis, FS Hilger-Stumpf S. 368 ff.; Veit, Anstellung, DB 1965 S. 807; Dietel, Diss. S. 5.

[3]Zitiert bei Golling, Diss. S. 12.

[4]Mühlbauer, Diss. S. 13 ff. und 18 ff.

[5]Vgl. Molitor, Rechtsverhältnisse, AG 1957 S. 193.

[6]Ähnlich Schlegelberger-Quassowski, § 84 Anm. 29 AktGKomm. 1937.

Dagegen meint Königsberger,[1] daß der Vorstand zur Gesellschaft in einem Vertragsverhältnis[2] stehe und demgemäß gegenüber der Gesellschaft hinsichtlich seiner Verpflichtungen Schuldner der Gesellschaft sei, deren Quelle das HGB (alte Fassung=aHGB), die Satzung und die Handelsgewohnheiten seien. Dieses Schuldverhältnis erzeugt für die Aktiengesellschaft neben dem Anspruch auf Pflichterfüllung auch den auf Schadenersatz.

In jüngerer Zeit hat Baums[3] die Ansicht vertreten, daß die in § 93 AktG vorausgesetzte Haftung des Vorstandsmitglieds eine Haftung wegen Vertragsverletzung ist. Nach ihm wollte der historische Gesetzgeber weder eine Pflicht zur Geschäftsleitung anordnen noch deren Verletzung sanktionieren. Die Pflicht zur sorgfältigen Geschäftsleitung, an deren Verletzung die Haftung anknüpft, ergebe sich aus dem vertraglichen Versprechen. Dies erfolge entweder durch Zustimmung zur Bestellung oder Unterzeichnung eines Anstellungsvertrages.[4]

In der Judikatur wurde hinsichtlich der Rechtsnatur der Haftung des Vorstandsmitglieds gelegentlich auf das Anstellungsverhältnis abgestellt. Nach dem Reichsgericht[5] haftet das Aufsichtsratsmitglied (bzw. Vorstandsmitglied) für den aus seiner Pflichtverletzung entstandenen Schaden. Seine Haftpflicht beruhe auf seiner Stellung als Aufsichtsratsmitglied, die einen Dienstvertrag oder Auftrag und damit eine Geschäftsbesorgung zum Gegenstand hat.

Später hat das Reichsgericht im Falle eines rechtswidrig gewählten Aufsichtsratsmitgliedes einer Genossenschaft geäußert, daß durch die schlüssige Handlung ein Vertrag im Sinne der §§ 677 ff. BGB zwischen ihm und der Genossenschaft zustande kommt, indem das Aufsichtsratsmitglied die Befugnisse als solches tatsächlich ausübt und die Genossenschaft die Dienste entgegennimmt. Durch diesen Vertrag verpflichte sich das Aufsichtsratsmitglied, der Genossenschaft die Dienste wie ein gewähltes Aufsichtsratsmitglied zu leisten und übernehme somit auch vertragsmäßig die Haftung, die dem gesetzmäßig gewählten Aufsichtsratsmitglied obliegt.[6]

---

[1]Königsberger, Diss. S. 2 ff.

[2]Dieser Verhältnis sei nicht allgemeinrechtlicher ziviler Natur, sondern ein Schuldverhältnis besonderer Art, das die Anwendung des § 276 BGB ausschließt.

[3]Baums, Geschäftsleitervertrag S. 211 ff. und 213 ff.

[4]Vgl. zu GmbH-Recht Sudhoff, Gesellschaftsvertrag S. 244; Konow, Probleme, GmbHRsch. 1968 S. 219.

[5]RGZ 144, 348, 356.

[6]RGZ 252, 273, 277.

Der BGH ist in seiner Rechtsprechung[1] der Ansicht des RG gefolgt, indem er ausführt, daß das Vorstandsmitglied, das keinen wirksamen Anstellungsvertrag mit der Gesellschaft abgeschlossen hat, aber trotzdem als Vorstandsmitglied tätig wurde, genauso wie ein ordnungsgemäß angestelltes Vorstandsmitglied verpflichtet ist, die Sorgfalt im Sinne des § 84 AktG von 1937 (= § 93 AktG von 1965) anzuwenden und der Treuepflicht wie auch der Verschwiegenheitspflicht unterliegt. Sollte das Vorstandsmitglied seine Pflichten verletzen, so hafte es für den daraus entstandenen Schaden. Es könne sich nicht darauf berufen, daß der Anstellungsvertrag unwirksam sei.

Dem Gesagten ist leicht zu entnehmen, daß der BGH den Anstellungsvertrag für die Anspruchsgrundlage auf Schadenersatz gem. § 93 AktG gegenüber Vorstandsmitgliedern (bzw. Aufsichtsratmitgliedern) hält.

b) Gesetzestheorie

Diese Theorie wurde von Lehmann entwickelt und später hat sich Mestmäcker ihm angeschlossen. Sie beruht auf der Annahme, daß die aktienrechtliche Haftung direkt auf dem Gesetz beruhe und daher die Pflichtverletzungen des Vorstands keine Vertragswidrigkeiten, sondern Gesetzesverstöße seien.[2]

Lehmann[3] sieht die Schwäche der Vertragstheorie insbesondere darin, daß es möglich wäre, durch den Anstellungsvertrag die Haftung der Vorstandsmitglieder unterschiedlich auszugestalten, z.B. das eine Vorstandsmitglied einer strengeren Haftung zu unterwerfen als das andere. Überdies könnten die Gläubiger die Vorstandsmitglieder nicht wegen Vertragsverletzungen in Anspruch nehmen, da sie keine Gegenkontrahenten des Anstellungsvertrages sind.[4]

Golling[5], ein weiterer Vertreter der Gesetzestheorie führt an, eine Auslegung des § 93 Abs. 6 AktG ergebe, daß die Haftung gesetzlicher Natur sei. § 93 Abs. 6 AktG lautet, so Golling, *„die Ansprüche aus diesen Vorschriften verjähren in fünf Jahren"*, nicht aber aus Vertragswidrigkeiten.

---

[1]BGHZ 41, 287; 47, 341, 343.

[2]Lehmann, Aktiengesellschaft S. 264 ff.; Mestmäcker, Verwaltung S. 211 ff.

[3]Lehmann, Aktiengesellschaft S. 264 ff.

[4]So auch Golling, Diss. S. 17.

[5]Golling, Diss. S. 18.

c) Stellungnahme

Berücksichtigt man neben der Vorschrift von § 93 AktG auch die Vorschriften von § 34 GenG und von § 43 GmbHG mit, in denen ebenfalls die Verantwortlichkeit des Vorstandsmitglieds der Genossenschaft sowie des Geschäftsführers der GmbH verankert ist, so stellt man unter anderem einen gemeinsamen Punkt fest, nämlich, daß der Gesetzgeber die Pflichtverletzungen für die Verantwortung des Betreffenden vorausgesetzt hat. Es ist für den Rechtscharakter der sich aus § 93 AktG ergebenden Haftung des Vorstandsmitglieds entscheidend, ob diese Pflichten aus dem Anstellungsvertrag oder aus der Bestellung folgen. Im folgenden wird untersucht, aus welchem Rechtsverhältnis und zu welchem Zeitpunkt die Rechte und Verpflichtungen dem Vorstandsmitglied zufallen.

Wie schon ausgeführt, erhält das Vorstandsmitglied durch den Bestellungsakt und deren Annahme die Organstellung und erst hiermit entsteht die körperschaftliche Beziehung zur Aktiengesellschaft. Die Frage, ob und wenn ja, welche Rechtsfolgen einerseits hinsichtlich der Rechte des Vorstandsmitglieds, andererseits hinsichtlich der Pflichten, die Bestellung bzw. Organstellung mit sich bringt, ist im Schrifttum verschiedenartig beantwortet worden. Es herrscht aber insoweit Einigkeit[1], daß dem Vorstandsmitglied durch den Bestellungsakt die organschaftliche Rechtsmacht zur Vertretung verliehen wird. Dagegen ist das Meinungsspektrum über die Frage, inwiefern die Bestellung das Vorstandsmitglied als Pflichtensubjekt anbelangt, sehr breit. Dazu sind die zwei Ansichten besonders erwähnenswert: Würdinger[2] vertritt die Auffassung, das Vorstandsmitglied übernehme mit der Bestellung die ihm nach Gesetz und Satzung zugewiesenen Aufgaben und gleichzeitig die ihm gegenüber der Gesellschaft als Rechtsperson zustehenden subjektiven Rechte und Pflichten. Nach einer anderen Ansicht in der Literatur entstehen durch Bestellung bzw. Organstellung Rechte und Pflichten[3] und bilden dabei eine Einheit.[4] Die organschaftliche Rechtsstellung des Vorstands kann also nicht in eine Rechte- und Pflichtenseite aufgespaltet werden. Den beiden Ansichten ist wohl zum Teil beizupflichten, aber sie vermögen

---

[1]BGHZ 64, 72 ,74, 75; 78, 82, 87; Wiesner, § 20 Anm. 11 S. 132 Münchener; Flume, Juristische Person S. 358 ff.; Krieger, Personalentscheidung S. 3; Baumbach-Hueck § 84. Anm. 4 AktG Komm.; Hueck, Rechtsstellung, DB 1954. S. 274; Borrmann, Diss. S. 7.

[2]Würdinger, Aktienrecht § 21 I 2a S.103.

[3]BGHZ 3, 90, 92; Schaffland, § 24 Anm. 34 GenG Komm.; Hefermehl, Vorstandsverträge, DJ 1942 S. 619; ders., § 84 Anm. 5 Komm. AktG.

[4]Soergel/Schultze-v. Lausaulx § 27 Anm. 4; Müller, § 24 Anm. 29 KommGenG.

nicht aufzuklären, wie und wann genau die Pflichten und die Rechte des Vorstandsmitglieds entstehen.

M.E. sollte man von der Definition des Organbegriffes von Wolff[1] ausgehen. Er hat sie wohl für das öffentliche Recht entwickelt, gleichwohl gilt sie zum großen Teil auch für das Aktienrecht. Danach ist das Organ „ein durch Organisation objektiv eingeräumter, durch seine Bezogenheit auf ein oder mehrere organisatorisch verbundene Pflichtsubjekte (die Organwalter) geeinter, aber unter Abstraktion von deren Individualität (abstrakt, institutionell) bestimmter Komplex von Berechtigungen und Verpflichtungen im weiteren Sinne, d.h. von gegenständlich und oft auch modal normierter Geschäftsbesorgungs- und Vertretungsmacht für die durch die Organisation geeinte Vielheit. Es ist, kürzer ausgedrückt, ein durch die Organisation begründeter Zuständigkeitskomplex". Aus dieser Organdefinition sind die folgenden Punkte zu entnehmen:

1. Das Organ als Institution[2] beinhaltet die durch die Organisation (juristische Person) abstrakt d.h. ohne Rücksicht auf die Individualität des Organwalters verliehenen Rechte und Verpflichtungen. Es ist also für die Existenz des Organs unbeachtlich, ob sich die Organwalter im Amt befinden, welche die Rechte und Aufgaben wahrnehmen, oder ob sie aus einer oder mehreren Personen bestehen. Da sich die dem Organ verliehenen Rechte und Pflichten auf Organmitglieder beziehen, ist ein solches einziger Träger des dem Organ als Institution übertragenen Kompetenzkomplexes, wenn lediglich ein einziges Organmitglied (Organwalter) vorhanden ist. Besteht das Organ hingegen aus mehreren Organmitgliedern, so können sie jene Verpflichtungen und Rechte in ihrer Gesamtheit wahrnehmen, so daß kein Mitglied von der Kompetenz ausgeschlossen werden kann.

2. Die juristische Person kann die Modalitäten, den Inhalt und Umfang des Zuständigkeitskomplexes gestalten. Sie kann z.B. nach ihrem Ermessen frei darüber entscheiden, ob das Organ mehrgliedrig sein soll und inwiefern der einzelne Organwalter an den von ihr selbst verliehenen Rechten und Verpflichtungen beteiligt werden soll.

Der letzte Punkt trifft aber auf die Aktiengesellschaft und ihre drei notwendigen Organe nicht ganz zu. Die Aktiengesellschaft verfügt nämlich nicht über völlig freie Möglichkeiten zur Gestaltung der Organkompetenzen. Die freie Gestaltungsmöglichkeit der Aktionäre zur inneren Organisation der Aktiengesellschaft wurde durch das Aktiengesetz von 1937

---

[1] Wolff, Organschaft S. 236.

[2] Wolff, Organschaft S. 229.

weitgehend aufgehoben, und die Rechte und Pflichten des Vorstands sowie des Aufsichtsrats und der Hauptversammlung sind im Aktiengesetz weitgehend unabdingbar geregelt und gegeneinander abgegrenzt. Diese Kompetenzverteilungsnormen wurden zum großen Teil unverändert in das Aktiengesetz von 1965 übernommen. Demnach erhält der Vorstand die Macht, die Gesellschaft unter eigener Verantwortung zu leiten (§ 76 Abs. 1 AktG). Seine Stellung ist in §§ 76-94 AktG zum großen Teil zwingend vorgeschrieben. Hiermit unterscheidet der Gesetzgeber den Vorstand der AG vom Vorstand des Vereins dadurch, daß § 27 Abs. 3 BGB den Vorstand des Vereins ohne besondere Anordnung im speziellen Organisationsgesetz grundsätzlich der Mitgliederversammlung unterstellt.[1]

Neben dem Aktiengesetz, das sich das Organisationsgesetz nennt, gestaltet die Satzung der Gesellschaft die innere Ordnung der AG mit. Gewisse Fragen der Organisation werden nur durch die Bestimmungen der Satzung geregelt. Insbesondere fällt die Feststellung des Gegenstands von Unternehmen in den primären Zuständigkeitsbereich der Satzung (§ 23 Abs. 3 Nr. 2 AktG). Dies hat unmittelbare Auswirkung auf die Geschäftsführungsbefugnis der Vorstandsmitglieder. Die Satzung hat ferner in Fragen der Geschäftsordnung (§ 77 Abs. 2 AktG) und der Vertretung (§ 78 Abs. 2 AktG) sowie hinsichtlich der Zusammensetzung des Vorstands (§ 76 Abs. 2 Satz 2 AktG) fakultativ die höchste Regelungskompetenz.[2] Über jene vom Gesetz zugewiesenen Primärzuständigkeiten hinaus kann der Satzungsgeber die die Organisation betreffenden Regelungen, die von den Vorschriften der AktG abweichen, treffen, wenn sie ausdrücklich zugelassen sind. Dagegen sind ergänzende Satzungsbestimmungen insoweit erlaubt, als sie das AktG nicht abschließend geregelt hat (§ 23 Abs. 5 AktG).

Schließlich kommt die fakultativ mögliche Geschäftsordnung des Vorstands als die letzte Rechtsquelle in Betracht, welche die innere Organisation des Vorstands innerhalb des Rahmens von den zwingenden gesetzlichen Vorschriften und den satzungsgemäßen Bestimmungen prägt. Für den Erlaß der Geschäftsordnung sind die Satzung, der Aufsichtsrat und der Vorstand selbst zuständig (§ 77 Abs. 2 AktG).

In Hinsicht auf die Gestaltung der inneren Organisation der Aktiengesellschaft kommen demnach das Aktiengesetz, die Satzung der Gesellschaft und die Geschäftsordnung des

---

[1]Westermann, Vorstand, FS Vits S. 257.

[2]Mertens, § 76 Vorb. Anm. 10 Kölner Komm.

Vorstands als Rechtsgrundlage zum Vorschein. Sie werden als organisationsrechtliche Normen bezeichnet.

Aus der Ausdehnung der Wolff'schen Definition des Organbegriffes auf den Vorstand einer AG ergeben sich für den Vorstand zwei Organdefinitionen[1] aus zwei verschiedenen Betrachtungsweisen:

1. Hinsichtlich der Kompetenzen (Vorstand im abstrakten Sinne).

2. Hinsichtlich der fungierenden Organpersonen (Vorstand im konkreten Sinne).

Im abstrakten Sinne ist das Organ Vorstand der von der Aktiengesellschaft ohne Rücksicht auf die Individualität der Vorstandsmitglieder per organisationsrechtlicher Normen begründete und eingerichtete Komplex von Verpflichtungen und Berechtigungen. In dieser Hinsicht bildet der Vorstand das Strukturelement der Körperschaftsform Aktiengesellschaft. Der Kompetenzkomplex, der ihm immanent ist, ist unabhängig von der Existenz der Vorstandsmitglieder. Auch der Wechsel des Mitgliedes ist für die Konstanz des Kompetenzenkomplexes rechtlich gleichgültig. Er belangt mithin den Vorstand als ein Glied der Organisation, d.h. als Institution.

Dagegen stellt das Organ Vorstand im konkreten Sinne die Gesamtheit der organisierten physischen Personen, die im Vorstand die institutionell zusammengefaßten Verpflichtungen und Berechtigungen für die Gesellschaft wahrnehmen, dar.

Der Unterschied zwischen beiden Vorstandsdefinitionen liegt also darin, daß die eine einen gewissen Kompetenzenkomplex, eine Institution, die andere hingegen die natürliche Person (bzw. die Gesamtheit der natürlichen Personen), die bestimmte Funktionen ausübt, hervorhebt. Beide sind aber durchaus berechtigt und relevant für die Feststellung, wie die Rechte und Pflichten des einzelnen Vorstandsmitglieds entstehen. Folglich wird jedes Vorstandsmitglied ipso jure im Augenblick der Eingliederung in das Organ Vorstand (somit zugleich in die Organisation der Aktiengesellschaft) in eine Beziehung zu dem im Gesamtvorstand zusammengefaßten Zuständigkeitskomplex (Kompetenzkomplex) gesetzt.[2 3] Dies geschieht in der Zeit, in der die Zustimmungserklärung des angehenden Mitgliedes (über die Bestellung) der Gesellschaft zugeht. Der Inhalt und die Modalitäten einer sol-

---

[1]Vgl. Baltzer, Beschluß, S. 29; Lewerenz, Leistungsklagen S. 63; Lenze, Diss. S. 55.

[2]Dose, Rechtsstellung S. 33; Lenze, Diss. S. 57; Soergel/Schultze-v.Lausaulx, § 27 Anm. 2, 4.

[3]Nach Wolff erhält das Mitglied durch diese Beziehung das im Organ zusammengefaßte Können, Dürfen und Sollen. Vgl. Wolff, Organschaft S. 233.

chen Beziehung bestimmen sich nach den abstrakten und/oder konkreten organisationsrechtlichen Normen (Aktiengesetz, Satzung und Geschäftsordnung). Mit anderen Worten, das einzelne Vorstandsmitglied wird mit seiner Zugehörigkeit zum Organ automatisch die im Organ anhand der organisatorischen Rechtsnormen vereinigten Rechte und Pflichten, die sich aus der Funktion des Organs ergeben, wahrzunehmen verpflichtet und zugleich berechtigt.[1]

Die Tatsache, daß das Mitglied mit dem Erwerb der Eigenschaft als Träger der Organstellung des Vorstands ohne weiteres zur Wahrnehmung der Organkompetenzen verpflichtet und berechtigt wird, ergibt sich aus dem Wesen des Organs Vorstand. Da die Aktiengesellschaft ohne ihre Organe bereits rechtsfähig, aber noch nicht handlungs- und willensfähig ist, benötigt sie das Organ Vorstand, jene Unfähigkeiten zu ersetzen[2] und sie damit am Rechtsleben teilnehmen zu lassen.[3] Der Vorstand ist also dafür geschaffen, um die AG als juristische Person zu verwirklichen.[4] Diese Aufgabe der Institution Vorstand wird von den Vorstandsmitgliedern durch organschaftliches Fungieren erfüllt, indem sie die im Vorstand als Komplex von Befugnissen und Obliegenheiten aufgefangenen Angelegenheiten der Gesellschaft wahrnehmen. Der Zweck zur Bestellung des Vorstandsmitglieds ins Organ besteht demnach in der Ausübung der organschaftlichen Funktion (Tätigkeit), hiermit zugleich in der Verwirklichung der AG. Infolgedessen tritt die Verpflichtung des Mitglieds zur organschaftlichen Tätigkeit in erster Linie als unmittelbarer Ausfluß der durch die Bestellung erworbenen Organstellung in Erscheinung.[5] Dagegen bestimmt die organschaftliche Macht zur organschaftlichen Funktion (d.h. die allgemeine Rechtsbefugnis zur Wahrnehmung des im Organ - in seinem abstrakten Sinne - geeinten Zuständigkeitskomplexes) sekundär die Stellung des Vorstandsmitglieds. Sie knüpft an die Verpflichtung zur organ-

---

[1]Vgl. Baums, Geschäftsleitervertrag S. 42; Hirmer, Diss. S. 12; Lenze, Diss. S. 59; Schwarz, Diss. S. 16.

[2]TZGB bringt es eindeutig in der Regelung des Art 47 (Art 54 ZGB) zum Ausdruck: *„Die juristische Personen sind handlungsfähig, sobald die nach Gesetz und Statuten hierfür unentbehrlichen Organe bestellt sind.“*

[3]Dies erfolgt der herrschenden Organtheorie entsprechend in der Weise, daß das Vorstandsmitglied die Akte (Handlungen und Willenserklärungen) im Rahmen seines Zuständigkeitsbereichs vornimmt und sie zuerst dem Vorstand, weiterhin der Aktiengesellschaft rechtstechnisch zugerechnet wird. Willen und Handlungen gelten also als solche der Gesellschaft. Vgl. Baltzer, Beschluß S. 50; Golling, Diss. S. 16; Kastner, Stellung, ÖJZ 1949 S. 7; Mühlbauer, Diss. S. 12; Wolff, Organschaft S. 241.

[4]Baums, Geschäftsleitervertrag S. 40; Flume, Juristische Person S. 340 ff.; Lenze, Diss. S. 82.

[5]Vgl. Baltzer, Beschluß S. 55; Lenze, Diss. S. 59.

schaftlichen Funktion an und stellt sich als Mittel zu deren Erfüllung dar.[1] Somit unterscheidet sich die Organstellung des Vorstandsmitglieds von der Stellung des bevollmächtigten Stellvertreters hinsichtlich der Rechtsfolgen. Während dem einzelnen Vorstandsmitglied aufgrund der durch die Zustimmung des Bestellungsbeschlusses des Aufsichtsrates erhaltene Organstellung automatisch die allgemeine Verpflichtung und - gleichzeitig - die Macht zur organschaftlichen Tätigkeit zufällt, erlangt der Bevollmächtigte lediglich die Berechtigung, aber keine Verpflichtung, im Namen des Bevollmächtigenden zu handeln.[2]

Das Aktiengesetz von 1965 als ein Teil des Organisationsrechts prägt, wie bereits erwähnt, in seinen mannigfaltigen zwingenden Vorschriften inhaltlich und modal die Beziehung des Vorstandsmitglieds zu dem Kompetenzenkomplex primär, indem es ihm die Mindestzuständigkeiten[3] (Mindestrechte und Mindestverpflichtungen) vorschreibt, die ihm als solchem weder durch Bestimmungen der Satzung noch durch den Beschluß der Hauptversammlung oder des Aufsichtsrates entzogen werden können. Dabei bediente sich der Gesetzgeber zweier Ausdrucksweisen. In den meisten Normen beziehen sich die gesetzlichen Verpflichtungen des Organs auf alle Mitglieder des Vorstands, wie z.B. die Pflicht zur Leitung der Gesellschaft (§ 76 Abs. 1 AktG), die Pflicht zur Vorbereitung und Ausführung von Hauptversammlungsbeschlüssen (§ 83 AktG), die Berichtserstattungspflicht (§§ 90, 131 AktG), Buchführungspflicht (§ 91 AktG) oder die Pflicht zur Konkursanmeldung im Falle der Zahlungsunfähigkeit der Gesellschaft (§ 92 AktG). Hingegen betrifft in manchen Bestimmungen des AktG die organschaftliche Pflicht die einzelnen Mitglieder, wie z.B. die Sorgfaltspflicht (§ 93 Abs. 1 Satz 1 AktG), die Schweigepflicht (§ 93 Abs. 1 Satz 2 AktG) oder die Pflichten in § 93 Abs. 3, die zur Aufbringung und Erhaltung des Grundkapitals dienen.

Unter diesen vom Aktiengesetz geregelten organschaftlichen Pflichten des Vorstandsmitglieds ist der Pflicht zur eigenverantwortlichen Leitung der Gesellschaft mit den anderen Mitgliedern zusammen (§ 76 Abs.1 AktG) eine zentrale Bedeutung beizumessen. Sie stellt als Spitzenvorschrift der Verfassung der Aktiengesellschaft „die Hauptpflicht" des Vorstandsmitglieds[4] dar: Mithin findet die allgemeine Verpflichtung und Macht des Vor-

---

[1]Baltzer, Beschluß S. 55.

[2]Vgl. Hefermehl, § 84. Anm 5 Komm. AktG; Plander, Geschäftsführer, GmbHRsch 1968 S. 200; Sorgel/Schultze-Lasaulx, § 27 Anm. 4.

[3]Dose, Rechtsstellung S.34.

[4]Hefermehl, § 84 Anm 54 Komm. AktG.

standsmitglieds zur organschaftlichen Tätigkeit ihren konkreten Ausdruck in der Regelung des § 76 AktG.[1] Die Leitungsfunktion des Vorstands beinhaltet die unentziehbare Befugnis und Verpflichtung zur Vertretung und Geschäftsführung. Dies ergibt sich aus den ihr folgenden Vorschriften von §§ 77 und 78 Abs. 1 AktG.

Jedoch teilt Vischer diese Ansicht nicht[2]: Nach ihm entstehen durch die Bestellung lediglich die Vertretungs- und Geschäftsführungsbefugnis sowie die sich aus dem Aktiengesetz unmittelbar ergebenden einzelnen Geschäftsführungspflichten. Dagegen ergebe sich die allgemeine Verpflichtung des Vorstandsmitglieds zur Geschäftsführung für die AG weder aus § 70 Abs. 1 AktG von 1937 (= § 76 Abs. 1 AktG von 1965) noch aus § 84 Abs. 1 AktG von 1937 (= § 93 Abs. 1 AktG von 1965). Diese Bestimmungen sollten dazu dienen festzustellen, welchem Organ die Geschäftsführungsbefugnis zusteht und welche Richtlinien bei deren Wahrnehmung zu beachten seien. Diese Meinung, die die Regelung des § 76 Abs. 1 AktG als schlichte Kompetenzzuweisungsnorm ansieht, ist nicht haltbar. Die Bestimmung des § 76 Abs. 1 erlegt dem Vorstand die allgemeine Verpflichtung zur Führung der Geschäfte der Gesellschaft auf.[3] Zu diesem Ergebnis kommt man anhand der grammatikalischen Auslegung, nämlich, wie Krieger[4] ausführt, durch den Vergleich der Ausdrucksweise von § 76 mit den Ausdrucksweisen von §§ 111 und 119 AktG. In den §§ 76 Abs. 1 und 111 Abs. 1 AktG wurde die gleiche Formulierungsform benutzt, und zwar besagt § 76 Abs. 1 AktG: „der Vorstand **hat** .... die Gesellschaft **zu** leiten", und § 111 ist mit *„Aufgaben und Rechte des Aufsichtsrates"* überschrieben und Abs. 1 schreibt vor ; *„der Aufsichtsrat **hat** die Geschäftsführung **zu** überwachen"*. Demgegenüber ist in § 119 AktG (mit Überschrift *„Rechte der Hauptversammlung"*), eine andere Ausdrucksweise zu sehen (Abs. 1). Dies beweist allerdings, daß sich der Gesetzgeber für die Kompetenzzuweisung nicht der Form von § 76 sowie § 111 AktG[5], sondern derjenigen von § 119 AktG bedient hat.

---

[1]Vgl. Lenze, Diss. S. 88.

[2]Vischer, Diss. S. 30.

[3]Vgl. Föhr, § 30 Anm. 6, 11 MitbestG Komm.; Fitting/Wlotzke/Wißmann, § 30 Anm. 10 KommMitbestG; Hefermehl, § 76 Anm. 9 Komm. AktG; Plander, Geschäftsführer, GmbHRsch. 1968 S. 201; Raiser, § 30 Anm. 8 MitbestGK; Schlechtriem, Schadenersatzhaftung S. 19; Sorgel/Schultze-Lausaulx § 27 Anm. 4.

[4]Krieger, Personalentscheidung S. 7.

[5]Die gleiche Ausdrucksweise trifft man in Art. 722 Abs. 1 aOR an. Die Vorschrift hat die Überschrift *„ die Pflichten der Verwaltung im allgemeinen"* und im Text der Vorschrift lautet es; *„die Verwaltung **hat** die Geschäfte der Gesellschaft .... **zu** leiten."*

In der deutschen Literatur herrscht aber zu Recht die Auffassung, daß die Leitungsmacht und -pflicht des Vorstandsmitglieds mehr als die Summe der Macht und Befugnis zur Vertretung und Geschäftsführung bedeuten.[1] Hätte der Gesetzgeber mit dem Begriff der Leitung der Gesellschaft nicht mehr als die Gesamtheit der Geschäftsführung und Vertretung gemeint, hätte die Ausformulierung des § 76 Abs. 1 AktG anders gelautet.

Die Leitung der Gesellschaft ist auf den Betrieb eines Unternehmens, dessen Inhaber als juristische Person die AG, aber nicht der Vorstand selbst ist, bezogen.[2] Demnach bedeutet die Leitung die Durchführung der unternehmerischen Tätigkeit durch den Vorstand zugunsten der Gesellschaft.[3] Sie läßt sich in zwei Teile zerlegen:

1. Die Feststellung der Grundsätze der langfristigen Unternehmenspolitik[4] im Bereich von Produktion, Organisation, Finanzierung, Investitions- und Dividendenpolitik[5] (dispositiver Teil der Leitung).

2. Die routinemäßige Verwaltung.[6] Sie umfaßt sämtliche Maßnahmen und Entscheidungen, die für die Durchführung der Unternehmenspolitik bestimmt sind (exekutiver Teil der Leitung). Die Leitungsfunktion des Vorstandsmitglieds beinhaltet also einen umfangreichen Tätigkeitsbereich, in dem es sich um die Erreichung des in der Satzung festgelegten Zweckes der Gesellschaft im Rahmen seiner Zuständigkeit und mit der Sorgfalt eines ordentlichen und gewissenhaften Geschäftsleiters bemüht. Sie geht über die Geschäftsführungs- und Vertretungspflicht hinaus. Die beiden Pflichten bilden jedoch die Mittel der Ausführung der Leitung im Einzelfall.[7]

---

[1]Dose, Rechtsstellung S. 36; Godin-Wilhelmi, § 76 Anm. 2 Aktiengesetz; Baumbach-Hueck, § 76 Anm. 8 AktG Komm.; Hüffer, § 76 Anm. 7 AktienG; Loeper, Diss. S. 74; Meyer-Landrut, § 76 Anm. 2 Großkomm.; Raiser, Kapitalgesellschaften § 14 Anm. 1 S. 86; Wehrt, Diss. S. 3 ff.

[2]Hefermehl, § 76 Anm. 9 Komm. AktG.

[3]Vgl. Dose, Rechtsstellung S. 40; Hirmer, Diss. S. 11; Raiser, Kapitalgesellschaften § 14 Anm. 1 S. 86; Kossen, Haftung, DB 1988 S. 1785.

[4]Dose, Rechtsstellung S. 40; Hirmer, Diss. S. 11.

[5]Meyer-Landrut, § 76 Anm. 3 Großkomm.

[6]Hefermehl, § 76 Anm. 10 Komm. AktG.

[7]Dose, Rechtsstellung, S.40.

d) Ergebnis

Die sich aus § 93 AktG ergebende Haftung beruht nicht auf dem Anstellungsvertrag, wie die Vertragstheorie behauptet, sondern auf der durch die Bestellung erhaltenen Organstellung des Vorstandsmitglieds.[1] Da die gesetzlich normierte Hauptpflicht der eigenverantwortlichen Leitung der Gesellschaft des Vorstandsmitglieds in § 76 Abs. 1 AktG die Wahrnehmung der durch die organisationsrechtlichen Normen begründeten Rechte und vor allem Pflichten, seien sie im Aktiengesetz, seien sie in der Satzung oder in der Geschäftsordnung geregelt, erfordert und diese Pflicht mit der Zustimmung zur Bestellung automatisch ihm zufällt, können jene sämtlichen Organpflichten des Vorstandsmitglieds als gesetzlich begründete Pflichten qualifiziert werden. Infolgedessen müssen die Pflichtverletzungen der Vorstandsmitglieder nicht als Vertragswidrigkeiten, sondern als Gesetzesverstöße betrachtet werden.

3) Die Auswirkung des Anstellungsvertrags auf die Haftung des Vorstandsmitglieds

a) Im Hinblick auf dessen anstellungsvertragliche Pflichten

Wie oben schon ausgeführt bildet das Bestellungsverhältnis bzw. die Organstellung die Grundlage der sich aus § 93 AktG ergebenden Haftung. Das heißt aber nicht, daß der Anstellungsvertrag gegenüber dem Bestellungsakt jede Bedeutung verliert. Der dem Bestellungsakt nachfolgende Anstellungsvertrag kann -wie in der Praxis üblich - dazu dienen, die vom Aktiengesetz, der Satzung oder der Geschäftsordnung dem Vorstandsmitglied auferlegten organisationsrechtliche Pflichten zu konkretisieren[2] oder inhaltlich näher zu umschreiben.[3] Neben seiner Präzisierungsfunktion der Rechte und der Verpflichtungen auf der schuldrechtlichen Ebene könnte ja der Anstellungsvertrag (meistens Dienstver-

---

[1]Zustimmend, Wiesner, § 26 Anm. 3 S. 217 Münchener; Mertens, § 93 Anm. 3 Kölner Komm.; Hefermehl, § 93 Anm. 8 Komm. AktG; Schilling, § 93 Anm. 3 Großkomm.; Godin-Wilhelmi § 93 Anm. 3 Aktiengesetz; Hüffer, § 93 Anm. 11 AktienG; Schmidt, Gesellschaftsrecht S. 823; Kust, Sorgfaltspflicht, WM 1980 S. 758; Reich, Faktisches Organmitglied DB 1967 S. 1663; Sonnenberger, Geschäftsführende Organe, GmbH-Rdsch 1973 S. 26 ff.; Ebenroth/Lange, Sorgfaltspflichten, GmbH-Rdsch. 1992 S. 70; Meyer/Meulenbergh/Beuthien, § 34 Anm. 2 GenGK; Metz, § 34 Anm. 2 GenG Komm.; Müller, § 34 Anm. 2 KommGenG.

[2]Fleck, Drittanstellung, ZHR 1985 S. 307; Plander, Geschäftsführer, GmbHRsch 1968 S. 201; Lenze, Diss. S. 102; Baums, Geschäftsleitervertrag S. 55; Schwarz, Diss. S. 26.

[3]Scholz/Schneider, § 43 Anm. 13.

trag) auch zusätzliche Verpflichtungen[1] auf vertraglicher Ebene statuieren und dadurch Auswirkungen auf organschaftliche Pflichten und infolgedessen auf die Haftung der Vorstandsmitglieder haben. Die Vorstandsmitglieder müssen solche ergänzende vertragliche Pflichten erfüllen, solange sie nicht gesetz- und satzungswidrig sind und sich mit organschaftlichen Pflichten in Harmonie befinden.

Es stellen sich nun die Fragen, ob der Anstellungsvertrag als eigenständige Anspruchsgrundlage - unter dem Gesichtspunkt positiver Vertragsverletzung - die Haftung aus § 93 AktG aufgrund der Organstellung verdrängt oder neben dieser fortbesteht und damit eine Anspruchskonkurrenz zum Vorschein bringt, wenn das Vorstandsmitglied sich über diese zusätzlich vereinbarten anstellungsvertraglichen Pflichten hinwegsetzt. Beide Fragen sind negativ zu beantworten. Dies läßt sich mit folgenden Leitsätzen begründen:

Im Wirtschaftsleben müssen die Geschäfte schnell abgewickelt werden. Obwohl der gesamte Schaden nur einmal ersetzt werden muß, würde eine zusätzliche Haftung aus positiver Forderungsverletzung neben der strengen Organhaftung aus § 93 AktG diese Schnelligkeit beeinträchtigen. Würde nämlich das Vorstandsmitglied wegen seiner Pflichtverletzung doppelt haften, so müßte es sich sozusagen zweimal überlegen, bevor es sich für die Gesellschaft betätigt. Darüber hinaus gibt es keinen Grund, den Anstellungsvertrag als eigenständige Anspruchsgrundlage zu betrachten. Der Regelungskomplex des § 93 AktG umfaßt auch die im Anstellungsvertrag verankerten Pflichten und deren Verletzungen. Dies geht aus dem Wortlaut des § 93 Abs. 2 Satz 1 hervor. Dort ist es nämlich vorgeschrieben: *„Die Vorstandsmitglieder, die ihre Pflichten verletzen, sind .... verpflichtet....“* Das Gesetz liefert nirgends ein Indiz dafür, daß es sich bei den Vorstandspflichten ausschließlich um organisationsrechtliche Verpflichtungen und nicht um zusätzliche anstellungsvertragliche Verpflichtungen handelt. Deswegen sollte man den Pflichtenbegriff in § 93 AktG im weitesten Sinne interpretieren.

Von daher ist festzuhalten: Verletzen die Vorstandsmitglieder bei der Leitung der Gesellschaft ihre Pflichten, seien es die organisationsrechtlichen Pflichten, die durch das Aktiengesetz, die Satzung oder die Geschäftsordnung entstanden, seien es durch den Anstellungsvertrag auferlegte Verpflichtungen, so kommt der Organhaftungstatbestand aus § 93

---

[1]Schneider, Haftungsmilderung, FS für Werner S. 803; Martens, Beendigung, FS für Werner S. 508; Mertens § 84 Anm. 84 Kölner Komm.; Dose, Rechtsstellung S. 113; Stodolkowitz, Durchsetzung, ZHR 1990 S. 4 ff.; Schaffland, § 24 Anm 65 GenG Komm. Ähnlich auch Lutter, Haftung von Organmitgliedern, ZHR 1993 S. 476 ff.

AktG als einzige Anspruchsgrundlage zur Anwendung.[1] Auch die Verletzung von Pflichten aus dem Anstellungsvertrag nimmt die Vorschrift des § 93 AktG als weitere gesetzliche Anspruchsgrundlage in sich auf[2] und schließt die Anspruchskonkurrenz aus.[3]

b) Hinsichtlich des Haftungsmaßstabes für sein Verschulden

Abschließend bleibt zu prüfen, ob die Haftungsgrundlagen des § 93 AktG hinsichtlich des Haftungsmaßstabes durch die vertraglichen Vereinbarungen geändert werden kann oder nicht. Es können hierbei zwei Fallmöglichkeiten in Erwägung gezogen werden:

1) Haftungsmilderung bzw. Haftungsausschluß,

2) Verschärfung der Haftung.

Zum einen: Es wäre denkbar, daß der erschwerte Sorgfaltsmaßstab, der die Sorgfalt eines ordentlichen und gewissenhaften Geschäftsleiters erfordert, von vornherein im Rahmen von § 276 Abs. 2 BGB auf Vorsatz oder grobe Fahrlässigkeit reduziert und dadurch die Haftung im Falle der leichten Fahrlässigkeit ausgeschlossen wird. Im Schrifttum besteht Einigkeit über die Unzulässigkeit der vorherigen Vereinbarung, die eine Haftungsmilderung oder einen Haftungsausschluß beinhaltet.[4] [5] Eine solche Vereinbarung im Anstel-

---

[1]Baums, Geschäftsleitervertrag S. 212; Dose, Haftung, ZGR 1973 S. 301; Loeper, Diss. S. 105; Stodolkowitz, Durchsetzung, ZHR 1990 S. 5; Mertens, § 93 Anm. 3 Kölner Komm.

[2]BGH, WM 1989 S. 1335, 1337; Reich, Faktisches Organmitglied, DB 1967 S.1668.

[3]Zur Gegenmeinung vgl. Hübner, Managerhaftung S. 18; Fleck, Drittanstellung, ZHR 1985 S. 397; Scholz/Schneider, § 43 Anm. 13; Müller, § 34 Anm. 2 KommGenG.

[4]Mertens, § 93 Anm. 4 Kölner Komm.; Schilling, § 93 Anm. 8 Großkomm.; Hefermehl, § 93 Anm. 14 Komm. AktG; Baumbach-Hueck, § 93 Anm 6 AktG Komm.; Wiesner, § 26 Anm. 4 S. 218 Münchener; Kust, Sorgfaltspflicht, WM 1980 S. 762; Grunewald, Haftung nach Deliktsrecht, ZHR 1993 S. 461; Fleck, Organmitglied, FS für Hilger-Stumpf S. 215 ff.; Schwarz, Diss. S. 109; Metz, § 34 Anm 132 GenG Komm.; Müller, § 34 Anm. 9 KommGenG.

[5]Im Arbeitsrecht wurde das Institut der Haftungserleichterung bei der schadens- oder gefahrgeneigten Arbeit entwickelt. Dies besagt, daß die Arbeitnehmer für leichte Fahrlässigkeit prinzipiell nicht zu haften brauchen, wenn sich das schädigende Verhalten in engem Zusammenhang mit der ihm übertragenen Arbeit, bei der auch erfahrene und sorgfältige Arbeitnehmer Fehler begehen, befindet. Die Anwendbarkeit der Grundsätze über die Haftungsbeschränkung bei der schadensgeneigten Arbeit auf Vorstandsmitglieder wird im Schrifttum abgelehnt. Dazu vgl. Mertens, § 93 Anm. 4 Kölner Komm.; Bastuck, Enthaftung S. 80 ff.; Grunewald, Haftung nach Deliktsrecht, ZHR 1993 S. 461; Zöllner, § 43 Anm. 9 GmbH-Gesetz; Fleck, Organmitglied, FS Hilger-Stumpf S. 214. Dagegen halten Schneider, (Haftungsmilderung, FS für Werner S. 804 ff.) und Kust (Sorgfaltspflicht, WM 1980 S. 762) sowie Westermann (Freistellungserklärung, FS für Beusch S. 871 ff.) die Haftungsbeschränkung unter bestimmten Umständen für möglich.

lungsvertrag ist nichtig. Dies ergibt sich aus § 23 Abs. 5 Satz 2 AktG. Demnach ist die von den Vorschriften des AktG abweichende Bestimmung insoweit zulässig, als sie ausdrücklich zugelassen ist. Hingegen sind die Vorschriften des § 93 AktG, die sowohl dazu dienen, die Interessen der Gesellschaft als auch des Gläubigers und damit mittelbar der Allgemeinheit zu schützen, zwingend.

Außerdem liefert die Regelung des § 93 AktG mittelbar einen Anhaltspunkt für die Unzulässigkeit der anstellungsvertraglichen Haftungsmilderung der Vorstandsmitglieder. § 93 Abs. 4 AktG hat nämlich den Verzicht und Vergleich auf den Schadenersatzanspruch der Gesellschaft gegenüber den Vorstandsmitgliedern unter gewisse Voraussetzungen gestellt. Zugleich drückt § 93 Abs. 5 Satz 3 AktG aus, daß durch Verzicht oder Vergleich der Schadenersatzanspruch den Gläubigern gegenüber nicht aufgehoben wird. Aus § 93 Abs. 4 und Abs. 5 AktG kann man *argumentum e contrario* den Schluß ziehen, daß die Haftungsmilderung oder der Haftungsausschluß der Vorstandsmitglieder der Aktiengesellschaften im schuldrechtlichen Anstellungsvertrag ausgeschlossen ist. [1] [2]

Zum anderen: In der deutschen Literatur herrscht die Meinung vor, daß die Haftung des Vorstandsmitglieds zugunsten der Gesellschaft verschärft werden kann.[3] Dies kommt erst dann in Betracht, wenn dem Vorstandsmitglied eine Erfolgshaftung ohne Verschulden auferlegt wird. Die herrschende Meinung ist aus zwei Gründen abzulehnen:

Auf der einen Seite verankert § 93 AktG ohnehin eine über § 276 BGB hinausgehende vom Haftungsmaßstab her erschwerte Haftung. An einer weiteren Verschärfung im Anstellungsvertrag haben weder die Gesellschaft noch die Aktionäre noch die Gläubiger ein Interesse. Im Gegenteil, das Vorstandsmitglied könnte im Falle der Haftung ohne Verschulden seine Leitungsfunktion nur bedingt erfüllen.[4] Um die Erfolgshaftung zu umgehen, würde es sich entweder nicht auf Risikogeschäfte einlassen, oder über jede Geschäftsführungsmaßnahme die Hauptversammlung entscheiden lassen (§ 119 Abs. 2 AktG). Da-

---

[1]Schneider, Haftungsmilderung, FS für Werner S. 800 ff.

[2]Die wohl herrschende Lehre nimmt an, daß die Haftung des Geschäftsführers der GmbH vertraglich oder durch den Gesellschafterbeschluß gemildert werden kann. Dazu ausführlich vgl. Zöllner, § 43 Anm. 1d GmbH-Gesetz; Scholz/Schneider, § 43 Anm. 184 ff.; Kion, Haftung, BB 1984 S. 867; Konow, Probleme, GmbHRsch. 1968 S. 221; Fleck, Haftung, GmbHRsch. 1974 S. 229; Heisse, Beschränkung S. 100 ff.; Lindacher, Haftung des GmbH-Geschäftsführers, JuS 1984 S. 674.

[3]Godin-Wilhelmi, § 93 Anm. 4 Aktiengesetz; Schilling, § 93 Anm. 8 Großkomm.; Baumbach-Hueck, § 93 Anm. 2 AktG Komm.; Müller, § 34 Anm. 9 KommGenG; Westermann, Vorstand, FS Vits. S. 258.

[4]Vgl. Hefermehl, § 93 Anm. 2 Komm. AktG; Schilling, § 93 Anm. 15 Großkomm.

durch entstünde ein faktisches Abhängigkeitsverhältnis[1] zur Hauptversammlung, was dem Grundsatz der Kompetenzverteilung des Gesetzes widerspricht.

Auf der anderen Seite steht der anstellungsvertraglichen Haftungserschwerung ein gesetzliches Hindernis entgegen. Nach § 23 Abs. 5 Satz 1 AktG ist die ergänzende Bestimmung nur zulässig, wenn das Aktiengesetz keine abschließende Regelung enthält. Dagegen regelt § 93 AktG den Haftungsmaßstab (Verschuldenshaftung) erschöpfend, so daß er eine ergänzende Vereinbarung zur Erfolgshaftung unzulässig macht.[2]

4) Haftung aus unerlaubter Handlung?

a) Allgemeine Bestimmungen

Nach § 93 AktG sind die Mitglieder des Vorstands zum Schadenersatz verpflichtet, wenn infolge der vorsätzlichen oder fahrlässigen Verletzung der ihnen obliegenden Pflichten der Gesellschaft ein Schaden entstanden ist. Diese Norm bildet eine selbständige gesetzliche Haftungs- und Anspruchsgrundlage. Die Anspruchsberechtigten können somit allein unter der Berufung auf diese Norm den Ersatz des der Gesellschaft entstandenen Schadens gegenüber den ersatzpflichtigen Mitgliedern des Vorstands geltend machen. Hier stellt sich nun die Frage, ob der Ersatz des Schadens der Gesellschaft auch aufgrund der deliktischen Haftung verlangt werden kann. In diesem Sinne ist noch zu beantworten, ob die einzelnen Aktionäre und Gläubiger der Gesellschaft (also Dritter) den Ersatzpflichtigen aus § 823 Abs. 1 und Abs. 2 sowie § 826 BGB in Anspruch nehmen können.

b) Haftung aus § 823 Abs. 1 BGB

Nach § 823 Abs. 1 BGB ist derjenige zum Schadenersatz verpflichtet, der vorsätzlich oder fahrlässig das Leben, den Körper, die Gesundheit, die Freiheit, das Eigentum oder ein sonstiges Recht eines anderen widerrechtlich verletzt. Nach allgemeiner Ansicht[3] im deutschen Schrifttum ist die Aktie bzw. das Mitgliedschaftsrecht des Aktionärs als sonstiges Recht anerkannt. Nach dieser Ansicht liegt jedoch im Verhältnis der Aktionäre zu den Vorstandsmitgliedern bei der vorsätzlichen oder fahrlässigen Verletzung der organschaftli-

---

[1]Vgl. Kastner, Gesellschaftsrecht S. 179.

[2]Hefermehl, § 93 Anm. 14 Komm. AktG.

[3]Schilling, § 93 Anm. 65 Großkomm.; Hefermehl, § 93 Anm. 94 Komm. AktG; Godin-Wilhelmi, § 93 Anm. 8 Aktiengesetz; Wiesner, § 26 Anm. 32 S. 205 Münchener; Wiedemann, Gesellschaftsrecht S. 239 ff. Vgl. RGZ 100, 274, 278; 158, 248, 255.

chen Pflichten durch die Vorstandsmitglieder kein zum Schadenersatz verpflichtender Eingriff in die Mitgliedschaftsrechte vor, denn das Mitgliedschaftsrecht beinhaltet kein abstraktes Recht auf das rechtmäßige Verhalten der Vorstandsmitglieder.

Demgegenüber hat der BGH in seinem berühmten Hollzmüller-Urteil[1] die Möglichkeit, daß ein Aktionär die Mitglieder des Vorstands aufgrund einer Verletzung seiner Mitgliedschaftsrechte in Anspruch nehmen kann, prinzipiell für zulässig gehalten: Demnach braucht sich der Aktionär nicht allein auf einen Anspruch gegen den Vorstand verweisen zu lassen. Er habe vielmehr einen verbandsrechtlichen (organisationsrechtlichen) Anspruch darauf, daß die Gesellschaft seine Mitgliedsrechte achtet und alles unterläßt, was sie über das durch Gesetz und Satzung gedeckte Maß hinaus beeinträchtigt. Verletze der Vorstand diesen Anspruch in seiner Eigenschaft als Organ der Gesellschaft, so sei es deren Sache, durch Organe Abhilfe zu schaffen, den betroffenen Aktionären Genüge zu tun und dafür zu sorgen, daß ihre Mitgliedschaftsrechte künftig nicht mehr verletzt werden. In dieser Entscheidung beschäftigte sich der BGH mehr mit der auf die Unterlassung oder Wiederherstellung gerichtete Aktionärsklage, die Schadenersatzansprüche werden jedoch in dieser Begründung dem Sinne nach mit umfaßt. Aus der Begründung des BGH ergibt sich jedoch nicht, inwieweit der Schaden des Aktionärs wegen der Verletzung seines Mitgliedschaftsrechts zu ersetzen ist. Insofern ist der Schutz des § 823 Abs. 1 BGB nach allgemeiner Ansicht nicht auf die Wertminderung infolge des Schadens am Gesellschaftsvermögen auszudehnen.[2]

c) Haftung aus § 823 Abs. 2 BGB

Nach § 823 Abs. 2 BGB trifft die Verpflichtung zum Schadenersatz auch denjenigen Schädiger, welcher gegen ein den Schutz eines anderen bezweckendes Gesetz verstößt. Schutzgesetz im Sinne von § 823 Abs. 2 BGB ist dabei jede Norm, die zumindest neben anderen Zwecken (Schutz der Allgemeinheit) auch dem Schutz des einzelnen oder einzelner Personenkreise gegen Verletzung eines Rechtsgutes dient.[3] Demnach wären die Vorstandsmitglieder, die ihnen obliegenden Pflichten verletzen, den Aktionären gegenüber schadenersatzpflichtig, wenn die Vorschriften von § 93 Abs. 2, Abs. 3 AktG als Schutzge-

---

[1]BGHZ 83, 122, 133 ff. Vgl. BGH, JZ 1991 S. 192 ff.

[2]Vgl. RGZ 158, 255; Hübner, Managerhaftung S. 21; Raiser zitiert bei Hübner, Managerhaftung S. 21 Fn. 99.

[3]Palandt, § 823 Anm. 141 BGBKomm. Vgl. Knöpfle, Schutzgesetz, NJW 1967 S. 697.

setz zugunsten der Aktionäre zu bewerten wären. Im deutschen Schrifttum besteht insofern Einigkeit[1], daß § 93 Abs. 2, Abs. 3 AktG kein Schutzgesetz zugunsten der Aktionäre darstellt. Vielmehr dienen diese Vorschriften allein dem Schutz der Gesellschaft vor Pflichtverletzungen durch die Mitglieder der Verwaltung. Nach herrschender Lehre[2] dienen aber dem Schutz der Aktionäre im Sinne von § 823 Abs. 2 BGB die Vorschriften des § 92 Abs. 1, Abs. 2 AktG.

d) Haftung aus § 826 BGB

Eine Haftung aus § 826 BGB setzt voraus, daß der Schädiger einem anderen vorsätzlich in einer gegen die guten Sitten verstoßenden Weise Schaden zufügt. Nach dieser Umschreibung des Gesetzes kann ein Vorstandsmitglied dem Aktionär gegenüber schadenersatzpflichtig sein, wenn es die Aktionäre[3] durch sein Tun oder Unterlassen vorsätzlich und in einer gegen die guten Sitten verstoßenden Weise schädigt. Da aber die Haftung nach § 826 BGB sehr hohe Anforderungen stellt, sind die Erfolgschancen der geschädigten Aktionäre auf diese Weise sehr gering.

5) Beginn und Ende der Haftung des einzelnen Mitglieds des Vorstands

Die Frage, wann die Haftung des Vorstandsmitglieds anfängt, hat der Gesetzgeber offen gelassen. Sie läßt sich unter Berücksichtigung der Rechtsnatur der sich aus § 93 AktG ergebenden Haftung beantworten. Wie schon angeführt, besteht die Haftung des Vorstandsmitglieds kraft Gesetzes und beruht unmittelbar auf seiner Organstellung. Hierbei kommt es also nicht auf das Bestehen eines wirksamen Anstellungsvertrages an. Demnach beginnt die Haftung zu dem Zeitpunkt, zu dem das Vorstandsmitglied in die Organisation der AG eingegliedert worden ist und damit zugleich die von ihm zu erfüllenden Pflichten entstanden sind.[4] Dies ist von dem Moment an der Fall, an dem die Zustim-

---

[1]Schilling, § 93 Anm. 67 Großkomm.; Hefermehl, § 93 Anm. 90 Komm. AktG; Wiesner, § 26 Anm. 31 S. 226 Münchener; Hüffer, § 93 Anm. 19, 20 AktienG; Baumbach-Hueck, § 93 Anm. 3 AktG Komm. Vgl. auch RGZ 115, 289, 296; 159, 211, 224; BGH, AG 1979 S. 263, 264; LG Düsseldorf, AG 1991 S. 70, 71.

[2]Hefermehl, § 92 Anm. 11, 24 Komm. AktG; Wiesner, § 26 Anm. 33 S. 227 Münchener; Meyer-Landrut, § 92 Anm. 3, 9 Großkomm.

[3]Unter den Voraussetzungen des § 826 BGB kann nicht nur der Aktionär, sondern jeder Dritte wie z.B. der Gläubiger der Gesellschaft von den Vorstandsmitgliedern den Ersatz des ihnen entstandenen Schadens verlangen.

[4]Vgl. Godin-Wilhelmi, § 93 Anm. 3 Aktiengesetz; Golling, Diss. S. 26.

mungserklärung (des jeweiligen Vorstandsmitglieds) zur Bestellung der Gesellschaft zugeht.

Für den Beginn der Haftung ist die Eintragung der Gesellschaft oder des Vorstandsmitglieds ins Handelsregister belanglos. Die Haftung besteht daher bereits in der Gründungsphase. Verletzt also das Vorstandsmitglied seine Verpflichtungen während dieser Zeit, so richtet sich seine Haftung aufgrund des Verweises des § 48 AktG nach § 93 AktG mit Ausnahme von § 93 Abs. 4 Satz 3 und 4 und Abs. 6 AktG.

Der obengenannten Haftungsgrundlage entsprechend enden die Vorstandspflichten und damit auch die Haftung in der Regel mit der wirksamen Beendigung der Bestellung.[1] Dieses Resultat kann durch Ablauf der Amtszeit, durch Widerruf der Bestellung oder durch Amtsniederlegung erfolgen. Ausnahmsweise können aber die Pflichten des Vorstandsmitglieds und seine Haftung über die Beendigung der Bestellung hinaus fortbestehen, wie z.B. die Verschwiegenheitspflicht gemäß § 93 Abs. 1 Satz 2 AktG.

II) Nach türkisch-schweizerischem Recht

1) Das Rechtsverhältnis zwischen dem Verwaltungsratsmitglied und der Gesellschaft

a) Unterschiede zwischen türkisch-schweizerischem und deutschem Aktienrecht hinsichtlich des für die Wahl der Verwaltungsratsmitglieder zuständigen Organs und der Wählbarkeitsvoraussetzungen

Im türkischen wie auch im schweizerischen Aktienrecht wird das Verwaltungsratsmitglied gemäß Art. 312 Abs. 1 THGB und Art. 708 Abs. 1 aOR grundsätzlich durch die Generalversammlung gewählt.[2] Dies gehört zu ihren unübertragbaren Aufgaben (Art 698 Abs. 1 Nr. 2 aOR) Art 698 Abs. 2 Nr. 2 OR. Von diesem Grundsatz ist auszunehmen, daß die Mitglieder des ersten Verwaltungsrates im Falle der Einheitsgründung in der Satzung be-

---

[1]Vgl. Golling, Diss. S. 27.

[2]Gem. Art. 709 Abs. 1 OR hat bei unterschiedlichen Kategorien jede Kategorie ein Recht auf mindestens einen Vertreter im Verwaltungsrat. Der Vertreter der bestimmten Aktienkategorie wird auch durch die Generalversammlung gewählt. Der Kategorie steht aber ein Vorschlagsrecht zu. Der Wahlvorschlag der Kategorie ist im Prinzip für die Generalversammlung verbindlich und kann nur aus wichtigem Grund abgelegt werden. Dazu ausführlich vgl. Kendigelen, Moroglu Armagani S. 339, 361 ff.; ders., Imregün Armagani S. 375 ff. Art. 709 OR hat keine Entsprechung im THGB. Zur Frage, ob den Aktienkategorien ein Vorschlagsrecht auch nach türkischem Recht zusteht vgl. Kendigelen, Doz. S. 211, 226 ff.

zeichnet werden müssen (Art. 303 THGB) und im Falle der Stufengründung durch die Gründer bestellt werden können, falls sie in der Satzung nicht bestimmt sind (Art 292 Abs. 1 THGB). Eine andere Ausnahme bildet die Vorschrift des Art. 315 Abs. 1 THGB. Demnach können sich die übrigen Verwaltungsratsmitglieder selbst durch die Kooptation provisorisch ergänzen, falls eine Stelle im Verwaltungsrat während des Geschäftsjahrs frei wird.[1] Der provisorisch Bestellte ist der nächsten Generalversammlung zur Bestätigung vorzuschlagen. Bis zur diesem Zeitpunkt führt er seine Tätigkeiten wie ein von der Generalversammlung gewähltes Verwaltungsratsmitglied fort. Dann wird er entweder von der Generalversammlung bestätigt und mithin ordentliches Mitglied des Verwaltungsrats oder seine Tätigkeit im Verwaltungsrat ist ganz beendet.

Es befand sich im alten OR keine ausdrückliche Bestimmung, die die Lückenfüllung im Verwaltungsrat durch die übrigen Mitglieder im Wege der Kooptation zuläßt. Gemäß Art. 708 Abs. 3 aOR[2] können die verbliebenen Mitglieder die Verwaltung bis zur nächsten Generalversammlung fortführen, soweit die Statuten nichts anderes bestimmen. Die in der Schweiz am meisten vertretene damalige Lehre[3] nahm an, daß der Verwaltungsrat sich nicht durch die Kooptation selber ergänzen könne. Eine entsprechende Bestimmung im Statut sei nichtig, da sie gegen die ausschließliche Kompetenz der Generalversammlung verstoße.[4]

Bei der Betrachtung der Regelungen im türkischen und schweizerischen Recht muß man der türkischen Regelung den Vorzug geben, zumal die verbleibenden Verwaltungsratsmitglieder vielfach am besten einschätzen können, welche fachliche und persönliche Qualifikation der Nachfolger besitzen sollte. Da die Regelung aber kein absolutes Recht ist, trifft man es in der Praxis öfters an, daß in der Generalversammlung von vornherein die

---

[1]Im deutschen Recht haben die verbleibenden Vorstandsmitglieder keine Möglichkeit, die freie Stelle im Vorstand durch Kooptation selber zu füllen. Dies würde gegen zwingende Kompetenzverteilungsnormen verstoßen. Vgl. Hefermehl § 84 Anm. 8 Komm. AktG. In diesem Fall bestellt das Gericht auf Antrag des Beteiligten ein neues Mitglied zum Vorstand. In diesem Sinne sind die Beteiligten die Gesellschaft, ihre Organmitglieder und jeder Dritte, der ein dringliches Interesse an der Ersetzung des fehlenden Vorstandsmitglieds hat. Vgl. Mertens, § 85 Anm. 9 Kölner Komm.

[2]Diese Bestimmung wurde bei der Revision des OR vom 4. Oktober 1991 (in Kraft seit 1. Juli 1992) aufgehoben.

[3]Vgl. Steiger, das Recht S. 201 m.w.N.

[4]Bürgi, Art 708 Anm. 26 Züricher Komm.; Kolb, Diss. S. 40.

Ersatzmitglieder gewählt werden, um die Initiative der Verwaltungsratsmitglieder zur Kooptation zu beseitigen.

Für das vom Etatismus geprägte türkische Aktienrecht ist charakteristisch, daß die Körperschaften des öffentlichen Rechts den Betrieb der Gesellschaften, deren Tätigkeiten das öffentliche Interesse im stärksten Maße berühren, beaufsichtigen und bis in die innere Angelegenheiten der Verwaltung eingreifen. In diesem Zusammenhang bestimmt THGB in Art. 275[1], daß die juristischen Personen des öffentlichen Rechts, wie Staat, Provinz, Gemeinde durch eine in die Satzung aufzunehmende Bestimmung in den Verwaltungsrat der Aktiengesellschaften, deren Gegenstand zu den öffentlichen Diensten gehört, einen Vertreter entsenden können. Die entsandten Vertreter der juristischen Personen des öffentlichen Rechtes haben dieselben Rechte und Pflichten im Verwaltungsrat wie die von der Generalversammlung gewählten Mitglieder des Verwaltungsrats.

Ein anderer wesentlicher Unterschied besteht zwischen türkisch-schweizerischem und deutschem Recht in den Voraussetzungen der Wählbarkeit zum Verwaltungsorgan. Im Gegensatz zu § 76 AktG bestimmt Art. 312 THGB sowie Art. 707 aOR[2]: *„Der Verwaltungsrat setzt sich aus den Aktionären zusammen. Werden Nichtaktionäre als Mitglieder gewählt, so dürfen sie ihr Amt erst antreten, nachdem sie die Aktionärseigenschaft erworben haben*". Mag auch im türkisch-schweizerischen Aktienrecht das System der Drittorganstellung gelten, indem sich die AG als von ihren Gesellschaftern gelöste, verselbständigte Rechtsperson (Körperschaft) darstellt, so setzte der Gesetzgeber die Aktionärseigenschaft mit dem Gedanken voraus, daß das Verwaltungsratsmitglied während seiner Geschäftsführung - wegen finanzieller Beteiligung am Grundkapital - sein eigenes Interesse mit den Interessen der AG eng verbindet[3] und daß er sich somit sorgfältiger verhält als ein unabhängiger Dritter.[4]

Diese Vorschrift hat aber in der Praxis kaum Bedeutung. Da die Anzahl und die Höhe der Aktien nicht im Gesetz vorgeschrieben ist, muß der Erwerb einer einzigen Aktie genügen, um die Voraussetzung der Aktionärseigenschaft zu erfüllen. Außerdem widerspricht sie den Ansprüchen des heutigen komplizierten Betriebswirtschafts- und Aktienwesens. Heut-

---

[1]Diese Bestimmung bildet die Wiedergabe des Art. 762 aOR und OR.

[2]Diese Bestimmung ist bei der Revision des OR vom 4. Oktober 1991 unverändert geblieben.

[3]Bürgi, Art 707 Anm. 2 Züricher Komm.

[4]Ansay, ASH. S. 99; Arslanli, AS Organizasyonu S 95.

zutage werden die Führungskräfte in der großen AG nach ihrer fachlichen Qualifikation, ihrem beruflichen Charisma und ihren Erfahrungen u.s.w. angestellt. Dies entspricht auch dem Trennungsprinzip der Eigentümer von der Unternehmensleitung der Gesellschaft und ist zweckmäßiger zur Erreichung eines erfolgreichen Managements, als die Mitglieder des Verwaltungsrates mit finanziellen Beteiligungen an die Gesellschaft zu binden.

Die Vorschrift des Art. 312 THGB steht mit der Vorschrift des Art. 313 THGB[1] in enger Verbindung. Art. 313 THGB bestimmt nämlich, daß jedes Verwaltungsratsmitglied sich verpflichtet, bei der Gesellschaft die Aktien, deren Nennwert wenigstens einem vom Hundert des Grundkapitals gleichkommt, zu hinterlegen. Überschreitet jedoch ein vom Hundert des Grundkapitals den Betrag von 5000 Ltq, so besteht für den darüber hinausgehenden Betrag keine Hinterlegungspflicht. Die hinterlegten Aktien dienen - bis zur Entlastung des Mitgliedes durch die Generalversammlung - der Gesellschaft, den Aktionären und Gläubigern als Pfand bezüglich der Haftung aus Pflichtverletzungen. Sie können auf andere nicht übertragen und von der Gesellschaft nicht zurückverlangt werden. Die Nichtbeachtung dieser Vorschrift hat dennoch keinen Einfluß auf den Bestand der Verwaltungsratsstellung und zieht auch keine andere Sanktion nach sich.[2]

Diese Vorschrift hat jedoch in der heutigen Wirtschaftspraxis an Bedeutung verloren. Es ist nämlich eindeutig, daß die in Höhe von 5000 Ltq. hinterlegten Aktien in einer AG, deren Grundkapital über Milliarden Ltq hinausgeht, keine Garantiefunktion für den wegen der Pflichtverletzung des Verwaltungsratsmitglieds verursachten Schaden ausüben kann. Folglich sollte de lege ferenda die Hinterlegungspflicht nach schweizerischem Vorbild ganz aufgehoben oder zumindest die 5000 Ltq. Klausel gestrichen werden.[3]

b) Entstehung des Rechtsverhältnisses und seine rechtliche Qualifikation

aa) Literaturstand

Im Gegensatz zu § 84 AktG enthält weder das THGB noch das alte OR, noch das OR eine derartige gesetzliche Bestimmung, von der unmittelbar abgeleitet werden kann, daß zwischen dem einzelnen Verwaltungsratsmitglied und der AG die auf zwei einzelnen Rechts-

---

[1]Sie entspricht dem Art. 709 aOR. Diese Vorschrift ist in der Reform des OR vom 4. Oktober 1991 gestrichen.

[2]Kolb, Diss. S. 21.

[3]So auch Imregün, Kara Ticaret S. 339. Vgl. auch Tongaloglu, Banka Idare Meclisleri S. 249, 254.

geschäften beruhenden Doppelrechtsverhältnisse, einerseits das organisationsrechtliche Bestellungsverhältnis, andererseits das schuldrechtliche Anstellungsverhältnis, bestehen. Aufgrund des Fehlens jener gleichbedeutenden Regelung wird diese Aufteilung des zwischen dem Verwaltungsratsmitglied und der AG bestehenden Rechtsverhältnisses in zwei separate Rechtsbeziehungen in der vorherrschenden schweizerischen Literatur[1] überwiegend mit der Argumentation[2] abgelehnt, daß das eine Rechtsgeschäft ohne das andere praktisch unwirksam sei. Demnach bestehe aufgrund des Wahlaktes und dessen Annahme zwischen dem einzelnen Mitglied des Verwaltungsrates und der Aktiengesellschaft ein einheitliches Rechtsverhältnis, das zwei Komponenten innehat: die Organstellung und die Anstellung.

Nach dieser herrschenden Lehre übe das Verwaltungsratsmitglied einerseits eine gesetzlich bestimmte Funktion in der Organisation der AG aus, es besitze deshalb die Eigenschaft des Trägers der Organstellung, die sich im wesentlichen in den verschiedenen gesellschaftsinternen Mitwirkungsrechten und seiner Vertretungsmacht widerspiegele. Diese Organfunktionen des Verwaltungsratsmitglieds könnten aber im Rahmen der zwingenden gesetzlichen Vorschriften im Statut, Reglement oder GV-Beschluß erweitert oder eingeschränkt werden. Die Organstellung des Verwaltungsratsmitglieds sei sozialrechtlicher Natur. Andererseits betrachtet diese herrschende Lehre in der Schweiz neben der Organstellung, angesichts der gegenseitigen Leistungspflichten zwischen dem Verwaltungsratsmitglied und der AG, eine vertragliche Beziehung als weitere Komponente dieses Verhältnisses. Demnach verpflichte sich das Mitglied des Verwaltungsrats, die Tätigkeit, die sich aus der Organstellung ergebe, auszuüben. Da kein Aktionär verpflichtet werden könne, kraft seiner Mitgliedschaft eine Organstellung zu bekleiden, sei dieser Vertrag individualrechtlicher Natur.

Diese zwei Komponenten werden zu einem einheitlichen Rechtsverhältnis, und zwar zu einem privatrechtlichen Vertragsverhältnis, resümiert. Auf die Frage, wann und wodurch der Vertrag zustande kommt, wird folgendermaßen geantwortet: Die Wahl des Aktionärs in den Verwaltungsrat stelle sich nicht als einseitiges Rechtsgeschäft dar, sondern die Generalversammlung als das gemäß Gesetz für die Wahl zuständige Organ offeriere dem

---

[1]Vgl. Bürgi, Art. 708 Anm. 5 ff. Züricher Komm.; Kolb, Diss. S. 7; Senn, Diss. 25; Kaeslin, Diss. S. 24 ff.; Wolfers, Verwaltungsorgane S. 23; Schulz-Dornburg, Diss. S. 31; Steiger, das Recht S. 220; Forstmoser/Meier-Hoyoz, Einführung ins SAR § 23 Anm. 2 S. 172.

[2]Bürgi, Art 708 Anm. 8 Züricher Komm.

Aktionär im Verwaltungsrat einen Sitz, d.h. es stelle einen Antrag zum Abschluß eines Vertrags. Der wesentliche Inhalt des Antrags gehe aus den Bestimmungen des Gesetzes, der Statuten, der Reglemente und der GV-Beschlüsse betreffend der Stellung des Verwaltungsrates hervor.[1] Der Gewählte sei nicht verpflichtet, den in Form einer Wahl an ihn gerichteten Antrag anzunehmen. Nehme er jedoch die Wahl in der Generalversammlung durch mündliche Aussage ausdrücklich oder durch konkludentes Verhalten z.B. durch Unterzeichnen der Anmeldung an das Handelsregister stillschweigend an, so sei der privatrechtliche Anstellungsvertrag zwischen ihm und der AG entstanden. Durch diesen Vertrag mache die AG ihren Aktionär zum Organträger des Verwaltungsrats und jener verpflichte sich, die Funktionen auszuüben, die diese Stellung mit sich bringe.[2] Der Inhalt dieses Vertrags sei nicht durch ausschließlich freie Parteiabrede bestimmt, sondern er ergebe sich überwiegend aus den Bestimmungen des Gesetzes und der Satzung.[3]

Bei der Frage nach der Einordnung dieses Vertrages unter schuldrechtliche Vertragstypen gehen die Meinungen im Schrifttum weit auseinander. Hierzu werden drei Vertragstypen in Betracht gezogen: Dienstvertrag (bzw. Arbeitsvertrag), Auftrag (Mandat) und Contractus sui generis.

aaa) Dienstvertrag

In den Vorschriften von Art. 319 Abs. 1 aOR[4] und Art. 313 Abs. 1 TOG wird der Dienstvertrag so definiert: *„ein Vertrag, durch den sich der Dienstpflichtige zur Leistung von Diensten auf bestimmte oder unbestimmte Zeit und der Dienstherr zur Entrichtung eines Lohns verpflichtet."* Sowohl in der türkischen[5] als auch in der schweizerischen Literatur[6] wird mit

---

[1]Kolb, Diss. S. 46.

[2]Kolb, Diss. S. 12; Kaeslin, Diss. S. 27.

[3]Wolfers, Verwaltungsorgane S. 25; Bürgi, Art. 708 Anm. 6 Züricher Komm.

[4]Dieser Artikel, der die Quelle des Art. 313 TOG bildet, wurde am 25 Juni 1971 revidiert. Nach den revidierten Bestimmungen des Art 319 Abs.1 OR ist der Einzelarbeitsvertrag ein Vertrag, durch den sich der Arbeitnehmer auf bestimmte oder unbestimmte Zeit zur Leistung von Arbeit im Dienst des Arbeitsgebers und dieser zur Entrichtung eines Lohnes, der nach Zeitabschnitten oder nach der geleisteten Arbeit bemessen wird, verpflichtet. Mit den Worten „im Dienst des Arbeitgebers" wird das Element der wirtschaftlichen und rechtlichen Abhängigkeit des Arbeitnehmers, das in der Doktrin zum früheren Recht auch schon als solches betrachtet wurde, gesetzlich anerkannt.

[5]Vgl. Kaplan, Banka Idare Meclisi S. 129 ff.; Atan, Diss. S. 10; Domanic, Serh S. 492 ff.

[6]Vgl. Steiger, das Recht S. 220; Kolb, Diss. S. 11; Kaeslin, Diss. S. 24; Bürgi, Art 708 Anm. 13 Züricher Komm.

folgender Argumentation weitgehend abgelehnt, das zwischen Verwaltungsratsmitglied und AG bestehende Rechtsverhältnis als Dienstvertrag zu qualifizieren:

1) Mit dem Dienstvertrag ist gewöhnlich eine dauernde berufliche Stellung verbunden, in dem die ganze Arbeitskraft für das Unternehmen verwendet wird. Das Verwaltungsratsmitglied aber betätigt sich meistens nicht dauernd im Dienste der AG.[1]

2) Ein weiteres typisches Element des Dienstvertrags (bzw. Arbeitsvertrags) ist das Abhängigkeitsverhältnis zwischen dem Arbeitgeber und dem Arbeitnehmer: Der Arbeitgeber bestimmt, wie, wann und wo zu arbeiten ist. Ein derartiges Abhängigkeitsverhältnis schließt aber die selbständige Stellung als Organ in der Organisation der AG zwischen dem Verwaltungsratsmitglied und der AG aus.[2] Ganz im Gegenteil - wie im deutschen Recht - wird das Mitglied des Verwaltungsrats als Arbeitgeber charakterisiert.[3]

3) Beim Dienstvertrag ist ein anderes gravierendes Element, daß die Leistung von Arbeit gegen ein Entgelt erbracht werden muß. Dagegen schreibt Art. 333 THGB vor, daß vorbehaltlich einer abweichenden Satzungsbestimmung den Mitgliedern des Verwaltungsrates für jeden Sitzungstag ein Entgelt (Sitzungsgeld) zu zahlen ist. Diese Bestimmung betone, daß das Entgelt kein unabdingbares Tatbestandsmerkmal für das Vertragsverhältnis zwischen dem Mitglied und der AG ist.[4]

Bürgi[5] plädiert jedoch für den dienstvertragsähnlichen Charakter des Rechtsverhältnisses im Falle der Klein-AG (bzw. Familien-AG), wo ein oder mehrere Verwaltungsratsmitglieder die gesamte Geschäftsleitung berufsmäßig durchführen.

bbb) Auftrag (Mandat)

Der Gesetzgeber bestimmt den Begriff des Auftrags in Art. 386 Abs. 1 TOG (= Art 394 Abs.1 OR) wie folgt: *„Ein Vertrag, durch den sich der Beauftragte die ihm übertragenen Geschäfte oder Dienste vertragsmäßig zu besorgen verpflichtet"*. Im türkisch-schweizerischen Recht, anders als im deutschen Recht, stellt sich die Unentgeltlichkeit als kein konstantes Tatbestandsmerkmal des Auftrags dar: Ein Entgelt in Form von Honorar

---

[1]Kaeslin, Diss. S. 24; Senn, Diss. S. 27.

[2]Bürgi, Art. 708 Anm. 13 Züricher Komm.

[3]Mimaroglu, Diss. S. 101; Ansay, ASH S. 103.

[4]Ansay, ASH S. 103.

[5]Bürgi, Art. 708 Anm. 13 Züricher Komm.

oder Lohn hat der Auftraggeber nur dann zu entrichten, wenn dies vertraglich vereinbart oder üblich ist (Art. 386 Abs. 3 TOG, Art 394 Abs. 3 OR) d.h. wenn die Leistung des Beauftragten den Umständen nach nur gegen ein Entgelt zu erwarten ist. In der Praxis haben aber die entgeltlichen Auftragsverhältnisse überwiegende Bedeutung erlangt.

Die Abgrenzungskriterien zwischen Dienstvertrag und Auftrag besteht im türkisch-schweizerischen Recht darin, daß der Beauftragte zum Auftraggeber in einem relativen Unabhängigkeitsverhältnis steht[1] und das Mandat jederzeit fristlos niedergelegt oder widerrufen werden kann[2] (Art. 396 Abs. 1 TOG, Art. 404 Abs.1 OR[3]). Demnach liegt der Auftrag vor, wenn der Beauftragte die vom Auftraggeber übertragenen Geschäfte in einer selbständigen Stellung (d.h. am von ihm selbst bestimmten Ort[4] und Zeitpunkt und wirtschaftlich unabhängig vom Auftraggeber), aber unter Wahrnehmung von dessen Interessen besorgt.

Was das Vertragsverhältnis zwischen Verwaltungsratsmitglied und AG bei normalen, typischen Aktiengesellschaften betrifft, stimmt die Mehrheit der Autoren in der schweizerischen und türkischen Literatur weitgehend darin überein, daß es sich um einen Auftrag handele. Auch das Bundesgericht[5] und der Kassationsgerichtshof der Türkei[6] haben dieses Verhältnis als Auftrag bezeichnet. Diese vorherrschende Ansicht im Schrifttum stützt sich auf die Annahme, daß sich der Gegenstand des Vertrags zwischen der AG einem Verwaltungsratsmitglied mit der üblichen Definition des Auftrags decke.[7] Das Mitglied des Verwaltungsrats verpflichte sich nämlich durch diesen Vertrag zur Besorgung der Geschäfte der AG, wobei es ohne von der AG wirtschaftlich unabhängig zu sein und ohne seine ganze Persönlichkeit und Arbeitskraft in den Dienst derselben zu stellen, die auf den wirtschaftlichen Erfolg der Gesellschaft gerichteten Tätigkeiten vornehme. Darüber hinaus

---

[1]Guatschi, Berner Kommentar, Obligationenrecht Art. 394 Anm. 62 b (Band VI/2).

[2]Guatschi, Berner Kommentar, Obligationenrecht Art. 404 Anm 10 a (Band VI/2); Tandogan, Borclar C II S. 374 ff.; Yavuz, Borclar Hukuku S. 169.

[3]Vgl. § 667 BGB.

[4]Y. HGK. 28.1.1977 T. E. 976-13-3520/K. 977-89 in ABD 1977 S. 345 ff.

[5]BGE 44 II 132 ff.; 99 II 176; 102 II 359.

[6]Y. 11. HD. 24.11.1981 T. E 1981/4751 K 1981/5019 in YKD C. 8 sa. 4 S. 520 ff.

[7]Vgl. Wolfers, Verwaltungsorgane S. 27; Bürgi, Art 708 Anm. 14 ff. Züricher Komm.; Kaeslin, Diss. S. 25; Diggel, Diss. S. 24; Meier-Wehrli, Diss. S. 70; Senn, Diss. S.44.; Guatschi, Rechtsverhältnisse, SJZ 1949 S. 301; Jäggi, Ein Gerichtsurteil, SJZ 1960 S. 3 ff.; Ansay, ASH S. 103; Kaplan, Banka Idare Meclisi S. 134, Imregün, Kara Ticaret S. 351.

liefere die Vorschrift des Art. 705 aOR, wonach die Abberufung der Verwaltungsratsmitglieder jederzeit durch die Generalversammlung möglich ist, (entspricht dem Art. 316 THGB) einen weiteren Beweis für die Subsumtion der Rechtsstellung des Verwaltungsratsmitglieds unter den Auftrag. Die freie Widerrufbarkeit bilde nämlich ein wichtiges Merkmal des Auftrags.

Andererseits kommen Arslanli[1], Atan[2], Mimaroglu[3] zum Auftragsverhältnis des Verwaltungsratsmitglieds mit der Gesellschaft aus dem Verweis des Art 138 THGB auf die Vorschriften von Art. 520-541 TOG, wo die Bestimmungen über die einfache Gesellschaft normiert sind. Sie gehen von der Vorschrift des Art. 530 Abs. 1 TOG aus, die die Rechtsbeziehung zwischen den geschäftsführenden und den nichtgeschäftsführenden Gesellschaftern regelt. Demnach finden gemäß Art 138 THGB die Vorschriften von 520-541 TOG für jede Handelsgesellschaft Anwendung, vorbehaltlich speziellen Vorschriften über den jeweiligen Gesellschaftstyp und soweit sie dem Wesen des jeweiligen Gesellschaftstypes nicht widersprechen. Art 530 Abs. 1 TOG schreibt dagegen vor, „ *soweit .... im Gesellschaftsvertrage nicht etwas anderes vorgesehen ist, kommen auf das Verhältnis der geschäftsführenden Gesellschafter zu den übrigen Gesellschaftern die Vorschriften über den Auftrag zur Anwendung.*" Nach Ansicht der genannten Vertreter der Literatur sollte mithin die Rechtsbeziehung kraft Art. 530 Abs. 1 TOG als Auftrag bewertet werden, falls die Parteien keine Vereinbarung darüber getroffen haben, und die Satzung keine Bestimmung oder Anhaltspunkte enthält.

ccc) Contractus sui generis

Nach der Auffassung von Kolb[4] wäre als eigentliche Subsumtion die Annahme eines Auftrags zwischen dem Verwaltungsratsmitglied und der Gesellschaft nur möglich, wenn man die gesetzlichen und statuarischen Vorschriften über das Rechtsverhältnis außer Acht lasse. Er weist weiterhin darauf hin, daß sich jene Vorschriften nicht ganz mit den Mandatsnormen decken würden, ja diesen sogar widersprechen könnten. Aus diesem Grund und um die Bedeutung der Organträgerschaft für das Rechtsverhältnis besser würdigen zu können, hält er die Annahme eines „contractus sui generis" für richtig: Die Gesellschaft

---

[1]Arslanli, AS Organizasyonun S. 108.

[2]Atan, Diss. S. 12.

[3]Mimaroglu, Diss. S. 102

[4]Kolb, Diss. S. 11.

schließe mit dem Verwaltungsratsmitglied einen Vertrag besonderer Art, aufgrund dessen es sich zur Erfüllung von Organfunktionen gemäß den Vorschriften des Aktienrechtes und der Statuten verpflichte. Da diese Vorschriften das Rechtsverhältnis nicht vollständig regeln würden, könnten die Lücken durch analoge Anwendung der Bestimmungen über den Auftrag ergänzt werden.

bb) Kritische Würdigung der herrschenden Lehre und eigene Meinung

aaa) Kritische Würdigung

Die Auffassung der herrschenden Lehre, es bestehe - aufgrund der Wahl der Mitglieder des Verwaltungsrats durch die Generalversammlung - zwischen dem Verwaltungsratsmitglied und der AG ein einheitliches privatrechtliches Vertragsverhältnis, das organschaftliche und schuldrechtliche Elemente beinhalte, hält den allgemeinen und aktienrechtlichen Erwägungen in folgenden Punkten nicht stand:

1) Vor allem erheben sich Bedenken in der grundlegenden Annahme der Richtigkeit, daß zwischen dem Mitglied des Verwaltungsrats und der AG „ein schuldrechtliches Vertragsverhältnis" bestehe. Aus keiner einzigen Bestimmung des Gesetzes ist ein Hinweis ersichtlich, daß der Gesetzgeber vorhätte, durch so eine vertragliche Vereinbarung das Verwaltungsratsmitglied an die Gesellschaft zu binden. Ein Blick auf die aktienrechtlichen Vorschriften, die den Verwaltungsrat und seine Mitglieder betreffen, insbesondere Art 312-316 THGB, bestätigen diese Tatsache, daß der Gesetzgeber auf ein schuldrechtliches Vertragsverhältnis bewußt verzichtet hat. Dort findet sich nämlich kein Wort zum Vertrag, sondern es werden Ausdrücke wie die Wahl, Bestellung, Amtszeit, der Widerruf u.ä. körperschaftsrechtliche Begriffe zur Sprache gebracht.

Die von Arslanli, Atan, Mimaroglu vorgeschlagene Lösung, die von dem Verweis des Art. 138 THGB auf Art 530 Abs. 1 TOG ausgehend ein Auftragsverhältnis zwischen dem Verwaltungsratsmitglied und der AG annimmt, ist auch nicht folgerichtig. Hier kommt nämlich die Anwendung von Art 530 Abs. 1 TOG gemäß des Verweises des Art. 138 THGB nicht in Frage, denn diese kommt nur mit dem Vorbehalt der für jeden einzelnen Gesellschaftstyp gegebenen Vorschriften ergänzend in Betracht. In unserem Fall läßt sich aber aus den Bestimmungen von Art. 312-346 THGB ein Rechtsverhältnis des Verwaltungsratsmitglieds mit der Gesellschaft herleiten, so daß die ergänzende Funktion der Bestimmung von Art. 530 TOG außer Acht bleibt.[1]

2) Gemäß Art. 317 THGB ist der Verwaltungsrat das für die Vertretung und Leitung (Geschäftsführung) der Gesellschaft zuständige Organ. Nach Ansicht der herrschenden Lehre käme aber das Vertragsverhältnis durch den Wahlbeschluß der Generalversammlung und die Annahme des Gewählten zustande, mithin ohne jede Mitwirkung des für die AG vertretungsberechtigten Organs.[2] Dazu führen Arslanli[3] und Kemahlioglu[4] aus, ohne sich auf irgendeine gesetzliche Vorschrift zu stützen, in diesem Fall komme der Generalversammlung als Ausnahme eine besondere Vertretungsmacht zu. Dies führt wohl oder übel zu der Annahme, daß der Generalversammlung in bestimmten Fällen, wie z.B. wenn alle Mitglieder aus einem der in Art. 315 aufgeführten Gründen ihr Amt verlieren und mithin kein Verwaltungsrat mehr vorhanden ist, die Vertretung der Gesellschaft als Kollegium zustehen würde, was jedenfalls den Kompetenzverteilungsvorschriften zuwiderlaufen würde.

3) Ein weiterer Einwand richtet sich gegen die Annahme hinsichtlich des Verfahrens in Bezug auf das Zustandekommen des Vertragsverhältnisses. In diesem Zusammenhang hat man zuerst zu prüfen, ob eigentlich in der Wahl des Verwaltungsratsmitglieds durch die Generalversammlung im technischen Sinne ein auf den Vertragsabschluß gerichteter Antrag auf Seiten der Aktiengesellschaft zu sehen ist: Eine der wesentlichen Funktionen der Mitgliedschaft des Aktionärs ist die Mitverwaltung mittels Stimmrecht in der Generalversammlung. Die Vorschrift des Art. 360 Abs. 1 THGB sieht die Ausübung dieses Mitverwaltungsrechts - unter anderem - hinsichtlich der Bestellung der Organe auf den Tagungen der Generalversammlung ausdrücklich vor. Die Mitglieder des Verwaltungsrates werden also von Aktionären der Gesellschaft (Art. 312 Abs. 1, Art. 369 Abs. 1 Nr. 3 THGB)[5] auf den ordentlichen oder außerordentlichen Tagungen der Generalversammlung (Art. 364 THGB) im Wege von Mehrheitswahlverfahren (Art. 372, 378 THGB) gewählt. Untersucht man diesen Vorgang der Wahl näher, so zeigt sich jedoch, daß er eindeutig

---

[1]Die Rechtsnatur dieses Verhältnisses wird unten unter Kapitel I, II, 1, b, bb, „bbb Eigene Meinung" geschildert.

[2]Plüss, Diss. Zürich 1990 S. 114.

[3]Arslanli, AS Organizasyonu S. 3.

[4]Kemahlioglu, Diss. S. 4.

[5]Im Falle der Stufengründung (gem. Art. 292. Abs. 1 THGB) werden die ersten Verwaltungsratsmitglieder von der Gründungs-GV gewählt, wenn sie in der Satzung nicht bestimmt sind.

den Charakter eines organisationsrechtlichen Rechtsgeschäftes, nämlich denjenigen eines Beschlusses[1], trägt. Er ist nämlich in der Literatur[2] als „gleichgerichtete Willenserklärung von mehreren Personen in einer Personenvereinigung zum Zweck einer einheitlichen Entscheidung in einer gemeinsamen Angelegenheit" definiert. Demzufolge liegt in der Wahl im Gegensatz zur herrschenden Lehre keine Offerte zum Vertragsabschluß seitens der Gesellschaft, sondern die Wahl bildet den Inhalt eines GV-Beschlusses.[3]

4) Abgesehen von der Feststellung oben in Nr. 3 erscheint die Behauptung der herrschenden Lehre, es gehe um „einen individualrechtlichen Vertrag", aus schuldrechtlicher Betrachtungsweise heraus als sehr bedenklich. Nach Auffassung der herrschenden Lehre würde der Inhalt des Vertrages von vornherein durch die einschlägigen Bestimmungen des Gesetzes, der Statuten, Reglemente und Beschlüsse der Generalversammlung bestimmt. Hier stellt sich aber die Frage, wo dann noch Raum für eine von diesen vier Quellen abweichende Gestaltung eines solchen Vertragsverhältnisses sein soll. Die Gesellschaft und das angehende Verwaltungsratsmitglied haben also hier keine Möglichkeit zur individuellen Ausgestaltung des Vertragsinhalts, wenn alle erforderlichen Dinge im voraus festgestellt sind. Das werdende Mitglied hat z.B. keine Möglichkeit, die Höhe seines Honorars mit der Gesellschaft frei zu vereinbaren, so daß es sich mit dem im Statut oder im GV-Beschluß ohne seine Mitwirkung festgelegten Betrag abfinden muß. In manchen Fällen kann man sogar vom Kontrahierungszwang für Aktionäre sprechen. Ein Beispiel[4]: In einer AG, die fünf Aktionäre besitzt und deren Verwaltungsrat aus fünf Mitgliedern besteht, muß der Aktionär mit der Gesellschaft den Vertrag, mit dessen Inhalt er nicht einverstanden ist, abschließen, sonst droht gemäß Art. 274 und 435 THGB[5] die Gefahr der Auflösung der Gesellschaft auf Antrag eines Aktionärs oder Gläubigers oder des Handelsministeriums durch das Gericht.

---

[1]Vgl. Funk, N.1 zu OR 703; Tanner, § 1N.36; Wydler, S. 72 -zitiert bei Plüss Diss. Zürich 1990 S. 120 Fn. 604.

[2]Vgl. Brox, AT des BGB, Anm. 100 S. 55; Tuhr, Obligationenrecht, Band I S.145; Eren, BH C I S.124.

[3]Vgl. unter Kapitel I, II, 1, b, bb, „bbb Eigene Meinung".

[4]Domanic, Serh S. 494.

[5]Art. 435 THGB: *„wenn nach der Eintragung der Gesellschaft .... eines der gesetzlich notwendigen Organe fehlt .... so setzt das Gericht auf Antrag eines Aktionärs oder Gesellschaftsgläubigers oder des Handelsministeriums eine angemessene Frist, um die Gesellschaft wieder in einen dem Gesetz entsprechenden Zustand zu versetzen, und ordnet, falls dieser Zustand nicht geändert wird, durch den Beschluß die Auflösung der Gesellschaft an."*

5) Auch nicht zuzustimmen ist der Methode der herrschenden Lehre, die Organstellung und die Vertragbeziehungen zu einem einheitlichen Rechtsverhältnis zu verbinden. Wie oben erwähnt, versteht man unter Organstellung die Umschreibung der verschiedenen gesellschaftsinternen Mitwirkungsrechte des Mitgliedes im Verwaltungsrat und seiner Vertretungsmacht. Die Organstellung gewährt also dem Verwaltungsratsmitglied eine bestimmte organschaftliche Rechtsmacht. Plüss[1] weist zu Recht darauf hin, daß Rechtsmacht und Vertragverhältnis begrifflich jedenfalls keine Einheit bilden, sondern ein selbständiges rechtliches Schicksal haben und deswegen auseinander gehalten werden sollten.

6) Eine weitere Schwäche der herrschenden Lehre liegt darin, daß sie das Rechtsverhältnis zwischen der AG und dem von der juristischen Person des öffentlichen Rechts entsandten Mitglied des Verwaltungsrates (gemäß Art. 275 THGB) nicht zu erklären vermag. Da der Vorgang der Bestellung in den Verwaltungsrat weder mit Einfluß der AG noch ihrer Organe abläuft, käme aber auch kein fiktives Vertragsverhältnis in Betracht.

7) Schließlich spricht gegen die Richtigkeit der Annahme des auftragsrechtlichen Charakters dieses Rechtsverhältnisses der Umstand, daß, gemäß Art. 316 Abs. 1 THGB, dem abberufenen Mitglied des Verwaltungsrats kein Schadenersatzanspruch zusteht, während hingegen nach Art. 396 Abs. 2 TOG der Auftraggeber im Falle des unzeitigen Widerrufs den dadurch verursachten Schaden zu ersetzen verpflichtet ist.

bbb) Eigene Meinung

Aufgrund der oben in sieben Punkten zusammengefaßten allgemeinen- oder aktienrechtlichen Bedenken ist die Auffassung der herrschenden Lehre, es bestehe zwischen dem Verwaltungsratsmitglied und der Gesellschaft ein einheitliches, zwei Komponenten implizierendes Vertragsverhältnis, das einen auftragsrechtlichen (oder contractus sui generis) Rechtscharakter hat, nicht beizupflichten. Dieses Vertragsverhältnis ist nämlich eine fiktive Konstruktion begriffsjuristischen Denkens.

Die Rechtslage des Verwaltungsratsmitglieds bezüglich des Rechtsverhältnisses zu der Gesellschaft ist der des Aufsichtsratsmitglieds im deutschen Recht sehr ähnlich. Wie die Verwaltungsratsmitglieder im türkisch-schweizerischen Recht werden auch die Mitglieder des Aufsichtsrates über die zu entsendenden und als Aufsichtsratsmitglieder der Arbeit-

---

[1]Plüss, Diss. Zürich 1990 S. 116.

nehmer zu wählenden Mitglieder hinaus grundsätzlich von der Hauptversammlung frei gewählt (§§ 101 Abs. 1, 119 Abs. 1 Nr. 1 AktG). Übrigens hat der Gesetzgeber für sie auch keine rechtliche Regelung wie in § 84 Abs. 1 Satz 5, Abs. 3 Satz 5 AktG getroffen, aus der sich ergibt, daß zwischen dem Aufsichtsratsmitglied und der Gesellschaft schuldrechtliche und organisationsrechtliche Doppelrechtsverhältnisse bestehen. Erstaunlicherweise wurde nach der Ansicht der früher in der Literatur herrschenden Lehre das Rechtsverhältnis zwischen dem Aufsichtsratsmitglied und der Gesellschaft auch als ein vertragliches angesehen.[1] Nach der damaligen Lehre tritt der Gewählte mit der Annahme der in der Hauptversammlung erfolgten Wahl (Bestellung) in ein Vertragsverhältnis zur Gesellschaft.[2] Es handle sich dabei um einen Vertrag eigener Art, dessen Inhalt sich zunächst nach dem Gesetz, der Satzung oder dem Hauptversammlungsbeschluß bestimme. Die BGB-Vorschriften über Auftrag oder Dienstvertrag seien jedoch ergänzend anwendbar, soweit sie nicht den aktienrechtlichen Grundsätzen entgegenstünden.[3]

M.E. ist das Rechtsverhältnis zwischen den einzelnen Mitgliedern des Verwaltungsrats und der Gesellschaft von *körperschaftsrechtlicher Natur*: Wie oben in Nr. 3 kurz erwähnt, kommt dieses Rechtsverhältnis durch den Wahlbeschluß der Mitglieder der Körperschaft, d.h. der Generalversammlung zustande. Aus der Perspektive der abstimmungsberechtig-

---

[1]Auch zu früherer Zeit, als das Aktienrecht im HGB geregelt war, wurde angenommen, daß zwischen den einzelnen Aufsichtsratsmitgliedern und der Gesellschaft grundsätzlich ein Vertragsverhältnis besteht. Diese Doktrin unterschied aber im einzelnen zwischen der Bestellung und dem Anstellungsvertrag. Demnach entstehe der Bestellungsakt durch die Hauptversammlung im Wege der Wahl. Die Wahl wurde als ein körperschaftlicher Akt, der die Bestellung zum Ziel hat, aufgefaßt. Für die Vollkommenheit der Bestellung sei aber die Annahmeerklärung durch den Gewählten erforderlich. Da die Rechte und Pflichten des Aufsichtsrats im Gesetz und in der Satzung festgelegt seien, solle in der Mitteilung der Bestellung ein Angebot zu einem Vertragsschluß auf dieser Grundlage zu erblicken sein und mit der Annahme der Bestellung käme der Anstellungsvertrag zustande. Da der Bestellungsakt und der Vertragsschluß zusammenfielen, sei eine begriffliche Trennung von Anstellung und Bestellung bedeutungslos. Die Natur dieses Rechtsverhältnisses sollte als Dienstvertrag oder Auftrag bewertet werden, je nachdem, ob die Ausübung der Tätigkeit entgeltlich erfolgt. Zu dieser Doktrin ausführlich und mit Literaturangaben vgl. Natzel, Rechtsverhältnis, DB 1959 S. 171 ff.; ders., Vergütung, DB 1965 S. 1388 ff. Diese Einordnung wird heute auf das damalige Bestreben der Rechtsmethodik, jedes privatrechtliche Rechtsverhältnis in eines der im BGB geregelten Schuldverhältnisse einzuordnen, zurückgeführt. Statt vieler vgl. Geßler, § 101 Anm. 50 Komm. AktG.

[2]Vgl. Schlegelberger-Quassowski, § 87 Anm. 10 AktGKomm. 1937; Ritter, § 87 Anm. 2c AktG 1937; Meyer-Landrut, §101 Anm. 6 Großkomm.; Godin-Wilhelmi, § 101 Anm. 2 Aktiengesetz; Schmidt, § 52 Anm. 22 Hachenburg (6. Aufl.).

[3]Vgl. Godin-Wilhelmi, § 101 Anm. 2 Aktiengesetz ; Schmidt, § 52 Anm. 22 Hahenburg (6. Aufl.); Meyer-Landrut, § 101 Anm. 6 Großkomm.

ten Aktionäre der Gesellschaft untereinander stellt sich die Rechtsnatur dieses Beschlusses als ein mehrseitiges Rechtsgeschäft[1] dar. Betrachtet man demgegenüber den Wahlbeschluß von dem Standpunkt der Generalversammlung aus als das oberste gesetzliche Willensorgan der Körperschaft[2], das gegenüber dem zu wählenden Aktionär gemäß zwingender Vorschriften des Gesetzes zur Wahl allein zuständig ist, so ist er als Willenserklärung der Generalversammlung - somit zugleich als solcher der Gesellschaft - zu erachten. Denn im Wahlbeschluß kommt der Wille der Körperschaft zum Ausdruck, daß in Zukunft der im Wege der Abstimmung auf der Tagung der Generalversammlung gewählte Aktionär das Mitglied des Verwaltungsrats sein soll, unter der Bedingung, daß es dieser Stellung zustimmt. Diese Willenserklärung der Generalversammlung (bzw. der Gesellschaft) ist jedoch - wie die herrschende Lehre annimmt - nicht als eine Offerte zum Abschluß des Vertrages[3], deren Inhalt sich aus dem Gesetz, dem Statut, dem Reglement oder dem GV-Beschluß ergibt, aufzufassen. Sie ist vielmehr eine auf Herbeiführung eines einseitigen organisationsrechtlichen Rechtsgeschäfts gerichtete Willensäußerung: Dieses Rechtsgeschäft heißt ***Organschaffungsgeschäft***.

Die Aktiengesellschaft als juristische Person des Privatrechts ist ohne ihre gesetzlichen Organe (Generalversammlung, Verwaltungsrat und Kontrollstelle) willens - und handlungsunfähig (Art. 47 Abs. 1 TZGB). Sie braucht also ihre Organe, vor allem den Verwaltungsrat, um diese Unfähigkeiten zu ersetzen und somit - mittels jener Organe - am Rechtsverkehr teilnehmen zu können (Art. 48 TZGB). Insoweit handelt die Generalversammlung bei der Wahl des Verwaltungsratsmitglieds nicht als das ausnahmsweise für die Vertretung der Gesellschaft zuständige Organ[4], sondern sie erfüllt hiermit ihre sich aus dem Gesetz (Art. 312 Abs.1 THGB) ergebende organschaftliche Pflicht: Sie trägt zur Vervollkommnung der Handlungsfähigkeit der Gesellschaft bei, indem sie als Kreationsorgan die Aktiengesellschaft mit dem Organ, das den unentbehrlichsten Teil der Körperschaft darstellt, ausstattet. Logischerweise handelt es sich also bei der Zusammensetzung des Verwaltungsrates um einen innerkörperschaftlichen Akt der Generalversammlung.

---

[1]Vgl. Tuhr, Obligationenrecht, Band I S. 145; Poroy/Tekinalp/Camoglu, Ortakliklar S. 337.

[2]Diese Eigenschaft der Generalversammlung erkennt der Gesetzgeber in Art. 698 aOR und OR ausdrücklich an.

[3]Vgl. Forstmoser/Meier-Hoyoz, Einführung ins SAR § 23 Anm. 1 S. 172.

[4]Vgl. Godin-Wilhelmi, § 101 Anm. 2 Aktiengesetz; Schmidt, § 52 Anm. 22 Hachenburg (6. Aufl.); Meyer-Landrut, § 101 Anm. 6 Großkomm.

Mit der Anfertigung der Niederschrift über das Abstimmungsergebnis zur Wahl des Verwaltungsrats wird der Wahlbeschluß ohne weitere Ausführungshandlungen durch ein anderes Organ oder eine andere Person wirksam, wenn sie dem Inhalt und den Modalitäten, die in Art. 379 Abs. 2 THGB gefordert werden, entspricht.[1] Dieser Wahlbeschluß bindet auch diejenigen Aktionäre, welche auf der Tagung nicht anwesend waren oder gegen den Beschluß gestimmt haben (Art. 379 THGB). Daraus ergibt sich, daß der Wahlbeschluß, der vom Standpunkt der Gesellschaft aus die Willenserklärung der Generalversammlung bzw. der Gesellschaft zum Abschluß des Organschaffungsgeschäfts darstellt, nicht zugangsbedürftig ist.

Da die Generalversammlung als Kreationsorgan im Wahlbeschluß den Willen der Gesellschaft ausdrücklich geäußert und hiermit ihrerseits das Erforderliche getan hat, kommt mit der Protokollierung des Wahlergebnisses das einseitige Organschaffungsgeschäft von seiten der Körperschaft zustande, d.h. der gewählte Aktionär ist in den Verwaltungsrat als Organmitglied bestellt. Dieses organisationsrechtliche Rechtsgeschäft bleibt jedoch im Außenverhältnis bis zur Zustimmungserklärung des Gewählten in einem Schwebezustand.

Aufgrund der zwingenden Bestimmung des Art. 405 THGB kann dem Aktionär auch durch die Satzung keine weitere Verpflichtung irgendwelcher Art neben seiner einzigen Pflicht zur Zahlung der gezeichneten Beträge auferlegt werden. In diesem Zusammenhang ist der gewählte Aktionär nicht verpflichtet, der Bestellung (der Verwaltungsratsstelle) zuzustimmen. Eine besondere Form zur Erteilung der Zustimmung ist im Gesetz nicht vorgesehen. Sie kann durch mündliche Erklärung in der Generalversammlung oder durch schriftliche Mitteilung an die Gesellschaft ausdrücklich oder durch schlüssige Handlung[2] stillschweigend erfolgen.

Da dem Wahlakt der Generalversammlung lediglich im Innenverhältnis eine Bedeutung beizumessen ist, kann der Wahlbeschluß bis zur Zustimmungserklärung aus irgendeinem der in Art. 381 THGB genannten Gründen durch eine Anfechtungsklage angefochten werden, ohne daß dem Gewählten bereits irgendwelche Rechte und Pflichten gewährt worden waren.

---

[1] Vgl. Poroy/Tekinalp/Camoglu, Ortakliklar S. 330.

[2] Z.B. der zu Wählende kündigt die Annahme auf der Beratung vor der Wahl an und auf der Tagung der Generalversammlung gibt er keine Gegenstimme ab.

Dem Gewählten steht keine Möglichkeit zu, abgesehen von seinem Stimmrecht in der Generalversammlung, auf den Inhalt des Organschaffungsgeschäfts Einfluß auszuüben. Er kann beispielsweise unter der Bedingung der Erweiterung seiner Funktion im Verwaltungsrat nicht zustimmen; dies würde nämlich die Ablehnung der Verwaltungsratsstelle bedeuten.

Erteilt der Gewählte konkludent oder ausdrücklich seine Zustimmung zum Wahlakt, so verschafft er dem im körperschaftsrechtlichen Sinne schon wirksam gewordenen und somit den für alle Mitglieder der Generalversammlung bindenden Organschaffungsakt seine Außenwirkung. In diesem Sinne bildet jedoch die Zustimmung kein Tatbestandsmerkmal eines Vertrags, sie ist also keine Annahme eines Vertragsangebots. Aufgrund der Tatsache, daß die Zustimmung zu dem bereits im verbandsrechtlichen Sinne existierenden körperschaftlichen einseitigen Organschaffungsgeschäft hinzukommen muß, damit es seine Vollgültigkeit erlangt, ist die Zustimmung eher als ***condicio iuris*** (Rechtsbedingung) zu bewerten.

Mit der Zustimmungserklärung des Gewählten zum Wahlbeschluß der Generalversammlung kommt das einseitige Organschaffungsgeschäft vollkommen zustande. Das heißt, der Gesellschaft als zivilrechtliche juristische Person wurde ein Organ verliehen und dadurch handlungsfähig gemacht, und der Gewählte erlangte demgegenüber die Eigenschaft als Träger der Organstellung[1] (der Verwaltungsratsstellung) und trat gleichzeitig in ein körperschaftsrechtliches Rechtsverhältnis (Organträgerverhältnis) zur Gesellschaft ein, wobei er sich der Organisation der Körperschaft angegliedert hat.

Der Inhalt dieses körperschaftsrechtlichen Organträgerverhältnisses, aus dem sich unmittelbar Rechte und Pflichten der Verwaltungsratsmitglieder ergeben, wird hauptsächlich in vielen - meistens zwingenden - gesetzlichen Vorschriften bestimmt: Der 4. Titel des 2. Buches des THGB verankert in seinem zweiten Abschnitt im ganzen 35 Artikel (vom Art. 312 bis Art 346) über den Verwaltungsrates der AG. Zunächst werden unter der Überschrift „A. Konstituierung" Wahl, Zahl und Eigenschaften der Mitglieder, Amtszeit, Kooptation und Widerruf geregelt. Unter der Überschrift B hat der Gesetzgeber schließlich die Geschäftsführung und Vertretung der Gesellschaft geregelt. Insofern ist zu berücksichti-

---

[1]Auch das schweizerische Bundesgericht hat in einer älteren Entscheidung (BGE 44 II 138) darauf hingewiesen, daß das Verwaltungsratsmitglied nicht ein Dritter gegenüber der Gesellschaft ist, sondern als Organ und damit als ein Bestandteil der Gesellschaft fungiert und deswegen die Verwaltungsratsstellung kein reiner Auftrag im Sinne von aOR 394 ff. sein kann.

gen, daß in Art. 317 THGB als grundsätzliche Kompetenz zusammengefaßt wird, daß dem Verwaltungsrat die Geschäftsführung und Vertretung der Gesellschaft zusteht. In den folgenden Vorschriften (ab Art. 324 THGB) werden die Rechte und Verpflichtungen im einzelnen geregelt, wie etwa Pflichten im Falle der Verschlechterung der finanziellen Lage der Gesellschaft (Art. 324 THGB), Buchführungspflicht (Art. 325, 326 THGB), Aufstellung des Jahresberichts (Art. 327 THGB), Anstellung der Beamten und Angestellten (Art. 329 THGB) et cetera. Aus der genauen Betrachtung der Gesamtheit dieser gesetzlich geregelten Pflichten folgt jedoch, daß sie im Grunde genommen nichts anderes als Geschäftsführungs- oder Vertretungspflichten sind.

Anders als das schweizerische Aktienrecht hat das THGB in Art. 333 dieses Rechtsverhältnis selbst im Hinblick auf die Vergütung der Verwaltungsratsmitglieder, die sie für ihre Tätigkeiten im Verwaltungsrat erhalten, geordnet. Demnach ist vorbehaltlich einer abweichenden Satzungsbestimmung den Verwaltungsratsmitgliedern für jeden Sitzungstag ein Entgelt zu zahlen, wobei die Höhe des Entgelts von der Generalversammlung bestimmt wird, falls sie nicht in der Satzung festgesetzt ist.[1] Allein das Vorhandensein einer solchen Vorschrift im Gesetz bildet einen wesentlichen Beweis dafür, daß die vertragliche Bindung der Mitglieder des Verwaltungsrats an die Gesellschaft - durch die Wahl und deren Zustimmung -auszuschließen ist.

Eine andere Rechtsquelle, die die organschaftliche Rechtsbeziehung der Verwaltungsratsmitglieder zur Gesellschaft mitprägt, ist das sogenannte *Eigengesetz* der AG, die Satzung. Die Satzung besteht aus Komplexen von Rechtsnormen und fungiert als Grundgesetz der Körperschaft. Sie beruht auf privatautonomer, rechtsgeschäftlicher Grundlage und wird im Rahmen der zwingenden Bestimmungen des Gesetzes von den Gesellschaftern autonom gestaltet. Dabei unterscheidet sich das türkische Aktienrecht vom deutschen dadurch, daß, während der Gesetzgeber im deutschen Recht der Satzung - nur ausnahmsweise - in wenigen Fällen[2] die höchste Regelungskompetenz hinsichtlich der organschaftlichen Rechtsstellung der Vorstandsmitglieder und der Organisation des Vorstands überläßt, das THGB hingegen in vielen seinen dispositiven Vorschriften[3] dem Sat-

[1]Zum Sitzungsgeld der Verwaltungsratsmitglieder ausführlich vgl. Bozer, Kazanc Paylari S. 675 ff.

[2]Vgl. unter Kapitel I, I, 2, „c) Stellungnahme".

[3]Beispielsweise Art. 312 Abs.1, Art. 314 Abs. 1, Art. 319, Art. 321 Abs. 3, Art. 328, Art. 330 Abs.1, Art. 333 THGB.

zungsgeber die Möglichkeit einräumt, die Stellung des Verwaltungsrates nach Eigenschaften und Erfordernissen der jeweiligen AG gestalten zu können.

Schließlich bilden neben Gesetz und Satzung auch die GV-Beschlüsse eine weitere Rechtsquelle, die den Inhalt der Rechtsbeziehung der Mitglieder des Verwaltungsrats zur Gesellschaft umreißt. In manchen Bestimmungen der gesetzlichen Vorschriften wird die Generalversammlung mit den Primärzuständigkeiten versehen, die organisationsrechtliche Stellung der Verwaltungsratsmitglieder direkt oder mittelbar durch ihre Beschlüsse zu gestalten. In diesem Zusammenhang rücken etwa Wahl (Art. 312 THGB), Widerruf (Art. 316 THGB) und Entlastung der Verwaltungsratsmitglieder (Art. 374 Abs. 2 und Art. 380 THGB), sowie die Einwilligung zu Geschäften mit der Gesellschaft[1] (Art. 334 THGB) und das Wettbewerbsverbot[2] (Art. 335 THGB) in den Vordergrund. Neben diesen gesetzlichen Kompetenznormen kann der Generalversammlung auch aufgrund der Bestimmungen der Satzung die Möglichkeit zur Umschreibung des Inhalts der Beziehung gewährt werden. In der Satzung kann beispielsweise gem. Art. 319 Abs. 2 THGB der Generalversammlung die Befugnis eingeräumt werden, die Vertretung oder Verwaltungsangelegenheiten den Direktoren oder Delegierten zu überlassen.

Außer diesen Beschlüssen über die Angelegenheiten, die die Organisation des Verwaltungsrats oder die Rechtsstellung von dessen Mitgliedern anbelangt, zu deren Fassung der Generalversammlung durch die gesetzliche oder statuarische Bestimmungen die Zuständigkeit eingeräumt wird, können auch die Beschlüsse, deren Gegenstand die Stellung der Verwaltungsratsmitglieder nicht betrifft, die organschaftliche Position beeinflussen, denn die Ausführung solche Beschlüsse bilden die organschaftliche Pflicht des Verwaltungsrats, deren Verletzung zu seiner Haftung führt. Dies ergibt sich aus dem Wortlaut des Art. 336 Abs. 1 Nr. 4 THGB: Verwaltungsratsmitglieder haften, *„wenn die Beschlüsse der Generalversammlung ohne Grund nicht ausgeführt sind"*.

Schließlich kann auch durch die Reglemente des Verwaltungsrats der Inhalt dieses Rechtsverhältnisses zwischen Verwaltungsratsmitglied und Gesellschaft gestaltet werden. Im Reglement kann etwa festgesetzt werden, wie die Geschäftsverteilung unter den Mitgliedern des Verwaltungsrats erfolgen soll (Art. 319 Abs. 2 THGB). Darüber hinaus können aufgrund der Reglemente konkret die Rechte und Pflichten der einzelnen Mitglieder

---

[1]Dafür ausführlich vgl. Camoglu, Islem Yapma Yasagi S. 77 ff.

[2]Dafür ausführlich vgl. Camoglu, Rekabet Yasagi S. 357 ff.; Kalpsüz, Rekabet Teski Eden Davranislar S. 347 ff.

des Verwaltungsrats umschrieben werden. Dies ergibt sich aus dem klaren Wortlaut des Art. 721 Abs. 1 aOR. In diesem Sinne kann das Reglement für bestimmte Mitglieder des Verwaltungsrats ein Verbot, wie z.B. ein Konkursverbot oder ein Verbot zur Ausübung bestimmter Tätigkeiten vorsehen.[1]

Als Ergebnis der vorangegangenen Ausführungen ist zusammenfassend festzuhalten, daß aufgrund der Wahl durch die Generalversammlung und der Zustimmung zur Wahl durch das gewählte Mitglied zwischen jenem und der AG ein einziges körperschaftsrechtliches (organschaftliches) Rechtsverhältnis entsteht. Der Inhalt dieses Rechtsverhältnisses unterliegt weitgehend zwingenden gesetzlichen Vorschriften. Er kann jedoch durch die Bestimmungen der Satzung und die Beschlüsse der Generalversammlung sowie durch Reglemente im Rahmen dieses absoluten Rechts detailliert umschrieben werden.

Dieses organschaftliche Verhältnis schließt konsequenterweise ein vertragliches Verhältnis im Sinne der herrschenden Lehre aus. Dennoch ist auf keinen Fall zu verkennen, daß das organschaftliche Verhältnis doch als solches ein dem Privatrecht zugezähltes ist. Dieses Verhältnis kommt nämlich durch privatautonome Akte der zwei Parteien zustande und wird überwiegend von den dem Privatrecht zugehörenden aktienrechtlichen Bestimmungen in THGB (in 2. Buch 4. Titel) umrissen. Deswegen können allgemeine vertragsrechtliche Bestimmungen in TOG direkt oder analog angewandt werden, soweit das Aktienrecht keine Regelung trifft. Dies ergibt sich aus dem eindeutigen Wortlaut des Art. 5 TZGB (Art. 7 ZGB): *„Die allgemeinen Bestimmungen des Obligationenrechtes über die Entstehung, Erfüllung und Aufhebung der Verträge finden auch Anwendung auf andere zivilrechtliche Verhältnisse."* Insoweit ist jedoch zu berücksichtigen, daß die Lösung einer Frage, hinsichtlich des Rechtsverhältnisses zwischen den Mitgliedern und der Gesellschaft, die nicht im Aktienrecht geregelt ist, zunächst in körperschaftsrechtlichen Vorschriften, wie z.B. im Kommanditgesellschaftsrecht, GmbH-Recht, Genossenschaftsrecht oder sogar im Vereinsrecht zu suchen ist.

Das organschaftliche (körperschaftsrechtliche) Rechtsverhältnis zwischen Mitgliedern des Verwaltungsrats und der Gesellschaft gilt nicht nur für die von der Generalversammlung gewählten Mitglieder, sondern auch für diejenigen, die durch Kooptation gewählt oder in der Satzung bestimmt sind, wie auch die entsandten Vertreter der juristischen Personen des öffentlichen Rechtes.

---

[1] Bürgi, Art. 712 Anm. 34 Züricher Komm.

Die heute wohl herrschende Lehre[1] im deutschen Schrifttum hinsichtlich der Rechtsnatur des Verhältnisses zwischen dem einzelnen Aufsichtsratsmitglied und der AG ist auch der Meinung, daß der Rechtscharakter des Verhältnisses nicht vertraglicher, sondern körperschaftsrechtlicher Art ist.

2) Die Rechtsnatur der Haftung des einzelnen Mitglieds des Verwaltungsrats gegenüber der Gesellschaft

a) Literaturstand

In der schweizerischen Literatur[2] und Gerichtspraxis[3] wird fast einheitlich und in der türkischen Literatur[4] von einer überwältigenden Mehrheit die Meinung vertreten, daß die Ansprüche der Gesellschaft gegenüber den Verwaltungsratsmitgliedern ausschließlich auf vertraglicher Grundlage beruhen. Das ist ja die konsequente Folge der Annahme, es bestehe zwischen Gesellschaft und Mitgliedern des Verwaltungsrats eine vertragliche Rechtsbeziehung. Demnach hafte das Mitglied des Verwaltungsrats der Gesellschaft gegenüber, weil es seine mittels Annahme der Wahl übernommenen vertraglichen Pflichten vorsätzlich oder fahrlässig verletzt habe. Da die Klage aus Art. 754 aOR ein Spezialfall der allgemeinen Vertragsklage nach Art. 97 ff. OR sei[5], sollten die Lücken in Hinsicht auf die Gesellschaftsklage mit Hilfe dieser Vorschriften gefüllt werden. Demzufolge ergebe sich die Verteilung der Beweislast im schweizerischen Recht aus Art. 97 OR[6]: Das Verwaltungsratsmitglied müsse nachweisen, daß ihm bei der Entstehung des Schadens keine Verschulden zur Last gelegt werden könne.

---

[1]Vgl. Natzel, Rechtsverhältnis, DB 1959 S. 171, 206 ff.; Geßler, § 101 Anm. 40 ff. Komm. AktG; Mertens, § 101 Anm. 5 ff. Kölner Komm.; Hüffer, § 101 Anm. 2, 7 AktienG.

[2]Bürgi, Art 753/54 Anm. 11 Züricher Komm.; Senn, Diss. S. 74; Meier-Wehrli, Diss. S. 68 ff.; Biggel, Diss. S. 24 ff.; Forstmoser, Aktienrecht § 36 Anm. 36 S. 424; Henggeler, Diss. S. 32 ff.

[3]BGE 23 II 1071; 46 II 455; 67 II 172; SJZ 1941/42 S. 74; ZR 1958 S. 154.

[4]Tekil, ASH S. 139 ff.; Helvaci, Diss. S. 80; Poroy/Tekinalp/Camoglu, Ortakliklar S. 273; Imregün, Kara Ticaret S. 360.

[5]Biggel, Diss. S. 39 ff.; Frick, Diss. S. 22.

[6]Dieser Artikel regelt die Beweislast und Schadenersatzpflicht des Schuldners im Falle der Nichterfüllung oder Schlechterfüllung der geschuldeten Leistung und entspricht dem Art. 96 TOG.

Im türkischen Schrifttum[1] hält es dagegen eine beträchtliche Minderheit für möglich, daß in manchen Fällen die Ansprüche der Gesellschaft gegenüber den Mitgliedern des Verwaltungsrats neben der vertraglichen Grundlage auch auf deliktischer Rechtsgrundlage beruhen können (Konkurrenz der Anspruchsgrundlagen). Insoweit ist die Auffassung von Atan[2] besonders erwähnenswert. Nach ihm ist die Haftung des Verwaltungsratsmitglieds gegenüber der Gesellschaft prinzipiell vertraglicher Natur, jedoch sei die Haftungsgrundlage der in Art. 336 Abs. 1 Nr. 1-3 THGB aufgestellten Fälle auch auf unerlaubte Handlung zurückzuführen: Es bestehe nämlich weitgehende Ähnlichkeit zwischen den Vorschriften von Art. 336 Abs. 1 Nr. 1 und Nr. 2 THGB und der Vorschrift von Art. 306 THGB (Haftung der Gründer), und der Haftung der Gründer läge die unerlaubte Handlung zugrunde. Des weiteren könne die Verletzung der dem Verwaltungsrat aufgebürdeten Pflichten aufgrund der hochgestellten Funktionen der AG im Wirtschaftsleben nicht nur als schlichte Vertragsverletzung qualifiziert werden, denn verpflichte sich das Verwaltungsratsmitglied durch die Übernahme des Amtes gleichermaßen wie ein Beamte gegenüber der Allgemeinheit und verletze das Mitglied diese Verpflichtungen, hafte er ebenso wie ein Beamter. Entstünde der Gesellschaft ein Schaden infolge einer der in Art. 336 Abs. 1 Nr. 1-3 THGB aufgelisteten Handlungen, so könnte sie sich gegen das Verwaltungsratsmitglieder entweder auf die vertragliche Beziehung berufen und gem. Art. 96 ff. TOG eine Vertragsklage erheben oder sich gem. Art. 41 ff. TOG auf unerlaubte Handlung berufen und eine Deliktsklage einreichen.[3] [4]

b) Eigene Meinung

Im türkischen Aktienrecht liegt m.E. der aus Art. 336 THGB folgenden Haftung ein Sonderverhältnis, das körperschaftsrechtliche Organträgerverhältnis, als einziges Rechtsverhältnis zwischen dem einzelnen Verwaltungsratsmitglied und der Gesellschaft zugrunde. Wie oben festgestellt, wird dieses Verhältnis durch die Zustimmungserklärung des Ge-

---

[1]Vgl. Atan, Diss. S. 13; Camoglu, Doz. S. 100 ff.; Tandogan, Ücüncü Sahsin Zarari S. 115; Kaplan, Banka Idare Meclisi S. 137; Poroy/Tekinalp/Tekinalp, Organlarin Sorumlulugu S. 381.

[2]Atan, Diss. S. 13 ff.

[3]Vgl. Atan, Diss. S. 13; Camoglu, Doz. S. 100 ff.; Tandogan, Ücüncü Sahsin Zarari S. 115; Kaplan, Banka Idare Meclisi S. 137; Poroy/Tekinalp/Tekinalp, Organlarin Sorumlulugu S. 381.

[4]Dagegen meinen Arslanli und Mimaroglu, es ginge in diesem Falle ausschließlich um die deliktsrechtlichen Ansprüche der Gesellschaft (nach Art. 41 ff. TOG). Arslanli, AS Organizasyonu S. 171; Mimaroglu, Diss. S. 107.

wählten zum körperschaftlichen Wahlakt der Generalversammlung begründet. Der Inhalt dieses körperschaftsrechtlichen Rechtsverhältnisses läßt sich in erster Linie aus zwingenden gesetzlichen Bestimmungen des Aktienrechts ableiten. Im Rahmen dieser zwingenden gesetzlichen Bestimmungen kann jedoch der Gegenstand des körperschaftlichen Organträgerverhältnisses durch statuarische Bestimmungen, durch die Beschlüsse der Generalversammlung oder die reglementarischen Bestimmungen detailliert ausgestaltet werden. Wie im deutschen Recht[1] folgen unmittelbar aus diesem Sonderverhältnis die organschaftlichen Rechte und Pflichten. Sie fallen dem einzelnen Verwaltungsratsmitglied mit der Begründung des Verhältnisses d.h., mit der Eingliederung ins Organ Verwaltungsrat und somit zugleich in die Organisation der AG *ipso iure* zu.[2] Die Funktion des Art. 336 ff. THGB ist dagegen die Sanktionierung[3] der Verletzung dieser organschaftlichen Pflichten, die ihre Rechtsgrundlage weitgehend in zwingenden gesetzlichen Bestimmungen haben.

Die Vorschriften von Art. 336 ff. THGB bilden keine Spezialnormen, denen - wie die herrschende Lehre behauptet - die vertragliche Haftungsgrundlage aus Art. 96 ff. TOG zugrunde liegt, sondern sie stellen einen eigenständigen Haftungstatbestand auf. In den Vorschriften von Art. 336 ff. THGB sind nämlich die Modalitäten der Haftung der Verwaltungsratsmitglieder spezifisch festgelegt, so zum Beispiel der Kreis der Ersatzpflichtigen und der Anspruchsberechtigten, das Verhältnis der verschiedenen Ansprüchen zueinander, das Verhältnis mehrerer Ersatzpflichtiger untereinander, der Gerichtsstand, sogar die Beweislast und die Dauer der Verjährungsfrist der Ansprüche[4]. Deswegen - abgesehen von der Tatsache, daß zwischen Verwaltungsratsmitglied und Gesellschaft kein vertragliches, sondern ein körperschaftsrechtliches Verhältnis besteht - ist es nicht nötig, die allgemeinen vertragsrechtlichen Bestimmungen, insbesondere die vertragsrechtlichen Haftungsgrundlagen (widerrechtliche Nicht- oder Schlechterfüllung der Verträge gem. des Art. 96 ff. TZGB) für die Haftungsfragen des Verwaltungsratsmitglieds primär heranzuziehen.

---

[1]Vgl. unter Kapitel I, I, 2, „c) Stellungnahme".

[2]Vgl. Siegwart, die Verantwortlichkeit der Organe der AG, NZZ Nr. 303, 21 Februar. 1936, Blatt 6.; Schluep, Wohlerworbene Rechte S. 90 Fn. 30.

[3]Druey, Organ und Organisation, SAG 1981 S. 81.

[4]Zu diesem eigenständigen, von der vertraglichen Haftung losgelösten Charakter der aktienrecht lichen Haftung liefert das revidierte Obligationenrecht in Art. 756 Abs. 2 ein weiteres Indiz. Demnach muß die Gesellschaft für Klagen, die in gutem Treuen erhoben wurden, nach Ermessen des Richters die Prozeßkosten tragen, auch wenn der klagende Aktionär unterliegt.

Die Regelungen von Art. 336 ff. THGB implizieren ohnehin für alle Anspruchsberechtigten einheitlich eine besondere, spezielle aktienrechtliche (bzw. körperschaftsrechtliche) Haftungsgrundlage, eine *ex lege.*[1]

Diesen speziellen körperschaftsrechtlichen „ex lege" Charakter der Haftung indiziert vor allem der Umstand, daß die Lösungen vieler Fragen in aktienrechtlichen Haftungsbestimmungen von den Lösungen, die sich aus allgemeinen Haftungsgrundsätzen des Obligationenrechts ergeben würden, abweichen. In diesem Zusammenhang kommen in erster Linie, trotz des Mangels eines schuldrechtlichen oder eines körperschaftsrechtlichen Verhältnisses zu den Verwaltungsratsmitgliedern, das selbständige Klagerecht des einzelnen Aktionärs oder des Gläubigers aus mittelbarem Schaden oder die einheitliche Verjährungsfrist für alle Anspruchsberechtigten in Betracht.

c) Haftung aus unerlaubter Handlung ?

Nun bleibt noch zu prüfen, ob die Möglichkeit besteht, daß die Gesellschaft ihren Anspruch gegenüber den ersatzpflichtigen Mitgliedern des Verwaltungsrats auch auf eine Rechtsgrundlage aus unerlaubter Handlung stützen kann. Bevor man auf diese Frage eingeht, sollte der Begriff der unerlaubten Handlung im türkischen Recht summarisch dargestellt werden.

Im türkischen Recht sind die Voraussetzungen für das Vorliegen einer unerlaubten Handlung in Art. 41 TOG (und in der Schweiz in Art 41 OR) verankert. Der Art. 41 Abs. 1 TOG schreibt vor; *„Wer einem anderen widerrechtlich Schaden zufügt, sei es mit Absicht (vorsätzlich), sei es aus Fahrlässigkeit, wird ihm zum Ersatze verpflichtet."* Demnach setzt also die Ersatzpflicht aus unerlaubten Handlung folgendes voraus: Eintritt eines Schadens, Verursachung durch den Ersatzpflichtigen, rechtswidriges Verhalten und Verschulden. Der Begriff der Widerrechtlichkeit ist im TOG nicht definiert. Mit dieser Blankettnorm hat der Gesetzgeber die Begriffsbestimmung der Widerrechtlichkeit der Lehre und der Gerichtspraxis überlassen.

Im türkisch-schweizerischen Recht kann unter Berücksichtigung der konstanten bundesgerichtlichen Praxis[1] und der zum großen Teil übereinstimmenden Literaturmeinungen[2]

---

[1]Vgl. Ansay, ASH S. 140; Burckhardt, Diss. S. 115; Schiess, Diss. S. 32; Siegwart, die Verantwortlichkeit der Organe der AG, NZZ Nr. 303, 21 Februar. 1936, Blatt 6.; Wilhelm, zitiert bei Schmid, Verantwortlichkeit nach geltendem Recht, SJZ 1985 S. 242 Fn. 13. Ähnlich auch Planta, Haftung des Hauptaktionärs S. 85 ff.; Lehner, Diss. S. 14; Schmid, Verantwortlichkeit nach geltendem Recht, SJZ 1985 S. 242.

der Begriff der Widerrechtlichkeit im Sinne des Art. 41 TOG folgendermaßen definiert werden: Jeder Verstoß gegen die geschriebenen oder ungeschriebenen (Gewohnheitsrecht und die gesamte allgemeine Rechtsordung) zwingenden Rechtsnormen (Verhaltensnormen), die den Schutz der Rechte und der Rechtsgüter (absolute Rechte) oder des privaten wirtschaftlichen Interesses der Personen bzw. des Personenkreises direkt oder zumindest mittelbar gegen Schäden oder die Art der Schädigung bezwecken. Dieser Definition zufolge setzt also die Widerrechtlichkeit die Mißachtung einer Schutznorm (Verhaltensnorm) voraus, die die direkte oder indirekte Schädigung untersagen. Die Norm muß also zum Schutze der Geschädigten erlassen sein, die Schädigung in den Schutzbereich der Norm fallen.[3]

In diesem Zusammenhang kommen zwei Variationen[4] der Schutznormen in Betracht:

1. Der Grundschutznormen: Sie sind solche Verhaltensnormen, welche jedem Rechtsgenossen eine Reihe von allgemeinen Verboten[5] auferlegen, und zwar jemanden zu töten, jemandes körperliche Integrität und Persönlichkeit zu verletzen, sein Eigentum und seinen Besitz zu beeinträchtigen und wider Treu und Glauben zu handeln. Mit anderen Worten, es sind solche Rechtsnormen, welche - direkt - den Schutz der absoluten Rechte des Geschädigten, (d.h. Leib, Leben, Eigentum, Persönlichkeitsrechte) zum Zweck haben.

2. Eine andere Variation der Schutznormen bilden Spezialschutznormen (bzw. Indirekte Schutznormen): Dies sind derartige Verhaltensnormen, die dem Schutze keiner absoluten Rechte, sondern dem privaten wirtschaftlichen Interesse der Personen dienen.[6] Dazu gehört insbesondere das Vermögen.[7] Jedoch gibt es keine Norm, die die Vermögensschädigungen *erga omnes* (generell) verpönt und somit zugleich schützt. Auch in diesen einzel-

---

[1]Vgl. BGE 30 II 572; 47 II 176, 179; 50 II 375, 379; 78 II 419, 422; 82 II 25, 28; 90 II 274 280; 91 II 405; 95 II 83, 91; 107 Ib 5, 7; 109 II 123, 124.

[2]Tandogan, Mesuliyet Hukuku S. 18; Eren, BH C II S. 132; Tuhr, Obligationenrecht, Band I S. 408 ff.; Oftinger, Haftpflichtrecht, Band I S. 128 ff.; Guhl/Merz/Kummer, Obligationenrecht S. 164 ff.; Becker, Berner Kommentar, Obligationenrecht (Band VI/1), Art 41 Anm. 33 ff., Anm. 38 ff. (Band VI/1); Keller, Haftpflicht S. 68 ff.

[3]Vgl. BGE 30 II 572; 94 I 642 ff.

[4]Vgl. Eren, BH C II S. 138 ff.

[5]Vgl. Oftinger, Haftpflichtrecht, Band I S. 130.

[6]Vgl. Eren, BH C II S. 142.

[7]Vgl. BGE 75 II 204; 102 II 85, 88.

nen besonderen Schutznormen werden Vermögensschädigungen nicht als solche verpönt, sondern das Mittel sowie die Art und Weise, wie die Schädigung entstanden ist.[1] Zu solchen Spezialschutznormen gehören beispielsweise die Bestimmungen über den unlauteren Wettbewerb, die Schädigung am Vermögen durch Veruntreuung, Betrug, Unterschlagung u.s.w. Insoweit ist zu berücksichtigen, daß diese Normen in erster Linie anderen Zwecken dienen, wie etwa Schutz der Interessen der Allgemeinheit oder der Verkehrssicherheit und nur mittelbar den Schutz der ökonomischen Interessen des Geschädigten zum Zweck haben.

Im türkisch-schweizerischen Recht ist folglich die Rechtswidrigkeit dann gegeben, wenn ein Verstoß gegen die Grundschutznormen vorliegt, welche dem Schutz der Rechte oder Rechtsgüter des Geschädigten dienen oder gegen die indirekten Schutznormen, die neben primären Zwecken zumindest auch den Schutz der ökonomischen Interessen des Geschädigten bezwecken.

Nach dieser allgemeinen Darstellung zur Rechtswidrigkeit bleibt zuletzt zu prüfen, ob die Vorschriften von Art. 336 Abs. 1 Nr. 1-3 THGB als Schutznormen zugunsten der Gesellschaft zu qualifizieren sind.[2] Die Frage ist positiv zu beantworten: Mit diesen Vorschriften bezweckt nämlich das Gesetz mittels der Aufstellung eines allgemeinen Verbots, und zwar wider Treu und Glauben zu handeln[3] (d.h. Pflichten nachzukommen), in erster Linie den Schutz der Allgemeinheit. Dies ist für den in Nr. 3 genannten Fall besser erkennbar: Wenn die gesetzlich zu führenden Bücher nicht vorhanden oder unordentlich geführt sind, so werden Verwaltungsratsmitglieder nach Art. 67 Abs. 3 THGB mit einer Geldbuße bestraft. Neben diesem primär verfolgten Ziel (Schutz der Allgemeinheit) bezweckt aber der Gesetzgeber in Verbindung damit auch den Schutz der Gesellschaft vor Vermögensschädigungen.[4] Da das Vermögen nicht zu den absoluten Rechten gehört, ist zu sagen, daß die Vorschriften von Art. 336 Abs. 1 Nr. 1-3 zu den besonderen Schutznormen gehören, die mittelbar dem Schutz der wirtschaftlichen Interessen der Gesellschaft dienen. Über die Vorschriften von Art. 336 Abs. 1 Nr. 1-3 hinaus tragen auch die Vorschriften von Art. 334

---

[1]Vgl. Guhl/Merz/Kummer, Obligationenrecht S. 165; Eren, BH CII S. 142.

[2]Die Frage, ob die einzelnen Vorschriften im Aktienrecht als Schutznormen aufzufassen sind, ist nicht pauschal zu beantworten.

[3]Vgl. Atan, Diss. S. 13; Arslanli, AS Organizasyonu S. 172.

[4]Vgl. Mimaroglu, Diss. 107; Arslanli, AS Organizasyonu S. 172.

(Verbot von Geschäften mit der Gesellschaft) und von Art. 335[1] (Wettbewerbsverbot) sowie von Art. 324 THGB (Anmeldungspflichten des Verwaltungsrats im Falle der Verschlechterung der finanziellen Lage der Gesellschaft) Schutznormcharakter zugunsten der Gesellschaft.

Obwohl der ganze Schaden nur einmal zu ersetzen ist, stellt sich an dieser Stelle die Frage, ob der Gesellschaft ein Optionsrecht zusteht, ihre Ansprüche aus der Haftungsgrundlage der unerlaubten Handlung (Art. 41 TOG) oder unter Berufung auf die aktienrechtliche Haftung (ex lege) geltend zu machen (Konkurrenz der Anspruchsgrundlagen), wenn die schadenstiftende Handlung alle Merkmale der beiden Haftungstatbestände erfüllt. Die Frage ist vor allem hinsichtlich der Beweislastverteilung und der Verjährungsfrist von erheblicher Bedeutung. Die Gesellschaft muß ja bei der Deliktsklage die Schuld der Verwaltungsratsmitglieder darlegen und beweisen. Dabei hat sie aber längere Verjährungsfristen.

Hier kann von Konkurrenz der Anspruchsgrundlagen keine Rede sein, denn die aktienrechtlichen Haftungsvorschriften (Art. 336 ff. THGB) bilden eine *lex specialis* zu den deliktsrechtlichen Bestimmungen von Art. 41 ff. TOG. Deswegen findet die deliktische Haftung nur subsidiär Anwendung, so zum Beispiel, wenn die aktienrechtliche Haftung aus irgendeinem Grund wie etwa aus Verjährung nicht wirksam ist.[2]

3) Beginn und Ende der Haftung des einzelnen Mitglieds des Verwaltungsrats

Auch der türkische Gesetzgeber hat über die Frage nach dem Beginn und dem Ende der Haftung von Verwaltungsmitgliedern wegen Pflichtverletzung geschwiegen. Die Lösung wird der Literatur und der Rechtsprechung überlassen.

Da die Haftung der Verwaltungsratsmitglieder nach Art. 336 THGB auf der Pflichtverletzung während der Amtsführung beruht, ist es für den Beginn und für das Ende der aus Art. 336 THGB folgenden Haftung entscheidend, wann diese Pflichten beginnen und enden. Nach der in der vorliegenden Arbeit vertretene Ansicht beginnen die Pflichten eines Verwaltungsratsmitglieds mit der Gründung des Organträgerverhältnisses, d.h. der Zustimmung zur Bestellung (der Wahl der Generalversammlung) und enden wiederum mit der Beendigung dieses Rechtsverhältnisses. Diese Beendigung kann durch Zeitablauf, Widerruf der Bestellung gem. Art. 316 THGB oder Amtsniederlegung erfolgen. Es kann

---

[1]Vgl. Camoglu, Doz. S. 101.

[2]Vgl. Burckhardt, Diss. S. 116.

aber ausnahmsweise ein Verwaltungsratsmitglied für einen nach der Beendigung der Bestellung entstandenen Schaden verantwortlich gemacht werden, wenn die Grundlagen der Schädigung schon vorher gelegt wurden, wie beispielsweise durch einen damals gefaßten Beschluß des Verwaltungsrats.

KAPITEL II

SORGFALTSPFLICHT DER MITGLIEDER DES VORSTANDS/VERWALTUNGSRATES

I) Sorgfaltspflicht der Vorstandsmitglieder im deutschen Recht

1) Funktionen der Regelung von § 93 Abs. 1 Satz 1 AktG

§ 93 AktG stellt an die Spitze seiner Vorschriften über Sorgfaltspflicht und Verantwortlichkeit der Vorstandsmitglieder die Bestimmung: *„Die Vorstandsmitglieder haben bei ihrer Geschäftsführung die Sorgfalt eines ordentlichen und gewissenhaften Geschäftsleiters anzuwenden.“* Mit dieser Regelung legt der Gesetzgeber einerseits den Sorgfaltsmaßstab fest, nach dem sich das Verhalten des einzelnen Mitglieds des Vorstands bemessen läßt, andererseits schafft er in Verbindung mit § 93 Abs. 2 AktG eine selbständige Anspruchsgrundlage, die dem Vorstand die Pflicht der Waltung der Sorgfalt eines ordentlichen und gewissenhaften Geschäftsleiters auferlegt und die Verletzung dieser Pflicht sanktioniert.

Die Bestimmung des § 93 Abs. 1 Satz 1 AktG hat somit eine *doppelte Funktion*[1]. Dies läßt sich mit folgenden Leitsätzen näher aufklären: Wie oben festgestellt, ergeben sich Pflichten der Vorstandsmitglieder überwiegend aus dem Gesetz, Desweiteren aus der Satzung der Gesellschaft, aus der Geschäftsordnung oder aus dem Anstellungsvertrag. Verletzt ein Vorstandsmitglied eine von diesen tatbestandlich ausgeformten Pflichten, so ist die Pflichtverletzung rechtswidrig, und das Mitglied haftet gegenüber der Gesellschaft, falls kein Rechtfertigungsgrund vorliegt. Der Begriff der Sorgfalt eines ordentlichen und gewissenhaften Geschäftsleiters fungiert hier als Verschuldensmaßstab, der dem § 276 BGB komparabel ist. Die Mißachtung der Sorgfaltspflicht bildet demnach das für die Haftung nach § 93 Abs. 2 Satz 1 AktG erforderliche Merkmal „Verschulden“ (subjektive Pflichtwidrigkeit). Weiterhin ist mit der Sorgfaltspflicht in § 93 Abs.1 Satz 1 ein *allgemeiner Auffangtatbestand*[2] aufgestellt, in dem sich alle tatbestandsmäßig umschriebenen und nicht umschriebenen Pflichten der Vorstandsmitglieder zusammenfügen. Insofern begründet der Verstoß gegen die Sorgfalt eines ordentlichen und gewissenhaften Geschäftsleiters die

---

[1]Vgl. Mertens, § 93 Anm. 7 Kölner Komm. ; ders., § 43 Anm. 22 Hachenburg; Wiesner, § 26 Anm. 5 S. 218 Münchener; Raiser, Kapitalgesellschaften § 14 Anm. 52 S. 104; Dose, Rechtsstellung S. 111 ff.; Hefermehl, § 93 Anm. 9 Komm. AktG; Hüffer, Organpflichten, ZGR 1981 S. 350; Meyer/Meulenbergh/Beuthien, § 34 Anm. 7 GenGK.; Koppensteiner, § 43 Anm. 1, 6 GmbHGKomm.

[2]Vgl. Mertens, § 93 Anm. 7 Kölner Komm. ; ders., § 43 Anm. 22 Hachenburg.

grundsätzliche Voraussetzung des Haftungstatbestands, „die Rechtswidrigkeit" (objektive Pflichtwidrigkeit).

2) Das Verhältnis des § 93 Abs. 1 Satz 1 AktG zu anderen bürgerlich-, handels- und gesellschaftsrechtlichen Sorgfaltsbegriffen

a) Das Verhältnis des § 93 Abs. 1 Satz 1 AktG zu § 276 BGB

Die Vorschriften von § 276 BGB stellen keine selbständige Anspruchsgrundlage dar, sondern beinhalten die Begriffsbestimmung des Vertretenmüssens.[1] Demnach hat der Schuldner Vorsatz und Fahrlässigkeit zu vertreten, soweit nicht ein anderes bestimmt ist. Dazu können andere Bestimmungen des BGB, so z.B. §§ 278, 279 ergänzend in Anwendung kommen. § 276 BGB umschreibt zugleich den Begriff einer Haftungsvoraussetzung, der im BGB öfters erwähnt, aber nirgends erläutert ist, nämlich den des Verschuldens. Folglich ist ein Verhalten als schuldhaft zu bezeichnen, wenn es vorsätzlich oder fahrlässig ist und keine Schuldausschließungsgründe bestehen. Diese Begriffsbestimmung des Verschuldens gilt nicht nur für das BGB, sondern sie findet im ganzen Privatrecht und sogar im öffentlichen Recht Anwendung.[2]

Insofern hat der Gesetzgeber jedoch offengelassen, was unter Vorsätzlichkeit zu verstehen ist, während er den Begriff der Fahrlässigkeit in § 276 Abs.1 Satz 2 BGB dahingehend zu verstehen gegeben hat: *„die Außerachtlassung der im Verkehr erforderlichen Sorgfalt"*. Mit dieser Begriffsbestimmung der Fahrlässigkeit schafft der Gesetzgeber abweichend vom Strafrecht keinen individuellen, sondern einen auf allgemeine Verkehrsbedürfnisse ausgerichteten objektiven, abstrakten Sorgfaltsmaßstab[3], der für alle Rechtsverkehrsteilnehmer Geltung hat. Dies liegt in erster Linie im Gedanken des Vertrauensschutzes begründet.[4] Hier kommt es also darauf an, wie sich eine normale, ordentliche und gewissenhafte Person in der betreffenden Lage verhalten würde.[5] Dagegen spielen aufgrund der objektiven und abstrakten Natur des Sorgfaltsmaßstabes die Fähigkeiten, Fachkenntnis-

---

[1]Vgl. BGHZ 11, 80, 83; Hanau, § 276 Anm. 1, 2 Münchener BGB; Palandt, § 276 Anm. 1 BGBKomm.

[2]Zum Anwendungsbereich ausführlich vgl. Hanau, § 276 Anm. 4 ff. Münchener BGB.

[3]RGZ 95, 16, 17; 119, 397, 400; BGHZ, 80, 186, 193.

[4]Palandt, § 276 Anm. 15. BGBKomm.

[5]Battes, § 276 Anm. 20 Erman BGB.

se, Verstandeskräfte, Erfahrungen u.s.w. des Schuldners für die Beurteilung der Einhaltung des Sorgfaltsmaßstabes prinzipiell keine Rolle.

Im Unterschied zu § 276 BGB schafft § 93 Abs. 1 Satz 1 AktG neben seiner Funktion als Verschuldensmaßstab eine selbständige Anspruchsgrundlage. Dagegen schreibt § 93 AktG anders als § 276 BGB weder Vorsatz noch Fahrlässigkeit ausdrücklich vor, jedoch ist beiden Vorschriften das Prinzip der Verschuldenshaftung gemeinsam.

Der allgemeine, objektive Sorgfaltsmaßstab in § 276 BGB wird durch die nähere Bestimmung von § 93 AktG modifiziert und konkretisiert: Nach § 93 Abs.1 Satz 1 AktG haben sich die Vorstandsmitglieder so zu verhalten, wie es ein ordentlicher und gewissenhafter Geschäftsleiter tut. Hier stellt also das AktG den Sorgfaltmaßstab anders als das BGB auf einen bestimmten Personenkreis, nämlich auf den Geschäftsleiterkreis, ab. In diesem Zusammenhang hat der Gesetzgeber im Vergleich zu § 276 BGB in § 93 AktG einen individuellen Sorgfaltsbegriff aufgestellt. Dieser Sorgfaltsbegriff geht logischerweise über die „im Verkehr erforderliche Sorgfalt" hinaus: Hier hat der Gesetzgeber den Fahrlässigkeitsmaßstab mit strengeren Anforderungen verschärft. Im Unterschied zu § 276 Abs. 2 BGB kann einem Vorstandsmitglied die Haftung wegen dieser verschärften Fahrlässigkeit im voraus nicht erlassen werden (weder durch die Satzung noch durch eine anstellungsvertragliche Vereinbarung)[1].

Aus all diesen Differenzen zwischen § 276 BGB und § 93 AktG ergibt sich, daß § 93 Abs. 1 eine *lex specialis* hinsichtlich des Verschuldensmaßstabes im Verhältnis zu 276 Abs.1 Satz 1 BGB darstellt.[2]

b) Das Verhältnis des § 93 Abs. 1 Satz 1 AktG zu § 347 HGB und zu § 241 Abs. 1 Satz 1 aHGB

Das HGB enthält in § 347 Abs.1 die Bestimmung über den Maßstab der anzuwenden Sorgfalt, und zwar die *„eines ordentlichen Kaufmanns"*. Auch bei dieser Begriffsbestimmung des Sorgfaltsmaßstabes handelt es sich gegenüber dem in § 276 BGB erläuterten Sorgfaltsbegriff um eine Konkretisierung und zugleich angesichts des strengeren Maßstabes an Sorgfaltsanforderungen auch um eine Verschärfung. Das HGB verlangt hier nämlich nicht die Sorgfalt, die von jedermann anzuwenden ist, sondern die Sorgfalt, die „nach

---

[1]Vgl. unter Kapitel I, I, 3, „b) Hinsichtlich des Haftungsmaßstabes für sein Verschulden".

[2]Vgl. Kust, Sorgfaltpflicht, WM 1980 S. 759.

Lebenserfahrung ein ordentlicher Geschäftsmann regelmäßig anwendet, um seine eigenen oder fremden Geschäfte, deren Besorgung ihm obliegt, zu führen".[1] Die Generalklausel des § 347 HGB stellt dabei auf den jeweiligen Geschäftszweig[2] ab, in dem sich der betreffende Kaufmann betätigt.

Anders als § 93 AktG bilden auch - wie § 276 BGB - die Vorschriften des § 347 HGB keine spezielle Anspruchsgrundlage[3] für den Handelsverkehr, sie bestimmen nur den Sorgfaltsmaßstab, der an das Verhalten eines Kaufmanns bei seinen Handelsgeschäften anzulegen ist.

Die überwiegende Ansicht des deutschen Schrifttums[4] geht heute zu Recht davon aus, daß die Sorgfalt eines „ordentlichen und gewissenhaften Geschäftsleiters" weiter geht als die eines „ordentlichen Kaufmannes". Dieser Begriff der „Sorgfalt eines ordentlichen und gewissenhaften Geschäftsleiters" hat zum ersten Mal seinen Platz im AktG von 1937 erhalten. Früher, als die Aktiengesellschaft noch im HGB geregelt war, enthielt § 241 Abs. 1 Satz. 1 aHGB die Bestimmung: *„Die Mitglieder des Vorstandes einer Aktiengesellschaft haben bei ihrer Geschäftsführung die Sorgfalt eines ordentlichen Kaufmanns anzuwenden"*.[5] Mit dieser Wortwahl in § 93 Abs.1 AktG die Sorgfalt eines „ordentlichen und gewissenhaften Geschäfts<u>leiters</u>" statt der eines „ordentlichen Kaufmanns oder Geschäftsmanns" zu verlangen, bezieht sich der Gesetzgeber auf die alleinige, eigenverantwortliche und weisungsfreie <u>Leitungs</u>macht des Vorstands über das fremde Kapital in § 76 AktG.[6] Dies bedeutet, daß sich die Leitungsmacht des Vorstandes mit seiner Sorgfaltspflicht somit zugleich mit seiner Verantwortung in einem gegenseitigen Abhängigkeitsverhältnis befindet. Je umfangreicher seine Leitungsmacht und je größer seine Entscheidungsfreiheit ist, desto strenger sind die Anforderungen an die Sorgfaltspflicht. Deswegen muß das Vorstandmitglied aufgrund seiner gehobenen Position in der Organisation der AG im Ver-

---

[1] RGZ 163, 200, 208, 209.

[2] Vgl. beispielsweise § 429 HGB.

[3] Vgl. Hopt/Baumbach/Duden, § 347 Anm. 1 HGB Komm.; Hefermehl § 347 Anm. 5 HGB Schlegelberger; Ruß § 347 Anm. 1 Komm. HGB.

[4] Statt vieler vgl. Kust, Sorgfaltspflicht, WM 1980 S. 759; Metz, § 34 Anm. 16 GenG Komm.; Schlegelberger-Quassowski, § 84 Anm. 4 AktGKomm. 1937.

[5] Zum Begriff der Sorgfalt eines ordentlichen Kaufmanns ausführlich vgl. Wimpfheimer, Begriff der Sorgfaltpflicht, FS für Pinner S. 637 ff.

[6] Vgl. Meyer/Meulenbergh/Beuthien, § 34 Anm. 7 GenGK.; Schilling, § 84 Anm. 9 Großkomm. von 1937; Baumbach-Hueck § 93 Anm. 6 AktG Komm.; Dose, Rechtsstellung S. 112.

gleich zum früheren Recht nicht die Sorgfalt eines beliebigen Geschäftsmanns oder Kaufmanns, sondern eine erhöhte Sorgfalt walten lassen.[1]

3) Maß und Umfang der Sorgfaltspflicht eines Vorstandsmitglieds

Aus den obigen Ausführungen folgt, daß mit der Sorgfalt eines ordentlichen und gewissenhaften Geschäftsleiters nach § 93 AktG eine über „die im Verkehr erforderliche Sorgfalt" nach § 276 BGB sowie „die Sorgfalt eines ordentlichen Kaufmanns" nach § 241 aHGB oder „eines ordentlichen Geschäftsmanns" in § 347 HGB hinausgehende, gesteigerte Sorgfalt angesprochen ist. An dieser Stelle ist noch zu untersuchen, welcher Maßstab an die Sorgfalt eines ordentlichen und gewissenhaften Geschäftsleiters anzulegen ist. Diese Frage läßt sich aber nicht allgemein und einheitlich beantworten; es gibt nämlich keinen einheitlichen (d.h. für alle Zwecke) ordentlichen und gewissenhaften Geschäftsleitertyp, dessen regelmäßigen Verhalten man sich zur Richtschnur nehmen kann. In diesem Zusammenhang weicht beispielsweise die Sorgfaltspflicht eines Vorstandsmitglieds eines Autobauunternehmens selbstverständlich von der Sorgfaltpflicht eines Vorstandsmitglieds eines Pharmaunternehmens ab.

Die Anforderungen an die Geschäftsleitersorgfalt variieren im Einzelfall, vor allem nach der Größe und Art des Unternehmens, sowie der vorhandenen oder erforderlichen Betriebstruktur, nach Zeitverhältnissen (Hochkonjunktur, massenartige Auftragslage, Streik, Krieg, plötzlich gestiegene Inflationsrate... etc.) und der Aufgabenverteilung unter mehreren Vorstandsmitgliedern.[2] Demnach hat das Mitglied des Vorstands für die berufliche Fähigkeit, die fachlichen Kenntnisse und Erfahrungen einzustehen, welche das von ihm geleitete individuelle Unternehmen erfordert.[3] Hierbei ist es aber nicht entscheidend, ob sich ein Vorstandsmitglied für manche Aufgaben für fähig oder unfähig hält, sondern ob es

---

[1]Vgl. Meyer/Meulenbergh/Beuthien, § 34 Anm. 7 GenGK.; Golling, Diss. S. 30; Saage, Haftung des Aufsichtsrats, DB 1973 S. 118; Schlegelberger-Quassowski; § 84 Anm. 4 AktGKomm. 1937; Gessler, Vorstand, JW 1937 S. 501; Metz, § 34 Anm. 16 ff. GenG Komm.; Kust, Sorgfaltpflicht, WM 1980 S. 760; Lenze, Diss. S. 88; Dose, Rechtsstellung S. 112.

[2]Vgl. Schilling, § 93 Anm. 9 Großkomm.; Hefermehl, § 93 Anm 12 Komm. AktG; Mertens, § 93 Anm. 36 (1. Aufl.) Kölner Komm.; ders. § 43 Anm. 23 Hachenburg; Bastuck, die Enthaftung S. 68; Kust, Sorgfaltpflicht, WM 1980 S. 760; Schmidt-Leithoff, Unternehmensleitung S. 401; Kossen, Haftung, DB 1988 S. 1787; Dose, Rechtsstellung S. 30; Lindacher, Haftung des GmbH-Geschäftsführers, JuS 1984 S. 674; Koppensteiner, § 43 Anm. 5 GmbHGKomm.; Bartl/Henkes/Schlarb, § 43 Anm. 435 GmbH-Recht; Metz, § 34 Anm. 25 GenG Komm.

[3]Vgl. RGZ 163, 200, 208, 209; RG HRR 41, 132; BGH, WM 1971 S. 1548, 1549; BGH, GmbHRsch 1981 S. 191, 192; BGH, NJW 1983 S. 1856, 1857.

die erforderlichen Eigenschaften für die gehörige Leitung des jeweiligen Unternehmens tatsächlich besitzt. Insofern kann sich das einzelne Vorstandsmitglied als Rechtfertigungsgrund zum Beispiel nicht darauf berufen und damit entschuldigen, daß es seine Fähigkeiten bzw. Erfahrungen überschätzt habe, oder daß es fachlich überfordert sei, oder daß es andere persönliche Probleme wegen seines hohen Alters habe. In solchen Fällen muß das Vorstandsmitglied von Anfang an die Vorstandsstellung ablehnen oder aber sein Amt im nachhinein niederlegen, wenn sich Verhältnisse drastisch ändern bzw. sich zeigt, daß das einzelne Vorstandsmitglied für dieses Amt nicht geeignet ist.[1]

Bei der Beurteilung, ob ein Vorstandsmitglied die Sorgfalt eines ordentlichen und gewissenhaften Geschäftsleiters walten ließ, kommt es insofern auf die individuellen Eigenschaften seiner Person grundsätzlich nicht an: Der Gesetzgeber stellt in § 93 Abs. 1 Satz.1 - im Unterschied zu den Aufsichtsratsmitgliedern[2]- einen *objektiven Sorgfaltsmaßstab* für die Vorstandsmitglieder auf. Hier ist von derjenigen Sorgfalt auszugehen, die ein seinen Aufgaben gewachsener, in der verantwortlichen leitenden Position befindlicher Verwalter eines fremden Vermögens gerade eines nach Größe und Branche gleichartigen Unternehmens nach allgemeinen Verkehrsanschauungen zu beachten hat.[3] Dabei sind die im redlichen Geschäftsverkehr herrschenden Anschauungen über die sorgfältige Leitung eines Unternehmens bestimmter Art entscheidend.[4] Es kommt auf die im Einzelfall erforderliche Sorgfalt, nicht auf eine etwa im Verkehr übliche oder gebräuchlich gewordene Sorglosigkeit an.[5] In diesem Zusammenhang kann sich das einzelne Mitglied nicht darauf stützen, daß auch seine weiteren Vorstandskollegen oder Mitglieder anderer Organe im selben Maße sorglos (bzw. sorgfältig) waren.[6]

Gemäß § 708 BGB hat der Gesellschafter einer Gesellschaft des bürgerlichen Rechts bei Erfüllung seiner Aufgaben nur für die Sorgfalt einzustehen, die er in eigenen Angelegen-

---

[1]Vgl. RGZ 144, 348, 355; so auch Schilling, § 93 Anm. 9 Großkomm.

[2]Vgl. Schilling, § 116 Anm. 5, 8 Großkomm.; Wiesner, § 26 Anm. 11, S. 220 Münchener; Fischer, Interessenkollisionen, Memorian K. Duden S. 62.

[3]Vgl. Baumbach-Hueck, § 93 Anm. 6 AktG Komm.; Hüffer, § 93 Anm. 4 AktienG.; Schlegelberger-Quassowski, § 84 Anm. 4 AktGKomm. 1937; Gessler, Vorstand JW 1937 S. 501; Westermann, Vorstand, FS für Vits S. 267; Mertens, § 43 Anm. 23 Hachenburg; Koppensteiner, § 43 Anm. 5 GmbHGKomm.; vgl. auch RGZ 64, 254, 257; OLG Bremen, GmbHRsch 1964 S. 8, 9; OLG Koblenz, ZIP 1991 S. 870, 871.

[4]Schilling, § 93 Anm. 9 Großkomm.

[5]RGZ 128, 39, 44;138, 320, 325.

[6]Vgl. BGH, NJW 1986 S. 54, 55.

heiten anzuwenden pflegt. Dieser Sorgfaltsmaßstab *diligentia quam in suis* gilt auch für die Personengesellschaften des Handelsrechts. Dem objektiven Charakter der anzuwendenden Sorgfalt des § 93 AktG zufolge kann sich dagegen das Vorstandsmitglied, auch wenn es Aktionär der von ihm geleiteten Gesellschaft ist, was im türkisch-schweizerischen Recht obligatorisch ist, nicht auf diejenige Sorgfalt, die er in eigenen Angelegenheiten anzuwenden pflegt, beschränken.

Aus der Pflicht zur Sorgfalt der ordentlichen und gewissenhaften Geschäftsleiter wird im deutschen Schrifttum[1] in Anlehnung an eine frühere Entscheidung des Reichsgerichts[2] allgemein als *höchstes Gebot* gefolgert, daß die Vorstandsmitglieder bei allen Maßnahmen *den Vorteil der Gesellschaft zu wahren und Schaden von ihr abzuwenden* haben. Die Vorstandsmitglieder sind freilich nicht verpflichtet, dieses höchste Gebot von Vorteilswahrung und Schadenabwendung um jeden Preis zu befolgen. Sie müssen sich aber im Rahmen des Gesetzes, der Satzung, der Geschäftsordnung des Vorstands und des Anstellungsvertrages bewegen.

Aus diesem Gebot lassen sich einige beispielhafte Einzelpflichten für Vorstandsmitglieder ableiten. Es ist sicherlich in erster Linie von einem Unternehmensleiter einer Aktiengesellschaft zu erwarten, daß auf dem satzungsgemäß festgelegten Arbeitsgebiet Erträge erwirtschaftet werden. Dies ist für die Gewinnausschüttung an die Aktionäre, die Substanzerhaltung und die gedeihliche Entwicklung des Unternehmens lebensnotwendig. Die Erzielung eines befriedigenden Gewinns erfordert aber vor allem eine zuverlässige und gewissenhafte Verwaltung der Vermögenswerte der Gesellschaft. In dieser Hinsicht haben die Vorstandsmitglieder das Unternehmen der Gesellschaft unter Berücksichtigung gesicherter und praktisch bewährter volks- und betriebswirtschaftlicher Erkenntnisse zu leiten und alle unternehmensrelevanten wirtschaftlichen und politischen Gegebenheiten zu beobachten.[3]

Unter dem Gesichtspunkt der sorgfältigen Unternehmensleitung ist das Vorstandsmitglied verpflichtet, unangemessene, unverhältnismäßige Risiken zu vermeiden. Die Frage, ob

---

[1]Schilling, § 93 Anm. 9 Großkomm.; Baumbach-Hueck, § 93 Anm. 6 AktG Komm.; Godin-Wilhelmi, § 93 Anm. 4 Aktiengesetz; Hefermehl, § 93 Anm. 13 Komm. AktG; Mertens, § 93 Anm. 29 Kölner Komm.; ders., § 43 Anm. 23 Hachenburg; Kossen, Haftung, DB 1988 S. 1785; Sonnenberger; Geschäftsführende Organe, GmbHRsch. 1973 S. 28.

[2]RGZ 146, 145, 152. Vgl. BGHZ 21, 355, 357.

[3]Vgl. BGH, AG 1978 S. 79, 80 ff.; Mertens, § 93 Anm. 45 Kölner Komm.

sich das Risiko bei dem gewagten Geschäft in den Zuverlässigkeitsgrenzen bewegt, hängt immer von den Umständen des Einzelfalles ab. Allein die Gewagtheit einer Maßnahme führt jedoch nicht zum Verstoß gegen das Gebot „Nachteilabwendung“ und somit zugleich gegen die Sorgfaltspflicht. Das liegt nämlich im Wesen des geschäftlichen Risikos. Die Vorstandsmitglieder müssen alle Entscheidungsmöglichkeiten und deren Auswirkungen sorgfältig erwägen. Je höher der mögliche Schaden und je wahrscheinlicher der Schadenseintritt, umso zwingender ist die Ausschöpfung aller Erkenntnismöglichkeiten.[1] Da die Vorschriften von § 93 AktG keine Erfolgshaftung begründen, gehen die Fehlmaßnahmen prinzipiell zu Lasten des Unternehmens, wenn „im Zeitpunkt der Vornahme des Geschäfts“ die Möglichkeit oder die naheliegende Wahrscheinlichkeit bestand, daß das Geschäft sich für die Gesellschaft als günstig erweisen werde.[2] Dabei hat aber das Vorstandsmitglied ständig mitzuberücksichtigen, ob der unwahrscheinliche, aber nicht völlig auszuschließende, negative Ausgang des Geschäfts zu unangemessen hohem Risiko für den Bestand der Gesellschaft führen könnte.

Aus dem höchsten Gebot lassen sich neben der sorgfältigen Unternehmensleitungspflicht weiterhin die folgenden zwei Verpflichtungen für Vorstandsmitglieder entnehmen: So haben sie vor allem die Sorge für rechtmäßiges Verhalten der Gesellschaft nach außen zu tragen. Der Vorstand als Leitungsorgan der Gesellschaft ist an alle das Unternehmen betreffende Regelungen des allgemeinen Zivilrechts, Wettbewerbs-, Arbeits-, Straf-, Verwaltungs-, Steuer- und Sozialrechts gebunden und zu deren Einhaltung der Gesellschaft gegenüber verpflichtet. Des weiteren müssen die Vorstandsmitglieder für gesetz- und satzungsgemäße Organisation sorgen. Weiterhin haben sie untereinander kollegial sowie mit anderen Organen loyal zusammenzuarbeiten.

Ein bestimmtes Kriterium für den Umfang der von den Vorstandsmitgliedern anzuwendenden Sorgfalt stellt weiterhin die Treuepflicht[3] des Vorstandsmitglieds dar.[4] Die Vorstandsmitglieder als Organträger trifft wegen ihrer besonderen Vertrauensstellung (als eigenverantwortliche Leiter zur Betreuung fremden Vermögens) über die sich aus § 242 BGB er-

---

[1]Zöllner, § 43 Anm. 15 GmbH-Gesetz.

[2]Vgl. RGZ 129, 272, 275, 276; Schilling § 93 Anm. 15 Großkomm.; Golling, Diss. S. 34; Eisenhardt, Problem der Haftung, Jura 1982 S. 300.

[3]Umfassend zum Thema „Treuepflichten des Vorstands“ vgl. Schöler, Diss. S. 5 ff. und S. 90 ff.

[4]Golling, Diss. S. 35.

gebende Treuepflicht hinaus eine gesteigerte Treuepflicht.[1] Auch diese Pflicht fällt mit der Bestellung dem einzelnen Vorstandsmitglied ipso iure zu.[2] Die Treuepflicht erfordert von dem Vorstandsmitglied, seine Arbeitskraft, Kenntnisse und Erfahrungen ohne Vorbehalt in den Dienst der Gesellschaft zu stellen.

Die Vorstandsmitglieder müssen aufgrund dieser Treuepflicht bei der Ausübung der Leitungsfunktion mit allen Kräften in erster Linie „für die Interessen der Gesellschaft" einstehen. Sie dürfen deswegen ihre wirtschaftlich-körperschaftliche Machtstellung nicht für gesellschaftsfremde Zwecke benützen, und ihre persönlichen wirtschaftlichen Interessen nicht über die Interessen der Gesellschaft stellen.[3] In diesem Zusammenhang verbietet die Treuepflicht z.B. die Nutzung der Gesellschaftsmittel durch die Vorstandsmitglieder zum Zweck der Aufrechterhaltung ihrer Organstellung oder die Annahme von Provisionen sowie Schmiergeldern zuungunsten der Gesellschaft[4] sowie die Übernahme anderer Funktionen (auch außerdienstlicher), die die Kraft und Zeit in Anspruch nehmen, welche das Vorstandsmitglied für seine organschaftliche Funktionen benötigt.

Aus der Treuepflicht leitet sich weiterhin das Gebot ab, bei der erstrangigen Wahrung der Interessen der Gesellschaft die Interessen der Aktionäre, der Belegschaft sowie das Wohl der Allgemeinheit mitzuberücksichtigen.[5] Wenn sich diese verschiedenen Interessen nicht mit den Interessen der Gesellschaft harmonisieren lassen, so spricht man vom „Kollidieren der Interessen". In einem solchen Fall obliegt dem Vorstandsmitglied nach seinem pflichtbewußten Ermessen der angemessene Ausgleich der kollidierenden Interessen. Demnach haben beispielsweise die Vorstandsmitglieder zu entscheiden, ob und inwiefern die

---

[1]Vgl. Mestmäcker, Verwaltung S. 214; Mertens, § 93 Anm. 57 Kölner Komm.; Godin-Wilhelmi § 93 Anm. 5 Aktiengesetz; Hefermehl, § 76 Anm. 8 Komm. AktG; Meyer-Landrut, § 76 Anm. 8, 9 Großkomm.; Hüffer, § 93 Anm. 5 AktienG.

[2]Vgl. Hüffer, § 93 Anm. 5 AktienG.

[3]Vgl. Mestmäcker, Verwaltung S. 214.; Godin-Wilhelmi, § 93 Anm. 5 Aktiengesetz; Müller, § 34 Anm. 16 KommGenG.

[4]Vgl. BGH, WM 1962, S. 578, 579; BGH, WM 1983, S. 498, 499.

[5]Das Aktiengesetz 1965 enthält im Unterschied zum AktG 1937 keine ausdrückliche Gemeinwohlklausel. Jedoch nimmt die herrschende Meinung für das neue Recht an, daß die Gemeinwohlklausel im alten Sinne weiterhin Geltung hat. Zur Diskussion darüber vgl. Baumbach-Hueck, § 76 Anm. 1 AktG Komm.; Mertens, § 76 Anm. 32 ff. Kölner Komm.; Godin-Wilhelmi § 76 Anm. 5 Aktiengesetz; Baas, Diss., insbesondere S. 90 ff.; Rittner, Verantwortung, FS für Gessler S. 139 ff.; ders., Verantwortung nach § 76 Abs. 1 AktG, AG 1973 S. 113 ff.; Westermann, Vorstand, FS für Vits S. 251 ff.; ders., Leitungsmacht, FS für Reinhardt S. 365; Schilling, Macht, FS für Gessler S. 159; Loock, Diss. insbesondere S. 17 ff.; Rumpff, Belegschaft und Öffentlichkeit, DB 1971 S. 1400 ff.

freiwilligen sozialen Leistungen an die Belegschaft und die Dividende an die Aktionäre zu zahlen sind oder ob und inwiefern der Jahresüberschuß zur finanziellen Verstärkung der Gesellschaft in freie Rücklage einzustellen ist. Insofern stellen die freien Sozialleistungen zugunsten der Belegschaft keine Treue- und somit zugleich Sorgfaltspflichtswidrigkeit dar, wenn sie innerhalb der Grenze der Leistungsfähigkeit der Gesellschaft bleiben und im Verhältnis zu dem ausgeschütteten Gewinn nicht unangemessen sind.[1]

Aus der Treuepflicht folgt schließlich direkt eine Pflicht zur Verschwiegenheit.[2] Diese Pflicht ist in § 93 Abs. 1 Satz 2 AktG ausdrücklich geregelt. Demnach haben die Vorstandsmitglieder über vertrauliche Angaben und Geheimnisse der Gesellschaft, namentlich Betriebs- oder Geschäftsgeheimnisse, die ihnen durch ihre Tätigkeit im Vorstand bekannt geworden sind, Stillschweigen zu bewahren. Verletzen sie diese Schweigepflicht schuldhaft, so haften sie nach § 93 Abs. 2 AktG der Gesellschaft gegenüber für den daraus entstandenen Schaden.

II) Sorgfaltspflicht der Verwaltungsratsmitglieder im türkischen Recht

1) Rechtliche Bedeutung der Sorgfaltpflicht

Die Sorgfaltspflicht, der die Verwaltungsratsmitglieder unterliegen, ist im türkischen Recht in Art. 320 THGB verankert. Der Vorschrift des Art. 320 THGB kommt bezüglich der Haftung der Verwaltungsratsmitglieder aus zwei Aspekten sehr gewichtige Bedeutung zu:

Einerseits legt diese Vorschrift den Maßstab des Verschuldens für die organschaftliche Haftung der Mitglieder des Verwaltungsrates fest. Verstößt demnach das Verwaltungsratsmitglied gegen seine Pflichten, die sich überwiegend aus dem Gesetz, des weiteren aus dem Statut oder aus den Beschlüssen der Generalversammlung herleiten, haftet es gem. Art. 336 THGB, wenn es die Sorgfalt und Umsicht im von Art. 320 THGB geforderten Maße nicht walten läßt. Hier bildet also die Sorgfaltspflicht zu den Haftungsregeln von Art. 336 ff. THGB ein Korrelat.

Andererseits weist Art. 320 THGB den Verwaltungsratsmitgliedern eine organschaftliche, eigenständige Pflicht zu, bei den Angelegenheiten der Gesellschaft, d.h. bei der Erfüllung der ihm obliegenden Pflichten, ein gewisses Maß an Sorgfalt anzuwenden. Die Sorgfaltspflicht des Verwaltungsratsmitglieds kann von daher als Pflicht zur getreuen und sorgfälti-

---

[1]Vgl. Mertens, § 93 Anm. 23, 50 Kölner Komm.; ders., § 76 Anm. 32. Kölner Komm.

[2]Baumbach-Hueck, § 93 Anm. 7 AktG Komm.; Hefermehl, § 93 Anm. 15 Komm. AktG.

gen Ausführung aller ihm durch Gesetz, Satzung oder GV-Beschlüsse zugewiesenen Pflichten umschrieben werden.[1] Auch diese Pflicht, wie auch andere organschaftliche Pflichten, fällt dem Verwaltungsratsmitglied automatisch mit der Begründung des Organträgerverhältnisses zu[2]; deren Verletzung wird durch Art. 336 Abs. 1 Nr. 5 THGB sanktioniert.

2) Verhältnis zum früheren Recht

Art. 323 THGB von 1926 enthielt über die Sorgfaltspflicht der Verwaltungsratsmitglieder sinngemäß die Bestimmung: „Die Mitglieder des Verwaltungsrates haben die Aufmerksamkeit und Gewissenhaftigkeit walten zu lassen, welche sie in ihren eigenen Angelegenheiten kontinuierlich anzuwenden pflegen". Der damalige Gesetzgeber schaffte also mit dieser aus dem römischen Recht stammenden Bestimmung einen subjektiven Sorgfaltsmaßstab (diligentia quam in suis). Dieser Bestimmung liegt der Umstand zugrunde, daß die damaligen Aktiengesellschaften überwiegend in Form der kleinen Familiengesellschaften, deren Organträger die Familienmitglieder selbst sind, organisiert waren: Da die miteinander Verwandten und somit zugleich Bekannten sich freiwillig zu einer Aktiengesellschaft zusammengeschlossen hatten, konnte man sich über die geringe Sorgfalt dieser Verwaltungsratsmitglieder in den Angelegenheiten der Gesellschaft nicht beklagen, wenn sie der Sorgfalt in eigenen Angelegenheiten entsprechend handelten. Im aktuellen THGB wird das Maß für die von Verwaltungsratsmitgliedern anzuwendende Sorgfalt wesentlich verschärft. Darauf wird unten im einzelnen eingegangen.

3) Sorgfaltspflicht eines Verwaltungsratsmitglieds

a) Im allgemeinen

Bei der Bestimmung der Sorgfaltspflicht der Verwaltungsratsmitglieder bediente sich der Gesetzgeber des gegenwärtigen THGB einer sehr umständlichen Methode, nämlich einer langen Kette von Verweisen. Als Ausgangspunkt dient die Bestimmung des Art. 320 THGB. Er ist mit *„Maß der Sorgfalt der Mitglieder"* überschrieben und lautet im Text: *„ Hinsichtlich des Maßes der Umsicht und Sorgfalt, welche die Mitglieder des Verwaltungsrates in den Angelegenheiten der Gesellschaft anzuwenden haben, gilt die Vorschrift des Art.*

---

[1]Bürgi, Art. 722 Anm. 0 Züricher Komm.

[2]Nach Camoglu ist die Sorgfaltspflicht als Nebenleistungspflicht aus dem Auftragsverhältnis zu charakterisieren. Camoglu, Doz. S. 66; ders., Özen Borcu S. 389.

528 Abs. 2 TOG." Art. 528 TOG regelt dagegen das Maß der Sorgfalt der unentgeltlich geschäftsführenden (Abs. 1) und entgeltlich geschäftsführenden (Abs. 2) Mitglieder der einfachen Gesellschaft. Hierzu schreibt Art. 528 Abs. 2 TOG vor: *„Der geschäftsführende Gesellschafter, der für seine Tätigkeit ein Entgelt bezieht, haftet nach den Bestimmungen über den Auftrag"*. Die Haftung des Beauftragten ist im türkischen Recht in Art. 390 TOG verankert. Erster Absatz dieses Artikels enthält folgende Bestimmung: *„Der Beauftragte haftet im allgemeinen nach den Bestimmungen über die Haftung der Arbeitnehmer."*[1] Die Vorschriften über die Haftung des Arbeitnehmers finden sich dagegen in Art. 320 ff. TOG, insbesondere die Sorgfaltspflicht in Art. 321 Abs. 2 TOG mit folgendem Wortlaut: *„Der Arbeitnehmer hat die übernommene Arbeit mit Sorgfalt auszuführen. Er ist für den Schaden verantwortlich, den er vorsätzlich oder fahrlässig dem Arbeitgeber zugefügt hat. Das Maß der Sorgfalt, für die der Arbeitnehmer einzustehen hat, bestimmt sich nach dem Vertrag, unter der Berücksichtigung des für die Arbeit erforderlichen Bildungsgrades und der Fachkenntnisse, die der Arbeitgeber gekannt hat oder hätte kennen sollen, sowie der Fähigkeiten und Eigenschaften des Arbeitnehmers."*

Bezüglich dieser Vorschrift wird aber richtigerweise im türkischen Schrifttum die Ansicht vertreten, daß bei der Rezeption des schweizerischen ZGB im Jahre 1926[2] die Bestimmung vom französischen Text des Art. 328 aOR fehlerhaft ins Türkischen übersetzt wurde, und die Bestimmung des Art. 321 TOG wie die Bestimmung des Art. 328 aOR verstanden werden soll. Demnach soll die Vorschrift von Art. 321 Abs. 2 Satz 2 TOG folgendermaßen interpretiert werden: *Das Maß der Sorgfalt, für die der Arbeitnehmer einzustehen hat, bestimmt sich nach dem Vertrag unter Berücksichtigung des Bildungsgrades und der Fachkenntnisse, die zu der Arbeit verlangt werden, sowie der Fähigkeiten und Eigenschaften des Arbeitnehmers, die der Arbeitgeber gekannt hat oder hätte kennen sollen."*

Aus dieser langwierigen Verweiskette ergibt sich doch keine einheitliche Lösung zur Frage nach dem Maß für die von den Verwaltungsratsmitgliedern anzuwendende Sorgfalt. Hierzu stellt sich nämlich die Frage, ob die Bestimmungen von Art. 321 TOG auch für die Verwaltungsratsmitglieder, die kein Entgelt für ihre Tätigkeit beziehen, gelten. Es wird nämlich

---

[1]Diese Regelung im Art. 398 Abs. 1 OR, der den Ursprung des Art. 390 TOG bildet, lautet aber folgendermaßen: *„Der Beauftragte haftet im allgemeinen für die gleiche Sorgfalt wie der Arbeitnehmer im Arbeitsverhältnis."*

[2]Zur Rezeption des schweizerischen ZGB und OR vom 1926 in der Türkei vgl. Hirsch, Zivilgesetzbuch in der Türkei, SJZ 1954 S. 337 (insbesondere zur sprachlichen Probleme S. 338 ff.) und ders., Einfluß des schweizerischen Rechts, SJZ 1956 S. 325 ff.

im Art. 528 Abs. 2 TOG lediglich von den Gesellschaftern gesprochen, denen für ihre Tätigkeiten ein Entgelt gezahlt wird. Nach einer Meinung in der türkischen Literatur gilt die Vorschrift des Art 528 Abs. 2 TOG nicht für die Verwaltungsratsmitglieder, die sich unentgeltlich betätigen. Demnach komme für den Maßstab der Sorgfalt der sich unentgeltlich betätigenden Verwaltungsratsmitglieder die Bestimmung des Art. 528 Abs. 1 TOG zur Anwendung. Auf Art. 528 Abs. 1 TOG kommt man nach dieser Ansicht mit Hilfe der allgemeinen Bestimmungen, nämlich durch Verweis des Art. 138 THGB.[1] Die Verwaltungsratsmitglieder, die kein Entgelt beziehen, hätten also die Sorgfalt walten zu lassen, die sie in ihren eigenen Angelegenheiten anzuwenden pflegen[2] (Art. 528 Abs. 1 TOG).

M.E. ist dieser Lösung aus folgenden Gründen nicht beizupflichten:

1. Sie ist vor allem mit dem Wesen der Aktiengesellschaft nicht vereinbar: Die Mitglieder des Verwaltungsrates üben ja als Organträger eine treuhänderische Funktion aus, ihnen ist - abgesehen von der Aktionärsqualität der Verwaltungsratsmitglieder - ein fremdes Vermögen anvertraut. Neben Aktionären der Gesellschaft haben auch die Gläubiger Interesse an der Aufrechterhaltung dieses Vermögens. Sie besitzen also in der Organisation der Gesellschaft im Vergleich zum sich unentgeltlich betätigenden Gesellschafter der einfachen Gesellschaft eine mehrfach erhöhte Vertrauensstellung. Das Maß für die Sorgfalt der Verwaltungsratsmitglieder, die kein Entgelt beziehen, muß deswegen nicht das sein, was sie in eigenen Angelegenheiten anzuwenden pflegen, sondern ein darüber hinausgehendes, objektives Maß.

2. Des weiteren kann man vom Wortlaut des Art. 320 THGB ausgehend durch den Verweis auf Art. 528 Abs. 2 TOG zum Resultat gelangen, daß auch für das Maß der Sorgfalt der sich unentgeltlich betätigenden Verwaltungsratsmitglieder die Bestimmungen des Art. 321 TOG doch Geltung haben. Betrachtet man nämlich die Bestimmung des Art 320 THGB näher, so stellt man fest, daß der Gesetzgeber mit dieser Bestimmung in Art. 320 THGB das Maß der Sorgfalt der Mitglieder, die Entgelt beziehen, von dem Maß der Sorg-

---

[1]Art. 138 THGB mit Überschrift *„Anwendbare Gesetzesbestimmungen"* lautet wie folgt: *„Unter Vorbehalt der für jeden Gesellschaftstyp getroffenen Sonderbestimmungen finden auf die Handelsgesellschaften auch Art. 45, 47, 48, 49 des Zivilgesetzbuchs Anwendung und hinsichtlich der in dem vorliegenden Titel nicht geregelten Angelegenheiten die Art. 520 bis 541 des Obligationengesetzes, soweit sie mit dem Wesen des jeweiligen Gesellschaftstyps vereinbar sind."*

[2]Arslanli, AS Organizasyonu S. 152; Mimaroglu, Diss. S. 36; Atan, Diss. S. 22; Domanic, Serh S. 514; Akalin, Hukuki Mesuliyet S. 10. Auch der Kassationsgerichtshof der Türkei hat in einer Entscheidung diese Ansicht geteilt vgl. Y. 11. HD. 29. 11. 1985 T. 5911 E., 6585 K.: Eris, AS Hukuku S. 925 ff.

falt der Mitglieder, die kein Entgelt beziehen, nicht unterscheidet. Regelungszweck seines Verweises auf Art. 528 Abs. 2 TOG ist, allen Verwaltungsratsmitgliedern, *ohne danach zu unterscheiden*, ob sie gegen ein Entgelt tätig sind oder nicht, dieselbe Sorgfalt zu unterstellen, und zwar diejenige, die der sich entgeltlich betätigende Beauftragte (Art. 390 TOG) anzuwenden pflegt.

Aufgrund des weiteren Verweis des Art. 390 TOG gilt also für beide Kategorien von Verwaltungsratsmitgliedern hinsichtlich des Maßes an Sorgfalt im Endeffekt die Vorschrift des Art. 321 TOG.[1]

b) Maß der Sorgfaltspflicht eines Verwaltungsratsmitglieds

Wie oben festgestellt wurde, gilt für das Maß der Sorgfalt und Umsicht, die jedes Verwaltungsratsmitglied in den Angelegenheiten der Gesellschaft anzuwenden hat, gem. der Bestimmung des Art. 320 THGB das Maß der Sorgfalt, für die der Arbeitnehmer einzustehen hat (Art. 321 TOG). Hiergegen ergibt sich das Maß der Sorgfalt, für die der Arbeitnehmer einstehen muß, aus dem Vertragsverhältnis unter Berücksichtigung des für die Arbeit erforderlichen Bildungsgrads und der Fachkenntisse sowie der Fähigkeiten und Eigenschaften des Arbeitnehmers, die der Arbeitgeber gekannt hat oder hätte kennen müssen.

Auch unter Berücksichtigung dieser Bestimmung ist es jedoch kaum möglich, allgemeingültig zu beantworten, welches Maß an die Sorgfalt des Arbeitnehmers anzulegen ist. Das Gesetz liefert immerhin in Art. 321 TOG nach seinem Wortlaut ein objektives und ein subjektives Kriterium zur Bemessung der vom Arbeitnehmer anzuwendenden Sorgfalt[2]. In Betracht kommen insofern auf der einen Seite „der Bildungsgrad und die Fachkenntnisse, die zu der Arbeit unentbehrlich sind", auf der anderen Seite „die Fähigkeiten und Eigenschaften des Arbeitnehmers, die der Arbeitgeber gekannt hat oder hätte kennen sollen". Werden diese beiden Kriterien auf das Maß der Sorgfalt ausgedehnt, das von dem Verwaltungsratsmitglied zu erwarten ist, so stellen sich folgende Konsequenzen heraus:

1. Es ist vor allem zu bemerken, daß sich das Maß der von dem Verwaltungsratsmitglied anzuwendenden Sorgfalt nicht nach dem Bildungsgrad und der Fachkenntnisse sowie beruflichen Erfahrungen des Verwaltungsratsmitglieds richtet. Es bestimmt sich vielmehr

---

[1]Zum gleichen Ergebnis vgl. Comoglu, Sorumluluk S. 71; ders., Özen Borcu, S. 398; Helvaci, Diss. S. 34; Poroy/Tekinalp/Camoglu, Ortakliklar S. 269; Imregün, Kara Ticaret S. 353; Ansay, ASH S. 133.

[2]Vgl. Izveren, Iscinin Ihtimami S. 1311; Kaplan, Banka Idare Meclisi S. 139.

nach demjenigen Bildungsgrad, dem Fachwissen und der Erfahrung, welche die durch die Wahl und deren Annahme entstandene Amtsstellung (d.h. konkrete Verwaltungsratsstellung) erfordert. Somit stellt also das Gesetz ein objektives Bemessungskriterium der Sorgfalt auf. Die Erfordernisse der Amtsstellung bezüglich des Bildungsgrades, der Erfahrung und des Fachwissens sind hingegen von der Art und Größe, wie auch der inneren Organisation des Unternehmens der jeweiligen Gesellschaft abhängig. In diesem Zusammenhang sind zum Beispiel die Anzahl der Mitglieder des Verwaltungsrates ausschlaggebend sowie der Umstand, ob und wie Aufgaben unter Verwaltungsratsmitgliedern verteilt (Art. 319 Abs. 1 THGB) und delegiert (Art. 319 Abs. 2 THGB) werden.[1]

Es ist folglich sinnvoll und unabdingbar, daß sich derjenige, der als Mitglied eines Verwaltungsrats vorgeschlagen oder gewählt wird, von den Anforderungen, die die Verwaltungsratsstelle bei der jeweiligen Gesellschaft an ihn stellt, in Kenntnis setzt und daß er diese Anforderungen mit seinem Bildungs-, Wissens- und berufsmäßigen Erfahrungsstand konfrontiert. Insoweit ist von einem Kandidaten für eine Verwaltungsratsstelle allgemein ein gewisses Mindestmaß an kaufmännischen Kenntnissen und Fähigkeiten zu erwarten.[2] Dem liegt der Umstand zugrunde, daß die Aktiengesellschaft selbst (aufgrund der Eigenschaft als juristische Person gem. Art. 137 THGB) als Kaufmann betrachtet wird. Deswegen müssen die Angehörigen des verwaltenden und vertretenden Organs der Gesellschaft zumindest mit den Richtlinien eines kaufmännischen Betriebs vertraut sein. Vor der Annahme der Wahl sollte sich der Kandidat weiterhin fragen, ob er tatsächlich Zeit und Gelegenheit zur gehörigen Erfüllung der die Verwaltungsratsstelle betreffenden Aufgaben zur Verfügung hat.

Das werdende Verwaltungsratsmitglied darf diesbezüglich die Wahl erst dann annehmen, wenn er wirklich über die grundsätzlichen kaufmännischen Kenntnisse und Fähigkeiten verfügt und sich im allgemeinen für die ihm bekannten Anforderungen der betreffenden Gesellschaft in der Lage fühlt. Weiß er dagegen anfänglich oder hätte er erfahrungsgemäß wissen müssen, daß er den ihm gestellten Anforderungen nicht gewachsen ist, sei es infolge mangelnder Ausbildung, sei es infolge der Unerfahrenheit oder Zeitmangels und nimmt er trotzdem die Verwaltungsratsstellung (die Wahl) an, so handelt er bereits am

---

[1]Dazu ausführlich vgl. unter Kapitel IV, „III) Haftung der Verwaltungsmitglieder im Falle der Aufteilung und Delegation der Verwaltungsratskompetenzen nach türkischem Recht".

[2]Bürgi, Art. 722 Anm. 6 Züricher Komm.; Steiger, das Recht S. 229.

Anfang unsorgfältig, d.h. fahrlässig und macht sich damit zugleich haftpflichtig, wenn infolge seiner Inkompetenz den Anspruchsberechtigten ein Schaden entstanden ist.[1]

2. Art. 321 TOG enthält auch ein subjektives Kriterium zur Bemessung der von dem Verwaltungsratsmitglied zu erwartenden Sorgfalt, und zwar „seine Fähigkeiten und Eigenschaften, die die Gesellschaft, d.h. Generalversammlung, gekannt hat oder hätte kennen müssen". Mit diesem Kriterium hat das Gesetz den oben ausgeführten objektiven Charakter des Sorgfaltsbegriffs in erheblichem Maße abgeschwächt. Demnach dürfte man z.B. nicht von einem infolge hohen Alters oder einer Krankheit in seiner Leistungsfähigkeiten geschwächten Verwaltungsmitglied, dessen negativer Zustand der Generalversammlung bekannt war und das gleichwohl in den Verwaltungsrat gewählt wurde, erwarten, daß es bei seinen organschaftlichen Funktionen in gleichem Maße die Sorgfalt walten läßt, wie sie ein gesunder Angehöriger des Verwaltungsrats gewöhnlicherweise anwendet.[2]

Insofern läßt sich der hinter diesem subjektiv konstituierten Sorgfaltsmaß steckende Gedanke mit folgenden Leitsätzen schildern: Der Gesetzgeber mag sich Gedanken gemacht haben über den Fall, in dem das Verwaltungsratsmitglied nicht wegen seiner besonderen Befähigung und/oder seiner Fachkenntnisse gewählt wurde, sondern eher aus Gründen der Repräsentation oder bei einer kleinen Familiengesellschaft, einfach deshalb, weil die Familienmitglieder der Gesellschaft keine Fremden als Verwalter angehören lassen möchten und die Verwaltungsratsmitglieder trotz ihres Wissens- und Erfahrungsmangels aus der Familie bestellt haben. Diese Vorschrift soll ja als Einrede, grob gesagt als *„exceptio stupiditatis"* dem Verwaltungsratsmitglied zur Hilfe kommen, wenn die Gesellschaft ihn nachher wegen seiner Unkenntnis oder seiner Unerfahrenheit zur Verantwortung zieht.[3]

Von dieser unausgesprochenen Absicht des Gesetzgebers ausgehend könnte man jene Bestimmung gutheißen. Des weiteren wird im türkischen Schrifttum nahegelegt, daß dieses subjektive Kriterium vornehmlich bei der Beurteilung der Sorgfalt derjenigen Verwaltungsratsmitglieder, die kein Entgelt beziehen, herangezogen werden sollte, um eine gerechte Lösung bezüglich der Haftungs-, insbesondere der Verschuldensfragen finden zu können. Hierbei ist tatsächlich zuzugestehen, daß es in manchen Fällen zu einem unangemessen Ergebnis für die haftenden Personen führen würde, wenn man bei der Bemes-

---

[1] Vgl. BGE 27 II 104; 30 II 309; Atan, Diss. S. 36; Camoglu, Doz. S. 73; ders., Ozen Borcu S. 400; Imregün, Kara Ticaret S. 353.

[2] Vgl. Camoglu, Doz. S. 73; ders., Ozen Borcu S. 401.

[3] Vgl. Schmerschneider, Diss. S. 62.

sung der Sorgfalt eines sich unentgeltlich betätigenden Mitgliedes nur die objektiven Maßstäbe berücksichtigen und dagegen seine Eigenschaften und Fähigkeiten außer Acht lassen würde.

An diesem Punkt sei jedoch darauf hingewiesen, daß die Vorschriften von Art. 320 THGB und infolge des Verweises des Art. 321 TOG (wie auch Haftungsvorschriften der Art. 336 ff. THGB) im Interesse der Sicherheit im geschäftlichen Verkehr und des Vertrauens geschaffen worden sind. Sie erlegen den Verwaltungsratsmitgliedern die Pflicht auf, in Angelegenheiten der Gesellschaft eine gewisse Sorgfalt und Umsicht anzuwenden. Für das Maß dieser erforderlichen Sorgfalt kommen die objektiven Kriterien in der ersten Hälfte des Art. 321 Abs. 2 Satz 2 TOG zur Anwendung. Von diesen Kriterien ausgehend können Dritte den Grad der vom Verwaltungsratsmitglied zu erwartenden Sorgfalt im einzelnen beurteilen. In dieser Hinsicht erfüllt der Art. 321 TOG seine Schutzfunktion im geschäftlichen Verkehr. Diese Funktion ist jedoch angesichts der subjektiven Kriterien in der zweiten Hälfte des Art. 321 Abs. 2 Satz 2 TOG in sehr erheblichem Maße beseitigt. Denn der Grad der dem Verwaltungsratsmitglied zuzumutenden Sorgfalt ist nicht mehr konstant und für dritte Personen nicht mehr eindeutig erkennbar, er ist vielmehr von etlichen einseitig-persönlichen Umständen abhängig gemacht. Insofern kann beispielsweise das Mitglied des Verwaltungsrates einem Gläubiger gegenüber (etwa einer Bank), der der Gesellschaft in beträchtlicher Höhe Kredit gewährt und infolge der Inkompetenz des Verwaltungsratsmitglieds, so z.B. aufgrund der der Generalversammlung bekannten Unerfahrenheit, einen Schaden erlitten hat, mit dem Argument einwenden, während der Organtätigkeiten „sein Bestes" geleistet zu haben und sich mit dieser Argument zugleich aber auch der Haftung entziehen.

Diese Lösung ist aber als solche keine angemessene. Da Dritten gegenüber eine Handhabe für die Beurteilung der anzuwendenden Sorgfalt bei den Organmitgliedern mit der ersten Hälfte des Art. 321 Abs. 2 Satz 2 TOG geboten wird und die subjektiven Bemessungskriterien für sie als Außenstehende nicht einmal klar zu erkennen sind, müssen jedenfalls die gerechtfertigten Erwartungen Dritter an die Sorgfaltspflicht geschützt werden. Das heißt, die subjektiven Kriterien für das Maß der geforderten Sorgfalt sollten nur im Innenverhältnis zwischen Verwaltungsratsmitglied und Aktiengesellschaft in Betracht gezogen werden und im Außenverhältnis um des Schutzes des Geschäftsverkehrs und des Vertrauens willen vollauf unberücksichtigt gelassen werden.

Nach diesen Erörterungen über die Bemessungskriterien der Sorgfalt sind noch die Ansichten im Schrifttum und in der Judikatur in Bezug auf den Maßstab der Sorgfalt der Verwaltungsratsmitglieder zu untersuchen. Fast einhellig wird in der türkischen Literatur die Meinung vertreten, daß bei der Bemessung der Sorgfalt in der Regel „objektive Kriterien" angewandt werden müssen und in bestimmten Fällen, wie z.B. im Falle des unentgeltlich arbeitenden Mitglieds aber ausnahmsweise auch subjektiven Kriterien herangezogen werden können. Nach herrschender Meinung -in Anlehnung an die deutsche Literatur- haben die Verwaltungsratsmitglieder diejenige Sorgfalt und Umsicht anzuwenden, „die ein vernünftiges, aufmerksames und gewissenhaftes Verwaltungsratsmitglied (bzw. Geschäftsleiter) unter gleichen Umständen anzuwenden pflegt".[1]

Prüft man die Entscheidungen des Kassationsgerichtshofes über die Haftungsfragen der Organmitglieder der Kapitalgesellschaften nach, fällt auf, daß sich der Kassationsgerichtshof der Türkei mit der Problematik der Sorgfaltpflicht und ihrem Maßstab kaum beschäftigt hat. In vielen Verfahren hat er sich zu jener Problematik mit der Wiedergabe der jeweiligen Bestimmung im Gesetz begnügt.[2] Von ihm wäre allerdings zu erwarten, in praktischen Fällen das Maß der den Organmitgliedern zuzumutenden Sorgfalt durch seine permanente Rechtsprechung zu präzisieren. Anders als die Literatur steht jedoch der Kassationsgerichtshof in seinen wenigen Entscheidungen zur Frage des Sorgfaltsmaßstabs auf keinem konstanten Standpunkt. Er hat sich jedoch in seinen Urteilen überwiegend für einen objektiven Sorgfaltsmaßstab ausgesprochen.[3]

Wie der deutsche BGH verlangt auch der Kassationsgerichtshof der Türkei, daß die Verwaltungsratsmitglieder bei der Wahrnehmung der Angelegenheiten der Gesellschaft in erster Linie den Vorteil der Gesellschaft wahren. Dieses Gebot der Vorteilswahrung, so der Kassationsgerichtshof der Türkei, wäre im konkreten Fall der entscheidende Anknüp-

---

[1]Statt vieler vgl. Helvaci, Diss. S. 36; Camoglu, Doz. S. 73; Poroy/Tekinalp/Camoglu, Ortakliklar S. 267; Ansay, ASH S. 133; Imregün, Kara Ticaret S. 334; Pulasli, Sirketler Hukuku S. 251.

[2]Vgl. etwa Y. 11. HD. 13.6.1974 in 4 YKD S. 61, yil 1978; Y. 11. HD 13.6.1974 E. 1974/1913 K. 1974/1900 in 1 YKD S. 61 yil 1978; HGIK, 19.3.1980 in Ilm. Kaz. Ict. 8025, yil 1980.

[3]In seinen Entscheidungen hat der Kassationsgerichtshof aber geäußert, daß die Mitglieder des Verwaltungsrates in den Angelegenheiten der Gesellschaft die Sorgfalt und Umsicht anwenden müssen, die sie in ihren eigenen Angelegenheiten anzuwenden pflegen; Y. 11. HD. 28.2.1968 T. E. 1968/5377 K. 1968/637; Y. 11. HD. 29.11.85 T. E. 5911 K. 6585: Eris, AS Hukuku S. 925. Der Kassationsgerichtshof hat hier das Maß der Sorgfalt auf die sogenannte „diligentia quam in suis" abgestellt. Dieser auf dem alten THGB beruhende Sorgfaltsmaßstab ist für gegenwärtiges Aktienrecht nicht mehr anwendbar, denn er wurde durch die Bestimmung des Art. 320 THGB verdrängt.

fungspunkt dafür, ob das Verwaltungsratsmitglied gegen seine Sorgfaltspflicht verstoßen und somit schuldhaft gehandelt hat.[1] Nach dem Kassationsgerichtshof der Türkei[2] müssen die Mitglieder des Verwaltungsrates durch das Zuziehen von branchenkundigen Fachleuten feststellen, ob eine Maßnahme, die vom Verwaltungsrat in Aussicht gestellt wird, für die betreffende Gesellschaft von Vorteil ist, bevor sie sie vornehmen.

In manchen seiner Urteile liefert der Kassationsgerichtshof der Türkei dagegen viel gegenständlichere und präzisere Anhaltspunkte für das Maß der geforderten Sorgfalt. Demnach müssen die Verwaltungsratsmitglieder in allen Maßnahmen der Gesellschaft „die Sorgfalt eines gewissenhaften Geschäftsmannes" anwenden[3]. Mit dieser Rechtsprechung stellt der Kassationsgerichtshof der Türkei unübersehbar den Maßstab der Sorgfalt des Verwaltungsratsmitglieds auf den Maßstab für den Kaufmann in Art. 20 Abs. 2 THGB ab. Dieser Artikel, der mit „Maß der Sorgfalt des Kaufmanns" überschrieben ist, sieht nämlich vor: *„Jeder Kaufmann hat in allen Maßnahmen seines kaufmännischen Unternehmens wie ein gewissenhafter Geschäftsmann zu handeln*". Dieser Ansicht des Kassationsgerichtshofes der Türkei ist vollkommen beizupflichten, zumal es doch selbstverständlich ist, von den Organmitgliedern, besonders den Mitgliedern des Verwaltungsrates einer AG, die als juristische Person selbst Kaufmann ist, zu erwarten, bei den Maßnahmen der Geschäftsführung und der Vertretung das Maß der Sorgfalt des Kaufmanns anzuwenden.

Im Lichte der türkischen Doktrin und Rechtsprechung, sowie mit Berücksichtigung der obigen Ausführungen ist also zum Schluß zusammenfassend festzuhalten: Der Maßstab der Sorgfalt, die das Mitglied des Verwaltungsrates bei seinen organschaftlichen Tätigkeiten anzuwenden pflegt, ist ein objektiver. Sein Verhalten wird nämlich am Verhalten „eines vernünftigen und gewissenhaften Geschäftsmannes" gemessen. Jener Sorgfaltsmaßstab ist jedoch kein absoluter, sondern er erfährt eine gewisse Relativierung durch die Natur und Größe, wie auch die Situation des jeweiligen Unternehmens, das vom betreffenden Verwaltungsratsmitglied geführt wird.

c) Änderung des Maßstabes der geforderten Sorgfalt

An dieser Stelle ist noch kurz der Problemkreis der Veränderbarkeit des Sorgfaltsmaßstabes zu erörtern. Diesbezüglich kommt vorerst der Wortlaut des Art. 321 Abs. 2 TOG in

---

[1]HGKI, 5.12. 1973, 49 Ist. Bar. Mec. 341, 1075/ 3-4; Y. 11. HD. 17.12.1974, 2 YKD 206, 1976.

[2]Y. 11. HD. 17.12.1974, 2 YKD 206, 1976.

[3]Y. 11. HD. 8.1.1975, 2 YKD 217, 1976; Y. 11. HD. 17.12.1974, 2 YKD 206, 1976.

Betracht, nach dem das Maß der Sorgfalt sich nach dem Vertragsverhältnis bestimmt. Hierbei stellt sich die Frage, ob der Wortlaut der gesetzlichen Bestimmung dahingehend interpretiert werden kann, daß der Maßstab der Sorgfalt durch die vertragliche Vereinbarung zwischen Verwaltungsratsmitglied und Gesellschaft vermindert werden darf. Eine solche Vereinbarung ist unzulässig. Gegen die Zulässigkeit spricht nämlich der Umstand, daß der im Art. 321 TOG verankerte objektive Maßstab lediglich „das Minimum" an Sorgfalt bildet, das auf jeden Fall zu erwarten ist. Hingegen erweckt jedes Verwaltungsratsmitglied, das die Verwaltungsratsstelle annimmt, gegenüber Dritten den Anschein, jedenfalls dieses Minimum anzuwenden. Dieses bei den Dritten erweckte Vertrauen muß geschützt werden.

Aus demselben Grund ist die Frage aber zu bejahen, ob der Sorgfaltsmaßstab durch vertragliche oder statutarische Bestimmungen verschärft werden darf.[1] Beispiel: Eine besondere fachliche Kenntnis, etwa juristischer Promotionsabschluß, kann man für die Verwaltungsratsmitglieder einer Bank AG voraussetzen und dementsprechend ein besonderes Maß an Sorgfalt verlangen. Derartige Bestimmungen würden prinzipiell weder zu Ungunsten der Aktionäre noch der Gläubiger oder der Gesellschaft laufen. Insofern ist es jedoch nicht außer Acht zu lassen, daß ein extrem strenger Maßstab hinsichtlich der geforderten Sorgfalt bei den Mitgliedern des Verwaltungsrats zur Folge haben könnte, daß sie sich auch nicht auf vernünftige Risiken einlassen.

III) Sorgfaltspflicht der Verwaltungsmitglieder im alten und neuen schweizerischen Aktienrecht

Die Sorgfaltspflicht der Verwaltungsratsmitglieder im alten Aktienrecht, d.h. vor der Revision von 1991, wurden an der Spitze der Vorschriften über die Pflichten der Verwaltung, und zwar im Art. 722 Abs. 1 aOR, geregelt. Diese Vorschrift enthielt die Bestimmung, daß die Verwaltung die Geschäfte der Gesellschaft mit aller Sorgfalt zu leiten hat. Im neuen revidierten Aktienrecht dagegen ist die Sorgfaltspflicht in Art. 717 OR, separat von weiteren Pflichten, unter der Überschrift *„Sorgfalts- und Treuepflicht"* verankert. Nach dem Wortlaut dieser neuen gesetzlichen Regelung müssen *„die Mitglieder des Verwaltungsrates ..... ihre Aufgaben mit aller Sorgfalt erfüllen und die Interessen der Gesellschaft in guten Treuen wahren"*. Trotz dieser Wortlautänderung hat sich im neuen Aktienrecht allerdings am Maß der geforderten Sorgfalt nichts geändert: Wie es aus dem Wortlaut leicht

---

[1]Vgl. Arslanli, AS Organizasyonu S. 168; Mimaroglu, Diss. S. 35.

ersichtlich ist, verknüpft hier der Gesetzgeber die Sorgfaltspflicht mit der Treuepflicht, gleichwohl ist das Wort „mit aller Sorgfalt" (*omnis diligentia*) unverändert geblieben.

Auch die revidierte Bestimmung des Gesetzes gibt - wie die alte Bestimmung - also keinen direkten Anhaltspunkt für das Maß der geforderten Sorgfalt. Somit bleibt die Feststellung des Maßes der geforderten Sorgfalt weiterhin der Lehre[1] und Rechtsprechung überlassen.

Nach allgemein anerkannter Auffassung in der schweizerischen Lehre darf die erforderliche Sorgfalt keineswegs subjektiv bestimmt werden: In Anlehnung an eine alte Entscheidung[2] des schweizerischen Bundesgerichts wird weitgehend verlangt, daß, wer sich als Verwaltungsratsmitglied wählen läßt, die erforderliche Fähigkeiten und Kenntnisse mitbringen und für die Verwaltungsratstätigkeiten notwendige Zeit aufbringen können muß.

Das Fehlen der nötigen Fähigkeiten, Unerfahrenheit, Zeitmangel sowie (unentschuldigt) Nichtteilnahme an einer Verwaltungsratssitzung werden im allgemeinen nicht als Exkulpationsgründe anerkannt.[3] [4] Genauso wenig reicht aus, daß das Verwaltungsratsmitglied nachweist, die sog. diligienta quam in suis einzuhalten, um sich zu exkulpieren.[5]

Nach vorherrschender Lehre in der Schweiz ist der Maßstab, der der Sorgfalt der Verwaltungsratsmitglieder zugrundezulegen ist, ein objektivierter.[6] Abzustellen ist demnach auf diejenige Sorgfalt, „die ein gewissenhafter, vernünftiger Mensch desselben Verkehrskreises wie die Verantwortlichen unter den gleichen Umständen als erforderlich ansehen wür-

---

[1]Vgl. im neuen Schrifttum Homburger, Art. 717 Anm. 820 ff OR Komm.; Böckli, Neues Aktienrecht, Anm. 1619 S. 439 ff ; Guhl/Kummer/Druey, Grundzüge S. 706.

[2]Urteil des schweizerischen Bundesgerichts vom 31. 01.1945 in SAG 17 (1944/1945) S. 230.

[3]BGE 93 II 27; BGE 109 V 89; Forstmoser, Verantwortlichkeit Anm. 302 S. 108; ders., Aktienrecht § 28 Anm. 20 S. 295; ders., Risiken, LJZ 1984 S. 6; ders., Solidarität, SJZ 1982 S. 372; Lustenberger, Diss. S. 117; Senn, Diss. S. 79; Vischer, Delegationsmöglichkeiten S. 367; Fehr, Diss. S. 150; Bürgi, Art. 753/754 Anm. 95 Züricher Komm.

[4]Jedoch trifft man in manchen Entscheidungen des schweizerischen Bundesgerichts an, daß den mangelhaft ausgebildeten oder unerfahrenen Organmitgliedern, deren negativer Zustand den Aktionären bekannt war und die trotzdem gewählt wurden, die Verantwortlichkeit gemindert wurde, so z.B. BGE 25 II 347; 93 II 22.

[5]Dazu stellt ein gutes Beispiel BGE 99 II 180 dar. In diesem Fall hat das Verwaltungsratsmitglied den erheblichen Teil des Gesellschaftsvermögen in hochspekulativen Papieren angelegt und mit der Argumentation, er sei der Meinung gewesen, es wäre ein lukratives Geschäft, und er selbst habe drei Stück derselben Aktien erworben, vergebens versucht, sich aus der Verantwortung zu ziehen.

[6]Statt vieler vgl. Forstmoser, Aktienrecht § 28 Anm. 21 S. 296; Biggel, Diss. S. 54 ff.; Burckhardt, Diss. S. 184; Lustenberger, Diss. S. 117.

de."[1] Demnach hat das Verwaltungsratsmitglied für die Fähigkeiten einzustehen, „die der Verkehr bei einer Person voraussetzen darf, welche in einer bestimmten Eigenschaft auftritt."[2] Durch eine solche Konkretisierung des Sorgfaltsmaßstabes ist die Haftung der Mitglieder der Verwaltung „auf ein vernünftiges, mit dem praktischen Leben in Einklang stehendes Maß beschränkt".[3]

Aus dem gesagten ist leicht zu entnehmen, daß der relevante Maßstab nicht „Superman", sondern - wie im türkischen Recht - „ein ordentlichen Geschäftsmann" ist.[4]

---

[1]Statt vieler vgl. Forstmoser, Risiken, LJZ 1984 S. 6; Meier-Wehrli, Diss. S. 80; Diezi, Diss. S. 6; Lustenberger, Diss. S. 117.

[2]Bär, Verantwortlichkeit, ZBJV 1970 S. 463.

[3]Meier-Wehrli, Diss. S. 80; Forstmoser, Verantwortlichkeit Anm. 293 S. 106; Gross, Diss. 166; Horber, Diss. S. 28.

[4]Vgl. Forstmoser, Risiken, LJZ 1984 S. 6; Meier-Wehrli, Diss. S. 30; Kaeslin, Diss. S. 44; Zellweger, Diss. S. 29; Frick, Diss. S. 40.

KAPITEL III

VORAUSSETZUNGEN DER HAFTUNG DER MITGLIEDER DES VORSTANDS/ VERWALTUNGSRATES SOWIE DARLEGUNGS- UND BEWEISLAST

I) Voraussetzungen der Haftung der Mitglieder des Vorstands und Verwaltungsrates

1) Allgemeine Bemerkungen

Im türkischen wie auch im schweizerischen Aktienrecht in den Vorschriften des Art. 336 THGB und des Art. 754 aOR sowie des Art. 754 OR sind die Gesellschaft, die einzelnen Aktionäre und die Gläubiger der Gesellschaft als Anspruchsberechtigte des Ersatzanspruchs auf den infolge schuldhafter Verletzung der dem Verwaltungsrat obliegenden Pflichten entstandenen Schaden bezeichnet. Dagegen räumt der deutsche Gesetzgeber in § 93 AktG einen solchen Schadenersatzanspruch nur der Gesellschaft und deren Gläubigern gegenüber den Vorstandsmitgliedern ein. Es wird jedoch einer bestimmten Minderheit der Aktionäre, welche einen bestimmten Anteil des Grundkapitals vertreten, ein Anspruch auf Schadenersatz gewährt (§ 147 AktG).

Die Haftungsvoraussetzungen sowie die Konsequenzen, die aus der Haftung folgen, sind jedoch im türkisch-schweizerischen Recht zum großen Teil unabhängig davon, wer von diesen Klageberechtigten den Anspruch auf den Schadenersatz geltend macht. Im folgenden wird im einzelnen auf die Fragen der Voraussetzungen der Verantwortlichkeit der Mitglieder des Vorstands/Verwaltungsrats bei der Gesellschaftsklage eingegangen; die diesbezüglichen Ausführungen finden prinzipiell aber auch auf die Gläubiger- und Aktionärsklage im türkisch-schweizerischen Recht Anwendung.

2) Haftungsvoraussetzungen im Einzelnen

a) Schaden

aa) Im allgemeinen

Das Vorliegen eines Schadens ist erste und entscheidendste Voraussetzung für das Entstehen des Verantwortlichkeitsanspruchs, der seiner Natur nach ein Schadenersatzanspruch ist. Dies gilt sowohl im vertraglichen als auch im deliktischen als auch im aktienrechtlichen Schadenersatzrecht. Die Unabdingbarkeit des Vorliegens eines Schadens folgt aus dem Grundgedanken des Schadenersatzrechts, wonach die Schadenersatzleistung des Schädiger an der Geschädigten „die entstandenen Nachteile“ ausgleichen soll. Sie hat dagegen keine pönale Funktion, die etwa nur begangenes Unrecht bestraft. Demnach kann also ohne herbeigeführte Nachteile logischerweise deren Wiedergutmachung nicht verlangt werden.

bb) Im deutschen Recht

Nach § 93 AktG setzt die Ersatzpflicht eines Vorstandsmitglieds wegen Pflichtverletzung voraus, daß dadurch die Gesellschaft einen Schaden erlitten hat. Für diesen Schadensbegriff sind grundsätzlich die Vorschriften der §§ 249 ff. BGB maßgeblich.[1] Demnach handelt es sich hierbei gemäß der Bestimmung von § 251 BGB prinzipiell um den Vermögensschaden, d.h. eine in Geld berechenbare und durch eine Geldleistung wiedergutzumachende Einbuße am Vermögen. Für die rechtliche Beurteilung des Vermögensschadens geht sowohl die Rechtsprechung[2] als auch die Literatur[3] von der sog. Differenzhypothese (bzw. Differenzmethode) aus, wonach ein Vermögensschaden vorliegt, wenn der gegenwärtige tatsächliche Wert des Vermögens geringer ist als der Wert, den das Vermögen ohne das die Ersatzpflicht begründende Ereignis haben würde. Nach dieser Differenzmethode gehört aber zu dem zu ersetzenden Schaden auch der entgangene Gewinn[4] des Geschädigten (der Gesellschaft), den die Gesellschaft durch das pflichtgemäße Verhalten des Vorstandsmitglieds erhalten hätte. Dies folgt aber ohnehin auch aus der Vorschrift des § 252 BGB.

In der deutschen Literatur ist jedoch umstritten, ob jede festgestellte Einbuße am Gesellschaftsvermögen als ein Schaden zu qualifizieren ist. Nach heute überwiegender Ansicht in der Literatur stellt nicht jede Beeinträchtigung des Gesellschaftsvermögens einen Schaden dar, es wird angesichts der Eigenart der unternehmerischen Betätigung vielmehr

---

[1]Vgl. Hüffer, § 93 Anm. 15 AktienG; Koppensteiner, § 43 Anm. 20 GmbHGKomm. So auch OLG Düsseldorf, AG 1997 S. 231, 237.

[2]BGHZ 27, 181, 183, 184; 40, 345, 347; 45, 212, 218; 54, 45, 52; BGH, NJW 1978, S. 262, 263, 264.

[3]Palandt, Vorbem. v. § 249 Anm. 8. BGBKomm.; Sirp § 249 Anm. 8 ff. Erman BGB; Brox, Allgemeines Schuldrecht Anm. 320 S. 185 ff.

[4]Vgl. Mertens, § 93 Anm. 24 Kölner Komm.; Wiesner, § 26 Anm. 10 S. 220 Münchener; Roth/Altmeppen § 43 Anm. 42 Kommentar.

auf die Zweckwidrigkeit der Vermögensminderung abgestellt.[1] Demnach ist der ersatzpflichtige Schaden im Sinne von § 93 Abs. 2 Satz 1 AktG eine dem Unternehmenszweck widersprechende Minderung des Gesellschaftsvermögens. Insofern ist der Schaden mangels der Zweckwidrigkeit der Vermögensminderung etwa bei den Sozialaufwendungen, so zum Beispiel bei den dem Arbeitnehmer im Notfall in vertretbarem Rahmen gezahlten Übergangsgeldern sowie bei akzeptablen Ausgaben für einen Betriebsausflug nicht gegeben.[2]

Der vom Vorstandsmitglied zu ersetzende Schaden, d.h. - zweckwidrige - Vermögensminderung bzw. entgangener Gewinn, ergibt sich also im deutschen Aktienrecht aus der Differenz zwischen der gegenwärtigen Gesamtlage des Vermögens der Gesellschaft und der hypothetischen bei pflichtgemäßem Verhalten des Vorstandsmitglieds bestehende Lage des gesamten Gesellschaftsvermögens. Für die Beurteilung der Frage nach dem Vermögensschaden der Gesellschaft ist jedoch die Vermögenslage der Aktionäre, d.h. ob sie infolge der Vermögenseinbuße der Gesellschaft auch ihrerseits eine Vermögensminderung erlitten haben oder ob sie sogar davon profitiert haben, völlig irrelevant.

Der maßgebliche Zeitpunkt für die Berechnung des Vermögensschadens der Gesellschaft ist allerdings der Zeitpunkt der Schadensfeststellung, zu dem aber zukünftige Entwicklungen vorweggenommen werden dürfen.[3] Dieser Zeitpunkt ist im Prozeß derjenige der letzten mündlichen Tatsachenverhandlung.[4]

cc) Im türkisch-schweizerischen Recht

aaa) Im allgemeinen

Im türkisch-schweizerischen Recht findet sich wohl keine gesetzliche Begriffsbestimmung des Schadens, er ist aber in der Literatur[5] fast einheitlich als „eine Vermögensminderung,

---

[1]Vgl. Mertens, § 93 Anm. 23 Kölner Komm.; ders., § 43 Anm. 60 Hachenburg; Hefermehl, § 93 Anm. 28 Komm. AktG; Wiesner, § 26 Anm. 10 S. 220 Münchener; Hübner, Managerhaftung S. 13; Zöllner, § 43 Anm. 13 a GmbH-Gesetz.

[2]Hefermehl, § 93 Anm. 28 Komm. AktG.

[3]Mertens, § 93 Anm. 24 Kölner Komm.

[4]BGH, NJW 1978 S. 262, 263.

[5]Oftinger, Haftpflichtrecht Band I S. 53 ff.; Forstmoser, Verantwortlichkeit Anm. 150 S. 73; Meier-Wehrli, Diss. S. 77; Schiess, Diss. S. 21; Biggel, Diss. S. 69; Lustenberger, Diss. S. 169; Tandogan, Mesuliyet Hukuku S. 63; Camoglu, Doz. S. 143; Kaplan, Banka Idare Meclisi S. 155.

die gegen oder zumindest ohne den Willen des Geschädigten entstanden ist", definiert. In Anlehnung an die deutsche Literatur wird sowohl in der Türkei als auch in der Schweiz die Differenzmethode[1] für die Feststellung des Schadens zur Anwendung gebracht. Der Schaden entspricht somit der Differenz zwischen der aktuellen tatsächlichen Lage des Vermögens des Geschädigten (der Gesellschaft) und derjenigen, die sein Vermögen ohne das schädigende Ereignis hätte. In beiden Ländern, wie im deutschen Recht, ist hierzu aktienrechtlich jeder Schaden relevant, sowohl positiver Verlust (damnum emergens) als auch entgangener Gewinn (lucrum cessans). Für die Schadensfeststellung und Schadensberechnung sind allerdings die Vorschriften von Art. 42, 43, 44 TOG heranzuziehen.

Anders als im deutschen Aktienrecht ist weder in schweizerischer noch türkischer Literatur ein Streit darüber zu sehen, ob unter dem Vermögensschaden der Gesellschaft nur die dem Unternehmenszweck widersprechende Vermögensbeeinträchtigung zu verstehen ist. Nach türkisch-schweizerischem Recht wird also der Vermögensschaden als „jede Minderung", die infolge der schuldhaften Pflichtverletzung adäquat, und „gegen bzw. ohne Willen" der Gesellschaft am Gesellschaftsvermögen entstanden ist, betrachtet. Diese Lösung ist allerdings der Lösung der herrschenden Lehre im deutschen Aktienrecht aus zwei Gründen vorzuziehen: Einerseits ist der Begriff des Unternehmenszwecks für die Strukturierung des Begriffs des Vermögensschadens dergestalt undeutlich, daß er erhebliche Abgrenzungsprobleme mit sich bringen kann. Andererseits führt die Lösung der herrschenden deutschen Lehre überflüssigerweise zu einer doppelten Überprüfung jeder Maßnahme des Vorstandsmitglieds bezüglich der Einhaltung der Interessen der Gesellschaft, nämlich einmal bereits bei der Klärung der Frage, ob das Vorstandsmitglied die Sorgfalt eines ordentlichen und gewissenhaften Geschäftsführers angewandt hat, und zweitens bei der Frage, ob ein Schaden vorliegt.[2]

bbb) Mittelbarer und unmittelbarer Schaden

Im Rahmen der Geltendmachung des Schadens unterscheidet das türkisch-schweizerische Aktienrecht zwischen mittelbarem und unmittelbarem Schaden. Dieser Unterscheidung ist nur hinsichtlich der Ansprüche von Aktionären und Gläubigern eine

---

[1]Oftinger, Haftpflichtrecht Band I S. 54 ff.; Forstmoser, Aktienrecht § 36 Anm. 58 S. 426; Gross, Diss. S. 142; Lustenberger, Diss. S. 169. So auch BGE 87 II 269; 90 II 427; 97 II 176; 104 II 199. In der türkischen Literatur vgl. Tandogan, Mesuliyet Hukuku S. 63; Camoglu, Doz. S. 143; Mimaroglu, Diss. S. 45; Kaplan, Banka Idare Meclisi S. 155.

[2]Vgl. Scholz/Schneider, § 43 Anm. 160; Koppensteiner, § 43 Anm. 20 GmbHGKomm.

Bedeutung beizumessen. Während die Klage der Gesellschaft bloß auf Ersatz des unmittelbaren Schadens geht, kommen bei der Klage der Aktionäre und Gläubiger sowohl der Ersatz des unmittelbaren als auch des mittelbaren Schadens in Betracht, wobei die rechtlichen Folgen unterschiedlich sind.

Gleichbedeutend für den unmittelbaren Schaden werden in Lehre und Praxis auch die Wörter „individueller, direkter, primärer Schaden" verwendet. Ein solcher Schaden liegt erst dann vor, wenn infolge des pflichtwidrigen Verhaltens des Verwaltungsratsmitglieds ein direkter, individueller Schaden in der Vermögensmasse des Klageberechtigten, (der Gesellschaft, des Aktionärs oder Gläubigers) entstanden ist. Durch das pflichtwidrige Verhalten des Verwaltungsratsmitglieds wird in der Regel in erster Linie unmittelbar die Gesellschaft als selbständige Rechtsperson geschädigt.[1] Die mittelbare Schädigung der Gesellschaft ist also ausgeschlossen. Der unmittelbare Schaden der Gesellschaft bildet stets den mittelbaren Schaden der Aktionäre und Gläubiger. Für den Gesellschaftsschaden kommen die verschiedensten Ursachen in Frage, wie etwa Betrug, mangelnde Sorgfalt bei der Auswahl von Angestellten, nachlässige Überwachung der Direktoren, unsorgfältige Geschäftsführung, insbesondere etwa Gewährung großer Kredite ohne Deckung.[2]

Einen unmittelbaren Schaden können aber gleichfalls die Aktionäre erleiden. Ein solcher Schaden tritt dann ein, wenn ein individuelles Recht des Aktionärs verletzt oder gegen zu dessen Gunsten aufgestellte Schutzbestimmungen oder gegen den Grundsatz der Gleichbehandlung[3] der Aktionäre verstoßen wird.[4] Im Falle des unmittelbaren Schadens des Aktionärs ist allerdings zu bemerken, daß die pflichtwidrige Handlung oder Unterlassung des Verwaltungsratsmitglieds zu keiner Beeinträchtigung am Vermögen der Gesellschaft führt, sondern sich direkt in der Vermögensmasse des Aktionärs auswirkt. Deswegen steht nur dem Aktionär ein persönlicher Schadenersatzanspruch zu.

Als Beispiele für einen unmittelbaren Schaden des Aktionärs seien Fälle erwähnt, in denen ihm etwa Bezugsrechte widerrechtlich vorenthalten oder seine Aktien zu Unrecht kaduziert werden oder der Dividenden- oder Liquidationsanteil nicht oder nicht vollständig

---

[1]Forstmoser, Verantwortlichkeit Anm. 191 S. 80.

[2]Vgl. Meier-Wehrli, Diss. S. 51; Forstmoser, Verantwortlichkeit Anm. 191 S. 80.

[3]Dieser Grundsatz ist vom revidierten OR im Art. 717 Abs. 2 explizit hervorgehoben.

[4]Meier-Wehrli, Diss. S. 52; Forstmoser, Verantwortlichkeit Anm. 195. S. 81; ders., die Verantwortlichkeit des Verwaltungsrates S. 35.

ausbezahlt wird.[1] Genauso können die Aktionäre unmittelbar einen Schaden erleiden, wenn sie beispielsweise durch unrichtige Angaben in der Bilanz oder durch der Wahrheit widersprechende Mitteilungen in der Generalversammlung zum Erwerb von Aktien veranlaßt werden, die später an Wert verlieren.[2] Auch die Verweigerung des Rechts auf Teilnahme an der Tagung der Generalversammlung oder des Stimmrechts in der Generalversammlung sowie des Rechts auf Einsicht und Kontrolle können einen unmittelbaren Schaden des Aktionärs herbeiführen.[3]

Wie die Aktionäre, so können auch die Gläubiger der Gesellschaft infolge des pflichtwidrigen Verhaltens der Organpersonen einen unmittelbaren Schaden erleiden. Das klassische Beispiel eines solchen Schadens bildet die Verleitung zur Gewährung eines Kredits durch falsche Auskünfte oder unrichtige Erklärungen über die finanzielle Situation der Gesellschaft gegenüber dem Gläubiger oder dem Handelsregisterführer.[4] Ein anderes Beispiel für den unmittelbaren Schaden des Gläubigers ist etwa, wenn das Grundkapital ohne vorherige Sicherstellung seiner Forderung herabgesetzt wird.[5] In diesen beiden Bespielen ist besser ersichtlich, daß -wie bei dem unmittelbaren Schaden des Aktionärs- der Gesellschaft selbst auf keinen Fall ein Schaden zugefügt wird, sie schlägt sogar vielmehr Profit daraus.

Zweite Erscheinungsform des Schadens von Aktionär und Gläubiger ist der mittelbare Schaden. Der mittelbare (sekundäre) Schaden des Aktionärs liegt zunächst einmal vor, wenn durch den Substanzverlust des Gesellschaftsvermögens, der infolge des pflichtwidrigen Verhaltens des Verwaltungsratsmitglieds hervorgerufen ist, der innere Wert ihrer Beteiligung vermindert wird.[6] Die Aktionäre sind demnach daran interessiert, daß der eingetretene Schaden ersetzt wird. Deswegen verleiht der Gesetzgeber neben der Gesell-

---

[1] Vgl. Forstmoser, Verantwortlichkeit Anm. 195 S. 81; Schiess, Diss. S. 27 ff.; Camoglu, Doz. S. 132 ff.

[2] Vgl. Meier-Wehrli, Diss. S. 52 ff.; Frick, Diss. S. 92 ff.; Schiess, Diss. S. 28; Poroy/Tekinalp/Tekinalp, Organlarin Sorumlulugu S. 381 ff.; Camoglu, Doz. S. 132 ff.

[3] Frick, Diss. S. 93.

[4] BGE 41 I 613; 59 II 435; 106 II 257. So auch Meier-Wehrli, Diss. S. 53; Lustenberger, Diss. S. 167; Forstmoser, Verantwortlichkeit Anm. 197 S. 81; Schiess, Gläubigerschaden, SJZ 1982 S. 374; Camoglu, Doz. S. 132.

[5] Schiess, Diss. S. 28; Vollmar, Diss. S. 173.

[6] Vgl. Forstmoser, Verantwortlichkeit Anm. 201 S. 83; ders., Mittelbarer Schaden, SAG 1986 S. 70; Forstmoser/Meier-Hoyoz; Einführung ins SAR § 25 III Anm. 14 S. 186; Frick, Diss. 96; Schiess, Diss. S. 37 ff.; Lustenberger, Diss. S. 168; Bürgi, Art 753/54 Anm. 53 Züricher Komm.

schaft auch dem einzelnen Aktionär das Recht, den ganzen Schaden der Gesellschaft geltend zu machen, und zwar auf Leistung an die Gesellschaft zu klagen (Art 309 THGB, Art. 755 aOR und Art. 756 Abs. 1, Art. 757 Abs. 1 und Abs. 2 OR).

Wie für die Aktionäre kann der unmittelbare Schaden der Gesellschaft auch für die Gläubiger der Gesellschaft nachteilige (mittelbare) Konsequenzen haben. Dies kommt erst dann in Frage, wenn etwa der Aktiengesellschaft infolge des zugefügten Schadens die Gefahr droht, ihre Verpflichtungen gegenüber dem Gläubiger (so z. B. Zurückzahlung der aufgenommenen Kredite) nicht mehr erfüllen zu können.[1] In diesem Fall gewährt das Gesetz auch dem Gläubiger das Recht, den erlittenen Schaden der Gesellschaft zu beanspruchen (Art. 336, 309 THGB).

b) Widerrechtlichkeit bzw. Pflichtwidrigkeit und Rechtfertigungsgründe

aa) Widerrechtlichkeit bzw. Pflichtwidrigkeit

Sowohl im deliktischen als auch vertraglichen Schadenersatzrecht reicht allein das Vorliegen eines Schadens für die Begründung einer Verantwortlichkeit des Schädigers nicht aus, die Widerrechtlichkeit der schädigenden und schuldhaften Handlung oder Unterlassung muß noch hinzukommen. Die Voraussetzung der Widerrechtlichkeit gilt gleichermaßen im aktienrechtlichen Schadenersatzrecht: ist der Schaden etwa trotz der sorgfältigen und gewissenhaften Geschäftsführung der betreffenden Organpersonen entstanden, so können sie auf Ersatz des eingetretenen Schaden nicht verklagt werden. Ihr Verhalten muß nicht nur einen Schaden gestiftet haben, sondern auch noch als widerrechtlich zu bewerten sein.

Was aber unter der Widerrechtlichkeit im Aktienrecht zu verstehen ist, wird weder durch türkisches HGB noch schweizerisches OR definiert. Wie vorne aber angeführt ist, wird der Begriff der Widerrechtlichkeit (im deliktsrechtlichen Sinne) sowohl im türkisch-schweizerischen Schrifttum als auch in der Judikatur, als „jedes schädigende Verhalten, das gegen geschriebene oder ungeschriebene zwingende Rechtsnormen verstößt, die dem Schutze des verletzten Rechtsgutes dienen“, umschrieben.[2] Diese Definition ist aber für das aktienrechtliche Schadenersatzrecht sehr eng, denn sie knüpft lediglich an die

---

[1]Vgl. Forstmoser, Verantwortlichkeit Anm. 203 S. 83; Lustenberger, Diss. S. 168; Locher, Diss. S. 99; Mimaroglu, Diss. S. 48.

[2]Vgl. Unter Kapitel I, II, 2, „c) Haftung aus unerlaubter Handlung ? “.

Zuwiderhandlung der außervertraglichen Verpflichtungen der Organmitglieder an, läßt dagegen diejenigen Verpflichtungen, die durch den Anstellungsvertrag übernommen werden, außer Acht. Deswegen hat der Begriff der Widerrechtlichkeit in der aktienrechtlichen Haftung, wie es Burckhardt[1] zu Recht ausgeführt hat, ein spezielles Aussehen, das sowohl vom deliktischen wie vertraglichen Haftungsrecht abweicht. Demnach besteht die Widerrechtlichkeit im Aktienrecht darin, daß die Mitglieder des Verwaltungsrates sowohl die ihnen durch Anstellungsvertrag zugewiesenen, als auch die ihnen kraft Gesetz, Statut oder Reglement obliegenden Pflichten (organschaftliche Pflichten) verletzen.[2]

Aus diesem Grund, weil also sich die Widerrechtlichkeit im Aktienrecht sich immer auf den Verstoß gegen „jegliche" Verwaltungsratspflichten bezieht und sich somit zugleich vom Begriff der Widerrechtlichkeit im deliktsrechtlichen Sinne (im Sinne von Art. 41 TOG) unterscheidet, ist der Begriff *Pflichtwidrigkeit* bzw. *pflichtwidriges Verhalten* terminologisch dem Begriff der *Widerrechtlichkeit* vorzuziehen. Auch in der Literatur[3] wird das Wort „Pflichtwidrigkeit" bzw. „pflichtwidriges Verhalten" öfters angewandt.

Im deutschen Aktienrecht gilt gleichermaßen, daß das Haftungstatbestandsmerkmal der Widerrechtlichkeit des Verhaltens eines Vorstandsmitglieds erst dann gegeben ist, wenn es durch sein Verhalten die ihm obliegenden Pflichten verletzt. Auch im deutschen Aktienrecht lassen sich die Verpflichtungen der Vorstandsmitglieder hauptsächlich in zwei Arten gliedern: auf der einen Seite die ihnen durch den Anstellungsvertrag zugeschriebenen Vorstandspflichten, auf der anderen Seite die auf der Organstellung beruhenden, sich hauptsächlich aus dem Aktiengesetz und ferner aus der Satzung sowie der Geschäftsordnung ergebenden Pflichten des Vorstands.

Die Pflichtverletzung des Mitglieds des Vorstands/Verwaltungsrates kann in einem aktiven Tun oder passiven Unterlassen bestehen. Insofern macht etwa die Vernachlässigung der im Gesetz ausdrücklich geregelten Pflicht der ordnungsgemäßen Buchführung (§ 91 AktG, Art. 325, 326 THGB) genauso schadenersatzpflichtig wie der Verlust angesichts des Kaufs eines unverhältnismäßig riskanten Grundstücks. In beiden Fällen ist bekannterma-

---

[1]Burckhardt, Diss. S. 142.

[2]Vgl. BGE 110 II 394.

[3]Vgl. zum Beispiel Forstmoser, Verantwortlichkeit der Verwaltungsräte S. 42; Druey, Materielle Grundlage S. 49 ff.; Lustenberger, Diss. S. 79; Bürgi, Art. 753/754 Anm. 79 Züricher Komm.; Gross, Diss. S. 154; Horber, Diss. S. 25; Atan, Diss. S. 18 ff.

ßen die Voraussetzung der Pflichtwidrigkeit (bzw. Widerrechtlichkeit) des Verhaltens erfüllt.

Bei der Ermittlung der aktienrechtlichen Widerrechtlichkeit, also der Pflichtwidrigkeit tauchen im Gegensatz zur Widerrechtlichkeit im deliktischen Sinne deswegen Schwierigkeiten auf, weil die einzelnen Pflichten des Vorstands/Verwaltungsrates schwierig festzulegen sind. Diese Problematik liegt wohl daran, daß das Gesetz einerseits den Umfang der Pflichten der Organmitglieder nicht enumerativ bestimmt, andererseits, daß die Verwaltungsratspflichten durch die Geschäftsordnung oder Satzung der jeweiligen Gesellschaft eingeschränkt oder erweitert oder durch den Anstellungsvertrag ergänzt werden können. Dieses Faktum beruht aber darauf, daß jede Gesellschaft an Hand von freier Strukturierung ihrer inneren Organisation den Erfordernissen des dynamischen Wirtschaftsleben entgegenkommen können muß.

bb) Rechtfertigungsgründe

Im Zivilrecht allgemein liegt die Tatbestandsmäßigkeit des widerrechtlichen, schuldhaften, schadenstiftenden Verhaltens vor, solange keine Rechtfertigungsgründe, d.h. kein Erlaubnissatz eintritt. Als Rechtfertigungsgründe kommen hierbei Notwehr, Notstand, erlaubte Selbsthilfe, rechtmäßig ausgeübte öffentliche Gewalt, Geschäftsführung ohne Auftrag und Einwilligung des Geschädigten in Betracht. Hinsichtlich des aktienrechtlichen Schadenersatzrechts ist letztere äußerst bedeutsam.

Im allgemeinen zivilrechtlichen Sinne beseitigt die Einwilligung des Geschädigten die Widerrechtlichkeit, und es fehlt somit ein Element für die Entstehung eines Schadenersatzanspruches. Die Widerrechtlichkeit kann jedoch aufgrund der Einwilligung als rechtsgeschäftliche Handlung nur dann ausgeschlossen oder aufgehoben werden, wenn der Einwilligende über das jeweilige Recht nach allgemeinen Rechtsgrundsätzen frei verfügen kann[1]: Ob dies der Fall ist, wird nach den Vorschriften von §§ 134, 138 BGB und von Art. 20 TOG und Art. 20 OR bestimmt. Demnach ist die Einwilligung z.B. in die Tötung gemäß den obigen Vorschriften ungültig und die Handlung bleibt weiterhin widerrechtlich.

Der Ausschluß der Pflichtwidrigkeit (Widerrechtlichkeit) kann dagegen im konkreten aktienrechtlichen Haftungsfall derart in Erscheinung treten, daß die Gesellschaft als Geschädigte in das schädigende, rechtswidrige Verhalten des Mitglieds des Vor-

---

[1]Vgl. Bürgi, Art. 753/754 Anm. 83 Züricher Komm.; Schellhammer, Zivilrecht Anm. 988 S. 368; Larenz, Schuldrecht II, besonderer Teil § 71 S. 594.

stands/Verwaltungsrats einwilligt. Dies ist dann der Fall, wenn die Generalversammlung (Hauptversammlung) als willensbildendes Organ der Gesellschaft durch ihren Beschluß in Kenntnis der Verhältnisse der pflichtwidrigen Handlung des Verantwortlichen zugestimmt hat und nach Gesetz und Statut zustimmen durfte.[1] Insoweit enthält das deutsche Aktienrecht in § 93 Abs. 4 Satz 1 die positive Bestimmung darüber, daß die „*Ersatzpflicht der Gesellschaft gegenüber nicht eintritt, wenn die Handlung auf einem gesetzmäßigen Beschluß der Hauptversammlung beruht*". Wie auch aus dem Wortlaut dieser Bestimmung zu folgern ist, setzt dabei die Beseitigung der Pflichtwidrigkeit durch Einwilligung voraus, daß der einwilligende Beschluß der Hauptversammlung (Generalversammlung) weder nichtig noch wegen Verstoßes gegen Gesetz oder Satzung anfechtbar sein soll. In diesem Fall ist das Verhalten des Organmitglieds nur gegenüber der Gesellschaft und den Aktionären nicht pflichtwidrig. Es bleibt dagegen die Pflichtwidrigkeit und damit zugleich die Verantwortung im Verhältnis der Gläubiger bestehen, sofern sie infolge der Ausführung des Beschlusses einen Schaden erlitten haben. Dies folgt aus dem eindeutigen Wortlaut des § 93 Abs. 5 Satz 3 AktG. Dasselbe gilt auch für türkisch-schweizerisches Aktienrecht.[2] An dieser Stelle bleibt der Begriff „Haftungausschluß durch Hauptversammlungsbeschluß" nur insoweit erörtert, auf dessen Einzelheiten des wird jedoch unten eingegangen.[3]

Zum Schluß sei hinsichtlich der Widerrechtlichkeit darauf hingewiesen, daß für die Haftung immer ein pflichtwidriges Verhalten als „Mitglied des Vorstands/Verwaltungsrates" vorausgesetzt ist.[4] Die Abstimmung in der Hauptversammlung des Vorstandsmitglieds als Aktionär oder Ausübung weiterer Aktionärsrechte können keinesfalls als pflichtwidrige Handlung des Vorstandsmitglieds betrachtet werden, auch wenn sie gegen Gesellschaftsinteressen verstoßen.

---

[1]Bürgi, Art 753/754 Anm. 84 Züricher Komm.

[2]Vgl. Forstmoser, Verantwortlichkeit Anm. 264 S. 96 und Anm. 553 S. 177; Fehr, Diss. S. 149; Meier-Wehrli, Diss. S. 142; Lustenberger, Diss. S. 170.

[3]Vgl. Unter Kapitel IV, „VII) Haftung der Mitglieder des Vorstands/Verwaltungsrates im Falle der Ausführung bzw. Nichtausführung der Beschlüsse der HV/GV".

[4]Zu den Beispielen des pflichtwidrigen Verhalten des Verwaltungsratsmitglieds aus der schweizerischen Gerichtspraxis vgl. Forstmoser, Risiken, LJZ 1984 S. 7 ff.; ders., Aktienrecht § 37 Anm. 21 ff. S. 443 ff.; Burckhardt, Diss. S. 147 Fn. 30.

c) Verschulden

aa) Nach deutschem, schweizerischem und türkischem Recht

Sowohl das deliktische (Art. 41 TOG) als auch das vertragliche Schadenersatzrecht (Art. 96 TOG) setzt prinzipiell für die Haftbarmachung des Schädigers ein Verschulden voraus: Nur ausnahmsweise kann jemand zur Verantwortung gezogen werden, obwohl ihn am Entstehen des Schadens kein Verschulden trifft; zu diesen Ausnahmefällen gehört etwa die Gefährdungshaftung.

Auch die aktienrechtliche Verpflichtung zum Schadenersatz nach § 93 Abs. 2 Satz 1 AktG und Art. 336 Abs. 1 Nr. 5 THGB in Verbindung mit Art. 338 THGB sowie nach Art. 754 aOR und Art. 754 OR setzt ausdrücklich neben der Pflichtwidrigkeit des Verhaltens der Organperson weiterhin die Schuldhaftigkeit derselben voraus.

Bei der Beratung vor der Erlassung des Aktiengesetzes von 1937 wurde indes die Einführung der Haftung ohne Verschulden (Erfolgshaftung) gefordert. Das wurde aber mit der Argumentation abgelehnt, daß die im Interesse der Gesellschaft und Allgemeinheit erforderliche Entschlußbereitschaft der leitenden Personen dadurch gelähmt und ihnen jeder Mut zur Tat genommen würde und es weiterhin erschwert würde, für notleidende Unternehmen einen geeigneten Leiter zu finden.[1] Auch bei der Beratung des Aktiengesetzes von 1965 wurde die Haftung ohne Verschulden nochmals zur Diskussion gestellt, dieser Versuch ist aber ebenfalls gescheitert.[2]

Im deutschen Recht sowie im türkisch-schweizerischen Recht hat das Verschulden eine subjektive und eine objektive Seite. Demnach setzt die Ersatzpflicht vorab gemäß § 827 BGB die Verschuldensfähigkeit des Ersatzpflichtigen, d.h. im türkischen und im schweizerischen Recht die Urteilsfähigkeit desselben nach Art. 13 TZGB und Art. 16 ZGB voraus, damit ihm seine schädigende, widerrechtliche Handlung zugerechnet werden kann. Dies bildet die subjektive Seite des Verschuldens.

Die Rechtsordnung verlangt allgemein, daß jedermann sich nach einem unter den gegebenen Verhältnissen als angebracht gedachten Durchschnittsverhalten verhält. Die objektive Seite des Verschuldens knüpft hierbei an konkretes schadenstiftendes Verhalten an,

---

[1]Vgl. Bastuck, Enthaftung S. 69 Fn. 19; Goette, Verteilung, ZGR 1995 S. 668 ff.

[2]Vgl. Schmidt, Verfassung der Aktiengesellschaft S. 52.

das von diesem herangezogenen Durchschnittsverhalten (Normalverhalten) abweicht.[1] Die Abweichung von als angebracht gedachtem Durchschnittsverhalten kann sich hingegen in zwei Formen aufzeigen: Vorsatz bzw. Absicht und Fahrlässigkeit.

Für das schweizerische (gem. den eindeutigen Bestimmungen der Art. 754 aOR und Art. 754 OR) und das türkische (Art. 336 und 338 THGB) Aktienrecht gilt als Grundsatz, daß die den Schaden verursachenden Mitglieder des Verwaltungsrates für jedes Verschulden (omnis culpa), also sowohl für den Vorsatz, als auch für die Fahrlässigkeit haften. Nach dem auch für das Aktienrecht geltenden Grundsatz in § 276 Abs. 1 Satz 1 BGB hat im deutschen Aktienrecht das Vorstandsmitglied gleichfalls Vorsatz und Fahrlässigkeit zu vertreten.

In keinem der drei Rechtsordnungen findet sich eine gesetzliche Definition zum Begriff des Vorsatzes. Nach herrschender Lehre in diesen Ländern versteht man aber unter Vorsatz „das Wissen und Wollen des rechtswidrigen Erfolges".[2] Demnach setzt also der Vorsatz zwei Elemente voraus: ein Wissens- und ein Willenselement. Um den Vorsatz zu bejahen, muß der Handelnde mit dem rechtswidrigen Erfolg seines Verhaltens gerechnet und ihn billigend in Kauf genommen haben und trotzdem so und nicht anders gehandelt haben. Dagegen ist es nicht unbedingt erforderlich, daß der Erfolg unmittelbar gewünscht oder beabsichtigt war.[3] In diesem Fall spricht man von *dolus eventualis* (bedingter Vorsatz). Dolus eventualis hat jedoch keine große praktische Bedeutung im Rahmen der aktienrechtlichen Schadenersatzpflicht, da hier für jedes Verschulden gehaftet wird. Dolus eventualis kommt bei der Pflichtverletzungen der Organperson der Gesellschaft insbesondere in Form von Unterlassung öfters in Frage, wenn etwa die Organperson wegen ungenügender Aufklärung des Sachverhalts eine Pflicht zum Tätigwerden nicht erkennen kann, jedoch damit rechnet, daß sie bei der anständigen Aufklärung des Sachverhalts eine Pflicht zum Tätigwerden erkennen könnte und sie die eventuelle Pflichtverletzung billigend in Kauf nimmt.[4]

---

[1]Vgl. Oftinger, Haftpflichtrecht Band I S. 141.

[2]Statt vieler vgl. zum deutschen Recht, Palandt, § 276 Anm. 10 BGBKomm.; Battes, § 276 Anm. 16 Erman BGB. Zum schweizerischen Recht vgl. Keller, Haftpflicht S. 76; Oftinger, Haftpflichtrecht, Band I S. 142. Zum türkischen Recht vgl. Eren, BH CII S.117 ff.; Tandogan, Mesuliyet Hukuku S. 46 ff.

[3]Vgl. Palandt, § 276 Anm. 10 BGBKomm.; Battes, § 276 Anm. 16 Erman BGB.; Eren, BH C II S. 117.

[4]Müller, § 34 Anm. 22 KommGenG.

Die zweite Art des Verschuldens ist die Fahrlässigkeit. Der Begriff der Fahrlässigkeit ist, wie bereits erwähnt, im deutschen Recht in § 276 Abs. 1 Satz 2 BGB als "*Außerachtlassung der im Verkehr erforderlichen Sorgfalt*" definiert. Da sich keine gesetzliche Begriffsbestimmung zur Fahrlässigkeit im türkisch-schweizerischen Zivilrecht befindet, wird diese Definition sinngemäß von Literatur und Judikatur in diesen beiden Ländern -allgemein- übernommen.[1] Wie schon ausgeführt, ist der Begriff der im Verkehr erforderlichen Sorgfalt in allen drei Rechtssystemen gesetzlich für das Aktienrecht explizit festgeschrieben. Danach liegt die Fahrlässigkeit im aktienrechtliche Haftungsrecht nach deutschem Recht darin, daß das Vorstandsmitglied bei der Erfüllung seiner Pflichten die Sorgfalt eines ordentlichen und gewissenhaften Geschäftsleiters außer Acht läßt (§ 93 Abs. 1 Satz 1 AktG), nach türkisch-schweizerischem Recht dagegen, daß das Verwaltungsratsmitglied bei der Pflichterfüllung die Sorgfalt eines vernünftigen, ordentlichen Geschäftsmannes nicht anwendet (Art. 320 THGB und Art. 722 Abs. 1 aOR und Art. 717 OR).

Mit diesen Bestimmungen schaffen die Gesetzgeber im Gegensatz zum Strafrecht einen objektivierten Fahrlässigkeitsbegriff. Die mangelnden Fähigkeiten und Kenntnisse, die dem verlangten Standard nicht genügen, sind von daher grundsätzlich nicht als Entschuldigungsgrund zulässig.[2] Insofern ist es aber nicht auszuschließen, daß sich die Modalitäten der Erfüllung einer plötzlich entstandenen Aufgabe des Organmitglieds seiner Kenntnis entziehen können. In einem solchen Fall ist es die Pflicht des Organmitglieds, sachkundigen Rat einzuholen; er kann jedoch entschuldigt sein, sofern dafür keine Zeit bleibt, weil die Situation sofortiges Handeln erfordert.[3]

Zwei Grade der Fahrlässigkeit lassen sich im Aktienrecht unterscheiden: die grobe Fahrlässigkeit und leichte (einfache) Fahrlässigkeit. Die grobe Fahrlässigkeit ist dann gegeben, wenn das Mitglied des Vorstands/Verwaltungsrats die ihm zuzumutende Sorgfalt in besonders schwerem Maß verletzt und nicht beachtet hat, was jedem Mitglied des Vorstands/Verwaltungsrats in gleicher Lage und unter gleichen Umständen als beachtlich

---

[1] Vgl. z.B. zum schweizerischen Recht Keller. Nach ihm handelt derjenige fahrlässig, der die Sorgfalt nicht beachtet, zu der er nach den Umständen verpflichtet ist; in Haftpflicht, S. 77; Bürgi, Art. 752 Anm. 15 Züricher Komm.; Oftinger, Haftpflichtsrecht Band I S. 142. Zum türkischen Recht vgl. Eren, BH C II S. 119; Tandogan, Mesuliyet Hukuku, S. 50 ff. So auch Y. 4. HD.10.6.1975 T. 3284 E. 7394 K.; Y. 4. HD. 24.9.1984 T. E. 6027/K. 6856.

[2] Vgl. unter Kapitel II, II, „3) Sorgfaltspflicht eines Verwaltungsratsmitglieds".

[3] Vgl. Mertens, § 93 Anm. 99 Kölner Komm.; ders., § 43 Anm. 56 Hachenburg; Hefermehl, § 93 Anm. 29 Komm. AktG; Wiesner, § 26 Anm. 11 S. 220 Münchener.

hätte einleuchten müssen.[1] Dagegen liegt leichte Fahrlässigkeit vor, wenn die besonderen Merkmale der groben Fahrlässigkeit nicht erfüllt sind.[2]

Der Unterscheidung zwischen den Graden der Fahrlässigkeit kommt im türkischen und schweizerischen Aktienrecht keine Bedeutung zu, während ihr das deutsche Aktiengesetz erhebliche praktische Bedeutung beimißt. Demnach können die Vorstandsmitglieder dem Gläubiger gegenüber außer den in § 93 Abs. 3 AktG aufgelisteten Fällen nur für grobe Verletzung der aktienrechtlichen Sorgfalt zur Verantwortung gezogen werden, während sie der Gesellschaft gegenüber für jede Fahrlässigkeit (d.h. auch für leichte Fahrlässigkeit) haften.

Von dieser Unterscheidung ausgehend ist wohl festzustellen, daß die Gläubiger der Aktiengesellschaft im türkischen und schweizerischen Aktienrecht besser geschützt sind als im deutschen. Während nämlich das Vorstandsmitglied bei der nicht auf die Verletzung eines nach Abs. 3 des § 93 AktG genannten Haftungstatbestandes gestützten Klage nur nachzuweisen braucht, daß es die Sorgfalt eines ordentlichen und gewissenhaften Geschäftsleiters nicht gröblicherweise verletzt hat, um sich der Haftung zu entziehen, muß das Verwaltungsratsmitglied in jeder Haftungsklage darlegen und beweisen, daß ihm bei seiner Pflichterfüllung keine von beiden Fahrlässigkeitsarten anzulasten ist.

bb) Im türkischen Recht: Haftung ohne Verschulden bei der Verletzung der in Art. 336 Abs. 1 Nr. 1-4 THGB niedergelegten Pflichten ?

Das türkische Handelsgesetzbuch bestimmt explizit in vielen seinen Vorschriften in Bezug auf die Haftung der Verwaltungsratsmitglieder, daß die Mitglieder des Verwaltungsrats für den pflichtwidrig verursachten Schaden insofern haften, als sie dabei Verschulden trifft. Dazu stellen die Vorschriften des Art. 308, des Art. 336 Abs. 1 Nr. 5, des Art 339 und des Art. 346 THGB ein gutes Beispiel dar. Es wird jedoch in der türkischen Literatur[3] die Meinung vertreten, daß die Haftung der Verwaltungsratsmitglieder in den besonderen Fällen des Art. 336 Abs. 1 Nr. 1-4 eine Haftung ohne Verschulden (Kausalhaftung) sei. Diese Meinung stützt sich auf das Faktum, daß das Handelsgesetzbuch in Art. 336 Abs. 1 Nr. 5[4]

---

[1]Vgl. Palandt, § 277 Anm. 2 BGBKomm.; Battes, § 276 Anm. 70 Erman BGB.

[2]Palandt, § 276 Anm. 14 BGBKomm.

[3]Arslanli, AS Organizasyonu S. 169; Atan, Diss. S. 24.

[4]Art. 336 Abs. 1 Nr. 5 THGB lautet; *„wenn sie die ihnen durch Gesetz und Satzung auferlegten anderen Pflichten vorsätzlich oder fahrlässig nicht erfüllen"*.

ausdrücklich die Worte „vorsätzlich und fahrlässig" verwendet, während in den Fällen von Nr. 1-4 davon keine Rede ist. Solcherlei Ausformulierung des Art. 336 THGB indiziert, so diese Meinung, daß der Gesetzgeber zwei verschiedene Systeme im Hinblick auf die Haftung der Verwaltungsratsmitglieder durchgeführt hat: einerseits die Haftung ohne Verschulden in den in Nr. 1-4 aufgelisteten Fällen, andererseits Verschuldenshaftung in dem in Nr. 5 genannten Fall, d.h. die Haftung wegen Verletzung der gesetzlich oder statutarisch auferlegten Pflichten, die nicht in Nr. 1-4 genannt sind.[1]

Des weiteren macht der Gesetzgeber nach dieser Meinung die Systemverschiedenheit in Art. 336 Abs. 1 Nr. 1-4 und Nr. 5 auch erkennbar, indem er bestimmt, daß die gesamtschuldnerische Haftung nicht eingreift, und nur das betreffende Mitglied haftet, wenn die in Nr. 5 genannten Pflichten einem Mitglied des Verwaltungsrats gem. Art. 319 THGB übertragen wurde, während die gesamtschuldnerische Haftung auch im Falle der Übertragung der in Nr. 1-4 genannten Pflichten fortdauert.[2] Überdies behaupten die Vertreter dieser Meinung, daß sich die Bestimmung von Art. 338 THGB, die die Frage des Entlastungsbeweises regelt, nur auf die Vorschrift von Art. 336 Abs. 1 Nr. 5 THGB bezieht.[3]

M.E. ist dieser Meinung aufgrund folgender Gründe nicht beizupflichten:

1. Daß die Wichtigkeit der in den Vorschriften des Art. 336 Abs. 1 Nr. 1-4 THGB genannten Pflichten der Verwaltungsratsmitglieder kraft der Regelung in Art. 336 Abs. 2 THGB hervorgehoben ist, kann zwar nicht ignoriert werden, aber es ist unter Berücksichtigung aller aktienrechtlichen Vorschriften des Handelsgesetzbuchs auf keinen Fall ein Grund ersichtlich, warum der Gesetzgeber in den Fällen des Abs. 1 Nr. 1-4 von dem für die ganze aktienrechtliche Haftung geltenden Prinzip der Verschuldenshaftung abweichen und ein anderes Haftungsprinzip, und zwar das Prinzip der „Kausalhaftung", schaffen wollen soll. Insofern findet sich auch im türkischen Zivilrecht bekanntlich die Haftung ohne Verschulden nur in wenigen, bestimmten Fällen und nur ausnahmsweise, so z.B. die Haftung des Werkeigentümers gem. Art. 58 TOG, des Grundstückseigentümers gem. Art. 656 TZGB oder die Haftung des Betreibers eines Verkehrsmittels gem. dem Gesetz Nr. 2918 zum Landstraßenverkehr (Karayollari Trafik Kanunu). Hätte der Gesetzgeber eine andere

---

[1]Atan, Diss. S. 24; Tekinalp, zitiert bei Helvaci, Diss. S. 29 Fn. 121.

[2]Arslanli, AS Organizasyonu S. 169; Atan, Diss. S. 24

[3]Art. 338 THGB lautet folgendermaßen: *„Ein Mitglied ist von der Haftung frei, wenn es beweist, daß es bei den nach den vorstehenden Artikeln eine gesammtschuldnerische Haftung begründeten Geschäften kein Verschulden trifft .... „*

Kausalhaftung, die eine Ausnahme vom aktienrechtlichen und zugleich zivilrechtlichen Verschuldenshaftungsprinzip darstellen würde, im Aktienrecht (in Art. 336 Abs. 1 Nr. 1-4 THGB) zu schaffen vorgehabt, hätte er es nicht durch Stillschweigen, sondern durch ausdrückliche Normierung in den Nr. 1-4 veranlaßt.

2. Die Annahme der oben genannten Lehre, daß die Regelung des Art. 338 THGB nur an Art. 336 Abs. 1 Nr. 5 THGB anknüpft, trifft nicht zu. Allein ausgehend vom Wortlaut des Art. 338 THGB ist doch festzustellen, daß Art. 338 THGB nicht nur auf die Vorschriften des Art. 336 Abs. 1 Nr. 5 THGB, sondern auf den ganzen Art. 336 THGB verweist.[1] Die Regelung des Art. 338 THGB stellt also für alle in Abs. 1 Nr. 1-5 aufgeführten Tatbestände die Vorschrift zum Entlastungsbeweis dar, was eine Haftung ohne Verschulden ausschließt. Demnach kann sich ein Verwaltungsratsmitglied in den Fällen der gesamtschuldnerischen Haftung befreien, wenn er beweist, daß ihn in den Fällen des Abs. 1 Nr. 1-5 kein Verschulden trifft.

3. Das türkische HGB in Art. 336 Abs. 1 Nr. 1-4 hebt eine Anzahl von Verwaltungsratspflichten hervor. Dies erfolgt allerdings aus rein gesetzestechnischen Gründen, denn die Vorschrift von Art. 336 Abs. 2 THGB, die die Haftungsbefreiung im Falle der Geschäftsverteilung und Geschäftsübertragung (gem. Art. 319 THGB) regelt, bezieht sich auf Art. 336 Abs. 1 THGB. Dagegen stellt die Vorschrift des Art. 336 Abs. 1 Nr. 5 THGB in Verbindung mit den in den Nr. 1-4 aufgeführten Pflichten (bzw. Tatbestände) - wie im deutschen Recht die Vorschrift des § 93 Abs. 2 AktG im Bezug auf Abs. 3 - insofern eine „generalklauselartige Regelung"[2] dar, als sie vorschreibt, daß die Verwaltungsratsmitglieder gegenüber einschlägigen Personen haften, wenn sie die ihnen durch Gesetz oder Satzung zugewiesenen weiteren Pflichten vorsätzlich oder fahrlässig nicht erfüllen. Demnach werden unmittelbar alle die dem Verwaltungsrat auferlegten Pflichten von der Regelung der Nr. 5 mitumfaßt.

Diesbezüglich hat sich der schweizerische Gesetzgeber im Unterschied zum türkischen und deutschen Recht mit einer generalklauselartigen Regelung (Art. 754 Abs. 1 aOR, Art. 754 OR) begnügt, dagegen aber keine mit Art. 336 Abs. 1 Nr.1-4 THGB oder mit § 93 Abs. 3 Nr.1-9 vergleichbaren besonderen Haftungstatbestände aufgestellt.

---

[1]So auch Mimaroglu, Diss. S. 40.

[2]Vgl. Domanic, Serh S. 655.

Die Systematik des türkischen Gesetzgebers bei der Aufstellung dieser besonderen Haftungstatbestände schlägt jedoch gesetzestechnisch fehl. Er hat nämlich nicht in ausreichender Weise erkennbar gemacht, daß es sich bei der Regelung des Art. 336 Abs. 1 Nr. 1-4 um besondere Haftungstatbestände und bei Nr. 5 um eine generelle Haftungsklausel handelt, die Vorsatz beziehungsweise Fahrlässigkeit voraussetzt. Hierzu sei für die nächstmögliche Revision des türkischen Aktienrechts bzw. Handelsrechts nahegelegt, - die betreffende deutsche Regelung mitberücksichtigend - die generelle Haftungsklausel separat von enumerativ aufgeführten Tatbeständen niederzulegen.

Zum Schluß ist also als Ergebnis festzuhalten, daß die Schadenersatzpflicht des Organmitglieds im türkischen Aktienrecht ebenso wie im deutschen und schweizerischen Aktienrecht neben einem pflichtwidrigen und schadenstiftenden Verhalten „ausnahmslos" auch das Verschulden voraussetzt.

d) Kausalzusammenhang

Um die Handelnden zur Verantwortung ziehen zu können, erfordert, wie das weitere Schadenersatzrecht, auch das aktienrechtliche Schadenersatzrecht eine letzte Voraussetzung zwischen dem pflichtwidrigen und schuldhaften Verhalten des Organmitglieds und dem eingetretenen Schaden, nämlich einen Kausalzusammenhang. Er stellt die Beziehung zwischen Ursachen und Wirkung dar. Relevant ist aber für das Schadenersatzrecht im Unterschied zu Naturwissenschaft nicht jeder Zusammenhang zwischen der Ursache (dem pflichtwidrigen Verhalten) und der Wirkung (dem Schaden). Um sehr entfernte Folgen auszuschließen, hat man insofern in der Rechtswissenschaft zunächst einen juristischen Kausalbegriff aufgestellt: „adäquater Kausalzusammenhang". Die heute wohl herrschende zivilrechtliche Lehre geht in Deutschland, in der Schweiz und in der Türkei von diesem Begriff „adäquater Kausalzusammenhang" aus. Auch französische Rechtswissenschaftler tendieren in den letzten Jahren zur Annahme des adäquaten Kausalzusammenhangs.[1]

In der schweizerischen[2] und türkischen[1] Literatur und Praxis wird der adäquate Zusammenhang nahezu einhellig dahingehend formuliert: „Ein Ereignis gilt als adäquate Ursache

---

[1]Eren, BH CII S. 62 Fn. 84.

[2]BGE 93 II 29; 99 II 182; 107 II 243. Statt vieler vgl. Oftinger, Haftpflichtsrecht Band I S. 72 ff.; Guhl/Merz/Kummer, Obligationenrecht S. 61 ff.; Bürgi, Art. 753/754 Anm. 86 Züricher Komm.; Schiess, Diss. S. 50; Zellweger, Diss. S. 27; Sauber, Diss. S. 122, 123.

eines Erfolges, wenn es nach dem gewöhnlichen Lauf der Dinge und nach der Lebenserfahrung geeignet war, einen Erfolg von der Art des eingetretenen herbeizuführen, so daß der Eintritt dieses Erfolges durch jenes Ereignis allgemein als begünstigt erscheint."

Die Umschreibung des adäquaten Zusammenhangs im deutschen Recht weicht zwar substantiell von der schweizerisch-türkischen nicht ab, aber erfolgt mit anderem Wortlaut. Sie erfolgte wohl zum ersten Mal durch das Reichsgericht[2], und der BGH[3] und die Doktrin[4] haben sich dem angeschlossen. Danach liegt ein adäquater Zusammenhang vor, „wenn ein Verhalten oder Ereignis im allgemeinen und nicht nur unter besonders eigenartigen, ganz unwahrscheinlichen und nach dem regelmäßigen Verlauf der Dinge ganz außer Betracht zu lassenden Umständen zur Herbeiführung des eingetretenen Erfolges geeignet ist."

Diese Begriffsbestimmungen der adäquaten Kausalität gelten allgemein auch für die aktienrechtliche Schadenersatzpflicht. Die Voraussetzung des Kausalzusammenhangs liefert also für viele Haftungstatbestände keine besonderen aktienrechtlichen Probleme. Im Zusammenhang mit der aktienrechtlichen Haftung ist jedoch allgemein nahegelegt, daß an den Beweis des Kausalzusammenhangs keine hohen Anforderungen gestellt werden.[5] Demnach muß es genügen, wenn der Nachweis einer hohen Wahrscheinlichkeit erbracht wird.[6]

Für die aktienrechtliche Haftung ist es nicht erforderlich, daß das Verhalten des in Anspruch genommen Mitglieds die alleinige Ursache des Schadens darstellt.[7] Viel mehr ist es ausreichend, daß seine Pflichtwidrigkeit eine Teilursache bildet. Dagegen bleibt der adäquate Kausalzusammenhang aus, wenn selbst das pflichtgemäße Verhalten den

---

[1]YHGK. 9.4.1964 T. 538 Sa.; YHGK 24. 6.1964 T. 508/ D-4 E. 481 K. ; Y. 4. HD. 13.9.1988 T. E. 4147 K. 7408 zitiert bei Eren BH CII S. 63. Statt vieler vgl. Tandogan, Mesuliyet Hukuku S. 76 ff.; Eren, BH CII S. 62 ff.

[2]RGZ 78, 270, 272; 133, 126, 127; 142, 383, 388; 170, 129, 136.

[3]BGHZ 3, 261, 267; 7, 198, 204; 57, 137, 141.

[4]Palandt, Vorbem. v. § 249 Anm. 58 ff. BGBKomm.; Medicus, Schuldrecht I § 54 S. 276 ff.; Larenz, Schuldrecht I, allgemeiner Teil § 27 S. 435 ff.

[5]BGE 59 II 451; 76 II 319; 93 II 29; Forstmoser, Verantwortlichkeit Anm. 269 S. 98; Bürgi, Art. 753/754 Anm. 86 Züricher Komm.; Schiess, Diss. S. 50; Horber, Diss. S. 26; Kaplan, Banka Idrare Meclisi S. 157.

[6]Meier-Wehrli, Diss. S. 79; Burckhardt, Diss. S. 139.

[7]Forstmoser, Verantwortlichkeit S. 100 Anm. 270; Horber, Diss. S. 27; Meier-Wehrli, Diss. 79.

Schaden nicht hätte verhindern können.[1] Dem Richter bleibt deswegen überlassen, aus dem Standpunkt der Organpersonen ex ante zu beurteilen, wie die Situation bei regelrechter Pflichterfüllung aussehen würde.[2]

II) Darlegungs- und Beweislast

1) Im deutschen Recht

Zur damaligen Zeit, als die Aktiengesellschaft noch im HGB normiert war, enthielt das Gesetz keine besondere Bestimmung über eine aktienrechtliche Beweislast. Macht demnach eine Aktiengesellschaft ihren Anspruch gegenüber einem Vorstandsmitglied wegen der Pflichtverletzung geltend, so würde sie im Prozeß nach allgemeinen Regeln als Klägerin beweispflichtig sein: Sie müßte folglich sämtliche klagebegründenden Voraussetzungen ihres Anspruchs darlegen und beweisen. Diese Regelung der Beweislast könnte aber für die Gesellschaft beträchtliche Beweisschwierigkeiten mit sich bringen, da sie meistens über die Vorgänge, die den Eintritt des Schadens ausgelöst haben, im einzelnen nicht gut informiert ist. Insofern wäre es wegen Fehlens des erforderlichen Materials für die Gesellschaft nur in den wenigsten Fällen möglich, die zur Begründung des Verschuldens nötigen Tatsachen zu beweisen und somit die in Anspruch genommenen Mitglieder des Vorstands ersatzpflichtig zu machen.

Um diesem Beweisnotstand der Aktiengesellschaft abzuhelfen, haben Rechtsprechung und Literatur die Beweislast für das Verschulden eines Vorstandsmitglieds von der Gesellschaft abgezogen und statt dessen dem in Anspruch genommenen Mitglied die Beweislast für das Fehlen des Verschuldens auferlegt.[3] In Anlehnung an diesen durch Rechtsprechung und Literatur entwickelten Grundsatz hat das Aktiengesetz von 1937 eine „gesetzliche Umkehrung der Beweislast" vorgesehen, indem es in § 84 Abs. 2 Satz 2 AktG bestimmt, daß die Vorstandsmitglieder im Falle der Verletzung der ihnen obliegenden Pflichten nachweisen müssen, daß sie die Sorgfalt eines ordentlichen und gewissenhaften Geschäftsleiters angewandt haben. Diese bewährte Bestimmung wurde ins Aktiengesetz von 1965 inhaltlich unverändert übernommen.

---

[1]Forstmoser, Verantwortlichkeit Anm. 272 S. 100; ders., Aktienrecht § 36 Anm. 94 S. 430; Horber, Diss. S. 27.

[2]Burckhardt, Diss. S. 139.

[3]Vgl. Schilling, § 93 Anm. 17 Großkomm. m.w.N.

Das Aktiengesetz von 1965 stellt folglich eine „Vermutung" für das Verschulden der Vorstandsmitglieder auf und kehrt somit die Beweislast um, wobei es in § 93 Abs. 2 Satz 2 folgendes vorschreibt: *„Ist streitig, ob sie die Sorgfalt eines ordentlichen und gewissenhaften Geschäftsleiters angewandt haben, so trifft sie die Beweislast."* Da sich nach allgemein anerkannter Lehre die Beweis- und die Darlegungslast grundsätzlich decken, wirkt sich diese gesetzliche Umkehrung der Beweislast auch auf die Darlegungslast aus.[1] Dies bedeutet, daß die Gesellschaft im Streitfall nicht das Verschulden des pflichtwidrig handelnden Vorstandsmitglieds zu behaupten hat. Dies ist vielmehr die Aufgabe des in Anspruch genommenen Vorstandsmitglieds. Es muß also im Streitfall seine Schuldlosigkeit zuerst behaupten und dann beweisen.

Daß sich diese Beweislastregel, d.h. gesetzliche Umkehrung der Behauptungs- und Beweislast in § 93 Abs. 2 Satz 2 AktG auf das Verschulden, also auf die subjektive Pflichtwidrigkeit des schädigenden Verhaltens des Vorstandsmitglieds bezieht, gilt im deutschen Recht als unbestritten. Der eindeutige Wortlaut dieser Vorschrift ermöglicht ohnehin keine anderslautende Interpretation.

Dagegen bestand keine Übereinstimmung in der Frage, ob die Beweislastregel des § 93 Abs. 2 Satz 2 AktG darüber hinaus bedeutet, daß die Gesellschaft im Streitfall auch die objektive Pflichtwidrigkeit des Verhaltens des Vorstandsmitglieds (Rechtswidrigkeit) nicht nachzuweisen braucht, sondern daß das Vorstandsmitglied zusätzlich zu seiner Schuldlosigkeit auch noch den Nachweis bringen muß, daß es seinen Pflichten nachgekommen ist. Zu dieser Frage wurde in der Literatur vereinzelt die Meinung[2] vertreten, daß die objektive und subjektive Pflichtwidrigkeit (subjektive Vorwerfbarkeit) zwei verschiedene Begriffe bzw. Voraussetzungen des Ersatzanspruchs der Gesellschaft seien und deswegen nicht miteinander vermengt werden sollten. Da die Verletzung der Geschäftsführungspflicht durch ein Vorstandsmitglied einen Unterfall der positiven Vertragverletzung bilde, nämlich, so diese Meinung, eine Verletzung der sich aus dem Anstellungsvertrag ergebenden Pflichten, müsse entsprechend der Regelung von §§ 282 und 285 BGB für Unmöglichkeit und Verzug der Beweis der objektiven Rechtswidrigkeit von der Gesellschaft als Gläubigerin erbracht werden.[3]

---

[1]Vgl. Frels, Behauptungslast, AG 1960 S. 296.

[2]Frels, Behauptungslast, AG 1960 S. 296 ff.

[3]Ritter ist auch der Meinung, daß der Beweis der objektiven Pflichtwidrigkeit der Gesellschaft aufgebürdet werden soll. Ritter, § 84 Anm. 3a AktG 1937.

Im deutschen Recht herrscht heute sowohl in der Rechtsprechung[1] als auch im Schrifttum[2] Übereinstimmung darin, daß sich die Umkehr der Beweislast in § 93 Abs. 2 Satz 2 AktG sowohl auf die subjektive Pflichtwidrigkeit (Verschulden) als auch auf die objektive Pflichtwidrigkeit bezieht.[3] Diese Tatsache beruht nämlich auf der Doppelfunktion der Sorgfaltspflicht[4] des Vorstandsmitglieds in § 93 Abs. 1 Satz 1 AktG[5]; eine Trennung der Beweislast hinsichtlich der objektiven und subjektiven Pflichtwidrigkeit würde dem Wortlaut dieser Bestimmung widersprechen und die praktische Bedeutung der Beweislastregelung in Abs. 2 Satz 2 des § 93 AktG nutzlos machen.[6]

Des weiteren rechtfertigt sich diese Annahme der vorherrschenden Lehre aus dem Umstand der *Beweisnähe*[7] des Vorstandsmitglieds. Das heißt, daß im allgemeinen nur das Vorstandsmitglied die für sein Verhalten maßgeblichen Umstände und somit auch die Gesichtspunkte überblicken kann, die für die Beurteilung der Pflichtmäßigkeit seines Verhaltens sprechen, während die Gesellschaft in dieser Hinsicht immer in einer Beweisnot ist. Von daher ist es also gerecht, die Beweislast auch hinsichtlich der objektiven Pflichtwidrigkeit dem Vorstandsmitglied aufzuerlegen.

Nach all diesen Erwägungen stellt sich im deutschen Aktienrecht hinsichtlich der Haftung eines Vorstandsmitglieds die Verteilung des Beweisrechts im Streitfall folgendermaßen dar: die durch den Aufsichtsrat vertretene Gesellschaft hat zunächst darzulegen und zu beweisen, daß sie durch das Verhalten des in Anspruch genommenen Mitglieds des Vor-

---

[1]BGH, NJW 1963 S. 46; BGH, BB 1974 S. 994, 995; BGH, NJW 1986 S. 54, 55; LG Bochum ZIP 1989 S. 1557, 1558 ff.

[2]Mertens, § 93 Anm. 102 Kölner Komm.; Hüffer, § 93 Anm. 16 AktienG; Hefermehl, § 93 Anm. 32 Komm. AktG; Schilling, § 93 Anm. 17 Großkomm.; Wiesner, § 26 Anm. 13 S. 220 ff. Münchener; Raiser, Kapitalgesellschaften, § 14 Anm. 77 S. 113; Müller, § 34 Anm. 49 KommGenG; Metz, § 34 Anm. 151 GenG Komm.; Koppensteiner, § 43 Anm. 33 GmbHGKomm.; Scholz/Schneider, § 43 Anm. 168 ; Goette, Verteilung, ZGR 1995 S. 671 ff., S. 674.

[3]Der BGH tendiert aber in jüngster Zeit zu dem Standpunkt, daß die objektive Pflichtwidrigkeit an sich von der klagenden Gesellschaft zu beweisen sei. Vgl. etwa BGH, WM 1992 S. 223, 224; BGH, ZIP 1994 S. 872, 873.

[4]Vgl. Unter Kapitel II, I, „1) Funktionen der Regelung von § 93 Abs. 1 Satz 1 AktG".

[5]Hüffer, § 93 Anm. 16 AktienG; Wiesner, § 26 Anm. 13 S. 220 ff. Münchener.

[6]Hefermehl, § 93 Anm. 32 Komm. AktG.

[7]Vgl. BGH, WM 1962 S. 1286, 1287 ff.; Mertens, § 93 Anm. 48 Kölner Komm. (1. Auflage); Müller, § 34 Anm. 49 KommGenG; Scholz/Schneider, § 43 Anm. 168; Gerkan, Beweislastverteilung, ZHR 1990 S. 39 ff. und 59 ff.; Goette, Verteilung, ZGR 1995 S. 672.

standes eine Vermögensminderung erlitten hat. In diesem Zusammenhang muß sie im einzelnen also nachweisen:

1. Eine schädigende Handlung oder Unterlassung des Vorstandsmitglieds,

2. die ziffernmäßige Höhe des erlittenen Vermögensschadens der Gesellschaft,

3. den adäquaten Kausalzusammenhang zwischen der Handlung oder Unterlassung des Vorstandsmitglieds und der Vermögensminderung der Gesellschaft.

Demgegenüber ist es Sache des in Anspruch genommenen Vorstandsmitglieds, darzulegen und zu beweisen, daß es weder objektiv noch subjektiv pflichtwidrig gehandelt hat[1], d.h. bei der Erfüllung seiner Pflichten die Sorgfalt eines ordentlichen und gewissenhaften Geschäftsleiters angewandt hat oder daß ihm die Einhaltung der erforderlichen Sorgfalt unverschuldet unmöglich war.[2] Um sich der Haftung zu entziehen, kann das verklagte Vorstandsmitglied weiterhin als Gegenbeweis erbringen, daß es an einem Kausalzusammenhang fehlt, so zum Beispiel, daß der Schaden auch bei einem pflichtmäßigen Alternativverhalten seinerseits entstanden wäre. Hinsichtlich der Beweislast obliegt jedoch der Gesellschaft eine Verpflichtung: wenn sie das ausgeschiedene Mitglied des Vorstands auf Schadenersatz in Anspruch nimmt, so muß sie ihm erforderlichenfalls die Möglichkeit gewähren, in die Geschäftsbücher und -schriften Einsicht zu nehmen.[3]

Zu der Darlegungs- und Beweislast der Gesellschaft hat der BGH in seiner Entscheidung[4] zum bekannten „Warenfehlbestandsfall", an die sich ein erheblicher Teil der Kommentarliteratur[5] anschließt, ausgesprochen, daß daran keine hohen Anforderungen gestellt werden dürfen: in diesem Sinne soll von ihr nicht erwartet werden, konkret ein gewisses Verhalten oder Unterlassen des verklagten Vorstandsmitglieds vorzutragen, welches den Schaden ausgelöst haben könnte, wenn die Art des behaupteten Schadens erfahrungsgemäß stark für den Zusammenhang mit dem pflichtwidrigen Verhalten oder Unterlassen

---

[1]Nach Heemann hat dagegen die klagende Gesellschaft sowohl einen obljektiven als auch einen subjektiven Pflichtenvetstoß schlüssig darzulegen, da die Leitungsorgane keine Erfolgs-, sondern einer Verschuldenshaftung unterliegen. Heermann, Beweislastverteilung ZIP 1998 S. 768.

[2]Vgl. RG, HRR 41, 132; Mertens, § 93 Anm. 101 Kölner Komm.

[3]Mertens, § 93 Anm. 109 Kölner Komm.; Schilling, § 93 Anm. 17 Großkomm.; Scholz/Schneider § 43 Anm. 171.

[4]BGH, WM 1980 S. 1190.

[5]Mertens, § 93 Anm. 104 Kölner Komm.; Hüffer, § 93 Anm. 17 AktienG; Wiesner, § 20 Anm. 13 S. 220 ff. Münchener; Scholz/Schneider, § 43 Anm. 168; Koppensteiner, § 43 Anm. 33 GmbHGKomm.

des Beklagten spricht. Ist dies dagegen nicht der Fall und der adäquate Kausalzusammenhang zwischen einem Verhalten des Vorstands und dem eingetretenen Schaden fernliegend, so hat die Gesellschaft ein konkretes Verhalten, das die Eintrittsgefahr des Schadens gesteigert haben soll, substantiiert darzulegen.[1]

Aus einer späteren Entscheidung[2] des BGH ist wiederum zu entnehmen, daß er die Anforderungen an die Darlegungs- und Beweislast der Gesellschaft herabgesetzt hat, wenn es sinngemäß dort heißt, daß bei Fehlbeständen der Kasse und des Warenlagers die Gesellschaft die ihr zufallende Darlegungs- und Beweispflicht schon erfüllt, wenn sie mit Hilfe der Bücher und Buchungsunterlagen nachweist, daß und in welchem Maße der buchmäßige (Soll) Bestand vom tatsächlichen (Ist) Bestand der Kasse und des Warenlagers abweicht. Demgegenüber ist es Sache des Beklagten, so der BGH, die Verwendung und den Verbleib der fehlenden Beträge im einzelnen darzulegen und zu beweisen, um die Beweisvermutung zu entkräften. Hierzu ist allerdings aufgrund der Sachgerechtigkeit der Lösung des BGH beizupflichten. Denn der BGH verlangt die Aufklärung der unklaren Umstände von demjenigen, dem es angesichts seiner Beweisnähe am leichtesten fällt[3], also dem Beklagten. Somit wird zugleich der Gesellschaft Schutz vor Beweis- und Rechtlosigkeit gewährt.

2) Im türkischen und schweizerischen Recht

a) Beweislast im türkisch-schweizerischen Zivilrecht

Bevor man auf Einzelheiten zur Frage der Beweislast bei der aktienrechtlichen Haftung eingeht, ist es sinnvoll, zunächst summarisch festzustellen, wie die Beweislastverteilung im deliktischen und vertraglichen Schadenersatzrecht geregelt ist. Das türkische Zivilgesetzbuch enthält diesbezüglich in Art. 6 die Bestimmung, deren rechtliche Quelle die Vorschrift von Art. 8 ZGB[4] bildet: *„Wo das Gesetz es nicht anders bestimmt, hat jede von beiden Parteien das Vorhandensein der von ihr behaupteten Tatsache zu beweisen."* Diese

---

[1]Mertens, § 93 Anm. 104 Kölner Komm.

[2]BGH, WM 1985 S. 1293, 1294.

[3]Vgl. BGH, BB 1974 S. 994.

[4]Art. 8 ZGB lautet wie folgt: *„Wo das Gesetz es nicht anders bestimmt, hat derjenige das Vorhandensein einer behaupteten Tatsache zu beweisen, der aus ihr Rechte ableitet."*

Bestimmungen von Art. 6 TZGB kommen also nur subsidiär zur Anwendung, und zwar in allen Fällen, in denen das Gesetz nichts Abweichendes bestimmt.

Betrachtet man die Vorschriften des Obligationenrechts, die die Haftung aus unerlaubter Handlung regeln, d.h. Art. 41 ff. TOR und Art. 41 ff. OR, so stellt sich heraus, daß hier keine gesetzlichen Beweisregeln vorhanden sind. Aufgrund dessen ist für das deliktische Schadenersatzrecht der Grundsatz des Art. 6 TZGB ohne weiteres anwendbar. Demzufolge muß der Kläger (Geschädigte) alle klagebegründenden Voraussetzungen seines Anspruchs, nämlich Schaden, Kausalzusammenhang, Widerrechtlichkeit und Verschulden im Streitfall behaupten und beweisen.

Die Beweislastverteilung für das vertragliche Schadenersatzrecht unterscheidet sich hingegen von der für das deliktische Schadenersatzrecht. Das türkische Obligationengesetz sieht nämlich in der Bestimmung des Art. 96 (Art. 97 OR) eine Umkehr der Beweislast für das Verschulden vor, wenn es dort sinngemäß heißt; „*Kann der Gläubiger hinsichtlich der Erfüllung der geschuldeten Leistung überhaupt nicht oder zum Teil nicht* (d.h. nicht gehörig) *befriedigt werden, so hat der Schuldner den daraus entstehenden Schaden zu ersetzen, sofern er nicht beweist, daß ihm keinerlei Verschulden zur Last falle.*“ Der Gläubiger (Kläger) hat folglich nachzuweisen, daß aufgrund des zwischen ihnen bestehenden Vertrags eine Vertragsverletzung (d.h. nicht oder nicht gehörige Erfüllung des Vertrags) geschehen ist, daß er einen Schaden erlitten hat und daß zwischen Vertragsverletzung und Schaden ein Kausalzusammenhang besteht. Gelingt es dem Kläger, für diese drei Punkte den Beweis zu erbringen, dann ist es Sache des Schuldners, aufgrund der gesetzlichen Verschuldensvermutung in Art. 96 TOG, sich zu exkulpieren, mit anderen Worten, den Nachweis des fehlenden Verschuldens zu erbringen.

b) Aktienrechtliche Darlegungs- und Beweislast im türkischen und schweizerischen Recht

aa) Allgemeine Bemerkungen

Die schweizerischen aktienrechtlichen Bestimmungen enthielten keine spezifischen Beweisvorschriften zur aktienrechtlichen Haftungsklage gegen Organpersonen. Auch hat der Gesetzgeber bedauerlicherweise versäumt, diese abgeklärte Frage der Beweislastverteilung bei der Revision des Obligationenrechts im Jahre 1991 gesetzlich klarzustellen.

Diesbezüglich kommen daher nach heute wohl herrschender Lehre[1] die allgemeinen beweisrechtlichen Grundsätze zur Anwendung, wobei die Klage der Gesellschaft überwiegend als vertraglich oder vertragsähnlich betrachtet wird, so daß die Beweisregeln der Vorschrift von Art. 97 OR heranzuziehen sind, wobei das Verschulden gesetzlich präsumiert wird und sich das in Anspruch genommene Mitglied des Verwaltungsrates zu exkulpieren hat.

Im Gegensatz zum schweizerischen Obligationenrecht findet sich im türkischen Handelsgesetzbuch - in Bezug auf das Verschulden - eine aktienrechtliche Spezialregelung zur Beweislastverteilung. Der gesetzliche Niederschlag findet sich in Art. 338 THGB. Dieser Artikel lautet wie folgt: "*Ein Mitglied ist von der Haftung frei, wenn es beweist, daß es bei den nach den vorstehenden Artikeln eine gesamtschuldnerische Haftung begründeten Geschäften kein Verschulden trifft ...* „. Das Gesetz legt hier zugunsten der Gesellschaft eine Vermutung für das Verschulden des beklagten Mitglieds des Verwaltungsrates fest und schafft ihr somit zum Teil für ihren Beweisnotstand Abhilfe. Nach dem allgemeinen Grundsatz des Art. 6 TZGB bleibt aber die Gesellschaft für die weiteren Voraussetzungen ihres Anspruchs auf Schadensersatz beweispflichtig. Sie muß also einen Schaden, die Pflichtwidrigkeit eines Verhaltens des in Anspruch Genommenen und Kausalität zwischen beiden darlegen und beweisen. In diesem Zusammenhang stimmt das türkische Aktienrecht mit dem schweizerischen im Endeffekt vollkommen überein. Die Beweislastverteilung wird nachfolgend im einzelnen behandelt.

bb) Beweislast für den Schaden

Wie bereits erwähnt, ist erste Voraussetzung der aktienrechtlichen Schadenersatzpflicht des Verwaltungsratsmitglieds das Vorliegen eines Schadens. So wie im deutschen Recht hat die Gesellschaft als Klägerin - grundsätzlich - nicht nur die Existenz des Schadens, sondern auch noch dessen Quantität ziffernmäßig darzulegen und zu beweisen.[2] Da die Gesellschaft bei der Ermittlung des eingetretenen Schadens nicht immer über das erforderliche Informationsmaterial in genügendem Umfang verfügt, ist es in der Praxis sehr schwer oder oft überhaupt nicht möglich, einen Schadensnachweis ziffernmäßig zu

---

[1]Statt vieler vgl. Forstmoser, Verantwortlichkeit Anm. 337 ff. S. 120 ff.; Bürgi, Art. 753/754 Anm. 92 Züricher Komm.; Gross, Diss. S. 214; Meier-Wehrli, Diss. S. 74 ff. Zur Haftung für gesetzliche Pflichten im neuen Schrifttum vgl. Böckli, Schweizer Aktienrecht Anm. 1984 S. 1079 ff.

[2]Art. 42 Abs. 1 TOG und OR bestimmt ausdrücklich; „*Wer Schadenersatz beansprucht, hat den Schaden zu beweisen.*"

erbringen. Dies könnte insbesondere der Fall sein, wenn zum Beispiel mehrere Verwaltungsratsmitglieder einen Schaden adäquat verursacht haben, so daß für jedes einzelne Mitglied ein ziffernmäßiger Schadensbetrag errechnet werden muß. In einem solchen Fall schafft beim Beweisnotstand der Gesellschaft die Regelung von Art. 42 Abs. 2 TOG und Art. 42 Abs. 2 OR Abhilfe, indem sie bestimmt: *„Der nicht ziffernmäßig nachweisbare Schaden ist nach Ermessen des Richters mit Rücksicht auf den gewöhnlichen Lauf der Dinge und auf die vom Geschädigten getroffenen Maßnahmen abzuschätzen."* Die türkisch-schweizerische Literatur[1] und Gerichtspraxis[2] beziehen die Anwendung der Regelung von Art. 42 Abs. 1 nicht nur auf den Umfang des Schadens, sondern dehnen sie auch - zu Recht - auf die Existenz des Schadens aus.

Voraussetzung für die Anwendung der Regelung von Art. 42 Abs. 2 ist jedoch, daß der Schaden wegen seiner Art durch eine ziffernmäßige Berechnung nicht beweisbar oder dessen Beweis dem Geschädigten unzumutbar ist,[3] sei es aus dem Grund, daß die Beweisführung unverhältnismäßige Unkosten erfordert, sei es aus dem Grund, daß der Kläger unter Beweismangel leidet. Gemäß Art. 6 TZGB obliegt - logischerweise - der Gesellschaft die Pflicht, glaubhaft zu machen, daß diese Voraussetzung gegeben ist.

Mit dieser Regelung wird also die Pflicht zur Beweisführung des Geschädigten bzw. der Gesellschaft doch in einem beträchtlichen Maße gelockert; diese Pflicht, insbesondere die Pflicht zur Substantiierung wird ihr aber nicht völlig abgenommen. Insofern hat der Geschädigte selbst, nach dem schweizerischen Bundesgericht und dem Kassationsgerichtshof der Türkei, bestimmte Tatsachen bzw. Anhaltspunkte, welche die Existenz des Schadens mit einer „gewissen Überzeugungskraft"[4] untermauern, darzutun.[5] In diesem Sinne verpflichtet also die Vorschrift des Art. 42 Abs. 2 TOG den Richter nicht, „von Amts we-

---

[1] Tekinay/Akman/Burcuoglu/Altop, Borclar Hukuku S. 578; Eren BH C II S. 304; Oftinger, Haftpflichtrecht Band I S. 176; Forstmoser, Verantwortlichkeit Anm. 160 S. 76; Schiess, Diss. S. 47; Burckhardt, Diss. S. 136 ff.; Gross, Diss. S. 146.

[2] BGE 81 II 55; 97 II 216; 102 II 223 und hierzu Entscheidungen des türkischen Kassationsgerichtshofs vgl. Y. 15. HD. 21.4.1975 T. E. 1975/2093 K. 1975/2228 in YKD 1976 sa 6 S. 869.

[3] BGE 105 II 89.

[4] Dagegen reicht „die Wahrscheinlichkeit" nicht aus. Vgl. BGE 93 II 453.

[5] BGE 93 II 453; 95 II 501; 98 II 37 und Y. 15. HD. 21.4.1975 T. E. 1975/2093 K. 1975/2228 in YKD 1976 sa 6 S. 869; Y. 4. HD. 15.12.1980 T. 12605/1900 in ABD 1980 S. 70; YHGK 19.10.1966 T. E. 4/783 K. 269.

gen“ (ex officio) die Anhaltspunkte zu beschaffen, die für seinen Entscheid maßgeblich sein könnten.[1]

Wenn die Gesellschaft glaubhaft macht, daß die Voraussetzung für die Anwendung des Art. 42 Abs. 2 TOG vorliegt und das Vorhandensein eines Vermögensschadens genügend substantiiert, so muß der Richter nach seinem Ermessen mit Rücksicht auf den gewöhnlichen Lauf der Dinge und auf die von der Gesellschaft getroffenen Maßnahmen[2] die Höhe des Schadens abschätzen. Hierzu hat er nach konstanten Entscheidungen des Kassationsgerichtshofes der Türkei Gutachten der jeweiligen Fachleute miteinzubeziehen.[3]

cc) Beweislast für die Pflichtwidrigkeit (Widerrechtlichkeit)

Gemäß Art. 338 THGB in Verbindung mit Art. 6 TZGB obliegt es der geschädigten Gesellschaft als Klägerin weiterhin, zu behaupten und erforderlichenfalls zu beweisen, daß das in Anspruch genommene Verwaltungsratsmitglied während seiner Geschäftsführung bzw. Vertretung der Gesellschaft pflichtwidrig gehandelt hat.

Wie oben kurz angedeutet, sind die Schwierigkeiten der Gesellschaft, die Pflichtwidrigkeit zu beweisen, jedoch durch den Umstand gekennzeichnet, daß auf der einen Seite Art und Umfang dieser Verwaltungsratspflichten durch das THGB nicht im einzelnen enumerativ umschrieben sind, so daß sie durch die Satzung, Reglemente oder GV-Beschlüsse erweitert werden könnten, und auf der anderen Seite, daß manche Verwaltungsratspflichten gemäß der Bestimmung von Art. 318 und 319 THGB an einzelne Mitglieder des Verwaltungsrats oder an den Verwaltungsratsausschuß oder an einzelne Aktionare oder Dritte übertragen werden können, was gewisse Kompetenzabgrenzungserschwernisse unter den Verpflichteten mit sich bringen könnte.

In einem Streitfall obliegt es demnach der Gesellschaft, hinsichtlich der Voraussetzung der Pflichtwidrigkeit im einzelnen folgende Tatsachen darzulegen und notfalls zu beweisen:

---

[1]Oftinger, Haftpflichtrecht Band I S. 177.

[2]Diese Maßnahmen beziehen sich nicht auf diejenigen, die der Geschädigte (Gesellschaft) hätte ergreifen sollen, um ein Anwachsen des Schadens zu verhindern, sondern auf den entgangene Gewinn. Vgl. Oftinger, Haftpflichtrecht, Band I S. 56 und S. 175 Fn. 24; Eren, BH C II S. 304, 305.

[3]Vgl. Beispielsweise Y. 4. HD. 7.11.1968 T. E. 1968/3111 K. 8658; Y. 11. HD. 16.2.1976 T. E. 1027 K. 1056: Eris, AS Hukuku S. 297; Y. 11. HD. 18.1.1989 T. E. 4303 K. 38: Eris, AS Hukuku S. 300; Y. 11. HD. 26.12.1991 T. E. 3018 K. 6867: Eris AS Hukuku S. 302.

Sie ist vor allem beweispflichtig für die Existenz einer konkreten Verwaltungsratspflicht, sei es eine ihm durch aktienrechtliche Vorschriften des THGB zugewiesene spezielle Pflicht, sei es die allgemeine Sorgfaltspflicht oder sei es eine kraft der Satzung obliegende Pflicht.[1] Sie muß sodann die Beweise erbringen, daß für die Erfüllung dieser Pflicht genau das in Anspruch genommene Mitglied des Verwaltungsrates zuständig war und durch seine Handlung oder Unterlassung dieser nicht oder nicht gehörigerweise nachgekommen ist.[2]

In dem Idealfall, in dem die einzelnen Verwaltungsratsaufgaben explizit festgeschrieben und deren Erledigung ohne Delegierung und Übertragung an jemand anderen durch die Verwaltungsratsmitglieder gemeinsam durchgeführt wird, würde die Beweislast für die Pflichtwidrigkeit der Gesellschaft allerdings leicht fallen. Dagegen ist es bei einer großen, vielschichtigen und wegen erheblicher Aufgabendelegation sehr kompliziert organisierten AG praktisch meist unmöglich festzustellen, wem eine Pflichtverletzung angelastet werden kann. Dies ist insbesondere für die klagenden Aktionäre und Gläubiger der Fall, die sich gänzlich oder zum großen Teil außerhalb des Geschehens der Gesellschaft befinden und deshalb an Beweismangel leiden.

Deswegen kann allgemein gesagt werden, daß die Lösung der deutschen Rechtsprechung und der heute wohl herrschenden Lehre in der Beweislastfrage betreffend der Pflichtwidrigkeit der türkisch-schweizerischen Lösung vorzuziehen ist, da sie angemessener und praktischer ist. Sie nimmt nämlich der Gesellschaft die Beweislast ab, und erlegt sie dem in Anspruch Genommenen, dem die Beweisführung wegen seiner Sachnähe (bzw. Beweisnähe) „möglicher und zumutbarer“[3] ist, auf.

---

[1]Hierbei ist prozessual folgendes zu bemerken: Wenn eine Verwaltungsratspflicht aus dem Gesetz folgt, so ist die Gesellschaft für das Vorhandensein einer solchen Pflicht nicht beweispflichtig. Dies ergibt sich aus dem Art. 76 TZPG (das türkische Zivilprozeßgesetz). Demnach wendet nämlich der Richter die türkischen Gesetze von Amts wegen (ex officio) an.

[2]Hierzu hat das schweizerische Bundesgericht in seiner Entscheidung ausgeführt, daß für die Beweisführung hinsichtlich der Pflichtwidrigkeit die allgemeinen Vorwürfe einer „nachlässigen Geschäftsführung“ oder Unterlassung der erforderlichen Maßnahmen zur Verhütung des eingetretenen Schadens nicht ausreichen, sondern dazu die genaue Bezeichnung erforderlich ist. Vgl. Rep 1979 (112) S. 325 ff.

[3]In vielen Fällen könnte es theoretisch möglich sein, daß die klagende Gesellschaft den Anforderungen an die Beweislast für die Pflichtwidrigkeit nachkommen kann. Man sollte es jedoch nicht außer Acht lassen, daß die Beweisführung derart hohe Unkosten erzeugen könnte, daß sie sogar das übersteigen würden, was der in Anspruch Genommene hätte erbringen müssen. In einem solchen Fall ist die Beweisführung trotz ihrer theoretischen Möglichkeit der Gesellschaft praktisch nicht zuzumuten.

dd) Beweislast für Verschulden

Nachdem die pflichtwidrige Vermögensschädigung von der Gesellschaft nachgewiesen wurde, ist es kraft der Vorschrift des Art. 338 THGB Aufgabe des in Anspruch genommenen Mitglieds des Verwaltungsrates, die Tatsachen im einzelnen vorzutragen, aus denen sich die Entschuldbarkeit seiner Handlung oder Unterlassung ergibt, um die Schadenersatzpflicht abzuwenden.[1] Hierbei handelt es sich also um eine gesetzliche, aber widerlegbare Vermutung dafür, daß es das Verschulden trifft. Diese Verschuldensvermutung kann vor allem durch den allgemeinen Nachweis widerlegt werden, daß es bei seinem Verhalten diejenige Sorgfalt, die ein vernünftiger und gewissenhafter Geschäftsmann unter den gleichen Umständen anwenden müßte, beachtet hat. Angesichts dieses objektiven Charakters des Sorgfaltsmaßstabes kann es sich allerdings nicht exkulpieren, indem es darlegt, daß ihm etwa die erforderliche Kenntnis oder Berufserfahrung fehlt.

Neben diesem allgemeinen Nachweis stehen dem in Anspruch genommenen Verwaltungsratsmitglied weiterhin noch zwei in Art. 338 THGB aufgestellte Exkulpationsbeweise zur Verfügung. Demnach wird es von der Haftung frei, wenn es darlegt und beweist, daß es gegen die Vornahme der schadenverursachenden Maßnahmen stimmte und diesen Umstand in die Niederschrift aufnehmen ließ, dies außerdem den Kontrolleuren mitteilte, oder weiterhin, daß es bei Beratung dieser Maßnahme entschuldigt nicht präsent war.[2] Nach einheitlicher Meinung in der türkischen Lehre sind diese Exkulpationsbeweise nicht enumerativ[3]. Es kann also die Entschuldbarkeit auch unter Berufung auf weitere Tatsachen bewiesen werden.

Aufgrund des doppeldeutigen Wortlautes des Art. 338 THGB stellt sich nun hier die Frage, ob die gesetzliche Vermutung für das Vorliegen eines Verschuldens nur für die gesamtschuldnerischen Haftungsfälle der Art. 336 und 337 THGB in Betracht kommt oder nicht. Art. 338 enthält nämlich die Bestimmung: *„Ein Mitglied ist von der Haftung frei, wenn es beweist, daß es bei den n a c h d e n v o r s t e h e n d e n A r t i k e l n eine gesamt-*

---

[1]Vgl. Y. 11. HD. 27.2.1990 T. E. 9543 K. 1576: Eris AS Hukuku S. 316.

[2]Der italienische Codice Civile enthält in Art. 2392 Abs. 3 eine ähnliche Bestimmung. Diese lautet sinngemäß wie folgt: *„Die Haftung für Rechtshandlungen oder Unterlassungen der Verwalter erstreckt sich nicht auf denjenigen von ihnen, der daran schuldlos war, unverzüglich sein mangelndes Einverständnis im Sitzungs- und Beschlußbuch des Verwaltungsrats anmerken ließ und dies sofort schriftlich dem Vorsitzenden des Aufsichtsrats zur Kenntnis gebracht hat."*

[3]Statt vieler vgl. Camoglu, Doz. S. 19; Poroy/Tekinalp/Camoglu, Ortakliklar S. 273; Imregün, Kara Ticaret S. 361.

schuldnerische Haftung begründeten Geschäften kein Verschulden trifft .... „. Insofern vertritt Camoglu[1] die Auffassung, daß mit den Worten „nach den vorstehenden Artikeln" die Bestimmungen der Art. 336 und 337 THGB angesprochen sind und deswegen in den sonstigen Haftungsfällen (außer Art. 336, 337 THGB) die allgemeinen Beweisregeln für Verschulden heranzuziehen sind. Dagegen ist Mimaroglu[2] der Meinung, daß sich der Verweis in Art. 338 THGB nicht nur auf die Vorschriften der Art. 336 und 337 THGB bezieht, sondern auf alle Vorschriften des Gesetzes, die „die gesamtschuldnerische Haftung" der Verwaltungsratsmitglieder regeln.

M.E. ist aus folgenden Überlegungen weder der Auffassung von Camoglu noch der Auffassung von Mimaroglu beizupflichten: Wie bereits angeführt, sieht das türkische Recht - wie das schweizerische und das deutsche Recht - für die Mitglieder des Verwaltungsrates ein Verschuldenshaftungssystem vor. Dies ist bekanntlich für haftende Organpersonen im Vergleich zu einer Kausalhaftung milder. Dagegen hat der Gesetzgeber durch die Schuldvermutung, mit anderen Worten durch die Umkehrung der Beweislast die Haftung zugunsten der Anspruchsberechtigten verschärft. Diese Umkehrung der Beweislast bezieht sich aber nicht nur auf gesamtschuldnerische Haftungsfälle, sondern auch auf sämtliche persönliche Haftungsfälle. Diese Tatsache ergibt sich aus dem generalklauselartigen Charakter der Vorschrift von Art. 336 Abs. 1 Nr. 5 THGB. Wie schon erwähnt, sanktioniert nämlich diese Vorschrift alle Verletzungen der dem Verwaltungsratsmitglied obliegenden Pflichten. Es gibt also keinen Haftungsfall, der von Art. 336 Abs. 1 Nr. 5 THGB nicht umfaßt wird. Sollte man von daher den Wortlaut des Art. 338 THGB dahingehend auslegen, daß er hinsichtlich der Schuldvermutung auf Art. 336 und 337 THGB verweist, gilt die gesetzliche Vermutung für jeden Haftungsfall.[3]

ee) Beweislast für den Kausalzusammenhang

Wie im deutschen Aktienrecht ist die Gesellschaft auch im türkisch-schweizerischen Aktienrecht für das Vorliegen eines Kausalzusammenhangs zwischen dem pflichtwidrigen und schuldhaften Verhalten des Verwaltungsratsmitglieds und dem eingetretenen Schaden beweispflichtig.

---

[1]Camoglu, Doz. S. 18.

[2]Mimaroglu, Diss. S. 40.

[3]Ähnlich, Helvaci Diss. S. 31.

In vielen aktienrechtlichen Haftungsfällen ist festzustellen, daß es dem Anspruchsteller, insbesondere dem Aktionär und Gläubiger, angesichts des Mangels an zugänglichem Informationsmaterial sehr selten gelingt, einen Beweis für einen lückenlosen Kausalzusammenhang zu erbringen. Aufgrund dieses Umstandes wird im türkisch-schweizerischen Recht nahegelegt, im Bereich der aktienrechtlichen Haftung an die Beweislast für den Kausalzusammenhang keine hohen Anforderungen zu stellen. Dies formuliert das schweizerische Bundesgericht in verschiedenen Entscheidungen[1] wie folgt: „Es ist nicht statthaft, einen strengen, absoluten Beweis des Kausalzusammenhangs zu fordern, sondern der Richter hat sich mit jener Gewißheit zufrieden zu geben, welche ihm die Erfahrung des Lebens verleiht und welche mit dem gewöhnlichen Lauf der Dinge rechnet".

[1]BGE, 47 II 293; 59 II 451; 76 II 319. Vgl. auch BGE 107 II 273.

KAPITEL IV

HAFTUNGSTATBESTÄNDE

I) Die Haftung des Vorstandsmitglieds in den Fällen des § 93 Abs. 3 AktG

1) Allgemeine Bemerkungen

Im Gegensatz zum Artikel 754 des alten sowie des revidierten schweizerischen Obligationenrechts beinhaltet § 93 Abs. 3 AktG neun besondere Tatbestände, die die Zuwiderhandlung gegen wichtigen Vorschriften des Aktiengesetzes enthalten, welche hauptsächlich der Sicherung und Erhaltung der Kapitalgrundlage und des Vermögensbestands der Aktiengesellschaft dienen.[1]

Für die Aktiengesellschaft ist die Kapitalgrundlage von besonderer Bedeutung. Grund dafür ist der Gläubigerschutz. Da im Gegensatz zu Personengesellschaften nur die Aktiengesellschaft als juristische Person, nicht aber die Aktionäre gegenüber den Gläubigern haften, stellt der Nennbetrag des Grundkapitals für sie quasi eine Art *Garantieziffer* dar. Solange die Gesellschaft Gewinn erzielt, geht normalerweise, d.h., falls der Gewinn nicht ausgeschüttet wird, der Wert des Gesellschaftsvermögens über den Betrag des Grundkapitals hinaus. Erleidet sie dagegen einen Verlust, so besteht grundsätzlich das Risiko, daß der Betrag des Grundkapitals dem Gesellschaftsvermögen entsprechend sinken und somit etwa die Rückzahlung der aufgenommenen Kredite in voller Höhe gefährdet werden kann. Der Gesetzgeber kann zwar durch die Vorschriften des § 93 Abs. 3 AktG den Eintritt der Verluste nicht verhindern, wohl aber verbietet er dadurch die grundlose Verringerung des Grundkapitals. Von daher bildet die Einhaltung dieser Vorschriften eine der entscheidendsten Aufgaben des Vorstands als Leitungsorgan sowie dessen Überwachung durch den Aufsichtsrat.

Im folgenden wird zuerst die rechtliche Bedeutung der Vorschriften des § 93 Abs. 3 AktG behandelt, anschließend summarisch auf die einzelnen Tatbestände des Abs. 3 eingegangen.

[1] Vgl. Schilling, § 93 Anm. 24 Großkomm.

2) Rechtliche Bedeutung der besonderen Tatbestände des § 93 Abs. 3 AktG

Angesichts der nicht eindeutigen Fassung des Abs. 3 des § 93 AktG zeigt sich insofern die Schwierigkeit, welche rechtliche Bedeutung diesen Vorschriften für die Haftung der Vorstandsmitglieder beizumessen ist. Das Gesetz enthält nämlich in Abs. 2 die Formulierung *„Vorstandsmitglieder .... sind .... z u m   E r s a t z   d e s .... S c h a d e n s .... verpflichtet“*, während es in Abs. 3 die Formulierung *„ Die Vorstandsmitglieder sind namentlich z u m   E r s a t z   verpflichtet ....“* innehat. Es ist hier also fraglich, wie der Begriff *„Ersatz“* im Abs. 3 zu verstehen ist.

Zu der Zeit, als das Aktiengesetz von 1937 noch in Kraft war, hat Cunio[1] dazu die Auffassung vertreten, daß es sich in den Fällen des Abs. 3 um keinen Schadenersatzanspruch gegen das Vorstandsmitglieds im Sinne des Abs. 2 handelt, sondern um einen Ersatzanspruch besonderer Art , indem er sich darauf beruft, daß in Abs. 2 und Abs. 3 verschiedene Ausdrücke gebraucht werden und mithin nicht das Gleiche gemeint sein dürfte. Nach ihm hat das Vorstandsmitglied aufgrund der Vorschrift des Abs. 3 die infolge seiner Verfehlung dem Gesellschaftsvermögen entgangene oder vorenthaltene Geldsumme an die Gesellschaft zu bezahlen, und zwar ohne Rücksicht darauf, ob der Gesellschaft ein meßbarer Schaden entstanden ist, denn es handelt sich bei allen Fällen des Abs. 3 durchwegs um bezifferbare Geldbeträge.

Für das heutige Aktiengesetz ist diese Auffassung überholt. Die Kommentatoren[2] sind zu Recht nahezu einheitlich der Ansicht, daß die in Abs. 3 aufgezählten Tatbestände keine vom Abs. 2 abweichende, selbständige Haftung begründen und nur eine Beweisregel beinhalten. Dies läßt sich durch folgende Leitsätze belegen:

Das Aktiengesetz stellt in Abs. 2 des § 93 den allgemeinen Haftungstatbestand (bzw. Grundtatbestand der Haftung) auf. Wie oben ausgeführt, haftet folglich ein Vorstandsmitglied der Gesellschaft gegenüber, wenn es durch sein schuldhaftes und pflichtwidriges Verhalten einen Schaden am Gesellschaftsvermögen verursacht und zwischen dem Verhalten und dem Schaden ein adäquater Kausalzusammenhang besteht. Dann liegt seine Haftung in der Verpflichtung zum Ersatz des daraus entstandenen Schadens. Hingegen zählt das Gesetz in Abs. 3 schwerwiegende Pflichtverletzungen beinhaltende Tatbestände

---

[1]Cunio, Ersatz, AG 1958 S. 63, 65.

[2]Vgl. Mertens, § 93 Anm. 87 Kölner Komm.; Hefermehl, § 93 Anm. 35 ff. Komm. AktG; Schilling, § 93 Anm. 27 Großkomm.; Baumbach-Hueck, § 93 Anm. 10 AktG Komm.; Hüffer, § 93 Anm. 22 AktienG.

auf, wobei es an den Abs. 2 also den Grundtatbestand anknüpft. Diese Anknüpfung an Abs. 2 folgt bereits aus der Einleitung des Abs. 3 anhand des Überleitungswortes „namentlich". Deswegen muß die Fassung vom Abs. 3 folgendermaßen interpretiert werden: Die Vorstandsmitglieder sind insbesondere im Falle des Vorliegens der unten aufgeführten Handlungen zum Ersatz des Schadens verpflichtet, wenn alle anderen Voraussetzungen der Haftung des Abs. 2, vor allem ein Schaden, vorhanden sind. Abgesehen von der Anknüpfung des Abs. 3 an Abs. 2 ergibt sich die Unvermeidbarkeit der Voraussetzung eines Schadens auch aus dem Umstand, daß die Gesellschaft ohne Schaden zur ungerechtfertigten Bereicherung kommt.

Die rechtliche Bedeutung der besonderen Tatbestände des Abs. 3 für die Haftung der Vorstandsmitglieder liegt vor allem auf dem beweisrechtlichen Gebiet. Hier spricht nämlich das Gesetz die Vermutung aus, daß der Gesellschaft durch das Vornehmen der in Abs. 3 aufgeführten Handlungen ein Schaden in Höhe des entzogenen oder vorenthaltenen Betrages entstanden ist.[1] Daraus folgt also, daß die Beweislast hinsichtlich des Schadens gesetzlich umgekehrt wird. Demnach kann sich der in Anspruch Genommene dadurch enthaften, daß er darlegt und beweist, „daß eine Schädigung der Gesellschaft als Folge der Pflichtverletzung überhaupt nicht möglich ist, weil der zu Unrecht entzogene oder vorenthaltene Betrag oder doch wenigstens ein ihn ausgleichender Wert auf andere Weise endgültig in das Gesellschaftsvermögen gelangt ist."[2] Insofern liegt beispielsweise kein Schaden vor, wenn im Falle der Nr. 3 die erworbenen eigenen Aktien weiterverkauft werden. Dagegen kann sich der in Anspruch Genommene der Haftung nicht durch den Nachweis entziehen, der Gesellschaft sei infolge der Pflichtverletzung bisher kein Schaden entstanden, wie z.B. im Falle der Nr. 4, weil die der Gesellschaft noch verbliebene Einlageforderung vollwertig ist.[3]

Ist dagegen ein Schaden, der über den entzogenen oder vorenthaltenen Betrag hinausgeht, entstanden, so kann die Gesellschaft auch den Ersatz dieses Schadens aufgrund des Abs. 3 verlangen.[4] Dafür ist aber die Gesellschaft beweispflichtig.[1]

---

[1] RGZ 159, 211, 230; Hefermehl, § 93 Anm. 36 Komm. AktG; Schilling, § 93 Anm. 27; Mertens § 93 Anm. 96 Kölner Komm.; Baumbach-Hueck, § 93 Anm. 10 AktG Komm.; Hüffer, § 93 Anm. 22 AktienG.

[2] RGZ 159, 211, 230.

[3] RGZ 159, 211, 230

[4] Schilling, § 93 Anm. 28 Großkomm.; Mertens, § 93 Anm. 96 Kölner Komm.; Hefermehl, § 93 Anm. 46 Komm. AktG; Hüffer, § 93 Anm. 22 AktienG. Zum gegenteiligen Standpunkt vgl. RGZ 159, 211, 231.

Neben dieser beweisrechtlichen Bedeutung kommt den besonderen Tatbeständen des Abs. 3 auch eine materiellrechtliche Bedeutung für die Haftung der Vorstandsmitglieder den Gläubigern gegenüber zu. Diese läßt sich aus dem klaren Wortlaut des Abs. 5 Satz 2 ableiten. Demnach haften die Vorstandsmitglieder gegenüber den Gläubigern in den Fällen des Abs. 3 schon bei leichter Fahrlässigkeit, während sie in allen anderen Ersatzfällen durch die Gläubiger nur bei gröblicher Verletzung ihrer Sorgfaltspflicht in Anspruch genommen werden können.

3) Die einzelnen Tatbestände des § 93 Abs. 3 AktG

Wie bereits erwähnt, zählt § 93 Abs. 3 AktG eine Reihe von besonderen Tatbeständen auf, die die Zuwiderhandlung gegen besonders wichtige Vorschriften des Aktiengesetzes beinhalten, die in erster Linie der Sicherung der Kapitalgrundlage und des Vermögensbestands der Gesellschaft dienen. Diese Aufzählung ist jedoch enumerativ. Im folgenden werden wegen ihr besonderen Wichtigkeit die Tatbestände in Nr. 1 und Nr. 2 etwas ausführlicher als die anderen behandelt.

a) Nr. 1: Einlagenrückgewähr an die Aktionäre

Das Aktiengesetz sanktioniert hier in erster Linie die Verletzung des Verbots der Einlagenrückgewähr an die Aktionäre in § 57 Abs. 1 AktG.[2] Die Regelung des § 93 Abs. 3 Nr. 1 AktG sowie des § 57 AktG bezweckt vor allem die Verhinderung der Verletzung des Grundsatzes der Erhaltung des Grundkapitals und dadurch unmittelbar den Schutz der Interessen der Gesellschaftsgläubiger und der Aktionäre. Aus diesem Grund darf die Vorschrift des § 57 AktG weder anhand der statutarischen Bestimmung noch der vertraglichen Vereinbarung aufgehoben oder eingeschränkt werden.

Die Frage, was unter dem Begriff der rückgewährten Einlage zu verstehen ist, wird in der Lehre nicht einheitlich beantwortet. Nach heute wohl herrschender Lehre fällt aber unter diesen Begriff nicht bloß die ursprünglich von Aktionär oder Dritten geleistete Einlage (z.B. Sacheinlage), sondern es handelt sich um jede von der Gesellschaft an alle oder einen Aktionär aufgrund der Mitgliedschaft erbrachte Leistung, welche der ordnungsgemäßen

---

[1]Godin-Wilhelmi, § 93 Anm. 11 Aktiengesetz; Schilling, § 93 Anm. 28 Großkomm.; Hefermehl, § 93 Anm. 46 Komm. AktG.

[2]Vgl. Schilling, § 93 Anm. 26 Großkomm.; Mertens, § 93 Anm. 88 Kölner Komm.; Hefermehl, § 93 Anm. 38 Komm. AktG; Wiesner, § 26 Anm. 21 S. 223 Münchener.

Verteilung des Bilanzgewinns oder des Gewinnabschlags gem. § 59 AktG nicht entspricht.[1]

Die Einlage kann den Aktionären in zwei Formen zurückgewährt werden, entweder offen oder verdeckt. Da die offene Rückgewähr der Einlage verboten ist, ist diese jedoch in der Praxis sehr selten. Für die offene Rückgewähr kommen insbesondere Fälle wie etwa die Zahlung von Dividenden ohne Verteilungsbeschluß[2] gem. § 174 AktG, die Zahlung an Aktionäre, damit sie auf Geltendmachung des Anfechtungsrechts verzichten[3] oder aber Vorauszahlung auf Dividenden[4] außerhalb von § 59 AktG sowie Gratifikationen und Boni für langjährige Aktionäre[5] außerhalb von §§ 58 und 60 AktG in Betracht.

Dagegen kommen im Wirtschaftsleben öfters Fälle von verdeckten Einlagenrückgewährungen vor, und zwar in der Weise, daß die Gesellschaft, vertreten durch den Vorstand, einem Aktionär durch ein Umsatzgeschäft getarnt eine Zuwendung gewährt. Prinzipiell ist zwar das Umsatzgeschäft zwischen Aktiengesellschaft und Aktionären zulässig, soweit die Aktionäre tatsächlich wie ein Dritter behandelt werden[6],d.h. das Geschäft nicht angesichts der Aktionärseigenschaft positiv beeinflußt wird. Für ein solches zulässiges Umsatzgeschäft ist also charakteristisch, daß die Leistung der Aktiengesellschaft durch die Gegenleistung des Aktionärs kompensiert wird, der Aktionär also seine Leistung wie ein Dritter erbringt.

Dagegen ist die Rechtslage anders, wenn bei einem Umsatzgeschäft mit dem Aktionär als Begünstigtem zwischen Leistung und Gegenleistung ein objektives Mißverhältnis besteht. Hier spricht man von der verbotenen verdeckten Rückgewährung der Einlagen. Dieses objektive Mißverhältnis bildet also das Kriterium für eine verdeckte Rückgewährung[7], wobei dessen Vorhandensein in der Praxis nicht immer leicht festzulegen ist. Hierzu sind

---

[1]Vgl. Wiesner, § 16 Anm. 34 S. 106 Münchener; Lutter, § 57 Anm. 5 Kölner Komm.; Bungeroth § 57 Anm. 4 Komm. AktG; Hüffer, § 57 Anm. 2, 3 AktienG, Barz. § 57 Anm. 3 Großkomm. Vgl. auch OLG Koblenz, AG 1977 S. 231, 232; OLG Hamburg, AG 1980 S. 275, 278.

[2]Lutter, § 57 Anm. 14 Kölner Komm.

[3]Hüffer, § 57 Anm. 5 AktienG; Wiesner, § 16 Anm. 34 S. 106 Münchener.

[4]Lutter, § 57 Anm. 14 Kölner Komm.; Hüffer, § 57 Anm. 3 AktienG.

[5]Wiesner, § 16 Anm 35 S. 107 Münchener; Bungeroth, § 57 Anm. 10 Komm. AktG.

[6]Luttor, § 57 Anm. 15 Kölner Komm.

[7]Vgl. BGH, WM 1987 S. 348, 349; Mestmäcker, Verwaltung S. 233; Lutter, § 57 Anm. 16 Kölner Komm.; Hüffer, § 57 Anm. 11 AktienG.

jedoch aus der Gerichtspraxis einige typische Beispiele zu nennen: Veräußerung von Geschäftsanteilen, deren tatsächlicher Wert in Höhe von 9, 74 Mio. DM begutachtet wird, an Gesellschafter für 6,9 Mio. DM [1], Übernahme der Leistungen für Bauwesen zu einem nicht dem Kosten entsprechenden Preis[2], Bürgschaften oder andere Sicherheiten zugunsten eines Aktionärs[3], zinslose oder sehr niedrig verzinsliche Darlehen oder Darlehen ohne Sicherung etc.

Für die Haftung der Vorstandsmitglieder ist es dabei gleichgültig, ob die Rückgewähr der Einlagen an Aktionäre in offener oder verdeckter Form vorgenommen, bzw. Geld oder Sacheinlagen zurückgewährt werden.

Unter den Anwendungsbereich des § 93 Abs. 3 Nr. 1 AktG fällt auch das Verbot von Zahlungen der Beträge, die aus der Auflösung der Kapital- oder Gewinnrücklagen und aus Kapitalherabsetzungen gewonnen werden (gem. § 230 AktG).

b) Nr. 2: Zahlung an Aktionäre, Zinsen oder Gewinnanteile

Unter Nr. 2 fallen die Vorschriften der §§ 57, 60, 233 AktG über das Verbot der Verzinsung der Einlage, Gewinnverteilung und Gewinnausschüttung.[4]

aa) Zahlung der Zinsen

Das Aktiengesetz schreibt in § 57 Abs. 2 vor, daß den Aktionären Zinsen weder zugesagt noch ausgezahlt werden dürfen. Wie sich aus den obigen Ausführungen leicht ergibt, konkretisiert diese Vorschrift für einen Spezialfall das Verbot der Einlagenrückgewähr in § 57 Abs. 1 AktG. Unter Zinsen ist die laufende und in einer bestimmten oder bestimmbaren Höhe gemachte Zahlung auf geleistete oder noch zu leistende Einlagen zu verstehen.[5] Dabei kommt es nicht darauf an, ob Bilanzgewinn vorhanden ist.[6]

---

[1]OLG Karlsruhe, WM 1984 S. 656 ff.

[2]BGH, NJW 1987 S. 1194, 1195.

[3]RG JW 1930, S. 3730 ff.; OLG Koblenz, AG 1980 S. 275.

[4]Vgl. Mertens, § 93 Anm. 89 Kölner Komm.; Hefermehl, § 93 Anm. 39a. Komm. AktG.

[5]Lutter, § 57 Anm. 49 Kölner Komm.

[6]Lutter, § 57 Anm. 48 Kölner Komm.; Hüffer, § 57 Anm. 21 AktienG.

Das Verzinsungsverbot des Abs. 2 umfaßt sowohl die geleistete als auch die versprochene Verzinsung der Einlage. Die Logik dieses Verbots ergibt sich aus der Tatsache, daß die Einlage nicht als Darlehen im Sinne des Fremdkapitals für die AG zu qualifizieren ist.

bb) Zahlung der Gewinnanteile

Die Zahlungen der Gewinnanteile sind in den Vorschriften von §§ 60 und 233 AktG geregelt.

Das Aktiengesetz erteilt in Abs. 1 und 2 des § 60 dem für die Verteilung kompetenten Vorstand den gesetzlichen „Gewinnverteilungsschlüssel"[1]. Abs. 1 stellt insoweit den Grundsatz auf. Demnach bestimmen sich die Anteile der Aktionäre am Gewinn nach dem Verhältnis der Aktiennennbeträge, falls die Einlagen auf das Grundkapital bezüglich aller Aktien in dem selben Verhältnis zu den Aktiennennbeträgen geleistet sind. Hierzu setzt also das Gesetz nicht voraus, daß alle Einlagen auf das Grundkapital voll einbezahlt sind, sondern geht eher davon aus, daß die Leistungen nach Zeitpunkt und Höhe verhältnismäßig übereinstimmen, so z.B. daß alle Aktionäre zum selben Stichtag 50 % des Nennbetrags einzahlen.

§ 60 Abs. 2 AktG regelt dagegen den Ausnahmefall. Demnach beziehen die Aktionäre eine Vorzugsdividende, die 4 % der geleisteten Einlagen beträgt, wenn die Regelung des Abs. 1 nicht anwendbar ist, also wenn die Einlagen auf das Grundkapital nicht auf alle im selben Verhältnis geleistet sind. Reicht der Gewinn aber dazu nicht aus, so erhalten sie eine Dividende nach dem niedrigeren entsprechenden Satz.

§ 60 Abs. 3 AktG bestimmt, daß durch die Satzung hierzu eine abweichende Regelung getroffen werden darf. Angesichts dieses nachgiebigen Charakters des § 60 AktG erfolgen die Bestimmungen über die Gewinnverteilung überwiegend in der Satzung und deswegen kommt diesem gesetzlichen Gewinnverteilungsschlüssel keine große praktische Bedeutung zu.[2]

Neben § 60 AktG kommt auch noch § 233 AktG hinsichtlich der Gewinnverteilung in Betracht. § 233 AktG bildet eine wichtige Gläubigerschutzvorschrift und läßt die Gewinnausschüttung nur zu, wenn die gesetzliche Rücklage und Kapitalrücklage zusammen 10 % des Grundkapitals erreicht haben (§ 233 Abs. 1 AktG). Wird die Quote bereits in den ers-

---

[1]Hüffer, § 60 Anm. 1 AktienG; Barz, § 60 Anm. 1 Großkomm.

[2]Vgl. Barz, § 60 Anm. 1 Großkomm.

ten zwei Geschäftsjahren nach der Kapitalherabsetzung erreicht, so kommt zusätzlich § 233 Abs. 2 AktG in Anwendung, der die Höhe der Gewinnausschüttung auf 4 % beschränkt. Daneben bestimmt § 233 Abs. 3 AktG, daß die im Rahmen der Kapitalherabsetzung gewonnenen Beträge nicht als Gewinn ausgeschüttet werden dürfen.

c) Nr. 3: Erwerb, Inpfandnahme oder Einziehung eigener Aktien der Gesellschaft oder solcher einer von ihr abhängigen Gesellschaft

Die hier bekräftigte Ersatzpflicht bezieht sich auf §§ 56, 71-71e, 237-239 AktG. Unter diese Vorschriften fällt auch der Erwerb von Zwischenscheinen.

Durch den Erwerb von eigenen Aktien wird die Gesellschaft nur geschädigt, wenn der schuldrechtliche Vertrag für sie rechtsverbindlich ist. Bei Unverbindlichkeit dieses schuldrechtlichen Vertrags entsteht der Gesellschaftsschaden erst durch die Zahlung der Gegenleistung.[1]

d) Nr. 4: Ausgabe von Inhaberaktien (Aktienurkunden) vor erfolgter voller Leistung der Einlage (§ 10 Abs. 2 AktG)

Dies ist auch der Fall, wenn eine gem. § 27 Abs. 2 AktG unwirksame Sacheinlage statt der Einzahlung des Nennbetrags oder des höheren Ausgabebetrages der Aktie geleistet wird.[2]

e) Nr. 5: Verteilung von Gesellschaftsvermögen

Nach deutschem Aktiengesetz darf die Verteilung des Gesellschaftsvermögens nur in gesetzlich vorgesehenen, bestimmten Fällen erfolgen. In diesem Zusammenhang kommen hier folgende zwei Fällen in Betracht: die Abwicklung nach erfolgter Auflösung (§§ 271, 272 AktG) oder Kapitalherabsetzung (§§ 225 Abs. 2, 233 Abs. 3, 237 Abs. 2, 230 AktG).

f) Nr. 6: Zahlungen nach dem Eintritt der Zahlungsunfähigkeit oder Überschuldung der Gesellschaft

Die hier bekräftigte Ersatzpflicht bezieht sich auf das Verbot in § 92 Abs. 3 AktG.

---

[1]Vgl. Hefermehl, § 93 Anm. 39b Komm. AktG; Schilling, § 93 Anm. 26 Großkomm.

[2]Hefermehl, § 93 Anm. 40 Komm. AktG.

g) Nr. 7: Gewährung von Vergütungen an Aufsichtsratsmitglieder

Die hier geregelte Ersatzpflicht fand sich nicht in § 84 Abs. 3 AktG von 1937. Sie bezieht sich sowohl auf die entgegen § 113 AktG geleisteten als auch auf die entgegen § 114 AktG geleisteten Vergütungen.

h) Nr. 8: Unzulässige Gewährung von Krediten

Die hier geregelte Ersatzpflicht bezieht sich auf die Verletzung des § 89 AktG, also der Vorschrift über die Beschränkung der Kreditgewährung an Vorstandsmitglieder und leitende Angestellte wie auch an Aufsichtsratsmitglieder nach § 115 AktG.

i) Nr. 9: Ausgabe von Bezugsaktien bei der bedingten Kapitalerhöhung außerhalb des festgesetzten Zwecks oder vor der vollen Leistung des Gegenwerts

Diese Ersatzpflicht bezieht sich auf § 199 AktG.

II) Haftung des Verwaltungsratsmitglieds in den Fällen des Art. 336 Abs. 1 Nr. 1-4 THGB

1) Allgemeine Bemerkungen

Das türkische Handelsgesetzbuch regelt die Haftung der Verwaltungsratsmitglieder gesetzestechnisch anders als das deutsche Aktiengesetz, nicht in einem Artikel, sondern, wie im schweizerischen Obligationenrecht, auf eine Reihe von Artikeln verteilt in Art. 336-341. Diese Vorschriften bilden „allgemeine Regeln über die Haftung der Verwaltungsratsmitglieder". Abgesehen von diesen allgemeinen Regeln enthält das THGB noch einige Vorschriften, welche die Haftung der Verwaltungsmitglieder in besonderen Fällen verankern, nämlich: Art. 332 THGB (Teilnahmeverbot des Verwaltungsratsmitglieds an Beratungen), Art. 334 THGB (Verbot von Geschäften mit der Gesellschaft) und Art. 335 THGB (Wettbewerbsverbot).

Unter diesen allgemeinen Haftungsregeln stellt Art. 336 THGB die „Grundnorm der Haftung" dar. Dieser Artikel enthält im ersten Satz eine eigenartige Bestimmung, der weder im schweizerischen noch im aktuellen deutschen[1] oder in einem anderen zum romanisch-

[1]Dagegen fand sich in Art. 241 Abs. 1 ADHGB die folgende Bestimmung: „Die Mitglieder des Vorstandes sind aus den von ihnen im Namen der Gesellschaft vorgenommenen Rechtshandlungen Dritten gegenüber für die Verbindlichkeiten der Gesellschaft persönlich nicht verpflichtet.

germanischen System gehörenden nationalen Recht zu begegnen ist. Er schreibt hierzu vor, daß die Verwaltungsratsmitglieder für die Verträge und Geschäfte, welche sie im Namen der Gesellschaft abgeschlossen haben, persönlich nicht verantwortlich gemacht werden. Was der Gesetzgeber mit dieser Bestimmung bezweckt hat, ist allerdings nicht leicht herauszufinden. Es ist ja letztendlich, wie bei allen anderen juristischen Personen, so auch bei der Aktiengesellschaft, selbstverständlich, daß die von Organpersonen (bzw. Organwaltern) im Rahmen ihres Kompetenzbereiches vorgenommenen Handlungen und Willenserklärungen zuerst dem Organ und dann der Aktiengesellschaft rechtstechnisch zugerechnet werden. Sie gelten also als solche der Gesellschaft.

Hierzu leitet Domanic[1] den Zweck des Gesetzgebers aus historischen Umständen ab. Nach ihm wollte der Gesetzgeber damit betonen, daß sich die Rechtslage der Verwaltungsratsmitglieder der AG hinsichtlich der Haftung wegen Geschäften und Verträgen im Gegensatz zur mittelalterlichen sogenannten „Commenda“ Gesellschaft, bei der der Verwalter (Commendator) für die im Namen der Gesellschaft abgeschlossenen Geschäfte persönlich haftet, geändert hat.

2) Rechtliche Bedeutung der besonderen Tatbestände des Art. 336 Abs. 1 Nr. 1-4 THGB für die Haftung der Verwaltungsratsmitglieder

Wie oben bereits dargelegt, stellt das THGB in Abs. 1 des Art. 336 besondere Tatbestände der Haftung auf. Dagegen ist der Grundtatbestand der Haftung gesetzes-technisch fehlerhaft in Nr. 5 verankert. Deswegen muß die Vorschrift der Nr. 5 in Verbindung mit Abs. 1 S. 2 des Art. 336 THGB folgendermaßen verstanden werden[2]: „Die Verwaltungsratsmitglieder haften sowohl der Gesellschaft wie auch den einzelnen Aktionären und Gesellschaftsgläubigern gegenüber als Gesamtschuldner für den Schaden, den sie durch vorsätzliche oder fahrlässige Verletzung der ihnen von Gesetz oder Satzung zugewiesenen Pflichten verursacht haben. Die Verwaltungsratsmitglieder sind insbesondere gesamtschuldnerisch verantwortlich:

1. wenn die von den Aktionären auf die Aktienbeträge geleisteten Zahlungen nicht in Ordnung sind;

2. wenn die verteilten und gezahlten Gewinnanteile nicht echt sind;

[1] Domanic, Serh S. 656.

[2] So auch Domanic, Serh S. 655.

3. wenn die gesetzlich zu führenden Bücher nicht vorhanden oder unordentlich geführt sind;

4. wenn die Beschlüsse der Generalversammlung ohne - gerechtfertigten - Grund nicht ausgeführt sind.

Zu der Frage, welche rechtliche Bedeutung dem Katalog dieser besonderen Fälle in Nr. 1-4 zukommt, sind sich die Autoren in der türkischen Literatur nicht einig. Wie oben ausgeführt, meinen manche, es handele sich bei diesen Fällen um ein anderes Haftungssystem, und zwar eine Haftung ohne Verschulden.[1]

Eine weitere Ansicht[2] in der Literatur behauptet, ausgehend von der Vorschrift des Art. 336 Abs. 2 THGB, welche bestimmt, daß nur das in Frage kommende Verwaltungsratsmitglied haftet, ohne daß die gesamtschuldnerische Haftung noch eine Rolle spielt, wenn eine der in den Nr. 5 erwähnten Pflichten gem. Art. 319 THGB einem Verwaltungsratsmitglied übertragen worden ist, daß die rechtliche Bedeutung in den in Art 336 Abs. 1 Nr. 1-4 THGB erwähnten Fällen darin liegt, daß sie einen Katalog der Pflichten beinhalten, die einem Verwaltungsmitglied nicht übertragen werden dürfen.

Diese Ansicht begegnet aber m. E. rechtlichen und praktischen Bedenken: Helvaci[3] weist mit Recht darauf hin, daß sich vor allem die undelegierbaren Pflichten des Verwaltungsrats nicht mit den in Nr. 1-4 erwähnten erschöpfen. Das Handelsgesetz enthält auch an anderer Stellen die Bestimmungen über undelegierbare Pflichten. Insoweit kommen nach allgemein anerkannter Lehre beispielsweise in Frage: Art. 324 THGB (Mitteilungspflicht bei der Verschlechterung der finanziellen Lage der Gesellschaft), Art. 365 THGB (Pflicht zur Einladung der Generalversammlung zur ordentlichen Tagung) oder Art. 381 THGB (Pflicht zur Anfechtungsklage über GV-Beschlüsse).

Ungeachtet dieser Tatsache sind alle in Nr. 1-4 erwähnten Pflichten doch nicht als undelegierbar zu qualifizieren. In diesem Zusammenhang ist die Buchführungspflicht vornehmlich hervorzuheben. In einer großen Aktiengesellschaft, deren Aktien an der Börse notiert sind, ist beispielsweise dem dreiköpfigen Verwaltungsrat nicht zuzumuten, die gesetzlich erforderlichen Bücher persönlich zu führen. Sie sind quasi gezwungen, diese Verpflich-

---

[1]Vgl. unter Kapitel III, I, 2, c, „bb) Im türkischen Recht: Haftung ohne Verschulden bei der Verletzung der in Art. 336 Abs. 1 Nr. 1-4 THGB niedergelegten Pflichten ?".

[2]Vgl. z.B. Camoglu, Doz. S. 42.

[3]Helvaci, Diss. S. 39.

tung in Ermangelung der nötigen Zeit oder der spezifischen Kenntnissen etc. an die Technokraten zu delegieren.

M.E. liegt die rechtliche Bedeutung des Art. 336 Abs. 1 Nr. 1-4 THGB nur darin, daß der Gesetzgeber hier *enumerativ* eine Anzahl besonderer Fälle, die schwere Verstöße gegen die wesentlichsten Pflichten des Verwaltungsrats beinhalten, hervorgehoben hat[1]. Im Gegensatz zu § 93 Abs. 3 AktG dienen diese Pflichten „nicht ausnahmslos" der Sicherung der Kapitalgrundlage und des Vermögensbestandes. Zu diesem Zweck dient lediglich die Vorschrift des Art. 336 Abs. 1 Nr. 2 THGB. Sie stimmt in auffälliger Weise mit der Vorschrift des § 93 Abs. 3 Nr. 2 AktG überein. Dagegen bezweckt die Vorschrift des Art. 336 Abs. 1 Nr. 1 THGB die Verwirklichung eines anderen Grundsatzes des Aktienrechts, nämlich des Grundsatzes der Kapitalaufbringung. Die Ursache dieses Grundsatzes liegt auch im Gläubigerschutz.

Die Nr. 3 schreibt hingegen einen Fall nieder, der die Zuwiderhandlung gegen eine öffentlich-rechtliche Pflicht des Verwaltungsrats, und zwar die Buchführungspflicht, enthält. Gemäß Art. 67 THGB hat die Aktiengesellschaft als Kaufmann mit Rechtspersönlichkeit (Art. 18 THGB) dafür zu sorgen, daß ihre sämtlichen gesetzlich zu führenden Bücher auch tatsächlich geführt werden. Diese Pflicht wird in Art. 325 und 326 THGB ausdrücklich dem Verwaltungsrat auferlegt und der Verstoß hiergegen in Art. 336 Abs. 1 Nr. 3 THGB zusätzlich erwähnt. Die Frage, warum die Zuwiderhandlung gegen die Buchführungspflicht in die besonderen Fällen des Art. 336 Abs. 1 Nr. 1-4 THGB miteinbezogen ist, läßt sich möglicherweise damit beantworten, daß die gehörigerweise geführten Bücher ein wesentliches Beweismittel darstellen. Das Vorhandensein eines Gesellschaftsschadens läßt sich häufig aus ordentlich geführten Büchern feststellen.

Ein weiterer Beweggrund für die besondere Normierung der Zuwiderhandlung gegen die Buchführungspflicht in Art. 336 Abs. 1 Nr. 1-4 THGB könnte wohl in einer anderen bedeutenden Funktion der ordnungsgemäß geführten Bücher für die Gesellschaft liegen, nämlich die aus den allgemeinen handelsrechtlichen Vorschriften für Kaufleute folgenden Beweisfunktion der ordentlichen Bücher zugunsten des zur Führung Verpflichteten.[2] Insofern können laut Art. 85 THGB die ordnungsmäßig geführten und sich deckenden Bücher als Beweismittel (Urkunde) zugunsten des zur Führung Verpflichteten verwendet werden.

---

[1]Vgl. Helvaci, Diss. S. 38.

[2]Camoglu, Doz. S. 43 ff.; Atan, Diss. S. 109; Mimaroglu, Diss. S. 59; Helvaci, Diss. S. 43.

Demgegenüber können laut Art. 1465 THGB die Einträge in den tatsächlich geführten Büchern nur gegen den Verpflichteten als Beweismittel verwendet werden, wenn alle erforderlichen Bücher nicht geführt sind.[1] Der Gesetzgeber hat also mit der Normierung der Verletzung -und deren Sanktion - der Buchführungspflicht in Art. 336 Abs. 1 Nr. 3 THGB diese wichtige Beweisfunktion der ordentlich geführten Bücher zugunsten der Gesellschaft noch einmal unterstrichen.[2]

Schließlich normiert Art. 336 Abs. 1 Nr. 4 THGB die Zuwiderhandlung gegen die Pflicht zur Ausführung der Generalversammlungsbeschlüsse ohne Grund. Da die Generalversammlung ein reines Innenorgan ist, das nach außen kaum in Erscheinung tritt, hat der Verwaltungsrat als Exekutivorgan der Aktiengesellschaft die Ausführung von deren Beschlüssen vorzunehmen.[3] In dieser Hinsicht ist also die Generalversammlung auf den Verwaltungsrat gewissermaßen angewiesen. Um die willkürliche Nichtausführung der GV-Beschlüsse aufgrund der Abhängigkeit der Generalversammlung zu verhindern, hat das Gesetz wohl die Zuwiderhandlung gegen diese Pflicht in den besonderen Fällen eingeschlossen.

Aufgrund dieser Ausführungen sei zusammenfassend folgendes festgehalten: Das Gesetz zählt in Art. 336 Abs. 1 Nr. 1-4 THGB eine Reihe von besonderen Haftungstatbeständen auf. Diese Aufzählung erfolgt aber gewiß „nicht erschöpfend". Allen diesen Tatbeständen ist jedoch gemeinsam, daß sie einen „groben Verstoß" gegen verschiedene „unentbehrliche Verwaltungsratspflichten" enthalten, denen wichtige Grundsätze des Aktienrechts zugrundeliegen oder deren Einhaltung in beweisrechtlicher Hinsichten von besonderer Bedeutung ist. Anders als im deutschen Aktienrecht kann somit nicht allgemein gesagt werden, es handle sich bei diesen besonderen Tatbeständen der Haftung um eine gesetzliche Vermutung für den Gesellschaftsschaden. Man könnte jedoch meinen, daß mit Eintritt der Zuwiderhandlung in Nr. 1 und Nr. 2 ein Schaden in Höhe des entzogenen oder vorenthaltenen Betrags als entstanden vermutet wird. Diese Zuwiderhandlungen führen nämlich nach gewöhnlichem Lauf der Dinge und der Lebenserfahrung zu einer Schädi-

---

[1]Vgl. Art. 304 TZPG (HUMK).

[2]Die diesbezügliche Beweisfunktion der ordentlich (bzw. unordentlich) geführten Bücher kommt in der Praxis besonders bei Klagen zwischen Gesellschaften und den Finanzämtern wegen Steuerhinterziehung oder aus dem Verzug der Gesellschaft wegen Steuerschulden zu. Vgl. Domanic, Serh S. 662.

[3]Diese Beschlußführungspflicht ist - im Gegensatz zum türkischen Recht - in der Schweiz in Art. 716 a Abs. 1 Nr. 6 OR (Art. 722 Abs. 2 Satz 1 aOR) ausdrücklich geregelt. Sie bildet eine Konkretisierung der Hauptpflicht „Verwaltung und Vertretung der Gesellschaft".

gung der Gesellschaft. In diesem Fall hätte das in Anspruch genommene Mitglied die Beweislast, daß ein Schaden nicht eingetreten ist.

Allen diesen besonderen Fällen des Art. 336 Abs. 1 Nr. 1-4 THGB ist auch gemeinsam, daß aufgrund der Bestimmung des Abs. 2 die gesamtschuldnerische Haftung fortdauert, auch wenn die Erfüllung dieser aufgeführten Pflichten gem. Art. 319 THGB auf ein Mitglied des Verwaltungsrates übertragen worden ist. Diese Bestimmung indiziert auch, daß der Gesetzgeber auf diese Pflichten angesichts ihrer wesentlichen Funktionen einen besonderen Wert legt.

3) Die einzelnen Fälle des Abs. 1 des Art. 336 THGB

a) Nr. 1: Unrichtigkeit der von den Aktionären auf die Aktienbeträge geleisteten Zahlungen

Im türkischen Aktienrecht ist es umstritten, was mit „der von Aktionären auf die Aktienbeträge (Nennbetrag) geleisteten Zahlungen" gemeint ist. Ein Autor der einschlägigen Fachliteratur äußert die Meinung, daß damit sowohl gem. Art. 285 THGB das am Anfang auf jede Aktie einzuzahlende Viertel des Aktienbetrages als auch die gem. Art. 279 Abs. 2 Nr. 3 THGB später zu leistende Restzahlung des Aktienbetrages gemeint ist.[1] Die heute wohl herrschende Lehre nimmt aber zu Recht an, daß mit dieser Formulierung nur die „nachträglich zu leistende Restzahlung" ausgedrückt ist.[2] Die Haftung der Verwaltungsratsmitglieder (Gründungsmitglieder) für das am Anfang einzuzahlende Viertel des Aktienbetrages ist nämlich in Art. 306 THGB gesondert geregelt.

Nach der Veränderung des Art. 285 THGB durch die Verordnung der Regierung mit Gesetzeskraft[3] (in Amtsblatt Nr. 22326 vom 27. 06. 1995) verliert diese Frage ohnehin an Aktualität. Art. 6 dieser Verordnung hebt nämlich die Verpflichtung des Aktionärs zur anfänglichen Zahlung des Viertels des Aktienbetrags auf. Deswegen kommt nur noch die nachträglich zu leistende Restzahlung in Betracht.

---

[1]Mimaroglu, Diss. S. 50.

[2]Domanic, Serh S. 657; Helvaci, Diss. S. 40.

[3]Art. 6 der Verordnung der Regierung mit Gesetzeskraft bezüglich der Veränderung mancher Bestimmungen des THGB. (Türk Ticaret Kanununun Bazi Hükümlerinde Degisiklik Yapilmasina Dair Kararname) verändert den Art. 285 Abs. I THGB.

Die Einzahlungspflicht stellt die Hauptpflicht des Aktionärs als Verbandsmitglied dar.[1] Anders als bei Personengesellschaften haften die Aktionäre für Gesellschaftsschulden nur mit dieser von ihnen auf den Aktienbetrag geleisteten Einlage. Diese beschränkte Haftung aller Aktionäre bildet das Hauptcharakteristikum der AG. Dagegen haftet die AG bekanntlich dem Gläubiger gegenüber mit dem dem Grundkapital gleichkommenden Gesellschaftsvermögen, welches sich grundsätzlich aus den von der Aktionären geleisteten Einlagen zusammensetzt. Der Nennbetrag des Grundkapitals bildet hier also für die Gesellschaftsgläubiger quasi eine Garantieziffer. Deswegen sucht das Gesetz mit der Regelung in Art. 336 Abs.1 Nr. 1 THGB, die volle Aufbringung des Grundkapitals durch die Aktionäre zu gewähren und somit zugleich die Forderungen der Gläubiger der Gesellschaft unmittelbar zu sichern, indem es den Verwaltungsratsmitgliedern die Verpflichtung auferlegt, dafür zu sorgen, daß die von den Aktionären auf die Aktienbeträge geleisteten Zahlungen der Wahrheit entsprechend und zum rechtzeitigen Termin erfolgen.[2]

Unter den Begriff „Unrichtigkeit der von den Aktionären auf die Aktienbeträge geleisteten Zahlungen" fallen folgende vier Fallmöglichkeiten:

1. Die Zahlung erfolgt nur zum Schein

2. Die Zahlung erfolgt etwa angesichts der Kalkulationsfehler nicht der Wahrheit entsprechend

3. Die Zahlung erfolgt zuerst zum Schein, später wahrhaftig

4. Die Zahlung erfolgt nicht zum vereinbarten Termin.

In den ersten zwei Fällen besteht der Schaden in der der Gesellschaft vorenthaltenen Summe, wobei es nicht auszuschließen ist, daß ein darüber hinausgehender Schaden in Betracht kommen kann, welcher auch vom in Anspruch genommenen Verwaltungsratsmitglied ersetzt werden muß. In den letzten zwei Fällen sind dagegen die Verwaltungsratsmitglieder gem. Art. 407 THGB verpflichtet, von den Aktionären, die ihre Einzahlungspflicht nicht bei Fälligkeit erfüllten, die Zahlung von Verzugszinsen einzufordern. Kommen sie dieser Pflicht nicht nach, so entsteht ein Schaden in Höhe der nicht gezahlten Ver-

---

[1]Die Gesellschaft kann diese Pflicht nicht erlassen. Vgl. BGE, 48 II 393.

[2]Diese Regelung bezweckt beiläufig die Verwirklichung eines auch im türkisch-schweizerischen System seit langem anerkannten Rechtsgrundsatzes, und zwar des Gleichbehandlungsgrundsatzes.

zugszinsen am Gesellschaftsvermögen. Auch diesen Schaden haben die Verwaltungsratsmitglieder aufgrund des Art. 336 Abs. 1 Nr. 1 THGB zu ersetzen.[1]

b) Nr. 2: Fehlerhaftigkeit (Unechtheit) der verteilten und gezahlten Gewinnanteile

Diese Norm bezweckt in erster Linie die Verwirklichung eine der wichtigsten Grundsätze des Aktienrechts, nämlich des *Grundsatzes der Erhaltung des Grundkapitals*[2], dem hauptsächlich der Schutz der Interessen der Gesellschaftsgläubiger zugrunde liegt. Des weiteren dient sie der Wahrung des Gleichbehandlungsgrundsatzes, wonach die Aktionäre unter gleichen Umständen gleich zu behandeln sind.

Bei der Aktiengesellschaft steht jedem Aktionär das Recht zu, im Verhältnis seines Anteils an der Dividende beteiligt zu werden (Art. 455 Abs. 1 THGB). Dieses Dividendebezugsrecht des Aktionärs gehört zu den wohlerworbenen Rechten (Art. 385 Abs. 2 THGB); es kann also dem Aktionär ohne seine Zustimmung nicht entzogen werden. Aufgrund des Art. 470 Abs. 2 THGB dürfen jedoch Dividenden lediglich aus dem Reingewinn und aus den für diesen Zweck gebildeten Rücklagen verteilt werden. Der Reingewinn wird hingegen auf Grund der Jahresbilanz berechnet und festgesetzt (Art. 457 THGB). Die Aufstellung der Jahresbilanz sowie des Jahresberichtes und des Gewinnverteilungsvorschlages gem. Art. 327 THGB fällt unter den Aufgabenbereich des Verwaltungsrats (Art. 326 THGB). Jedenfalls soll sie vollständig, klar und übersichtlich erfolgen[3] (Art. 75 THGB), damit die jeweiligen Personen (z.B. Aktionäre, Gesellschaftsgläubiger etc.) einen möglichst sicheren Einblick in die wirtschaftliche und finanzielle Lage der Gesellschaft erhalten können. Für die Verteilung des Reingewinns ist allerdings ein Beschluß der Generalversammlung erforderlich. Aufgrund des Art. 369 Abs. 1 Nr. 2 THGB kann hierbei die Generalversammlung unter Berücksichtigung der Jahresbilanz und der Gewinn- und Verlustrechnung die Vorschläge des Verwaltungsrates bezüglich der Gewinnverteilung entweder bestätigen oder in geänderter Form akzeptieren oder völlig ablehnen. Dabei hat die Generalversammlung sich jedoch an gesetzliche und statutarische Bestimmungen zu halten.

Nach dieser summarischen Darstellung der gesetzmäßigen Verteilung des Gewinns im türkischen Aktienrecht hat man nun noch die Frage zu beantworten, was unter den sich

---

[1]Vgl. Helvaci, Diss. S. 41.

[2]Vgl. Helvaci, Diss. S. 42.

[3]Bei der Aufstellung der Jahresbilanz haben die Verwaltungsmitglieder auf die Vorschriften von Art. 457-472 THGB zu achten.

aus dem eindeutigen Wortlaut des Art. 336 Abs. 1 Nr. 2 THGB als erstes Merkmal des Haftungstatbestands ergebenden Begriff „Fehlerhaftigkeit (Unechtheit) der verteilten Gewinnanteile“ fällt: Im besonderen sind die verteilten Gewinnanteile unecht, wenn die Verwaltungsratsmitglieder bei der Aufstellung der Jahresbilanz sowie der Gewinn- und Verlustrechnung absichtlich[1] oder infolge von Rechenfehlern falsche Angaben zur Aktiv- oder Passivseite gemacht haben und die Generalversammlung auf diesen der Wahrheit nicht entsprechenden Ergebnissen beruhend über die Verteilung des Gewinns beschlossen hat. Anläßlich dieser der Wahrheit nicht entsprechenden Bewertung der finanziellen und wirtschaftlichen Lage der Gesellschaft wird folglich entweder eine über den erzielten Reingewinn hinausgehende Summe oder, ganz im Gegenteil, eine Summe, die unter dem auszuschüttenden tatsächlichen Reingewinn liegt, an die Aktionäre ausgeschüttet. Im ersten Fall bewirkt die Ausschüttung einen Nachteil für die Gesellschaft und die Gläubiger, weil es sich hier um die ungerechtfertigte Schmälerung des Gesellschaftsvermögen handelt, die gegen den Grundsatz der Kapitalerhaltung verstößt. Im zweiten Fall werden in erster Linie die Interessen der Aktionäre und des Anlegerpublikums beeinträchtigt. Hier entsteht zwar durch Nichtausschüttung eines Teils des erzielten Reingewinns, eine stille Rücklage und auf dieser Weise könnte doch das Unternehmen der Gesellschaft finanziell gestärkt werden. Dadurch wird jedoch zugleich die Klarheit über die wirtschaftliche Lage und Ertragsfähigkeit des Unternehmens negativ beeinflußt, was aber einen Wertverlust der Aktie zur Folge haben könnte.

Unter den Begriff „Fehlerhaftigkeit bzw. Unechtheit der verteilten Gewinnanteile“ fallen aber die folgenden Fälle nicht: Gewinnverteilung ohne Verteilungsbeschluß der Generalversammlung, Gewinnverteilung über den höheren Prozentsatz als den durch die Generalversammlung festgesetzten[2] sowie Gewinnverteilung ohne Bildung der gesetzlichen Rücklage.[3] Des weiteren werden die an die Verwaltungsratsmitglieder (Art. 472 THGB) oder an Gründer (Art. 298 THGB) verteilten Gewinnanteile auch nicht von der Regelung des Art. 336 Abs. 1 Nr. 2 THGB mitumfaßt.[4]

---

[1]In der Praxis der Publikumsaktiengesellschaft trifft man es häufig an, daß die Verwaltungsratsmitglieder durch den Mißbrauch des jeweiligen Verfahrens zur Gewinn- und Verlustverrechnung einen höheren als in Wahrheit verdienten Gewinn errechnen, damit sie den Gewinnerwartungen der Aktionäre entgegenkommen und dadurch wieder in den Verwaltungsrat gewählt werden.

[2]Domanic, Serh S. 659; Helvaci, Diss. S. 41.

[3]Domanic, Sehr S. 659.

[4]Helvaci, Diss. S. 41.

Aus dem Wortlaut des Art. 336 Abs. 1 Nr. 2 THGB, exakt aus dem Wort „gezahlten", ergibt sich noch ein weiteres Merkmal des besonderen Haftungstatbestands: demnach reicht der Beschluß über die Verteilung des nicht der Wahrheit entsprechend festgesetzten Reingewinns nicht aus, die Gewinnanteile müssen bereits von Verwaltungsratsmitgliedern an die Aktionäre ausbezahlt worden sein, damit die Haftung der Verwaltungsratsmitglieder gem. Art. 336 Abs. 1 Nr. 2 THGB in Frage kommt.[1] Ohne diesen Wortlaut könnte man jedoch von den allgemeinen Grundsätzen des Schadenersatzrechts ausgehend, wonach das Vorliegen eines Schaden vorausgesetzt wird, zum selben Ergebnis gelangen, denn der Schaden am Gesellschaftsvermögen entsteht erst mit der Zahlung des - unecht bzw. fehlerhaft verteilten - Gewinns.

Laut Art. 473 THGB sind die Aktionäre, welche unberechtigt und bösgläubig Gewinnanteile bezogen, zu deren Rückerstattung verpflichtet. Angesichts dieser Regelung könnte man sich zu Recht fragen, ob die Regelung des Art. 336 Abs. 1 Nr. 2 THGB überflüssig sein mag. M. E. ist diese Frage strikt zu verneinen: Vor allem umfaßt diese Vorschrift nur die Fälle, in denen die Aktionäre „bösgläubig"[2] Gewinnanteile bezogen haben. Dagegen bleiben die Aktionäre, die gutgläubig einen Anteil aus dem unecht verteilten Gewinn bezogen haben, von der Pflicht zur Rückgewährung des zuviel gezahlten Gewinnanteils ausgeklammert und somit der Schaden der Gesellschaft unersetzt. Übrigens ist die Rückgewährung im Falle des bösgläubigen Gewinnbezugs des Gewinns nicht immer zu verwirklichen, denn der diesbezügliche Anspruch der Gesellschaft verjährt in fünf Jahren. Fernerhin beschränkt sich der Schaden der Gesellschaft, den sie infolge der unecht verteilten und gezahlten Gewinnanteile erlitt, nicht nur auf die unberechtigterweise zuviel ausbezahlten Gewinnanteile. Der Gesellschaft könnte dabei ein darüber hinausgehender Schaden entstehen, so zum Beispiel für Fall, daß die Gesellschaft auf der Basis von unberechtigterweise ausgeschüttetem Reingewinn zuviel Körperschaftssteuer zahlt.

c) Nr. 3: Fehlen oder unordentliche Führung der gesetzlich zu führenden Bücher

Insofern ist zunächst festzustellen, welche die gesetzlich zu führenden Bücher sind. Hierbei kommen in erster Linie die Vorschriften der Art. 66 und Art. 1465 THGB zur Hilfe. Nach

---

[1]Hierzu ist zu bemerken, daß die Haftung der Verwaltungsratsmitglieder infolge der Ausführung des Generalversammlungsbeschlusses (hinsichtlich der Gewinnverteilung) entsteht. Bis zur Ausführung dieses Beschlusses besteht immerhin die Möglichkeit, gegen den Beschluß eine Anfechtungsklage zu erheben.

[2]Das heißt, wenn sie wußten oder infolge von Fahrlässigkeit nicht wußten, daß sie zum Bezug des Gewinnanteils nicht berechtigt sind.

Art. 66 Abs. 1 Nr. 1 THGB muß also die Aktiengesellschaft als Kaufmann mit Rechtspersönlichkeit vor allem die Strazze[1] (bzw. Kladde) das Hauptbuch, Inventarbuch und Beschlußbuch und nach Art. 1465 THGB diejenigen Bücher führen, die nach Art und Bedeutung (Umfang) des jeweiligen Unternehmens erforderlich sind. Neben diesen allgemeinen Vorschriften für Kaufleute erlegen einige aktienrechtliche Vorschriften weiterhin die Pflicht zur Führung der für Aktiengesellschaften spezifischen Bücher auf. In Betracht kommen insofern die Vorschriften der Art. 326 und Art. 428 THGB. Aufgrund Art. 326 THGB haben die Verwaltungsratsmitglieder ein Aktionärbuch (Nr. 1), ein Sitzungs- und Verhandlungsbuch, das für die Niederschriften der Generalversammlung bestimmt ist (Nr. 2) sowie ein Beschlußbuch des Verwaltungsrats, das zur Eintragung der Sitzungen und Verhandlungen des Verwaltungsrats bestimmt ist (Nr. 3), zu führen. Aufgrund Art. 428 THGB haben sie dagegen ein Buch für die Eintragung der Anleiheobligationen auf Namen zu führen, falls solche Obligationen vorhanden sind.

Wie der Fassung des Art. 336 Abs. 1 Nr. 3 THGB leicht zu entnehmen ist, hat der besondere Haftungstatbestand in Nr. 3 zwei alternative Merkmale: 1. Nichtvorhandensein der gesetzlich zu führenden Bücher oder, 2. Unordentliche Führung solcher Bücher.

Für das Vorliegen des ersten Merkmals und somit für die Haftung des Verwaltungsmitglieds reicht allein das Fehlen irgendeines der oben erwähnten Bücher. Das Gesetz unterscheidet also unter diesen gesetzlich zu führenden Bücher hinsichtlich der Haftung nicht.

Aufgrund des Art. 66 Abs. 2 THGB haben die Kaufleute alle mit Bezug auf ihre Unternehmungen empfangenen Unterlagen, wie z.B. Briefe, Rechnungen, Abrechnungen, Belege über Zahlungen etc. sorgfältig aufzubewahren. Denn diese Unterlagen sind für die Führung der gesetzlich zu führenden Handelsbücher unentbehrlich. Die Buchführung erfolgt nämlich überwiegend auf diesen Unterlagen basierend; sie bilden also den Inhalt der Bücher. Von daher fällt auch das Fehlen der Unterlagen unter den Begriff des „Nichtvorhandenseins" der erforderlichen Bücher[2], obgleich es aus dem Wortlaut des Art. 336 Abs. 1 Nr. 3 THGB unmittelbar nicht folgt.

Gem. Art. 68 Abs.1 THGB hat der Verwaltungsrat als Exekutivorgan der Gesellschaft dafür Sorge zu tragen, daß die Bücher während eines Zeitraums von zehn Jahren von dem

[1]D.h. das Geschäftsbuch für vorläufige Eintragungen.

[2]Vgl. Y. 11. HD. 6.11.1989 T. E. 8242 K. 5987.

Tage der letzten Eintragung an und die anderen aufzubewahrenden Abrechnungen und Unterlagen (z.B. Geschäftskorrespondenzen) zehn Jahre lang von ihrem Datum an aufbewahrt werden. Nach heute allgemein anerkannter Lehre in der türkischen Literatur kommt Zuwiderhandlung gegen diese Aufbewahrungspflicht dem Nichtvorhandensein der Bücher gleich.[1]

Schließlich ist hierbei noch zu untersuchen, was der Gesetzgeber unter dem zweiten Merkmal des besonderen Haftungstatbestands in Art. 336 Abs. 3 Nr. 3 THGB der „unordentlichen Führung der gesetzlich zu führenden Bücher" zu verstehen gibt. Dafür sollte man zunächst feststellen, was die ordnungsmäßige Buchführung erfordert. Insofern müssen die erforderlichen Bücher vor allem dem Grundsatz der Klarheit und Wahrheit entsprechend geführt werden (Art. 75 THGB), so daß sie einem sachkundigen Dritten einen Überblick über die finanzielle und wirtschaftliche Lage des Unternehmens und das Geschehen in der Gesellschaft vermitteln können. Des weiteren muß die Führung der Bücher gesetzliche Vorschriften beachten und miteinander überstimmend erfolgen (Art. 85 THGB). Und letztens gehört zur ordnungsmäßigen Buchführung gem. Art. 69 THGB die notarielle Beglaubigung der Bücher. Diese Beglaubigungspflicht gilt nicht nur für diejenigen Bücher, die in Art. 66 Abs. 1 Nr. 1 THGB aufgeführt, sondern umfaßt all diejenigen, deren Führung gesetzlich obligatorisch sind.[2] Wird diese Pflicht überhaupt nicht oder in gesetzlicher Form nicht erfüllt, so können diese Bücher nicht als Beweismittel zugunsten der Gesellschaft verwandt werden (gem. Art. 66 Abs. 2, Art. 1465 THGB).

Aufgrund dieser Erwägungen könnte man als Beispiel für eine unordentliche Führung der erforderlichen Bücher erwähnen, daß etwa die Buchführung nicht in türkischer Sprache gemacht wird oder ein Eintrag im Hauptbuch ohne Datum oder Betrag erfolgt, ein Eintrag im Hauptbuch mit dem in der Strazze nicht übereinstimmt, sowie beispielsweise ein Eintrag über einen Betrag in der Strazze mit dem Betrag in der dem Kunden erteilten Quittung nicht übereinstimmen.

Infolge des Fehlens oder der unordentlichen Führung der erforderlichen Bücher kommt der Schaden der Gesellschaft in der Aktienpraxis in den verschiedensten Formen zum Vorschein. Diesbezüglich kommt in erster Linie der Schaden, welcher angesichts des Ver-

---

[1]Statt vieler vgl. Domanic, Serh S. 661; Mimaroglu, Diss. S. 59; Atan, Diss. S. 107.

[2]Arslanli, AS Organizasyonu S.125; Atan, Diss. S. 109.

stoßes gegen Art. 344-353 TSPG (VUK) durch von der Gesellschaft gezahlte Bußgelder[1] (wegen Steuerhinterziehung) oder angesichts zuviel gezahlter Steuergelder entstanden ist, in Betracht. Ferner könnte die Gesellschaft auch einen Schaden erleiden, falls die vom Verwaltungsrat unordentlich geführten Bücher in einer Klage gegen Dritte gegen die Gesellschaft gebraucht werden und sie dadurch die Klage verliert. In beiden Fällen sind die Verwaltungsratsmitglieder zum Ersatz des daraus entstandenen Schadens verpflichtet, falls die anderen Voraussetzungen auch vorliegen.

d) Das Verhältnis der Vorschrift des Art. 67 Abs. 2 THGB zu derjenigen des Art. 336 Abs.1 Nr. 3 THGB

Das THGB regelt im fünften Titel des ersten Buches, also zwischen Art. 66 und Art. 86, die Handelsbücher. Es sind allgemeine Vorschriften für alle Kaufleute, einschließlich der Aktiengesellschaften. Art. 66 THGB enthält eine Bestimmung über die Art und Weise der Buchführungspflicht. Anschließend findet sich in Art. 67 THGB eine mit „Haftung" überschriebene Bestimmung, die im deutschen Handelsgesetzbuch keine Entsprechung findet. In Art. 67 THGB interessiert vor allem der Abs. 2. Er schreibt sinngemäß folgendes vor: *„die Verantwortlichkeit dafür, daß Handelsbücher teilweise oder gänzlich nicht vorhanden sind, oder nicht in gesetzlicher Weise geführt worden sind, oder daß die Bücher und Papiere, deren Aufbewahrung zwingend vorgeschrieben ist, nicht ordnungsmäßig aufbewahrt worden sind, trifft unmittelbar den Inhaber des Unternehmens und bei juristischen Personen die Mitglieder des Geschäftsführungsorgans oder die zur Geschäftsführung befugten Personen ...".* Im zweiten Satz des Abs. 2 besagt das Gesetz; *„Die genannten Personen können sich von dieser Verantwortung nicht dadurch befreien, daß sie das Verschulden auf ihre Beamten und Angestellten abwälzen."*

Wie sich aus der eindeutigen Fassung erkennen läßt, normiert dieser Artikel in Abs. 2 die allgemeine zivilrechtliche Haftung wegen des Verstoßes gegen die allgemeine Buchführungspflicht der Kaufleute. Da diese Pflicht bezüglich der öffentlich-rechtlichen, insbesondere steuerrechtlichen Aspekte, von besonderer Bedeutung ist, sieht das Gesetz in Abs. 3 eine strafrechtliche Regelung vor. Demnach werden diejenigen, die ihrer Buchführungspflicht nicht ordnungsgemäß nachgekommen sind, mit einer schweren Geldstrafe[2] von

---

[1]Domanic, Serh S. 662.

[2]Dieser Betrag als schwere Geldstrafe entspricht damaliger volkswirtschaftlichen Lage der Türkei. Die Geldstrafen werden in der Türkei durch die Verordnung der Regierung bzw. des Ministerrats in bestimmten Zeitabständen erhöht.

100 bis 10000 Ltq bestraft, wobei die Strafvorschriften den weiteren Gesetzen vorbehalten bleiben.

Nach dieser kurzen Ausführung zum Art. 67 THGB ist nun zu beantworten, wie sich die Vorschriften des Art. 67 Abs. 2 und des Art. 336 Abs. 1 Nr. 3 zueinander verhalten. Anders formuliert, wie sollen die Verwaltungsratsmitglieder, die ihre Buchführungspflicht gar nicht oder nicht vollkommen erfüllt haben, zur Haftung gezogen werden? Da die Vorschrift von Art. 67 keine Bestimmung über die Klageberechtigten und der Voraussetzung der Haftung beinhaltet, ist hier allgemein zu sagen, daß der Art. 336 Abs. 1 Nr. 3 THGB (lex specialis) Vorrang vor Art. 67 THGB hinsichtlich der Haftungsfragen hat.

Es könnte aber die Regelung in Art. 67 THGB doch eine Auswirkung auf die Haftung der Verwaltungsratsmitglieder haben. Denn gegenüber der Regelung in Art. 67 Abs. 2 Satz 2 THGB könnte man auf den ersten Blick auf den Gedanken kommen, daß der Gesetzgeber über die bereits oben diskutierte Frage, ob die Buchführungspflicht zu den undelegierbaren Aufgaben des Verwaltungsrats gehört, bejahend Stellung nimmt.

Diesem Gedanken ist m. E. nicht beizupflichten. Es ist vor allem den Verwaltungsratsmitgliedern nicht zuzumuten, gemeinsam eine ordentliche Führung der erforderlichen Bücher vorzunehmen. Dagegen würde zuerst der Mangel an Zeit und der nötigen fachspezifischen Kenntnis sprechen.[1] Die bei der Leitung der Gesellschaft gem. Art. 320 THGB von ihnen erwartete Sorgfalt würde es für sie vielmehr erforderlich machen, dafür Sorge zu tragen, daß das Rechnungswesen der Gesellschaft den bilanz- und steuerrechtlichen Standards sowie den betriebswirtschaftlichen Anforderungen entspricht und die Buchführung geeigneten, sorgfältig ausgewählten Fachspezialisten übertragen wird, wobei der Gesamtverwaltungsrat die Befugnis zu grundlegenden Entscheidungen über die Buchführung beibehält.

Insofern ist es in der türkischen Aktienpraxis nicht selten, daß das Rechnungswesen aufgrund des Art. 342 THGB durch eine Satzungsbestimmung oder einen GV-Beschluß oder Beschluß des Verwaltungsrats einem Direktor, der nicht einmal Mitglied des Verwaltungsrats zu sein braucht (Buchhaltungsdirektor bzw. Finanzdirektor), anvertraut wird. In diesem Fall sind die anderen Verwaltungsratsmitglieder gem. Art. 346 THGB nur dann gesamtschuldnerisch verantwortlich, wenn sie die erforderliche Sorgfalt bei der Auswahl des

---

[1]Zum Beispiel ist es in einer großen Publikumsgesellschaft, in deren Verwaltungsrat etwa zwölf Personen sitzen, nicht zu verwirklichen, eine solche zum alltäglichen Ablauf des Gesellschaftswesens gehörende Aufgabe miteinander beratend auszuführen.

jeweiligen Verwaltungsratsmitglieds und der Überwachung der Ordnungsmäßigkeit seiner Arbeit nicht angewandt haben.[1]

e) Nr. 4: Nichtausführung der Generalversammlungsbeschlüsse ohne gerechtfertigte Gründe

Für die Haftung der Verwaltungsratsmitglieder wegen der Nichtausführung der GV-Beschlüsse ohne gerechtfertigte Gründe sei auf die Ausführungen Kapitel IV, VII, „2) Haftung der Mitglieder des Verwaltungsrats im Falle der Ausführung bzw. Nichtausführung der Beschlüsse der Generalversammlung nach türkischem Recht" verwiesen.

III) Haftung der Verwaltungsratsmitglieder im Falle der Aufteilung und Delegation der Verwaltungsratskompetenzen nach türkischem Recht

1) Allgemeine Bemerkungen

Bevor die einzelnen Fragen der Haftung im Falle der Aufteilung und Delegation der Verwaltungsratskompetenzen untersucht werden, erscheint es sinnvoll, zunächst eine kurze Ausführung zu den gesetzlichen Grundlagen der Organisation des Verwaltungsrates im türkisch-schweizerischen Recht vorzunehmen.

Im Hinblick auf die rechtliche Organisation der Aktiengesellschaft besteht der wesentlichste Unterschied zwischen deutschem und türkisch-schweizerischem Recht bekanntlich darin, daß in einer deutschen AG zu den beiden Organen Verwaltungsrat und Generalversammlung, die das türkisch-schweizerische Recht kennt, mit dem Aufsichtsrat ein weiteres Organ, das in erster Linie den Vorstand bei seiner Geschäftsführung zu überwachen hat, hinzukommt. Der Aufsichtsrat und der Vorstand bilden zusammen die Verwaltung.

Des weiteren unterscheiden sich beide Rechtssysteme hinsichtlich der Organe dadurch, daß die Aufgaben sowie Befugnisse dieser beiden Organe im deutschen Recht überwiegend gesetzlich festgesetzt, voneinander strikt abgegrenzt und prinzipiell als undelegierbar bezeichnet sind. Dagegen gewährt das türkisch-schweizerische Aktienrecht eine sehr weitgehende Organisationsfreiheit, nach der die im Verwaltungsrat gesetzlich zusammengefaßte Verwaltung durch die Satzung so ausgestaltet werden kann, daß sie der deutschen Organisation sogar sehr ähnelt. Der türkische und der schweizerische Gesetzgeber

---

[1] Vgl. unter Kapitel IV, III, 4, „d) Haftung der Mitglieder des Verwaltungsrats im Falle der Bestellung eines Direktors".

sehen also die Optimierung des Erfolgs der Gesellschaft im Gegensatz zum deutschen nicht in der gesetzlich detailliert geregelten Aufgabenzuweisung (bzw. Befugniszuweisung), sondern in der autonomen Ausgestaltung der Verwaltung.

Aufgrund des Art. 312 Abs. 1 THGB besteht die Verwaltung aus mindestens drei Mitgliedern, die aufgrund der Satzung oder durch die Generalversammlung gewählt werden. Das Gesetz strukturiert also im Gegensatz zur Bestimmung des Art. 707 Abs. 1 aOR, Art. 707 Abs. 1 OR einen Verwaltungsrat. Dem obliegt gem. der subsidiären Regelung des Art. 317 THGB die Leitung der Gesellschaft (Geschäftsführung und Vertretung). Das Gesetz enthält aber keine Bestimmung über Aufteilung und Zuweisung der einzelnen Kompetenzen unter den Mitgliedern des Verwaltungsrats. Es verlangt nur in verschiedenen Normen, auch wenn sie rechtlich unübersichtlich und verwirrend angeordnet sind, daß die Satzung bestimmen kann, ob und inwiefern die Geschäftsführung und Vertretung, mit anderen Worten die Verwaltungskompetenzen, unter den Mitgliedern des Verwaltungsrats zu verteilen oder an sie sowie an Dritte zu delegieren sind. Fehlen solche statutarische Bestimmungen, so stehen die Befugnis zur Geschäftsführung und Vertretung allen Mitgliedern des Verwaltungsrats gemeinsam zu. Die Normen, die Grundlage für die Aufgabenverteilung und Delegation bilden und zugleich hinsichtlich der aktienrechtlicher Haftung von besonderer Bedeutung sind, sind folgende:

1) Art. 318 Abs. 1 THGB = Art. 714 Abs. 1 aOR = Art. 712 OR (Verwaltungsratspräsident)

2) Art. 318 Abs. 2 THGB = Art. 714 Abs. 2 aOR = Art. 716a Abs. 2 OR (Verwaltungsratsausschüsse)

3) Art. 319 Abs. 1 THGB = Art. 717 Abs. 1 aOR (Kompetenzverteilung unter den Verwaltungsratsmitgliedern)

4) Art 319 Abs. 2 THGB = Art. 717 Abs. 2 aOR = Art. 716b OR (Kompetenzdelegation an Verwaltungsratsmitglieder und Dritten)

5) Art. 342 THGB (Bestellung der Direktoren).

2) Aufgabenverteilung gem. Art. 318 THGB

a) Allgemeine Bemerkungen

Art. 318 THGB (Art. 714 Abs. 1 aOR, Art. 712 Abs. 1 OR) erteilt dem Verwaltungsrat die Ermächtigung für die Ausstattung seiner internen Organisation. Demnach kann der Verwaltungsrat einen Vorsitzenden (Präsident) und für den Fall von dessen Abwesenheit einen stellvertretenden Vorsitzenden bezeichnen und aus seiner Mitte einen oder mehrere Ausschüsse für Verwaltungstätigkeiten (-funktionen) bestellen. Diesem Artikel wohnt folglich der Grundsatz der „inneren Selbstkonstituierung" der Verwaltung inne und er ist nach allgemeiner Ansicht[1] nicht zwingender Natur. Demzufolge kann in der Satzung oder im Reglement eine andere Regelung getroffen werden, so kann beispielsweise für die Bestellung des Verwaltungsratsausschusses durch Satzungsbestimmung die Generalversammlung ermächtigt werden.[2] Da das Recht des Verwaltungsrats auf Selbstkonstituierung unmittelbar aus dem Gesetz folgt, kann ihm dieses Recht auch für den Fall nicht entzogen werden, daß die Generalversammlung bereits einen Ausschuß gebildet hat. Er kann also trotzdem einen weiteren Verwaltungsratsausschuß bestellen, falls dies das Wesen des Tätigkeitsbereichs des jeweiligen Verwaltungsrats erfordert.

b) Verwaltungsratspräsident

aa) Rechtliche Bedeutung des Präsidenten (Vorsitzenden) des Verwaltungsrats

Das Türkische Handelsgesetzbuch sieht in Art. 318 Abs. 1 vor, daß ein Präsident aus den Mitgliedern des Verwaltungsrats sowie ein Stellvertreter für den Fall der Abwesenheit des Präsidenten bestellt wird. Abgesehen von dieser Bestimmung findet sich indes im Gesetz nahezu keine weitere Regelung, aus der sich entnehmen läßt, welche Befugnisse dem Präsidenten zustehen. In diesem Sinne kommt allein die Regelung des Art. 331 Abs. 2 THGB in Betracht, welche die Verpflichtung des Präsidenten zur Einberufung des Verwaltungsrats auf Antrag eines Mitglieds des Verwaltungsrats vorsieht. Diese Tatsache indiziert allerdings das Grundanliegen des Gesetzgebers, wonach dem Verwaltungsrat eine umfangreiche Freiheit für die Selbstkonstituierung seiner Organisation gelassen werden soll, um die Position der Verwaltung einschließlich des Präsidenten möglichst sachgerecht

---

[1] Bürgi, Art. 714 Anm. 4 Züricher Komm.; Lanz, Diss. S. 40; Forstmoser/Meier-Hoyoz, Einführung ins SAR § 24 Anm. 5 S. 175. Dagegen ist Domanic der Ansicht, daß die Bestellung des Präsidenten sowie dessen Stellvertreter durch den Verwaltungsrat zwingend vorgeschrieben ist. Domanic, Serh S. 506. So auch Eris, AS Hukuku S. 224. M.E. ist der dispositive Charakter dieses Artikels hinsichtlich der Bezeichnung eines Präsidenten dahingegend zu verstehen, daß die Bezeichnung nicht ausschließlich vom Verwaltungsrat, sondern auch in der Satzung vorgenommen werden kann. Dagegen ist die Existenz eines Verwaltungsratspräsidenten sowie eines Vizepräsidenten gem. dieses Artikels in jeder AG obligatorisch.

[2] In der Aktienpraxis ist die statutarische Ermächtigung der GV für die Konstituierung nicht selten. Der häufigste Grund dafür ist, daß man den Mehrheitsaktionären eine verstärkte Einflußmöglichkeit auf die Politik der Verwaltung gewähren will.

an die tatsächlichen Bedürfnisse der jeweiligen Gesellschaft anzupassen. In der Praxis werden aber die Befugnisse und Aufgaben häufig in den Satzungen oder Reglementen ausführlich umschrieben, indem der Präsident in eine besondere, ein wenig dominante Stellung im Verhältnis zu den anderen Mitgliedern des Verwaltungsrats versetzt wird.

Ausgehend von dieser ständigen Ausübung in der Aktienrechtspraxis (gewohnheitsrechtliche Entwicklung)[1] und unter Berücksichtigung der schweizerischen Literatur[2] können folgende Aufgaben als klassische Aufgaben des Präsidenten bezeichnet werden: Er hat vor allem die Sitzungen des Verwaltungsrates einzuberufen, vorzubereiten und zu leiten, die im Verwaltungsrat gefaßten Beschlüsse festzustellen und bekanntzugeben, insbesondere sie den davon Betroffenen mitzuteilen sowie für deren Ausführung zu sorgen, die dem Verwaltungsrat bekanntgegebenen Erklärungen und Mitteilungen entgegenzunehmen und davon weitere Mitglieder des Verwaltungsrats in Kenntnis zu setzen. Überdies wird er, ohne gesetzlicher Vertreter der Gesellschaft zu sein, die Verwaltung nach innen und außen repräsentieren. Insofern steht ihm in dringenden, unaufschiebbaren Fällen außerhalb von Sitzungen des Verwaltungsrats die Befugnis zu, bindende Entscheidungen und Maßnahmen zu treffen.[3] Darüber hinaus hat sich der Präsident über die Betätigung der für die Gesellschaft handelnden Personen zu informieren und sich um eine optimale Koordination ihrer Betätigung zu kümmern.

bb) Haftung des Präsidenten und der übrigen Verwaltungsratsmitglieder

Wie bereits festgestellt, können im türkisch-schweizerischen Recht dem Präsidenten im Rahmen der Selbstorganisation des Verwaltungsrates eine Reihe von Verwaltungstätigkeiten übertragen werden. Diese Übertragung erfolgt aber nicht im Sinne von Aufgabendelegation gem. Art. 319 THGB, wonach grundsätzlich nur der Delegierte oder Direktor für die Erfüllung der ihm übertragenen Aufgaben verantwortlich sein soll. Bei einer solchen Übertragung (im Sinne von Art. 319 THGB) haften andere Mitglieder des Verwaltungsrats gem. Art. 336 Abs. 2 prinzipiell nicht für Nicht- oder Schlechterfüllung dieser übertragenen

---

[1]In diesem Sinne stehen dem Verwaltungsratspräsidenten gesetzlich ungeschriebene Aufgaben -und Befugnisse - zu. Es sind all diejenigen Aufgaben, die normalerweise dem Vorsitzenden eines Kollegiums zustehen und die erforderlich sind, um die Betätigung dieses Kollegiums zu organisieren.

[2]Bürgi, Art. 714 Anm. 10, 13 ff. Züricher Komm.; Homburger, Art. 712 Anm. 260 ORKomm.; Vischer, Delegationsmöglichkeiten S. 359 ff.; Forstmoser, Aktienrecht § 28 Anm. 138 S. 312; Wolfers, Verwaltungsorgane S. 63; Vollmar, Diss. S. 131 ff.; Schulz-Dornburg, Diss. S. 63 ff.

[3]Bürgi, Art. 714 Anm. 10 Züricher Komm.; Vollmar, Diss. S. 135.

Aufgabe.[1] Hier in Art. 318 Abs. 1 THGB liegt dagegen eher eine interne Aufgabenverteilung vor.[2]

Es ist jedoch theoretisch durchaus möglich, bei einem Mitglied des Verwaltungsrats die Eigenschaften des Delegierten (bzw. Dirktors) und des Verwaltungsratsausschußmitglieds und des Präsidenten des Verwaltungsrats zu kumulieren. Je mehr Ämter das Mitglied innehat, desto höher ist die Machtstellung, die es in der Verwaltung einnimmt und umso mehr Verantwortung trägt es dementsprechend. Hier interessiert aber vor allem die Rechtsstellung und Haftungslage des Präsidenten, der kein weiteres Amt in der Verwaltung einnimmt, sowie der übrigen ordentlichen Verwaltungsratsmitglieder.

Die Rechtsstellung des schlichten Verwaltungsratspräsidenten unterscheidet sich in der Regel nicht so sehr von derjenigen eines ordentlichen Mitglieds des Verwaltungsrats, in welchem die Geschäfte der Gesellschaft durch Mehrheitsbeschluß geführt werden. In diesem Sinne steht ihm aufgrund seiner Eigenschaft als Präsident weder alleinige Geschäftsführung noch Vertretungsbefugnis zu. Anders als bei den gewöhnlichen Verwaltungsratsmitgliedern fallen ihm jedoch zusätzlich die mit den ihm übertragenen Aufgaben zusammenhängenden Befugnisse zu. Er gewinnt aufgrund dieser Aufgaben unter den Verwaltungsratsmitgliedern die höchste Vertrauensstellung in der Verwaltung; er ist sozusagen *„primus inter pares“*[3] [4]

Aufgrund dieser Stellung des Präsidenten im Verwaltungsrat und der Tatsache, daß das Gesetz keine explizite Haftungsnorm für Verwaltungsratspräsidenten vorsieht, sei hier festgestellt, daß alle Verwaltungsratsmitglieder (einschließlich des Präsidenten) für die Verpflichtungen des Präsidenten solidarisch (gesamtschuldnerisch) verantwortlich sind. Die Bestellung des Verwaltungsratspräsidenten und die darauf beruhende interne Aufgabenverteilung ruft demzufolge weder die vorrangige Haftung des Präsidenten noch die Befreiung der übrigen Verwaltungsmitglieder von ihrer Haftung hervor.[5]

---

[1]Dazu ausführlich vgl. Kapitel IV, III, 3, c, „ff) Haftung bei der Delegation der Kompetenzen“.

[2]Vollmar, Diss. S. 193.

[3]Vollmar, Diss. S. 132.

[4]Diese *primus-inter-pares-Stellung* des Präsidenten rechtfertigt den Umstand, daß er ein etwas höheres Gehalt als ein gewöhnliches Mitglied des Verwaltungsrats bezieht.

[5]Vgl. Vollmar, Diss. S. 193 ff.; Bürgi, Art. 714 Anm. 26 Züricher Komm.

c) Verwaltungsratsausschüsse

aa) Rechtliche Bedeutung des Verwaltungsratsausschusses

Laut Art. 318 Abs. 2 THGB kann der Verwaltungsrat nach seinem freien Ermessen *„aus seinen Mitgliedern Ausschüsse oder Kommisionen bilden, damit sie auf den Geschäftsgang achten, die dem Verwaltungsrat vorzulegenden Angelegenheiten (bzw. Geschäfte) vorbereiten, über alle wichtigeren Angelegenheiten (Fragen), vor allem über die Aufstellung der Bilanz, Bericht erstatten und die Ausführung der Beschlüsse des Verwaltungsrates überwachen."*

Nach diesem Wortlaut des Art. 318 Abs. 2 THGB (Art. 714 Abs. 2 aOR) können also für die Bestellung des Verwaltungsratsausschusses vor allem zwei Arten von Aufgaben im Vordergrund stehen, und zwar vorbereitende und überwachende Aufgaben. Hierzu besteht aber in der türkisch-schweizerischen Literatur[1] Einigkeit darüber, daß die Aufzählung der Aufgaben des Verwaltungsratsauschusses in Art. 318 Abs. 2 THGB nicht als abschließend betrachtet werden kann. Der Gesetzgeber hätte doch etwa mit gutem Recht noch Gewinn- und Verlustrechnung und den Geschäftsbericht sowie andere spezielle Einzelaufgaben hinzufügen können. Mit Hervorhebung dieser beiden vorbereitenden und überwachenden Aufgaben hatte er wohl in erster Linie vor, die Last der Sammlung von Entscheidungsgrundlagen und Informationen von den Schultern des schwerbeweglichen und großen Gesamtverwaltungsrats zu nehmen[2] und dadurch die Voraussetzung für eine erfolgreiche Tätigkeit des Kollegiums zu realisieren.

Das deutsche Aktiengesetz enthält in § 107 eine zu Art. 318 Abs. 2 THGB analoge Bestimmung. Demnach kann *der Aufsichtsrat aus seiner Mitte einen oder mehrere Ausschüsse bestellen, namentlich um seine Verhandlungen und Beschlüsse vorzubereiten oder die Ausführungen seiner Beschlüsse zu überwachen*. Demgegenüber liegt der Unterschied zwischen beiden Vorschriften darin, wie der Umkehrschluß aus § 107 Abs. 3 Satz 2 AktG ergibt, daß der Aufsichtsrat neben den Ausschüssen, die als Aufgabe entweder die Vorbereitung der Verhandlungen und Beschlüsse des Gesamtaufsichtsrats oder aber die Überwachung der Ausführung der Beschlüsse der Gesamtaufsichtsrats haben, auch endgültig beschließende Ausschüsse bilden kann, während sich in Art. 318 Abs. 2

---

[1]Domanic, Serh S. 507; Ünal, Diss. S. 114; Vischer, Delegationsmöglichkeiten S. 362; Holzach, Diss. S. 12.

[2]Ünal, Diss. S. 114.

THGB - sowie in Art. 714 Abs. 2 aOR - keine solche Regelung darüber findet. Insofern vertritt allerdings Holzach[1] vom enumerativen Charakter des Wortlautes ausgehend und unter Berücksichtigung des Grundanliegens des Gesetzgebers, die innere Organisation des Verwaltungsrats ihm frei zu stellen, den Standpunkt, daß aufgrund des Art. 714 Abs. 2 aOR den Ausschüssen auch Verwaltungsbefugnisse zu entscheidender Erledigung übertragen werden können.

M.E. ist dieser Meinung von Holzach nicht beizupflichten. Denn er nimmt vor allem keine Rücksicht auf den Sinn und Zweck (ratio legis) des Art. 714 Abs. 2 aOR= Art. 318 Abs. 2 THGB. Mit der Verankerung dieses Artikels will ja der Gesetzgeber nicht die Schaffung eines neuen, speziellen Organs empfehlen, sondern durch die interne Verteilung bestimmter Verwaltungsfunktionen[2] die Aufgaben des schwerbeweglichen Verwaltungsrats erleichtern. Die Funktion des Verwaltungsratsausschusses besteht quasi in Hilfstätigkeiten für den Verwaltungsrat. Sollte man deswegen annehmen, daß dem Verwaltungsratsausschuß die Aufgaben zur Beschlußfassung (d.h. die Aufgaben zur selbständigen Erledigung) übertragen werden dürfen, so würde es bedeuten, daß der Verwaltungsratsausschuß hinsichtlich der übertragenen Aufgabe den Verwaltungsrat substituiert, wobei dem Verwaltungsratsausschuß die Organqualifikation zukommt. Da die Entscheidungsfreiheit immer die Verantwortung mit sich bringt, wäre in diesem Fall für den sich aus der Nichterfüllung dieser übertragenen Aufgabe sich ergebenden Schaden grundsätzlich der Verwaltungsratsausschuß verantwortlich. Da die Ermächtigung für die Bildung eines Verwaltungsratsausschusses unmittelbar aus dem Gesetz abgeleitet wird, würde der Verwaltungsrat in vielen schwierigen Situationen seine gesetzliche Ermächtigung mittels der Einsetzung des entscheidenden, beschließenden Verwaltungsratsausschusses sehr leicht mißbräuchlich verwenden, um seine Haftung mildern zu können. Deswegen soll im türkisch-schweizerischen Aktienrecht die Übertragung der Verwaltungsratsaufgaben zur eigenständiger Erledigung an einen Verwaltungsratsausschuß nicht nach freiem Ermessen des Verwaltungsrats möglich sein[3], sondern sie darf nur auf Grund statutarischer Ermächti-

---

[1]Holzach, Diss. S. 19, 20.

[2]Da die Wahl und Zusammensetzung der Ausschüsse eine rein verwaltungsinterne Maßnahme darstellen, müssen sie nicht ins Handelsregister eingetragen werden; sie bleiben meist dem Gläubiger der Gesellschaft und sogar den Aktionären unbekannt. Vgl. Bürgi, Art. 714 Anm. 31 Züricher Komm.; Vollmar, Diss. S. 139.

[3]Zur Unzulässigkeit solcher Übertragung vgl. Vollmar, Diss. 193 ff.; Hirsch zitiert bei Ünal, Diss. S. 114 Fn. 66.

gung und unter der Bedingung erfolgen, daß die dem Ausschuß übertragenen Aufgaben eingehend im Organisationsreglement geregelt sind.[1]

bb) Materielle Grenze der Übertragung der Verwaltungsratsaufgaben an Ausschüsse

Nach dieser Feststellung, daß im türkisch-schweizerischen Aktienrecht die beschließenden Aufgaben im Rahmen der Verwaltungstätigkeiten des Verwaltungsrates an Ausschüsse nur unter der Bedingung zu übertragen sind, daß die Satzung dem Verwaltungsrat dafür eine Ermächtigung erteilt und daß das Organisationsreglement diese übertragenen Aufgaben umschreibt, stellt sich nun die Frage, inwiefern einem Ausschuß ohne solche statutarische Ermächtigung Verwaltungsaufgaben generell übertragen werden können[2] oder anders gesagt, was das Kriterium für die Übertragung der Verwaltungsaufgaben an Ausschüsse ist. Insofern ist sich die überwiegende Mehrheit der Lehre einig, daß sich die Grenzen der Übertragung der Verwaltungsaufgaben in erster Linie im Bereich *der Geschäftsführung im weiteren Sinne* finden. Demnach können also aufgrund des Art. 318 Abs. 2 THGB die Befugnisse der Geschäftsführung im engeren Sinne und der Vertretung nicht an einen Verwaltungsratsausschuß übertragen werden.[3] Unter die übertragbaren Verwaltungstätigkeiten fallen mithin nur *engere* bzw. *eigentliche Verwaltungstätigkeiten*.

---

[1]Forstmoser, Aktienrecht § 29 Anm. 35 S. 328.

[2]Hierbei ist terminologisch zur Verwaltung im türkisch-schweizerischen Recht summarisch folgendes auszuführen: Ist von der Verwaltung als Teil der Organisation der Gesellschaft die Rede, so ist damit prinzipiell das Exekutivorgan (Verwaltungsrat) gemeint. In diesem Sinne hat die Verwaltung die Bedeutung eines Oberbegriffs und wird von der herrschenden Lehre als Verwaltung im weiteren Sinne bezeichnet. Statt vieler vgl. Meier-Wehrli, Diss. S. 7; Kaplan, Banka Idare Meclisi, S. 123 ff. Die Verwaltung im weiteren Sinne wird vom Großteil der Lehre zweigeteilt, nämlich Verwaltung im engeren Sinne (oder eigentliche bzw. höhere Verwaltung) und Geschäftsführung im weiteren Sinne. Zur Verwaltung im engeren Sinne zählen alle Tätigkeiten der Verwaltung im weiteren Sinne, die nicht unter Geschäftsführung fallen. Insofern ist die einzelne Illustrierung solcher Tätigkeiten unmöglich. Jedoch ist allgemein zu sagen, daß alle Aufgaben der Verwaltung hierzu gerechnet werden können, die sich aus den spezifisch aktienrechtlichen Gegebenheiten ergibt, welche unmittelbar mit der formalen Existenz der AG als juristische Person verbunden sind (Holzach, Diss. S. 14) oder das einwandfreie Funktionieren der inneren Organisation garantieren sollen. Vgl. Vollmar, Diss. S. 9; Schiess, Diss. S. 11. Dagegen teilt sich die Geschäftsführung im weiteren Sinne in die nach innen gerichtete Geschäftsführung (Geschäftsführung im engeren Sinne) und die Vertretung auf. Für die graphische Darstellung vgl. Vollmar, Diss. S. 5.

[3]Holzach, Diss. S. 13; Ünal, Diss. S. 115; Vollmar, Diss. S. 143.

Des weiteren finden die übertragbaren Verwaltungsaufgaben ihre Grenzen im Bereich von solchen Aufgaben, die laut der Bestimmung des Gesetzes oder der Satzung durch den Gesamtverwaltungsrat erfüllt werden müssen.[1]

cc) Haftung der Mitglieder des Ausschusses und der gewöhnlichen Mitglieder des Verwaltungsrats

Wie oben bereits erwähnt, können gem. Art. 318 Abs. 2 THGB den Verwaltungsratsausschüssen nur die verwaltungsinternen Aufgaben übertragen werden. Sie gehören zur sogenannten Verwaltung im engeren Sinne. Die Übertragung solcher Aufgaben bildet aber nicht den Gegenstand einer Delegation in Art. 319 THGB. Deswegen sieht das Gesetz vor, daß die Bestellung des Ausschusses sowie eine Aufgabenübertragung auf den Ausschuß ohne Bestimmung in der Satzung zulässig ist.

Diese Aufgaben werden jedoch - ohne statutarische Ermächtigung - nicht zur selbständigen Erledigung übertragen, sondern sie können nur zur Ausführung, Vorbereitung oder Kontrolle den Ausschüssen zugewiesen werden. Den Ausschüssen kommt somit keine Entscheidungsbefugnis zu. Dies fällt allein in den Kompetenzbereich des Gesamtverwaltungsrats. Daher können sich - wie es beim Verwaltungsratspräsident der Fall war - die restlichen Verwaltungsratsmitglieder, die nicht zum Ausschuß gehören, von der Haftung nicht befreien, wenn der Gesellschaft infolge der Handlung eines Ausschußmitglieds bezüglich der ihm übertragenen Aufgabe ein Schaden entstanden ist: Die Haftung bleibt mithin ungeteilt, also dem Gesamtverwaltungsrat solidarisch.[2] Diese solidarische Haftung greift demgegenüber gem. Art. 338 THGB nicht ein, wenn das einzelne Mitglied beweisen kann, daß ihn dabei kein Verschulden trifft.[3]

In der schweizerischen Literatur wird dagegen von einer Vielzahl von Autoren[4] diesbezüglich die Auffassung vertreten, daß eine Haftungsbeschränkung im Rahmen der an den Ausschuß übertragenen Aufgaben eintritt. Hierzu ist die Auffassung von Lustenberger besonders erwähnenswert. Er meint sinngemäß, daß die Mitglieder des Verwaltungs-

[1]Holzach, Diss. S. 17, 39; Ünal, Diss. S. 115.

[2]Bürgi, Art 714 Anm. 26 Züricher Komm.; Vollmar, Diss. S. 194; Forstmoser, Aktienrecht, § 29 Anm. 23 S. 326; Domanic, Serh S. 508; Arslanli, AS Organizasyonu S. 122; Ünal, Murahhaslara Birakma S. 70.

[3]Vgl. Böckli, Schweizer Aktienrecht Anm. 1979b S. 1077.

[4]Holzach, Diss. S. 74 ff.; Meier-Wehrli, Diss. S. 34 ff.; Diezi, Diss. S. 25 Fn. 74; Lanz, Diss. S. 40; Lustenberger, Diss. S. 62, 131; Bürgi, Art. 714 Anm. 26 ff. Züricher Komm.

ratsausschusses insbesondere bei der Sammlung der Entscheidungsgrundlagen als Experten fungieren und für die Fehler beim Zustandekommen der Expertise nicht der Verwaltungsrat, sondern die Ausschußmitglieder haften sollen, weil der Sinn jeder zulässigen Arbeitsteilung (auf Art. 714 Abs. 2 und Art 717 aOR beziehend) nicht nur die Minderung der Arbeitslast, sondern gleichzeitig die Verwirklichung der Verminderung der Haftung sei.[1] M.E. nimmt Lustenberger in seiner Ausführung keine Rücksicht auf die - oben geschilderte - rechtliche Stellung des Mitglieds des Verwaltungsratsausschusses im Vergleich zu dem Mitglied eines Kollegiums, in dem keine Aufgabenverteilung stattfindet. Bei einem solchen Verwaltungsrat hat nämlich die Gesamtheit der Mitglieder die Organaufgaben zu erfüllen, wobei die Pflicht des Einzelnen in der Mitwirkung bei der Tätigkeit des Kollegiums besteht. Dieses Kollegium arbeitet auf dem Wege von Beratungen und Mehrheitsbeschlüssen, so daß keinem Einzelnen alleinige Befugnis zur Beschlußfassung zusteht (Art. 330 THGB). Insofern können beispielsweise einem Mehrheitsbeschluß, der zur Schädigung der Gesellschaft führt, mangelhafte oder unzuverlässige Informationen oder Vorschläge zugrundeliegen. In diesem Fall haftet aber nicht nur das informierende Mitglied, sondern sämtliche Mitglieder gesamtschuldnerisch.[2] Da dem Verwaltungsratsausschuß, bzw. dessen Mitglied keine eigenständige Entscheidungsbefugnis zusteht, unterscheidet sich seine Rechtsstellung von dem informierenden Mitglied des Kollegialorgans nicht. Obwohl der Beschluß etwa auf unseriös oder mangelhaft zusammengestellten Grundlagen des Ausschusses beruht, ist er im Endeffekt ein solcher des Gesamtverwaltungsrats und infolgedessen haften alle Mitglieder des Verwaltungsrats gesamtschuldnerisch.[3]

Es könnte aber möglich sein, daß die sich unsorgfältig betätigenden Mitglieder des Ausschusses zur differenzierten Ersatzpflicht verurteilt werden. Dies folgt nämlich aus Art. 43 Abs. 1 TOG und OR, wonach der Richter die Art und Größe des Schadensersatzes nach den Umständen und dem Grad des Verschuldens zu würdigen hat. Erscheint demnach

---

[1]Mit dieser Erklärung ähnelt die Meinung Lustenbergers derjenigen von Lanz. Er meint hierzu: „Diese gesetzliche Bestimmung (Art. 714 Abs. 2 aOR) muß eine Haftungsbeschränkung zur Folge haben, damit sie auch von praktischem Nutzen ist: Wäre der organisierte Verwaltungsrat in Bezug auf die Haftung dem nicht organisierten gleichgestellt, dann wäre diese Bestimmung wirklich gesetzgeberischer Ballast." Lanz, Diss. S.40.

[2]Dazu ausführlich vgl. unter Kapitel IV, V, 2, „b) Verantwortlichkeit des einzelnen Verwaltungsratsmitglieds bei der Mehrheitsgeschäftaführung".

[3]Vgl. Domanic, Serh S. 511.

das Verschulden der anderen Vorstandsmitglieder im Verhältnis etwa zu den vorbereitenden Ausschußmitgliedern sehr gering, so können diese Mitglieder den Reduktionsgrund des geringeren Verschuldens gem. Art. 43 Abs. 1 für sich in Anspruch nehmen.[1] [2]

3) Kompetenzverteilung und Delegation gem. Art. 319 THGB

a) Allgemeine Bemerkungen

Art. 319 THGB stellt eine der wichtigen gesetzlichen Grundlagen dar, die dem Verwaltungsrat die Freiheit lassen, seine innere Organisation selbst zu konstituieren. Er schreibt vor: „ *In der Satzung ist zu bestimmen, ob die Verwaltungs- und Vertretungsangelegenheiten* (d.h. Geschäftsführung und Vertretung) *unter den Mitgliedern des Verwaltungsrates aufgeteilt werden sollen oder nicht, falls sie aufgeteilt werden, wie dies geschehen soll. Mindestens einem Mitglied des Verwaltungsrats ist die Vertretungsmacht für die Gesellschaft zu verleihen.*" Dagegen enthält Art. 319 Abs. 2 THGB die Bestimmung: „*In der Satzung kann der Generalversammlung oder dem Verwaltungsrat die Befugnis eingeräumt werden, die Vertretungsmacht und die Verwaltungsangelegenheiten im ganzen oder in gewisser Beziehung Delegierten, die Mitglieder des Verwaltungsrats sind, oder Direktoren, die nicht Aktionäre zu sein brauchen, zu überlassen. Fehlen derartige Bestimmungen, so ist die Vorschrift des Art. 317 (THGB) anzuwenden.*"

Aus genauer Betrachtung dieser beiden Absätze läßt sich feststellen, daß sie sich neben einigen gemeinsamen Punkten in gewisser Weise voneinander unterscheiden. Zu diesen Unterschieden führt Bürgi[3] zutreffenderweise in seinem Kommentar folgendes aus: „ Art. 717 Abs. 1 aOR (= Art. 319 Abs. 1 THGB) stellt in allgemeiner Weise den Grundsatz auf, daß Geschäftsführung und Vertretung unter den Mitgliedern des Verwaltungsrates verteilt werden können. Art. 717 Abs. 2 aOR (= Art. 319 Abs. 2 THGB) handelt von einer besonders weitgehenden Form der Kompetenzübertragung an einzelne Mitglieder der Verwaltung, der sogenannten Delegation der ganzen Geschäftsführung oder einzelner Zweige derselben, und sieht dann zusätzlich vor, daß auch Drittpersonen mit diesen Funktionen betraut werden können." Von dieser Ausführung ausgehend ist hierzu allgemein zu sagen,

---

[1]Vollmar, Diss. S. 194 ff.

[2]Dafür ausführlich vgl. unter Kapitel IV, VI, 1 „c) Berücksichtigung des Verschuldens gem. Art. 43 Abs. I TOG".

[3]Bürgi, Art. 717 Anm. 21 Züricher Komm.

daß der Abs. 1 die gesetzliche Grundlage zur Aufgaben- und Befugnisverteilung an die Mitglieder des Verwaltungsrats ist, Abs. 2 dagegen die gesetzliche Grundlage zur Delegation der Aufgaben - bzw. Befugnisse - an Mitglieder des Verwaltungsrats sowie an Dritte regelt.

Diese begriffliche Unterscheidung spielt gewiß nicht nur bezüglich der gesetzgeberischen Systematik eine wichtige Rolle, sondern sie ist auch in Hinblick auf haftungsrechtliche Aspekte von besonderer Bedeutung. Denn die Haftungsverhältnisse unter den Verwaltungsmitgliedern variieren je nachdem, ob und wie die Kompetenzen (Aufgaben und Befugnisse) des Verwaltungsrats verteilt oder delegiert wurden. Deswegen wird im folgenden zuerst der Begriff „Verteilung der Kompetenzen" und anschließend „Delegation der Kompetenzen" - detailliert - untersucht.

b) Verteilung der Kompetenzen unter den Mitgliedern des Verwaltungsrats gem. Art. 319 Abs. 1 THGB (= Art. 717 Abs. 1 aOR)

aa) Rechtliche Bedeutung und die Voraussetzungen der Kompetenzverteilung

Da die Aktiengesellschaft in der Türkei und Schweiz, wie sie von Forstmoser[1] lustigerweise „als Mädchen für alles" bezeichnet wird, den verschiedenartigsten wirtschaftlichen Bedürfnissen dient, erfordert ihre Organisation dementsprechend weitgehende Flexibilität. In diesem Zusammenhang tritt die Regelung von Art. 319 Abs. 1 THGB in Verbindung mit Abs. 3 Satz 2 und Art. 317 THGB zuvörderst zum Vorschein: Aufgrund Art. 317 THGB wird die Gesellschaft vom Gesamtverwaltungsrat als Kollegialorgan geleitet. Diese Regelung ist für die im türkisch-schweizerischen Recht als Modellform gedachten kleinen Familiengesellschaften ideal. Sie könnte aber andererseits den Bedürfnissen einer Publikumsgesellschaft nicht entgegenkommen. Deswegen weicht der Gesetzgeber diese Regelung auf und erteilt in Art. 319 Abs. 1 THGB dem Verwaltungsrat die Ermächtigung, seine Kompetenzen, d.h. die Befugnisse und Aufgaben, welche Verwaltungs- und Vertretungsangelegenheiten anbelangen (d.h. Verwaltungskompetenzen) unter den Mitgliedern des Verwaltungsrats zu verteilen. Je größer die Gesellschaft ist, um so mehr zeigt sich das Bedürfnis nach Verteilung der Kompetenzen, da der Verwaltungsrat den Überblick über die Einzelheiten eines jeden Geschäfts nicht mehr gewinnen kann.[2]

---

[1]Forstmoser, Aktienrecht § 29 Anm. 10 S. 324.

[2]Ünal, Diss. S. 107.

Der Verwaltungsrat darf aber die Verteilung der Kompetenzen nicht nach seinem völlig freien Ermessen vornehmen. Bei der Beurteilung der Frage, ob und wenn ja, wie diese Kompetenzen unter den einzelnen Mitgliedern des Verwaltungsrats zu verteilen sind, ist die Richtlinie wohl vor allem das Geschäftsinteresse sowie der wirtschaftliche und technische Aufbau des Unternehmens, dem alle organisatorischen Fragen zu unterstellen sind.[1] Des weiteren hat er sich dabei - wie bei jeder Tätigkeit - nach dem Grundsatz der allgemeinen Sorgfaltspflicht und einer Treu und Glauben entsprechenden Handlungsweise zu richten.[2]

Neben diesen materiellen Erfordernissen verlangt Art. 319 Abs. 1 THGB für die Verteilung der Kompetenzen - wie es sich aus dem Wortlaut ergibt - weiterhin die Erfüllung einer formellen Voraussetzung, und zwar, daß die Satzung eine entsprechende Bestimmung enthält (Art. 279 Abs. 2 Nr. 6 THGB).[3] Insofern weicht Art. 717 Abs. 1 aOR vom Art. 319 Abs. 1 THGB ab, indem er auch eine reglementarische Norm, die eine Verteilung vorsieht, als alternative Voraussetzung zu statutarischer Bestimmung fixiert.

Die Art und Weise der Verteilung der Kompetenzen kann in den Satzungen im einzelnen bestimmt werden.[4] Hierzu sind verschiedene Varianten der Verteilung vorgesehen: unter fachlichen Gesichtspunkten kann etwa einem Mitglied die finanzielle, einem anderen die technische und einem weiteren die kaufmännische Betriebsführung übertragen werden. Auch durch die Bildung einzelner Ressorts etwa für Forschung und Entwicklung, Technik, Produktion, Marketing kann in der Satzung eine rationelle Kompetenzverteilung unter den Mitgliedern des Verwaltungsrates vorgenommen werden. Dieser Modus der Verteilung der Kompetenzen in der Satzung ist für den Verwaltungsrat verbindlich. Beachtet er ihn nicht, so kann von einer zulässigen Verteilung keine Rede sein.

In der Praxis wird wohl von den meisten Gesellschaften im Wege der statutarischen Bestimmung dem Verwaltungsrat eine generelle Ermächtigung erteilt, wonach der Verwaltungsrat die Kompetenzen nach seinem Gutdünken unter seinen Mitgliedern verteilen

---

[1]Bürgi, Art. 717 Anm. 21 Züricher Komm.

[2]Bürgi, Art. 712 Anm. 23 Züricher Komm.

[3]Dieser Artikel enthält die folgende Bestimmung: *„In der Satzung sind die Art und Weise der Wahl derjenigen, welche zur Verwaltung und Kontrolle der Gesellschaftsangelegenheiten verpflichtet sind, sowie deren Rechte und Pflichten und die Unterschriftsberechtigten aufzunehmen."*

[4]Vgl. Y. 11. HD. 6.12.1978 T. E. 4546/K. 4854.

darf. Das ist zweifellos zulässig[1] und zweckmäßiger. Denn der Verwaltungsrat kann einerseits als Organ, das für Geschäftsführung und Vertretung der Gesellschaft zuständig ist, besser einschätzen, wie eine den Erfordernissen und Eigenschaften des jeweiligen Unternehmens entsprechende Kompetenzverteilung verwirklicht werden kann, andererseits kann er aufgrund dieser generellen Ermächtigung die innere Organisation der Verwaltung parallel zu nahezu immer unvoraussehbaren wirtschaftlichen Entwicklungen ausgestalten und gegebenenfalls ohne weiteres umändern. So kann beispielsweise der Verwaltungsrat nötigenfalls die Anzahl der Ressorts sowie die Anzahl der für deren Verwaltung zuständigen Verwaltungsratsmitglieder formlos erhöhen oder verringern. Diese Art ist natürlich im Vergleich zu der sehr umständlichen Satzungsänderung wegen Veränderung der Verteilung von Aufgaben und Befugnissen unter den Verwaltungsratsmitgliedern praktischer.

Die Kompetenzverteilung auf Grund der satzungsmäßigen Ermächtigung erfolgt in der Sitzung des Gesamtverwaltungsrats durch Beschluß. Für die normale Beschlußfassung gilt im türkischen Aktienrecht nach Art. 330 THGB unter Vorbehalt einer anderslautenden Satzungsbestimmung das Mehrheitsprinzip. M. E. weicht aber der über die Kompetenzverteilung zu fällende Beschluß von dieser dispositiven Regelung ab und erfordert *Einstimmigkeit*. Demnach müssen sich also alle Verwaltungsratsmitglieder an der Sitzung beteiligen und ohne einzige Gegenstimme den Beschluß fassen. Dies folgt aus der Tatsache, daß es sich um eine elementare Maßnahme des Gesamtverwaltungsrats handelt, welche die Verhältnisse der Haftung unter den Mitgliedern des Verwaltungsrats in erheblichem Maße ändern.[2]

Die Kompetenzverteilung kann auch nach der Anzahl der Mitglieder des Verwaltungsrats variieren, unter denen gewisse Aufgaben und Befugnisse aufgeteilt werden. Insofern kann sowohl in der Satzung selbst als auch aufgrund einer diesbezüglichen statutarischen Ermächtigung durch den Verwaltungsrat die Verwaltungskompetenzen an „ein" oder „mehrere Mitglieder des Verwaltungsrats" also an „eine Gruppe" (Gremium) verteilt werden. Im zweiten Fall spricht man von Verwaltungsratsausschuß bzw.-kommission.

---

[1]Camoglu, Doz. S. 168; Arslan, Diss. S. 57.

[2]Darüber hinaus spricht für die Erfordernis der Einstimmigkeit auch das für das türkische Privatrecht charakteristische Prinzip der „Privatautonomie". Wie bei der Bestellung der Verwaltungsratsmitglieder kann nämlich keinem Mitglied gegen seinen Willen etwa ein Tätigkeitsressorts, für dessen Verwaltung es grundsätzlich allein und voll verantwortlich werden würde, zugewiesen werden.

Dieser Ausschuß soll auf keinen Fall mit dem Ausschuß in Art. 318 Abs. 2 THGB vermengt werden. Wie oben bereits erörtert, handelt es sich bei der Tätigkeit eines Ausschusses im Sinne von Art. 318 Abs. 2 THGB um rein verwaltungsinterne Funktion. Die Mitglieder dieses Ausschusses handeln also als Hilfe im Bereich der engeren Verwaltung. Das Ausschuß im Sinne von Art. 318 Abs. 2 THGB bildet folglich ein Teil des Verwaltungsorgans, der keine eigene Organeigenschaft trägt und diejenigen Aufgaben erfüllt, die nach gesetzlichen oder statutarischen Bestimmungen nicht durch den Gesamtverwaltungsrat erfüllt werden müssen. Dabei kommt aber dem Ausschuß keine eigenständige Entscheidungskompetenz zu, ihm können ausschließlich die vorbereitenden und überwachenden Aufgaben ohne statutarische oder reglementarische Ermächtigung zugewiesen werden.

Dagegen kann ein Verwaltungsratsausschuß im Sinne von Art. 319 THGB (geschäftsführender Ausschuß genannt), wie bereits erwähnt, direkt in der Satzung oder aufgrund einer diesbezüglichen statutarischen Ermächtigung durch den Verwaltungsrat bestellt werden. Ihm können nach allgemeiner Ansicht die Aufgaben der Verwaltungstätigkeiten im weiteren Sinne zugewiesen werden[1], wobei ihm eigene Entscheidungskompetenz zufällt. Überdies kommt dem geschäftsführenden Ausschuß die Organeigenschaft zu.[2] Übrigens bewirkt die Bildung eines geschäftsführenden Ausschusses im Gegensatz zum Ausschuß im Sinne von Art. 318 Abs. 2 THGB die Milderung der Haftung der anderen Mitglieder des Verwaltungsrats, was noch detaillierter untersucht wird. Ein anderer Unterschied zwischen beiden Ausschüssen liegt darin, daß der Ausschuß im Sinne von Art. 318 Abs. 2 THGB aus einem oder mehreren Verwaltungsratsmitgliedern bestehen kann, während der geschäftsführende aus zwei oder mehr Mitgliedern des Verwaltungsrats besteht.[3]

bb) Haftung im Falle der zulässigen Kompetenzverteilung gem. Art. 319 Abs. 1 THGB

Es wurde oben mehrmals zur Sprache gebracht, daß das türkisch-schweizerische Aktienrecht für die Verwaltungsmitglieder wegen der Pflichtverletzung als Prinzip die gesamtschuldnerische Haftung vorsieht. Das türkische Handelsgesetzbuch setzt sich aber im Art. 336 Abs. 2 über dieses Prinzip hinweg, indem es bestimmt, daß nur das in Frage kom-

---

[1]Vgl. Holzach, Diss. S. 39; Vollmar, Diss. S. 145.

[2]Holzach, Diss. S. 39.

[3]Vollmar, Diss. S. 144.

mende Mitglied haftet, während die gesamtschuldnerische Haftung keinen Platz greift, wenn die Erfüllung der Pflichten, welche von den in Nr. 1-4 des Abs. 1 THGB aufgestellten Pflichten ausgenommen sind, gem. Art. 319 THGB auf ein Mitglied übertragen worden ist. Bekanntermaßen enthält eine derartige Bestimmung weder das deutsche AktG noch das alte oder das revidierte OR.

Diese Regelung rechtfertigt aber die für fast den ganzen Teil der Rechtsordnung geltende untrennbare Korrelation der Freiheit mit der Verantwortlichkeit, wonach der Rechtsgenosse die Folgen seines Tuns zu tragen hat, soweit er sich frei entscheiden kann.[1] Die Verantwortung bildet folglich die Kehrseite der Freiheit, d.h. sie sind zwei Begriffe, die sich gegenseitig bedingen. Im Falle der Aufgabenverteilung trägt dieser Tatsache zufolge jedes einzelne Mitglied - bzw. jede Gruppe - für den ihm zugewiesenen Arbeitsbereich (Kompetenzbereich) die volle Verantwortung, da er etwa aufgrund der statutarischen Verteilung diesen Arbeitsbereich grundsätzlich selbständig zu führen hat und ihm die damit zusammenhängende Entscheidungsfreiheit ipso iure zufällt. Insofern kann das Mitglied verbindlicherweise für seinen Zuständigkeitsbereich zu treffende Maßnahmen allein vornehmen.[2] Diese werden dann dem Organ Verwaltungsrat und gleichzeitig - als juristischer Person - der Gesellschaft zugerechnet.

Hierzu ist aber zu bemerken, daß weder die bereits in der Satzung vorgenommene noch die aufgrund einer diesbezüglichen statutarischen Ermächtigung durch den Verwaltungsrat vorgenommenen Kompetenzverteilung (gem. Art. 319 Abs. 1 THGB) trotz der Regelung des Art. 336 Abs. 2, die bei der Kompetenzverteilung die solidarische Haftung unter den Verwaltungsratsmitgliedern explizit beseitigt, bewirkt, daß das einzelne Verwaltungsratsmitglied sich ausschließlich auf sein eigenes Tätigkeitsressort beschränken darf und sich um diejenigen seiner Kollegen ganz und gar nicht zu kümmern braucht. Derartige Annahmen würden vor allem gegen den Grundsatz von „Treu und Glauben" in Art. 2 Abs.1 TZGB (Art. 2 Abs.1 ZGB) verstoßen, welcher jedermann in Ausübung seiner Rechte und in Erfüllung seiner Pflichten nach Treu und Glauben zu handeln verpflichtet.

Abgesehen vom Grundsatz von „Treu und Glauben" erfordert auch die gem. Art. 320 THGB von den Verwaltungsratsmitgliedern bei der Leitung der Gesellschaft erwartete allgemeine Sorgfaltspflicht, daß bei einer Kompetenzverteilung alle Verwaltungsratsmitglie-

---

[1]Westermann, Vorstand, FS für Vits S. 254.

[2]Vgl. Domanic, Serh S. 510.

der bei anderen Ressortbereichen darauf achten müssen, ob sie auch ordnungsgemäß verwaltet werden. Es besteht also für alle Verwaltungsratsmitglieder eine *allgemeine Überwachungspflicht*. In diesem Zusammenhang wird auch von einem großen Teil der türkischen Aktienrechtsliteratur[1] in Anlehnung an die deutsche Literatur, aber ohne Begründung, eine Überwachungspflicht nahegelegt. Der allgemeinen Überwachungspflicht zufolge haben sich alle Verwaltungsratsmitglieder über Angelegenheiten der ihnen nicht zugewiesen Ressortbereiche sorgfältig und hinreichend zu informieren.[2] Um diese Überwachungspflicht zugunsten der anderen Mitglieder zu erleichtern, könnte man sogar durch statutarische Bestimmung das dem Tätigkeitsbereich zugewiesene Mitglied verpflichten, von sich aus Auskunft über gewisse Angelegenheiten seines Tätigkeitsbereichs zu erteilen.

Ergeben sich aus dieser Auskunft besondere Verdachtsgründe, daß das Mitglied in seinem Ressort den Verpflichtungen nicht gewachsen ist bzw. sie nicht sorgfältig erfüllt u.ä., so haben die übrigen Mitglieder einzugreifen. Das heißt, sie müssen vom Präsidenten die Einberufung des Verwaltungsrats verlangen (Art. 331 Abs. 2 THGB) den Umstand dem Gesamtverwaltungsrat zur Besprechung unterbreiten und gegebenenfalls von dieser Situation die Kontrolleure verständigen.

Aufgrund der bisherigen Ausführungen sei also hier als Zwischenergebnis festzuhalten, daß bei der Kompetenzverteilung nach Art. 319 Abs. 1 THGB jedes Verwaltungsratsmitglied im Prinzip nur für seinen eigenen Kompetenzbereich verantwortlich ist[3] und trotz der Regelung des Art. 336 Abs. 2 THGB jedes Verwaltungsratsmitglied eine allgemeine Überwachungspflicht für den Kompetenzbereich seiner Verwaltungskollegen trifft. Mit anderen Worten: das einzelne Verwaltungsratsmitglied, dem kein besonderer Kompetenzbereich zugewiesen worden ist, haftet solidarisch mit den Verwaltungskollegen, denen ein

---

[1]Statt vieler vgl. Camoglu, Doz. S. 168; Domanic, Serh S. 512; Arslan, Diss. S. 60. Für schweizerisches Recht vgl. Bürgi, Art. 722 Anm. 4 Züricher Komm.; Meier-Wehrli, Diss. S. 35; Biggel, Diss. S. 58.

[2]Der mit "*Rechte der Mitglieder*" überschriebener Art. 331 THGB, welcher denjenigen Mitgliedern, denen kein Kompetenzbereich zugewiesen ist, in der Sitzung des Verwaltungsrats das Auskunftsrecht von den mit Geschäftsführung und Vertretung betrauten Mitgliedern, gewährt, sollte nicht so einschränkend ausgelegt werden. Diese Regelung muß dahingehend interpretiert werden, daß die anderen Mitglieder nicht nur in der Sitzung, sondern auch bei Vorliegen eines Verdachts von den ihnen bestimmten Tätigkeitsbereich erteilten Mitgliedern die Auskunft über den Gang und die Geschäfte verlangen dürfen. Dies stellt sowohl ein Recht als auch eine Pflicht der übrigen Mitglieder dar.

[3]Vgl. unter Kapitel IV, III, 2, c, „cc) Haftung der Mitglieder des Ausschusses und der gewöhnlichen Mitglieder des Verwaltungsrats".

Kompetenzbereich zugewiesen worden ist; dies gilt für den Fall, daß in diesem Bereich ein Fehler aufgetreten ist, der einen Schaden am Vermögen der Gesellschaft verursacht hat, wenn dem einzelnen Verwaltungsratsmitglied der Nachweis nicht gelingen kann, daß es seinen Kollegen bei der Tätigkeit in diesem besonderen Kompetenzbereich mit der Sorgfalt eines vernünftigen und gewissenhaften Geschäftsmannes überwacht und beim Vorliegen wichtiger Anhaltspunkte für eine Pflichtverletzung für Abhilfe gesorgt hat, um einen eventuellen Schaden zu verhindern.[1]

Nach diesem Zwischenergebnis bleibt nun noch die Frage zu beantworten, ob trotz der Regelung des Art. 336 Abs. 2 THGB die Verwaltungsratsmitglieder solidarisch für die Zweckmäßigkeit der Verteilung der Kompetenzen und der ordentlichen Verteilung derselben unter den Verwaltungsratsmitgliedern haften. Die Antwort auf diese Frage unterscheidet sich jedoch danach, ob die Verteilung durch den Verwaltungsrat aufgrund der satzungsmäßigen Ermächtigung oder bereits in der Satzung vorgenommen worden ist. Im ersten Fall, also wenn die Verteilung - wie es in der Praxis fast die Regel - durch den Gesamtverwaltungsrat entsprechend der Satzung, in der allgemein bestimmt wurde, daß der Verwaltungsrat nach seinem Ermessen die Verteilung durchzuführen hat, vorgenommen wurde, sind alle Verwaltungsratsmitglieder nur für die ordentliche (anständige) Verteilung der Kompetenzen gesamtschuldnerisch verantwortlich. Dies läßt sich aus der einfachen Tatsache schließen, daß die Kompetenzverteilung auf dem Beschluß des Gesamtverwaltungsrats beruht und deswegen alle daran Beteiligten die Konsequenzen zu tragen haben.

Um dieser Haftung entkommen zu können, müssen die Verwaltungsratsmitglieder, wie bereits erwähnt, bei der Beurteilung der Frage, welchem Mitglied welche Aufgaben und Befugnisse zugewiesen werden sollten, die ihnen obliegende Sorgfalt in beträchtlichem Maße anwenden, wobei diese je nach der Größe des Unternehmens und der Tragweite der zu verteilenden Kompetenzen unterschiedlich ist. In dieser Beziehung sollten sie zuerst den Modus einer rationalen Verteilung der Verwaltungsaufgaben und -befugnisse für die jeweilige Gesellschaft festsetzen, wobei sie hierzu Sachverständige innerhalb und außerhalb des Unternehmens heranziehen können. Nach der Feststellung der Tätigkeitsbereiche bzw. Kompetenzbereiche - d.h. des Modus - sollten sie die Anforderungen an eine ideale Verwaltung dieser Bereiche, denen die Mitglieder gewachsen sein müssen, aufstellen. Schließlich sind in der Sitzung im Wege der kritischen Besprechung die Tätig-

---

[1]Ähnlich auch Camoglu, Doz. S. 169; Arslan, Diss. 60. Zur etwas anderen Ansicht vgl. Arslanli, AS Organizasyonu S. 174 Fn. 198.

keitsbereiche an geeignete Mitglieder des Verwaltungsrates durch einstimmigen Beschluß zu verteilen.

Im zweiten Fall dagegen, also wenn der Modus der Verteilung der Kompetenzen und die Träger derselben in der Satzung längst bestimmt sind, haften die Verwaltungsratsmitglieder logischerweise weder für die Zweckmäßigkeit noch für die Anständigkeit der Verteilung (d.h. für die ordnungsgemäße Auswahl der Träger der Kompetenzen). Denn die Verteilung weder bezüglich des „Ob" noch des „Wie" beruht auf dem freien Willen des Gesamtverwaltungsrats. Die Verwaltungsmitglieder sind lediglich für die Durchführung der Verteilung nach statutarisch vorgeschriebenem Vorbild verantwortlich.

cc) Haftung im Falle der unzulässigen (faktischen) Kompetenzverteilung gem. Art. 319 Abs. 1 THGB

Die häufigste Erscheinungsform einer solchen unzulässigen (faktischen) Kompetenzverteilungen in der Aktienpraxis bildet das Fehlen einer statutarischen Ermächtigung.[1] Hier interessiert vor allem die Frage der aktienrechtlichen Haftungslage des Mitgliedes, dem unzulässigerweise bestimmte Aufgaben und Befugnisse zugewiesen wurden, sowie diejenige der übrigen Mitglieder.

Diesbezüglich wird in der türkischen Literatur[2] zutreffend fast einhellig die Meinung vertreten, daß die Kompetenzverteilung ohne statutarische Ermächtigung für die Gesellschaft keine Verbindlichkeit und Geltung hat. Ihr kommt jedoch hinsichtlich der Organisation eine innere Bedeutung im Sinne von Art. 318 Abs. 2 THGB zu.[3] Die Beschlüsse des mit einem Ressort beauftragten Mitgliedes gelten als solche des Gesamtverwaltungsrates. Denn es fehlt ihm wegen des Fehlens der satzungsmäßigen Ermächtigung -wie bei der inneren Aufgabenverteilung nach Art. 318 Abs. 2 THGB- die Befugnis für die alleinige Beschlußfassung. Werden also die Kompetenzen unter den Mitgliedern des Verwaltungsrats ohne satzungsmäßige Ermächtigung verteilt, so begründet diese Verteilung weder die erstgradige Haftung des dem bestimmten Bereich zugewiesenen Mitglieds noch befreit sie die

---

[1]In der Praxis ist auch häufig anzutreffen, daß die Verwaltungskompetenzen unter den Mitgliedern des Verwaltungsrates unter Mißachtung des in der Satzung vorgesehenen Modus verteilt werden.

[2]Arslanli, AS Organizasyonu S. 122; Camoglu, Doz. S. 169; Arslan, Diss. S. 58 ff.; Ünal, Diss. S. 109.

[3]Vgl. Arslanli, AS Organizasyonu S. 122; Camoglu, Doz. S. 169; Arslan, Diss. S. 58 ff.; Ünal, Diss. S. 109.

weiteren Mitglieder von ihrer Haftung: alle Mitglieder des Verwaltungsrats haften für den einem von ihnen zugewiesenen Kompetenzbereich gesamtschuldnerisch.[1]

Dieses Ergebnis rechtfertigt folgende Überlegung: die Verteilung ist für die Aktiengesellschaft aufgrund des dispositiven Charakters der Bestimmung von Art. 319 Abs. 1 THGB nicht obligatorisch. Nützt sie diese Möglichkeit aber, so haben die Aktionäre sowie die Gläubiger ein Interesse daran, von der Existenz der Aufgabenverteilung zu wissen. Das In-Kenntnis-Setzen der Aktionäre sowie der Gläubiger geschieht durch eine entsprechende Bestimmung in der Satzung (gem. Art. 279 Abs. 1 Nr. 6 THGB). Wenn aber die Satzung keine derartige Bestimmung enthält - und die Verteilung trotzdem durchgeführt wird - so dürfen die Aktionäre und insbesondere die Gläubiger, daß die Gesellschaft auf die Verteilung verzichtet und einen besonderen Wert auf die Leitung der Gesellschaft durch den Gesamtverwaltungsrat legt, darauf vertrauen, und man hat sie dann in diesem Glauben zu schützen.

c) Kompetenzdelegation an Mitglieder des Verwaltungsrates und Dritte gem. Art 319 Abs. 2 THGB (= Art. 717 Abs. 2 aOR = Art. 716b OR)

aa) Allgemeine Bemerkungen

Artikel 319 Abs. 2 THGB schreibt vor, daß der Generalversammlung oder dem Verwaltungsrat in der Satzung die Befugnis eingeräumt werden kann, die Vertretungsmacht und die Verwaltungsangelegenheiten im Ganzen oder nur in gewisser Beziehung an Delegierte, die Mitglieder des Verwaltungsrates sind, oder an Direktoren, die nicht einmal Aktionäre zu sein brauchen, zu delegieren. Diese Regelung bildet den eigentlichen Mittelpunkt für die Flexibilität der Organisation besonders der großen Aktiengesellschaften.[2] Aufgrund dieser Regelung können die großen Aktiengesellschaften[3] ihre innere Organisation entsprechend den Erfordernissen des modernen Wirtschaftslebens selbst konstituieren. In

---

[1]Zu gleichem Ergebnis vgl. Camoglu, Doz. S. 169; Arslan, Diss. S. 60.

[2]Forstmoser/Meier-Hoyoz, Einführung ins SAR, § 24 II Anm. 22 S. 178.

[3]Unter dem hier verwendeten Begriff „große Aktiengesellschaft" ist (im türkisch-schweizerischen Rechtssystem) eine Gesellschaft zu verstehen, die a). einen ausgedehnten Geschäftsbetrieb unterhält, bei welchem sich die Frage der Arbeitsteilung in besonderem Maße stellt; b). über eine breite Kapitalbasis verfügt, wobei nicht die Form des Kapitals ausschlaggebend sein kann; c). eine größere Zahl von Mitarbeitern beschäftigt; d). volkswirtschaftlich von Bedeutung ist. Vgl. Vischer, Delegationsmöglichkeit S. 346. Zur privaten Aktiengesellschaft bzw. Familiengesellschaft vgl. Stahelin, Private Aktiengesellschaft S. 77 ff.

diesem Zusammenhang hat der Verwaltungsrat infolge entsprechender statutarischer Bestimmungen etwa die Möglichkeit, die Geschäftsführungskompetenzen an die Generaldirektion zu übertragen, die die Aufgabenbereiche den Haupt- und Zentraldirektoren überträgt, welche ihrerseits Teilaufgaben an die Regionaldirektoren, Sitzleiter und Abteilungsvorsteher weiterleiten.[1]

Aufgrund dieses Artikels kann im Prinzip das eingliedrige Verwaltungsratssystem des türkisch-schweizerischen Aktienrechts (ähnlich wie in romanischen und angelsächsischen Gesetzgebungen), wonach Leitungs- und Aufsichtsorgan dasselbe ist, im größtmöglichen Ausmaß zu einem zweigliedrigen (ähnlich wie im deutschen Recht) modifiziert werden, in dem sich infolge Delegation die Aufgabe des Gesamtverwaltungsrates auf die Überwachung und Festsetzung von Richtlinien für die Geschäftspolitik beschränkt, während die Delegierten und Direktoren als eigentliches Exekutivorgan fungieren.[2] [3] Diese Organisationsumwandlung ist in der Aktienpraxis wiederum häufig bei großen AG anzutreffen.

Häufig kommt dieser Artikel aber auch den kleineren, zumal Familiengesellschaften (kleinere Familien-AG) zugute. Auf ihm basierende Delegation ermöglicht nämlich eine wesentliche Erleichterung sowohl für die Gesellschaft als auch für Dritte im Geschäftsverkehr. Denn der ausschließlich aus Aktionären zusammengesetzte Verwaltungsrat erweist sich für kontinuierliche unmittelbare Ausübung der Verwaltungstätigkeiten als ungeeignet und meistens auch sehr kompliziert.

bb) Formelle Voraussetzungen für die Delegation der Kompetenzen

Wie aus dem eindeutigen Wortlaut des Art. 319 Abs. 2 THGB hervorgeht, verlangt der Gesetzgeber hinsichtlich der Delegation der Kompetenzen zwei formelle Zulässigkeitserfordernisse: einerseits die statutarische Ermächtigung der Generalversammlung oder des Verwaltungsrats hierzu, andererseits den jeweilige Beschluß des kompetenten (ermächtigten) Organs über die Delegation.

---

[1]Greyerz, Privatrecht, B VIII/2 § 17 S. 207.

[2]Vgl. Lustenberger, Diss. S. 64.

[3]Diese Organisationsumwandlung geschieht selbstverständlich nicht in der Konsequenz eines eigentlichen Aufsichtsratssystems, worauf im einzelnen vorne eingegangen wird. Vgl. unter Kapitel IV, III, 3, c, „ff) Haftung bei der Delegation der Kompetenzen".

aaa) Statutarische Ermächtigung

Zu diesem ersten Erfordernis des Art. 319 Abs. 2 THGB weicht die Bestimmung des Art. 717 Abs. 2 aOR in der Weise ab, daß letzterer die reglementarische Ermächtigung als alternatives Erfordernis zur statutarischen vorschreibt.[1] [2] Auf jeden Fall muß aber die Ermächtigung in den Statuten (Satzungen) möglichst unzweideutig und evident sein. Wenn die Satzung die Delegation direkt regelt, so hat sie zu beinhalten (nach Art. 279 Abs. 2 Nr. 6 THGB), welches von den beiden Organen (die Generalversammlung oder der Verwaltungsrat) ermächtigt wird, die Delegation durchzuführen, und ob die Kompetenzen nur innerhalb des Verwaltungsrates an Delegierte abgegeben werden oder auch an Dritte (Delegierte) übertragen werden dürfen.[3] Dagegen ist es nicht erforderlich, daß die Statuten die ausführliche Angaben über die an Delegierte oder Direktoren zu übertragenden Kompetenzen (d.h. den Modus der Delegation) enthalten. Sie können zwar diese Ermächtigung auf gewisse Kompetenzen beschränken, in der Praxis ist es aber nicht selten anzutreffen, daß die Satzung dem Verwaltungsrat eine generelle Ermächtigung zur Überlassung der Kompetenzen an Delegierten und/oder Direktoren erteilt.[4] Dies ist erlaubt und zweckmäßig.[5]

Das Gesetz sieht jedoch explizit vor, daß in der Satzung ausschließlich zwei Organe der Gesellschaft (GV und VR) zur Durchführung der Delegation ermächtigt werden dürfen. Infolgedessen ist es nicht zulässig, ein anderes Organ, wie zum Beispiel die Direktion zur Übertragung der Kompetenzen zu ermächtigen.[6] Nach allgemein anerkannter Meinung in der Literatur[7] darf jedoch die Generalversammlung ihre Regelungskompetenz, also die

---

[1]Gem. Art. 717 Abs. 2 aOR kann also die Satzung die Delegation selber regeln oder sie kann zu diesem Zwecke eine Reglement vorsehen. Hier ist also unter „Reglement" -wie in Abs. 1 des Art. 717 aOR der Fall- dasjenige Reglement, das von der Satzung vorgesehen ist, zu verstehen. Vgl. Vollmar, Diss. S. 32.

[2]Diesbezüglich schreibt das revidierte OR in Art. 716b Abs. 1 vor, daß im Falle der Übertragung der Geschäftsführung ein „Organisationsreglement" erforderlich ist. Der Abs. 2 des Art. 716b OR besagt dagegen folgendes: *"Dieses Reglement ordnet die Geschäftsführung, bestimmt die hierfür erforderlichen Stellen, umschreibt deren Aufgaben und regelt insbesondere die Berichterstattung."*

[3]Vgl. Vollmar, Diss. S. 33.

[4]Ünal, Murahhaslara Birakma S. 70 ff.; Arslan, Diss. S. 99.

[5]Vgl. Kapitel IV, III, 3, b, „aa) Rechtliche Bedeutung und die Voraussetzungen der Kompetenzverteilung".

[6]Bürgi, Art. 717 Anm. 18 Züricher Komm.; Vollmar, Diss. S. 39; Ünal, Diss. S. 109.

[7]Statt vieler vgl. Bürgi, Art. 717 Anm. 20 Züricher Komm.; Vollmar, Diss. S. 37 m.w.N.

Befugnis, eine Delegation durchzuführen, auf den Verwaltungsrat übertragen, sofern sie durch die Satzung hierzu ausdrücklich ermächtigt wurde.

bbb) Beschluß des ermächtigten Organs über die Kompetenzdelegation

Die zweite formelle Voraussetzung für eine gültige Delegation der Kompetenzen bildet der Beschluß des hierzu ermächtigten Organs. Sieht die Satzung einen Modus für die Delegation vor, so muß dieser Beschluß inhaltlich diesem Modus entsprechend gefaßt werden, um Wirksamkeit zu entfalten. Widrigenfalls kann er von den jeweiligen Berechtigten angefochten werden (Art. 381 THGB). Enthält dagegen die Satzung keine Bestimmung über den Modus der Delegation, so kann das ermächtigte Organ (Generalversammlung oder Verwaltungsrat) nach seinem Gutdünken die Kompetenzen der Geschäftsführung und/oder der Vertretung an Mitglieder des Verwaltungsrats und/oder Dritte, die nicht Aktionär zu sein brauchen, im Ganzen oder zum Teil überlassen. Jedenfalls haben sie sich nach den Erfordernissen und dem Wesen des in Frage kommenden Unternehmens zu richten. Dabei müssen sie in erster Linie die Interessen der Gesellschaft wahrnehmen und dürfen sich nicht über die Grundsätze von „Treu und Glauben" (Art. 2 TZGB) und der „allgemeiner Sorgfaltspflicht" (Art. 320 THGB) hinwegsetzen.

Über die Beschlußfähigkeit der Generalversammlung hinsichtlich einer Delegation enthält das Gesetz keine spezielle Bestimmung. Auch hier gelten also die allgemeinen Normen von Art. 369-372 THGB über die Beschlußfassung, wonach die Generalversammlung bei der Anwesenheit der mindestens ein Viertel des Grundkapitals vertretenden Aktionäre beschlußfähig wird, es sei denn, die Satzung enthält darüber eine von diesen Normen abweichende Bestimmung.

Wiederum findet sich im THGB keine spezielle Bestimmung über die Beschlußfähigkeit des Verwaltungsrats für eine Delegation. Trotz dieses Nichtvorhandenseins einer speziellen Bestimmung im Gesetz hat m.E. der Verwaltungsrat den Beschluß über die Delegation *einstimmig* zu fassen. Dies folgt aus der Tatsache, daß es sich, wie es auch bei der Kompetenzverteilung unter den Verwaltungsratsmitgliedern der Fall ist, um eine elementare Maßnahme des Gesamtverwaltungsrats handelt, welche die Verhältnisse der Haftung unter den Mitgliedern des Verwaltungsrats in erheblichem Maße ändern.[1]

---

[1]Vgl. Kapitel IV, III, 3, b, „aa) Rechtliche Bedeutung und die Voraussetzungen der Kompetenzverteilung".

cc) Rechtsnatur des Verhältnisses der Delegierten bzw. Direktoren zur Aktiengesellschaft

Die Frage der Haftung der Delegierten und Direktoren sowie des Gesamtverwaltungsrats im Falle der Delegation von Kompetenzen setzt die vorherige Lösung der Frage des Rechtscharakters im Verhältnis zwischen Gesellschaft, Delegierten und Direktoren voraus. Aus diesem Grunde soll hier versucht werden, unter Berücksichtigung der jeweiligen türkischen und schweizerischen Literatur eine Lösung auf diese Frage zu finden.

In der früheren schweizerischen Literatur (zum aOR) wurde hierzu von Meyer[1] die Meinung vertreten, der Delegierte unterstehe dem Gesamtverwaltungsrat; das Rechtverhältnis des Delegierten mit der Gesellschaft sei eine „Unterbeauftragung"[2]. Betraue der Verwaltungsrat eines seiner Mitglieder mit der Ausführung eines Teiles seiner Aufgaben, so erfolge dies nicht im Namen der Gesellschaft, sondern im eigenen Namen. Der Gesamtverwaltungsrat, so Meyer, hat auch Anspruch auf richtige Erfüllung des Auftrages von Seiten des Delegierten.

In der türkischen Literatur haben sich mit dieser Frage sehr wenige Autoren, nämlich nur Hirsch, Arslanli und Camoglu, befaßt. Arslanli[3] -und in Anlehnung an ihn Atan[4]- ist insofern der Ansicht, daß dieses Verhältnis nicht als Unterbeauftragung qualifiziert werden kann; hier gehe es vielmehr darum, daß, wie bei den Kollektivgesellschaften, eine Maßnahme einen Verlust auf Seiten mancher Verwaltungsratsmitglieder (gemeint sind diejenigen Mitglieder, denen keine Verwaltungsbefugnisse übertragen wurden), nämlich der Verwaltungskompetenzen, und seitens der Delegierten und Direktoren die Übertragung derselben mit sich bringt. In diesem Sinne seien weder die Delegierten noch Direktoren ein Ausführungsorgan des Verwaltungsrats. Die Übertragung (Delegation) bewirke also die Verdrängung des Gesamtverwaltungsrates durch die Delegierten und Direktoren im Rahmen der übertragenen Kompetenzen. In diesem Rahmen stehe dem Verwaltungsrat kein Recht mehr zu, in Angelegenheiten der Verwaltung zu intervenieren, insbesondere verbindliche Weisungen zu erteilen. Die Delegierten und Direktoren seien alleinige Träger der Verwaltungskompetenzen. Diese Kompetenzen bekämen sie nicht direkt vom Verwaltungsrat,

---

[1] Meyer, Diss. S. 41 ff.

[2] Auch Bürgi geht davon aus, daß der Delegierte als Beauftragter des Verwaltungsrates zu betrachten sei. Vgl. Bürgi, Art. 717 Anm. 26 Züricher Komm.

[3] Arslanli, AS Organizasyonu S. 123 ff.

[4] Atan, Diss. S. 34.

sondern von der Generalversammlung. Denn der Beschluß des Verwaltungsrats über die Delegation wirke wie ein Beschluß der Generalversammlung. Aufgrund dieses Beschlusses komme ein Rechtsverhältnis zwischen Gesellschaft und Delegierten zustande. Deswegen dürften die Delegierten ausschließlich von der Generalversammlung entlassen werden.

Nach Ansicht von Camoglu[1] kommt sowohl infolge der Bestellung durch Beschluß des Verwaltungsrates als auch der Generalversammlung ein Verhältnis zwischen Delegierten bzw. Direktoren und der Gesellschaft als juristischer Person zustande: Der Verwaltungsrat handle bei der Bestellung als Organ der Gesellschaft, er vertrete also die Gesellschaft. Infolge des Bestellungsakts erlange der Delegierte (bzw. Direktor) die Eigenschaft der Organperson, die im ihr übertragenen Kompetenzbereich eigenständig fungiere. Dagegen behalte der Gesamtverwaltungsrat trotz der Delegation manche Kompetenzen bei, wie z.B. die Beaufsichtigung der Delegierten. Dies indiziere aber nicht, daß ein Rechtsverhältnis im schuldrechtlichen Sinne zwischen Gesamtverwaltungsrat und Delegierten existiere.

M.E ist der Ansicht von Camoglu grundsätzlich zuzustimmen. Dies läßt sich durch folgende Überlegungen begründen:

Wie bei der Bestellung der Mitglieder des Verwaltungsrates entsteht durch den auf der statutarischen Ermächtigung basierenden Beschluß des Verwaltungsrates bzw. der Generalversammlung ein organschaftliches (körperschaftsrechtliches) Verhältnis zwischen den Delegierten und der Aktiengesellschaft. Hier handeln also die beiden Organen, je nach Bestimmung in der Satzung; der Verwaltungsrat oder die Generalversammlung als Kreativorgan schafft durch die organschaftliche Handlung neue Organe, indem er/sie eine ihm/ihr statutarisch vorgeschriebene Verpflichtung erfüllt. Das Gesetz sieht zwar nur drei zwingende Organe, Generalversammlung, Verwaltungsrat und Kontrollstelle vor, aber in der AG dürfen zusätzlich weitere (fakultative) Organe bestellt werden. Durch den Beschluß des jeweiligen Organs erlangen folglich sowohl die Direktoren als auch die Delegierten die Eigenschaft von Trägern einer selbständigen Organstellung. In der Literatur nimmt die Mehrheit der Autoren[2] diese Organträgerschaft (bzw. Organeigenschaft) an. Auch das schweizerische Bundesgericht erkennt in seiner ständigen Rechtsprechung die

---

[1]Camoglu, Doz. S. 171 ff.

[2]Arslan, Diss. S. 76; Helvaci, Diss. S. 60; Eris, AS Hukuku S. 226; Tekil, ASH S. 138; Forstmoser/Meier-Hoyoz, Einführung ins SAR § 15 II Anm. 12 S. 136; Bürgi, Vorbem. v. Art. 698-738 OR Anm. 33, 34 Züricher Komm.; Holzach, Diss. S. 8 ff.; Schulz-Domburg, Diss. S. 77; Senn, Diss. S. 99.

Organqualität - insbesondere - der Direktoren an. Dabei wendet es eine funktionelle Bestimmung der Organqualität an. Nach dem schweizerischen Bundesgericht[1] kommt allen Personen (auch wenn sie nicht der Verwaltung angehören oder keine Aktionäre der Gesellschaft sind), welche die eigentliche Geschäftsführung oder einen Teil derselben besorgen, der für die Verwirklichung des Gesellschaftszweckes von maßgebender Bedeutung ist, Organqualität zu.[2] [3]

Die Delegierten und Direktoren erhalten infolge des Delegationsakts als fakultatives Organ der Gesellschaft ein selbständiges Recht[4] auf Geschäftsführung und Vertretung. Es kommt jedoch kein Auftragsverhältnis des Gesamtverwaltungsrats mit den Delegierten und Direktoren zustande, denn die Delegierten und Direktoren erhalten ihre Kompetenzen nicht vom Verwaltungsrat, sondern von der juristischen Person (d.h. von der AG) aufgrund des Delegationsbeschlusses.

Wie von Arslanli und Camoglu[5] zu Recht ausgeführt, verliert damit der Gesamtverwaltungsrat während der Dauer der Delegation und der Direktorenstellung seine Kompetenzen zur Geschäftsführung und Vertretung im delegierten Umfang. Er hat aber weiterhin ein Kontrollrecht und eine Aufsichtspflicht (Art. 331 THGB), welche seine Haftung in erheblichem Maße einschränken.[6]

---

[1]BGE 72 II 65; 68 II 301; 65 II 6.

[2]Auch im Entscheid 117 II 441 ff. liefert das schweizerische Bundesgericht zwar einen materielles, funktionelles Kriterium für den Organbegriff, aber dieses geht inhaltlich etwas über das frühere Kriterium hinaus. Demnach kommt allen Personen die Organqualität zu, die tatsächlich den Organen vorbehaltene Entscheide treffen oder die eigentliche Geschäftsführung besorgen und so die Willensbildung der Gesellschaft maßgebend bestimmen. Auch unter Betrachtung dieses Kriteriums ist die Eigenschaft der Organstellung der Delegierten und Direktoren nicht zu leugnen. In diesem Entscheid mißt das schweizerische Bundesgericht sogar der Prokuristin einer Kleinbank AG, die zusammen mit dem Delegierten Verträge und zudem eine Bilanzerklärung verfaßt hat, die Organstellung bei.

[3]Zur allgemeinen Übersicht über den „Organbegriff im aktienrechtlichen Verantwortlichkeitsrecht" im schweizerischen Recht" vgl. Forstmoser, Organbegriff, FS für Meier-Hayoz S. 125 ff.; Sauber, Diss. S. 23 ff.

[4]Bürgi, Art. 717 Anm. 5 Züricher Komm.; Burckhardt, Diss. S. 43; Lustenberger, Diss. S. 65; Vollmar, Diss. S. 111 ff.

[5]Vgl. Arslanli, AS Organizasyonu S. 124; Camoglu, Doz. S. 172.

[6]Vgl. unter Kapitel IV, III, 3, c, „ff) Haftung bei der Delegation der Kompetenzen".

dd) Unterschiede zwischen Delegierten und Direktoren im Sinne von Art. 319 Abs. 2 THGB

Aufgrund der ausdrücklichen Bestimmung des Art. 319 Abs. 2 THGB läßt sich zunächst als ein Unterschied feststellen, daß die Direktoren im Gegensatz zu den Delegierten weder dem Verwaltungsrat anzugehören noch Aktionär der Gesellschaft zu sein brauchen.[1] Diese Regelung wird prinzipiell in größeren Gesellschaften herangezogen, insbesondere dort, wo die komplizierte Strukturierung des Unternehmens es unvermeidbar macht, Führungspersonal auch außerhalb der Gesellschaft zu schaffen. In der Praxis ist es jedoch nicht selten anzutreffen, daß diese Regelung auch in der kleineren Familien-AG angewandt wird, insbesondere in solchen Aktiengesellschaften, in denen es schwierig ist, Personen unter den Aktionären zu finden, welche für die Führung des Unternehmens fachlich geeignet sind und sich damit zugleich vollzeitig beschäftigen können.

Abgesehen von diesen Verwaltungsratsmitglieds -und Aktionärseigenschaften sind aber im türkischen Handelsgesetzbuch keine weiteren Unterschiede zwischen einem Delegierten und Direktor, insbesondere hinsichtlich seiner Kompetenzen, festzustellen. Insofern kann sowohl den Delegierten als auch den Direktoren die Geschäftsführung oder einzelne Teile derselben und die Vertretung der Gesellschaft übertragen werden. Der Delegierte genießt jedoch im Verhältnis zur Gesellschaft das Plus (die Doppelstellung), zugleich Mitglied des Gesamtverwaltungsrats[2] zu sein. Dies bedeutet im Klartext, daß dem Delegierten als Teil des Gesamtverwaltungsrats die Befugnis zukommt, die Delegierten mit auszuwählen und sie bei der Ausübung ihrer Tätigkeit mit zu beaufsichtigen.

Diese überwiegende Stellung des Delegierten im Verhältnis zum Direktor könnte jedoch zugunsten des Delegierten noch in erheblichem Maße verstärkt werden. Dies kommt nämlich in Betracht, wenn dem Delegierten die Kompetenz der gesamten Geschäftsführung

---

[1]Aus diesem Artikel kann aber nicht gefolgert werden, daß die Aktionäre nicht als Direktoren der Gesellschaft bestellt werden dürfen. Vgl. Vollmar, Diss. S. 109.

[2]Die Verwaltungsratsmitgliedschaft des Delegierten hat selbstverständlich auch zur Folge, daß der Direktor - im Gegensatz zu diesem - in Sitzungen gar keine oder ausschließlich eine beratende Stimme hat und deswegen der Delegierte stärkeren Einfluß auf den Gesamtverwaltungsrat ausüben kann. Darüber hinaus kann der Direktor die Beschlüsse der GV nicht anfechten, falls er nicht Aktionär der Gesellschaft ist. Denn die Anfechtungsklage gegen die Beschlüsse der GV kann gem. Art. 381 THGB nur durch Aktionäre, Mitglieder des Verwaltungsrats und Kontrolleure erhoben werden.

übertragen ist. In diesem Fall ist der Delegierte hierarchisch allen anderen einzelnen Mitgliedern des Verwaltungsrats[1] und „Direktoren sowie Angestellten"[2] übergeordnet.

ee) Materielle Voraussetzung für Delegation (undelegierbare Kompetenzen)

aaa) Allgemeine Bemerkungen

Artikel 319 Abs. 2 THGB gewährt dem Verwaltungsrat und der Generalversammlung unter der Voraussetzung einer statutarischen Bestimmung die Möglichkeit, die Geschäftsführung im Ganzen oder einzelne Teile derselben sowie die Vertretung der Gesellschaft an Delegierte und Direktoren zu übertragen. Diese Vorschrift bestimmt hier zwar keine explizite Grenze für die Delegation, sie soll aber auf keinen Fall dahingehend interpretiert werden, daß der Verwaltungsrat alle seine Kompetenzen (Pflichten und Befugnisse) grenzenlos an Delegierte und Direktoren übertragen darf und sich somit zugleich der Haftung vollkommen entziehen kann. Insofern muß es Verwaltungsbefugnisse geben, die nicht delegierbar sind und die dementsprechend durch den Gesamtverwaltungsrat gemeinsam ausgeübt werden. Ansonsten, also mit der Annahme der grenzenlosen Delegation, würde der Gesamtverwaltungsrat ein Organ der Gesellschaft darstellen, dessen einzige Pflicht und Befugnis sich in der Bestellung der Delegierten und Direktoren erschöpft und sich demzufolge zu einem funktionslosen Gremium verwandelt wird. Diese Verwandlung des Verwaltungsrates bildet m.E. gewiß nicht den Zweck, den der Gesetzgeber mit der dispositiven Regelung des Art. 319 Abs. 2 THGB erreichen will.

bbb) Literaturstand

Mit der Frage nach der Grenze der Delegierbarkeit der Kompetenzen des Verwaltungsrates hat sich die schweizerische Literatur zu aOR sehr eingehend beschäftigt, jedoch ohne eine einheitliche Lösung erzielen zu können. In diesem Zusammenhang wurden zu der Frage von verschiedenen Autoren mannigfaltige Lösungsvorschläge gemacht. Sie lassen sich aber im Grunde genommen in folgende drei Kategorien einteilen:

1. Die erste Kategorie bilden diejenigen Autoren, die gegenüber der Delegierbarkeit der Kompetenzen sehr negativ eingestellt sind. Sie weisen dem Gesamtverwaltungsrat einen großen Katalog von Kompetenzen zu, die er als Gesamtverwaltungsrat wahrzunehmen

---

[1]Camoglu, Doz. S. 171.

[2]Schulz-Dornburg, Diss. S. 76 m.w.N.

hat. Insofern ist Meyer[1] an erster Stelle zu erwähnen. Er hat nämlich sämtliche Kompetenzen des Verwaltungsrats im einzelnen aufgezählt und dabei, ohne ein Abgrenzungskriterium zu nennen, diejenigen Kompetenzen, die nicht delegierbar sind, hervorgehoben. Seine Auffassung wurde von vielen späteren Autoren ohne Kritik und fast unverändert übernommen. Nach seiner Meinung sind folgende Kompetenzen undelegierbar:

Die Verantwortung für das Handelsregister, die Vorbereitung der GV, die Einberufung der GV, die Leitung der GV, die Protokollführung, die Ausführung der GV-Beschlüsse, die Pflicht zur Buchführung und Bilanz, die Anzeigepflicht bei Kapitalverlust und Überschuldung, die Bildung und Verwendung der stillen Reserven, die Veröffentlichung eines Kapitalherabsetzungsbeschlusses, die Überwachung der gesamten Geschäftsführung, der Geschäftsbericht, der Eintrag in das Aktienbuch, die Verlustigerklärung der Rechte von Aktionären, die Hinterlegung von Aktien, die Wahl von Delegierten, Direktoren und Prokuristen, das Abberufungsrecht, die Steuerpflicht und eine allgemeine Berechtigung, über alles Beschluß zu fassen.

Zur ersten Kategorie gehören in der schweizerischen Literatur zum aOR weiterhin Autoren wie z.B. Felber[2], Eigenmann[3], Schultess[4]. Sie übernehmen grundsätzlich Meyers Liste der undelegierbaren Kompetenzen. Auch eine Vielzahl von Autoren in der früheren türkischen Literatur, beispielsweise Arlanli[5], Tekil[6] oder Camoglu[7] tendierten zu dieser ersten Kategorie, wobei auch sie die Liste von Meyer zum großen Teil gutheißen. Diesbezüglich ist die Ansicht von Camoglu für die türkische Literatur repräsentativ. Nach ihm dürfen die in Art. 324 ff. THGB gesetzlich für den Verwaltungsrat bestimmten Pflichten[8] weder an Delegierte noch Direktoren übertragen werden. Werden sie, so Camoglu, trotzdem delegiert, so bleibt der Gesamtverwaltungsrat weiterhin für sie verantwortlich.

---

[1] Meyer, Diss. S. 25 ff.

[2] Felber, zitiert bei Lanz, Diss. S. 49 und bei Vollmar, Diss. S. 55.

[3] Eigenmann, zitiert bei Lanz, Diss. S. 50 und bei Vollmar, Diss. S. 56.

[4] Schultess, zitiert bei Lanz, Diss. S. 52 und bei Vollmar, Diss. S. 58.

[5] Arslanli, AS Organizasyonu S. 125 ff.

[6] Tekil, ASH S. 138.

[7] Camoglu, Doz. S. 172 ff.

[8] Auch die von Meyer aufgezählten, nicht delegierbaren Pflichten sind im Grunde genommen diejenigen des Verwaltungsrats, die im aOR speziell erwähnt sind.

2. Die zweite Kategorie bilden demgegenüber diejenigen Autoren, die gegenüber der Delegation gemäßigt eingestellt sind. Hierzu gehören insbesondere Vischer[1], Spiro[2], Holzach[3]. Für sie ist charakteristisch, daß sie einerseits im Prinzip die Delegation der in Meyers Liste aufgezählten Kompetenzen befürworten, aber andererseits die eine oder andere spezielle Pflicht von dieser Liste ausnehmen und zu argumentieren versuchen, warum diese Pflicht vollständig delegiert werden darf. In diesem Zusammenhang betrachtet z.B. Vischer die in Meyers Liste als undelegierbar bezeichneten Pflichten, wie etwa Vorbereitung und Einberufung der ordentlichen GV, Ausführung der GV-Beschlüsse, Leitung der GV, Protokollführung oder Verlusterklärung der Rechte der Aktionäre, als restlos delegierbar.

3. Die dritte Kategorie bilden schließlich diejenigen Autoren, die eine schrankenlose Delegation für zulässig halten. Darunter fallen in erster Linie Zimmermann[4], die Autoren der Botschaft zum Regierungsentwurf von 1928.[5] In die gleiche Richtung tendiert auch v. Steiger.[6] Im Gegensatz zu den Angehörigen der ersten und zweiten Kategorie zählen sie keine undelegierbaren Rechte und Pflichten auf. Von diesen drei ist die Auffassung der Verfasser der Botschaft und von Zimmermann für die dritte Kategorie kennzeichnend. Diesbezüglich wurde in der Botschaft zur Sprache gebracht, daß die Ansicht von Theorie und Praxis ganz unrichtig sei, daß sich der Verwaltungsrat in seiner Gesamtheit andauernd genau über den Geschäftsgang und die Geschäftsführung zu unterrichten und auf dem laufenden zu halten habe. Das sei für Gesellschaften mittleren Umfangs kaum, für Großbetriebe unerfüllbar. Noch weniger sei es dem Verwaltungsrat möglich, die Geschäftsführung auf richtige, gesetzes- und statutenmäßige Besorgung zu überprüfen. Andererseits weisen die Verfasser der Botschaft darauf hin, daß bei großen Gesellschaften, deren Führung besondere Fachkenntnisse erfordert, das Schwergewicht der Tätigkeit eindeutig auf der Direktion und Delegation ruht.

---

[1]Vischer, Delegationsmöglichkeiten S. 357.

[2]Spiro, Aktienbuch, SAG 1958/1959 S. 1 ff.

[3]Holzach, Diss. S. 14 ff.

[4]Zitiert bei Lanz, Diss. S. 48.

[5]Zitiert bei Vollmar, Diss. S. 62.

[6]Steiger, das Recht S. 235 ff.

Zimmermann[1] stimmt der Auffassung der Botschaft zum großen Teil zu. Er verneint jegliche materielle Schranken für die Delegation und beschränkt das ganze Problem auf eine formelle Voraussetzung, und zwar auf die statutarische Ermächtigung. Erlauben es die Statuten, so kann nach seiner Ansicht eine Pflichtverteilung (gemeint ist eine Delegation) jeder Art rechtswirksam erfolgen. Für diese Betrachtungsweise spreche der Text der Gesetzesbestimmung (also Art. 717, 722 aOR).

ccc) Kritische Würdigung und eigene Meinung

aaaa) Kritische Würdigung

Gem. Art. 319 Abs. 1 Satz 2 THGB darf der Verwaltungsrat seine Vertretungsbefugnis - im Gegensatz zur Geschäftsführungsbefugnis - nicht vollständig delegieren. Mindestens ein Mitglied des Verwaltungsrates muß zur Vertretung der Gesellschaft befugt sein. Diese Regelung kann weder durch eine Bestimmung in der Satzung noch durch Beschluß der GV umgangen werden. Abgesehen von dieser Regelung enthält das Gesetz keine weitere Bestimmung, die der Delegation der Kompetenzen des Verwaltungsrates eine materielle Schranke setzt. Allein von dieser Tatsache ausgehend kann die Auffassung der Autoren der ersten Kategorie schon abgelehnt werden.

Des weiteren haben die von Meyer als undelegierbar bezeichneten Verwaltungsratskompetenzen gegenüber der eindeutigen Regelung von Art 319 Abs. 2 THGB, wonach die Geschäftsführung „im Ganzen" oder einzelne Zweige derselben und die Vertretung an Direktoren oder Delegierten übertragen werden können, keine gesetzliche Grundlage. Mit dieser Regelung bezweckt der Gesetzgeber nicht eine enge Begrenzung der Möglichkeit zur Delegation, sondern ganz im Gegenteil angesichts der mannigfaltigen Bedürfnisse und Eigenschaften des Unternehmens sehr weitgehende Delegationsmöglichkeiten.[2] Im übrigen ist es bei den großen Aktiengesellschaften weder theoretisch noch praktisch zu verwirklichen, daß etwa der Gesamtverwaltungsrat, der sich aus drei Mitgliedern zusammensetzt und der mit einigen wenigen Verwaltungsratssitzungen pro Jahr auskommt, gemeinsam sämtliche von Meyer aufgelistete Kompetenzen wahrnimmt. Er sollte sie etwa in Ermangelung der dafür aufzuwendenden Zeit oder der dafür erforderlichen, zu intensiven Fachkenntnisse etc. an qualifizierte Fachleute delegieren. Auch in der aktienrechtlichen

---

[1]Zitiert bei Vollmar, Diss. S. 63, 64.

[2]Vgl. Spiro, Aktienbuch, SAG 1958/1959 S. 4 ff.

Praxis in der Schweiz traf man zur Zeit des aOR ohnedies öfters an, daß eine große Anzahl der Kompetenzen aus Meyers Liste an Fachspezialisten delegiert wurde.[1] Der Gedanke, den der Gesetzgeber in Art. 319 Abs. 2 THGB zugrundegelegt hat, ist wohl unter anderem insbesondere bei den großen Aktiengesellschaften derjenige, die Freiheit zur Ausgestaltung der Verwaltungsorganisation so zu gewähren, daß sie sich infolge der entsprechenden, möglichst weitgehenden (bzw. autonomen) Delegation der Kompetenzen dem deutschen Aufsichtsratssystem[2], das für größere Aktiengesellschaften weit besser geeignet ist, annähert und dadurch das Erreichen ihres Zweckes optimiert.[3]

M.E. kann der Ansicht der dritten Kategorie, daß die Delegation der Kompetenzen schrankenlos möglich sei, falls die formellen Voraussetzungen vorlägen, auch nicht beigepflichtet werden. Diesem Standpunkt können zwei grundsätzliche Bedenken entgegengehalten werden:

1. Vor allem infolge der grenzenlosen Delegation der Kompetenzen würde sich der Verwaltungsrat zu einem funktionslosen Gremium wandeln: er würde durch ein anderes Organ (Direktor oder Delegierter) verdrängt werden.[4] Dieses Ergebnis ist aber gewiß nicht der Zweck des Gesetzes, der mit der Delegation verfolgt wird. Gewollt ist hierbei eher, daß beide Organe mit eigenen Kompetenzen in einer wechselseitigen funktionellen Beziehung fungieren, aber weiterhin als „Verwaltungsorgan" bestehen, indem der Verwaltungsrat so wie der Aufsichtsrat im deutschen Recht grundsätzlich als Überwachungsorgan agiert, während die Delegierten und Direktoren sich so wie der Vorstand grundsätzlich mit Angelegenheiten der Geschäftsführung beschäftigen.

2. Ein weiteres Problem ergibt sich bei Annahme der schrankenlosen Delegation der Kompetenzen hinsichtlich des Rechtsmißbrauches: da die schrankenlose Delegation logischerweise auch die gänzliche Übertragung der Haftung an die Delegierten und Direktoren zur Folge hat, könnte der Verwaltungsrat unter der Bedingung einer entsprechenden statutarischen Ermächtigung alle seine Befugnisse und Pflichten an die Delegierten und Direktoren übertragen, jedoch nicht um die Realisierung des Gesellschaftszwecks zu optimieren, sondern um mißbräuchlich seine Haftung auszuschließen.

---

[1]Vgl. Ünal, Diss. S. 123 ff.

[2]In diesem Aufsichtsratssystem ist bekannterweise die Funktions- und Gewaltenteilung zwischen zwingenden Organen, insbesondere zwischen Vorstand und Aufsichtsrat kennzeichnend.

[3]Vgl. Ünal, Murahhaslara Bırakma S. 78; Arslan, Diss. S. 38.

[4]Vgl. Ünal, Murahhaslara Bırakma S. 78; Arslan, Diss. S. 45.

bbbb) Eigene Meinung

Aufgrund der obigen Ausführungen kann hier zusammenfassend festgehalten werden, daß die Delegation der Kompetenzen im türkisch-schweizerischen Recht die folgenden zwei kumulativen Eigenschaften haben muß:

Einerseits muß sie in Anbetracht vor allem der großen oder größeren Unternehmungen „im weitgehendsten Umfang" erfolgen können, damit die Organisation des Unternehmens den Erfordernissen der modernen Wirtschaft entsprechend frei ausgestaltet und somit der Zweck der Gesellschaft optimal realisiert werden kann.

Andererseits müssen manche „grundsätzliche Kompetenzen", die trotz der sehr weitgehenden Delegation die Existenz des Gesamtverwaltungsrats wieder rechtfertigen, im Verwaltungsrat verbleiben. Dafür wählt nämlich die Generalversammlung einen mehrköpfigen Verwaltungsrat mit verschiedenen Fähigkeiten und Erfahrungen, und diesem Gedanken entsprechen zwingendes Kopfstimmrecht und die Pflicht zur persönlichen Ausübung. Zur letzteren Eigenschaft, also der aufgrund ihrer Wesentlichkeit im Verwaltungsrat verbliebenen Kompetenzen, wurden in der schweizerischen Literatur zum aOR die folgenden zwei anerkennenswerten Auffassungen vertreten:

1. Nach Ansicht von Vischer[1] muß dem Gesamtverwaltungsrat in jedem Fall die Pflicht verbleiben, die eigentliche Geschäftspolitik festzulegen und über alle Einzelfragen, die das Unternehmen in seiner Existenz betreffen, selbst zu entscheiden.[2]

2. Ohne inhaltlich von Vischers Ansicht abzuweichen, bezeichnet dagegen Bär[3] diejenigen Entschlüsse als undelegierbar, die sinnvollerweise vom gewählten Aktionärsausschuß (gemeint ist der Verwaltungsrat) als Kollektiv gründlich überdacht werden müssen, weil sie ein Programm schaffen und langfristig präjudizieren (Finanzierungs-, Erweiterungsprogramme, Sortimentsentscheide, Beschäftigungs-, Public-Relations-Politik, Unternehmensorganisation).

Demnach verbleibt also die Kompetenz, die grundlegenden Entscheidungen zu treffen, die der AG ihre Richtung geben und für sie von existentieller Bedeutung sind, im Gesamtverwaltungsrat. Diese undelegierbare Kompetenz des Verwaltungsrats wird in der aktien-

---

[1]Vischer, Delegationsmöglichkeiten S. 353.

[2]So auch Forstmoser/Meier-Hoyoz, Einführung ins SAR § 24 Anm. 28 S. 180.

[3]Bär, Verantwortlichkeit, ZBJV 1970 S. 486.

rechtlichen türkisch-schweizerischen Literatur[1] terminologisch als *Oberleitung* der Gesellschaft bezeichnet. Die Frage, welche konkreten, bedeutenden Entscheidungen unter den Begriff „Oberleitung" fallen, ist nach den Umständen des Einzelfalles zu beantworten.[2] Hierbei sind insbesondere die Art und Größe sowie der Zweck des jeweiligen Unternehmens ausschlaggebend.

Neben der Oberleitung der Gesellschaft als grundsätzlicher, undelegierbarer Kompetenz des Verwaltungsrats, welche auch nicht Gegenstand selbst der weitgehendsten Delegation sein darf, weil sie dabei dem Verwaltungsrat immerhin die Existenzberechtigung gewährleistet, müssen weiterhin *Oberaufsichtspflicht* - und Oberaufsichtsrecht - über den Geschäftsgang beim Verwaltungsrat verbleiben.[3] Über die Undelegierbarkeit jener Kompetenz herrschte zur Zeit des aOR in der Schweiz Einigkeit, sie wurde aus der Bestimmung von Art. 722 Abs. 1 Nr. 3 abgeleitet.[4] Nach Art. 722 Abs. 1 Nr. 3 aOR ist nämlich der Verwaltungsrat dazu verpflichtet, wenn er die Geschäftsführung ganz oder teilweise aus seinen Händen gegeben und an Direktoren oder Delegierte übertragen hat, diese im Hinblick auf die Beobachtung der gesetzlichen, statutarischen oder reglementarischen Vorschriften zu überwachen und sich über den Geschäftsgang regelmäßig unterrichten zu lassen.

Obwohl sich im türkischen Recht keine dem Art. 722 Abs. 1 Nr. 3 aOR entsprechende Regelung findet, die ausdrücklich dem Verwaltungsrat die Aufsichtspflicht aufbürdet, wird auch in der türkischen Literatur[5] einheitlich für eine undelegierbare Aufsichtspflicht für den Gesamtverwaltungsrat plädiert.

Die Existenz dieser Aufsichts- bzw. Überwachungspflicht des Gesamtverwaltungsrats indiziert jedoch Art. 331 THGB mittelbar, indem er in Abs. 1 Satz. 1 vorschreibt, daß die Mitglieder des Verwaltungsrates bei der Sitzung von den mit der Vertretung und der Ge-

---

[1]Vischer, Delegationsmöglichkeiten S. 352; ders., die Stellung S. 76; Kleiner, Organisation S. 8; Ünal, Murahhaslara Birakma S. 81; Arslan, Diss. S. 48 ff.

[2]Zur inhaltlichen Konkretisierung des Begriffs „Oberleitung" im neuen schweizerischen Aktienrecht vgl. Homburger, Art. 716a Anm. 534 ff ORKomm.; Böckli, Neues Aktienrecht Anm. 1517 S. 417 ff.

[3]Zur inhaltlichen Konkretisierung des Begriffs „Oberaufsicht" im neuen schweizerischen Aktienrecht vgl. Homburger, Art. 716a Anm. 581 ff. ORKomm.; Böckli, Neues Aktienrecht Anm.1567 S. 425 ff.

[4]Statt vieler vgl. Lanz. Diss. S. 60 ff.; Schulz-Dornburg, Diss. S. 81; Bürgi, Art. 722 Anm. 20 Züricher Komm.; Vischer, Delegationsmöglichkeiten S. 352; Hütte, Sorgfaltspflichten, ZGR 1986 S. 11.

[5]Statt vieler vgl. Ünal, Murahhaslara Birakma S. 81; Arslan, Diss. S. 48 ff.; Camoglu, Doz. S. 173; Poroy/Tekinalp/Camoglu, Ortakliklar S. 253; Atan, Diss. S. 35; Domanic, Serh S. 512, 527 ff.

schäftsführung betrauten Personen (d.h. Delegierte und Direktoren) Auskunft über den Gang der Geschäfte und über bestimmte einzelne Angelegenheiten verlangen können. Nach Abs. 1 Satz. 2 desselben Artikels kann der Verwaltungsrat aufgrund eines dementsprechenden Beschlusses auch die Vorlage der Geschäftsbücher und -akten verlangen. Die Regelung des Art. 331 Abs. 1 THGB räumt also keine unmittelbare Aufsichtspflicht ein, sondern stellt ein Mittel dar, um einer solchen Pflicht gerecht zu werden. Dazu besteht ein Recht auf Auskunft über den Geschäftsgang, welches den Verwaltungsratsmitgliedern die Gewißheit verschafft, daß die Delegierten und Direktoren ihre Pflichten erfüllen. Die Aufsichtspflicht an sich findet ihre gesetzliche Grundlage in Art. 320 THGB, also in der allgemeinen Sorgfaltspflicht[1] des Verwaltungsrats, wonach das Verwaltungsratsmitglied bei der Leitung der Gesellschaft die Sorgfalt eines vernünftigen und gewissenhaften Geschäftsmannes anzuwenden hat.

Die Undelegierbarkeit jener Pflicht läßt sich weiterhin aus dem Wesen des einstufigen Verwaltungsratsmodells der türkischen Aktiengesellschaft herleiten. Dies läßt sich mit folgenden Gedanken begründen:

Wie bereits erwähnt, unterscheidet sich grundsätzlich das deutsche Trennungsmodell dadurch vom amerikanischen oder türkisch-schweizerischen Modell, daß es ein gesetzliches Aufsichtsorgan vorsieht, das theoretisch vom Geschäftsführungs- und Vertretungsorgan getrennt ist, nämlich den Aufsichtsrat. Der Aufsichtsrat im deutschen Aktienrecht ist ein fortdauerndes, die eigenverantwortliche Geschäftsführung des Vorstands überwachendes Organ. Demgegenüber kennt das türkisch-schweizerische Modell bezüglich dieser Funktionen kein dem Aufsichtsrat gleichwertiges Organ. In diesem Zusammenhang kommt auch die Kontrollstelle in der Türkei nicht dem deutschen Aufsichtsrat gleich. Ihre Tätigkeit beschränkt sich nur auf eine „rein formelle Kontrolle" der Leitung der Gesellschaft und auf eine „kalkulatorische Prüfung der Bilanz- und Geschäftsergebnisse"[2] (gem. Art. 353 THGB). Im übrigen kann die Kontrollstelle, einerseits angesichts des Nichtvorhandenseins einer Vorschrift, die dem § 111 Abs. 4 AktG ähnlich ist, andererseits aufgrund der Sachlage, daß die Verwaltungsratsmitglieder prinzipiell - anders als im deutschen Recht - von der Generalversammlung bestellt werden, nicht mittelbar Einfluß auf die Leitung ausüben. Der Verwaltungsrat bleibt also im Endeffekt dasjenige Organ, dem die Leitung und zugleich deren Überwachung im Hinblick auf Gesetz- und Satzungsmäßigkeit sowie hin-

---

[1]Vgl. Poroy/Tekinalp/Camoglu, Ortakliklar S. 253; Domanic, Serh S. 512.

[2]Vgl. Kemahlioglu, Diss. S. 3; Ünal, Diss. S. 104.

sichtlich der „Zweckmäßigkeit“ [1] zufällt. Diese Tatsache gilt in erster Linie im Falle der gemeinsamen Leitung der Gesellschaft durch den Verwaltungsrat.

Insofern könnte man sich überlegen, ob bei der Delegation der Kompetenzen die Überwachungspflicht (insbesondere im Hinblick auf die Zweckmäßigkeit) durch statutarische Bestimmungen an die Kontrollstelle zu übertragen ist. Dieser Überlegung kann aber aufgrund des allgemeinen Grundsatzes, daß die Kompetenzen des Verwaltungsrates nicht der Kontrollstelle überlassen werden dürfen, nicht beigepflichtet werden.[2]

Dagegen läßt sich die Notwendigkeit, daß die Aufsichtspflicht im Falle der weitgehenden Delegation im Gesamtverwaltungsrat verbleiben muß, aus der engen Beziehung zwischen der Pflicht zur Oberleitung und der zur Aufsichts- bzw. Überwachung der Oberleitung im türkisch-schweizerischen Modell herleiten. Es ist in der Tat für dieses Modell nicht vorstellbar, daß die Pflicht zur Überwachung, zumal hinsichtlich der Zweckmäßigkeit und Angemessenheit der von den Delegierten und den Direktoren unternommenen Geschäftsführung, nicht bei dem Organ verbleibt, dem die Oberleitung der Gesellschaft obliegt und deswegen eine etwas höhere Stellung in der Verwaltung einnimmt, sondern den Delegierten oder Direktoren übertragen wird. Der Verwaltungsrat ist nämlich besser als alle anderen in der Lage zu beurteilen, ob der Geschäftsgang und die Geschäftsführung der von ihm gemeinsam festgelegten eigentlichen Geschäftspolitik entsprechend erfolgt.

Des weiteren ist die Durchführung der Oberaufsicht durch den Gesamtverwaltungsrat im Vergleich zur Durchführung durch die Direktoren im Hinblick auf den Schutz der Interessen der Aktionäre (bzw. der Gesellschaft), welchen man im türkisch-schweizerischen Aktienrecht von Gesetzes wegen in erster Linie wahrzunehmen hat[3], angemessener und zweckmäßiger. Die Vertrauensstellung, die die Mitglieder des Verwaltungsrats mit der Gesellschaft verbindet, ist nämlich unvergleichbar stärker als diejenige eines Dritten (Direktors), denn sie werden nämlich - wie Aufsichtsratsmitglieder im deutschen Aufsichtsrat - direkt von Generalversammlung unter den „Aktionären“ gewählt.[4]

[1]Vgl. Ünal, Diss. S. 105.

[2]Ähnlich auch Ünal, Diss. S. 105.

[3]Vgl. Vischer, Stellung S. 73 ff.

[4]Bei dieser Wahl spielen die Aufsichtsqualitäten des Kandidaten eine ausschlaggebende Rolle. Vgl. Vischer, Stellung S. 73.

Aufgrund dieser Ausführungen ist „de lege lata"[1] abschließend festzuhalten, daß in der türkischen Aktiengesellschaft die Kompetenzen der Oberleitung der Gesellschaft und deren Überwachung (Oberaufsicht) keineswegs den Gegenstand der weitgehenden Delegation bilden dürfen. Diese Sachlage entspricht bemerkenswerterweise der Regelung von Art. 3 Abs. 2 des damaligen schweizerischen Bankengesetzes[2] (vom 8. November 1934), in welcher explizit vorgeschrieben wird, daß „die Oberleitung, Aufsicht und Kontrolle" in der Kompetenz der Verwaltung zu verbleiben haben.[3]

ff) Haftung bei der Delegation der Kompetenzen

aaa) Allgemeine Bemerkungen

Im folgenden wird die Wirkung der Delegation der Verwaltungskompetenzen an die Mitglieder des Verwaltungsrats (Delegierte) und Dritte (Direktoren) auf die Haftung der Delegierenden und der Delegationsempfänger dargestellt. Eine solche Wirkung tritt nach herrschender und richtiger Auffassung in der türkischen[4] und schweizerischen[5] Literatur (zum alten OR) nur dann ein, wenn die Delegation zulässig ist. Von der Zulässigkeit der Delegation ist demgegenüber - wie bereits ausgeführt - nur die Rede, wenn sie bestimmte formelle und materielle Voraussetzungen erfüllt. Formell muß sie in der Satzung festgesetzt und aufgrund des Beschlusses des für zuständig erklärten Organs (des Verwaltungsrats oder der Generalversammlung) zustande gebracht worden sein. Materiell müssen nur die delegierbaren Kompetenzen der Verwaltung weitergegeben worden sein.

Fehlt es an einer der beiden Voraussetzungen, so spricht man nicht von einer zulässigen Delegation, und somit vermindert sich auch nicht die Haftung der delegierenden Mitglieder

---

[1]Das revidierte OR präzisiert in Art. 716a Abs. 1 die Grenzen der Delegierbarkeit, indem es die unübertragbaren Aufgaben in einem Katalog abschließend umschreibt. Die gesetzliche Umschreibung solcher Aufgaben stößt aber in der schweizerischen Lehre auf heftige Kritik, weil sie wenig präzise sei und fast nur auslegungsbedürftige Generalklauseln beinhalte. Vgl. Kunz, Diss. S. 202 m. w. N.

[2]Vgl. Art. 8 Abs. 2 schweizerische Verordnung über die Banken und Sparkassen vom 17. Mai 1972.

[3]Vgl. Reimann, Art 3 Kommentar zum schweizerischen Bankengesetz.

[4]Camoglu, Doz. S. 172; Arslanli, AS Organizasyonu S. 125; Domanic, Serh S. 512; Ünal, Murahhaslara Birakma S. 85 ff.; Helvaci, Diss. S. 60; Tekil, ASH S. 151.

[5]Vischer, Delegationsmöglichkeiten S. 366; Bürgi, Art. 717 Anm. 20 Züricher Komm.; Hütte, Sorgfaltspflichten, ZGR 1986 S. 25; Lanz, Diss. S. 68; Forstmoser/Meier-Hoyoz, Einführung ins SAR § 24 III Anm. 29 S. 180; ders., Risiken, LJZ 1984 S. 8; ders., zum gegenteiligen Standpunkt unter Berufung auf Meier-Wehrli vgl. Verantwortlichkeit S. 119 Anm. 332 ff.

des Verwaltungsrats. Hierzu sei auf die Ausführungen zur Haftung im Falle der unzulässigen Kompetenzverteilung gem. Art. 319 Abs. 1 THGB verwiesen.[1]

bbb) Haftung der Delegierten und Direktoren

Wie oben schon betont, fungieren die Direktoren und Delegierten im ihnen übertragenen Kompetenzbereich als selbständiges - aber fakultatives - Organ der Gesellschaft. Das heißt, sie bekommen im Umfange der delegierten Kompetenzen die Freiheit, die erforderlichen maßgeblichen Entscheidungen eigenständig zu fällen. Im Gegensatz zu den Ausschüssen des Verwaltungsrats erhalten sie also die übertragenen Aufgaben zur selbständigen Erfüllung.[2] Deswegen sind der Delegierte und der Direktor für den in diesem ihnen übertragenen Kompetenzbereich entstandenen Schaden am Gesellschaftsvermögen grundsätzlich persönlich verantwortlich. Die gesetzliche Grundlage dieser Tatsache findet sich für delegierten in der expliziten Regelung des Art. 336 Abs. 2. THGB. Sie schreibt nämlich vor: *„wenn die Erfüllung einer der durch das Gesetz oder die Satzung dem Verwaltungsrat auferlegten Pflichten gem. Art. 319 auf ein Mitglied des Verwaltungsrates übertragen worden ist, so trifft die Haftung allein das in Frage kommende Mitglied ...".*[3] Des weiteren stünde unbeachtet dieser Regelung die Annahme, daß die Delegierenden trotz der zulässigerweise erfolgten Delegation im vollen Umfang für den Fehler der Delegierten und Direktoren einzustehen hätten, in Widerspruch zum Zweck einer Delegation. Dieser mit der Delegation verfolgte Zweck ist nämlich in der Praxis eine doppelte Entlastung der Delegierenden: einerseits sollte die Delegation die sachliche und personelle Entlastung der Mitglieder des Verwaltungsrats in Hinblick auf die Erfüllung der übertragenen Aufgaben ermöglichen, andererseits die Verantwortlichkeit der Delegierenden vermindern. Andernfalls wäre die Delegation weder sinnvoll noch sachgemäß.[4]

Hier stellt sich nun die Frage, welche Vorschriften auf die Haftung der Delegierten und Direktoren angewandt werden. Denn der Art. 319 THGB als einzige Regelung über die

---

[1]Vgl. unter Kapitel V, III, 3, b, „cc) Haftung im Falle der unzulässigen (faktischen) Kompetenzverteilung gem. Art. 319 Abs. 1 THGB".

[2]Vgl. Y. 11. HD. 19.2.1993 T. E. 727 K. 1074: Eris, AS Hukuku S. 228.

[3]Diese Vorschrift wird in der türkischen Literatur einheitlich weit intertepretiert. Sie findet auch Anwendung für die Direktoren, die nicht dem Verwaltungsrat angehören.

[4]Vgl. Holzach, Diss. S. 74; Lustenberger, Diss. S. 129.

Delegierten und Direktoren enthält keine Bestimmung darüber. Zu dieser Frage wird von der allgemein anerkannten Lehre in der türkischen Literatur[1] ausgeführt, daß die Delegierten und Direktoren gemäß den Vorschriften der Art. 336-341 THGB, welche die Haftung der Mitglieder des Verwaltungsrats statuieren, haften sollen. Auch der Kassationsgerichtshof der Türkei teilt diese Auffassung in seinen einschlägigen Entscheidungen.[2] Dem darf man sich m.E. ohne Bedenken anschließen. Die Begründung dieser Auffassung ergibt sich aus der selbständigen Organstellung des Delegierten und des Direktors: Sie treten nämlich im Rahmen der delegierten Kompetenzen an die Stelle des Verwaltungsrats und fungieren genauso wie der Verwaltungsrat prinzipiell unabhängig von anderen Organen. Daher ist es wohl angemessen und sachgerecht, daß sie für den Schaden, den sie bei der Erfüllung der ihnen delegierten Pflichten schuldhaft verursacht haben, nach den Vorschriften der Art. 336 ff. THGB und grundsätzlich allein verantwortlich sein müssen.

Diese Lösung stimmt auch mit dem schweizerischen aktienrechtlichen Haftungssystem des aOR vollkommen überein, in welchem alle die mit der Verwaltung und der Geschäftsführung betrauten Personen nach denselben Vorschriften, und zwar nach denen der Art. 754 ff. aOR gegenüber der Gesellschaft, einzelnen Aktionären und Gesellschaftsgläubigern schadenersatzespflichtig sind. Trotz der Wortlautänderung ist die Substanz des Art. 754 bei der Revision des OR grundsätzlich gleich geblieben. Dieser lautet nämlich: *„die Mitglieder des Verwaltungsrats und alle mit der Geschäftsführung oder mit der Liquidation befaßten Personen sind ....verantwortlich...* ". Hier hebt also der Gesetzgeber im Unterschied zum Art. 754 aOR die Mitglieder des Verwaltungsrats hervor.

Nach allgemeiner und m. E. richtiger Ansicht in der türkischen Literatur[3] unterscheidet sich jedoch die Haftung der Delegierten und Direktoren von der der Mitglieder des Verwaltungsrats in der Frage der Sorgfaltspflicht. Demnach ist an die Sorgfalt der Delegierten und Direktoren, welche sie bei der Erfüllung der ihnen übertragenen Aufgaben anzuwenden haben, ein strengerer Maßstab zu legen. Dies beruht auf dem Umstand, daß sie hauptsächlich wegen ihrer besseren Sachkenntnisse und Erfahrungen in Bezug auf die wirtschaftlichen Verhältnisse für ein gewisses Sachgebiet eingesetzt werden. Insofern sind

---

[1]Camoglu, Doz. S. 172; Arslan, Diss. S. 135 ff.; Helvaci, Diss. S. 60.

[2]Y. 11. HD. 30.9.1960 T. E.1738/K. 2460 zitiert bei Camoglu, Doz. S.164; Y. 11. HD. 26.3.1963 T. E. 5061/K. 1630 zitiert bei Camoglu, Doz. S.164; Y. 11. HD. 13.6.1994 T. E.1104/K. 5001: Eris, AS Hukuku S. 228, 229.

[3]Statt vieler vgl. Camoglu, Doz. S. 14; Arslan, Diss. S. 143.

beispielsweise die Anforderungen, die an die Sorgfalt eines Direktors der Marketingabteilung einer großen Publikums- AG gestellt werden, deutlich strenger als diejenige (im Hinblick auf Marketing) an die Sorgfalt eines schlichten Verwaltungsratsmitglieds. Unter Umständen könnte wohl etwa die mangelhafte Kenntnis „bis ins äußerste Detail" des Verwaltungsratsmitglieds die Fahrlässigkeit einer Pflichtverletzung ausschließen, während sich solche Unkenntnis (zum Spezialgebiet) für einen fachspeziellen Direktor (z.B. Marketingdirektor) keineswegs als unentschuldbar darstellt.

ccc) Haftung der Mitglieder des Verwaltungsrats im Falle der Bestellung der Delegierten und Direktoren.

aaaa) Allgemeine Bemerkungen

Wie bereits mehrmals erwähnt, können die Verwaltungsratsmitglieder nach Art. 319 Abs. 2 THGB aufgrund einer statutarischen Ermächtigung die ihnen zustehenden Verwaltungskompetenzen (Geschäftsführung und Vertretung) im Ganzen oder zum Teil an die Delegierten oder Direktoren übertragen. Geben die Verwaltungsratsmitglieder nur einen Teil der ihnen zustehenden Kompetenzen im zulässigen Rahmen an Delegierte oder Dritte weiter, so vermindert sich deren Kompetenzbereich und somit genauso die Verantwortlichkeit um diese delegierten Kompetenzen. Das heißt, daß, während die Delegierten und Direktoren wegen ihrer selbständigen Organstellung für den Schaden, der infolge der Verletzung einer der ihnen delegierten Aufgaben entstanden ist, grundsätzlich persönlich haften, der Gesamtverwaltungsrat für die Verletzung der bei ihm verbliebenen Aufgaben weiterhin gem. Art. 336 ff. THGB solidarisch verantwortlich ist (Art. 336 Abs. 2 THGB).

Nunmehr interessiert aber an dieser Stelle ferner die Frage der Rechtswirkung der Delegation der kompletten Kompetenzen auf die Verantwortlichkeit des delegierenden Verwaltungsrats (Gesamtverwaltungsrat). Das Gesetz liefert dazu keinen Aufschluß. Meines Wissens fehlt es auch in der Gerichtspraxis der Türkei an einem diesbezüglichen Präjudiz. Somit bleibt die Lösung dieser Frage bislang der Lehre vorbehalten. Dabei sind zwei verschiedene Varianten denkbar. Nach der ersten Variante bewirkt die Delegation der kompletten Kompetenzen der Verwaltung die völlige Aufhebung der Verantwortlichkeit der Delegierenden. Die zweite Variante hingegen bedeutet nur eine Beschränkung der Verantwortlichkeit der Delegierenden. Nach der einhelligen und richtigen Auffassung der Lehre in der Türkei und der Schweiz ist die zweite Lösungsvariante vorzuziehen. Demnach beschränkt sich die Verantwortung der Delegierenden (Gesamtverwaltungsrat) im Falle der Delegation der kompletten Kompetenzen der Verwaltung auf die Sorgfalt bei der Auswahl, Instruktion und Überwachung der Delegationsempfänger (der Delegierten und Direktoren). Die Begründung dieser Auffassung läßt sich den folgenden Überlegungen entnehmen:

Wie oben festgestellt, hat auch die weitgehendste Delegation bei dem Gesamtverwaltungsrat (Delegierenden) nicht die vollkommene Auflösung des Kompetenzbereichs zur Folge. Zumindest bleibt dabei ein Teil der Verwaltungskompetenzen als undelegierbar in der Rechtssphäre des Gesamtverwaltungsrates. Es sind diejenigen Kompetenzen, die trotz der umfangreichsten Delegation die Existenz des Verwaltungsrats als Organ der Gesellschaft rechtfertigen bzw. sichern, oder mit den Worten von Spiro[1] [2], diejenigen Kompetenzen, deren Delegation den Zweck der Einsetzung des Verwaltungsrats vereiteln oder doch wesentlich beeinträchtigen. Diese undelegierbaren Kompetenzen sind, wie bereits erwähnt, *Oberleitung, Oberaufsicht* und *Kontrolle*. Diese Restanz an Kompetenzen (an Befugnissen und Pflichten) entspricht der mit der Institution des Verwaltungsrates beabsichtigten Zweckverfolgung als oberstes Geschäftsführungs- und Überwachungsorgan, indem aufgrund dieses Residuums das oberste Organ innerhalb der Verwaltungshierarchie seine Führungsfunktionen permanent wahrnehmen kann.[3] Diese undelegierbaren Restkompetenzen gewähren dem Verwaltungsrat einerseits die nötige Aktions- und Entscheidungsfreiheit, überbürden ihm aber andererseits gleichzeitig die Verantwortlichkeit. Hier tritt wieder die Kongruenz zwischen Entscheidungsfreiheit und Verantwortlichkeit in Erscheinung. Die Verantwortlichkeit des Delegierenden für die Sorgfalt bei Auswahl, Instruktion und Überwachung der Delegationsempfänger erweist sich somit als Ausfluß und nötige Konsequenz der Restanz für jene undelegierbaren Kompetenzen.

Allerdings führt die Kompetenzdelegation keine Änderung in der Stellung der Delegierenden (Gesamtverwaltungsrat) herbei, sie behalten ihre Organqualität bei. Sie löst aber eine Transformation der generellen Verantwortlichkeit der Delegierenden aus. Letztere transformiert sich in eine spezifische Sorgfaltspflicht, die sich delegationsbedingt unter drei Aspekten konkretisiert.[4] Diese spezifische Verantwortlichkeit des Gesamtverwaltungsrats drückt sich in der Sorge für die Auswahl (cura in eligendo), Instruktion (cura in instruendo)

---

[1]Spiro, Aktienbuch, SAG 1958/1959 S. 4.

[2]So auch Bär, Verantwortlichkeit, ZBJV 1970 S. 486.

[3]Horber, Diss. S. 112.

[4]Horber, Diss. S. 113.

und Kontrolle (cura in custodiendo) der Delegationsempfänger aus. Insofern verwendet man in der Literatur terminologisch den Begriff „Haftungsbeschränkung", obwohl dies in Wirklichkeit nicht geschieht. Da diese drei spezifischen Sorgfaltspflichten vor dem Delegationsakt logischerweise nicht zur Kompetenzsphäre des Verwaltungsrats gehören, könnte sich aber auch dessen Verantwortlichkeit nicht auf sie beschränken.[1] Hier ist nur von einer Verlagerung bzw. Transformation der Verantwortlichkeit die Rede.

bbbb) Gesetzliche Grundlage der Verlagerung der Verantwortlichkeit der Verwaltungsratsmitglieder auf die sog. „cura in eligendo, in instruendo" und „in custodiendo"

Das aOR enthielt keine Bestimmung, in der ausdrücklich diese Transformation der Verantwortlichkeit der Delegierenden für die Haftung hinsichtlich der Sorge für Auswahl, Instruktion und Kontrolle des Delegationsempfängers vorgeschrieben war. Hierzu wurde in der früheren Literatur[2] - zum alten OR- vertreten, daß sich die Grundlage der Verlagerung der Haftung einerseits - mittelbar - aus der analogen Anwendung der Regelung von Art. 399 Abs. 1 und 2 aOR ergibt, wonach der Beauftragte für die gehörige Sorgfalt bei der Wahl und Instruktion des Dritten haftet, wenn er die Besorgung des Geschäftes befugt an einen Dritten übertragen hat, andererseits -direkt- aus der Regelung des Art. 722 Abs. 2 Nr. 3 aOR, in welcher unter anderem die unübertragbare Überwachungspflicht verankert ist.

Dagegen verschaffte die Aktienrechtsreform im Bereich der Kompetenzdelegation im Vergleich zum aOR eine wesentliche Aufklärung. Das revidierte OR statuiert nun die Verantwortlichkeit der Delegierenden sowie Delegationsempfänger fast der oben festgestellten Lösung entsprechend, indem es in Art. 754 Abs. 2 OR vorschreibt, daß derjenige, der die Erfüllung einer Aufgabe befugterweise überträgt, für den durch den Delegationsempfänger verursachten Schaden haftet, sofern er nicht nachweist, daß er bei der Auswahl, Unterrichtung und Überwachung die nach den Umständen gebotene Sorgfalt angewendet hat.

Das türkische HGB beinhaltet keine primäre Bestimmung über jene Haftungsverlagerung. Wie Arslan[3] zu Recht ausführt, kann man aber zu einer solchen Verlagerung der Haftung anhand der analogen Anwendung der Bestimmung von Art. 346 THGB gelangen. Dieser

---

[1]Vgl. Lustenberger, Diss. S. 130.

[2]Statt vieler vgl. Vischer, Delegationsmöglichkeiten S. 366; Lustenberger, Diss. S. 130.

[3]Arslan, Diss. S. 167.

Artikel regelt nämlich die Haftung des Gesamtverwaltungsrats im Falle der Bestellung eines Direktors im Sinne von Art. 342 THGB. Demnach haftet der Gesamtverwaltungsrat für den dadurch verursachten Schaden, wenn er einen unfähigen Direktor bestellt (culpa in eligendo), wenn er bei für die Gesellschaft schädlichen Geschäften nicht interveniert (culpa in custodiendo) oder wenn er für die Erledigung der Geschäfte, welche nicht dem Kompetenzbereich des Verwaltungsrats zufällt, einen Direktor beauftragt (culpa in instruendo). Auf die Einzelheiten dieser Problematik wird unten eingegangen.[1]

cccc) Die Verantwortlichkeit der Verwaltungsratsmitglieder für cura in eligendo, in instruendo und in custodiendo im einzelnen

aaaaa) Cura in eligendo

Bei der Auswahl der Delegierten und Direktoren hat der Verwaltungsrat alle zumutbare Sorgfalt anzuwenden.[2] Die Auswahl und Zusammensetzung dieser Personen sowie die damit zusammenhängende Mitarbeiterqualifikation bildet nämlich eine der wichtigsten Verwaltungsratsfunktionen[3] und sie ist für die Gesellschaft von äußerster Bedeutung[4], weil der Erfolg oder Mißerfolg des Unternehmens in erheblichem Maße auf Einsatz und Haltung dieser Personen angewiesen ist. Wie bei den Ausführungen über die allgemeine Sorgfaltpflicht des Verwaltungsrats festgestellt, ist es aber aufgrund der Typizität jeder Gesellschaft auch hier unmöglich, einen allgemeingültigen Maßstab an die Sorgfalt des Verwaltungsrats in eligendo zu finden.

Je nach Eigenschaft der delegierten Aufgaben und Befugnisse kommen jedoch hierbei nur diejenigen Personen in Betracht, die für die sach- und zeitgerechte Erfüllung der übertragenen Aufgaben über hinreichende Fach- und Sachkenntnis sowie Fähigkeiten und Erfahrungen verfügen und gute moralische Eigenschaften mitbringen.[5] Insofern könnte man auf die Leistungen und die Haltung des in Frage kommenden Kandidaten in seiner früheren Tätigkeit, sei es im selben Unternehmen, sei es in einem fremden Unternehmen, abstel-

---

[1]Vgl. unter Kapitel IV, III, „4) Bestellung der Direktoren nach Art. 342 THGB".

[2]Lanz, Diss. S. 59; Vollmar, Diss. S. 198.

[3]Vgl. Horber, Diss. S. 117.

[4]Meier-Wehrli, Diss. S. 36.

[5]Vgl. Vollmar, Diss. S. 198.

len.[1] Dabei kommt es nicht darauf an, wie man diese geeigneten Personen sucht und findet. Ob dies über ein Personalvermittlungsbüro oder durch das Inserat in einer Tageszeitung geschieht, ist völlig gleichgültig.

In der Praxis, insbesondere bei Großunternehmungen, sind die Verwaltungsratsmitglieder nicht mehr in der Lage, diese geeigneten Delegationsempfänger (bzw. oberen Angestellten der Gesellschaft) eigenhändig auszuwählen. Auswahl und Vorevaluation werden meistens durch eine Kommission (außerhalb oder innerhalb des Unternehmens), die sich aus mannigfaltigen Fachspezialisten, Psychologen, Soziologen, Betriebsberatern, Sozialarbeitern etc. rekrutiert, vorgenommen. In solchen Fällen überläßt also der Verwaltungsrat die Entscheidung „de facto" diesen Fachleuten und wählt nur „pro forma" die jeweiligen Personen. Hierbei stellt sich nun die Frage, ob der Verwaltungsrat für die Fehlentscheidungen dieser Fachleute bezüglich der Auswahl der Delegierten und Direktoren verantwortlich gemacht werden kann. Diese Frage ist ohne weiteres zu bejahen. Da die Schaffung einer geeigneten Organisation für die Verwaltung und somit die sorgfältige Auswahl der Delegationsempfänger einen Teil der Oberleitung der Gesellschaft[2] bildet und deswegen undelegierbar ist, gilt die Entscheidung dieser hinzugezogenen Hilfskräfte als die des Verwaltungsrats.[3] Daher ist den Mitgliedern des Verwaltungsrats zu empfehlen, nach Möglichkeit an den Auswahlverfahren teilzunehmen und erforderlichenfalls zu intervenieren.

Um der Haftung -wegen der Auswahl der Delegationsempfänger- zu entgehen, hat das einzelne Mitglied des Verwaltungsrats nachzuweisen, alle ihm zumutbare Sorgfalt bei Auswahl der Delegationsadressaten angewandt zu haben. Ansonsten haftet es für den durch diese Personen verursachten ganzen Schaden mit seinen Amtskollegen solidarisch.[4] [5] Gelingt es ihm, einen solchen Beweis zu erbringen, dann ist die Gesellschaft (bzw. Klagende) für culpa in eligendo beweispflichtig. Es ist aber für die Gesellschaft enorm schwierig, nachzuweisen[6], daß dem Verwaltungsrat bereits bei der Auswahl einige

---

[1]Vollmar, Diss. S. 198.

[2]Hütte, Sorgfaltspflichten, ZGR 1986 S. 27.

[3]Vgl. Lustenberger, Diss. S. 132 ff.

[4]Vgl. Vollmar, Diss. S. 196; Hütte, Sorgfaltspflichten, ZGR 1986 S. 27; Ünal, Murahhaslara Birakma S. 88; Arslan, Diss. S. 167 ff.

[5]Diese Tatsache statuiert das revidierte OR in Art. 754 Abs. 2.

[6]Meier-Wehrli, Diss. S. 36; Holzach, Diss. S. 75; Lustenberger, Diss. S. 133; Vischer, Delegationsmöglichkeiten S. 366.

negative Eigenschaften der zu Bestellenden bekannt waren oder hätten sein müssen, die die Qualifikation dieser Personen für die delegierten Aufgaben in Frage stellen würden.[1]

Für die culpa in eligendo haften die Mitglieder des Verwaltungsrats nicht, wenn die Delegierten und Direktoren aufgrund der statutarischen Ermächtigung durch die Generalversammlung bestellt worden sind.

bbbbb) Cura in instruendo

aaaaaa) Allgemeine Bemerkungen

Die cura in instruendo stellt die zweite, zeitlich der cura in eligendo nachfolgende spezifische - delegationsbedingte - Sorgfaltspflicht des delegierenden Verwaltungsrats dar, deren Verletzung die solidarische Verantwortung des Gesamtverwaltungsrats hervorruft. Zur Frage nach dem Inhalt und der Tragweite dieser Verpflichtung gehen die Meinungen in der türkischen Literatur weit auseinander. Manche türkischen Autoren[2] plädieren sogar gegen die Existenz einer solchen Verpflichtung. Hierzu ist an erster Stelle die diesbezügliche Ausführung von Arslanli[3] in Erwägung zu ziehen. Er geht dabei von der Grundeinstellung aus, daß gerade bei einer Delegation für eine weisungsfreie Direktion zu sorgen ist. Die Delegierten und Direktoren üben ihre Funktion in den übertragenen Angelegenheiten unabhängig aus und sind an Weisungen des Verwaltungsrats nicht gebunden. Das Ziel der Delegation liegt, so Arslanli, darin, die Geschäftsführung in die Hände von Spezialisten zu legen, die mit ihrer großen Erfahrung bezüglich der wirtschaftlichen Verhältnisse und in Bezug auf die wirtschaftlichen Erfordernisse dazu besser in der Lage sind als der Verwaltungsrat. Behält sich der Verwaltungsrat das Weisungsrecht vor, so kann von einer Delegation nicht mehr die Rede sein, da die Direktion in diesem Falle einem Ausführungsorgan gleichkommt.

Ünal[4] nimmt zur Frage der cura in instruendo (unter Berufung Arslanli) folgendermaßen Stellung: da die Mitglieder des Verwaltungsrats nicht befugt seien, den Delegierten und Direktoren Anweisungen zu erteilen, seien sie auch nicht für die cura in instruendo ver-

---

[1] Meier-Wehrli, Diss. S. 36.

[2] Ünal, Murahhaslara Birakma S. 88 ff.; Arslan, Diss. S. 52 ff.

[3] Arslanli, AS Organizasyonu S. 123, 124.

[4] Ünal, Murahhaslara Birakma S. 88 ff.

antwortlich.[1] Die Annahme einer solchen Befugnis wäre nämlich, so Ünal, einerseits mit dem Grundgedanken, wonach die Delegierten und Direktoren im ihnen überlassenen Kompetenzbereich selbständig zu fungieren vermögen, unvereinbar. Andererseits würde sie bezüglich der Haftung des Gesamtverwaltungsrats und der Delegationsempfänger zu nicht zu bewältigenden Problemen führen.

M.E. ist dem Standpunkt von Arslanli und Ünal insoweit zuzustimmen, als sie im Falle der Kompetenzdelegation gegen die Anweisungsbefugnis des Gesamtverwaltungsrats plädieren[2]: Die Annahme, daß die weitgehende d.h. unbeschränkte Anweisung hinsichtlich eines jeden einzelnen Geschäftes durch Generalisten, den Verwaltungsrat, an Spezialisten, nämlich Delegationsempfänger, erfolgen könnte, würde tatsächlich die mit der Delegation bezweckte selbständige Erledigung der delegierten Angelegenheiten der Gesellschaft durch Profis und somit auch die Entlastung der Delegierenden sowohl hinsichtlich der Aufgaben als auch der Haftung im weiteren Maße illusorisch machen.[3] Des weiteren ist die Erteilung der Anweisung durch den Verwaltungsrat in vielen praktischen Fällen unmöglich, da dessen Mitglieder über die zu instruierende Materie meistens nicht genau im Bilde sind.[4]

Der Schwerpunkt der Instruktionspflicht liegt also nicht auf weitgehender Anweisung, sondern auf der Aufstellung und der permanenten Durchsetzung einer funktionierenden und widerspruchsfreien Kompetenzordnung.[5] Diese Pflicht konzentriert sich aber wiederum nicht auf die Aufstellung der bis ins letzte Detail gehenden Richtlinien für die Erledigung der delegierten Kompetenzen[6], vielmehr beschränkt sie sich auf die Bekanntgabe der allgemeinen Richtlinien der Geschäftspolitik.[7] Dabei liegt die culpa in der ungehörigen Art und Weise der Bekanntgabe dieser Richtlinien.[8] Zur Erleichterung der Beweislast für die Pflichtverletzung sollte jedoch jene Bekanntgabe in schriftlicher Form, in Reglementen

---

[1] Mit Ünal übereinstimmend vgl. Arslan, Diss. S. 52 ff.

[2] In der türkischen Literatur plädieren dagegen Ansay (ASH, S. 107) und Mimaroglu (Diss. S. 76 Fn. 63) für die Anweisungsbefugnis des Verwaltungsrats.

[3] Vgl. Holzach, Diss. S. 76; Vollmar, Diss. S. 200; Lustenberger, Diss. S. 134.

[4] Vgl. Lustenberger, Diss. S. 134; Horber, Diss. S. 118.

[5] Vischer, Delegationsmöglichkeiten S. 367; Horber, Diss. S. 118; Vollmar, Diss. S. 134.

[6] Horber, Diss. S. 118.

[7] Holzach, Diss. S. 76; Meier-Werhli, Diss. S. 36.

[8] Zur Tragweite der zu erteilenden Weisungen vgl. Homburger, Art. 716a Anm. 544 ff. ORKomm. m.w.N.

oder einem Pflichtenheft vorgenommen werden. Andernfalls ist eine solche Pflichtverletzung kaum zu beweisen.[1]

Im Gegensatz zu culpa in eligendo haften die Mitglieder des Verwaltungsrats für culpa in instruendo auch, wenn die Delegierten und Direktoren durch die Generalversammlung bestellt worden sind.

bbbbbb) Zustimmungsbedürftige Geschäfte der Delegationsempfänger

Eine weitere Frage, die im Rahmen der Instruktionspflicht des Verwaltungsrates behandelt werden sollte, ist, ob es zulässig ist, daß bestimmte Geschäfte, die die Delegationsempfänger im Rahmen ihres Kompetenzbereiches beschließen, an die Zustimmung des Gesamtverwaltungsrats gebunden werden dürfen. Zu dieser Frage gibt weder das türkische Handelsgesetzbuch noch das alte und revidierte Obligationenrecht der Schweiz einen ausdrücklichen Aufschluß. Hingegen enthält das AktG im § 111 Abs. 4 hierzu bekannterweise folgende Bestimmung; *„Maßnahmen der Geschäftsführung können dem Aufsichtsrat nicht übertragen werden. Die Satzung oder der Aufsichtsrat kann jedoch bestimmen, daß bestimmte Arten von Geschäften nur mit seiner Zustimmung vorgenommen werden dürfen ... .“*[2]

Die Lösung des deutschen Aktiengesetzes kann jedoch für das türkische Aktienrecht zur Geltung gebracht werden. Die Begründung ergibt sich *per argumentum a fortiori* aus der Bestimmung des Art. 319 Abs. 2 THGB. Mit dieser Vorschrift räumt nämlich der Gesetzgeber dem Gesamtverwaltungsrat eine solch weitgehende Organisationsfreiheit ein, nach der er all seine Vertretungsmacht und Verwaltungsangelegenheiten bis auf Oberleitung und Oberaufsicht an die Mitglieder des Verwaltungsrats oder sogar an Dritte überlassen kann. Gegenüber dieser gesetzlichen Freiheit des Verwaltungsrats zur Gestaltung seiner Organisation wäre die Annahme, wonach der Gesamtverwaltungsrat bestimmte Arten der dem Delegierten übertragenen Geschäften seiner Zustimmung nicht unterwerfen darf, geradezu paradox.

---

[1]Vischer, Delegationsmöglichkeiten S. 366; Vollmar, Diss. S. 199; Holzach, Diss. S. 76.

[2]Die Satzung kann das Recht des Aufsichtsrats, die Geschäftsführungsmaßnahmen seiner Zustimmung zu unterstellen (§ 111 Abs. 4 AktG), einschränken oder gar entziehen. Dies ergibt sich nämlich aus dem Umstand, daß dieses Recht des Aufsichtsrats zu den Geschäftsführungs-, aber nicht zu den unentziehbaren Kontrollkompetenzen des Aufsichtsrats gehört. Vgl. Hölters, Geschäftsführungsmaßnahmen, BB 1978 S. 642 ff.

Demnach kann der Verwaltungsrat in Reglementen oder im Pflichtenheft die Art der von Delegierten oder Direktoren vorzunehmenden zustimmungsbedürftigen Geschäfte grundsätzlich frei bestimmen. Jedoch darf er dieses Recht nicht dazu benutzen, die Direktoren und Delegierten von der Stellung des selbständigen Organs zu der einer geschäftsführenden Instanz des Verwaltungsrats zu degradieren, indem der Verwaltungsrat nahezu jede Art von Geschäften seiner Zustimmung unterwirft. Darüber hinaus ist es auch unzulässig, daß allgemein für die Geschäfte, die über den gewöhnlichen Geschäftsbetrieb hinausgehen, der Zustimmungsvorbehalt angeordnet wird.[1] Lediglich für die Geschäfte, die nach ihrem Umfang, Gegenstand und nach dem mit ihnen verbundenen Risiko von besonderer Bedeutung sind, kann ein Zustimmungsvorbehalt angeordnet werden.[2] Die Frage, wie weit die Delegierten und Direktoren an den Zustimmungsvorbehalt gebunden werden können, ist aber je nach Art und der Größe des Unternehmens zu beantworten. In dieser Beziehung könnten beispielsweise die Eröffnung von Krediten oder die Übernahme von Bürgschaften für eine Familiengesellschaft zustimmungspflichtig sein, während die beiden Geschäfte für eine Bank-AG zum gewöhnlichen Geschäftsbetrieb gehören und deswegen als nicht zustimmungsbedürftig angesehen werden.[3]

Auf Anfrage der Delegierten oder Direktoren kann der Gesamtverwaltungsrat nach seinem freien Ermessen die Zustimmung erteilen oder sie deshalb verweigern, weil das in Aussicht gestellte Geschäft gegen Gesetz oder Satzung verstoße oder wirtschaftlich nicht zweckmäßig sei. Nimmt der Delegierte bzw. Direktor trotz des Vetos des Verwaltungsrates - aus welchem Grund auch immer - das Geschäft vor, so ist es im vollen Umfang gültig, da die Zustimmung nur im Innenverhältnis von Bedeutung ist, aber keine Außenwirkung hat.[4] Dagegen haftet der Delegierte bzw. Direktor in diesem Fall für den daraus entstandenen Schaden der Gesellschaft allein, da die Einholung der Zustimmung des Verwaltungsrats eine durch den Verwaltungsrat oder die Satzung gesetzte Verpflichtung darstellt.

---

[1]Vgl. Meyer-Landrut, § 111 Anm. 15 Großkomm.; Geßler, § 111 Anm. 66 Komm. AktG; Hoffmann-Becking, § 29 Anm. 37 S. 258 Münchener.

[2]Vgl. Ünal, Murahhaslara Bırakma S. 87; Hoffmann-Becking, § 29 Anm. 37 S. 258 Münchener; Meyer-Landrut, § 111 Anm. 15 Großkomm.

[3]Zu weiteren Beispielen für zustimmungspflichtige Geschäfte aus der türkischen Aktienrechtspraxis vgl. Ünal, Murahhaslara Bırakma S. 82 ff.

[4]Vgl. Ünal, Murahhaslara Bırakma S. 87; Geßler, § 111 Anm. 78 Komm. AktG; Mertens, § 111 Anm. 86 Kölner Komm.

Die Zustimmung des Gesamtverwaltungsrats befreit den Delegierten (bzw. Direktor) im Gegensatz zum deutschen Recht grundsätzlich von seiner Verantwortlichkeit für das zustimmungsbedürftige Geschäft. Dieser haftungsbefreienden Wirkung der Zustimmung liegt der Umstand zugrunde, daß der Beschluß über die Zustimmung „die Funktion der *Oberleitung* und *Oberaufsicht*" des Verwaltungsrats darstellt.[1] Hierbei handelt also der Gesamtverwaltungsrat als das oberste Leitungs- bzw. Verwaltungsorgan der Gesellschaft, während der Delegierte sozusagen als Ausführungsorgan - so wie der Ausschuß des Verwaltungsrats im Sinne von Art. 318 Abs. 2 THGB - fungiert. Aus diesem Grunde ist er ausschließlich für die ungehörige Vornahme von Geschäften, denen der Gesamtverwaltungsrat zugestimmt hatte, verantwortlich.

Im deutschen Aktienrecht entlastet dagegen die Zustimmung des Aufsichtsrats den Vorstand nicht von seiner Haftung. Der Vorstand bleibt haftungsmäßig für ein Geschäft, dem der Aufsichtsrat zugestimmt hatte, uneingeschränkt verantwortlich. Die gesetzliche Grundlage dafür findet sich in der ausdrücklichen Bestimmung des § 93 Abs. 4 Satz 2 AktG. Die Begründung dieser Bestimmung ergibt sich aus dem für das deutsche Recht charakteristischen System der strengen Trennung des Vorstands vom Aufsichtsrat, wonach der Vorstand als „alleiniges, eigenverantwortlich geschäftsführendes" und der Aufsichtsrat als „überwachendes" Organ der Gesellschaft amtieren. Der Zustimmungsvorbehalt des Aufsichtsrats gewährt ihm an sich eine Erleichterung[2] im Hinblick auf die Durchführung der Überwachung der Geschäftsführung, indem er nämlich über gewisse Geschäfte schon im voraus in Kenntnis gesetzt wird und von ihnen nicht erst nach ihrem Abschluß erfährt. Dieser Zustimmungsvorbehalt führt aber keineswegs zu einer Funktionserweiterung, so daß dem Aufsichtsrat angesichts der zustimmungsbedürftigen Geschäfte die Geschäftsführungsbefugnis und hiermit zugleich die Verantwortung dafür übertragen wird.[3]

Trotz der Zustimmung kann der Vorstand als einziges Geschäftsführungsorgan nach seinem pflichtgemäßen Ermessen von der Vornahme des Geschäfts absehen.[4] Legt der Aufsichtsrat sein Veto gegen das Geschäft ein, so kann der Vorstand die Hauptversammlung einberufen und von ihr die Erteilung der Zustimmung für jenes Geschäft verlangen. Die

---

[1]Vgl. Ünal, Murahhaslara Birakma S. 87.

[2]Vgl. Meyer-Landrut, § 111 Anm. 14 Großkomm.; Geßler, § 111 Anm. 62 Komm. AktG.

[3]Vgl. Geßler, § 111 Anm. 64 Komm. AktG.

[4]Vgl. Hefermehl, § 93 Anm. 55 Komm. AktG; Hoffmann-Becking, § 29 Anm. 35, S. 258 Münchener.

Zustimmung des Aufsichtsrats könnte jedoch dem Vorstand als Beweismittel helfen, daß die Vornahme des jeweiligen Geschäfts nicht gegen die von ihm zu erwartende Sorgfalt verstößt.[1]

ccccc) Cura in custodiendo

Die cura in custodiendo stellt die letzte delegationsbedingte spezifische Sorgfaltspflicht des delegierenden Verwaltungsrats dar. Sie ist das Kernstück der aktienrechtlichen Haftung.[2]

Nach dem Delegationsakt hat der Gesamtverwaltungsrat als das oberste Leitungs- und Aufsichts- bzw. Überwachungsorgan zu prüfen, ob die Delegationsempfänger die ihnen übertragenen Aufgaben im Rahmen der von ersterem festgelegten eigentlichen Geschäftspolitik sowie im Rahmen der gesetzlichen und statutarischen Grenzen erfüllen.[3] Mit anderen Worten, er ist verpflichtet, die Geschäftsführung der Delegationsempfänger in Hinblick auf die Gesetz- und Satzungsmäßigkeit sowie „Zweckmäßigkeit und Angemessenheit"[4] zu überwachen. Diese Überwachungspflicht besteht allerdings auch bei denjenigen Delegierten und Direktoren, welche unter Anwendung der zu erwartenden Sorgfalt ausgewählt und der cura in instruendo entsprechend informiert wurden.

Das Ausmaß dieser Überwachungspflicht bildet allerdings dauernden Anlaß zu heftigen Diskussionen in der Literatur. Hierzu wird aber als allgemeingültig angesehen, daß die Überwachungspflicht sich nicht auf jedes einzelne Geschäft richten kann. Dies ist - wie die Verfasser der Botschaft zum Revisionsentwurf von 1928[5] in der Schweiz zu Recht ausgeführt haben - für die Mitglieder des Verwaltungsrats einer mittelgroßen Gesellschaft kaum, einer großen Gesellschaft keinesfalls möglich. Denn es fehlt ihnen meistens an den erforderlichen Fachkenntnissen und der nötigen Zeit. Eine solche Überwachung könnte wohl allenfalls für die Verwaltungsratsmitglieder einer kleineren Gesellschaft durchführbar sein. In diesem Fall geht aber der mit der Delegation bezweckte Vorteil der Arbeitsentlastung für die Delegierenden verloren.[6] Demgegenüber wäre es aber für die Mitglieder des Ver-

---

[1]Schilling, § 93 Anm. 30 Großkomm.

[2]Horber, Diss. S. 118.

[3]Vgl. Ünal, Murahhaslara Bırakma S. 87; Meier-Wehrli, Diss. S. 36.

[4]Ünal, Diss. S. 128.

[5]Vgl. unter Kapitel IV, III, 3, c, ee, „bbb) Literaturstand".

[6]Holzach, Diss. S. 76; Ünal, Diss. S. 130.

waltungsrats nicht ausreichend, wenn sie sich darauf beschränken würden, die jährliche Rechnungsablage zu kontrollieren, um der Überwachungspflicht einwandfrei gerecht zu werden.[1]

Wie aus diesen Ausführungen hervorgeht, muß also der Umfang der Überwachungspflicht auf ein angemessenes Maß beschränkt werden. Anders formuliert, die Erfüllung der Überwachungspflicht soll - wie bei jeder Pflichterfüllung - in einem billigerweise zumutbaren Ausmaß verlangt werden können.[2] Insofern könnte ja allgemein festgehalten werden, daß die Verpflichtung zur cura in custodiendo in zwei Stationen erfüllt wird: 1. in der primäre Station, 2. in der sekundäre Station.

1. In der primäre Station: Es reicht vollkommen aus, um dieser Pflicht Genüge zu leisten, daß sich die Verwaltungsratsmitglieder *primär* „in angemessenen Zeitabständen" über Geschäftsgang und Geschäftsführung der Delegierten und Direktoren im allgemeinen und über alle wichtigen Angelegenheiten der Gesellschaft „dauernd" informieren lassen.[3] Die Beurteilung der Frage, wie oft und in welcher Art und Weise ein Informationsaustausch erfolgen soll, ist stark von den Eigenheiten des Einzelfalles abhängig. Hierbei sind insbesondere die interne Organisation und Geschäftstätigkeit der Gesellschaft von maßgebender Bedeutung.[4]

Der Informationsaustausch kann für den Verwaltungsrat - wie in der Praxis üblich - am zweckmäßigsten auf der periodisch stattfindenden Verwaltungsratssitzung erfolgen. Der Verwaltungsrat kann dabei durch Beschluß von den Delegationsempfängern die Unterbreitung der Bücher und Geschäftsunterlagen verlangen (Art. 331 THGB). Zudem kann er zur Einsicht die Rapporte und schriftlichen Berichte über abgeschlossene und in Aussicht gestellte Geschäfte verlangen. Die Delegationsempfänger können sogar durch statutarische Bestimmung oder durch die Reglemente verpflichtet werden, regelmäßig über den Geschäftsgang im allgemeinen und über alle wichtigen Geschäftsfälle im besonderen ausführliche Berichte bzw. Rapporte vorzulegen.[5]

---

[1]Bürgi, Art. 722, Anm. 21 Züricher Komm.; Vollmar, Diss. S. 200.

[2]Meier-Wehrli, Diss. S. 36; Horber, Diss. S. 121.

[3]Vgl. Bürgi, Art. 722 Anm. 20 Züricher Komm.; Schulz-Dornburg, Diss. S. 81 ff.; Horber, Diss. S. 121; Lustenberger, Diss. S. 135; Meier-Wehrli, Diss. S. 35; Ünal, Murahhaslara Birakma S. 87.

[4]Bürgi, Art. 722, Anm. 21 Züricher Komm.; Vollmar, Diss. S. 200; Horber, Diss. S. 121.

[5]Ünal, Diss. S. 129.

Jedes einzelne Mitglied des Verwaltungsrats ist dagegen verpflichtet zu versuchen, diese Berichte sorgfältig und kritisch zu bewerten, nötigenfalls zusätzliche mündliche Unterredungen vorzunehmen oder eventuell die Meinung von Sachverständigen einzuholen und Irrtümer abzuklären.[1] [2] Das Mitglied des Verwaltungsrates ist jedoch nicht verpflichtet, jede im Bericht vermittelte Information auf ihre Richtigkeit hin zu examinieren.[3] Es darf sich auf die Richtigkeit der Information verlassen[4], es sei denn, es bestehen wesentliche Indizien, welche die Richtigkeit der erteilten Information in Frage stellen. Ansonsten wäre die Überwachungspflicht für die Verwaltungsratsmitglieder praktisch nicht erfüllbar. Des weiteren würde das ständige Mißtrauen gegenüber jeder erteilten Information die Arbeitsatmosphäre der Delegationsempfänger in Zusammenarbeit mit dem Verwaltungsrat zerstören und somit die Optimierung des Gesellschaftszwecks beeinträchtigen. Die angenehme Zusammenarbeit zwischen Verwaltungsrat und Delegationsempfänger setzt nämlich das gegenseitige Vertrauen voraus.[5]

2. In der sekundäre Station: Die zweite (sekundäre) Stufe der speziellen Überwachungspflicht bildet die intensive, strenge Überwachung und Kontrolle der Delegationsempfänger hinsichtlich der zweck-, gesetz- und satzungsmäßigen Erfüllung der Aufgaben.[6] Diese sekundäre Phase kommt allerdings nur in Frage, wenn sich aus dem Informationsaustausch der Verdacht ergibt, daß der Delegierte oder Direktor die ihm delegierten Kompetenzen vorsätzlich oder fahrlässig falsch erfüllt. Stellt der Verwaltungsrat nach dieser genauen, strengen Kontrolle eine Unregelmäßigkeit in der Erfüllung der Kompetenzen fest, so hat er als oberstes Leitungs- und Überwachungsorgan einzuschreiten und das Erforderliche vorzunehmen, um den rechtmäßigen Zustand wiederherzustellen oder zu erhalten.[7] Zu diesem Zweck kann er beispielsweise den Delegationsempfängern nachträglich zusätzliche Instruktionen (Informationen) bzw. Ermahnungen erteilen oder sie suspendieren, gegebenenfalls deren Abbestellung und Neuwahl veranlassen.

---

[1]Horber, Diss. S. 121 ff. Vgl. Bürgi, Art. 753/754 Anm. 79 Züricher Komm.

[2]Um spätere Einwendungen im Haftungsprozeß, das einzelne Mitglied hätte den Bericht nicht gekannt, zu vermeiden, empfiehlt es sich, daß jedes Mitglied auf dem Bericht schriftlich bestätigt, daß es ihn eingesehen hat. Vgl. Holzach, Diss. S. 80.

[3]Horber, Diss. S. 122.

[4]Vischer, Delegationsmöglichkeiten S. 357 ff.; Horber, Diss. S. 122; Ünal, Diss. S. 129.

[5]Vgl. Holzach, Diss. S. 82; Lustenberger, Diss. S. 136.

[6]Vgl. Holzach, Diss. S. 79; Steiger, das Recht S. 236; Burckhardt, Diss. S. 71.

[7]Vgl. Lustenberger, Diss. S. 136.

Zu betonen bleibt nur noch, daß der Nachweis der Pflichtverletzung im Rahmen der cura in custodiendo praktisch sehr schwierig zu erbringen ist. Dies kommt insbesondere hinsichtlich des adäquaten Kausalzusammenhangs zwischen entstandenem Schaden und pflichtwidriger Überwachung in Betracht. Deswegen sollte kein strenger und absoluter Beweis des Kausalzusammenhangs gefordert werden.[1]

4) Bestellung der Direktoren nach Art. 342 THGB

a) Allgemeine Bemerkungen

In Art. 342 gewährt das türkische HGB - anders als das deutsche AktG und das alte sowie revidierte schweizerische OR - den Aktiengesellschaften noch eine weitere Möglichkeit zur freien Gestaltung der Organisation der Verwaltung. Nach diesem Artikel kann durch Bestimmung in der Satzung oder durch Beschluß der Generalversammlung oder des Verwaltungsrates ein *Direktor,* der Mitglied des Verwaltungsrates oder (noch nicht einmal) Aktionär ist, bestellt werden. Diesem Direktor -im Unterschied zum Direktor im Sinne von Art. 319 Abs. 2 THGB - darf nur ein Teil der Gesellschaftsangelegenheiten, welcher die Ausführung betrifft, übertragen werden. Ihm stehen also keine - beschließenden - Verwaltungskompetenzen zu.

Nach allgemeiner Ansicht in der türkischen Literatur besteht zwischen dem Direktor (im Sinne von Art. 342 THGB) und der Aktiengesellschaft kein Organverhältnis[2], er wird vielmehr als *oberster Angestellter*[3] der Gesellschaft qualifiziert. Er ist also aufgrund eines schuldrechtlichen Vertragsverhältnisses mit der Gesellschaft verbunden. Ist der Rechtscharakter dieses Vertragsverhältnisses von beiden Parteien nicht ausdrücklich bestimmt worden, so ist er im Zweifel als Dienstvertrag[4] zu betrachten. Der Direktor stellt nämlich seine ganze Arbeitskraft in den Dienst der Gesellschaft.

Der Direktor im Sinne von Art. 342 THGB führt die ihm übertragenen Funktionen, und zwar die alltäglichen Geschäfte der Gesellschaft, aber „unter der Beaufsichtigung und

---

[1]Vgl. unter Kapitel III, I, 2, „d) Kausalzusammenhang".

[2]Domanic, Serh S. 715; Camoglu, Doz. S. 161; Imregün, Kara Ticaret S. 366; Poroy/Tekinalp/Camoglu, Ortakliklar S. 285.

[3]Arslanli, AS Organizasyonu S. 209; Mimaroglu, Diss. S. 77; Domanic, Serh S. 716.

[4]Y. 11. HD. T. 11.5.1960 zitiert bei Ansay, ASH S. 107 Fn. 59; Arslanli, AS Organizasyonu S. 209; Camoglu, Doz. S. 162; Imregün, Kara Ticaret S. 367; Eris, AS Hukuku S.328; Arslan, Diss. S. 73; Ünal, Diss. S. 111; Poroy/Tekinalp/Camoglu, Ortakliklar S. 285; Cerrahoglu, Müdürlerin Sorumlulugu S. 266.

nach den Anweisungen des Verwaltungsrats"[1] aus. Enthält die Satzung keine gegenteilige Bestimmung, so kann der Direktor jederzeit vom Verwaltungsrat abbestellt werden (Art. 343 THGB).

Der Direktor stellt ferner eine dem Gesamtverwaltungsrat unterstellte Ausführungsinstanz dar.[2] Dies bedeutet aber nicht, daß er gar keine selbständigen Entscheidungen treffen kann. Er kann im Rahmen seiner Funktion selbständig die maßgebenden Entscheidungen treffen.[3] In diesem Zusammenhang kann beispielsweise ein Marketingdirektor unabhängig vom Verwaltungsrat bestimmen, ob und wie die Arbeitsverteilung unter den ihm unterstellten Angestellten erfolgen soll.[4]

Der Direktor kann auf der Sitzung des Verwaltungsrats an der Stimmabgabe nicht teilnehmen, wenn er nicht zugleich Mitglied desselben ist. Das türkische Bankgesetz Nr. 3182 ist eine Ausnahme dazu; nach Art. 21 TBG ist der Generaldirektor sowie, bei dessen Abwesenheit, der Subdirektor einer Bank, die nach türkischem Recht ausschließlich in Form einer AG gegründet werden kann, natürliches Mitglied des Verwaltungsrats der Bank-AG.

b) Die Unterschiede zwischen dem Direktor im Sinne von Art. 342 THGB und dem im Sinne von Art. 319 Abs. 2 THGB

Wie den vorangegangenen Ausführungen zu entnehmen ist, kennt das türkische Aktienrecht zwei Arten von Direktoren: der Direktor im Sinne von Art. 319 Abs. 2 THGB und derjenigen im Sinne von Art. 342 THGB. Ersterer nennt sich terminologisch „Murahhas Müdür", zu deutsch „beauftragter Direktor", während der zweite nur als Direktor (Müdür) bezeichnet wird. Im folgenden werden die wesentlichen Unterschiede zwischen beiden Direktoren dargestellt:

1. Der erste Unterschied zwischen dem beauftragten Direktor und dem Direktor im Sinne von Art. 342 THGB zeigt sich schon in der Voraussetzung der Bestellung. Während für die Bestellung des beauftragten Direktors gem. Art. 319 THGB eine ausdrückliche statutari-

---

[1]Mimaroglu, Diss. S. 77; Arslanli, AS Organizasyonu S. 208; Camoglu, Doz. S. 161.

[2]Vgl. Ünal, Diss. S. 111.

[3]Domanic, Serh S. 720.

[4]Dem Direktor kommt also keine Entscheidungsbefugnis im Sinne der Entscheidungsbefugnis eines Verwaltungsratsmitglieds zu. Er hat somit keinen originären, umfassenden Einfluß auf die Gesellschaftsleitung.

sche Ermächtigung erforderlich ist, setzt die Regelung von Art. 342 THGB keine solche Ermächtigung für die Bestellung eines Direktors voraus, sondern überläßt die Entscheidung direkt der Gesellschaft (bzw. deren Organen). Diesem Unterschied liegt wohl der Umstand zugrunde, daß der beauftragte Direktor nur für die Ausführung der täglichen Angelegenheiten der Gesellschaft eingesetzt wird und ihm - im Gegensatz zum Direktor in Art. 319 THGB - keine Verwaltungskompetenz zufällt. Mit anderen Worten, da der Direktor keine essentiellen Funktionen in der Verwaltung ausübt, welche das Geschehen in der Gesellschaft fundamental beeinflussen können, ist es vom Gesetzgeber nicht als nötig empfunden worden, eine Ermächtigung in der Satzung für den Einsatz eines Direktors vorauszusetzen. Der Gesetzgeber überläßt somit die Entscheidung über die Bestellung eines beauftragten Direktors direkt der Gesellschaft bzw. deren Organe.

2. Ein weiterer Unterschied liegt darin, daß, während der Direktor im Sinne von Art. 342 THGB sowohl unter den Mitgliedern des Verwaltungsrats als auch unter den Aktionären der Gesellschaft oder unter denjenigen, die nicht einmal Aktionäre zu sein brauchen, ausgewählt werden kann, ein Mitglied des Verwaltungsrats nicht als beauftragter Direktor bestellt werden kann, da er sonst ein Delegierter wäre.[1]

3. Ein anderer Unterschied besteht darin, daß auf Grund des Verweises von Art. 343 THGB auf Art. 315 THGB die übrigen Direktoren befugt sind, eine Wahl (Kooptation) zur vorübergehenden Besetzung der im Geschäftsjahr freigewordenen Direktorenstelle vorzunehmen, während den beauftragten Direktoren hierfür keine Befugnis zusteht.[2] Ist so eine Befugnis für den beauftragten Direktor von der Satzung vorgesehen, so ist die betreffende Satzungsbestimmung m. E. nichtig, denn sie verstößt gegen zwingendes Recht.

4. Der Direktor im Sinne von Art. 342 THGB unterscheidet sich von dem beauftragten Direktor auch im Kompetenzbereich. Der Direktor kann nur mit der Ausführung der Gesellschaftsangelegenheiten betraut werden. Er besitzt keine Organeigenschaft und ihm stehen keine Verwaltungskompetenzen zu.[3] Er fungiert als Angestellter der Gesellschaft unter Beaufsichtigung des Verwaltungsrats und nach Direktiven desselben. Von Gesetzes

[1]Die Direktoren im Sinne von Art. 342 THGB sind im Gegensatz zu den in der Praxis üblichen Satzungsbestimmungen auch keine natürlichen Mitglieder des Verwaltungsrats. Vgl. Erbek, Idare Meclisi S. 118 ff.

[2]Vgl. Domanic, Serh S. 716.

[3]Nach einer Ansicht in der türkischen Literatur kommt dem Direktor die Eigenschaft des „Handlungsbevollmächtigten" der Gesellschaft im Sinne von Art. 449 TOG zu, und deswegen sind die Regelungen von Art. 342-346 THGB überflüssig. Vgl. Imregün, Kara Ticaret S. 366; Arslanli, AS Organizasyonu S. 207. Zur Gegenmeinung vgl. Camoglu, Doz. S. 163 ff.

wegen ist er gegenüber dem beauftragten Direktor sozusagen degradiert. Dagegen kann dem beauftragten Direktor jegliche Verwaltungskompetenz außer der Oberleitung und der Oberbeaufsichtigung delegiert werden. Er nimmt eine selbständige Stellung, und zwar die eines Verwaltungsorgans, ein.

c) Haftung der Direktoren im Sinne von Art. 342 THGB wegen Pflichtverletzung.

Im alten und auch im revidierten OR, anders als in Art. 336 THGB und § 93 AktG, unterstellt die Regelung des Art. 754 nicht nur den Mitgliedern des Verwaltungsrats, sondern allen mit der Verwaltung und der Geschäftsführung betrauten Personen, die aktienrechtliche Verantwortlichkeit. Unter diese Personen fällt nach schweizerischem Recht[1] auch der Direktor. Dagegen regelt das THGB die Haftung des Direktors in einer separaten Norm, in Art. 342 THGB. Demnach *„ist der Direktor nach Maßgabe der für die Mitglieder des Verwaltungsrats geltenden Haftungsbestimmungen der Gesellschaft, den Aktionären und den Gesellschaftsgläubigern verantwortlich, wenn er die ihm durch Gesetz, Satzung oder andere die Geschäftsbesorgung regelnde Bestimmungen auferlegten Verpflichtungen nicht ordnungsgemäß oder gar nicht erfüllt"*. Er kann sich nicht darauf berufen, sich nach Weisung und unter Aufsicht des Verwaltungsrats zu betätigen und sich somit der Haftung entziehen (Art. 342 Satz 2 THGB). Denn, wie bereits erwähnt, steht dem Direktor im Rahmen seiner Betätigung, trotz der im Vergleich zum beauftragten Direktor unselbständigen Stellung, die Befugnis zu, selbständig die maßgebenden Entscheidungen zu treffen. Deswegen soll er die Konsequenzen seiner Entscheidungen grundsätzlich allein tragen.

Dagegen kann der Direktor nicht zur Verantwortung gezogen werden, wenn infolge der Ausführung eines Verwaltungsratsbeschlusses am Vermögen der Gesellschaft Schaden entstanden ist. Er trägt nämlich für den Inhalt und die Wirkung eines vom Verwaltungsrat gefaßten Beschlusses keine Verantwortung, denn die Entscheidung liegt insoweit ausschließlich beim Verwaltungsrat. Dem Direktor kommt also in diesem Fall keine willensbildende, sondern nur eine willensausführende Funktion zu. Daher kann er nur für eine fehlende oder fehlerhafte Ausführung (d.h. für die Art und Weise der Ausführung) verantwortlich gemacht werden.

---

[1] Fehr, Diss. S. 149; Forstmoser, Verantwortlichkeit Anm. 741 S. 232; Camoglu, Doz. S. 165 Fn. 13; Ansay, ASH S. 151 Fn. 169.

d) Haftung der Mitglieder des Verwaltungsrats im Falle der Bestellung eines Direktors

Art. 346 Satz 1 THGB bestimmt ganz eindeutig, daß die Mitglieder des Verwaltungsrats nicht für den Schaden, welche die Direktoren bei der Erfüllung ihnen übertragener Aufgaben verursacht haben, zur Verantwortung gezogen werden können. Für diesen Schaden haften die Direktoren grundsätzlich „persönlich". Wie bereits oben erwähnt, deutet das THGB auch in Art. 342 Satz 2 diese persönliche Haftung der Direktoren an. Dieser in Satz 1 statuierte Grundsatz erfährt aber gleich im zweiten Satz des Art. 346 THGB drei Ausnahmen, in denen die Mitgliedern des Verwaltungsrats für den dadurch entstandenen Schaden solidarisch mit Direktoren der Gesellschaft gegenüber haften. Dies sind folgende:

a) Nach Art. 346 Satz 2 THGB *haften die Mitglieder des Verwaltungsrats der Gesellschaft gegenüber gemäß den Vorschriften des Art. 336 THGB für den Schaden, den sie dadurch verursacht haben, daß sie unfähige (ungeeignete) Direktoren bestellt haben*. Hier regelt also das Gesetz indirekt die *cura in eligendo* (direkt geregelt ist die *culpa in eligendo*): Demnach muß jedes Mitglied des Verwaltungsrats wie bei jeder Maßnahme der Geschäftsführung und Vertretung ebenfalls bei der Auswahl (Bestellung) der Direktoren die Sorgfalt eines vernünftigen und gewissenhaften Geschäftsmanns walten lassen. Je nach den Anforderungen der zu besetzenden Delegiertenstelle sowie nach der Größe und Organisation der jeweiligen Gesellschaft haben die Mitglieder des Verwaltungsrats bei der Auswahl nur die Personen in Erwägung zu ziehen, die sich etwa hinsichtlich der Fachkenntnisse, der beruflichen Erfahrung, des Bildungsgrades sowie der Zuverlässigkeit als gut qualifiziert erwiesen haben.[1] [2] Daher kann beispielsweise die Haftung der Verwaltungsratsmitglieder wegen der Verletzung der Sorgfaltspflicht bei der Auswahl des Direktors in Betracht kommen, wenn sie eine Person, die ohnehin aufgrund ihrer Unzuverlässigkeit oder Inkompetenz aus der Direktorenstelle einer anderen Gesellschaft ausge-

[1]Vgl. Domanic, Serh S. 718; Mimaroglu, Diss. S. 78.

[2]Nach Art. 24 TBG (mit der Nr. 3182) muß der als Subdirektor einer Bank-AG zu bestellende Kandidat einen Hochschulabschluß in einem der Bereiche Rechtswissenschaft, Ökonomie, Betriebswirtschaftslehre, Finanzwesen, Bankwesen oder Wirtschaftsingenieurwesen und im Bankwesen oder im Betriebswirtschaftswesen mindestens siebenjährige Erfahrung haben.

schieden ist, bestellen, sofern infolge der Handlung des Direktors ein Schaden entstanden ist.[1]

Eine solche Haftung ist folgerichtig auszuschließen, wenn ungeeignete Direktoren durch Bestimmung in der Satzung oder durch Beschluß der Generalversammlung bestellt werden.

b) Ein zweite Ausnahme von dem Grundsatz der persönlichen Haftung macht das Gesetz im Art. 346 Satz 2 THGB durch eine groteske Formulierung: Demnach *haften die Mitglieder des Verwaltungsrats der Gesellschaft gegenüber gem. der Vorschrift des Art. 336 THGB für den Schaden, den sie dadurch verursacht haben, daß sie bei „den für die Gesellschaft schädlichen Handlungen der Direktoren untätig zugeschaut (*bzw. *diese geduldet) haben".* Mit dieser Bestimmung regelt das Gesetz andeutungsweise die Pflicht für die Verwaltungsratsmitglieder zur sorgfältigen Aufsicht und Kontrolle der Direktoren (*cura in constituendo).* Demnach haben alle Mitglieder des Verwaltungsrats die Direktoren bei der Erfüllung der ihnen auferlegten Pflichten, seien sie durch Gesetz, Satzung oder durch andere Geschäftsbesorgungsmaßnahmen geregelt, wie etwa die allgemeinen Direktiven des Verwaltungsrats, unter Anwendung der nach Art. 320 THGB erforderlichen Sorgfalt zu überwachen.

Wie oben bereits erwähnt, räumt das Gesetz in Art. 331 THGB jedem Mitglied des Verwaltungsrats dafür das erforderliche Mittel ein, also das Recht, über den Geschäftsgang und bestimmte einzelne Angelegenheiten Informationen von den Direktoren zu verlangen. Erregt ein ins Visier genommener Direktor infolge der Auswertung dieser Informationen Verdacht, seinen Verpflichtungen gar nicht oder nicht ordnungsgemäß nachzukommen, so hat sich der Verwaltungsrat einzuschalten und das Notwendige zu unternehmen, um einen eventuell möglichen Schaden zu vermeiden oder zu verringern. In diesem Zusammenhang können die Mitglieder des Verwaltungsrats beispielsweise den Direktor mahnen oder neue Direktiven erteilen[2], gegebenenfalls ihn sogar abbestellen (Art. 344 THGB). Andernfalls haften sie mit dem Direktor solidarisch für entstandenen Schaden.

c) Schließlich haften die Verwaltungsratsmitglieder nach Art. 346 Satz 2 THGB ausnahmsweise *der Gesellschaft gegenüber gemäß der Vorschrift des Art. 336 THGB für den Schaden, den sie dadurch verursacht haben, daß sie die Direktoren für Angelegenheiten*

---

[1]Atan, Diss. S. 123.

[2]Mimaroglu, Diss. S. 79.

ermächtigt haben, für welche der Verwaltungsrat nicht zuständig war. Wie oben kurz erörtert wurde, bilden die Direktoren eine dem Verwaltungsrat unterstellte Ausführungsinstanz. Ihnen kann daher allein die Ausführung derjenigen Gesellschaftsangelegenheiten, welche bereits dem Verwaltungsrat als Geschäftsführungs- und Vertretungsorgan der Gesellschaft zufallen, übertragen werden. Die Übertragung erfolgt in der Praxis in erster Linie anhand des zwischen der - durch den Verwaltungsrat vertretenen - Gesellschaft und dem Direktor geschlossenen Dienstvertrag und erst in zweiter Linie anhand der Verordnungen des Verwaltungsrats.[1] Ohne Rücksicht auf diese Art und Weise der Übertragung haften aber die Mitglieder des Verwaltungsrats für den Schaden, der dadurch entstanden ist, daß sie die Direktoren beispielsweise mit den Ausführungen einer Angelegenheit, deren Erfüllung vom Gesetz der Kontrollstelle zugewiesen ist, betraut haben.

Zusammenfassend ist somit festzuhalten, daß sich die Haftung der Verwaltungsratsmitglieder im Falle der Bestellung der Direktoren gem. Art. 346 THGB auf deren Auswahl (culpa in eligendo), Überwachung (culpa in constituendo) und deren unzulässige Betrauung (culpa in instituendo) beschränkt. Hierzu stellt sich jedoch die Frage, ob die Mitglieder des Verwaltungsrats nicht nur durch die Gesellschaft, sondern auch noch durch deren Aktionäre und Gläubiger auf Ersatz des dadurch entstandenen mittelbaren Schadens in Anspruch genommen werden können. Dabei könnte man sich der herrschenden Meinung[2] in der türkischen Literatur anschließen, nach der die Mitglieder des Verwaltungsrats genauso wie in Art. 336 ff. THGB auch beim Vorliegen der in 346 statuierten drei Tatbeständen für den entstandenen Schaden gegenüber der Gesellschaft, den Aktionären und Gläubigern verantwortlich seien, da der Art. 346 THGB im Hinblick auf die Haftung auf die Vorschrift des Art. 336 verweise und im Art. 346 THGB kein Grund ersichtlich sei, die Abweichung vom Haftungssystem des Art. 336 THGB zu rechtfertigen. Dieser Ansicht ist jedoch aus folgenden Gründen nicht zu folgen:

1. Es ist vor allem von dem Wortlaut der Vorschrift des Art. 346 THGB auszugehen. Dieser besagt klipp und klar, daß die Verwaltungsratsmitglieder ausschließlich gegenüber der Gesellschaft haften. Hätte der Gesetzgeber beim Erlaß dieser Norm die Aktionäre und Gläubiger neben der Gesellschaft als Anspruchsberechtigte bezeichnen wollen, hätte er es bestimmt getan. Er hat aber die Aktionäre und Gläubiger als Anspruchberechtigte be-

---

[1]Eris, AS Hukuku S. 333.

[2]Camoglu, Doz. S. 163; Poroy/Tekinalp/Tekinalp, Organlarin Sorumlulugu, S. 357; Helvaci, Diss. S. 74; Eris, AS Hukuku S. 333.

wußt ausgeklammert. Hier kommt also im Hinblick auf Aktionäre und Gläubiger kein Redaktionsversehen des Gesetzgebers in Frage. Der Gesetzgeber bezweckt m. E. - im Gegensatz zur These der herrschenden Lehre - in Art. 346 von dem Haftungssystem der Art. 336-341 THGB abzuweichen, indem er lediglich die Gesellschaft als Anspruchsberechtigte betrachtet. Dieser gesetzgeberische Zweck indiziert auch den Umstand, daß die Haftungsfragen bei der Bestellung der Direktoren in einer separaten Norm behandelt werden.

2. Die Annahme, daß die Verwaltungsratsmitglieder für den entstandenen Gesellschaftsschaden nicht nur der Gesellschaft, sondern auch noch dem einzelnen Aktionär und den Gesellschaftsgläubigern gegenüber haften, wenn die Merkmale der in Art. 346 THGB statuierten Tatbestände erfüllt sind, d.h. wenn der vom Direktor verursachte Schaden auf culpa in eligendo, in constituendo oder in instituendo der Verwaltungsratsmitglieder zurückzuführen ist, macht böswilligen Aktionären und Gläubigern den Weg frei, das Ansehen der Gesellschaft angesichts dieser Ersatzklagen gem. Art. 346 THGB zu beeinträchtigen. Die Tatsache, daß man sogar in den kleineren Aktiengesellschaften verglichen mit der Anzahl an Verwaltungsratsmitgliedern verhältnismäßig viele Direktoren beschäftigt, erleichtert es derartigen böswilligen Klägern, den Verwaltungsratsmitgliedern ein imaginäres Verschulden im Hinblick auf Auswahl, Überwachung oder Betrauung der Direktoren aufzubürden.

IV) Haftung der Vorstandsmitglieder im Falle der Geschäftsverteilung (bzw. Aufgabenverteilung) und der Delegation der Geschäftsführungsbefugnisse nach deutschem Recht

1) Geschäftsverteilung

a) Allgemeine Bemerkungen

Im deutschen Aktienrecht stellen die Regelungen der §§ 76, 77, 78 AktG die charakteristischen Organisationsnormen für das Organ „Vorstand" dar. Nach § 76 AktG obliegt dem Vorstand des deutschen Vorstands-Aufsichtsrats-Systems (*two tier system*) - im Gegensatz zum *one board system* - die Befugnis und Pflicht, die Gesellschaft unter eigener Verantwortung zu leiten. Diese Leitung umfaßt die Geschäftsführung und Vertretung der Gesellschaft (§§ 77, 78 AktG). Unter Geschäftsführung im deutschen Aktienrecht versteht man jede vom Vorstand für die Gesellschaft vorgenommene Handlung, ohne daß es jedoch darauf ankommt, ob sie tatsächlicher Natur, wie beispielsweise bei Maßnahmen im

Bilanzwesen, oder rechtsgeschäftlicher Natur ist, wie z.B. die Kreditgewährung an Dritte sowie der Verkauf der hergestellten Produkte.[1] Insofern ist die Vertretung der Gesellschaft auch keine von der Geschäftsführung zu unterscheidende Handlung, vielmehr bildet sie den Teil der Geschäftsführung, der die rechtliche Außenhandlung des Vorstands umfaßt.[2]

Wie im alten und revidierten OR kann auch im deutschen Aktienrecht der Vorstand aus nur einer Person bestehen (§ 76 Abs. 2 AktG). In diesem Fall steht dieser die Geschäftsführung und Vertretung der Gesellschaft allein zu. Da ein einziges Vorstandsmitglied dem Umfang der Vorstandspflichten und Geschäfte meist nicht gewachsen ist, begegnet man in der Praxis des deutschen Aktienrechts ganz überwiegend der Erscheinung[3], daß der Vorstand aus mehrerer Personen besteht.[4] Bei einem solchen mehrköpfigen Vorstand sind jedoch sämtliche Mitglieder gem. § 77 Abs. 1 Satz 1 und § 78 Abs. 2 Satz 1 AktG nur *gemeinschaftlich* zur Geschäftsführung und Vertretung befugt. Dies bildet einen festen Grundsatz des deutschen Aktienrechts[5] (Gesamtgeschäftsführung und Gesamtvertretung). An dieser Stelle interessiert jedoch die Frage der gemeinschaftlichen Geschäftsführung (Gesamtgeschäftsführung) mehr als Gesamtvertretung. Der Grundsatz der Gesamtgeschäftsführung umfaßt aber nicht nur die zweite Phase der Geschäftsführung, die Ausführung der vom Vorstand gefaßten Beschlüsse, sondern auch die vorangegangene Phase, die Willensbildung innerhalb des Vorstands, also die Beschlußfassung.[6] Demnach ist für die Vornahme einer Geschäftsführungsmaßnahme die ausdrückliche oder konkludente Zustimmung aller Vorstandsmitglieder erforderlich[7] (Entscheidungszentralisation).

---

[1]Vgl. Hefermehl, § 77 Anm. 1 Komm. AktG; Mertens, § 77 Anm. 2 Kölner Komm.; Wiesner, § 22 Anm. 1 S.174 ff. Münchener.

[2]Wiesner, § 22 Anm. 1 S. 175 Münchener.

[3]Frels, Geschäftsverteilung, ZHR 1959 S. 9; Mielke, Leitung S. 51.

[4]Nach § 76 Abs. 2 Satz 2 AktG muß der Vorstand bei einer Gesellschaft, deren Grundkapital mehr als drei Millionen Deutsche Mark beträgt, mindestens aus zwei Mitgliedern bestehen, es sei denn, die Satzung enthält eine anderslautende Bestimmung.

[5]Der Grundsatz „gemeinschaftliche Geschäftsführung und Vertretung" ist dahingehend zu verstehen, daß jedes Mitglied des Vorstands an der Geschäftsführung und Vertretung beteiligt ist und kein Mitglied von der Geschäftsführung und Vertretung ausgeschlossen werden kann; Hefermehl, § 77 Anm. 1 Komm. AktG.

[6]Vgl. Mortono, § 77 Anm. 4 Kölner Komm.; Hefermehl, § 77 Anm. 1 Komm. AktG.

[7]Hefermehl, § 77 Anm. 2 Komm. AktG; Mertens, § 77 Anm. 7 Kölner Komm.; Meyer-Landrut, § 77 Anm. 2 Großkomm.

Dagegen lassen sich in der Praxis, insbesondere bei den größeren Gesellschaften, die vom Vorstand zu behandelnden mannigfaltigen Maßnahmen der Geschäftsführung nicht von allen Mitgliedern des Vorstands gemeinschaftlich wahrnehmen. Das gleichzeitige Tätigwerden aller Mitglieder des Vorstands auf demselben Areal verhindert nämlich ein sachgerechtes Funktionieren des Vorstands.[1] Daher ist es wie in der türkischen auch in der deutschen Aktienrechtspraxis durchaus üblich, daß die Geschäfte des Vorstands (d.h. dessen Aufgaben) nach örtlichen, organisatorischen, fachlichen und personellen Gesichtspunkten auf einzelne Mitglieder des Vorstands verteilt werden.[2]

b) Zulässigkeit der Geschäftsverteilung

Das deutsche Aktiengesetz enthält im Gegensatz zu Art. 319 des türkischen HGB und zu Art. 717 des alten schweizerischen OR keine ausdrückliche Regelung, die die Geschäftsverteilung unter den Vorstandsmitgliedern regelt. Diesbezüglich kennt aber das deutsche AktG in § 77 Abs. 1 Satz 2 eine mittelbare Bestimmung, die als gesetzliche Grundlage der Geschäftsverteilung auf einzelne Vorstandsmitglieder angesehen wird: nach § 77 Abs. 1 Satz 2 AktG kann nämlich durch die Satzung oder Geschäftsordnung von dem Grundsatz der Gesamtgeschäftsführung abgewichen werden.

Des weiteren ergibt sich die Zulässigkeit der Geschäftsverteilung auch aus den Mitbestimmungsgesetzen. Das dem AktG von 1965 vorangegangene Montan-MitbestG legte bereits in § 13 fest, daß in mitbestimmten Aktiengesellschaften als gleichberechtigtes Vorstandsmitglied ein Arbeitsdirektor zu bestellen sei, dieser seine Aufgaben im engsten Einvernehmen mit dem Gesamtvorstand auszuüben habe und daß die Geschäftsordnung näheres bestimme. Diese Regelung wurde inhaltlich unverändert in § 33 MitbestG übernommen. Nach herrschender Lehre der rechtwissenschaftlichen Literatur[3] fallen in den festen Arbeitsbereich des Arbeitsdirektors zwei Tätigkeiten, das Personal- und das Sozialwesen des Unternehmens. Die Mitbestimmungsgesetze setzen somit gleichfalls die Zulässigkeit der Geschäftsverteilung voraus.[4]

---

[1] Hefermehl, § 77 Anm. 16 Komm. AktG.

[2] Hefermehl, § 77 Anm. 16 Komm. AktG; Meyer-Landrut, § 77 Anm. 3 Großkomm.; Mielke, Leitung S. 51 ff.; Golling, Diss. S. 49.

[3] Raiser, § 33 Anm. 15 MitbestGK; Fitting/Wlotzke/Wißmann, § 33 Anm. 28 KommMitbestG; Hoffmann/Lehmann/Weinmann, § 33 Anm. 9 MitbestG.

[4] Mielke, Leitung S. 53.

c) Voraussetzungen der gültigen Geschäftsverteilung

aa) Formelle Voraussetzung

Aufgrund der Regelung des § 77 Abs.1 Satz 2 AktG kann eine Geschäftsverteilung unter den Mitgliedern des Vorstands formal in der Satzung oder Geschäftsordnung des Vorstands erfolgen. Weil es bei der Schaffung der Satzung im voraus nicht leicht festzustellen ist, wie die Geschäftsverteilung sachgerecht vorgenommen werden soll, und jede nachträgliche Abänderung der Satzung eine umfangreiche Arbeit erfordert, ist es aufgrund der daraus resultierenden Unzweckmäßigkeit auch in Deutschland sehr selten, daß die Geschäftsverteilung durch die Satzung erfolgt. Üblich ist es vielmehr, daß in der Geschäftsordnung durch die Zuweisung bestimmter Tätigkeitsbereiche an einzelne Mitglieder eine Arbeitsteilung verwirklicht wird. Die Geschäftsordnungen werden in der deutschen Aktienrechtspraxis oft durch den Aufsichtsrat als das für die Bestellung und Anstellung der Vorstandsmitglieder zuständige Organ erlassen.[1] Auch der Vorstand kann sich selbst eine solche Geschäftsordnung geben, aber nur dann, wenn nicht die Satzung den Erlaß der Geschäftsordnung dem Aufsichtsrat übertragen hat oder der Aufsichtsrat eine Geschäftsordnung für ihn erläßt (§ 77 Abs. 2 AktG). Für den Erlaß - wie auch für die inhaltliche Abänderung und die Aufhebung der Geschäftsordnung - ist ein einstimmiger Beschluß aller Mitglieder des Vorstands erforderlich (§ 77 Abs. 2 Satz 3 AktG).

bb) Materielle Voraussetzung (Schranke der Geschäftsverteilung)

Den Organisationsnormen des Vorstandes (§§ 76 ff. AktG) ist nicht zu entnehmen, ob alle Aufgaben des Vorstands durch die Satzung oder Geschäftsordnung auf einzelne Mitglieder verteilt werden dürfen. Nach allgemeiner Ansicht der deutschen Literatur[2] ist aber der Geschäftsverteilung dadurch eine - materielle - Grenze gesetzt, daß ein bestimmter Kreis von Aufgaben des Vorstands dem Gesamtvorstand vorbehalten und daher einer Geschäftsverteilung entzogen ist. Bei diesem Kreis handelt es sich um die sogenannten „organschaftlichen Mindestzuständigkeiten“. Das sind solche Zuständigkeiten, die dem Vorstand nicht entzogen werden könnten, ohne daß er sich in unzulässiger Weise seinen

---

[1]Hefermehl, § 77 Anm. 26 Komm. AktG.

[2]Frels, Geschäftsverteilung, ZHR 1959 S. 24 ff.; Dose, Rechtsstellung S. 58 ff.; Meyer-Landrut, § 77 Anm. 2 Großkomm.; Hefermehl, § 77 Anm. 22 Komm. AktG; Hüffer, § 77 Anm. 18 AktienG; Mertens, § 77 Anm. 19 Kölner Komm. ; Haas, Geschäftsführerhaftung S. 282.

Organfunktionen entäußern und aufhören würde, ein Vorstand im Sinne des Gesetzes zu sein. [1]

Die Frage, welche Aufgaben unter diese Mindestzuständigkeiten fallen, wird jedoch in der Literatur unterschiedlich beantwortet. Die folgenden Aufgaben werden - jedenfalls im wesentlichen - übereinstimmend dazugezählt[2]: die Vorbereitung und Ausführung der Hauptversammlungsbeschlüsse (§ 83 AktG), die laufende Berichterstattung an den Aufsichtsrat (§ 90 AktG), die Sorge für die Buchführung (§ 91 AktG), die Pflichten des Vorstands bei Verlust, Überschuldung und Zahlungsunfähigkeit der AG (§ 92 AktG), das Verlangen nach einer Entscheidung der Hauptversammlung über die Fragen der Geschäftsführung nach § 119 Abs. 2 AktG, die Aufstellung des Jahresabschlusses und des Lageberichts (§§ 242, 264 HGB), die Vorlage des Jahresabschlusses und des Lageberichts an den Aufsichtsrat (§ 170 AktG), die Entscheidung zur Anfechtung eines Hauptversammlungsbeschlusses gem. § 245 Nr. 4 AktG.

d) Die rechtliche Wirkung der Geschäftsverteilung

aa) Im allgemeinen

Wie im türkisch-schweizerischen Aktienrecht bewirkt die Geschäftsverteilung unter den Mitgliedern des Vorstands auch im deutschen Aktienrecht, daß das Vorstandsmitglied, dem in der Satzung oder Geschäftsordnung ein besonderer Arbeitsbereich zugewiesen wurde, für diesen Bereich die alleinige -selbständige- Geschäftsführungsbefugnis erhält und die übrigen Mitglieder des Vorstands von der selbständigen Geschäftsführung in diesem fremden Bereich „grundsätzlich" ausgeschlossen werden. Nach allgemeiner Ansicht der Literatur[3] werden aber damit die übrigen Mitglieder für den fremden Arbeitsbereich nicht von jeder Verantwortung vollkommen frei. Der Arbeitsbereich des einzelnen Mitglieds deckt sich also im Prinzip nicht mit dem Haftungsbereich desselben.

---

[1] Frels, Geschäftsverteilung, ZHR 1959 S. 26; Semler, Rechtsfragen, FS Döllerer S. 577. Vgl. RG, JW 1924 S. 1144.

[2] Vgl. Meyer-Landrut, § 77 Anm. 2 Großkomm.; Hefermehl, § 77 Anm. 22 Komm. AktG; Mertens, § 77 Anm. 19 Kölner Komm.; Semler, Rechtsfragen, FS Döllerer S. 577 Fn 12.

[3] Frels, Geschäftsverteilung, ZHR 1959 S. 27 ff.; Dose, Rechtsstellung S. 55 ff.; Spieker, Verantwortlichkeit, DB 1962 S. 927 ff.; Hefermehl, § 77 Anm. 20 Komm. AktG; Wiesner, § 22 Anm. 13 Münchener; Mertens, § 77 Anm. 18, 19 Kölner Komm.; Meyer-Landrut, § 77 Anm. 3 Großkomm; Haas, Geschäftsführerhaftung S. 285.

Während das Mitglied, dem ein bestimmter Arbeitsbereich zugewiesen wurde, die anfallenden Geschäfte gem. § 93 Abs. 1 AktG mit der Sorgfalt eines ordentlichen und gewissenhaften Geschäftsleiters auszuführen hat, verwandelt sich dagegen, so die einhellige Ansicht[1] der deutschen Literatur, die sorgfältige Geschäftsführungspflicht der übrigen Vorstandsmitglieder in eine Pflicht, die Tätigkeit ihres Kollegen zu beaufsichtigen. Dies bedeutet im Klartext, daß die Geschäftsverteilung (bzw. Arbeitsverteilung) eine Aufspaltung in eine unmittelbar ausführende und eine beaufsichtigende Tätigkeit zur Folge hat.

bb) Die Aufsichtspflicht des Vorstandsmitglieds

Ist eine Arbeitsverteilung durch die Satzung oder Geschäftsordnung vorgenommen, so besteht für die übrigen Mitglieder des Vorstands eine Pflicht, die Tätigkeit in dem Arbeitsbereich, der einem Vorstandsmitglied zugewiesen wurde, zu beaufsichtigen. Im deutschen Aktienrecht besteht aber keine Einigkeit über Inhalt und Ausmaß dieser Aufsichtspflicht. Insofern ist es jedoch allgemein anerkannt, daß sie ein anderes Charakteristikum als die Überwachungspflicht des Aufsichtsrats (§ 111 Abs. 1 AktG) darstellt, die sich auf die laufende Kontrolle jedes einzelnen Vorstandsmitglieds erstreckt, um es bei Unrechtmäßigkeit zur Rechenschaft zu ziehen. Die Aufsichtspflicht des einzelnen Vorstandsmitglieds ist ja im Vergleich zu der des Aufsichtsrats von geringerer Qualität.[2] Im Gegensatz zum Aufsichtsrat kann von einem Vorstandsmitglied in Wahrnehmung seiner Aufsichtspflicht nicht erwartet werden, die Geschäftsführung seines Kollegen ständig und bis in alle Einzelheiten zu verfolgen. Dagegen sprechen nämlich folgende drei Gründen:

1. Da der Aufsichtsrat im two-tier-System ein gesetzlich vorgesehenes Spezialorgan ist, das die Leitung der Gesellschaft durch den Vorstand zu überwachen hat, stellt der Gesetzgeber dem Aufsichtsrat zur Erfüllung dieser Pflicht genügend Machtmittel zur Verfügung. In diesem Zusammenhang kommt der Regelung des § 90 AktG besondere Bedeutung zu, wonach der Vorstand den Aufsichtsrat über die wichtigen Angelegenheiten der

---

[1]Freis, Geschäftsverteilung, ZHR 1959 S. 24 ff.; Dose, Rechtsstellung S. 58 ff.; Mielke, Leitung S. 74; Spieker, Verantwortlichkeit, DB 1962 S. 927 ff.; Semler, Rechtsfragen, FS Döllerer S. 579; Martens, Grundsatz, FS für Fleck S. 196 ff.; Dreher, Verantwortlichkeit, ZGR 1992 S. 60 ff.; Hefermehl, § 77 Anm. 20 Komm. AktG; Wiesner, § 22 Anm. 13 S. 178 Münchener; Mertens, § 77 Anm. 20 Kölner Komm.; Meyer-Landrut, § 77 Anm. 2 Großkomm.; Hüffer, § 77 Anm. 15, 18 AktienG.

[2]Vgl. Hefermehl, § 77 Anm. 20 Komm. AktG; Schilling, § 90 Anm. 21 Großkomm; Haas, Geschäftsführerhaftung S. 287.

Geschäftsführung „von sich aus" zu informieren hat[1]. Dagegen besteht für das einzelne Vorstandsmitglied keine gesetzliche Berichterstattungspflicht seinen anderen Vorstandskollegen gegenüber. Auch im deutschen Aktienrecht ist es jedoch durchaus möglich, eine solche Verpflichtung zur regelmäßigen Berichterstattung an den Gesamtvorstand bzw. die einzelnen Mitglieder durch Satzung oder Geschäftsordnung anzuordnen.

2. An zweiter Stelle werden der Aufsichtspflicht des Vorstandsmitglieds - im Vergleich zum Aufsichtsrat - wegen seiner beschränkten Arbeitskapazität Grenzen gesetzt[2]: Im heutigen hochindustrialisierten, komplexen Wirtschaftsleben ist das einzelne Mitglied mit seinem eigenen Arbeitsbereich dermaßen ausgelastet, daß es zeitlich fast unmöglich ist, eine ständige lückenlose Überwachung der Geschäftsführungstätigkeiten seines Kollegen in dessen besonderem Arbeitsbereich zu bewältigen.

3. Der Überwachungspflicht des Vorstandsmitglieds werden letztlich deswegen Grenzen gesetzt, weil ihm meistens die erforderlichen Fachkenntnisse und die berufliche Erfahrung fehlen, um die Geschäftsführung seiner Kollegen in einem fremden Arbeitsbereich fachgerecht zu beurteilen.[3]

Die Aufsichtspflicht eines Vorstandsmitglieds hat vielmehr einen sekundären und allgemeinen Charakter. Da die Geschäftsverteilung unter den Mitgliedern des Vorstands auf gegenseitigem Vertrauen beruht, kommt das einzelne Vorstandsmitglied dieser allgemeinen Aufsichts- bzw. Überwachungspflicht nach, wenn es auf einen reibungslosen Geschäftsbetrieb im allgemeinen achtet und sich kritisch mit den Geschäftsberichten seiner Vorstandskollegen bei den regelmäßigen oder außerordentlichen Vorstandssitzungen auseinandersetzt.[4] Es ist also nicht verpflichtet, die Tätigkeit anderer Vorstandsmitglieder in ihrem speziellen Arbeitsbereich dauernd zu kontrollieren, es sei denn, es besteht ein besonderer Verdacht, daß die Geschäfte im Arbeitsbereich eines anderen Mitglieds nicht ordnungsgemäß geführt werden.

Sollte ein Vorstandsmitglied hierbei Mißstände, Fehler, Fehldispositionen etc. im fremden Arbeitsgebiet entdecken, so hat es sich einzuschalten.[5] Dies ist nämlich der Ausfluß der

---

[1]Zum Gegenstand dieser Berichtspflicht des Vorstands vgl. Mertens, Berichtspflicht, AG 1980 S. 67 ff.

[2]Golling, Diss. S. 53.

[3]Golling, Diss. S. 52; Semler, Rechtsfragen, FS für Döllerer S. 579; Mielke, Leitung S. 74.

[4]Golling, Diss. S. 54; Mielke, Leitung S. 75.

[5]BGH, WM 1985 S. 1293 ff.; BGH, WM 1986 S. 789.

allgemeinen Aufsichtspflicht. Da aber die arbeitsteilige Geschäftsführung es nicht zuläßt, daß das einzelne Mitglied in den einem anderen Vorstandsmitglied zugewiesenen Arbeitsbereich „störend" eingreift[1], muß es in einem solchen Fall zuerst versuchen, die Mißstände durch eine Aussprache mit dem jeweiligen Vorstandskollegen zu beseitigen.[2] Führt dies zu keinem Erfolg, so ist es verpflichtet, die Angelegenheit dem Gesamtvorstand zur Kenntnis zu bringen. Lassen sich diese Mißstände auch nicht im Gesamtvorstand abstellen, so muß der Aufsichtsrat informiert werden.[3] Der Aufsichtsrat kann zur Beseitigung der Mängel zwischen zwei Alternativen wählen: einer Änderung der Arbeitsverteilung oder einer Abberufung des jeweiligen Vorstandsmitglieds aus wichtigem Grund (§ 84 Abs. 3 AktG).

cc) Haftung des Vorstandsmitglieds, dem ein Arbeitsbereich zugewiesen wurde und seiner Vorstandskollegen

aaa) Bei zulässiger Arbeitsverteilung

Ist die Geschäftsverteilung unter den Mitgliedern des Vorstands den formellen und materiellen Voraussetzungen entsprechend vorgenommen, so trägt jedes Mitglied in erster Linie für den ihm zugewiesenen Arbeitsbereich die volle Verantwortung.[4] Dies ist die konsequente Folge der Tatsache, daß ein Mitglied, dem ein Spezialbereich zugewiesen wurde, dort die alleinige Geschäftsführungsbefugnis hat und die übrigen Mitglieder von der Geschäftsführung in diesem Bereich grundsätzlich ausgeschlossen sind.[5]

Das einzelne Mitglied hat in dem ihm zugewiesenen Arbeitsbereich die laufenden Geschäfte mit der Sorgfalt eines ordentlichen und gewissenhaften Geschäftsleiters auszuführen. Es haftet dabei nicht nur für die Vornahme der Handlung, sondern auch für die Art und Weise der Ausführung der Handlung. Es gelten insoweit die Regeln, die der Ausübung der Geschäftsführung durch den Gesamtvorstand zugrunde liegen.

---

[1] Golling, Diss. S. 51; Spieker, Verantwortlichkeit, DB 1962 S. 928.

[2] Hefermehl, § 77 Anm. 20 Komm. AktG.

[3] Semler, Rechtsfragen, FS Döllerer S. 579; Hefermehl, § 93 Anm. 26 Komm. AktG; Meyer-Landrut, § 77 Anm. 3 Großkomm.; Mielke, Leitung S. 75.

[4] Statt vieler vgl. Spieker, Verantwortlichkeit, DB 1962 S. 928; Semler, Rechtsfragen, FS Döllerer S. 583, 584; Mertens, § 93 Anm. 54 Kölner Komm.; Hefermehl, § 93 Anm. 26 Komm. AktG; Schilling, § 93 Anm. 21 Großkomm.

[5] Vgl. Semler, Rechtsfragen, FS Döllerer S. 580.

Im Zusammenhang mit der Verantwortlichkeit des Vorstandsmitglieds, dem ein Arbeitsbereich zugewiesen wurde, stellt sich die Frage, ob dieses eine Mitteilungspflicht gegenüber seinen Vorstandskollegen hat, wenn es ein bestimmtes Geschäft in seinem Spezialbereich vornehmen will. Wie oben bereits kurz erwähnt, besteht nämlich für Vorstandsmitglieder keine Berichterstattungspflicht im Sinne von § 90 AktG. Jene Frage kann jedoch nicht pauschal beantwortet werden, es hängt vielmehr alles von der Reichweite des vorzunehmenden Geschäfts ab. In diesem Sinne ist es selbstverständlich, daß die Vorteile der Geschäftsverteilung weitgehend aufgehoben würden, wenn man das einzelne Mitglied als verpflichtet ansehen würde, über jedes Geschäft in seinem Arbeitsbereich Informationen zu liefern. In diesem Fall könnte für die übrigen Vorstandsmitglieder von einer Arbeitsentlastung kaum die Rede sein, da sie jeweils auf die gelieferten Informationen zu reagieren hätten. M.E. ist hier eine Pflicht des einzelnen Vorstandsmitglieds allgemein anzuerkennen, von sich aus nur über die bedeutsamen Geschäfte aus seinem Arbeitsbereich, die sich zumindest mittelbar - hinsichtlich der Verantwortlichkeit - auf die Arbeitsbereiche der übrigen Mitglieder des Vorstands auswirken könnten, zu unterrichten. [1]

Es ist oben schon darauf hingewiesen worden, daß sich im Falle der Geschäftsverteilung die Sorgfaltspflicht der übrigen Vorstandsmitglieder (d.h. die sorgfältige Geschäftsführungspflicht) in eine Pflicht zur sorgfältigen Überwachung der Geschäftsführung in den fremden Arbeitsbereichen wandelt. Deshalb kann die Verantwortlichkeit der anderen Vorstandsmitglieder für das fremde Arbeitsgebiet erst dann eintreten, wenn ihnen infolge der Mißachtung der allgemeinen Überwachungspflicht Mißstände verborgen geblieben sind, gegen die sie hätten einschreiten müssen.[2] Um sich von der Verantwortlichkeit zu befreien, hat folglich das einzelne Vorstandsmitglied, dem kein Arbeitsgebiet zugewiesen worden ist, nachzuweisen, daß es die Geschäftsführung seines Vorstandskollegen in dessen Spezialbereichen beobachtet und keinen Fehler entdeckt hat, oder bei der Entdeckung eines Fehlers das zu dessen Beseitigung Erforderliche unternommen hat. Gelingt ihm dieser Beweis nicht, so haftet es gem. § 93 Abs. 2 AktG für den im fremden Arbeitsbereich entstandenen Schaden mit dem für diesen Bereich zuständigen Mitglied gesamtschuldnerisch.

---

[1]Ähnlich auch Semler, Rechtsfragen, FS Döllerer S. 580.

[2]Statt vieler vgl. Mielke, Leitung S. 74, Golling, Diss. S. 54 ff.; Spieker, Verantwortlichkeit, DB 1962 S. 928; Mertens, § 93 Anm. 54 Kölner Komm.; Hefermehl, § 93 Anm. 26 Komm. AktG; Schilling, § 93 Anm. 21 Großkomm.

Des weiteren haften alle Vorstandsmitglieder, auch für die Zweckmäßigkeit der Geschäftsverteilung sowie für die ordnungsgemäße Auswahl des mit einem Arbeitsbereich betrauten Mitglieds gem. § 93 Abs. 1 und 2 AktG gesamtschuldnerisch, wenn die Verteilung in der vom Vorstand erlassenen Geschäftsordnung vorgenommen wurde.[1] Diese gesteigerte Verantwortlichkeit folgt daraus, daß sämtliche Vorstandsmitglieder, ohne durch ein anderes Organ gezwungen zu werden, nach freiem Gutdünken die Geschäftsverteilung in der Geschäftsordnung sowohl hinsichtlich des „Ob" als auch des „Wie" *einstimmig* beschlossen haben.[2] [3] Wird dagegen die Geschäftsverteilung in der Satzung oder in der durch den Aufsichtsrat für den Vorstand vorgenommenen Geschäftsordnung festgelegt, so haften die Mitglieder des Vorstands selbstverständlich weder für die Auswahl noch für die Zweckmäßigkeit der Verteilung.[4]

bbb) Bei faktischer (unzulässiger) Arbeitsverteilung

Haben die Vorstandsmitglieder die Arbeitsverteilung (nach fachlichen, örtlichen, betriebsorganisatorischen und ähnlichen Gesichtspunkten) ohne Berücksichtigung der formellen Gültigkeitsvoraussetzungen, also ohne eine entsprechende Bestimmung in der Satzung oder in der Geschäftsordnung, lediglich unter sich beschlossen, so ändert sich prinzipiell nichts an dem Grundsatz der aktienrechtlichen gesamtschuldnerischen Haftung aller Vorstandsmitglieder in § 93 Abs. 1 und 2 AktG.[5] Denn in diesem Fall wird -weder durch die Satzung noch die Geschäftsordnung- vom Grundsatz der Gesamtgeschäftsführung (gem. § 77 Abs. 1 AktG) nach § 77 Abs. 1 Satz 2 AktG abgewichen: sämtliche Vorstandsmitglie-

---

[1]Meyer-Landrut, § 77 Anm. 4 Großkomm.; Spieker, Verantwortlichkeit, DB. 1962 S. 928; Freis, Geschäftsverteilung, ZHR 1959 S. 31; Mielke, Leitung S. 76; Dose, Rechtsstellung S. 125 ff.; Golling, Diss. S. 61 ff.

[2]Freis, Geschäftsverteilung, ZHR 1959 S. 31.

[3]Es ist aber nicht zu leugnen, daß es nicht leicht realisierbar ist, die Vorstandsmitglieder wegen solcher organisatorischer Verfehlungen (Vornahme unzweckmäßiger Geschäftsverteilung oder Auswahl ungeeigneter Mitglieder für Spezialgebiete) zur Verantwortung zu ziehen. Denn es ist für die Anspruchsberechtigten kaum möglich, die Kausalität zwischen einem derartigen Organisationsfehler und dem entstandenen Vermögensschaden der Gesellschaft darzulegen und zu beweisen.

[4]Hierzu ist es noch zu bemerken, daß die Vorstandsmitglieder im deutschen Aktienrecht im Gegensatz zu türkischem auch ohne eine satzungsmäßige Ermächtigung aus eigener Initiativen eine Geschäftsverteilung (gem. § 77 Abs. 1 AktG) in der Geschäftsordnung vornehmen können. Bei der Beurteilung der Frage, ob eine Geschäftsverteilung für die jeweilige AG zweckmäßig wäre, haben sie wieder die Sorgfalt eines ordentlichen und gewissenhaften Geschäftsleiters anzuwenden.

[5]Vgl. Kust, Sorgfaltspflicht, WM 1980 S. 761, Golling, Diss. S. 52 ff.

der bleiben also an sich lediglich gemeinschaftlich zur Geschäftsführung befugt, und dies erfordert grundsätzlich die Haftung aller Mitglieder für jede Maßnahme der Geschäftsführung.

Nach RG[1] und herrschender Meinung[2] in der deutschen Literatur (in Anlehnung an das RG) kann jedoch die faktische Arbeitsverteilung im Einzelfall eine haftungsausschließende Wirkung für das einzelne Vorstandsmitglied haben, wenn besondere Umstände vorliegen. Ein solcher Umstand ist nach höchstrichterlicher Rechtsprechung dann gegeben, wenn z.B. ein Vorstandskollege eine Geschäftsführungsmaßnahme vorgenommen hat und ein anderes Mitglied sich im Hinblick auf Kompetenz und Persönlichkeit des Vorstandskollegen auf dessen ordnungsgemäße Geschäftsführung verlassen konnte.

2) Delegation der Geschäftsführungsbefugnisse

a) Allgemeine Bemerkungen

Im deutschen Aktiengesetz befindet sich keine inhaltlich mit dem Art. 319 Abs. 2 THGB übereinstimmende Vorschrift, die dem Vorstand (oder der Hauptversammlung) die Befugnis einräumt, die Angelegenheiten der Geschäftsführung im Ganzen oder in gewisser Beziehung (einschließlich der Vertretung der Gesellschaft) einer oder mehreren Personen, Mitgliedern des Vorstands oder Dritten (leitenden Angestellten) zu überlassen. Wie oben des öfteren erwähnt, weist das deutsche AktG in § 76 Abs. 1 die Leitung der Gesellschaft pauschal dem Vorstand zu. In der Praxis trifft man es aber im allgemeinen, jedenfalls bei den größeren Aktiengesellschaften an, daß die Leitung der Gesellschaft nicht nur durch den Vorstand erfolgt, sondern manche Angelegenheiten der Geschäftsführung an nachgeordnete Ebenen, d.h. an leitende Angestellte der Gesellschaft delegiert werden. Der Grund dafür liegt in erster Linie -wie in der türkischen und schweizerischen Praxis- darin, daß die Vorstandsmitglieder bei dem Umfang der anfallenden Aufgaben und Geschäfte einer solch großen Aktiengesellschaft der Arbeit grundsätzlich nicht gewachsen sind.

Nun stellt sich die Frage, ob diese aufgrund der faktischen Bedürfnisse durch die Praxis entwickelte Delegation der Geschäftsführungsbefugnisse an Angestellte aus aktienrechtlicher Sicht zulässig ist. Die Rechtsprechung hat zu dieser Frage meines Wissens noch

---

[1] RGZ 91, 72, 77. Ähnlich auch RGZ 98, 100.

[2] Spieker, Verantwortlichkeit, DB 1962 S. 927 ff.; Golling, Diss. S. 59; Kust, Sorgfaltspflicht, WM 1980 S. 761; Mertens, § 93 Anm. 55 Kölner Komm.

nicht unmittelbar Stellung genommen. Aus den Entscheidungen über die Erteilung von Generalvollmachten in Kapitalgesellschaften, über die Haftung der Vorstandsmitglieder sowie über die Ausgliederung von Teilaufgaben läßt sich jedoch erkennen[1], daß die Rechtsprechung die Delegation der Geschäftsführungsmaßnahmen für zulässig hält, soweit der Vorstand die Letztentscheidungsbefugnis nicht aus der Hand gibt und nicht eine vollständige Übertragung der Geschäftsführungsbefugnis stattfindet, so daß ein Angestellter faktisch den Vorstand verdrängt.

Auch von der deutschen Rechtsliteratur wird die Zulässigkeit der Delegation der Geschäftsführungsbefugnisse an leitende Angestellte fast einheitlich bejaht. Nach wohl herrschender Lehre[2] bleibt jedoch von der Delegation ein Kernbereich der Leitungsaufgaben ausgeschlossen. Die Frage, welche Leitungsaufgaben zu diesem Kernbereich gehört, wird jedoch unterschiedlich beantwortet. Die Mehrzahl der Autoren hält die Aufgaben und Entscheidungen außerhalb der originär unternehmerischen Führungsfunktion, insbesondere die laufenden Verwaltungsaufgaben des Tagesgeschehens sowie die Vorbereitung und Ausführung von Führungsentscheidungen für delegierbar. Insofern deckt sich der Aufgabenbereich des leitenden Angestellten der Gesellschaft grundsätzlich mit dem des Direktors im Sinne von Art. 342 THGB.[3]

b) Haftung der Vorstandsmitglieder bei der Delegation der Geschäftsführungsbefugnisse an leitende Angestellte der Gesellschaft

Die Lösung der Frage nach der Haftung der Vorstandsmitglieder bei der Delegation der Geschäftsführungsbefugnisse an leitende Angestellte der Gesellschaft hängt von der Rechtsstellung des Angestellten gegenüber der Gesellschaft und dem Vorstand ab. Daher sollte zuerst die Rechtsstellung der Angestellten festgestellt werden.

Insofern könnte man meinen, daß die leitenden Angestellten der Gesellschaft Erfüllungsgehilfen des Vorstands sind und daher die Mitglieder des Vorstands auch für den Schaden, den der Angestellte in Ausübung der ihm delegierten Aufgaben pflichtwidrig verursacht hat, gem. § 278 BGB einzustehen haben. Dieser Meinung ist nicht zuzustimmen. Die Angestellten der Gesellschaft sind nicht die Erfüllungsgehilfen des Vorstands, sondern

---

[1] Zu diesen Entscheidungen vgl. Mielke, Leitung S. 79 ff.

[2] Vgl. Mielke, Leitung S. 82 ff.; Semler, Rechtsfragen, FS Döllerer S. 581, 582.

[3] Vgl. unter Kapitel IV, II, 4, „d) Haftung der Mitglieder des Verwaltungsrats im Falle der Bestellung eines Direktors".

sie erfüllen der Gesellschaft gegenüber ihre eigenen Aufgaben.[1] An dieser Tatsache ändert sich auch nichts, wenn sie unter der Beaufsichtigung und den Direktiven des Vorstands arbeiten.

Eine Haftung der Vorstandsmitglieder für das pflichtwidrige Verhalten von Angestellten nach § 93 Abs. 2 AktG in Verbindung mit § 278 BGB kommt auch nach dem Sinn und Zweck der Haftung für Erfüllungsgehilfen nicht in Betracht. Die Haftung für die Erfüllungsgehilfen in § 278 BGB (gesetzliche Erfolgshaftung) beruht nämlich auf dem Grundgedanken, daß der Schuldner dem Gläubiger gegenüber für seinen Geschäfts- und Gefahrenkreis verantwortlich ist und daß zum Gefahrenkreis des Schuldners auch die von ihm bestellten Hilfspersonen gehören.[2] Mit anderen Worten, wer seinen Geschäftskreis durch die Bestellung von Hilfspersonen zu seinem eigenen Vorteil vergrößert, der soll auch den dadurch entstehenden Nachteil tragen, also das Risiko, daß die Hilfsperson pflichtwidrig rechtlich geschützte Interessen des Gläubigers verletzt.[3] In unserem Fall wird aber durch die Aufgabendelegation an leitende Angestellte nicht der Geschäftskreis des Vorstands, sondern der Geschäftskreis der Gesellschaft zu deren Gunsten ausgeweitet.[4] Somit bleibt die Regelung des § 278 BGB bei der Delegation der Geschäftsführungsbefugnisse an leitende Angestellten unanwendbar.

Die leitenden Angestellten sind vielmehr die Erfüllungsgehilfen der Gesellschaft.[5] Sie nehmen die ihnen delegierten auszuführenden oder vorzubereitenden Geschäftsführungsmaßnahmen der Gesellschaft gegenüber eigenverantwortlich wahr, sind aber dabei in den vom Vorstand vorgegebenen Rahmen eingebunden und unterliegen jederzeit dessen Abänderungs- bzw. Weisungsbefugnis. Daher können die Vorstandsmitglieder, die nach § 93 AktG nur für Eigenverschulden haften, für die Angestellten, die in der Ausübung ihrer Aufgaben der Gesellschaft pflichtwidrig einen Schaden zugefügt haben, zur Verantwortung gezogen werden, wenn sie bei der Auswahl, der Anweisung und der Organisation sowie bei der Überwachung der Angestellten der Gesellschaft die Sorgfalt eines ordentli-

[1]Hefermehl, § 93 Anm. 31 Komm. AktG; Mertens, § 93 Anm. 19 Kölner Komm.; Mielke, Leitung S. 114 ff.

[2]Palandt, § 278 Anm. 1 BGBKomm.

[3]Palandt, § 278 Anm. 1 BGBKomm. Vgl. BHGZ 95, 128,132.

[4]Auch Hefermehl ist der Ansicht, daß Angestellte Erfüllungsgehilfen der Gesellschaft sind. Hefermehl, § 93 Anm. 31 Komm. AktG.

[5]Hefermehl, § 93 Anm. 31 Komm. AktG.

chen und gewissenhaften Geschäftsleiters nicht angewandt haben.[1] Sofern der der Gesellschaft entstandene Schaden darauf zurückzuführen ist, ist eine Haftung der Vorstandsmitglieder nach § 93 AktG für Angestellte der Gesellschaft begründet. Insofern stimmt die haftungsrechtliche Situation der Vorstandsmitglieder bezüglich der Angestellten der Gesellschaft mit der der Verwaltungsratsmitglieder in Bezug auf Bestellung der Direktoren im Sinne des Art. 342 THGB überein.[2]

V) Haftung der Mitglieder des Vorstands/Verwaltungsrates bei der Mehrheitsgeschäftsführung

1) Nach deutschem Recht

a) Mehrheitsgeschäftsführung im allgemeinen

Der hauptsächliche Unterschied zwischen Mehrheitsgeschäftsführung und Gesamtgeschäftsführung besteht darin, daß bei der Mehrheitsgeschäftsführung ein Vorstandsbeschluß durch eine einfache oder qualifizierte Mehrheit gegen eine Minderheit der Vorstandsmitglieder gefaßt werden kann. Diese Art der Geschäftsführung findet ihre gesetzliche Grundlage in der Bestimmung des § 77 Abs. 1. Satz 2 AktG. Sie stellt somit eine Ausnahme des gesetzlichen Grundsatzes der Gesamtgeschäftsführung in § 77 Abs. 1 Satz 1 AktG dar.[3] Demnach kann in der Satzung oder in der vom Vorstand oder Aufsichtsrat erlassenen Geschäftsordnung vorgesehen werden, daß die Beschlüsse des Vorstands über eine Maßnahme zur Geschäftsführung durch bestimmte Stimmenmehrheit im Vorstand gefaßt werden können.

In der deutschen Aktienpraxis, insbesondere in größeren Vorständen, in welchen keine Geschäftsverteilung vorgenommen wurde, ist die Erscheinung der Mehrheitsgeschäftsführung nicht selten. Dem liegt in erster Linie zugrunde, daß die gesetzliche Organisationsform der „Gesamtgeschäftsführung" für das Handeln des Vorstands aus gruppendynamischer Sicht unpraktisch ist. Schon durch die Gegenstimme eines einzigen Vorstandsmitglieds (gesetzliches Vetorecht) kann nämlich die Geschäftsführungsmaßnahme blockiert

---

[1] Vgl. Hefermehl, §93 Anm. 31 Komm. AktG; Mertens, § 93 Anm. 19 Kölner Komm.; Mielke, Leitung S. 114.

[2] Vgl. unter Kapitel IV, III, 4, „d) Haftung der Mitglieder des Verwaltungsrats im Falle der Bestellung eines Direktors".

[3] Meyer-Landrut, § 77 Anm. 3 Großkomm.

werden. Deshalb müssen die Vorstandsmitglieder ständig versuchen, sich gegenseitig von der Zweckmäßigkeit der vorzunehmenden Maßnahmen zu überzeugen. Freilich beeinträchtigt dieses Verfahren die Schnelligkeit der Geschäftsführung des Vorstands.

Dagegen stellt die Mehrheitsgeschäftsführung das passende Mittel dar, Meinungsverschiedenheiten und Konflikte auf angebrachte Weise in einem Gremium zu lösen und somit zu einer möglichst schnellen Entscheidung über die Geschäftsführung zu gelangen. Bei der Mehrheitsgeschäftsführung ist aber nicht zu übersehen, daß bei einer „Patt-Situation" (Stimmengleichheit) gar keine Entscheidung zustande kommen kann. Zur Vermeidung solcher Situationen kann in der Satzung oder Geschäftsordnung angeordnet werden, daß die Stimme des Vorsitzenden des Vorstands oder eines anderen Vorstandsmitglieds ausschlaggebend ist.[1] Dagegen kann -gem. § 77 Abs. 1 Satz 2 Halbsatz 2 AktG[2]- weder einzelnen Mitgliedern noch dem Vorsitzenden oder einer Minderheit der Mitglieder das Recht eingeräumt werden, die von der Mehrheit befürworteten Geschäftsführungsmaßnahmen zu verhindern.[3]

b) Verantwortlichkeit des einzelnen Vorstandsmitglieds bei der Mehrheitsgeschäftsführung

aa) Allgemeine Bemerkungen

Das deutsche Aktiengesetz sieht weder bei der Gesamtgeschäftsführung noch der Mehrheitsgeschäftsführung für Vorstandsbeschlüsse eine bestimmte Form vor. Der Vorstand kann daher seine Beschlüsse in schriftlichen Voten auf einem umlaufenden Antrag oder einer mündlichen, protokollierten oder unprotokollierten Vorstandssitzung oder sogar telefonisch sowie telegraphisch fassen.[4]

---

[1]Mertens, § 77 Anm. 9 Kölner Komm.; Meyer-Landrut, § 77 Anm. 4; Hefermehl, § 77 Anm. 8 Komm. AktG; Baumbach-Hueck, § 77 Anm. 7 AktG Komm.

[2]Diese Regelung ist neu und betrifft in erster Linie den Vorstandsvorsitzenden. Im alten Aktienrecht, in § 70 Abs. 2 AktG von 1937 wurde nämlich dem Vorsitzer das Alleinentscheidungsrecht eingeräumt; er konnte bei Meinungsverschiedenheiten im Vorstand gegen die Mehrheit entscheiden.

[3]Dose, Rechtsstellung S.77 ff.; Meyer-Landrut, § 77 Anm. 4 Großkomm.; Hefermehl, § 77 Anm. 11 Komm. AktG.

[4]Vgl. Meyer-Landrut, § 77 Anm. 5 Großkomm.; Hefermehl, § 77 Anm. 4 Komm. AktG; Godin-Wilhelmi, § 77 Anm. 5 Aktiengesetz.

In der deutschen Aktienrechtspraxis fassen dagegen die Vorstände bei der Mehrheitsgeschäftsführung aufgrund der analogen Anwendung der §§ 28, 32, 33 Abs. 1 BGB ihre Beschlüsse grundsätzlich auf den ordentlichen, protokollierten Sitzungen. Der ganze Prozeß der Beschlußfassung vollzieht sich üblicherweise in vier Phasen[1]: 1. Problemstellung, 2. Entscheidungsvorbereitung und Materialsammlung, 3. Beratung, 4. Abstimmung.

Von der aktienrechtlichen Verantwortlichkeit her ist jedoch die Betätigung des einzelnen Vorstandsmitglieds dabei in zwei Stadien zu betrachten. Das erste Stadium stellt das Verhalten des Vorstandsmitglieds bis zur Abstimmung, das zweite das Verhalten nach der Abstimmung (bzw. Beschlußfassung) dar. Im folgenden wird zuerst die Frage der Verantwortlichkeit des einzelnen Mitglieds bis zur Beschlußfassung und dann diejenige nach der Beschlußfassung (d.h. Verantwortlichkeit des überstimmten Mitglieds) untersucht.

bb) Verantwortlichkeit des einzelnen Mitglieds bis zur Beschlußfassung (Abstimmung)

Nach deutschem Aktienrecht ist jedes einzelne Vorstandsmitglied bei der Mehrheitsgeschäftsführung verpflichtet (und berechtigt), sich an allen Phasen des Zustandekommens eines Beschlusses aktiv zu beteiligen. Es soll folglich bei der Entscheidungsvorbereitung und Materialsammlung sowie bei der Beratung und Abstimmung tatkräftig mitwirken. Diese Mitwirkungspflicht ergibt sich einerseits aus seiner allgemeinen Sorgfaltspflicht des § 93 Abs. 1 Satz 1 AktG, andererseits aus dem Kollegialprinzip, das dem Aufbau des Vorstands zugrunde liegt.

Vor allem der Mitwirkungspflicht des einzelnen Vorstandsmitglieds bei der Beratung kommt hierbei besondere Bedeutung zu. Sie bildet einen wesentlichen Teil der Mehrheitsgeschäftsführung und dient hauptsächlich dazu[2], das anstehende Problem in seiner Bedeutung und seinem Umfang zu erkennen, geeignete Wege zu seiner Lösung zu vermitteln sowie diese in einer wertenden Erörterung nach „Für" und „Wider" gegeneinander abzuwägen. Besonders in der Beratung kommen die fördernden Faktoren kollektiver Arbeit zur Geltung, wie zum Beispiel der Fehlerausgleich, die Ausgewogenheit und die Selbstprüfung der zu fällenden Entscheidung.[3] Daher hat sich jedes einzelne Mitglied des

---

[1]Dose, Rechtsstellung S. 52 ff.

[2]Dose, Haftung, ZGR 1973 S. 311.

[3]Dose, Rechtsstellung S. 53.

Vorstands an der Beratung aktiv zu beteiligen und sein Spezialwissen zur jeweiligen Entscheidung vorzutragen.

Aufgrund dieser Bedeutung der Beratung wäre also die Haltung des einzelnen Vorstandsmitglieds schon pflichtwidrig, wenn es unentschuldbar an der Beratung in der Sitzung nicht teilnimmt.[1] Hierzu ist aber nicht zu leugnen, daß die Grenze zwischen entschuldbarer und unentschuldbarer Abwesenheit (bei der Beratung) fließend ist. Die Grenzziehung hängt von den konkreten Umständen ab. Dabei ist das Verhältnis zwischen dem Abwesenheitsgrund und den anstehenden Entscheidungen ausschlaggebend. Hat das einzelne Mitglied gute Gründe, die seine Abwesenheit rechtfertigen, so ist von ihm zu erwarten, zur Verschiebung[2] der Beratung bzw. Sitzung aufzufordern oder, wo dies nicht möglich ist, seine Einstellung zur jeweiligen Angelegenheit anderen Vorstandskollegen mitzuteilen.

Dagegen entbindet auch die Haltung des einzelnen Mitglieds von der Haftung für die getroffene Entscheidung und ihre Folgen nicht, wenn es zwar an der Beratung teilnimmt, aber zu Diskussionen keinen seinen Fähigkeiten, Kenntnissen sowie Aufgaben entsprechenden Beitrag leistet.[3]

Genauso pflichtwidrig ist m. E. die Haltung des einzelnen Vorstandsmitglieds, wenn es sich bei der Abstimmung wegen der ungenügenden, allgemeinen Fachkenntnisse enthält oder dabei ohne zwingenden Grund wie z.B. wegen Zeitmangels ... etc. überhaupt nicht anwesend ist. Stellt das einzelne Mitglied fest, daß der bei seiner unentschuldbaren Absenz bzw. Stimmenthaltung gefaßte Beschluß rechtswidrig bzw. gesellschaftsschädigend ist, hat es alles zu unternehmen, um die Ausführung des Beschlusses zu verhindern. Andernfalls haftet es gem. § 93 Abs. 2 AktG für den daraus entstandenen Schaden mit denjenigen Vorstandskollegen, die für den Beschluß gestimmt haben, solidarisch. Seine haftungsrechtliche Lage ist also mit der des überstimmten Mitglieds identisch.

cc) Verantwortlichkeit des überstimmten Mitglieds

Bei der Mehrheitsgeschäftsführung ist das überstimmte Vorstandsmitglied auch nach der Beschlußfassung von seiner Verantwortlichkeit nicht befreit. Es ist an den mit der Stim-

---

[1]Dose, Rechtsstellung S. 53, 119; vgl. Schilling, § 93 Anm. 22 Großkomm.

[2]Vgl. Meyer-Landrut, § 77 Anm. 5 Großkomm.; Godin-Wilhelmi, § 77 Anm. 5 Aktiengesetz.

[3]Dose, Rechtsstellung. S 53, 119; vgl. Schilling, .§ 93 Anm. 22 Großkomm.

menmehrheit ordnungsmäßig gefaßten und inhaltlich rechtmäßigen Beschluß gebunden und weiterhin verpflichtet, bei dessen Ausführung mit aller gebotenen Sorgfalt mitzuwirken.[1] Verweigert das überstimmte Mitglied die Ausführung, so macht er sich gem. § 93 Abs. 1 und 2 AktG schadenersatzpflichtig. Des weiteren stellt die Verweigerung nach. § 84 Abs. 3 AktG einen wichtigen Grund für seine Abbestellung dar.[2]

Stellt sich dagegen heraus, daß der mit Stimmenmehrheit gefaßte Beschluß gegen Gesetzes- oder Satzungsbestimmungen verstößt oder für die Gesellschaft schädlich ist, so ist das Mitglied, das den Beschluß abgelehnt hat, weiterhin verpflichtet, alle zur Verfügung stehenden Mittel zu ergreifen, um die Ausführung des Beschlusses zu verhindern.[3] Dies ergibt sich aus seiner leitenden Stellung und seiner allgemeinen Sorgfaltspflicht.[4]

Im deutschen Aktienrecht stellt sich insofern die Anrufung des Aufsichtsrats in erster Linie als geeignetes und jedem überstimmten Mitglied zuzumutendes Mittel dar.[5] Der Aufsichtsrat hat hierbei als Überwachungsorgan der Gesellschaft einzuschreiten und erforderliche Maßnahmen zu ergreifen: Als erstes sollte er sich auf Grund des § 90 Abs. 3 AktG einen umfassenden Bericht über den jeweiligen Beschluß erstellen lassen, um sich über die rechtliche und geschäftliche Lage ins Bild zu setzen. Er darf zwar als außenstehendes Organ weder dem Vorstand noch dem einzelnen Vorstandsmitglied bindende Anweisungen erteilen, aber er kann mit seiner beratenden und vermittelnden Stimme die Aufhebung oder Abänderung des bedenklichen Beschlusses durch den Vorstand veranlassen.[6]

Fernerhin steht dem Aufsichtsrat das Recht zu, einzelne Vorstandsmitglieder aus wichtigem Grund nach § 84 Abs. 3 AktG abzubestellen und neue Mitglieder zu bestellen.[7] In der Praxis machen aber die Aufsichtsräte von diesem Recht sehr selten Gebrauch. Denn sie

---

[1]Hefermehl, § 77 Anm. 7 Komm. AktG.

[2]Boesebeck, Unklarheit, JW 1938 S. 2526.

[3]Boesebeck, Unklarheit, JW 1938 S. 2526; Spieker, Verantwortlichkeit, DB 1962 S. 929 ff.; Dose, Rechtsstellung S. 119; Mielke, Leitung S. 77; Hefermehl, § 93 Anm. 27 Komm. AktG; Mertens, § 77 Anm. 22 Kölner Komm.; Schilling, § 93 Anm. 22 Großkomm.

[4]Schilling, § 93 Anm. 22 Großkomm.

[5]Vgl. Boesebeck, Unklarheit, JW 1938 S. 2526; Spieker, Verantwortlichkeit, DB 1962 S. 929 ff.; Dose, Rechtsstellung S. 119; Mielke, Leitung S. 77; Hefermehl, § 93 Anm. 27 Komm. AktG; Mertens, § 77 Anm. 22 Kölner Komm.; Schilling, § 93 Anm. 22 Großkomm.

[6]Vgl. Boesebeck, Unklarheit, JW 1938 S. 2527; Spieker, Verantwortlichkeit, DB 1962 S. 929.

[7]Vgl. Hefermehl, § 93 Anm. 27 Komm. AktG; Spieker, Verantwortlichkeit, DB 1962 S. 929; Dose, Rechtsstellung S. 119; Golling, Diss. S. 74; Mielke, Leitung S. 77.

befürchten, insbesondere bei größeren Aktiengesellschaften, daß das Ansehen der Gesellschaft in der Öffentlichkeit dadurch beeinträchtigt wird. Eher warten sie bis zum Ablauf der Bestellung und erneuern dann diese sowie die Anstellung nicht.

Hierzu stehen aber im deutschen Aktienrecht dem Aufsichtsrat weiterhin zwei noch rationalere Wege offen: Einerseits kann er die Geschäftsordnung des Vorstands ändern, und das jeweilige Geschäft, das den Gegenstand des Beschlusses bildet, von seiner Zustimmung abhängig machen[1] (gem. § 111 Abs. 4 AktG), andererseits die Hauptversammlung einberufen[2] und sie gegebenenfalls zum Vertrauensentzug anregen.

Der Appell des überstimmten Mitglieds an den Aufsichtsrat könnte indes doch nicht zu einem Erfolg führen. Der Aufsichtsrat kann beispielsweise schon am Anfang den Standpunkt der Mehrheit des Vorstands billigen oder seine Vermittlungsversuche unter den Vorstandsmitgliedern könnten fruchtlos ablaufen und er daraufhin keine weitgehende Wege (wie z.B. Abbestellung von Vorstandsmitgliedern) beschreiten wollen. In diesem Fall stellt sich für das überstimmte Mitglied die Frage, wie es sich noch seiner allgemeinen Sorgfaltspflicht entsprechend verhalten kann, um sich der Verantwortlichkeit zu entziehen. Insofern kommt für das überstimmte Mitglied die Amtsniederlegung in Betracht. Nach herrschender und m. E. richtiger Ansicht[3] der deutschen Literatur ist das überstimmte Mitglied nicht verpflichtet, sein Amt niederzulegen. Die Amtsniederlegung ist nämlich unzweckmäßig, denn man kann dadurch weder die Ausführung des Beschlusses verhindern noch dessen eventuellen Schaden abwenden. Des weiteren könnte sich die Amtsniederlegung auf die Gesellschaft schädigend auswirken, da ein pflichtbewußtes Mitglied aus dem Vorstand ausscheidet, während diejenigen mit geringerem Verantwortungsgefühl dem Vorstand weiter angehören.[4] Es sollte eher im Amt bleiben und seinen Widerspruch gegen die Mehrheit vorbringen, wenn das Wohl der Gesellschaft dies erfordert.

Das überstimmte Vorstandsmitglied soll folglich bei der Ausführung des Beschlusses mitwirken, ohne daß es zur Verantwortung gezogen wird, es sei denn, wegen der Art und

---

[1]Vgl. Boesebeck, Unklarheit, JW 1938 S. 2527; Dose, Rechtsstellung S. 119; Schilling, § 93 Anm. 22 Großkomm.

[2]Schilling, § 93 Anm. 22 Großkomm.

[3]Vgl. Hefermehl, § 93 Anm. 27 Komm. AktG; Schilling, § 93 Anm. 22 Großkomm.; Godin-Wilhelmi, § 77 Anm. 6 Aktiengesetz; Mertens, § 77 Anm. 38 Kölner Komm.; Wiesner, § 22 Anm. 7 S. 176 Münchener; Spieker, Verantwortlichkeit, DB 1962 S. 930; Dose, Rechtsstellung S. 119 ff.; Golling, Diss. S. 74; Mielke, Leitung S. 77.

[4]Dose, Rechtsstellung S. 120.

Weise der Ausführung oder einer schuldhaften Unterlassung der Abwendung, wenn bei Ausführung des Beschlusses der Schaden noch abwendbar wäre.[1] Es hat also alles getan, was man von einem ordentlichen und gewissenhaften Geschäftsleiter in seiner Lage erwarten kann.[2] Hierzu ist allerdings zu bemerken, daß die Zusammenarbeit des überstimmten Mitglieds mit einem quasi „feindlich" eingestellten Kollegium kaum möglich ist. Aus diesem Grund soll dem überstimmten Mitglied das Recht, aus dem Vorstand auszuscheiden, nicht verwehrt bleiben.[3]

2) Nach türkisch-schweizerischem Recht

a) Mehrheitsgeschäftsführung im allgemeinen

Bei den Aktiengesellschaften, in denen das Recht der Übertragung sowie Verteilung der Geschäftsführungs- und Vertretungsbefugnis nicht in Anspruch genommen wird, haben die Verwaltungsratsmitglieder die Geschäftsführungs- und Vertretungsbefugnis gem. Art. 319 Abs. 2 THGB = Art. 717 Abs. 3 aOR = Art. 716 b Abs. 3 OR gemeinsam auszuüben. Zu der Zeit, zu der das OR keine Bestimmung über die Beschlußfähigkeit des Verwaltungsrates hinsichtlich der Anzahl der Mitglieder enthielt, war die herrschende Lehre[4] der Meinung, daß diese gemeinsame Geschäftsführung und Vertretung nicht mit der Einstimmigkeit gleichbedeutend sei: die Einstimmigkeit wäre für die Praxis unbrauchbar, deswegen genüge für die Gültigkeit eines Verwaltungsratsbeschlusses die absolute Mehrheit der anwesenden Mitglieder. Dagegen enthält das revidierte OR in Art. 313 Abs. 1 - unter Vorbehalt einer anderslautenden Statutenbestimmung - eine dieser Meinung der herrschenden Lehre entsprechende Bestimmung: *„die Beschlüsse des Verwaltungsrates werden mit der Mehrheit der abgegebenen Stimmen gefaßt."*

Das türkische HGB erfordert dagegen in Art. 330 vorbehaltlich einer gegenteiligen Bestimmung in der Satzung für die Beschlußfassung des Verwaltungsrats die Anwesenheit von mindestens der Hälfte zuzüglich einem Mitglied. Die Beschlüsse werden mit der

---

[1]Vgl. Godin-Wilhelmi, § 77 Anm. 6 Aktiengesetz.

[2]Godin-Wilhelmi, § 77 Anm. 6 Aktiengesetz.

[3]Vgl. Schilling, § 93 Anm. 22 Großkomm.; Godin-Wilhelmi, § 77 Anm. 6 Aktiengesetz; Hefermehl, § 93 Anm. 27 Komm. AktG; Dose, Rechtsstellung S. 120.

[4]Vgl. Bürgi, Art. 716 Anm. 7 und Art. 717 Anm. 4 Züricher Komm.

Mehrheit der erschienen Mitglieder gefaßt.[1] Für die Gültigkeit der Beschlüsse ist aber, im Gegensatz zu deutschem Aktienrecht im türkischen Recht gem. Art 330 THGB sowie im schweizerischen Recht gem. Art. 713 Abs. 3 OR, Art. 15 aOR ein Protokoll über die Beratung erforderlich.

Aufgrund dieser Ausführungen kann also hier zusammenfassend festgestellt werden, daß der Verwaltungsrat sowohl im türkischen wie auch im schweizerischen Aktienrecht im Prinzip als Kollegium und - vorbehaltlich gegenteiliger Bestimmung in der Satzung - im Wege von Mehrheitsbeschlüssen die Geschäftsführung ausübt.

b) Verantwortlichkeit des einzelnen Verwaltungsratsmitglieds bei der Mehrheitsgeschäftsführung

aa) Bis zur Abstimmung

Bei der Mehrheitsgeschäftsführung bildet die Hauptpflicht des einzelnen Verwaltungsratsmitglieds die sorgfältige, pflichtgemäße und vor allem aktive Teilnahme an der Beschlußfassung (d.h. Willensbildung) des Gesamtverwaltungsrates. Auch im türkisch-schweizerischen Recht kann das Beschlußverfahren in folgende vier Stufen unterteilt werden: 1. Problemstellung, 2. Entscheidungsvorbereitung und Materialsammlung, 3. Beratung (Verhandlung), 4. Beschlußfassung.

Das schweizerische Bundesgericht stellt namentlich an die dritte Stufe des Beschlußfassungsverfahrens relativ hohe Anforderungen. Demnach haben die einzelnen Mitglieder des Verwaltungsrats die Tagungsunterlagen im allgemeinen und Berichte von nachgeordneten Geschäftsführungsinstanzen im besonderen zu studieren und sich gegebenenfalls durch eigene Recherchen die notwendigen Entscheidungsgrundlagen zu verschaffen.[2] Dazu betont das schweizerische Bundesgericht in vielen Entscheidungen die Notwendigkeit für branchenunkundige Mitglieder, sich durch gesellschaftsinterne oder externe Fachleute beraten zu lassen.[3]

---

[1]Auch im türkischen Recht ist es für den Verwaltungsrat gem. Art. 330 Abs. 2 THGB möglich, seine Beschlüsse schriftlich auf dem Zirkulationswege zu fassen. Vgl. Art. 716 aOR = Art. 713 Abs. 2 OR.

[2]BGE 97 II 403 ff. 411 ff.; BGE 108 V 199 ff., 203; 103 V 120 ff., 125.

[3]BGE, 97 II 403 ff. 413; SJZ 1941/1942 S. 73 ff.

Nach einhelliger Lehre in der Türkei[1] und der Schweiz[2] vermag das verschuldete Fernbleiben von Verwaltungsratssitzungen die Verantwortlichkeit des einzelnen Mitglieds für den gefaßten Beschluß und seine Folgen nicht aufzuheben. Diese Tatsache leitet sich für das türkische Recht aus der eindeutigen Bestimmung des Art. 338 THGB ab, in dem es sinngemäß heißt: *„Ein Mitglied ist von der Haftung für ein Geschäft frei, wenn es beweist, ... daß es bei der Beratung des jeweiligen Geschäftes entschuldigt nicht zugegen war."* Nach allgemeiner Ansicht in der türkischen Literatur[3] ist die Absenz des Verwaltungsratsmitglieds wegen Krankheit oder des Jahresurlaubs entschuldbar. Dagegen stellt Zeitmangel wie im deutschen Recht keinen Exkulpationsgrund dar.[4]

Nach Ansicht von Schucany[5] [6] muß für die Haftung eines Mitglieds wegen unverschuldeter Absenz ein Kausalzusammenhang zwischen seiner Absenz und dem Zustandekommen des schädigenden Beschlusses vorliegen. Von diesem Kausalzusammenhang ist, so Schucany, keine Rede, wenn der Beschluß auch dann zustande gekommen wäre, wenn das abwesende Mitglied an der Sitzung teilgenommen und pflichtgemäß gegen den Beschluß gestimmt hätte. M.E. ist die Frage der Kausalität nicht auf mathematische Überzahlverhältnisse in der Abstimmung zu beschränken, die entstanden wären, wenn der Anwesende mitgestimmt hätte. Wie oben für deutsches Recht ausgeführt, liegt die Bedeutung der Mehrheitsgeschäftsführung nicht nur in der Mehrheitsentscheidung, sondern vielmehr in der Beratung, in der man das anstehende Problem besser erkennt und mannigfaltige Vorschläge seitens der Anwesenden zu dessen Lösung in einem kritischen Kolloquium abwägt. Aus diesem Grund kann man von der Hypothese ausgehen, daß der unentschuldigt Abwesende durch eine Rede in der Beratung seine Kollegen hätte umstimmen und somit das Zustandekommen des Beschlusses verhindern können. Deswe-

---

[1]Arslanli, AS Organizasyonu S. 179; Camoglu, Doz. S. 76; Helvaci, Diss. S. 55; Poroy/Tekinalp/Camoglu, Ortakliklar S. 263; Atan, Diss. S. 57; Mimaroglu, Diss. S. 42 ff.; Kaplan, Banka Idare Meclisi S. 145 ff.

[2]Bürgi, Art. 754 Anm. 93 Züricher Komm.; Kolb, Diss. S. 54; Lustenberg, Diss. S. 123 ff.; Bär, Verantwortlichkeit, ZBJV 1970 S. 481; Schucany, Stimmenthaltung, SJZ 1964 S. 229 ff.; Meier-Wehrli, Diss. S. 32; Forstmoser/Meier-Hayoz, Einführung ins SAR § 25 Anm. 25 S. 188; Forstmoser, Verantwortlichkeit Anm. 310 S. 112.

[3]Vgl. Mimaroglu, Diss. S. 43; Arslanli, AS Organizasyonu S. 117 Fn. 63.

[4]Meier-Wehrli, Diss. S. 32; Bär, Verantwortlichkeit, ZBJV 1970 S. 481; Zellweger, Diss. S. 37; Forstmoser, Verantwortlichkeit Anm. 308 S. 111; Bürgi, Art. 753/754 Anm. 95 Züricher Komm.

[5]Schucany, Stimmenthaltung, SJZ 1964 S. 229.

[6]In Anlehnung an Schucany auch Camoglu, Doz. S. 76.

gen ist es durchaus statthaft, verschuldete Absenz eines Verwaltungsratsmitglieds für die Entstehung des schädigenden Beschlusses auch dann als kausal zu bewerten, wenn seine Präsenz mathematisch keine Änderung herbeigeführt hätte.[1] [2]

In der Literatur ist dagegen die haftungsrechtliche Lage des entschuldbar abwesenden Mitglieds umstritten. Nach herrschender Lehre[3] schließt die entschuldbare Absenz die Haftung des Verwaltungsratsmitglieds aus. Demgegenüber ist nach Ansicht von Meier-Wehrli[4] und Lustenberger[5] vom Abwesenden zu verlangen, sich über die vorgefallenen Ereignisse zu informieren und sich hinterher nach besten Kräften für die Wiederherstellung einer ordnungsgemäßen Geschäftstätigkeit einzusetzen.

Letztlich bleibt hierzu noch die Frage zu beantworten, ob das Schweigen oder die Stimmenthaltung des Mitglieds von seiner Verantwortung befreit. Hierzu wird wiederum in der Lehre[6] allgemein zutreffend angenommen, daß das Schweigen oder die Stimmenthaltung des Mitglieds nicht von seiner Verantwortung befreit: Wie oben betont, ist nämlich von einem sorgfältigen und pflichtbewußten Verwaltungsratsmitglied bei jeder Verwaltungsratssitzung zu erwarten, zum Verfahren der Beschlußfassung einen seinen Fähigkeiten und Kenntnissen entsprechende Beitrag zu erbringen. Daraus ist allerdings für das einzelne Verwaltungsratsmitglied zu folgern, daß es seine Bedenken zum Beschluß den Kollegen klar und deutlich vorzutragen, dies ins Sitzungsprotokoll eintragen zu lassen und schließlich bei der Abstimmung gegen den pflichtwidrigen Beschluß zu stimmen hat (Art. 338 THGB), wenn es der Meinung ist, jener sei pflichtwidrig bzw. schädlich für die Gesellschaft. Ansonsten kann von einer sorgfältigen Erfüllung der Mitwirkungspflicht keine Rede sein.

---

[1]Vgl. Lustenberger, Diss. S. 125.

[2]Ähnlich auch Bär, Verantwortlichkeit, ZBJV 1970 S. 481.

[3]Vgl, Schucany, Stimmenthaltung, SJZ 1964 S. 229; Biggel, Diss. S. 147 ff.; Hirsch, zitiert bei Forstmoser, Verantwortlichkeit Anm. 311 S. 112.

[4]Meier-Wehrli, Diss. S. 32.

[5]Lustenberger, Diss. S. 124 ff.

[6]Biggel, Diss. S. 149; Meier-Wehrli, Diss. S. 32; Bürgi, Art. 753/754, Anm. 93 Züricher Komm.; Bär, Verantwortlichkeit, ZBJV 1970 S. 481; Fehr, Diss. S. 154; Lustenberger, Diss. S. 126 ff. Zum türkischen Recht vgl. Camoglu, Doz. S. 77.

bb) Verantwortlichkeit des überstimmten Mitglieds

Kann das einzelne Verwaltungsratsmitglied, das an der Sitzung des Verwaltungsrats teilnahm und dabei seine Bedenken gegen den zweifelhaften oder gar schädigenden Beschluß unmißverständlich kundtat, diese protokollieren ließ und zum Schluß gegen den Beschluß stimmte, reinen Gewissen behaupten, die Sorgfalt eines vernünftigen und gewissenhaften Geschäftsmannes angewandt zu haben und sich somit der Verantwortlichkeit entzogen zu haben? Oder ist, wie im deutschen Recht, von ihm zu erwarten, gegen die Ausführung des pflichtwidrigen Beschlusses mit den ihm zur Verfügung stehenden Mitteln zu kämpfen? Auf diese Frage liefert die Bestimmung des Art. 338 THGB die klare und eindeutige Antwort. Demnach muß sich das überstimmte Mitglied für die Verhinderung der Realisierung des Beschlusses einsetzen, indem es unverzüglich die Kontrollstelle benachrichtigt. Dieser stehen sodann folgende Wege offen:

1. Nachdem die Kontrollstelle gem. Art. 353 Abs. 1 Nr. 10 THGB den Beschluß auf Gesetz- und Satzungsmäßigkeit hin überprüft hat, kann sie gem. Art. 354 THGB die ihr zur Kenntnis gekommenen Mängel, Unregelmäßigkeiten oder Zuwiderhandlungen dem Verwaltungsratspräsidenten und, in wichtigen Fällen, der Generalversammlung mitteilen.

2. Die Kontrollstelle kann gem. Art. 357 THGB ohne Mitrede- und Stimmrechte an der Sitzung des Verwaltungsrates teilnehmen und die Umänderung oder sogar Aufhebung des pflichtwidrigen Beschlusses nach seinem Vorschlag empfehlen.

3. Sie kann auch gem. Art. 356 Abs. 1 THGB Mängel, Unregelmäßigkeiten sowie Verstöße gegen Gesetz oder Satzung bei der Beschlußfassung im Jahresbericht der Kontrollstelle vermerken und dadurch veranlassen, daß die Verwaltungsratsmitglieder auf der Tagung der Generalversammlung zur Verantwortung gezogen werden.

4. Weiterhin kann die Kontrollstelle gem. Art. 355 THGB die Generalversammlung zu einer außerordentlichen Tagung einladen.

Insofern läßt sich aber von vornherein nicht allgemein bestimmen, welchen Weg die Kontrollstelle zuerst nehmen soll. Dies ist von Fall zu Fall verschieden und unter anderem von der Tragweite des Geschäftes, das den Beschluß zum Gegenstand hat, sowie vom Grad der Unregelmäßigkeit des Beschlusses etc., abhängig. Hat z.B. die Mehrheit der Verwaltungsratsmitglieder für eine äußerst riskante Investition die Kreditaufnahme von einer Bank mit einem höheren Zinssatz beschlossen, so ist die Kontrollstelle verpflichtet, von dem Umstand unverzüglich der Generalversammlung zu berichten und sie zu einer außerordentlichen Tagung einzuladen, um eine gravierende Schädigung des Gesellschaftsvermögens zu vermeiden.

Im türkischen Aktienrecht bietet sich für das überstimmte Mitglied noch eine weitere Möglichkeit, um die Realisierung des pflichtwidrigen Beschlusses zu verhindern: Es kann auf der ordentlichen oder außerordentlichen Tagung der Generalversammlung den Sachverhalt zur Sprache bringen und somit die Aktionäre und Gläubiger vor einem eventuellen Gesellschaftsschaden warnen. Die Frage, ob die Generalversammlung auf Mitteilung des überstimmten Mitglieds oder der Kontrollstelle die Ausführung des pflichtwidrigen Beschlusses zu verhindern vermag, ist in der Lehre strittig. Nach Ansicht von Camoglu[1] kann die Generalversammlung als „oberstes Organ" der Gesellschaft durch ihre bindende Anweisung die Abänderung oder Aufhebung des Verwaltungsratsbeschlusses veranlassen. M.E. ist diese Meinung nicht gänzlich zuzustimmen. Dazu läßt sich folgendermaßen argumentieren:

Im Gegensatz zum deutschen Aktienrecht ist im türkisch-schweizerischen Boardsystem von „der exakten Gleichstellung" (bzw. Gleichwertung) der Gesellschaftsorgane keine Rede. Der Gesetzgeber in den beiden Ländern hat durch seine Bestimmungen eine gewisse Hierarchie namentlich zwischen der Generalversammlung und dem Verwaltungsrat vorgenommen. Diesbezüglich kommt beispielsweise die Bestimmung in Betracht, wonach die GV den Verwaltungsrat wählt und jederzeit -auch ohne wichtigen Grund- abbestellen kann (Art. 312 Abs. 1, Art. 316 Abs. 1 und Art. 344 THGB) sowie auch die Bestimmungen, nach welchen die GV die Satzung aufstellen oder abändern und somit den Inhalt und das Ausmaß vieler Kompetenzen des Verwaltungsrats bestimmen kann. Fernerhin bezeichnet das alte und revidierte OR in Art. 698 die Generalversammlung kategorisch als *„oberstes Organ"* der Aktiengesellschaft. Trotz des Fehlens jener Bezeichnung im türkischen HGB wird von der Literatur in der Türkei diese Eigenschaft der Generalversammlung fast einheitlich anerkannt.

Die Eigenschaft als „oberstes Organ" ist jedoch, wie die Vertreter der „Omnipotenztheorie" es tun, nicht dahingehend zu interpretieren, daß die Generalversammlung schlechthin und überall durch ihren Beschluß oder die bindende Anweisung in die Kompetenzen des Verwaltungsrats eingreifen darf. Denn diese Interpretation widerspricht der Gliederung der Organe und ihrer Aufgaben: mit der Annahme dieser Interpretation würde nämlich der

[1]Camoglu, Doz. S. 78.

Verwaltungsrat zu einem schlichten Ausführungsorgan der Generalversammlung degradiert. Andererseits ist ein derartiges Eingriffsrecht für die Generalversammlung in der Praxis nicht durchführbar, da der Generalversammlung als nur ab und an zusammenkommendem Organ sehr oft erforderliche Sachkenntnisse fehlen.[1]

Aus diesen Gründen ist die Qualität der Generalversammlung als „oberstes Organ", wie die „eingeschränkte Omnipotenztheorie"[2] besagt, dahingehend zu verstehen, daß sie in die Tätigkeit des Verwaltungsrats nur ausnahmsweise und unter besonderen und strengen Voraussetzungen durch bindende Anweisungen eingreifen kann und daß im Normalfall an einer klaren Kompetenzabgrenzung festzuhalten ist. Mit anderen Worten, die GV kann dem Verwaltungsrat bindende Anweisungen erteilen, wenn schwerwiegende Gründe vorliegen, wie z.B. bei einer außergewöhnlichen Entscheidung des Verwaltungsrats, die das Interesse der Aktionäre in besonderem Maße berührt.

Aufgrund dieser Ausführungen kann hier festgehalten werden: Die Generalversammlung kann die Aufhebung oder Abänderung von pflichtwidrigen Beschlüssen des Verwaltungsrats durch bindende Anweisungen nur ausnahmsweise erreichen, also nur wenn schwerwiegende Gründe diese Anweisung rechtfertigen, wie beispielsweise wenn die Ausführung des Beschlusses das Gesellschaftsvermögen in erheblichem Maße schädigen könnte. Liegt dagegen keine Voraussetzung für die Anweisung vor, so kann die Generalversammlung die Ausführung des Beschlusses nur dadurch verhindern, daß sie die Verwaltungsratsmitglieder gem. Art. 316 und Art. 344 THGB abbestellt.

Das überstimmte Mitglied hat auch im türkischen Aktienrecht keinesfalls die Pflicht, sein Amt niederzulegen. Gegen diese Pflicht spricht vor allem die unzweideutige Bestimmung des Art. 338 THGB, wonach das überstimmte Mitglied nur zur schriftlichen Mitteilung an die Kontrollstelle verpflichtet ist.

---

[1]Bürgi, Vorbem. v. Art. 698-731 Anm. 49 Züricher Komm.

[2]Vgl. Bürgi, Vorbem. v. Art. 698-731 Anm. 43 ff. und Art. 717 Anm. 11 ff. Züricher Komm.; Schulz-Dornburg, Diss. S. 22; Kemahlioglu, Diss. S. 5 ff.; Arslanli, AS Organizasyonu S. 7; Imregün, zitiert bei Ünal, Diss. S. 82 Fn. 21.

VI) Gesamtschuldnerische bzw. solidarische Haftung der Mitglieder des Vorstands/Verwaltungsrates

1) Nach türkischem Recht

a) Allgemeine Bemerkungen

Aufgrund der zwingenden Bestimmung des Art. 312 THGB setzt sich der Verwaltungsrat mindestens aus drei Mitgliedern zusammen. Dagegen kann der Verwaltungsrat in der Schweiz und der Vorstand in Deutschland gem. Art. 707 aOR Art. 707 OR und § 76 AktG aus einer oder mehreren Personen bestehen. Setzt sich der Verwaltungsrat/Vorstand aus mehreren Personen zusammen, so ordnet in beiden Ländern wie auch in der Türkei das Gesetz die Frage des Verhältnisses der Haftung. Hierzu ist in allen drei Rechtssystemen die solidarische bzw. gesamtschuldnerische Haftung vorgesehen. Diesbezüglich schreibt Art. 336 Abs. 1 THGB folgendes vor: *„Die Mitglieder des Verwaltungsrats können für Verträge und Geschäfte, welche sie im Namen der Gesellschaft abgeschlossen haben, persönlich nicht verantwortlich gemacht werden. Jedoch haften sie in den unten aufgeführten Fällen als Gesamtschuldner sowohl der Gesellschaft als auch den einzelnen Aktionären und den Gesellschaftsgläubigern gegenüber“*.

Bei der Solidarität der aktienrechtlichen Haftung der Mitglieder des Verwaltungsrats handelt es sich also um eine gesetzliche Solidarität im Sinne von Art. 141 Abs. 2 TOG. Daher kommen die Bestimmungen über die passive Solidarität (Art. 141- 147 TOG) sowohl für das Außenverhältnis zwischen Gläubiger (d.h. der Gesellschaft, den einzelnen Aktionären und den Gläubigern der Gesellschaft) und Schuldner (d.h. dem ersatzpflichtigen Verwaltungsratsmitglied) als auch für das Innenverhältnis zwischen den Schuldnern (d.h. verantwortlichen Verwaltungsratsmitgliedern) in Anwendung, soweit sie dem Wesen der aktienrechtlichen Spezialbestimmungen nicht widersprechen.

b) Solidarität im Außenverhältnis

Gemäß den Bestimmungen der Art. 141-147 TOG bedeutet die Solidarität im Außenverhältnis, daß jeder Solidarschuldner für den ganzen Schaden gegenüber dem Gläubiger bzw. Anspruchsberechtigten einzustehen hat, bis dieser ganz getilgt ist.[1] In diesem Sinne kann sich der Solidarschuldner grundsätzlich nicht darauf berufen, daß er nur für einen

---

[1] Oftinger, Haftpflichtrecht Band I S. 337 ff.; Eren, BH CII S. 417 ff.

Teil des eingetretenen Schadens ursächlich war.[1] Solange der Gläubiger nicht voll befriedigt wird, hat er die Wahl, unter welchen von mehreren Ersatzpflichtigen (Solidarschuldnern) und in welcher Höhe er seine Forderung einklagen will. Aufgrund der Art. 141-147 TOG kommt es im Außenverhältnis wiederum nicht auf das Ausmaß des Verschuldens des Solidarschuldners an. Der Gläubiger kann daher auch von dem Beteiligten, dessen Verschulden beim Eintritt des Schadens am geringsten ist, den Ersatz des ganzen Schadens verlangen.

Von den Bestimmungen der Art. 141-147 TOG ausgehend kann man nun festhalten, daß das Institut der Solidarität einem rechtspolitischen Grundgedanken im Dienste steht, und zwar der „Stärkung der Stellung des Gläubigers". Sie dient folglich zur Sicherung der möglichst vollständigen Befriedigung des Gläubigers für seine Forderung. Die strikte Anwendung dieser obligationsrechtlichen Bestimmungen über die Solidarität könnte jedoch für die Mitglieder des Verwaltungsrats zu widersprüchlichen und unbilligen Konsequenzen führen. Dies wird ersichtlich, wenn man bedenkt, daß der Verwaltungsrat bei einer Publikumsgesellschaft aus Personen besteht, die sich vorher nicht kannten und nun aufgrund der Wahl der Generalversammlung zufällig in ein Kollektivorgan (in den Verwaltungsrat) bestellt wurden. Nun kann das Mitglied des Verwaltungsrates, dem das geringste Verschulden nachgewiesen wird, für den ganzen Schaden, der zum großen Teil auf das Verschulden seines Kollegen zurückzuführen ist, in Anspruch genommen werden. In der türkischen Literatur[2] wird hierzu angeführt, daß diese unbilligen und strengen Konsequenzen der Solidarhaftung wiederum durch manche gesetzlichen Bestimmungen zugunsten der Mitglieder des Verwaltungsrats abgeschwächt oder gar aufgehoben wurden. Insofern sind in erster Linie die Bestimmungen des Art. 338 und des Art. 336 Abs.2 THGB hervorzuheben:

1. Nach dem Entlastungsbeweis des Art. 338 THGB kann sich ein Mitglied des Verwaltungsrats bei eine gesamtschuldnerische Haftung begründeten Geschäften der Haftung entziehen, wenn ihm der Beweis gelingt, daß ihn dabei kein Verschulden trifft. In diesem Sinne ist es insbesondere von der Haftung frei, wenn es gegen die Vornahme des Geschäfts gestimmt und diesen Umstand in die Niederschrift hat aufnehmen lassen und dies außerdem unverzüglich den Kontrolleuren mitgeteilt hat oder bei der Beratung dieses Geschäfts entschuldigt nicht zugegen war.

---

[1]Eren, BH C II S. 418.

[2]Mimaroglu, Diss. S. 24; Atan, Diss. S. 30; Camoglu, Doz. S. 21, 22; Helvaci, Diss. S. 27.

2. Nach Art. 336 Abs. 2 THGB greift die gesamtschuldnerische Haftung unter Mitgliedern des Verwaltungsrats nicht Platz, wenn die in Art. 336 Abs. 1 Nr. 5 genannten gesetzlichen oder statutarischen Verwaltungsratspflichten gem. Art. 319 THGB auf ein Mitglied des Verwaltungsrats oder einen Direktor, der nicht Aktionär zu sein braucht, übertragen worden sind. In diesem Fall trifft die Haftung allein das in Frage kommende Mitglied. Trotz dieser Übertragung der Verpflichtung bleiben aber sämtliche Mitglieder des Verwaltungsrats für culpa in eligendo, in instruendo et custodiendo verantwortlich. Für die Einzelheiten der Thematik sei auf die jeweiligen vorstehenden Ausführungen verwiesen.

c) Berücksichtigung des Verschuldens gem. Art. 43 Abs. 1 TOG

Trotz der Regelung der Art. 319 und 338 THGB können die obligationsrechtlichen Bestimmungen über Solidarität in gewissen aktienrechtlichen Einzelfällen zu unbilligen und unhaltbaren Folgen führen. Wenn etwa der Geschädigte (z.B. die Gesellschaft oder ein Gläubiger der Gesellschaft) ein Verwaltungsratsmitglied, dem nur geringstes Verschulden zur Last gelegt wird, für den Ersatz des ganzen Schadens in Anspruch nimmt, so kommen dessen solidarisch haftende Verwaltungsratskollegen, denen grobes Verschulden vorgeworfen wird, ungeschoren davon, wenn auf sie wegen Zahlungsunfähigkeit kein Regreß genommen werden kann.[1] In der schweizerischen Literatur zum aOR wurden zur Beseitigung dieses ungerechten und widersprüchlichen Resultats einige Lösungsvorschläge und neue Interpretationen des Instituts der „Solidarität" gemacht. Diesbezüglich wurde unter anderem die Berücksichtigung des Verschuldens gem. Art. 43 Abs. 1 OR, was dem Art. 43 Abs. 1 TOG wörtlich gleichkommt, nahegelegt.[2]

Nach Art. 43 Abs. 1 OR und TOG hat der Richter bei der Bestimmung von Art und Größe des Ersatzes des eingetretenen Schadens die besonderen Umstände, zumal die Größe des Verschuldens zu berücksichtigen. Aus dieser Bestimmung wird das Prinzip „Proportionalität" zwischen Verschuldensgröße und Ausmaß der Ersatzpflicht gefolgert. Ein einzelner Ersatzpflichtiger kann sich somit auf eine Minderung des Schadenersatzes wegen

---

[1]In der Praxis der Schweiz ist es oft vorgekommen, daß sich die eigentlich Schuldigen ins Ausland abgesetzt haben und deswegen diejenigen Organmitglieder, die geringstes Verschulden hatten, belangt wurden. Vgl. Forstmoser, Risiken, LJZ 1984 S. 10.

[2]Vgl. Meier-Wehrli, Diss. S. 45 ff.; Bürgi, Art. 759 Anm. 15 Züricher Komm.; Forstmoser, Verantwortlichkeit, Anm. 391 S. 132; ders., Solidarität, SJZ 1982 S. 370; ders., Risiken, LJZ 1984 S.10; Reichwein, Solidarhaftung, SJZ 1968 S. 130 ff.; Schiess, Diss. S. 52 ff.; Horber, Diss. S. 32 ff.; Vollmar, Diss. S. 187 ff.; Burckhardt, Diss. S. 194 ff.; Yilmaz, Diss. S. 49, 50.

geringen Verschuldens berufen und muß den eingetretenen Schaden nicht in vollem Umfang ersetzen.[1]

Das schweizerische Bundesgericht hat jedoch in konstanter Rechtsprechung zum aOR die Anwendung des Prinzips „Proportionalität" bei der passiven Solidarität - im Außenverhältnis - abgelehnt.[2] Zur Begründung dazu wird unter anderem angeführt, daß die solidarische Haftung vielmehr auf dem Bestreben beruhe, dem Gläubiger möglichst vollständige Befriedigung für seine Ansprüche zu sichern. Den schutzwürdigen Interessen der Ersatzpflichtigen trage demnach die Einräumung des Rückgriffsrechts im Innenverhältnis von mehreren Ersatzpflichtigen genügend Rechnung.[3] Ein erheblicher Teil der Literatur schließt sich dieser bundesgerichtlichen Auffassung an und lehnt eine Differenzierung der Schadenersatzpflicht, eine Berücksichtigung des geringeren Verschuldens im Außenverhältnis kategorisch ab.[4]

Gegen diese Auffassung trat eine überwiegende Mehrheit in der schweizerischen Literatur mit überzeugenden Argumentationen an. Insofern wurde zu Recht angeführt, daß das Gesetz keinerlei Anhaltspunkte enthält, wonach der Fundamentalsatz des Schadenersatzrechts, welcher eine angemessene Relation zwischen Schuld und Ersatzleistung fordert, bei der Solidarhaftung keine Anwendung finden sollte.[5] Weiter wurde angeführt, daß trotz der Anwendung des Art. 43 Abs. 1 OR bei der Solidarität die hierdurch bezweckte Begünstigung des Gläubigers nicht beeinträchtigt wird. Der Gläubiger bei der Solidarität kann sich nämlich an mehrere nebeneinander haftende einzelne Schuldner wenden, während er im Normalfall einen einzigen Schuldner hat.[6] Im übrigen wurde mit Recht darauf hingewiesen, daß es, da die Solidarhaftung keine Verschärfung der Haftung bezweckt, als unbillig und unlogisch erscheint, wenn ein im Prinzip voll für den ganzen Schaden haftbarer Alleinschuldner sich auf Schadenersatzreduktion gem. Art. 43 Abs. 1 OR wegen geringen Verschuldens berufen könnte, nicht aber, wenn er neben anderen

---

[1]Bürgi, Art. 759 Anm. 11 Züricher Komm.

[2]Vgl. BGE 93 II 322, 333; 97 II 414.

[3]BGE 93 II 322; 97 II 416.

[4]Vgl. Biggel, Diss. S. 146 ff.; Bättig, Diss. S. 119 ff.; Vischer, Stellung S. 88; Bär, Funktionsgerechte Ordnung, SAG 1986 S. 65 ff.; Zellweger, Diss. S. 68 ff.

[5]Bürgi, Art. 759 Anm. 15 Züricher Komm.; ähnlich Henggeler, Diss. S. 58; Burckhardt, Diss. S. 199, 200.

[6]Bürgi, Art. 759 Anm. 15 Züricher Komm.; so auch Schmid, Verantwortlichkeit nach geltendem Recht, SJZ 1985 S. 245.

Solidarschuldnern mithaftet.[1]

Aufgrund der Ähnlichkeit der Bestimmungen über aktienrechtliche Solidarität in der Schweiz und in der Türkei (d.h. zwischen Art. 759 aOR und Art. 336 THGB) und der fast wortwörtlichen Übereinstimmung der obligationsrechtlichen Bestimmungen über die Solidarhaftung (d.h. Art. 143-149 OR und Art. 141-147 TOG) könnte man m.E. sagen, daß diese von der herrschenden Lehre vertretene Auffassung auch dem heutigen türkischen aktienrechtlichen Rechtsempfinden entspricht.[2] [3] Demnach soll sich ein einzelner Solidarschuldner bei der Schadenersatzklage - als Einrede - darauf berufen können, daß ihn dabei ein geringes Verschulden trifft, und dementsprechend die von ihm zu tragende Ersatzsumme auch im Außenverhältnis gemindert werden muß.[4] Diese Lösung wirkt sich auf die Entscheidungsfreudigkeit der Verwaltungsratsmitglieder und somit zugleich auf die Beschleunigung der Abwicklung der Geschäfte im Wirtschaftsleben sehr positiv aus.

Der schweizerische Gesetzgeber hat bei der letzten Revision des OR diese oben dargestellte Auffassung der herrschenden Lehre mitberücksichtigt und Art. 759 Abs. 1 OR geändert. Art. 759 Abs. 1 OR lautet nun folgendermaßen: *„Sind für einen Schaden mehrere Personen ersatzpflichtig, so ist jede von ihnen insoweit mit den anderen solidarisch haftbar, als ihr der Schaden aufgrund ihres eigenen Verschuldens und der Umstände persönlich zurechenbar ist“.* [5]

d) Solidarität im Innenverhältnis: der Rückgriff bzw. Regreß

Art. 759 Abs. 1 aOR sowie des revidierten OR beinhalten eine ausdrückliche Bestimmung über den Rückgriff zwischen mehreren ersatzpflichtigen Verwaltungsratsmitgliedern. Demnach hat der Richter den Schadenersatz unter den Ersatzpflichtigen nach dem Grad

---

[1]Forstmoser, Verantwortlichkeit Anm. 391 S. 132; Schmid, Verantwortlichkeit nach geltendem Recht, SJZ 1985 S. 245.

[2]Vgl. zum Grundsatz der „Proportionalität“ bezüglich des Obligationenrechts, Eren, BH CII S. 420, 421.

[3]Zum selben Ergebnis vgl. Yilmaz, Diss. S. 66.

[4]Es darf aber dieser Proportionalitätsgrundsatz nicht dahingehend erweitert werden, daß jeder Solidarschuldner auch im Außenverhältnis nur den Teil des ganzen Schadens, der ihm im Innenverhältnis, d.h. im Regreßfall, zufiele, zu tragen hat. Dies würde nämlich dem Sinn und Zweck der Solidarhaftung zuwiderlaufen.

[5]Zur Entwicklung von der absoluten zur differenzierten Solidarität im neuen Schrifttum vgl. Böckli, Schweizer Aktienrecht Anm. 2020 ff. S. 1101 ff.

des Verschuldens zu verteilen. In Art. 336 THGB befindet sich keine dem Art. 759 Abs. 2 aOR inhaltlich entsprechende Bestimmung. Aber die Lehre[1] der türkischen Literatur plädiert einheitlich für die Lösung des Art. 759 Abs. 2 aOR. Dies geht nämlich aus der analogen Anwendung der allgemeinen obligationenrechtlichen Bestimmungen über die unerlaubte Handlung, und zwar aus Art. 50 TOG hervor. Aufgrund des Art. 50 TOG hat der Richter nach seinem freien, pflichtgemäßen Ermessen zu bestimmen, ob und in welchem Umfange die Solidarschuldner Rückgriff gegeneinander haben. Hierbei sind neben dem Grad des Verschuldens weitere besondere Umstände des Einzelfalles mitzuberücksichtigen, wie z.B. der Grad der Kausalität[2], die Stellung bzw. Funktion des Ersatzpflichtigen im Organ[3] sowie die subjektive Vorwerfbarkeit des den Schaden verursachenden Verhaltens.[4]

Demnach wird die Summe des zu ersetzenden Schadens durch den Richter in so viele Teilposten aufgespaltet, wie Solidarschuldner vorhanden sind (Art. 50 TOG in Verbindung mit Art. 146 TOG). Selbstverständlich sind diese Teile bei einem ungleichen Verschuldens- und der Kausalitätsgrad sowie bei subjektiver Vorwerfbarkeit nicht identisch. Jeder Solidarschuldner, der dem Gläubiger mehr als den seinem Verschulden entsprechenden Teil gezahlt hat, erwirbt automatisch gegenüber allen Solidarschuldnern ein Regreßrecht für diese seinen Teil übersteigende Summe (Art. 146 TOG).

Im Normalfall hat jeder Solidarschuldner im Innenverhältnis nur den seinem Verschulden entsprechenden Teil zu leisten. Dies gilt aber nicht in dem Fall, in dem einer oder mehrere Solidarschuldner zahlungsunfähig sind. In einem solchen Fall ist aufgrund des Art. 146 TOG der Schaden „gleichmäßig" von den zahlungsfähigen Solidarschuldnern zu tragen. Unter dem Wort „gleichmäßig" ist jedoch zu verstehen, daß der Ausfall von den zahlungsfähigen Solidarschuldnern proportional zu ihren eigenen Belastungsquoten, also zu ihrem Verschulden übernommen werden soll.[5] Umgekehrt kommt aber diese Bestimmung allen

---

[1]Atan, Diss. S. 31, 32; Mimaroglu, Diss. S. 24; Camoglu, Doz. S. 20 Fn. 2; Helvaci, Diss. S. 28.

[2]Vgl. ebenso zum schweizerischen Recht Forstmoser, Verantwortlichkeit Anm. 404 S. 137; Vollmar, Diss. S. 242.

[3]Vgl. ebenso zum schweizerischen Recht Forstmoser, Verantwortlichkeit Anm. 404 S. 137; Vollmar, Diss. S. 242.

[4]Vgl. ebenso zum schweizerischen Recht Forstmoser, Verantwortlichkeit Anm. 402 S. 136; Meier-Wehrli, Diss. S. 43; Burckhardt, Diss. S. 207; Vollmar, Diss. S. 242.

[5]Bürgi, Art. 759 Anm. 20 Züricher Komm. Vgl. Forstmoser, Verantwortlichkeit Anm. 403 S. 136.

Solidarschuldnern zugute, wenn nur ein Teil des entstandenen Schadens eingeklagt wird, indem nur dieser eingeklagte Teilbetrag proportional zu den Belastungsquoten verteilt wird.

2) Nach deutschem Recht

a) Allgemeine Bemerkungen

Gem. § 76 Abs. 2 AktG hat der Vorstand bei Gesellschaften mit einem Grundkapital von mehr als drei Millionen Deutsche Mark aus mindestens zwei Mitgliedern zu bestehen, es sei denn, die Satzung bestimmt, daß er aus einer Person besteht. In diesem Fall, also bei mehrköpfigem Vorstand haften die Vorstandsmitglieder der Gesellschaft zum Ersatz der aus der Verletzung der ihnen obliegenden Pflichten entstehenden Schaden als Gesamtschuldner. Dies ergibt sich aus § 93 Abs. 2 Satz 2 AktG. Diese Bestimmung befand sich auch in § 241 aHGB. Sie ist praktisch unverändert auch ins Aktiengesetz von 1937, nämlich in § 84 Abs. 2 Satz 2 übernommen worden.

Die gesamtschuldnerische Haftung der Vorstandsmitglieder erfolgt in der Regel nach denselben Grundsätzen, wie sie oben für das türkische Aktienrecht dargelegt worden sind. Demnach haften also nur diejenigen Vorstandsmitglieder, deren schuldhaftes Tun oder Unterlassen einen Schaden am Gesellschaftsvermögen verursacht hat. Es handelt sich hierbei keineswegs um eine generelle (absolute) Gesamthaftung. Dies bedeutet, daß das einzelne Vorstandsmitglied bei der Geschäftsverteilung (Aufgabenverteilung) für die fremden Ressorts im Prinzip nur mit dem Geschäftsleiter dieses Ressorts solidarisch haftet, wenn es der ihm obliegenden allgemeinen Aufsichtspflicht überhaupt nicht oder nicht in genügendem Maße nachgekommen ist.[1]

Dagegen haftet bei der Mehrheitsgeschäftsführung das überstimmte Mitglied mit der Mehrheit der übrigen Mitglieder solidarisch, wenn es zur Verhinderung der Ausführung des gesellschaftsschädigenden oder des gesetz- bzw. satzungswidrigen Beschlusses die nach den Besonderheiten des jeweiligen Falles nötigen Maßnahmen nicht ergreift, wie z.B., wenn es den Aufsichtsrat nicht benachrichtigt. Hat dagegen das überstimmte Mitglied alle ihm zumutbaren Mittel zur Verhinderung der Ausführung des Beschlusses angewandt

---

[1]Vgl. unter Kapitel IV, IV, 1, d, „cc) Haftung des Vorstandsmitglieds, dem ein Arbeitsbereich zugewiesen wurde und dessen Vorstandskollegen".

und trotzdem in dieser Hinsicht keinen Erfolg erzielen können, so entfällt für es die solidarische Haftung.[1]

b) Solidarität im Außenverhältnis

Auch der deutsche Gesetzgeber hat durch die Verankerung der Solidarhaftung in § 93 Abs. 2 Satz 2 AktG die Haftung der Vorstandsmitglieder verschärft und damit zugleich den Schutz der Gesellschaft sowie des Gesellschaftsgläubigers verstärkt. § 93 Abs. 2 Satz 2 AktG bildet einen Fall der gesetzlichen Gesamtschuldnerschaft. Daher finden die Bestimmungen der § 421 BGB ff. Anwendung.

Aufgrund von § 421 BGB kann die Gesellschaft und unter bestimmten Umständen auch der Gesellschaftsgläubiger die Ersatzleistung nach seinem Belieben von jedem Mitglied des Vorstands - als Schuldner - ganz oder zu einem Teil fordern. Bis zur Bewirkung der ganzen Leistung bleiben aber sämtliche Vorstandsmitglieder verpflichtet. Insoweit stimmt die deutsche aktienrechtliche Solidarhaftung mit der türkischen vollkommen überein. Nun stellt sich die Frage, ob Herabsetzungsgründe, geringes Verschulden des Vorstandsmitglieds und mitwirkendes Verschulden der Gesellschaft (des Geschädigten) im Außenverhältnis zur Anwendung kommen könnten:

aa) Berücksichtigung geringen Verschuldens

Im deutschen Recht findet sich keine dem Art. 43 Abs. 1 TOG entsprechende Regelung. Daher ist die Festsetzung oder Herabsetzung des vom Schädiger zu leistenden Ersatzbetrages nach richterlichem Gutdünken grundsätzlich nicht möglich. Infolgedessen haftet das einzelne Vorstandsmitglied in jedem Fall für den ganzen Schaden der Gesellschaft, auch wenn es dabei ein geringes Verschulden trifft. Diese Regelung ist für die nur mittelbar oder am Rande an einem Schaden beteiligten Mitglieder des Vorstands sicherlich völlig unangemessen. Andererseits ist sie aber deshalb gutzuheißen, weil sie eine gewisse Prävention vor der Schadenszufügung schafft.

bb) Berücksichtigung mitwirkenden Verschuldens der Gesellschaft

Nach § 254 BGB muß mitwirkendes Verschulden des Geschädigten bei der Feststellung der Verpflichtung zum Ersatz sowie bei der Festsetzung des Umfangs des zu leistenden Ersatzbetrages mitberücksichtigt werden. Insofern könnte man denken, daß sich das ein-

---

[1]Vgl. unter Kapitel IV, V, 1, b, „cc) Verantwortlichkeit des überstimmten Mitglieds“.

zelne Vorstandsmitglied bei der Mehrheitsgeschäftsführung gem. § 254 BGB in Verbindung mit § 31 BGB auf das Mitverschulden eines anderen Vorstandsmitglieds - d.h. Mitverschulden der Gesellschaft - berufen und dadurch eine Herabsetzung des von ihm zu leistenden Ersatzes erzielen kann. Die wohl herrschende Lehre[1] und die Rechtsprechung[2] halten zu Recht diesen Weg zur Herabsetzung für ausgeschlossen. Begründet wird dies damit, daß § 31 BGB nur für das Außenverhältnis zwischen Gesellschaft und Dritten, aber nicht für das Innenverhältnis zwischen Gesellschaft und deren Organmitglieder Geltung hat.[3]

Es ist jedoch nach deutschem Aktienrecht möglich, daß sich das einzelne Vorstandsmitglied auf das Verschulden eines anderen Mitglieds in dem Sinne beruft und sich somit der Haftung entzieht, daß das Tun oder Unterlassen eines anderen Mitglieds die Kausalität zwischen seiner pflichtwidrigen Handlung und dem Schadenseintritt unterbrochen oder sein eigenes Verschulden ausgeschlossen hat und die Handlung gerechtfertigt ist.[4]

c) Solidarität im Innenverhältnis

Im deutschen Recht findet unter mehreren Personen, die als Gesamtschuldner haften, der Ausgleich im Innenverhältnis nach § 426 BGB statt. Demnach sind, soweit nicht ein anderes bestimmt ist, die Gesamtschuldner im Verhältnis zueinander zu gleichen Anteilen verpflichtet (§ 426 Abs. 1 Satz 1 BGB). Beruht das Gesamtschuldnerverhältnis auf einem schuldrechtlichen, gemeinsam abgeschlossenen Rechtsgeschäft (§ 427 BGB), so treffen die Parteien (die Gesamtschuldner) in der Praxis des öfteren eine Abrede über einen internen Ausgleich. Oft trifft das Gesetz auch eine abweichende Bestimmung über den Ausgleich unter Solidarschuldnern. Das AktG beinhaltet jedoch weder eine abweichende noch eine mit § 426 BGB übereinstimmende Regelung. Es kann aber durch eine statutarische Bestimmung geregelt werden, wie die Vorstandsmitglieder im Verhältnis zueinander verpflichtet sind.

---

[1]Mertens, § 93 Anm. 21 Kölner Komm.; Baumbach-Hueck, § 93 Anm. 8 AktG Komm.; Schilling, § 93 Anm. 23 Großkomm.; Golling, Diss. S. 72; Spieker, Verantwortlichkeit, DB 1962 S. 927; Müller, § 34 Anm. 47 KommGenG; Metz, § 34 Anm. 115 GenG Komm.

[2]RG, JW 1920 S. 1026, 1033 ; RGZ 123, 216, 222; BGH, WM 1971 S. 1548, 1549; BGH, WM 1981 S. 440; BGH, WM 1983 S. 725, 726.

[3]RG, JW 1920 S. 1026, 1033; RGZ 123, 216, 222; Burckhardt, Diss. S. 201.

[4]Vgl. RG, JW 1920 S. 1026, 1033.

Nach herrschender Lehre[1] und Rechtsprechung[2] ist im Verhältnis mehrerer Schädiger der Rechtsgedanke des § 254 BGB heranzuziehen. Somit bestimmt sich die Höhe des Ausgleichsanspruchs in erster Linie nach dem Maß der Verursachung, daneben in zweiter Linie nach dem Grad des Verschuldens. Auch in der gesellschaftsrechtlichen Literatur vertritt die fast einheitliche Lehre[3] zu Recht die Meinung, daß der Ausgleich im Innenverhältnis nach § 426 BGB in Verbindung mit § 254 BGB erfolgen soll. Das ist nämlich aus dem Grundgedanken von „Treu und Glauben" (§ 242 BGB) abzuleiten.[4]

Auch im deutschen Recht haben alle übrigen Gesamtschuldner im Falle des Ausfalls eines Gesamtschuldners - insbesondere wegen Zahlungsunfähigkeit - nach dem Verteilungsmaßstab des § 426 Abs. 1 Satz 1 BGB diesen Ausfall zu tragen.[5]

3) Versicherbarkeit der Haftungsrisiken (Unternehmensrisiko)

Zum Schluß der Thematik über die aktienrechtliche Solidarhaftung der Mitglieder des Vorstands/Verwaltungsrates ist mit Nachdruck zu bemerken, daß weder im türkischen noch im deutschen Aktienrecht die Interessen der geschädigten Gesellschaft trotz ihrer gesetzlich eingeräumten -sozusagen- „Paschaposition", wonach die Gesellschaft nach ihrem Belieben von jedem solidarisch haftenden Mitglied ganz oder teilweise den Ersatz des entstandenen Vermögensschadens verlangen kann, optimal geschützt werden. Es handelt sich nämlich bei dem Verantwortlichkeitsverfahren gegen Mitglieder des Vorstands/Verwaltungsrates besonders der größeren Aktiengesellschaften fast immer um astronomisch hohe Schadenersatzbeträge, die selten von den gesamtschuldnerisch haftenden Mitgliedern geleistet werden können.

Zum möglichst vollständigen Ersatz des entstandenen Vermögensschadens könnte man vorschlagen, daß die unternehmerischen Leistungen der Mitglieder des Vorstandes (Un-

---

[1]Brox, Allgemeines Schuldrecht, Anm. 431d S. 265.

[2]Vgl. BHGZ ,17, 214, 222; 51, 275, 279; BGH, NJW 1983 S. 623, 624.

[3]Mertens, § 93 Anm. 21 Kölner Komm.; Schilling, § 93, Anm. 23 Großkomm.; Hefermehl, § 93 Anm. 24 Komm. AktG; Godin-Wilhelmi, § 93 Anm. 7 Aktiengesetz; Spieker, Verantwortlichkeit, DB 1962 S. 927; Müller, § 34 Anm. 48 KommGenG; Metz, § 34 Anm. 116 GenG Komm.; Scholz/Schneider, § 43 Anm. 177; Zöllner, § 43 Anm. 19 GmbH-Gesetz.

[4]Schilling, § 93 Anm. 23 Großkomm.

[5]Statt vieler vgl. Palandt, § 426 Anm. 6 BGBKomm.

ternehmensrisiko im weiteren Sinne)[1] durch den Abschluß einer allgemeinen Haftpflichtversicherung abgesichert werden. Hierbei deckt der Versicherer die Schadenersatzpflicht des versicherten Mitglieds des Vorstands/Verwaltungsrats ab und übernimmt auch die Abwehr von unberechtigten oder überhöhten Ersatzansprüchen.[2]

Der Abschluß einer solchen Versicherung ist meines Wissens in der türkischen Praxis nicht üblich und in der schweizerischen sehr selten.[3] In der Schweiz ist die Versicherung hinsichtlich einer Haftung der Organmitglieder im Zusammenhang mit ihrer aktienrechtlichen Organstellung stets mit einer Berufshaftpflichtversicherung verbunden, wie sie von Rechtsanwälten, Notaren und Treuhändern abgeschlossen wird.[4] Die Höhe der Versicherungssumme (Garantiesumme) richtet sich nach der Größe und dem Tätigkeitsbereich der Gesellschaft und insbesondere der fachlichen Qualifikation des versicherten Organmitglieds. Bei qualifizierten Fachleuten beträgt heute die Garantiesumme in der Schweiz eine bis zwei Millionen Franken.[5]

In diesem Fall besteht aber die Gefahr, daß die Mitglieder des Vorstands/Verwaltungsrates ihren Leitungspflichten nicht mit der ihnen gesetzlich aufgebürdeten Sorgfalt nachkommen. Es darf letztendlich für schlechte Arbeit ein Freibrief erteilt werden. Des weiteren wäre ein solcher Versicherungsvertrag auch volkswirtschaftlich unerwünscht, denn er schafft Anreize zu nachlässigem Arbeiten. Letztlich spräche gegen eine solche Versicherbarkeit der unternehmerischen Leistung der Vorstandsmitglieder auch der Umstand, daß die Gesellschaft als Versicherungsnehmer sehr hohe Versicherungsgebühren aus dem Gesellschaftsvermögen zu zahlen hätte.

---

[1]Zum Begriff „Versicherbarkeit des Unternehmensrisikos" nach schweizerischem Recht vgl. Diezi, Diss. S. 89 ff., nach deutschem Recht Littbarski, Zur Versicherbarkeit des Unternehmensrisikos, Berlin 1980.

[2]Auch in der US-amerikanischen Praxis ist sehr gängig, daß das Schadensrisiko aufgrund eines Versicherungsvertrages - zwischen der Gesellschaft und dem Versicherer - von dem Versicherer getragen wird. Vgl. Samson-Himmelstjerna, Persönliche Haftung, ZVglRWiss 89 (1990) S. 304 Fn. 132.

[3]Vgl. Forstmoser, Verantwortlichkeit Anm. 1160 S. 327.

[4]Forstmoser, Verantwortlichkeit Anm. 1161 S. 327.

[5]Forstmoser, Verantwortlichkeit Anm. 1167 S. 328.

VII) Haftung der Mitglieder des Vorstands/Verwaltungsrates im Falle der Ausführung bzw. Nichtausführung der Beschlüsse der Hauptversammlung/ Generalversammlung

1) Nach deutschem Recht

a) Allgemeine Bemerkungen

Hat ein Mitglied des Vorstands der Gesellschaft durch eine pflichtwidrige Handlung der Gesellschaft Schaden zugefügt, so tritt nach § 93 Abs. 4 Satz 1 AktG keine Ersatzpflicht gegenüber der Gesellschaft ein, wenn die schadenstiftende Handlung auf einem gesetzmäßigen Beschluß der Hauptversammlung beruht. Dieser Haftungsausschluß beschränkt sich jedoch nur auf die Haftung gegenüber der AG. Nach § 93 Abs. 5 AktG kann die Ersatzpflicht gegenüber den Gläubigern der Gesellschaft eintreten, auch wenn die Handlung des Vorstandsmitglieds auf einem gesetzmäßigen Beschluß der Hauptversammlung beruht.

Die Regelung des § 93 Abs. 4 Satz 1 AktG 1965 entspricht durchaus der Regelung des § 84 Abs. 4 Satz 1 AktG 1937. Dagegen enthielt das aHGB diesbezüglich in § 241 Abs. 4 Satz 2 eine etwas andere Regelung. Danach wurde die Ersatzpflicht ihnen (den Gläubigern) gegenüber weder durch einen Verzicht der Gesellschaft noch dadurch aufgehoben, daß die Handlung auf einem Beschluß der Generalversammlung beruht. In der Literatur wurde aber daraus der Schluß gezogen, daß das Vorstandsmitglied, das einen Beschluß der GV ausführte, der Gesellschaft gegenüber nicht haftet, sonst hätte es der besonderen Regelung des § 241 Abs. 4 Satz 2 aHGB nicht bedurft. Hierzu nahm man weiterhin an, daß die Gesellschaft arglistig handle, wenn sie ihre Vorstandsmitglieder für die Ausführung eines von der GV gefaßten Beschlusses in Anspruch nehme.[1] [2]

b) Der dem § 93 Abs. 4 Satz 1 AktG zugrundeliegende Gedanke

Bevor man auf die im Rahmen der Regelung von § 93 Abs. 4 Satz 1 AktG auftauchenden Zweifel eingeht, ist es sinnvoll, vorerst den dieser Regelung zugrunde liegenden Gedan-

---

[1] Vgl. Hefermehl, Haftung, FS für Schilling S. 161 m.w.N.

[2] Canaris ist der Ansicht, daß diese Annahme im Kern für die Regelung des § 93 Abs. 4 Satz 1 AktG zutreffend ist. Canaris, HV-Beschlüsse, ZGR 1978 S. 209.

ken, also den gesetzgeberischen Grund für die haftungsausschließende Wirkung des HV-Beschlusses festzustellen.

Diesbezüglich führen Godin-Wilhelmi[1] wie folgt aus: „Es dürfte weniger an eine Entscheidung mit mitwirkendem Verschulden, als an einen Rest der Stellung der Hauptversammlung als oberstes Organ, sozusagen als „Geschäftsherr" im Sinne der §§ 675, 665 BGB zu denken sein, was die Hauptversammlung freilich nicht ist, da sie nicht anders als der Vorstand nur ein (anderes) Organ der Gesellschaft ist." Diese Ansicht von Godin-Wilhelmi findet aber in der deutschen Literatur meines Wissens kaum Anhänger.

Um festzustellen, warum die Ersatzpflicht gegenüber der Gesellschaft nicht eintritt, wenn die Handlung des Vorstandsmitglieds auf einen Hauptversammlungsbeschluß beruht, sollte man m. E. -wie es Golling ausführt[2]- von der wirtschaftlichen Beziehung der Hauptversammlung zur AG und zum Vorstand ausgehen. Die Hauptversammlung besteht bekanntlich aus den Aktionären, die am Gesellschaftsvermögen in einer Art mitgliedschaftsrechtlichem Verhältnis beteiligt sind. Sie sind quasi die wirtschaftlichen Eigentümer der Gesellschaft. Der Vorstand bildet dagegen den Verwalter des fremden Vermögens, das allen Aktionären gehört. Die Vorstandsmitglieder stellen sich also als völlig Außenstehende dar, es sei denn, sie sind selbst Aktionäre der Gesellschaft. „Wenn nun der wirtschaftliche Eigentümer der AG seine Zustimmung zu Geschäftsführungsmaßnahmen durch den Verwalter seines Vermögens gegeben hat, so erschiene es widersinnig, wollte man den Verwalter regreßpflichtig zugunsten eben dieses wirtschaftlichen Eigentümers machen, der seine Zustimmung zu den Geschäftsführungsfragen ausgesprochen hatte."[3] Wenn die Gesellschaft die Vorstandsmitglieder wegen Ausführung ihres Beschlusses zur Verantwortung ziehen würde, so wäre dies ein Verstoß gegen Treu und Glauben, was als unzulässiges „venire contra factum proprium" zu betrachten wäre.[4] Dies bestätigt als ein argumentum e contrario auch die Regelung des § 93 Abs. 5 Satz 3, indem sie vorschreibt, daß den Gläubigern gegenüber die Haftung dadurch nicht aufgehoben wird, daß die Handlung auf einem Beschluß der Hauptversammlung beruht. Die Gläubiger vermögen nämlich im Gegensatz zu den Aktionären keinen Einfluß auf die Willensbildung in der Hauptversamm-

---

[1]Godin-Wilhelmi, § 93 Anm. 22 Aktiengesetz.

[2]Golling, Diss. S. 76 ff.

[3]Golling, Diss. S. 77.

[4]Vgl. Golling, Diss. S. 77; Canaris, HV-Beschlüsse, ZGR 1978 S. 209.

lung (d.h. keine Mitwirkungsmöglichkeit bei den Geschäftsführungsmaßnahmen) auszuüben.

c) Die Voraussetzungen für die Haftungsbefreiung der Vorstandsmitglieder wegen der Ausführung eines Hauptversammlungsbeschlusses.

aa) Nach dem Aktienrecht des aHGB

Zur Zeit des im aHGB geregelten Aktienrechts wurde auf dem Wege des Umkehrschlusses aus § 241 Abs. 4 Satz 2 aHGB gefolgert, daß sich der Vorstand nicht ersatzpflichtig mache, wenn er die Beschlüsse der Generalversammlung ausführe. Zu diesen haftungsbefreienden Beschlüssen wurden grundsätzlich alle Beschlüsse der Generalversammlung, auch die gesellschaftsschädigenden, nichtigen sowie anfechtbaren Beschlüsse gezählt. Jedoch wurde zwei Arten von Beschlüssen die haftungsbefreiende Wirkung nicht zuerkannt[1]:1. dem Beschluß, der sich über zwingende öffentlich-rechtliche Vorschriften hinwegsetzte oder dessen Ungültigkeit für den Vorstand offensichtlich erkennbar war, 2. dem Beschluß, der durch ein schuldhaftes Verhalten des Vorstands herbeigeführt wurde.

Diese haftungsbefreiende Wirkung jedes Hauptversammlungsbeschlusses ist -abgesehen von zwei Ausnahmen - mit der damaligen Verfassungsstruktur, insbesondere mit den Zuständigkeiten der Generalversammlung vereinbar. Die Generalversammlung war ja nicht nur für die mit dem rechtlichen und wirtschaftlichen Aufbau der Gesellschaft zusammenhängenden Grundfragen zuständig, sondern hatte - als oberstes Organ der AG - zugleich fast uneingeschränkte Möglichkeiten einer unmittelbaren Einflußnahme auf die Gesellschaftsleitung. Die Zuständigkeit der Generalversammlung konnte durch die Satzung auf alle Maßnahmen ausgedehnt werden, die nicht vom Gesetz zwingend dem Zuständigkeitsbereich eines anderen Organs zugeschrieben war. Man hat sogar der Generalversammlung die Berechtigung zuerkannt, ohne satzungsmäßige Ermächtigung dem Vorstand die Zuständigkeit zu Geschäftsführungsmaßnahmen zu entziehen und darüber selbst zu entscheiden oder wenigstens die Einholung ihrer Zustimmung zu verlangen und Weisungen für die Ausführung zu geben.

Den Beschlüssen der Generalversammlung hatte also der Vorstand - abgesehen von den oben genannten Ausnahmen - Folge zu leisten, ohne daß ihn ohne weitere Voraussetzungen eine Haftung gegenüber der Gesellschaft traf.

---

[1]Vgl. die Literatur bei Hefermehl, Haftung, FS für Schilling S. 161 Fn. 9.

bb) Nach § 93 Abs. 4 Satz 1 AktG von 1965

Das Aktiengesetz von 1937 hat die Kompetenzen der Organe fundamental verändert. In dieser Beziehung hat sich zunächst der Wirkungskreis der Hauptversammlung beträchtlich geändert, er wurde im wesentlichen auf die mit dem rechtlichen und wirtschaftlichen Aufbau der Gesellschaft zusammenhängenden Fragen beschränkt. Auf den Vorstand wurde dagegen die alleinige Zuständigkeit zur Geschäftsführung (bzw. Leitung der Gesellschaft) verlagert. Die Mitwirkung der Hauptversammlung bei der Geschäftsführung ist sehr eng auf den Fall beschränkt, daß der Vorstand die Entscheidung der HV verlangt (§ 103 Abs. 2 AktG von 1937; § 119 Abs. 2 AktG von 1965).

Im AktG 1937 und AktG 1965, anders als im Aktienrecht des aHGB, genügt aber für die Haftungsbefreiung der Vorstandsmitglieder die Ausführung eines Beschlusses der Hauptversammlung nicht. Dazu muß noch das Erfordernis „der Gesetzmäßigkeit des Beschlusses" kommen. Dies ist im § 84 Abs. 4 Satz 1 von 1937 und § 93 Abs. 4 Satz 1 ausdrücklich vorgeschrieben. Mit diesem Erfordernis wird die Haftung der Vorstandsmitglieder im Vergleich zu § 241 Abs. 4 Satz 2 aHGB relativ verschärft. Die verschärfte Haftung befindet sich allerdings in Harmonie mit dem erweiterten Kompetenzkreis der Vorstandsmitglieder.

Nach diesen Ausführungen ist hier festzuhalten: damit sich die Vorstandsmitglieder der Haftung aufgrund der Ausführung des Hauptversammlungsbeschlusses entziehen können, ist es erforderlich, daß der Beschluß der HV gesetzmäßig ist. Gesetzmäßig sind die Beschlüsse [1]: 1. wenn sie weder nichtig noch anfechtbar sind und 2. wenn sie die Hauptversammlung im Rahmen ihrer Zuständigkeit gefaßt hat. Im folgenden wird auf diese beiden Voraussetzungen ausführlich eingegangen.

aaa) Vorliegen eines weder nichtigen noch anfechtbaren Beschlusses der Hauptversammlung

Für die Vorstandsmitglieder besteht bei Gesetzwidrigkeit auf keinen Fall eine Pflicht zur Ausführung des Hauptversammlungsbeschlusses. Dann würden sie sich aufgrund dessen Ausführung gem. § 93 Abs. 2 AktG schadenersatzpflichtig machen. Daher haben sie sich zur Vermeidung der Ersatzpflicht vor der Ausführung eines jeden HV-Beschlusses zu vergewissern, daß der Beschluß weder nichtig noch anfechtbar ist.

---

[1]Vgl. Baumbach-Hueck, § 93 Anm. 12 AktG Komm.; Schilling, Großkomm. § 93 Anm. 32, 33; Golling, Diss. S. 78; Dose, Rechtsstellung S. 126.

Im deutschen Aktienrecht sind die Nichtigkeitsgründe der Hauptversammlungsbeschlüsse in § 241 AktG katalogartig zusammengefaßt. Liegt ein Nichtigkeitsgrund beim Beschluß vor, so muß der Vorstand die Ausführung des Beschlusses unterlassen (aufgrund des argumentum e contrario aus § 83 Abs. 2 AktG). Der Vorstand oder einzelne Mitglieder desselben können jedoch nach § 249 AktG eine Klage auf die Feststellung der Nichtigkeit des Beschlusses erheben. Da die nichtigen HV-Beschlüsse nach § 242 AktG heilen können, ist der Vorstand zur Prüfung verpflichtet, ob eine solche Klage im Interesse der Gesellschaft geboten ist.[1]

In § 243 AktG werden dagegen die Gründe für die Anfechtung der HV-Beschlüsse genannt. Es besteht jedoch keine allgemeine Verpflichtung für einzelne Vorstandsmitglieder, jeden Hauptversammlungsbeschluß, zu dessen Anfechtung sie berechtigt sind, anzufechten. Zur Anfechtung verpflichtet sind sie vielmehr, wenn sie erkennen müssen, daß der Beschluß die Interessen der Gesellschaft verletzt[2] oder nach § 245 Nr. 5 AktG, wenn sie durch die Ausführung des Beschlusses eine strafbare Handlung oder eine Ordnungswidrigkeit begehen oder sich ersatzpflichtig machen würden.[3] Bei einem gesellschaftsschädigenden Beschluß ergibt sich aus der allgemeinen Sorgfaltspflicht für den Vorstand - im Einzelfall - die Verpflichtung zur Prüfung, ob die Anfechtung des Beschlusses oder Veranlassung eines neuen, aber gesetzmäßigen Beschlusses für die Gesellschaft von Vorteil ist.

Im deutschen Aktienrecht werden die anfechtbaren HV-Beschlüsse endgültig unanfechtbar, wenn gem. § 246 Abs. 1 AktG innerhalb eines Monats keine Anfechtungsklage erhoben oder wenn diese Anfechtungsklage zurückgewiesen wird. Nun stellt sich aber die Frage, ob diese Beschlüsse im Sinne von § 93 Abs. 4 Satz 1 AktG als gesetzmäßig bewertet werden können, so daß die Vorstandsmitglieder sich darauf berufen und sich somit von der Haftung befreien können, wenn diese Beschlüsse die HV im Rahmen ihrer Zuständigkeit gefaßt hat. Insofern gehen die Meinungen in der Literatur auseinander. Nach einer Mindermeinung[4] hierzu kann die materielle Rechtswidrigkeit eines Hauptversammlungsbeschlusses durch den Ablauf der Anfechtungsfrist nicht beseitigt werden. Der HV-

---

[1]Schilling, § 93 Anm. 33 Großkomm.

[2]Baumbach-Hueck, § 245 Anm. 6 AktG Komm.; Mertens, § 93 Anm. 31, 118 Kölner Komm.

[3]Mertens, § 93 Anm. 31, 118 Kölner Komm.

[4]Vgl. Mestmäcker, Verwaltung S. 269; Mertens. § 93 Anm. 58 (1. Auflage) Kölner Komm.; Golling, Diss. S. 80 ff.

Beschluß bleibe gesetzwidrig, so daß sich der Vorstand nach § 246 Abs. 1 AktG nicht darauf berufen kann, wenn ein Schaden infolge der Ausführung dieses Beschlusses entstanden ist.[1] Aber der Vorstand könne auch nicht nach § 83 Abs. 2 AktG zur Ausführung eines unanfechtbar gewordenen Beschlusses verpflichtet sein.

Nach dieser Ansicht kommt folglich die Unanfechtbarkeit der Gesetzwidrigkeit gleich. Dies widerspricht aber dem Sinn und Zweck der Anfechtbarkeit. Die anfechtbaren Beschlüsse der Hauptversammlung sind nämlich bedingt wirksame Beschlüsse und werden bei nicht fristgerechter Anfechtung sowie bei Abweisung der Anfechtungsklage unbedingt und rückwirkend wirksam.[2] Dann hat der Vorstand solche Beschlüsse grundsätzlich auszuführen.[3]

M.E. ist die sachgerechte Lösung zu dieser Frage nur ausgehend von dem allgemeinen Haftungsgrundsatz für Vorstandsmitglieder zu finden. Um die Haftung der Vorstandsmitglieder bejahen zu können, sollte man zunächst prüfen, ob sie durch ihre Handlung eine schuldhafte Pflichtverletzung begangen haben. In unserem Fall könnte nur das schuldhafte Versäumen der Anfechtung der HV-Beschlüsse, zu deren Anfechtung der Vorstand verpflichtet ist, eine schuldhafte Pflichtwidrigkeit bilden. Die Verpflichtung zur Anfechtung erwächst dem Vorstand dagegen - wie erwähnt - grundsätzlich für die Beschlüsse, deren Ausführung offenbar zur Schädigung der Gesellschaft führt. Deswegen haben die Vorstandsmitglieder gem. § 83 Abs. 2 AktG die unanfechtbar gewordenen Beschlüsse, zu deren Anfechtung sie nicht verpflichtet waren, auszuführen, wenn die HV sie im Rahmen ihrer Zuständigkeit gefaßt hat. Entsteht infolge der Ausführung solcher Beschlüsse ein Schaden, so haben die Vorstandsmitglieder ihn nicht zu verantworten, weil es ihnen insoweit an Kompetenzen fehlte. Haben die Vorstandsmitglieder pflichtwidrig die Anfechtung des HV-Beschlusses unterlassen, so können die den unanfechtbar gewordenen Beschluß

---

[1]Gessler vertritt dagegen die Meinung, daß ein gesetzmäßiger HV-Beschluß nur dann vorliege, wenn er nicht anfechtbar war. Ist er anfechtbar, so Gessler, habe der Vorstand ihn anzufechten. Habe er von diesem Recht keinen Gebrauch gemacht, so könne ihn der anfechtbare Beschluß nicht entlasten. Gessler, Vorstand, JW 1937 S. 497, 501.

[2]Hefermehl, Haftung, FS Schilling S. 167.

[3]Hefermehl, § 93 Anm. 48 Komm. AktG; Hüffer, § 243 Anm. 126 Komm. AktG; Casper, Heilung S. 174 ff.

ausführenden Vorstandsmitglieder durch die Gesellschaft in Anspruch genommen werden, wenn die Gesellschaft einen Schaden erlitten hat. [1]

bbb) Vorliegen eines von der Hauptversammlung im Rahmen ihrer Zuständigkeiten gefaßten Beschlusses

Wie oben erwähnt, reicht für die haftungsbefreiende Wirkung eines HV-Beschlusses die Erfüllung der Voraussetzung, daß er weder nichtig noch anfechtbar ist, nicht aus. Dazu muß noch die zweite Voraussetzung, daß ihn die Hauptversammlung in den Grenzen ihrer Zuständigkeit gefaßt hat, erfüllt werden.

Im deutschen Aktienrecht ist die Hauptversammlung in erster Linie - abgesehen von der Bestellung und der Abberufung der Aufsichtsratsmitglieder, der Entlastung der Vorstands- und Aufsichtsratsmitglieder sowie der Verwendung des Bilanzgewinns - für die Beschlußfassungen in den Fragen zuständig, die mit dem wirtschaftlichen und rechtlichen Aufbau der Aktiengesellschaft zusammenhängen. Hierzu zählen insbesondere die folgenden Angelegenheiten: Satzungsänderung, Kapitalherabsetzung und -erhöhung, Auflösung der Gesellschaft, Verschmelzung, Umwandlung, Vermögensübertragung, Abschluß eines Unternehmensvertrags etc.

Faßt die Hauptversammlung über diese Angelegenheiten der Gesellschaft einen Beschluß, der weder nichtig noch anfechtbar ist, so hat ihn der Vorstand nach § 83 Abs. 2 AktG auszuführen. Die Vorstandsmitglieder können sich für ihre Haftungsbefreiung auf diesen Beschluß berufen (§ 93 Abs. 4 AktG), es sei denn, sie haben bei der Ausführung eine andere, selbständige Pflichtverletzung begangen. Nach deutschem Aktienrecht haften folglich die Vorstandsmitglieder den Inhalt und die Wirkungen eines solchen in den Grenzen der Hauptversammlung gefaßten Beschlusses nicht, da die Entscheidung insoweit in den ausschließlichen Kompetenzbereich der Hauptversammlung fällt.[2] Die Annahme, daß die Vorstandsmitglieder sich für den Inhalt und die Wirkung zu verantworten haben, würde, wie Hefermehl zu Recht ausführt[3], allerdings zum Schluß führen, daß sie zur Vermeidung einer persönlichen Ersatzpflicht auch das Recht hätten, die Ausführung eines

---

[1]Vgl. Hefermehl, § 93 Anm. 48 Komm. AktG; Baumbach-Hueck, § 93 Anm. 12 AktG Komm.; Godin-Wilhelmi, § 93 Anm. 22 Aktiengesetz; Mertens, § 93 Anm. 119 Kölner Komm.; Schilling, § 93 Anm. 33 Großkomm.; Hüffer, § 93 Anm. 25 AktienG.

[2]Dem Vorstand kommt bei diesen Beschlüssen keine willensbildende Funktion, sondern nur eine willensausführende Funktion zu.

[3]Hefermehl, Haftung, FS Schilling S. 165.

solchen Beschlusses zu verweigern. Dies aber, so meint Hefermehl weiter, würde bedeuten, daß die Hauptversammlung in einer ihr vom Gesetz zugewiesenen Angelegenheiten keine ausschließliche Kompetenz hätte, sondern auf die Billigung des Vorstands angewiesen wären.

Neben diesen der Hauptversammlung zwingend zugewiesenen Angelegenheiten kann die Hauptversammlung auch über die Angelegenheiten der Geschäftsführung[1] einen Beschluß fassen. Nach dem klaren Wortlaut des § 119 Abs. 2 AktG ist es aber für die Entscheidung der Hauptversammlung erforderlich, daß der Vorstand dies verlangt.[2] Aber über die Frage, welche Angelegenheiten der Gesellschaft zur Entscheidung der Hauptversammlung vorzulegen sind, schweigt das deutsche AktG. Es darf selbstverständlich nicht dazu kommen, daß der Vorstand bei jeder wichtigen Frage von der Hauptversammlung eine Entscheidung verlangt. Dies würde der ratio legis des § 119 Abs. 2 AktG widersprechen und eine „unzulässige Übertragung" der Vorstandskompetenzen an die Hauptversammlung bedeuten. Die Entscheidungsbefugnis der Hauptversammlung nach § 119 Abs. 2 AktG ist nämlich nicht als Regel, sondern als Ausnahme gedacht.[3]

Auf Verlangen des Vorstands ist dagegen die Hauptversammlung nicht verpflichtet, in bindender Weise zu entscheiden, sondern sie kann sich auf bloße Empfehlungen beschränken. Sie kann aber auch die Vorschläge des Vorstands hinsichtlich der Geschäftsführungsmaßnahme ablehnen. In diesem Fall hat der Vorstand die Maßnahme zu unterlassen.[4]

Hat dagegen die Hauptversammlung auf Verlangen des Vorstands einen die Geschäftsführung betreffenden Beschluß gefaßt, so hat ihn der Vorstand nach § 83 Abs. 2 AktG - grundsätzlich - auszuführen.[5] Nach fast einhelliger Meinung der deutschen Literatur

---

[1]Für die Hauptversammlungszuständigkeiten, insbesondere im Sinne von § 119 Abs. 2 AktG vgl. Gessler, Einberufung, FS für Stimpel S. 771 ff.; Semler, Einschränkung, BB 1983 S. 1566 ff; Martens, Entscheidungsautonomie, ZHR 1982 S. 377 ff.

[2]Diesbezüglich hat der BGH in dem berühmten Holzmüller-Urteil geäußert, daß der Vorstand verpflichtet sei, die Zustimmung der HV einzuholen, wenn er einen Betrieb, der den wertvollsten Teil des Gesellschaftsvermögen ausmacht, durch Übertragung auf eine zu diesem Zweck errichtete Tochtergesellschaft aus dem bisherigen Gesellschaftsunternehmen ausgliedere. BGH, NJW 1982 S. 1703 ff. Zur Kritik über dieses Urteil vgl. Martens, Entscheidungsautonomie, ZHR 1982 S. 377 ff.

[3]Dose, Rechtsstellung S. 127.

[4]Schilling, § 93 Anm. 36 Großkomm.; Hüffer, § 119 Anm. 15 AktienG.

[5]Baumbach- Hueck, § 93 Anm. 12 AktG Komm.; Hefermehl, § 93 Anm. 49 Komm. AktG; ders., Haftung, FS Schilling S. 169 ff.; Schilling, § 93 Anm. 36 Großkomm.; Dose, Rechtsstellung S. 126 ff.; Golling, Diss.

schließt jedoch die Ausführung dieses die Geschäftsführung betreffenden Beschlusses die Haftung der Vorstandsmitglieder nicht schlechthin aus.[1] Nach herrschender Meinung tritt die haftungsausschließende Wirkung eines über die Geschäftsführung gefaßten HV-Beschlusses nicht ein, wenn die Ausführung des Beschlusses über die „Interessen der Gesellschaft" „offensichtlich" hinweggehen würde. Die Ausführung eines solchen Beschlusses würde eine grobe Verletzung der Sorgfalt eines ordentlichen und gewissenhaften Geschäftsleiters darstellen, und deswegen seien die Vorstandsmitglieder verpflichtet, die Ausführung zu unterlassen. Sonst würden sie nicht nur gegenüber der Gesellschaft haften, sondern für den daraus entstandenen Schaden nach § 93 Abs. 5 Satz 2 AktG auch den Gläubigern gegenüber.

Diese herrschende Meinung führt aber zum Schluß, daß die Vorstandsmitglieder für den Inhalt und die Wirkungen eines von der Hauptversammlung über die Geschäftsführung gefaßten Beschlusses haften, während sie - wie oben ausgeführt - den Inhalt und die Wirkungen eines von der Hauptversammlung über eine den wirtschaftlichen Aufbau der Gesellschaft betreffenden Angelegenheit gefaßten Beschlusses nicht zu verantworten haben. Zur Begründung dieser Unterscheidung führt Hefermehl[2] zu Recht aus, daß den Beschlüssen der Hauptversammlung über die Geschäftsführung insoweit eine Besonderheit innewohnt, als der Beschluß selbst keine Geschäftsführungsmaßnahme ist, diese vielmehr vom Vorstand noch vorzunehmen ist. Jener hätte sie ohne den Appell an die Hauptversammlung auch allein vornehmen können, während hingegen ein Beschluß, der nicht die Geschäftsführung betrifft, nur von der Hauptversammlung, auf keinen Fall aber vom Vorstand vorgenommen werden kann.

cc) Zulässige oder unzulässige Berufung auf die Beschlüsse der Hauptversammlung

Anhand von diversen Fallmöglichkeiten sollen im folgenden die im Rahmen des § 93 Abs. 4 Satz 1 AktG auftauchenden Fragen beantwortet werden. Es handelt sich hierbei grund-

---

S. 85 ff.; Sundermann, Diss. S. 38 ff. Dagegen verneinen Godin-Wilhelmi die Verpflichtung zur Ausführung des HV-Beschlusses wegen der eigenverantwortlichen Leitungsbefugnisse. Godin-Wilhelmi, § 93 Anm. 22 Aktiengesetz.

[1]Schilling, § 93 Anm. 37 Großkomm.; Baumbach-Hueck, § 93 Anm. 12 AktG Komm.; Hefermehl, Haftung, FS. Schilling S. 170 ff.; Golling, Diss. S. 88; Sündermann, Diss. S. 89, 120; Kutzner, zitiert bei Sundermann, Diss. S. 128 Fn. 3.

[2]Hefermehl, Haftung, FS. Schilling S. 170.

sätzlich um diejenigen nach der haftungsrechtlichen Wirkung eines ohne Verlangen des Vorstands von der Hauptversammlung über die Geschäftsführung gefaßten Beschlusses, der haftungsrechtlichen Wirkung der nachträglichen Billigung von Geschäftsführungsmaßnahmen durch die Hauptversammlung, der haftungsrechtlichen Wirkung eines Beschlusses des Aufsichtsrats sowie der haftungsrechtlichen Wirkung eines vom Vorstand pflichtwidrig herbeigeführten HV-Beschlusses.

aaa) Die haftungsrechtliche Wirkung eines ohne Verlangen des Vorstands von der Hauptversammlung über die Geschäftsführung gefaßten Beschlusses

Faßt die Hauptversammlung ohne Verlangen des Vorstands einen Beschluß über die Fragen der Geschäftsführung, so liegt kein in den Grenzen der Zuständigkeit der Hauptversammlung gefaßter Beschluß vor[1]. Denn, wie oben ausgeführt, kann die Hauptversammlung über solche Fragen nur beschließen, wenn es der Vorstand verlangt. Der Vorstand braucht einen solchen Beschluß deswegen nicht auszuführen.[2] Führt der Vorstand diesen trotzdem aus, kann er sich aber nach § 93 Abs. 4 AktG nicht von der Haftung befreien, wenn der Gesellschaft infolge der Ausführung ein Schaden entstanden ist.[3]

Derartige unverbindliche HV-Beschlüsse haben wohl keine haftungsausschließende Wirkung, aber sie sind für die haftungsrechtliche Lage der Vorstandsmitglieder nicht gänzlich unbedeutend. Da die Hauptversammlung ein Organ ist, das sich aus wirtschaftlichen Eigentümern der Gesellschaft zusammensetzt, kommt in den Beschlüssen der Hauptversammlung der Wille dieser Eigentümer zum Ausdruck. Deswegen könnte man in solchen Beschlüssen ohne Verlangen des Vorstands ein gewisses Beweisanzeichen für das Fehlen des Verschuldens des Vorstands erblicken.

---

[1]Vgl. Schilling, § 93 Anm. 32 Großkomm.; Baumbach-Hueck, § 93 Anm. 12 AktG Komm.

[2]Solche HV-Beschlüsse sind weder nichtig noch anfechtbar.

[3]Hefermehl, § 93 Anm. 49 Komm. AktG; ders., Haftung, FS Schilling S. 169; Baumbach-Hueck, § 93 Anm. 12 AktG Komm.; Schilling, Anm. 32 Großkomm.; Mertens, § 93 Anm. 59 (1. Aufl.) Kölner Komm.; Dose, Rechtsstellung S. 126 ff.

bbb) Die haftungsrechtliche Wirkung der nachträglichen Billigung von Geschäftsführungsmaßnahmen durch die Hauptversammlung

Eine solche nachträgliche Billigung durch die Hauptversammlung kann die Vorstandsmitglieder von ihrer Haftung nicht befreien.[1] Denn eine solche Billigung durch die Hauptversammlung stellt keinen Beschluß im Sinne des § 93 Abs. 4 AktG dar. Diese Vorschrift setzt nämlich eindeutig einen der Geschäftsführungsmaßnahme des Vorstands vorangegangenen HV-Beschluß voraus.[2]

Hätten die Mehrheitsaktionäre in der Hauptversammlung durch ihren Beschluß die jeweilige Maßnahme bewilligt, nachdem der Vorstand diese Maßnahme vorgenommen hat, würde eine solche Billigung durch die Hauptversammlung im Endeffekt der Entlastung des Vorstands für eine einzelne Handlung gleichkommen. Eine solche Art der Entlassung ist jedoch in den Vorschriften des § 120 AktG über die Entlastung keinesfalls anzutreffen.

ccc) Berufung auf einen Beschluß des Aufsichtsrats

Durch die Berufung auf einen Beschluß des Aufsichtsrats, der die Geschäftsführungsmaßnahme des Vorstands gebilligt hat, können sich die Vorstandsmitglieder nach § 93 Abs. 4 AktG von ihrer Verantwortlichkeit nicht befreien. Dies ergibt sich aus der eigenverantwortlichen Leitungsmacht des Vorstands.[3] Der Vorstand ist auf keinen Fall verpflichtet, den Anweisungen des Aufsichtsrats Folge zu leisten. Diese Verpflichtung entsteht auch nicht für die Beschlüsse, welche die Zustimmung (gem. § 111 Abs. 4 Satz 2 AktG) zu einer von dem Vorstand vorzunehmenden Geschäftsführungsmaßnahme beinhalten. Trotz der Zustimmung liegt die Entscheidung, ob er die Maßnahme vornehmen will oder nicht, beim Vorstand. Aus diesem Grund trägt der Vorstand die Konsequenzen seiner Entscheidung, so daß er sich auf die Zustimmung des Aufsichtsrats nicht berufen kann.

Da die Zustimmung, besser gesagt, der Beschluß über die Zustimmung der Hauptversammlung gem. § 111 Abs. 4 Satz 3 AktG, die Zustimmung des Aufsichtsrats ersetzt,

---

[1]Vgl. Hefermehl § 93 Anm. 51 Komm. AktG; Mertens, § 93 Anm. 56 (1. Aufl.) Kölner Komm.; Schilling, § 93 Anm. 35 Großkomm.; Baumbach-Hueck, § 93 Anm. 12 AktG Komm.; Golling, Diss. S. 83 ff.; Sundermann, Diss. S. 130.

[2]Aus denselben Gründen können sich die Vorstandsmitglieder nicht auf die Behauptung berufen, daß die Hauptversammlung die schadenstiftende Maßnahme des Vorstands genehmigt hätte, wenn sie danach gefragt worden wäre. Vgl. Hefermehl, § 93 Anm. 57 Komm. AktG; Schilling, § 93 Anm. 35 Großkomm.

[3]Vgl. Meyer-Landrut § 111 Anm. 18 Großkomm.

können sich die Vorstandsmitglieder auch nicht auf diesen Beschluß der Hauptversammlung berufen.

ddd) Die haftungsrechtliche Wirkung eines vom Vorstand pflichtwidrig herbeigeführten HV-Beschlusses

Auf einen gesetzmäßigen und von der Hauptversammlung in den Grenzen ihrer Zuständigkeit gefaßten Beschluß können sich die Vorstandsmitglieder zu ihrer Entlastung nicht berufen, wenn sie diesen selbst schuldhaft herbeigeführt haben.[1] Die Berufung wäre aufgrund des Verstoßes gegen „Treu und Glauben" in § 242 BGB rechtsmißbräuchlich.

Die pflichtwidrige Herbeiführung eines HV-Beschlusses kann zunächst darin liegen, daß der Vorstand die Hauptversammlung in einem für die Entscheidung wesentlichen Punkt vorsätzlich oder fahrlässig falsch informiert hat. In diesem Fall verletzt der Vorstand seine Sorgfaltspflicht und kann allein aus diesem Grund schadenersatzpflichtig gemacht werden.

Überdies könnte die pflichtwidrige Herbeiführung eines HV-Beschlusses darin gesehen werden, daß der Vorstand die Erteilung der Informationen über die entscheidungserheblichen Umstände nicht in genügender Weise vorgenommen[2], oder diese ganz unterlassen hat.[3]

---

[1]RGZ 46, 64; Hefermehl, § 93 Anm. 52; ders., Haftung, FS Schilling S. 172; Schilling, § 93 Anm. 34 Großkomm.; Baumbach-Hueck, § 93 Anm. 12 AktG Komm.; Mertens, § 93 Anm. 116 Kölner Komm.; Hüffer, § 93 Anm. 26 AktienG; Canaris, HV-Beschlüsse, ZGR 1978 S. 213; Casper, Heilung S. 192.

[2]Insofern stellt sich aber die Frage, wann von der Unterlassung der vollständigen Informationen die Rede ist. Das Gesetz verpflichtet den Vorstand in § 131 Abs. 1 Satz 1 AktG nur, eine von einem Aktionär verlangte Information über die Angelegenheit der Gesellschaft vollständig, nämlich insoweit zu erteilen, als es zur sachgemäßen Beurteilung des Gegenstands der Tagesordnung erforderlich ist. Der Vorstand kann allerdings die Auskunft völlig verweigern, wenn die Fälle des § 131 Abs. 3 AktG vorliegen. Aus dem Aktiengesetz ergibt sich dagegen keine Verpflichtung für den Vorstand, die Hauptversammlung ohne vorheriges Verlangen über entscheidungserhebliche Umstände aufzuklären. Andererseits könnte man kraft der Stellung des Vorstands als sorgfältiger und treuer Geschäftsleiter auch nicht ausschließen, daß er von selbst Informationen herausgibt. Deshalb kann man den Vorstand mit Rosenberger grundsätzlich für verpflichtet halten, die Aktionäre wenigstens über solche entscheidungserheblichen Umstände unaufgefordert aufzuklären, die sich selbst bei Anwendung der von ihnen zu erwartenden Sorgfalt nicht erkennen lassen und mit denen sie auch nicht rechnen müssen. Rosenberger, Bindung S. 72, 73, 75.

[3]Nach Ansicht von Baumbach-Hueck handelt der Vorstand auch dann pflichtwidrig, wenn er die Hauptversammlung zur Entscheidung über eine Geschäftsführungsmaßnahme auffordert, obwohl er hätte erkennen müssen, daß sich die Mehrheitsaktionäre bei der Abstimmung nicht von Interessen der Gesellschaft leiten lassen würden. Vgl. Baumbach-Hueck, § 119 Anm. 9. AktG Komm.

Der Vorstand ist allerdings zur Ausführung eines solchen von ihm pflichtwidrig veranlaßten Beschlusses nicht verpflichtet. Er hat vielmehr die Hauptversammlung über die tatsächliche Lage vollständig zu informieren, damit sie die für ihre Entscheidung erforderlichen Kenntnisse im Hinblick darauf erhält, ob die Abänderung oder Aufhebung des Beschlusses von Vorteil für die Gesellschaft ist. [1]

2) Die Haftung der Mitglieder des Verwaltungsrates im Falle der Ausführung bzw. Nichtausführung der Beschlüsse der Generalversammlung nach türkischem Recht

a) Der Begriff der Generalversammlung

aa) Allgemeine Bemerkungen

Die Generalversammlung - genauso wie die Hauptversammlung im deutschen Aktienrecht- ist das in gesetz- und satzungsmäßiger Form einberufene Forum der Aktionäre, in welchem diese ihre Rechte in Angelegenheiten der Gesellschaft ausüben (Art. 360 Abs. 1 THGB). Die Generalversammlung bildet im Gegensatz zum Verwaltungsrat kein ständiges Organ, sondern tritt lediglich - abgesehen von außerordentlichen Tagungen - periodisch zur Beratung und Beschlußfassung zusammen. In der Generalversammlung kommt auf Grund der Beschlüsse der Wille der Gesellschaft (d.h. der Gesamtwille der Aktionäre) zum Ausdruck. Die auf der Tagung der Generalversammlung gefaßten Beschlüsse wirken auch für und gegen diejenigen Aktionäre, welche nicht zugegen waren oder gegen den Beschluß gestimmt haben (Art. 379 THGB). Die GV-Beschlüsse haben jedoch grundsätzlich lediglich Innenwirkung. Für die Außenwirkung bedürfen sie der Ausführung durch den Verwaltungsrat.

bb) Die Eigenschaft „oberstes Organ" der AG

Die Generalversammlung bildet das oberste Organ der Gesellschaft.[2] Diese Eigenschaft ergibt sich für das schweizerische Recht aus dem klaren Wortlaut von Art. 698 Abs. 1 aOR sowie von Art. 698 OR. Trotz des Fehlens einer solchen ausdrücklichen Bezeich-

---

[1] Vgl. Hefermehl, Haftung, FS Schilling S. 172.

[2] Die Generalversammlung verdankt ihre dogmatische Rechtfertigung als oberstes Organ in der Aktiengesellschaft Otto von Gierke. Vgl. Gierke, Genossenschaftsrecht S. 1024 ff.

nung in THGB erkennt die herrschende Lehre in der türkischen Literatur[1] diese Eigenschaft der Generalversammlung an. Die Richtigkeit der diesbezüglichen herrschenden Lehre bestätigt , wie bereits erwähnt, eine allgemeinere Betrachtung der Bestimmungen über die Organisation der Aktiengesellschaft, zumal die Regelungen über die Generalversammlung, welche die Beziehungen zwischen der Generalversammlung und dem Verwaltungsrat sowie der Kontrollstelle anbelangen, mittelbar zum Ausdruck bringen, daß kein Paritätsverhältnis - im Sinne des deutschen Aufsichtsratssystems - unter den zwingenden Organen der Aktiengesellschaft besteht. Hierzu sind in erster Linie die Regelungen der Art. 312, 316, 347 Abs. 2, Art. 350, Art. 369 THGB, der Art. 319 Abs. 2, Art. 342 THGB sowie des Art. 380 THGB in Betracht zu ziehen.

Nach Art. 312 und 347 THGB werden die Mitglieder des Verwaltungsrats und der Kontrollstelle durch die Generalversammlung gewählt. Durch die Generalversammlung könne sie wiederum jederzeit (Art. 316, 350 THGB), also auch „ohne einen wichtigen Grund" (*ad nutum*)[2] abbestellt werden, während die Hauptversammlung im deutschen Recht gem. § 84 Abs. 3 AktG die Abberufung der Vorstandsmitglieder aufgrund des Vertrauensentzugs nur mittelbar herbeiführen kann.[3] Für die Abbestellung der Mitglieder des Verwaltungsrats und der Kontrollstelle genügt eine einfache Stimmenmehrheit. Den abberufenen Mitgliedern des Verwaltungsrats (gem. Art. 316 THGB) sowie der Kontrollstelle (Art. 350 THGB) steht kein Anspruch auf den durch die Abberufung entstandenen Schaden zu.

Gem. 319 Abs. 2 THGB kann die Generalversammlung aufgrund einer diesbezüglichen statutarischen Ermächtigung die Delegierten und Direktoren bestellen. Des weiteren kann die Generalversammlung aufgrund des Art. 342 THGB für die Ausführung einer Angelegenheit der Gesellschaft, welche die Geschäftsführung betrifft, einen Direktor, der weder Verwaltungsratsmitglied noch Aktionär zu sein braucht, bestellen. Ihr steht wiederum auch die Befugnis zu, diesen Direktor jederzeit abzuberufen (Art. 344 THGB).

Nach Art. 380 THGB beschließt die Generalversammlung über die Entlastung der Mitglieder des Verwaltungsrats und der Kontrollstelle sowie der Direktoren.

---

[1]Vgl. Arslanli, AS Organizasyonu S. 4; Ansay, ASH S. 169; Imregün, Kara Ticaret S. 292; ders., Pay Sahipleri S. 6; Kemahlioglu, Diss. S. 5; Onsun zitiert bei Ünal, Diss. S. 78 Fn. 6; Akalin, Hukuki Mesuliyet S. 4.

[2]Vgl. Türk, Gündeme Baglilik S. 181 ff.

[3]Zum Thema „Abbestellung des Vorstands wegen Vertrauensentzugs" vgl. Messer, Abberufung, FS für Nirk S. 681 ff.

All diese erwähnten Normen, die der Generalversammlung die Befugnis einräumen, die Mitglieder der anderen Organe der Gesellschaft zu bestellen und jederzeit mit einer einfachen Stimmenmehrheit abzubestellen sowie diese Personen zu entlasten, präjudizieren - im Gegensatz zum deutschen Recht - eine gewisse Omnipotenz zugunsten der Generalversammlung. Diese hierarchisch hochgestufte Stellung der Generalversammlung wird aber auch durch die ihr vom Gesetz zugewiesenen, weiteren unübertragbaren Kompetenzen bestätigt. Bei diesen unübertragbaren Generalversammlungskompetenzen handelt es sich nämlich durchwegs um grundsätzliche Angelegenheiten der Aktiengesellschaft, wie z.B. Festsetzung und Änderung der Satzung (Art. 385 THGB), Erhöhung und Herabsetzung des Grundkapitals (Art. 395, 396 THGB), Ausgabe neuer Aktien (Art. 392 THGB), Bestätigung, Berichtigung oder Ablehnung der Bilanz, Gewinn- und Verlustrechnung sowie vorgeschlagene Gewinnverteilung der Gesellschaft (Art. 360 und 369 THGB) und die Änderung des Gesellschaftszwecks (Art. 388 THGB).

cc) Kompetenzen und Beschlüsse der Generalversammlung

Die Generalversammlung im türkischen und schweizerischen Recht erhält ihre Kompetenzen zum großen Teil vom Gesetz zugewiesen. Daneben können auch durch die Satzung ihre Befugnisse und Verpflichtungen erweitert werden. Das alte und das revidierte OR führen in einem Katalog grundsätzliche, unübertragbare Kompetenzen der GV auf (Art. 698 Abs. 2 aOR und OR)[1]. Dagegen enthält das THGB keine solche katalogartige Bestimmung. Die unübertragbaren Generalversammlungskompetenzen sind über diverse Artikel des Gesetzes verstreut.

Die Kompetenzabgrenzung zwischen den Organen der Gesellschaft erfolgt im türkischen Aktienrecht nicht so scharf wie im deutschen AktG von 1965. In diesem Sinne gilt im türkischen Recht[2] die allgemeine Vermutung zugunsten der Generalversammlung: die Generalversammlung ist allgemein für alle Angelegenheiten der Gesellschaft zuständig, deren Erledigung durch das Gesetz oder die Satzung nicht den übrigen Organen (Verwaltungsrat und Kontrollstelle) zugewiesen sind. Diese Vermutung folgt aus der analogen Anwendung des Art. 58 TZGB.[3] Er schreibt nämlich vor: *„Die Vereinsversammlung ... (General-*

---

[1]Diese Aufzählung ist aber nicht abschließend. Der Art. 698 Abs. 2 Nr. 6 OR ist als Generalklausel ausgestaltet, die auf weitere Gesetzes- und Satzungsbestimmungen verweist.

[2]Vgl. Arslanli, AS Organizasyonu S. 4, 6; Ansay, ASH S. 169; Kemahlioglu, Diss. S. 6, 8; Camoglu, Doz. S. 48.

[3]Vgl. Arslanli, AS Organizasyonu S. 4; Kemahlioglu, a.a.O.

versammlung) entscheidet (betätigt sich) in allen Angelegenheiten, die nicht anderen Organen des Vereins zugewiesen sind".[1] Diese Eigenschaft der Generalversammlung als „Kompetenzauffangbecken" steht mit derjenigen als „oberstes Organ" durchaus im Einklang.[2]

Die Generalversammlung kann aber nicht ausnahmslos aufgrund dieser Vermutung die Maßnahmen, die anderen Organen nicht zugewiesen sind, aus eigener Initiative ergreifen. In manchen Fällen muß sie von der Satzung zur jeweiligen Maßnahme ermächtigt werden. In Art. 343 THGB beispielsweise benötigt die GV für die Bestellung der Angestellten der Gesellschaft eine statutarische Ermächtigung. In gewissen Fällen dagegen muß die Maßnahme, die den Gegenstand des GV-Beschlusses bildet, in der Satzung vorgeschrieben werden. In diesem Sinne kann die GV eine Gewinnbeteiligung der Verwaltungsratsmitglieder beschließen, wenn eine solche in der Satzung ausdrücklich geregelt ist.[3] Ebenso steht es bei Zinsen für die Vorbereitungsperioden (Art. 471 und 472 THGB).

Betrachtet man allgemein - abgesehen von der allgemeinen Vermutung - die Bestimmungen des THGB, welche der Generalversammlung unübertragbare Kompetenzen zuweisen, so stellt sich heraus, daß die GV auch im türkischen Recht grundsätzlich für die mit dem rechtlichen und wirtschaftlichen Aufbau der Gesellschaft zusammenhängenden Angelegenheiten - wie zum Beispiel Satzungsänderung, Kapitalerhöhung, Kapitalherabsetzung etc.- zuständiges Organ ist. Kraft Gesetzes ist sie weiterhin für die organisatorischen Maßnahmen wie die Bestellung und Abbestellung der Mitglieder der übrigen Organe zuständig.

Dagegen enthält weder das THGB noch das OR eine dem § 119 Abs. 2 AktG ähnliche Bestimmung, wonach der Verwaltungsrat von der Generalversammlung verlangen könnte, über Geschäftsführungsangelegenheiten zu entscheiden. Hierzu wird in der Literatur[4] die Meinung vertreten, daß die Anerkennung eines solchen Rechts vom Verwaltungsrat

---

[1]Vgl. § 32 Abs. 1 BGB.

[2]Wie oben kurz erwähnt, galt die GV (HV) im deutschen Recht bis zur Regelung des § 103 AktG von 1937 als oberstes Organ der Gesellschaft. Sie konnte in allen Fragen der Leitung und des Aufbaus der Gesellschaft souverän Entscheidungen treffen. Gegenüber dieser allmächtigen Position der GV hatten der Vorstand und der Aufsichtsrat die Stellung ausführender Organe inne. Für die historische Entwicklung der Organe der Gesellschaft vgl. Hefermehl, Vorbemerkung für Verfassung der AG, Anm. 4 ff. Komm. AktG; Rechenberg, Hauptversammlung S. 17 ff.

[3]Arslanli, AS Organizasyonu S. 7.

[4]Vgl. Ünal, Diss. S. 86; Camoglu, Doz. S. 50.

mißbraucht werden könnte, indem er über alle Angelegenheiten der Geschäftsführung eine Entscheidung der GV herbeiführt und somit seine Haftung ausschließt. Zu diesem Standpunkt ist folgendes zu sagen:

Einerseits enthält das Gesetz keinen Anhaltspunkt dafür, daß die GV im Sinne von § 119 Abs. 2 AktG auf Verlangen des Verwaltungsrats über die Angelegenheiten der Geschäftsführung keinen Beschluß fassen darf. Es ist aber andererseits nicht zu leugnen, daß die Möglichkeit, von diesem Recht beliebig Gebrauch machen zu dürfen, den Verwaltungsrat in einen Zustand versetzen würde, in dem er sich immer seiner Verantwortung dadurch entziehen kann, daß er sich hinter der Generalversammlung versteckt. Aus diesem Grund ist anzunehmen, daß der Verwaltungsrat von diesem Recht nur „ausnahmsweise", und zwar in den grundlegenden Angelegenheiten der Geschäftsführung, welche für die Interessen der Gesellschaft von besonderer Bedeutung sind, Gebrauch machen kann. Die Bestimmung des § 119 Abs. 2 AktG ist nämlich als Ausnahme gedacht.

Darüber hinaus würde der Standpunkt, daß der Verwaltungsrat gar keinen GV-Beschluß über Geschäftsführungsangelegenheiten herbeiführen dürfe, dem von den Verfechtern der eingeschränkten Omnipotenztheorie entwickelten, bereits erwähnten[1] Grundsatz widersprechen, wonach die GV als oberstes Organ der AG in Ausnahmefällen, d.h. bei Vorliegen schwerwiegender Gründe, von sich aus in die Tätigkeit des Verwaltungsrats eingreifen darf. Per *argumentum a priori* zu diesem Grundsatz ist also anzunehmen, daß dem Verwaltungsrat wie im deutschen Recht die Befugnis zusteht, über bestimmte Fragen der Geschäftsführung einen Beschluß von der GV zu verlangen.

b) Die Verpflichtung des Verwaltungsrats zur Ausführung der GV-Beschlüsse

Der Verwaltungsrat als Geschäftsführungs- und Vertretungsorgan ist zur Ausführung der Beschlüsse der Generalversammlung verpflichtet. Diese Verpflichtung folgt vor allem aus dem funktionellen Wesen der Organe der Aktiengesellschaft. Die Generalversammlung als ein Innenorgan vermag ihre Beschlüsse nicht selbst auszuführen. Gegen die Selbstausführung spricht in erster Linie die Tatsache, daß sie kein dauerhaftes, sondern nur ein periodisch zusammentretendes Organ ist, und des weiteren, daß ihr sehr oft die nötigen

---

[1]Vgl. unter Kapitel IV, V, 2, b, „bb) Verantwortlichkeit des überstimmten Mitglieds".

Sachkenntnisse fehlen. Darüber hinaus verhindert der rasche Wechsel der Mitgliedschaft (Aktionärschaft) eine mögliche Selbstausführung ihrer Beschlüsse.[1]

Im türkischen Recht ist es allerdings möglich, zu dieser Ausführungspflicht der Verwaltungsratsmitglieder in Art. 336 Abs. 1 Nr. 4 THGB eine gesetzliche Grundlage zu finden. Dort ist nämlich - sinngemäß - vorgeschrieben, daß die Verwaltungsratsmitglieder gegenüber der Gesellschaft, den Aktionären und den Gläubigern haften, wenn sie die Ausführung der Beschlüsse der Generalversammlung *ohne Grund* unterlassen haben. Wie dem Wortlaut einfach zu entnehmen ist, bürdet jedoch diese Bestimmung im Gegensatz zum § 83 Abs. 2 AktG den Verwaltungsratsmitgliedern keine unmittelbare Verpflichtung zur Ausführung der Beschlüsse auf, welche die GV im Rahmen ihrer Zuständigkeit gefaßt hat. Sie stellt vielmehr eine Norm dar, die die grundlose Unterlassung der Ausführung von GV-Beschlüssen sanktioniert.

c) Haftungsbefreiende Wirkung der Generalversammlungsbeschlüsse

Obwohl das türkische HGB keine dem § 93 Abs. 4 Satz 1 AktG entsprechende Bestimmung enthält, wonach sich die Verwaltungsratsmitglieder durch die Berufung auf die gesetzmäßigen Beschlüsse der Generalversammlung der Verantwortlichkeit der Gesellschaft gegenüber entziehen, wurde in der türkischen Literatur die Meinung vertreten, daß keine Schadenersatzpflicht nach Art. 336 THGB eintrete, wenn aufgrund der Handlung eines Verwaltungsratsmitglieds der Gesellschaft ein Schaden entstanden sei, vorausgesetzt, daß die Handlung auf der Ausführung eines GV-Beschlusses beruhe. Die Vertreter dieses Standpunkts[2] erkennen in Anlehnung an die jeweilige deutschen Literatur zum aHGB grundsätzlich jedem GV-Beschluß haftungsausschließende Wirkung zu, also auch nichtigen und anfechtbaren Beschlüssen. Als Begründung hat man folgendes ausgeführt:

Da die GV als oberstes Organ vor jeder Beschlußfassung über die Angelegenheit der Gesellschaft sehr zuverlässig und flächendeckend konferiere, sei anzunehmen, daß sie jeden eventuellen Schaden, der infolge der Ausführung ihres Beschlusses entstehen könnte, bereits in Kauf genommen habe.[3] Daher müsse der Verwaltungsrat jeden GV-Beschluß buchstäblich ausführen, ohne daß ihn deswegen die Verantwortung treffe. Die Annahme,

---

[1]Aufgrund all dieser negativen Eigenschaften bezeichnet sie Steiger zu Recht als ein „schwerfälliges Organ". Steiger, das Recht S. 181.

[2]Mimaroglu, Diss. S. 64 ff.; Atan, Diss. 111; Arslanli, AS Organizasyonu S. 180.

[3]Atan, Diss. S. 111.

wonach die Verwaltungsratsmitglieder wegen der Ausführung der ungültigen GV-Beschlüsse ersatzpflichtig gemacht werden könnten, so dieser Standpunkt, würde den Verwaltungsgrundsätzen „Stabilität" (bzw. Vertrauen) und „Sicherheit" zuwiderlaufen.[1]

Dieser Ansicht ist aus folgenden zwei Gründen nicht beizupflichten:

1. Vor allem entspricht die von dieser Lehre der GV eingeräumte erhabene, untadelige Stellung nicht der Praxis. In den Gesellschaften, insbesondere in denjenigen, in denen der Aktienbesitz auf hunderte, oder sogar auf tausende von Aktionären verstreut ist, ist es Tatsache, daß die Interessen der Aktionäre weder homogen sind noch sein können. Außerdem fehlen den Aktionären meistens die erforderlichen Sachkenntnisse und die Möglichkeit des Informationsaustausches. Allein schon diese beiden negativen Eigenschaften der Aktionäre machen es der Generalversammlung unmöglich, ständig einwandfreie (gesetzmäßige), immer die Interessen der Gesellschaft beachtende Entscheidungen zu treffen.

2. Die von dieser Lehre dem Verwaltungsrat aufgebürdete Verpflichtung, jeden GV-Beschluß ohne Überprüfung der Rechtmäßigkeit auszuführen, ist mit dem Wesen des Verwaltungsrats, der bei der Leitung der Gesellschaft die Sorgfalt eines vernünftigen und gewissenhaften Geschäftsmannes anzuwenden hat, nicht zu vereinbaren. Diese Lehre degradiert den Verwaltungsrat aufgrund dieser bedingungslosen Ausführungspflicht zu einem Organ, das mit vollem (bzw. blindem) Vertrauen die Beschlüsse der GV durchzuführen hat.

M.E. ist im türkischen wie im deutschen Aktienrecht den rechtmäßigen Beschlüssen der Generalversammlung eine haftungsausschließende Wirkung zuzuerkennen. Dies ist aus der Regelung des Art. 336 Abs. 1 Nr. 4 THGB als *argumentum e contrario* zu schließen. Art. 336 Abs. 1 Nr. 4 THGB schreibt nämlich vor, daß die Vorstandsmitglieder die grundlose Unterlassung der Ausführung der Generalversammlungsbeschlüsse zu verantworten haben. Demnach haben die Verwaltungsratsmitglieder nur diejenigen GV-Beschlüsse, für deren Nichtausführung kein Rechtfertigungsgrund vorhanden ist, auszuführen und können sich für den Ausschluß ihrer Ersatzpflicht nur auf solche Beschlüsse berufen. Nach fast einhelliger Lehre der türkischen Literatur liegen solche für die Verwaltungsratsmitglieder bindenden (auszuführenden) Beschlüsse der GV, d.h. rechtmäßige Beschlüsse, erst dann

---

[1] Arslanli, AS Organizasyonu S. 180; Atan, Diss. S. 111.

vor, wenn sie weder nichtig noch anfechtbar noch offensichtlich gesellschaftsschädigend sind.[1]

Die Verwaltungsratsmitglieder haben folglich aufgrund der sorgfältigen und zuverlässigen Leitungspflicht jeden ihnen zur Ausführung überwiesenen GV-Beschluß auf seine Rechtmäßigkeit hin zu überprüfen.[2] Stellt sich nach der Überprüfung heraus, daß er mit keinem Ausführungshindernis behaftet ist, d.h. weder nichtig noch anfechtbar noch offensichtlich für die Gesellschaft schädlich ist, so müssen sie ihn gem. Art. 336 Abs. 1 Nr. 4 THGB durchführen[3]. Im folgenden werden diese Ausführungshindernisse im einzelnen erörtert.

aa) Nichtige GV-Beschlüsse

Im türkischen HGB - sowie im aOR - sind die Gründe der Nichtigkeit der GV-Beschlüsse im Gegensatz zum deutschen AktG (§ 241) und zum revidierten OR (Art. 706 b) sowie zum italienischen Codice Civile[4] (Art. 2379) nicht aufgezählt. Der Gesetzgeber überläßt diese Aufgabe der Lehre und der Judikatur. In der türkischen und der schweizerischen Literatur (zum aOR) werden für die Nichtigkeit der GV-Beschlüsse diverse Abgrenzungskriterien aufgestellt.[5] Die herrschende Lehre[6] geht aber von den Bestimmungen der Art. 19 und 20 TOG aus. Nach diesen Artikeln, die nicht nur auf Verträge, sondern auch auf andere zivilrechtliche Verhältnisse anwendbar sind, sind alle Beschlüsse (und Verträge) nichtig, die gegen zwingende, unabänderliche Gesetzesbestimmungen, gegen die öffentliche Ordnung oder die guten Sitten verstoßen oder das Recht der Persönlichkeit verletzen.

---

[1]Vgl. Camoglu, Doz. S. 53 ff.; Mimaroglu, Diss. S. 63 ff.; Helvaci, Diss. S. 46 ff.; Moroglu, Kararlarin Hükümsüzlügü S. 117 ff.

[2]Vgl. Biggel, Diss. S. 81 ff.; Meier-Wehrli, Diss. S. 139; Kaeslin, Diss. S. 33 ff.; Vollmar, Diss. S. 210; Bürgi, Art. 721 Anm. 13 Züricher Komm. Zum türkischen Recht vgl. Camoglu, Doz. S. 52 ff.; ders., Umumi Heyet Kararlari S. 526; Helvaci, Diss. S. 46 ff.

[3]Auch nach herrschender Lehre der schweizerischen Literatur kann die Gesellschaft grundsätzlich keinen Schadenersatz von den Verwaltungsratsmitgliedern verlangen, wenn infolge der Ausführung ihres Beschlusses ein Schaden entstanden ist. Dies folgt aus dem Grundsatz „volenti non fit iniuria". Vgl. Meier-Wehrli, Diss. S. 140; Hütte, Sorgfaltspflichten, ZGR 1986 S. 29; Forstmoser, Verantwortlichkeit, Anm. 544 S. 175; Schieß, Diss. S. 56 ff.; Gross, Diss. S. 251; Kunz, Diss. S. 146.

[4]Vgl. Moroglu, Kararlarin Hükümsüzlügü S. 40 ff.

[5]Bürgi, Art. 706 Anm. 1 ff. Züricher Komm.; Poroy/Tekinalp/Camoglu, Ortakliklar, S. 340 ff; Moroglu, Kararlarin Hükümsüzlügü S. 42 ff.; Arslanli, AS Organzasyonu S. 78 ff.; Imregün, Kara Ticaret S. 318 ff.; Ansay, ASH S. 192 ff.

[6]Ansay, ASH S. 195; Kemahlioglu, Diss. S. 72; Moroglu, Kararlarin Hükümsüzlügü S. 43 ff.; Camoglu, Doz. S. 54.

Nach herrschender Lehre finden aber diese allgemeinen Grundsätze nicht ohne weiteres für alle GV-Beschlüsse Anwendung. Die GV-Beschlüsse, welche die öffentliche Ordnung oder das Recht der Persönlichkeit verletzen, sind nichtig. Verstoßen sie gegen zwingende Gesetzesbestimmungen, so sind sie nur dann nichtig, wenn sie nicht lediglich die Interessen der Aktionäre, sondern allgemeine, öffentliche Interessen verletzen. Des weiteren sind im allgemeinen diejenigen GV-Beschlüsse nichtig, die gegen materielle Gesetzesbestimmungen verstoßen, welche das Wesen der AG als Kapitalgesellschaft entscheidend bestimmen[1], wie z.B. der Beschluß über Aktienausgabe unter dem Nennwert (Art. 286 THGB) oder über Zinszahlung für das Grundkapital (Art. 470 THGB). Im türkischen Recht sind auch noch alle von einer ungültig zusammengetretenen oder von einer beschlußunfähigen GV gefaßten Beschlüsse nichtig.[2] [3]

Stellen die Verwaltungsratsmitglieder infolge einer sorgfältigen Überprüfung fest, daß der GV-Beschluß aus einem dieser erwähnten Gründe nichtig ist, so haben sie aufgrund des *argumentum e contrario* des Art. 336 Abs. 1 Nr. 4 THGB die Ausführung dieses Beschlusses zu unterlassen. Aufgrund des Fehlens einer dem § 242 AktG entsprechenden Bestimmung, wonach die nichtigen GV-Beschlüsse geheilt werden können, gehen die Verwaltungsratsmitglieder keinerlei Verpflichtung ein, eine Klage auf Feststellung der Nichtigkeit zu erheben. Zieht die Gesellschaft die Verwaltungsratsmitglieder wegen Nichtausführung der GV-Beschlüsse (gem. Art. 336 Abs. 1 Nr. 4 THGB) zur Verantwortung, so können sie sich einredeweise auf die Nichtigkeit der Beschlüsse berufen.[4]

Haben es dagegen die Verwaltungsratsmitglieder unterlassen, einen GV-Beschluß vor der Ausführung auf seine Rechtmäßigkeit hin zu überprüfen, so verletzen sie ihre Sorgfaltspflicht und begehen die erste widerrechtliche Handlung. Falls sie den nichtigen Beschluß nachher auch noch ausführen, so lassen sie sich eine zweite pflichtwidrige Handlung zuschulden kommen.[5]

---

[1]Ansay, ASH S. 196; Bürgi, Art. 706 Anm. 9 Züricher Komm.

[2]Ansay, ASH S. 196. Vgl. Bürgi, Art. 706 Anm. 11 Züricher Komm.

[3]Im türkischen Recht gelten die Beschlüsse der GV, die diese nicht innerhalb der Grenzen ihrer Zuständigkeiten gefaßt hat, als nichtig. Vgl. Ansay ASH S. 196.

[4]Helvaci, Diss. S. 47.

[5]In der schweizerischen Literatur fand eine Diskussion über Frage statt, ob den Verwaltungsratsmitgliedern bei der Ausführung der nichtigen GV-Beschlüsse eine Einrede „volenti non fit iniunria" gegenüber der Gesellschaft zusteht. Die herrschende Lehre lehnt diese Einrede ab. Vgl. Bürgi, Art. 753/754 Anm. 97

bb) Anfechtbare GV-Beschlüsse

aaa) Allgemeine Bemerkungen

Das THGB schreibt in Art. 381[1] - im Gegensatz zur Nichtigkeit - die Gründe für die Anfechtung der GV-Beschlüsse vor. Demnach sind GV-Beschlüsse anfechtbar, wenn sie gegen die Bestimmungen von Gesetz oder Satzung verstoßen oder wenn sie die Grundsätze von Treu und Glauben verletzen. Berechtigt sind für die Anfechtungsklage: 1. unter bestimmten Umständen die Aktionäre (Art. 381 Abs. 1 Nr. 1 THGB), 2. der Verwaltungsrat (Art. 381 Abs. 1 Nr. 2 THGB), 3. jedes einzelne Mitglied des Verwaltungsrats und der Kontrollstelle, wenn die Ausführung der Beschlüsse die persönliche Verantwortlichkeit der Mitglieder des Verwaltungsrats oder der Kontrollstelle zur Folge haben könnte (Art. 381 Abs. 1 Nr. 3 THGB). Die Anfechtungsklage muß gem. Art. 381 Abs. 1 THGB innerhalb von drei Monaten nach dem Tag des Beschlusses (Tag an welchem der Beschluß der GV gefaßt wurde) erhoben werden. Diese dreimonatige Frist ist jedoch keine Verjährungsfrist, sondern eine Ausschlußfrist.[2]

Anders als die nichtigen GV-Beschlüsse sind die anfechtbaren GV-Beschlüsse nicht ohne weiteres unwirksam. Sie werden vielmehr vollwirksam, wenn sie innerhalb von drei Monaten nach dem Tag des Beschlusses nicht angefochten werden oder die Anfechtungsklage rechtskräftig abgewiesen wird. Bis dahin ist ihre Ausführung nicht schlechthin ausgeschlossen.

Stellen die Verwaltungsratsmitglieder bei der sorgfältigen Überprüfung des GV-Beschlusses fest, daß er gegen Gesetz, Satzung oder gegen den Grundsatz von „Treu und Glauben" verstößt, so können sie im türkischen Aktienrecht nach ihrem pflichtbewußten Ermessen unter vier Möglichkeiten auswählen:

1. Sie können zuerst eine Klage auf Feststellung der Anfechtbarkeit des GV-Beschlusses erheben. Diese Klage ist insbesondere in den Fällen besonders empfehlenswert, in denen

---

Züricher Komm.; Schiess, Diss. S. 58; Kunz, Diss. S. 147. Zu etwas anderer Ansicht vgl. Forstmoser, Verantwortlichkeit Anm. 547 S. 176.

[1]Vgl. Art. 706 aOR und Art. 706 OR.

[2]Moroglu, Kararlarin Hükümsüzlügü S. 175.

die Anfechtbarkeit des Beschlusses nicht offensichtlich erkennbar ist. Dies ist zumal bei den Beschlüssen der Fall, die gegen den Grundsatz von „Treu und Glauben"[1] verstoßen.

2. Sie können aber auch den Ablauf der Anfechtungsfrist abwarten, wenn dies im Interesse der Gesellschaft ist.

3. Sie können weiterhin die GV auf die Anfechtbarkeit ihres Beschlusses hinweisen und von ihr einen neuen, rechtmäßigen Beschluß verlangen.

4. Schließlich können sie auch eine Anfechtungsklage gegen den GV-Beschluß erheben.

bbb) Die Verpflichtung der Verwaltungsratsmitglieder zur Anfechtung eines anfechtbaren GV-Beschlusses

Im türkisch-schweizerischen Aktienrecht ist die Frage umstritten, ob die Verwaltungsratsmitglieder jeden anfechtbaren GV-Beschluß anzufechten haben, oder anders formuliert, ob die Anfechtung eines anfechtbaren GV-Beschlusses als ein Recht des Verwaltungsrats bzw. des einzelnen Mitglieds des Verwaltungsrats betrachtet werden muß. Hierzu führen Imregün[2] und Schucany[3], jedoch ohne Begründung, aus, daß die Möglichkeit der Erhebung einer Anfechtungsklage für die Mitglieder des Verwaltungsrats sowohl ein Recht als auch eine Pflicht darstelle. Dagegen sind Camoglu[4] und Frick[5] der Meinung, daß eine Anfechtungsklage für die Verwaltungsratsmitglieder keine Pflicht, sondern ein Recht, eine Befugnis bildet und sie deswegen darauf verzichten können. Schließlich führen Helvaci[6] und Bürgi[7] hierzu aus, daß die Verwaltungsratsmitglieder zur Anfechtung von anfechtbaren Beschlüssen der GV verpflichtet sind, da sie, so Bürgi, durch diesen Beschluß den Gläubigern und den nicht zustimmenden Aktionären gegenüber in einer Verantwortlichkeitsklage rechtlich nicht gedeckt wären.[8]

---

[1]Zu Beispielen für gegen Treu und Glauben verstoßende Beschlüsse der GV vgl. Imregün, Iptal Davasi S. 157 ff.

[2]Imregün, Kara Ticaret S. 326.

[3]Schucany, zitiert bei Helvaci, Diss. S. 49 Fn. 218.

[4]Camoglu, Umumi Heyet Kararlari S. 530 Fn. 21.

[5]Frick, Diss. S. 74.

[6]Helvaci, Diss. S. 49.

[7]Bürgi, Art. 721 Anm. 13 Züricher Komm.

[8]Bürgi, Art. 721 Anm. 13 Züricher Komm.

Das THGB weist keine ausdrückliche Bestimmung auf, die den Verwaltungsratsmitgliedern als Organ eine allgemeine Verpflichtung zur Anfechtung jedes anfechtbaren GV-Beschlusses aufbürdet. In dieser Beziehung bildet die Regelung des Art. 381 Abs. 1 Nr. 2 THGB keine den Verwaltungsrat zur Anfechtung verpflichtende, generalklauselartige Norm. Sie räumt dem Verwaltungsrat lediglich eine Befugnis ein. Diese Befugnis ist jedoch in dem Sinne eines pflichtbewußten Ermessens zu verstehen, um im allgemeinen zu überprüfen, ob im Einzelfall die Anfechtungsklage erhoben werden soll oder nicht. Bei dieser Überprüfung darf der Verwaltungsrat kraft seiner Stellung eines vernünftigen und gewissenhaften Geschäftsmannes (Art. 320 THGB) als Prüfstein nur die Interessen der Gesellschaft vor Augen haben. Ist folglich -im Einzelfall- die Ausführung eines mangelhaften Beschlusses geeignet, die Gesellschaft zu beeinträchtigen,[1] so können die Verwaltungsratsmitglieder zur Anfechtung des Beschlusses als verpflichtet angesehen werden. Die Verpflichtung zur Anfechtung läßt sich also nicht schon nach der Anfechtbarkeit des Beschlusses beurteilen, sondern nach dem Umstand, ob die Ausführung des anfechtbaren Beschlusses Schaden für die Gesellschaft auslösen könnte. Die Erhebung der Anfechtungsklage muß jedoch auf der Sitzung des Verwaltungsrats mit Stimmenmehrheit (Art. 330 THGB) beschlossen werden. Wird das einzelne Mitglied dabei überstimmt, so muß es die oben[2] erwähnte Wege beschreiten, um sich der Ersatzpflicht gegenüber der Gesellschaft zu entziehen.

Nach Art. 381 Abs. 1 Nr. 3 THGB hat jedes einzelne Mitglied des Verwaltungsrats die Möglichkeit, gegen den anfechtbaren Beschluß der GV, dessen Ausführung zur persönlichen Verantwortlichkeit führen würde, eine Anfechtungsklage zu erheben[3]. Bei dieser persönlichen Verantwortlichkeit könnte es sich sowohl um eine zivil- als auch um eine strafrechtliche (durch Straftat oder Ordnungswidrigkeit) Verantwortlichkeit handeln.[4] Liegt ein solcher GV-Beschluß vor, so muß das einzelne Verwaltungsratsmitglied diesen durch die

---

[1]Hier muß aber der eventuelle Schaden, den die Ausführung des anfechtbaren Beschlusses verursachen könnte, objektiv voraussehbar sein. Bei der Beurteilung der objektiven Voraussehbarkeit ist wiederum die Sorgfalt eines vernünftigen und gewissenhaften Geschäftsmannes maßgeblich. Demnach liegt also ein objektiv voraussehbarer (bzw. erkennbarer) Schaden vor, wenn ein vernünftiger und gewissenhafter Geschäftsmann unter gleichen Umständen den Schaden hätte voraussehen können.

[2]Vgl. unter Kapitel IV, V, 2, b, „bb) Verantwortlichkeit des überstimmten Mitglieds".

[3]Vgl. Y. 11. HD. 10. 01.1955, zitiert bei Camoglu, Doz. S. 55 Fn. 35.

[4]Moroglu, Kararlarin Hükümsüzlügü S. 172.

jeweilige Klage anfechten[1], wenn es sich von der persönlichen Haftung für die Ausführung befreien will.

ccc) Haftung der Verwaltungsratsmitglieder für die Ausführung der anfechtbaren Beschlüsse der GV

Nach herrschender Lehre[2] im türkischen Recht haften die Verwaltungsratsmitglieder grundsätzlich für den aus der Ausführung der anfechtbaren Beschlüsse der GV entstandenen Schaden. Nach dieser Lehre ist es für die Haftung entscheidend, daß die Anfechtbarkeit des jeweiligen Beschlusses klar ersichtlich ist. Bei den gegen das Gesetz oder die Satzung verstoßenden Beschlüssen der GV ist die Anfechtbarkeit nicht schwer zu erkennen. Bei gegen Treu und Glauben verstoßenden Beschlüssen sollte man die Entscheidung sicherheitshalber, wie erwähnt, anhand einer Feststellungsklage dem Gericht überlassen.

Die Frage, ob die Verwaltungsratsmitglieder wegen der Ausführung eines ursprünglich anfechtbaren, aber unanfechtbar gewordenen Beschlusses haften, wurde meines Wissens weder in der Literatur noch in den Entscheidungen des Kassationsgerichtshofes der Türkei behandelt. In dieser Hinsicht könnte man jedoch die für das deutsche Recht gefundene Lösung[3] auch für türkisches Recht gelten lassen:

Demnach ist die Verantwortung der ausführenden Verwaltungsratsmitglieder für den unanfechtbar gewordenen Beschluß nur zu bejahen, wenn sie es schuldhaft unterlassen haben, den anfechtbaren Beschluß durch die Anfechtungsklage zu beseitigen.[4] Eine schuldhafte Unterlassung der Anfechtung des rechtswidrigen Beschlusses liegt dann vor, wenn die Ausführung des anfechtbaren (rechtswidrigen) Beschlusses offensichtlich für die Schädigung der Interessen der Gesellschaft geeignet ist, mit anderen Worten, wenn die Verwaltungsratsmitglieder zur Anfechtung des jeweiligen Beschlusses verpflichtet sind

---

[1]Auch Arslanli betrachtet die Erhebung der Anfechtungsklage im Falle des Art. 381 Abs. 1 Nr. 3 THGB als eine Verpflichtung für das einzelne Verwaltungsratsmitglieds im Sinne vom Art. 336 Abs. 1 Nr. 5 (d.h. gesetzliche Verpflichtung für das einzelne Verwaltungsratsmitglied). Arslanli, AS Organizasyonu S. 180 ff.

[2]Camoglu, Doz. S. 56 ff.; Helvaci, Diss. S. 48 ff.; Moroglu, Kararlarin Hükümsüzlügü S. 116 ff. und 202 ff.; Tekinalp, zitiert bei Moroglu, Kararlarin Hükümsüzlügü S. 117 Fn. 64.

[3]Vgl. unter Kapitel IV, VII, 1, c, bb, „aaa) Vorliegen eines weder nichtigen noch anfechtbaren Beschlusses der Hauptversammlung".

[4]Zum schweizerischem Recht vgl. Forstmoser, Verantwortlichkeit Anm. 546 Fn. 1075 S. 175.

und trotzdem keine Anfechtungsklage erhoben wurde. Da die Pflichtwidrigkeit der Verwaltungsratsmitglieder in der Unterlassung der Anfechtung des unanfechtbar gewordenen Beschlusses liegt, haften sie in diesem Fall sowohl der Gesellschaft als auch den Aktionären sowie den Gläubigern der Gesellschaft gegenüber.

cc) Die Gesellschaft schädigende Beschlüsse der Generalversammlung

Wie sich aus den obigen Ausführungen ergibt, ist Grundvoraussetzung für einen die Vorstandsmitglieder bindenden Beschluß nach Art. 336 Abs. 1 Nr. 4 THGB, daß er rechtmäßig, also weder nichtig noch anfechtbar ist. Die Ausführung rechtswidriger Beschlüsse kann die Verwaltungsratsmitglieder von ihrer Haftung niemals befreien. Deswegen haben sie zur Vermeidung einer Ersatzpflicht jeden ihnen zur Ausführung überwiesenen Beschluß auf dessen Rechtmäßigkeit hin zu überprüfen. Nach herrschender Lehre[1] der türkischen Literatur reicht aber allein die Überprüfung auf die Rechtmäßigkeit hin für die Haftungsbefreiung der Verwaltungsratsmitglieder aufgrund der Ausführung des GV-Beschlusses nicht aus. Aus der grundsätzlichen, sorgfältigen und der Gesellschaft treuen Leitungspflicht folgt demnach weiterhin eine allgemeine Überprüfungspflicht daraufhin, ob der Inhalt und die Wirkungen des rechtmäßigen GV-Beschlusses den Interessen der Gesellschaft zuwiderläuft. Ergibt sich aus der Überprüfung, daß der Beschluß „offensichtlich" den Interessen der Gesellschaft zuwiderläuft, so sind die Verwaltungsratsmitglieder verpflichtet, die Ausführung nach Art. 336 Abs. 1 Nr. 4 THGB zu verweigern, die Gesellschaft darauf hinzuweisen und einen neuen Beschluß zu verlangen.

Grundsätzlich ist dieser herrschenden Lehre zuzustimmen. Die Verwaltungsratsmitglieder können tatsächlich aufgrund der blankoartigen Regelung des Art. 336 Abs. 1 Nr. 4 THGB die Ausführung eines über die Interessen der Gesellschaft hinausgehenden Beschlusses verweigern. In diesem Artikel sind nämlich die die Nichtausführung der GV-Beschlüsse rechtfertigenden Gründe nicht einmal beispielhaft aufgeführt. Deswegen ist der Umstand, daß ein GV-Beschluß den Interessen der Gesellschaft zuwiderläuft, als Ausführungshindernis zu betrachten.

Problematisch wäre hier vor allem die Reichweite der Pflicht zur Überprüfung des GV-Beschlusses. Ohne auf die Einzelheiten der Problematik einzugehen, kann jedoch hierzu gesagt werden, daß die sorgfältige und getreue Leitungspflicht den Verwaltungsratsmit-

---

[1] Statt vieler vgl. Camoglu, Doz. S. 50 ff.; ders., Umumi Heyet Kararlari S. 526 ff.; Helvaci, Diss. S. 49 ff.; Mimaroglu, Diss. S. 66 ff.

gliedern keine bis ins letzte Detail gehende Überprüfungspflicht aufbürdet. Der Überwachungspflicht genügen die Verwaltungsratsmitglieder, wenn sie die Beschlüsse vom Inhalt und von den Auswirkungen her „summarisch" danach untersuchen, ob sie mit den Interessen der Gesellschaft in Einklang stehen. Ist nicht ersichtlich, daß der GV-Beschluß die Interessen der Gesellschaft verletzt, so haben die Verwaltungsratsmitglieder ihn auszuführen. Ist dagegen offensichtlich erkennbar, daß der GV-Beschluß die Interessen der Gesellschaft verletzen würde, so müssen die Verwaltungsratsmitglieder als sorgfältige und treue Geschäftsleiter der AG die Ausführung unterlassen und unverzüglich von der GV einen neuen Beschluß verlangen. Hält aber die GV trotz des Verlangens des Verwaltungsrats nach einem neuen Beschluß an ihrem alten fest, so können die Verwaltungsratsmitglieder diesen alten Beschluß, ohne Bedenken, wegen der Ausführung von der GV in Anspruch genommen zu werden, ausführen.[1]

Helvaci[2] schließt sich dieser Meinung nicht an. Nach ihm können Verwaltungsratsmitglieder nicht von der Haftung befreit werden, auch wenn die GV durch einen zweiten Beschluß den ersten bestätigt hat. Denn die Gesellschaftsschädlichkeit, so Helvaci, würde mit dem erneuten Beschluß nicht aufgehoben. Die Verwaltungsratsmitglieder seien nicht verpflichtet, einen solchen Beschluß auszuführen. Um der persönlichen Haftung (gem. Art. 338 THGB) entgehen zu können, müsse das einzelne Mitglied, so meint er weiter, auf der Verwaltungsratssitzung seinen Widerspruch gegen die Ausführung des GV-Beschlusses protokollieren lassen und von dem Umstand unverzüglich der Kontrollstelle berichten.

M.E. übersieht Helvaci in seinen Äußerungen die Eigenschaft der GV, daß sie ein Organ ist, das sich aus den wirtschaftlichen Eigentümern der AG zusammensetzt. In den Beschlüssen der GV kommt daher der Gesamtwille dieser Eigentümer über ihr eigenes Vermögen zum Ausdruck. Hält die GV trotz des Hinweises auf die gesellschaftsschädigenden Wirkungen ihres Beschlusses an diesem Beschluß fest, so ist grundsätzlich anzunehmen, daß der Wille der GV in ihrem Beschluß mit keinem Willensmangel, wie z.B. Irrtum über entscheidungserhebliche Umstände, behaftet, sondern ihr tatsächlicher und endgültiger Wille ist. Mit der erneuten Bestätigung des ersten Beschlusses betont die GV quasi, daß sie im Gegensatz zur Ansicht des Verwaltungsrats eine gesellschaftsschädigende Wirkung ihres Beschlusses nicht für möglich hält. Die Verwaltungsratsmitglieder brauchen

---

[1] Vgl. Camoglu, Doz. S. 51; Mimaroglu, Diss. 68.

[2] Helvaci, Diss. S. 50.

folglich nicht „päpstlicher als der Papst" zu sein und sollen deshalb als Exekutivorgan der AG den Willen der GV in die Tat umsetzen.

Andererseits führt die Annahme von Helvaci, wonach die Verwaltungsratsmitglieder trotz des den ersten Beschluß bestätigenden Beschlusses zur Vermeidung ihrer persönlichen Haftung die Ausführung verweigern können und müssen, dazu, daß die GV in einer ihr vom Gesetz zugewiesenen Angelegenheit keine ausschließliche Kompetenz hätte, sondern auf die Zustimmung des Verwaltungsrats angewiesen wäre. Dies widerspricht aber dem Wesen der Organe, insbesondere der Abgrenzung der Kompetenzen.

d) Die haftungsrechtliche Wirkung eines rechtmäßigen GV-Beschlusses gegenüber den Aktionären und Gläubigern der Gesellschaft

Wie sich aus dem Gesagten ergibt, haften die Verwaltungsratsmitglieder gegenüber der Gesellschaft nicht, wenn ihre Handlung auf einem rechtmäßigen Beschluß der Generalversammlung beruht. In dieser Beziehung entspricht die Rechtslage der Verwaltungsratsmitglieder grundsätzlich der der Vorstandsmitglieder im deutschen Aktienrecht. Das AktG sieht in § 93 Abs. 5 Satz 3 ausdrücklich vor, daß den Gläubigern die Einrede, die Handlung beruhe auf einem Beschluß der Hauptversammlung, nicht entgegengehalten werden kann. Dagegen ist aus der Regelung des Art. 336 Abs. 1 Nr. 4 THGB nichts gleichbedeutendes zu entnehmen. Dennoch können sich aber die Verwaltungsratsmitglieder gegenüber den Gläubigern der Gesellschaft auf den rechtmäßigen Beschluß der GV nicht berufen. Dies ergibt sich aus dem Verhältnis der Gläubiger zur Gesellschaft. Sie haben ja als außenstehende Dritte keinen unmittelbaren Einfluß auf die Willensbildung in der Generalversammlung.

Zu beurteilen bleibt nun die Frage, ob sich die Verwaltungsratsmitglieder bei der Schadenersatzklage wegen mittelbaren Aktionärsschadens gegenüber dem einzelnen klagenden Aktionär auf einen rechtmäßigen Beschluß der GV berufen dürfen. M.E. dürfen die Verwaltungsratsmitglieder nur denjenigen Aktionären, die dem Beschluß zugestimmt haben, die Einrede der Ausführung eines rechtmäßigen GV-Beschlusses entgegenhalten. Denjenigen gegenüber, die dem Beschluß nicht zugestimmt oder sich bei der Abstimmung enthalten haben, können sich dagegen die Verwaltungsratsmitglieder nicht auf den rechtmäßigen Beschluß der GV berufen.[1] Dies folgt nämlich für das türkisch-schweizerische Recht aus dem Grundsatz „*volenti non fit iniuria*". Hier stellt also die zustimmende Stimme

---

[1] Vgl. Camoglu, Doz. S. 59; Forstmoser, Verantwortlichkeit Anm. 551 S. 177.

des einzelnen Aktionärs quasi die Einwilligung zur schädigenden und pflichtwidrigen Handlung des Verwaltungsrats dar.[1]

Andererseits würde eine anderslautende Lösung, wonach auch die dem Beschluß zustimmenden Aktionäre Schadenersatz verlangen können, dem Grundsatz von *„Treu und Glauben"* (gem. Art. 2 TZGB) widersprechen.

VIII) Haftung der Mitglieder des Vorstands/Verwaltungsrates gegenüber den Gläubigern der Gesellschaft

1) Nach deutschem Aktienrecht

In den bisherigen Ausführungen war hauptsächlich von der Haftung der Vorstandsmitglieder gegenüber der Gesellschaft die Rede. Diese Thematik wird bekanntlich in den ersten vier Absätzen des § 93 AktG behandelt. Darüber hinaus beinhaltet § 93 AktG in seinem vorletzten, fünften Absatz eine interessante Regelung. Demnach können die Gläubiger der Gesellschaft den der Gesellschaft zustehenden Ersatzanspruch geltend machen, soweit sie von dieser keine Befriedigung erlangen können und die gröbliche Verletzung der Sorgfalt eines ordentlichen und gewissenhaften Geschäftsleiters (durch Vorstandsmitglieder) gegeben ist. Im folgenden seien die Rechte der Gläubiger gegenüber den Mitgliedern des Vorstands im einzelnen dargelegt.

a) Allgemeine Bemerkungen

Der Gläubiger der Gesellschaft könnte ohne diese spezielle aktienrechtliche Vorschrift (§ 93 Abs. 5 AktG) von den allgemeinen Rechtsbefehlen des Gläubigers gegen den Schuldner Gebrauch machen. Demnach müßte er gegen die Gesellschaft als Schuldner einen vollstreckbaren Titel erwirken und aufgrund dessen den Anspruch der Gesellschaft gegen das Vorstandsmitglied pfänden und sich zur Einziehung überweisen lassen (§§ 828 ff. ZPO). In diesem Fall müßte sich aber der Gläubiger alle Einwendungen und Einreden, die das verklagte Vorstandsmitglied der Gesellschaft entgegenhalten könnte, gefallen lassen, so zum Beispiel den Einwand, daß seine Handlung auf einem gesetzmäßigen Beschluß der Hauptversammlung beruht (§ 93 Abs. 4 Satz 1 AktG) oder daß die Gesellschaft in den Grenzen des § 93 Abs. 4 Satz 3 AktG einen Verzicht erklärt oder einen Vergleich geschlossen hat.

---

[1] Zum Begriff der „Einwilligung" vgl. Oftinger, Haftpflichtrecht, Band II/I S. 75 ff.

Unabhängig von diesem schwierigen und langwierigen Befriedigungsweg räumt der Gesetzgeber mit dem Abs. 5 des § 93 AktG dem Gläubiger der Gesellschaft eine Möglichkeit ein, selbst den Anspruch der Gesellschaft gegen das ersatzpflichtige Vorstandsmitglied geltend zu machen und sich dadurch zu befriedigen, daß er die Zahlung an sich verlangt.[1]

Diese Regelung soll vermeiden helfen, daß die Gesellschaft den Anspruch gegen das schuldige Vorstandsmitglied unter den Tisch fallen läßt.[2] Die Gesellschaft wird nämlich durch den Aufsichtsrat gerichtlich vertreten und dieser kann unter Umständen von den ihm nahestehenden Vorstandsmitgliedern beeinflußt werden. Die Folge wäre dann, daß die den Gläubigeranspruch absichernde Kapitalgrundlage der Gesellschaft gemindert würde.

b) Die Besonderheiten des Verfolgungsrechts des Gläubigers gegenüber dem Anspruch der Aktiengesellschaft

Aus dem Vergleich zwischen dem Verfolgungsrecht des Gläubigers und dem Anspruch der Aktiengesellschaft ergeben sich grundsätzlich folgende vier Besonderheiten:

1. Ein wesentlicher Unterschied besteht darin, daß das Klagerecht des Gläubigers auf Ersatz des Gesellschaftsschadens subsidiär ist. Die Subsidiarität besteht darin, daß der Gläubiger den der Gesellschaft zustehenden Anspruch nur dann geltend machen kann, wenn dieser von der Gesellschaft keine Befriedigung erlangt hat. Dieser Regelung liegt wohl die Überlegung zugrunde, daß die pflichtwidrigen und schädigenden Handlungen der Vorstandsmitglieder ursächlich oder zumindest mitursächlich für die Situation der Gesellschaft sind, aufgrund der sie ihre Gläubiger nicht mehr zu befriedigen vermag, und infolge dieser Situation das Prinzip der Nichteinmischung von Dritten in gesellschaftsinterne Angelegenheiten nicht eingehalten werden muß.[3]

---

[1]Im AktG wurde durch diese Regelung des § 93 Abs. 5 die Rechtsstellung des Gläubigers im Vergleich zu den allgemeinen Regeln der Rechtsverfolgung in erheblichem Maße verbessert. Diese Regelung verdrängt jedoch die allgemeinen Regeln der Rechtsverfolgung (§§ 828 ff. ZPO) nicht. In der Praxis beschreiten nämlich die Gläubiger der Gesellschaft durchwegs beide Wege zugleich, um die Gefahr, daß das verantwortliche Vorstandsmitglied den Schadenersatz an die Gesellschaft leistet und somit sich auch den Gläubigern gegenüber befreit, zu vermeiden.

[2]Vgl. RGZ 74, 428, 429, 430; OLG Köln, JW 1930 S. 2799; Godin-Wilhelmi, § 93 Anm. 28 Aktiengesetz; Habscheid, Prozessuale Probleme, FS für Weber S. 198; Peltzer, Ansprüche, AG 1976 S. 101; Golling, Diss. S. 91; Dhonau, Diss. S. 42.

[3]Ähnlich Dhonau, Diss. S. 11 ff.

2. Weiterhin kann sich das vom Gläubiger in Anspruch genommene Vorstandsmitglied nicht darauf berufen, daß seine Handlung auf einem gesetzmäßigen Beschluß der Hauptversammlung beruhe. Diese Berufung schließt die eindeutige Regelung des § 93 Abs. 5 Satz 3 AktG aus.

3. Des weiteren kann die Ersatzpflicht weder auf dem Wege des Verzichts noch des Vergleichs noch der Entlastung der Vorstandsmitglieder durch die Hauptversammlung (§ 120 AktG) dem Gläubiger gegenüber aufgehoben werden.

4. Schließlich entsteht - abgesehen von den Fällen des § 93 Abs. 3 AktG - das unmittelbare Verfolgungsrecht des Gläubigers nur dann, wenn die Vorstandsmitglieder die Sorgfalt eines ordentlichen und gewissenhaften Geschäftsleiters gröblich verletzt haben.

c) Rechtscharakter des Verfolgungsrechts des Gläubigers im Sinne des § 93 Abs. 5 AktG

In der deutschen rechtwissenschaftlichen Literatur herrscht keine Einigkeit über die dogmatische Qualifikation des Verfolgungsrechts. Es ist umstritten, ob § 93 Abs. 5 Satz 1 AktG einen eigenen Anspruch der Gläubiger der Gesellschaft begründet oder nur einen Fall der Prozeßstandschaft darstellt.

Nach wohl herrschender Meinung kann das Verfolgungsrecht nicht als ein eigener, neben dem Anspruch der Gesellschaft bestehender Anspruch gegen die verantwortlichen Vorstandsmitglieder qualifiziert werden. Diese herrschende Meinung geht von dem Wortlaut des § 93 Abs. 5 Satz 1 AktG aus, der mit dem Wortlaut des § 62 Abs. 2 Satz 1 AktG wortwörtlich übereinstimmt. §§ 93 Abs. 5 Satz 1, 62 Abs. 2 Satz 1 AktG schreiben nämlich vor: *„Der Ersatzanspruch der Gesellschaft kann auch von den Gläubigern der Gesellschaft geltend gemacht werden, soweit ...“* Demnach handelt es sich beim Verfolgungsrecht um eine durch besondere gesetzliche Vorschrift eingeräumte Befugnis, den Anspruch eines Dritten, seines Schuldners (d.h. der Gesellschaft), im eigenen Interesse und im eigenen Namen als *Prozeßstandschafter* zu verfolgen.[1] [2]

---

[1]Vgl. Schilling, § 93 Anm. 42 Großkomm.; Godin-Wilhelmi, § 93 Anm. 28 Aktiengesetz; Baumbach-Hueck, § 93 Anm. 15, 17 AktG Komm.; Hefermehl, § 93 Anm. 68 Komm. AktG; Wiesner, § 26 Anm. 26 S. 225 Münchener; Barz, § 62 Anm. 8 Großkomm.; Lutter, § 62 Anm. 40 Kölner Komm.; Golling, Diss. S. 90 ff.; Dhonau, Diss. S. 52, 85; Habscheid, Prozessuale Probleme, FS für Weber S. 200 ff. So auch BGH, WM 1979 S. 878, 879 ff.; OLG Frankfurt AG 1977 S. 78, 79; LG Köln, AG 1976 S. 105 ff.

[2]Zum Gegenstandpunkt, daß der Gläubiger einen eigenen Anspruch gegenüber den verantwortlichen Mitgliedern hat, vgl. Zempelin, Aufsichtsratshaftung, AcP 1956 S. 240 ff.; Simon, Diss., insbesondere S.

d) Rechtsverhältnis zwischen der Gesellschaft und den Gläubigern

Da es sich beim Verfolgungsrecht des Gläubigers um einen Anspruch der Gesellschaft handelt, den der Gläubiger in seinem Namen und seinem Interesse geltend macht, besteht nach deutschem Aktienrecht zwischen der Gesellschaft und deren Gläubigern kein Gesamtgläubigerverhältnis im Sinne des § 428 BGB.[1] Der Anspruch der Gesellschaft geht jedoch nicht auf den Gläubiger über. Auch die Gesellschaft kann diesen Anspruch geltend machen. Sie hat aber keinen Vorrang vor dem Gläubiger.

Das Verhältnis des Gläubigers zur Gesellschaft ähnelt jedoch in mancher Hinsicht dem Institut der Gesamtgläubigerschaft.[2] Auch hier hat das ersatzpflichtige Vorstandsmitglied insgesamt nur einmal zu leisten. Ähnlich wie im § 428 Satz 2 BGB[3] kann das in Anspruch genommene Vorstandsmitglied auch noch nach der Klageerhebung durch den Gläubiger mit befriedigender Wirkung an die Gesellschaft zahlen.[4] Demgegenüber kann an den Gläubiger mit befriedigender Wirkung nur nach der Klageerhebung (durch diesen) geleistet werden.

e) Die Voraussetzungen des Verfolgungsrechts des Gläubigers

Nach dem Wortlaut des § 93 Abs. 5 AktG müssen grundsätzlich folgende drei Voraussetzungen erfüllt werden, damit der Gläubiger der Gesellschaft das ersatzpflichtige Vorstandsmitglied in Anspruch nehmen kann:

1. Vor allem muß der klagende Gläubiger die Eigenschaft eines Gläubigers gegenüber der Gesellschaft aufweisen. Er muß eine auf Geld gerichtete oder zumindest eine in Geld

---

79 ff.; Mertens, § 93 Anm. 142 Kölner Komm.; ders., Liquidationsvergleich, AG 1977 S. 67 Fn. 10; ähnlich auch Hüffer, § 93 Anm. 32 AktienG.

[1]Hefermehl, § 93 Anm. 68 Komm. AktG; Godin-Wilhelmi § 93 Anm. 28 Aktiengesetz; Schilling, § 93 Anm. 48 Großkomm.; Baumbach-Hueck, § 93 Anm. 16 AktG Komm.; Mertens, § 93 Anm. 145 Kölner Komm.; Golling, Diss. S. 93.

[2]Vgl. Mertens, § 93 Anm. 146 Kölner Komm.

[3]Nach dieser Bestimmung des BGB darf der Schuldner unter mehreren Gläubigern den Empfänger seiner Leistung auswählen. Dagegen enthält das OR in Art. 150 Abs. 3 sowie das TOG in Art. 148 Abs.3 eine gegensätzliche Bestimmung. Demgemäß hat der Schuldner die Wahl, an welchen Solidargläubiger er bezahlen will, solange er nicht von einem von ihnen rechtlich belangt worden ist.

[4]Vgl. Mertens, § 93 Anm. 146 Kölner Komm.

verwandelbare Forderung gegenüber der Gesellschaft haben. Nach herrschender Lehre[1] ist der Rechtsgrund der Forderung der Gläubiger völlig gleichgültig. Sie kann folglich auf einem Vertrag zwischen der Gesellschaft und dem Gläubiger, auf Gesetz oder einer unerlaubter Handlung durch die Vorstandsmitglieder beruhen. Auch der Zeitpunkt der Entstehung der Forderung des Gläubigers ist gleichgültig.[2] Insofern ist es nicht von Bedeutung, ob die Forderung schon vor der pflichtwidrigen Handlung des Vorstandsmitglieds bestand oder zu der Zeit der Entstehung des Schadens entstanden ist, oder auch nachher.

2. Des weiteren setzt § 93 Abs. 5 AktG voraus, daß die Gesellschaft gegen ein Vorstandsmitglied einen Ersatzanspruch nach § 93 Abs. 2 oder Abs. 3 AktG hat. In diesem Punkt unterscheidet sich das AktG vom Genossenschaftsgesetz. Nach § 34 Abs. 5 GenG kann nämlich der Gläubiger den Anspruch der Gesellschaft nur dann geltend machen, wenn die Gesellschaft einen Anspruch gegen ein Vorstandsmitglied nach § 34 Abs. 3 GenG hat.[3] [4]

Liegt somit keiner der besonderen Fälle des § 93 Abs. 3 AktG vor, so kann der Gläubiger der Gesellschaft, anders als der Gläubiger der Genossenschaft, den der Gesellschaft zustehenden Ersatzanspruch unmittelbar nur dann geltend machen, wenn dieser Ersatzanspruch infolge der gröblichen Verletzung (d.h. der groben Fahrlässigkeit)[5] der den Vorstandsmitgliedern zugewiesenen Sorgfaltspflicht entstanden ist. Der Gesetzgeber hat hiermit leichtere Sorgfaltspflichtverletzungen von der direkten Haftung gegenüber dem

---

[1]Hefermehl, § 93 Anm. 69 Komm. AktG; Schilling, § 93 Anm. 43 Großkomm.; Baumbach-Hueck, § 93 Anm. 16 AktG Komm.; Dhonau, Diss. S. 64; Müller, § 34 Anm. 60 KommGenG.

[2]Vgl. Hefermehl, § 93 Anm. 69 Komm. AktG; Schilling, § 93 Anm. 44 Großkomm.; Müller, § 34 Anm. 61 KommGenG.

[3]Wie oben dargelegt, kommt den besonderen Fällen des § 93 Abs. 3 AktG für die Ersatzpflicht der Vorstandsmitglieder gegenüber den Gläubiger materielle Bedeutung zu, während die besonderen Fälle des § 93 Abs. 3 AktG (sowie des § 34 GenG) für die Esatzpflicht der Vorstandsmitglieder gegenüber der Gesellschaft beweisrechtliche Bedeutung haben. Vgl. unter Kapitel IV, I, „2) Rechtliche Bedeutung der besonderen Tatbestände des § 93 Abs. 3 AktG".

[4]Auch in § 241 Abs. 4 Satz 1 aHGB fand sich eine fast wörtlich mit dem § 34 Abs. 5 Satz 1 GenG übereinstimmende Bestimmung: *„In den Fällen des Abs. 3 (des § 241 aHGB) kann der Ersatzanspruch auch von den Gläubigern der Gesellschaft, soweit sie von dieser ihre Befriedigung nicht erlangen können, geltend gemacht werden."*

[5]Wiesner, § 26 Anm. 27 S. 225 Münchener; Hüffer, § 93 Anm. 33 AktienG; Hefermehl, § 93 Anm. 71 Komm. AktG; Godin-Wilhelmi, § 93 Anm. 29 Aktiengesetz; Mertens, § 93 Anm. 144 Kölner Komm.

Gläubiger ausgenommen. Der Grund dafür liegt wohl darin, eine Beeinträchtigung von Reaktionsfähigkeit und Verantwortungsfreudigkeit zu vermeiden.[1]

3. Für die Entstehung vom Verfolgungsrecht des Gläubigers muß schließlich die wichtigste und für das deutsche Aktienrecht „charakteristische Voraussetzung", nämlich daß der Gläubiger trotz seiner fälligen Forderung keine Befriedigung von der Gesellschaft erlangen kann, erfüllt werden. Für diese Voraussetzung reicht es aber nicht, daß die Gesellschaft trotz der Fälligkeit der Forderung die Befriedigung ihres Gläubigers, aus welchem Grund auch immer, ablehnt oder ihr ausweicht (Leistungsunwilligkeit). Der Gläubiger muß insofern beweisen, daß die Gesellschaft objektiv nicht mehr in der wirtschaftlichen Lage ist, die fällige Forderung des Gläubigers zu befriedigen.[2] Dafür braucht der Gläubiger wiederum nicht eine Klage gegen die Gesellschaft zu erheben oder eine Zwangsvollstreckung zu versuchen. Es ist für diesen Beweis vollkommen hinreichend, daß die Gesellschaft „zahlungsunfähig" oder „überschuldet" ist, und ein Antrag durch den Vorstand (gem. § 92 AktG) auf Eröffnung des Vergleichs- oder des Konkursverfahrens gestellt wurde.[3] Erfolgt die Konkurseröffnung auf diesen Antrag, so geht das Verfolgungsrecht des Gläubigers nach § 93 Abs. 5 Satz 4 AktG auf den Konkursverwalter über. Infolgedessen kommt dem Verfolgungsrecht des Gläubigers eine praktische Bedeutung grundsätzlich erst dann zu, wenn der Konkurseröffnungsantrag des Vorstands gem. § 107 Abs. 1 KO vom Gericht abgewiesen wird oder wenn ein Vergleichsverfahren läuft.[4]

f) Die Beweislast des Gläubigers

Da der Gläubiger den der Gesellschaft zustehenden Anspruch im eigenen Namen und im eigenen Interesse (d.h. im Wege der Prozeßstandschaft) geltend macht, gelten auch hier die gleichen Beweislastregeln wie für die Gesellschaft (nach § 93 Abs. 2 AktG). Dies ergibt sich unmittelbar aus dem Verweis des § 93 Abs. 5 Satz 2 auf § 93 Abs. 2 Satz 2 AktG. Demnach muß also der klagende Gläubiger darlegen und beweisen:

---

[1]Vgl. Hefermehl, § 93 Anm. 70 Komm. AktG.

[2]Mertens, § 93 Anm. 144 Kölner Komm.; Hefermehl, § 93 Anm. 71 Komm. AktG; Hüffer, § 93 Anm. 33 AktienG; Wiesner, § 26 Anm. 27 S. 225 Münchener.

[3]Hefermehl, § 93 Anm. 71 Komm. AktG.

[4]Vgl. Hefermehl, § 93 Anm. 71 Komm. AktG; Peltzer, Ansprüche, AG 1976 S. 101 ff.; so ähnlich auch Godin-Wilhelmi, § 93 Anm. 28 Aktiengesetz.

(1) daß er eine auf Geld gerichtete oder in eine Geldforderung übergehbare Forderung gegen die Gesellschaft hat,

(2) daß er trotz der Fälligkeit seiner Forderung keine Befriedigung von der Gesellschaft erhalten kann,

(3) daß der Gesellschaft ein Schadenersatzanspruch gegen den Vorstand zusteht, d.h. daß der Gesellschaft aufgrund des Verhaltens oder der Unterlassung eines Vorstandsmitglieds ein Schaden am Gesellschaftsvermögen entstanden ist.

Das beklagte Vorstandsmitglied ist dagegen zur Abwendung einer Schadenersatzpflicht dafür beweispflichtig, daß er die Sorgfalt eines ordentlichen und gewissenhaften Geschäftsleiters hat walten lassen. Wird demgegenüber das Vorstandsmitglied wegen der Verletzung eines besonderen Falles nach § 93 Abs. 3 AktG in Anspruch genommen, so muß es nur darlegen und beweisen, daß es die Sorgfalt eines ordentlichen und gewissenhaften Geschäftsleiter nicht „grob fahrlässig" verletzt hat.

g) Die Rechtsposition des klagenden Gläubigers im Prozeß

Sind die oben erwähnten Voraussetzungen für Verfolgungsrecht des Gesellschaftsgläubigers gegeben, so kann er den Ersatzanspruch der Gesellschaft im eigenen Namen bis zur Höhe seiner eigenen Forderung gegen die Gesellschaft, einschließlich der damit verbundenen Nebenforderungen, so z.B. Prozeßkosten und Zinsen, geltend machen.[1] Nach fast einheitlicher Lehre[2] der deutschen Literatur kann der Gläubiger jedoch nicht auf Leistung an die Gesellschaft, sondern „an sich selbst" klagen. Als Begründung wird zu Recht angeführt, daß dem Gläubiger das Recht auf unmittelbare Leistung nur zum Zweck der Befriedigung seiner Forderung gegen die Gesellschaft eingeräumt wird.[3] Aus diesem Grund braucht er die infolge der Klage von dem ersatzpflichtigen Vorstandsmitglied erhaltene Leistung (bzw. Zahlung) weder mit den weiteren Gesellschaftsgläubigern noch mit der Gesellschaft zu teilen.

Da jeder Gläubiger der Gesellschaft, gleichgültig auf welchem Rechtsgrund seine Forderung gegen die Gesellschaft beruht, klageberechtigt im Sinne von § 93 Abs. 5 AktG ist,

---

[1]Vgl. Schilling, § 93 Anm. 45 Großkomm.; Hefermehl, § 93 Anm. 72 Komm. AktG.

[2]Mertens, § 93 Anm. 143 Kölner Komm.; Baumbach-Hueck, § 93 Anm. 15 AktG Komm.; Hefermehl, § 93 Anm. 72 Komm. AktG; Schilling, § 93 Anm. 45 Großkomm.; Hüffer, § 93 Anm. 34 AktienG; Wiesner, § 26 Anm. 28 S. 225 Münchener; Barz, § 62 Anm. 10 Großkomm.

[3]Vgl. Schilling, § 93 Anm. 45 Großkomm.; Barz, § 62 Anm. 10 Großkomm.

kann das Vorstandsmitglied von mehreren Gläubigern auf Schadenersatz verklagt werden. Es kann auch zugleich von der Gesellschaft in Anspruch genommen werden. Es besteht jedoch weder zwischen den Gläubigern noch zwischen ihnen und der Gesellschaft ein Vorrangverhältnis.[1]

Hat ein Gesellschaftsgläubiger auf Schadenersatz gegen das Vorstandsmitglied eine Klage erhoben, so kann nach herrschender - und m.E. zutreffender - Lehre[2] einem anderen Gläubiger oder der Gesellschaft nicht die Einrede der Rechtshängigkeit gem. § 261 Abs. 3 Nr. 1 ZPO entgegengehalten werden. Gegen die Entgegenhaltung dieser Einrede spricht die Tatsache, daß es sich bei der bereits anhängigen und bei der neuerdings erhobenen Klage nicht um identische Personen (gleiche Parteien) im Sinne von § 262 Abs. 3 Nr. 1 ZPO, sondern verschiedene Kläger (verschiedene Gläubiger) handelt.

Auch das von einem Gläubiger erzielte rechtskräftige Urteil wirkt gem. § 325 Abs. 1 ZPO nur für und gegen ihn und hat keinerlei Wirkung auf das Verfolgungsrecht der weiteren Gläubiger sowie der Gesellschaft,[3] denn es handelt sich bei jeder Klage um verschiedene Anspruchsvoraussetzungen und verschiedene Verteidigungsmöglichkeiten. Daher kann es also dem einen Gläubiger gelingen, seinen Anspruch dank der geeigneten Vorgehensweise geltend zu machen, einem anderen aber nicht.

h) Die Rechtsposition des beklagten Vorstandsmitglieds im Prozeß

Das durch den Gläubiger der Gesellschaft in Anspruch genommene Vorstandsmitglied kann grundsätzlich alle Einwendungen und Einreden, die ihm gegenüber der Gesellschaft zustehen, dem Gläubiger entgegenhalten.[4] Davon hat aber der Gesetzgeber zum Zweck der Verbesserung der Rechtsstellung des Gläubigers die Einrede, daß die pflichtwidrige Handlung auf einem Beschluß der Gesellschaft beruht und die Einwendung des Verzichtes oder des Vergleichs mit der Gesellschaft ausgenommen (§ 93 Abs. 5 Satz 3 AktG).

Aufgrund des Rechtsgrundsatzes im Schadenersatzrecht, wonach der Schuldner nur einmal zum Ausgleich des von ihm verursachten Schaden verpflichtet sein soll, braucht das

---

[1]Vgl. Hefermehl, § 93 Anm. 74 Komm. AktG.

[2]Vgl. Schilling, § 93 Anm. 49 Großkomm.; Hefermehl, § 93 Anm. 75 Komm. AktG; Mertens, § 93 Anm. 146 Kölner Komm.; Hüffer, § 93 Anm. 34; Wiesner, § 26 Anm. 28 S. 225 Münchener.

[3]Vgl. Schilling, § 93 Anm. 49 Großkomm.; Hefermehl, § 93 Anm. 75 Komm. AktG; Mertens, § 93 Anm. 146 Kölner Komm.; Hüffer, § 93 Anm. 34; Wiesner, § 26 Anm. 28 S. 225 Münchener.

[4]Mertens, § 93 Anm. 147 Kölner Komm.

beklagte Vorstandsmitglied insgesamt nur einmal zu leisten.[1] Demgemäß kann es sowohl an einen der klagenden Gläubiger (jedoch ohne Rücksicht auf die Reihenfolge ihrer Klageerhebung) als auch an die Gesellschaft Ersatz leisten. Diese Zahlung befreit es gegenüber allen.[2]

2) Nach türkischem und schweizerischem Recht

a) Haftung gegenüber dem Gläubiger im türkischen Aktienrecht

aa) Gesetzliche Grundlage

Nach türkischem Aktienrecht sind diejenigen Verwaltungsratsmitglieder, die durch ihre pflichtwidrige Handlung oder Unterlassung der Gesellschaft einen Schaden zugefügt haben, im Gegensatz zum deutschen Aktienrecht nicht nur gegenüber der Gesellschaft und deren Gläubigern, sondern auch dem einzelnen Aktionär gegenüber gesamtschuldnerisch verantwortlich. Dies ist insoweit dem unzweideutigen Wortlaut des Art. 336 Abs. 1 Satz 2 THGB zu entnehmen. Neben dieser Regelung enthielt das türkische HGB in Art. 340 eine weitere unmittelbare Bestimmung über den Anspruch (bzw. Klagerecht) der Gläubiger und der einzelnen Aktionäre gegenüber den Verantwortlichen. Art. 340 THGB ist mit *„andere Vorschriften über die Ersatzklage der Gesellschafter und Gesellschaftsgläubiger"* überschrieben und beinhaltet einen Verweis auf Art. 309 THGB: Demgemäß finden auf die Haftung der nach der Vorschriften der Art. 336 und 337 THGB verantwortlichen Verwaltungsratsmitglieder auch die Bestimmungen des Art. 309 THGB Anwendung. Der Art. 309 Abs. 1 THGB enthält dagegen die folgende Bestimmung: *„Ist die Gesellschaft durch Handlungen der in Art. 305, 306, 307 und 308 genannten Art. geschädigt, so steht den hierdurch mittelbar geschädigten Aktionären und Gesellschaftsgläubigern ein Klagerecht zu. Jedoch ist der Schadenersatz, auf den erkannt wird, der Gesellschaft zu gewähren.„*

Aus der Interpretation der Bestimmungen der Art. 336, 340 und 309 THGB geht jedoch unmittelbar hervor, daß jedem Gesellschaftsgläubiger sowie jedem einzelnen Gesellschafter (Aktionär) aufgrund des ihnen mittelbar entstandenen, nämlich durch die Schädigung der Gesellschaft verursachten Schadens (Reflexschaden) ein Recht auf Ersatzklage, die jedoch „auf Leistung an die Gesellschaft" gerichtet ist, zusteht.

---

[1]Vgl. Mertens, § 93 Anm. 146 Kölner Komm.

[2]Vgl. Schilling, § 93 Anm. 49 Großkomm.; Hefermehl, § 93 Anm. 73 Komm. AktG; Mertens, § 93 Anm. 146 Kölner Komm.

bb) Allgemeine Bemerkungen

In der Aktienrechtspraxis entsteht in den überwiegenden Fällen durch eine pflichtwidrige Handlung oder Unterlassung der Mitglieder des Verwaltungsrats „unmittelbar" am Vermögen der Gesellschaft ein Schaden. Es sind jedoch selten auch Fälle anzutreffen, in denen die Gesellschaftsgläubiger und einzelnen Aktionäre direkt geschädigt werden (individueller, unmittelbarer Gläubiger -oder Aktionärsschaden)[1], ohne daß die Gesellschaft dabei einen Schaden erleidet. Der türkische Gesetzgeber räumt allerdings in Art. 336 THGB in Verbindung mit Art. 340 und 309 THGB dem Gesellschaftsgläubiger und dem einzelnen Aktionär eine Möglichkeit ein, den ihnen durch die Schädigung der Gesellschaft entstandenen Schaden, also den „mittelbaren Schaden" gegen die verantwortlichen Verwaltungsratsmitglieder geltend zu machen. Nach herrschender Lehre in der türkischen und schweizerischen Literatur besteht der mittelbare Schaden des einzelnen Aktionärs und des Gläubigers darin, daß infolge der unmittelbaren Schädigung der Gesellschaft der innere Wert seiner Beteiligung sinkt oder sein Guthaben gefährdet wird.[2]

cc) Der dogmatische Hintergrund (bzw. Rechtfertigungsgrund) und die Funktion des Klagerechts des Gesellschaftsgläubigers

aaa) Der dogmatische Hintergrund

Das Klagerecht des Gläubigers findet m.E. seinen dogmatischen Ursprung im kapitalistischen Aufbau der Aktiengesellschaft. Dies läßt sich folgendermaßen erklären:

Bekanntlich ist die Aktiengesellschaft eine Kapitalgesellschaft und besitzt ein festes, in Aktien zerlegtes Grundkapital. Das Grundkapital ist für die Aktiengesellschaft von entscheidender Bedeutung, denn die AG haftet im Gegensatz zu den Personengesellschaften nur mit dem Gesellschaftsvermögen (Art. 269 Abs. 1 THGB), das zumindest der Ziffer des Grundkapitals entsprechen muß. Der Nennbetrag des Grundkapitals bedeutet also für den Gesellschaftsgläubiger eine Art Garantieziffer. Er muß sich darauf verlassen können, daß seine Forderung zumindest in Höhe des Grundkapitals gedeckt wird. Entsteht am Gesellschaftsvermögen infolge des pflichtwidrigen Verhaltens eines Verwaltungsratsmit-

---

[1]Zum unmittelbaren Schaden des Gläubigers und des einzelnen Aktionär ausführlicher vgl. unter Kapitel III, I, 2, a, cc, „bbb) Mittelbarer und Unmittelbarer Schaden".

[2]Zum mittelbaren Schaden des Gläubigers und des einzelnen Aktionär ausführlicher vgl. unter Kapitel III, I, 2, a, cc, „bbb) Mittelbarer und Unmittelbarer Schaden".

glieds ein Schaden, so besteht in der Regel das Risiko, daß der Betrag des Grundkapitals dem Gesellschaftsvermögen entsprechend schrumpfen und dadurch die Zahlung der Forderung des Gläubigers - in voller Höhe - gefährdet werden kann. Eine unmittelbare Schädigung am Gesellschaftsvermögen berührt also auch in hohem Maße (jedoch reflexweise) das Interesse des Gesellschaftsgläubigers. Da aber nun der Gläubiger als Außenstehender meistens keine Möglichkeit hat, einen direkten Einfluß auf die Gesellschaftsleitung auszuüben - es steht ihm z.B. kein Stimmrecht in der GV zu - und deshalb zur Wahrung seiner Interessen überwiegend auf den guten Willen der Verwaltungsratsmitglieder angewiesen ist, hat der Gesetzgeber ihm ein selbständiges Klagerecht eingeräumt.

bbb) Funktion des Klagerechts des Gläubigers

Das selbständige Klagerecht des reflexweise geschädigten Gesellschaftsgläubigers - sowie des reflexweise geschädigten einzelnen Aktionärs - gegen die verantwortlichen Verwaltungsratsmitglieder trägt, wie sich aus den obigen Ausführungen ergibt, in erster Linie zur Erhaltung des Gesellschaftsvermögens (und zugleich des Grundkapitals) bei und dient somit dem Schutz der Interessen der Gläubiger und der Minderheitsaktionäre. Wäre nämlich nur die Gesellschaft klageberechtigt, so würden die verantwortlichen Verwaltungsratsmitglieder insbesondere bei der AG, in der die überwiegende Mehrheit der Anteile in den Händen einiger Aktionäre ist, aus persönlichen Gründen nicht in Anspruch genommen werden.[1] Durch die Einräumung des Klagerechts gewährt also der Gesetzgeber ein unmittelbares Schutzmittel gegen die Mehrheitsaktionäre. Ist dagegen der Ersatzklage des Gläubigers stattgegeben und haben die verantwortlichen Mitglieder den jeweiligen Ersatz an die Gesellschaft geleistet, so wird der Zustand der Gesellschaft vor der Schädigung wieder hergestellt und die Interessen aller Betroffenen, also der AG, des einzelnen Aktionärs und des Gläubigers werden damit gleichzeitig befriedigt.[2]

---

[1]Der Mehrheitsaktionär möchte zum Beispiel auch aus dem Grund, daß der Ruf der Gesellschaft infolge einer Haftungsklage beeinträchtigt wird, auf die Klage verzichten.

[2]Trotz der Tatsache, daß von der Ersatzleistung der verantwortlichen Verwaltungsratsmitglieder auch die Gesellschaft und jeder einzelne Aktionär profitiert, hat der Gläubiger die ganzen Prozeßkosten allein zu tragen, wenn die Klage abgewiesen wird. Da sich aber der Streitwert nach dem gesamten von der Gesellschaft erlittenen Schaden berechnet, so ergeben sich für den Gläubiger bzw. für den einzelnen Aktionär grundsätzlich überproportional hohe Prozeßkosten. Dieser Umstand veranlaßt öfters den Verzicht auf die Geltendmachung des Schadenersatzanspruchs. In der Schweiz wurde diese Problematik bei der Revision des OR von 4. Oktober 1991 hinsichtlich des Aktionärs gelöst: Nach Art. 756 Abs. 2 OR verteilt der Richter die Kosten nach seinem Ermessen auf den klagenden Aktionär und die Gesellschaft. Für die türkische Gesetzgebung ist die Nachahmung der schweizerischen Revision in dieser Hinsicht sinnvoll und

Neben dieser Schutzfunktion kommt der Klage des Gläubigers sowie des einzelnen Aktionärs noch die Funktion der mittelbaren Kontrolle über die Gesellschaftsleitung des Verwaltungsrats zu. Infolge dieser Klage stellt sich nämlich heraus, ob die Mitglieder des Verwaltungsrats bei der Geschäftsführung und Vertretung die ihnen obliegende Sorgfalt angewandt haben. Steht es dagegen fest, daß sie ihre Sorgfaltspflicht verletzt haben, so haben sie den daraus entstandenen Schaden zu ersetzen. Darüber hinaus besteht für sie allenfalls die Gefahr, daß sie nicht wiederbestellt oder gem. Art. 316 THGB vorzeitig abberufen werden. Daher kann der einzelne Aktionär und Gläubiger sein Klagerecht als Druckmittel anwenden und die Verwaltungsratsmitglieder zur korrekten Gesellschaftsleitung zwingen.

dd) Die rechtliche Qualifikation des Klagerechts des Gläubigers und des Aktionärs im Sinne des Art. 309 THGB (aus mittelbarem Schaden)

Die dogmatische Qualifikation des Klagerechts des Gläubigers sowie des einzelnen Aktionärs aus mittelbarem Schaden ist, wie in der deutschen, so auch in der türkischen und schweizerischen Literatur umstritten. Nach einer Mindermeinung handelt es sich dabei um die Aktivlegitimation für eine Geltendmachung des Gläubigerschadens, also um ein Prozeßführungsrecht.[1] Die herrschende Lehre[2] nimmt jedoch im Gegensatz zu der in Deutschland an, daß der Klage aus mittelbarem Schaden ein selbständiges Forderungsrecht der Kläger (der Aktionäre, der Gläubiger) aufgrund eigener materieller Ansprüche zugrunde liegt.

Dieser herrschenden Lehre ist für das türkisch-schweizerische Recht zuzustimmen.[3] Die Rechtslage der Gesellschaftsgläubiger -und des einzelnen Aktionärs- ist nämlich anders als die des Gesellschaftsgläubigers im deutschen Recht. Der Gläubiger macht bei der

---

wünschenswert. Es sollten jedoch die Prozeßkosten nicht nur des Aktionärs, sondern auch des Gläubigers zwischen dem Gläubiger und der Gesellschaft nach dem billigen Ermessen des Richters verteilt werden. Dazu ferner vgl. unter Kapitel IV, IX, 1, „c) Aktionärsklage de lege ferenda".

[1]Vgl. Bürgi, Art. 755 Anm. 7, Art 753/754 Anm. 53 ff. Züricher Komm.; Hütte, Gründerhaftung, ST 1985 S. 223; ähnlich auch Arslanli, AS Organizasyonu, S. 181; Mimaroglu, Diss. S. 113.

[2]Vgl. Schoop, zitiert bei Forstmoser, Verantwortlichkeit Anm. 211 S. 84; Schiess, Diss. S. 142 ff.; Meier-Wehrli, Diss. S. 101; Bär, Verantwortlichkeit, ZBJV 1970 S. 458; Forstmoser, Mittelbarer Schaden, SAG 1986 S. 74; ders., Verantwortlichkeit Anm. 223 ff. S. 87; Lustenberger, Diss. S. 186; Goldschmidt, Zivilrechtliche Verantwortlichkeit, ZHR 1950 S. 53; Camoglu, Doz. S. 125, 135 ff.; Helvaci, Diss. S. 94; Poroy/Tekinalp/Tekinalp, Organlarin Sorumlulugu S. 375.

[3]Auch die schweizerische Judikatur ist in diversen Entscheidungen der herrschenden Meinung gefolgt, so zum Beispiel BGE 86 III 161; BGE 93 III 63 ff.; BGE 111 II 182 ff.

Klage (gem. 309 THGB) im Unterschied zum deutschen Recht nicht direkt den auf der Schädigung der Gesellschaft beruhenden Anspruch der Gesellschaft geltend, sondern den eigenen Anspruch, dem der ihm durch die Schädigung der Gesellschaft reflexweise entstandene Schaden zugrunde liegt.[1] Er macht also gegen die verantwortlichen Verwaltungsratsmitglieder seinen eigenen materiellen Anspruch, jedoch gem. Art. 309 THGB auf Leistung an die Gesellschaft gerichtet, geltend.

ee) Die Voraussetzungen der Gläubigerklage im Sinne des Art. 309 THGB

Nach der Fassung des Art. 309 THGB müssen die zwei folgenden Voraussetzungen erfüllt werden, damit ein Gläubiger die verantwortlichen Verwaltungsratsmitglieder auf Ersatz des mittelbaren Schadens belangen kann:

1. Der Gläubiger muß gegen die Gesellschaft eine auf Geld gerichtete oder zumindest in eine Geldforderung übergehbare Forderung haben. Wie im deutschen Recht kommt es hier auch auf den Rechtsgrund der Forderung nicht an. Auch der Zeitpunkt der Entstehung der Forderung ist irrelevant.[2] Ausschlaggebend ist allein die Eigenschaft als Gläubiger zur Zeit der Erhebung der Klage.[3]

2. Die im türkischen Aktienrecht charakteristische Voraussetzung für die Gläubigerklage -sowie die Aktionärsklage- aus mittelbarem Schaden ist das Vorliegen von Substanzverlusten am Gesellschaftsvermögen, d.h. das Vorliegen eines Gesellschaftsschadens. Der mittelbare Schaden des Gläubigers ist ein Reflex des unmittelbaren Schadens der Gesellschaft. Daher liegt begriffsnotwendig ein mittelbarer Schaden des Gläubigers nur dann vor, wenn ein unmittelbarer Schaden im Gesellschaftsvermögen zu verzeichnen ist. Bekommt die Gesellschaft diesen ihr unmittelbar entstandenen Schaden ersetzt, sei es aus Gläubigerklage, sei es aus Gesellschaftsklage, so ist der Schadenersatzanspruch aller Berechtigten (der Gesellschaft, des einzelnen Aktionärs und Gläubigers) erloschen.

---

[1]Mit anderen Worten liegt der Klage des Gläubigers sowie des Aktionärs nicht der Anspruch der Gesellschaft zugrunde, sondern der aus der direkten Schädigung der Gesellschaft folgende, eigene Schaden (Reflexschaden). So auch Schiess, Diss. S. 143.

[2]Nach Ansicht von Camoglu und Helvaci muß aber der Gläubiger seine Forderung auch zur Zeit der Entstehung des Gesellschaftsschadens haben. Camoglu, Doz. S. 122; Helvaci, Diss. S.95 ff. Für eine derartige Einschränkung der Klage des Gesellschaftsgläubigers ergibt sich jedoch aus der eindeutigen Fassung des Art. 309 THGB kein Anhaltspunkt.

[3]In einer Entscheidung hat der Kassationsgerichtshof der Türkei angeführt, daß der Gläubiger zur Klage im Sinne von Art. 309 THGB nicht berechtigt ist, wenn er zur Zeit der Erhebung der Klage die Gläubigereigenschaft nicht mehr besitzt. Vgl. Y. 11. HD. 23.2.1989 T. E. 4114 K. 1057: Eris, AS Hukuku S. 174.

Im türkischen Aktienrecht entsteht also das Klagerecht des Gläubigers im Gegensatz zum deutschen nicht unter der Voraussetzung, daß der Gesellschaft ein Ersatzanspruch entstanden ist. Das ist zwar der sogenannte Normalfall, aber kein Wesensmerkmal.

ff) Die Geltendmachung des mittelbaren Schadens durch den Gesellschaftsgläubiger

Liegen die oben angeführten zwei Voraussetzungen vor, so kann der Gläubiger gegen die verantwortlichen Verwaltungsratsmitglieder eine Klage auf Ersatz des mittelbaren Schadens erheben. Nach dem klaren Wortlaut des Art. 309 THGB muß die Ersatzleistung im Gegensatz zum deutschen Recht nicht an den Gläubiger selbst, sondern an die Gesellschaft erfolgen. Zu diesem Schluß könnte man aber auch ohne diese Regelung des Art. 309 THGB gelangen, und zwar aus dem Grundprinzip[1] des Schadenersatzrechts, nach dem „indirekter Schaden indirekt ersetzt wird". Da der Schaden direkt am Vermögen der Gesellschaft entstanden ist und nur im Sinne eines Reflexes den finanziellen Stand des Gläubigers bzw. Aktionärs berührt, kann die Leistung nur an die direkt geschädigte Gesellschaft erfolgen.[2]

Im Zusammenhang mit der Geltendmachung des mittelbaren Schaden ist nun die Frage zu beantworten, ob der Gläubiger - sowie der einzelne Aktionär - den ganzen Schaden der Gesellschaft einklagen kann. Aus dem Wortlaut des Art. 309 Abs. 1 THGB geht dies nicht eindeutig hervor. Die fast einheitliche und richtige Lehre der türkischen Literatur vertritt die Auffassung, daß dem Gläubiger die Befugnis zusteht, den ganzen Schaden der Gesellschaft einzuklagen.[3] Nach dieser Lehre[4] folgt dies aus der Tatsache, daß es sich bei der Ersatzleistung um eine unteilbare Forderung handelt. Diese Unteilbarkeit ergibt sich nicht aus dem Charakter des Leistungsgegenstandes. Vielmehr läßt der Umstand, daß eine Anspruchsquote des Gläubigers und des einzelnen Aktionärs in den meisten Fällen praktisch gar nicht berechnet werden könnte und außerdem eine Auszahlung an die einzelnen Aktionäre oder Gläubiger die Interessen der Gesellschaft nicht berücksichti-

---

[1]Vgl. Bürgi, Art. 753/754 Anm. 53 Züricher Komm.

[2]Infolge der Ersatzleistung wird also die finanzielle Situation der Gesellschaft vor der Schädigung wieder hergestellt und somit zugleich der Reflexschaden des Gläubigers behoben.

[3]Tandogan, Ücüncü Sahsin Zarari S. 106; Camoglu, Doz. S. 121; Atan, Diss. S. 46; Mimaroglu, Diss. S. 114; Helvaci, Diss. S. 96; Kaplan, Banka Idare Meclisi S. 155; Poroy/Tekinalp/Camoglu, Ortakliklar S. 279.

[4]Tandogan, Ücüncü Sahsin Zarari S. 106; ähnlich Camoglu, Doz. S. 121 ff.; Atan, Diss. S. 46.

gen und leicht zu einer Verletzung der Interessen der übrigen (d.h. der Interessen derer, die keine Klage erhoben haben) Aktionäre und Gläubiger führen würde, eine Teilung der Leistung nicht zu.

Aufgrund dieser Erwägungen kann also zusammenfassend festgestellt werden: Klagen verschiedene Gläubiger und Aktionäre unabhängig voneinander, so hat das verantwortliche Verwaltungsratsmitglied eine unteilbare Leistung, die an mehrere Gläubiger zu richten ist, an alle gemeinsam zu erbringen. Als Adressat kommt nur die Gesellschaft in Frage, weil nur eine Zahlung an sie die gerechte Befriedigung aller Gläubiger gewährt.

gg) Rechtsnatur der Haftung gegenüber dem Gläubiger - sowie dem einzelnen Aktionär - für mittelbaren Schaden

Die Frage der Rechtsnatur der Haftung dem Gläubiger und dem einzelnen Aktionär gegenüber ist für die Beurteilung der Frage der Beweislast von entscheidender Bedeutung; Würde man eine Haftung vertraglicher Natur annehmen, so sind für die Beweislast die Regeln des Art. 96 ff. TOG anwendbar. Sieht man dagegen die Haftung als eine deliktische an, so ist die Beweislast nach den Regeln des Art. 41 ff. TOG zu beurteilen.

Bezüglich des rechtlichen Charakters der Haftung gegenüber dem Gläubiger und dem einzelnen Aktionär gehen jedoch die Ansichten sowohl im türkischen als auch im schweizerischen Schrifttum weit auseinander. Ohne auf diese Kontroversen einzugehen, könnte man mit Schiess[1] hierzu anführen, daß der Rechtscharakter der Haftung der Verwaltungsratsmitglieder sowohl dem Gesellschaftsgläubiger wie auch dem einzelnen Aktionär gegenüber von der Rechtsnatur der Haftung der Gesellschaft gegenüber abhängt. Dies folgt allerdings aus der Tatsache, daß der Substanzverlust am Gesellschaftsvermögen die Grundlage für den Anspruch des Gläubigers und Aktionärs bildet. Aufgrund dieser Überlegung kann also hier festgehalten werden, daß, wie bereits vorne festgestellt, die verantwortlichen Verwaltungsratsmitglieder dem Gläubiger und Aktionär ex lege haften, da sie dies auch der Gesellschaft gegenüber tun.[2]

---

[1]Schiess, Diss. S. 106.

[2]Vgl. Bürgi, Art. 754/755 Anm. 15 Züricher Komm.; Schieß, Diss. S. 106 ff.; Schluep, Wohlerworbene Rechte S. 90 Fn. 34; Burckhardt, Diss. S. 132 ff.; Poroy/Tekinalp/Tekinalp, Organlarin Sorumlulugu S. 383.

hh) Beweislast für den Gesellschaftsgläubiger - sowie den einzelnen Aktionär-

Wie aus vorstehenden Erwägungen folgt, sieht das türkische HGB in Art. 336 für alle Klageberechtigten eine einheitliche Haftungsgrundlage vor, und zwar die Haftung ex lege. Alle Klageberechtigten (bzw. Anspruchsberechtigten) befinden sich somit gegenüber den verantwortlichen Verwaltungsratsmitgliedern in gleicher Stellung. Daher gibt es für alle Klageberechtigten die gleichen Regeln für die Verteilung der Beweislast. Auch wenn der Gläubiger sowie der einzelne Aktionär aus mittelbarem Schaden gegen die Verantwortlichen eine Klage erhebt, gilt das Prinzip von der „Umkehr der Beweislast". Dies geht aus dem Art. 338 THGB hervor. Demnach hat der Gläubiger darzulegen und zu beweisen, daß er eine Geldforderung gegenüber der Gesellschaft hat, und daß der Gesellschaft durch eine pflichtwidrige Handlung oder Unterlassung des beklagten Mitglieds ein Schaden, der reflexweise seine finanzielle Situation betroffen hat, entstanden ist. Zur Abwendung der Haftung muß hingegen der Beklagte beweisen, daß ihn kein Verschulden trifft, also daß er bei seiner Amtsführung die ihm gem. Art. 320 THGB obliegende Sorgfalt angewandt hat.

ii) Die Wirkung der Einreden und Einwendungen auf die Klage des Gläubigers

An dieser Stelle soll die Auswirkungen von Vergleich, Verzicht der Gesellschaft sowie von Rechtshängigkeit und rechtskräftigem Urteil auf die Klage behandelt werden.

aaa) Auswirkung eines Vergleichs auf die Klage des Gläubigers

Das deutsche Aktienrecht sieht ausdrücklich vor, daß den Gesellschaftsgläubigern gegenüber die Ersatzpflicht weder durch einen Verzicht noch durch einen Vergleich aufgehoben werden kann (§ 93 Abs. 5 Satz 3 AktG). Dagegen enthält das türkische HGB keine dementsprechende Regelung. Wohl aber kann es mittels der bisherigen Erwägungen und der Auslegung des türkischen Privatrechts diesbezüglich eine Lösung finden. Diese läßt sich folgenden Ausführungen entnehmen:

Im türkischen wie im schweizerischen Recht hat der Vergleich immer ausschließlich gegenüber demjenigen eine Wirkung als Einrede, der sich über seinen eigenen Anspruch vergleicht. Ein Vergleich über den Anspruch eines Dritten bindet diesen auf keinen Fall. Somit gilt auch in der Türkei das deutsche Rechtssprichwort: „Wollen sich vergleichen zwei Mann, was geht das den Dritten an."[1] Da der Gläubiger bei der Klage aus mittelba-

---

[1] Kunz, Diss. S. 166.

rem Schaden nicht den Anspruch der Gesellschaft, sondern seinen eigenen materiellen Anspruch geltend macht, kann über diesen Anspruch ein Dritter, insbesondere auch die Gesellschaft, nicht verfügen. Deswegen bindet ein zwischen der Gesellschaft und dem verantwortlichen Mitglied abgeschlossener Vergleich grundsätzlich nur die Gesellschaft (als Vergleichspartnerin) bezüglich des betreffenden Anspruchs.

Demnach ist die im deutschen Recht vom Gesetz explizit vorgesehene Lösung mit der für das türkische Recht gefundenen identisch: ein zwischen der Gesellschaft und den ersatzpflichtigen Verwaltungsratsmitgliedern abgeschlossener Vergleich vernichtet das Geltendmachungsrecht des Gläubigers nicht.

bbb) Die Wirkung der Rechtshängigkeit und des rechtskräftigen Urteils[1]

Hat ein Aktionär oder ein anderer Gläubiger eine Klage auf Ersatz des mittelbaren Schadens erhoben, so kann das beklagte Verwaltungsratsmitglied der Klage eines anderen Gläubigers oder der Gesellschaft die Einrede der Rechtshängigkeit [(gem. Art 187 Nr. 4 in Verbindung mit Art. 194 TZPG (HUMK)] nicht entgegenhalten. Die Einrede der Rechtshängigkeit setzt nämlich die Identität der Parteien, des Gegenstands und der Tatsachen der schon anhängigen und der zweiten Klage voraus.[2] In diesem Fall sind aber die Parteien beider Klagen nicht identisch. Daher können die Klage der Gesellschaft und die Klage auf Ersatz des mittelbaren Schadens des einzelnen Aktionärs sowie des Gläubigers nebeneinander erhoben werden.[3] Das beklagte Verwaltungsratsmitglied kann aber die Vereinigung von mehreren Klagen in einem Verfahren (gem. Art. 48 in Verbindung mit Art. 187 Nr. 5 und Art. 45 TZPG) beantragen.[4]

Werden mehrere konkurrierende Klagen anhängig gemacht, so wirkt die rechtskräftige Abweisung einer Klage nur gegen den betreffenden Kläger. Das rechtskräftige Urteil über die Abweisung kann somit bei einer weiteren Klage, z.B. bei der eines Gläubigers nicht als

---

[1]Die beiden Institute heißen im Zivilprozeßrecht Einrede im Sinne eines Verteidigungsmittels des Beklagten. Vgl. Kuru/Arslan/Yilmaz, MUH S. 225.

[2]Kuru/Arslan/Yilmaz, MUH S. 437 ff.

[3]Nach herrschender Lehre besteht zwischen den Klageberechtigten wie im deutschen Recht auch kein Solidargläubigerverhältnis (Gesamtgläubigerschaft) gem. Art. 148 TOG. Demnach handelt es sich hier um eine gesetzlich speziell geregelte Konkurrenz der Ansprüche. Vgl. Camoglu, Doz. S. 127; ders., Sorumluluk Davasi S. 330; Tandogan, Üçüncü Sahsin Zarari S. 107 ff.

[4]Helvaci, Diss. S. 111. Vgl. Bürgi, Art. 755 Anm. 6 Züricher Komm.; Forstmoser, Verantwortlichkeit Anm. 44 S. 45; Schiess, Diss. S. 125; Meier-Wehrli, Diss. S. 89.

Einrede entgegengesetzt werden.[1] Diese Konsequenz folgt wiederum aus der Tatsache, daß die Parteien der ersten und der zweiten Klage verschieden sind (gem. Art. 237 TZGB). Die rechtskräftige Stattgabe einer Klage konsumiert dagegen den Anspruch aller weiteren Kläger[2], für die das Urteil ebenso wirkt.[3]

b) Die Klage des Gesellschaftsgläubigers auf Ersatz des mittelbaren Schadens im schweizerischen Aktienrecht

Im alten OR war das Klagerecht des Gläubigers aus mittelbarem Schaden widersprüchlich geregelt. Betrachtet man den Text des Art. 755 aOR und seine Überschrift *„B. Geltendmachung des mittelbaren Schadens. I. Außer Konkurs"*, so bekommt man den Eindruck, daß der Gesetzgeber dem einzelnen Aktionär wie auch dem Gesellschaftsgläubiger ein Klagerecht auf Ersatz des unmittelbaren Schadens eingeräumt hat, solange die Gesellschaft aufrecht steht. Aus dem Wortlaut von Art. 758 aOR ergibt sich aber eindeutig der eigentliche Wille des Gesetzgebers. Demnach kann der Gläubiger das Klagerecht nur geltend machen, wenn über die AG der Konkurs eröffnet worden ist.[4] Im Konkurs wird aber das Klagerecht des Gläubigers durch Art. 756 aOR wiederum eingeschränkt, denn dann liegt die Prozeßführungsbefugnis ausschließlich bei der Konkursverwaltung. Die Aktionäre und Gläubiger können den mittelbaren Schaden erst geltend machen, wenn die Konkursverwaltung darauf verzichtet hat.

Bei der Revision des OR von 1991 wurde allerdings dieser gesetzgeberische Redaktionsfehler durch die Regelung des Art. 757 OR beseitigt. Demnach kann jeder Gläubiger den mittelbaren Schaden unter folgenden Bedingungen geltend machen:

1. eine auf Geld gerichtete oder in eine Geldforderung übergehbare Forderung gegen die Gesellschaft,

2. ein Schaden am Gesellschaftsvermögen,

3. der eröffnete Konkurs über die Gesellschaft,

---

[1] Camoglu, Doz. S. 139; Helvaci, Diss. S. 111.

[2] D.h. mit der rechtskräftigen Stattgabe einer Klage werden alle anhängige Klagen gegenstandslos. Das ist allerdings die konsequente Folge dessen, daß die Klage jedes Berechtigten (der Gesellschaft, des einzelnen Aktionärs und des Gläubigers) auf Leistung des von der Gesellschaft erlittenen ganzen Schaden an diese selbst gerichtet ist.

[3] Meier-Wehrli, Diss. S. 89; Schiess, Diss. S. 170; Forstmoser, Verantwortlichkeit Anm. 45 S. 45.

[4] Zum Grund dieses Widerspruchs vgl. Bürgi, Art. 753/754 Anm. 52 Züricher Komm.

4. der Verzicht der Konkursverwaltung auf Geltendmachung des Schadens. Nach Art. 757 OR braucht also der Gläubiger - und der einzelne Aktionär - nicht mehr die Abtretung des Anspruchs von der Konkursverwaltung, wie sie Art. 756 Abs. 2 aOR vorsah, zu verlangen. Er kann diesen also aus eigenem Recht einklagen.

Auch im türkischen Schrifttum[1] wird für die Klage des Gesellschaftsgläubigers als Voraussetzung die Eröffnung des Konkurses über die AG verlangt. Als Begründung wird angeführt, daß die Berechnung des Reflexschadens vor der Konkurseröffnung meistens sehr schwierig oder überhaupt unmöglich sei und deswegen der Klage des Gläubigers vor der Konkurseröffnung keine praktische Bedeutung zukomme. Gegen diese Auffassung sind folgende Einsprüche zu erheben:

1. Vor allem sieht das aktuelle THGB keine derartige Einschränkung des Klagerechts des Gesellschaftsgläubigers vor. Gem. Art. 309 THGB ist er auch außerhalb eines Konkurses wie die Gesellschaft und auch der einzelne Aktionär zur Klage berechtigt.

2. Andererseits bedarf es der Berechnung eines Reflexschadens des Gläubigers nicht. Denn der Gläubiger beansprucht, wie bereits erwähnt, für den ganzen Schaden, den die Gesellschaft erlitten hat, Ersatz, und zwar an die Gesellschaft.

Aufgrund dieser zwei Argumente ist es festzuhalten, daß im türkischen Aktienrecht „de lege lata" die Klage des Gläubigers aus mittelbarem Schaden anders als schweizerisches Recht nicht die Konkurseröffnung über die Gesellschaft voraussetzt. Die Klage des Gläubigers trägt somit anders als im schweizerischen Recht keinen subsidiären Charakter.

c) Der Ersatzanspruch des Gesellschaftsgläubigers nach § 93 Abs. 5 AktG im Vergleich zum Ersatzanspruch des Gesellschaftsgläubigers nach Art. 309 THGB

Die Frage des Ersatzanspruchs des Gesellschaftsgläubigers wurde in den vorangegangenen Ausführungen nach deutschem und türkischem Recht eingehend behandelt. An dieser Stelle ist es allerdings sinnvoll, zusammenfassend hervorzuheben, welche wesentlichen Unterschiede und Gemeinsamkeiten sich aus der diesbezüglichen Gegenüberstellung der beiden Rechtssysteme ergeben. Es stellen sich grundsätzlich wie folgt dar:

1. Nach deutschem, türkischem und schweizerischem Recht bildet der Anspruch des Gesellschaftsgläubigers gegen die verantwortlichen Mitglieder der Verwaltung ein Akzessorium zu seiner Forderung gegen die Gesellschaft. Daher verliert der Gläubigor durch die

[1] Tandogan, Ücüncü Sahsin Zarari, S. 106, S. 111 Fn. 128.

Abtretung seiner Forderung an einen Dritten auch den Schadenersatzanspruch gegen die Verantwortlichen. Hiergegen ist das aus diesem Anspruch des Gläubigers fließende Klagerecht nach deutschem - sowie schweizerischem - Recht im Gegensatz zum türkischen Recht subsidiär. Der Gläubiger kann nach deutschem Recht seinen Anspruch gegen die Verantwortlichen nur unter der Bedingung geltend machen, daß er wegen seiner fälligen Forderung von der Gesellschaft keine Befriedigung erlangen kann, das heißt, wenn die Gesellschaft zahlungsunfähig oder überschuldet ist. Im türkischen Recht dagegen kann der Gesellschaftsgläubiger ohne eine solche Bedingung den Schädiger auf den Ersatz des entstandenen Schadens in Anspruch nehmen.

2. Ein weiterer wesentlicher Unterschied zwischen beiden Rechtssystemen besteht in der dogmatischen Einordnung eines Verfolgungsrechts des Gesellschaftsgläubigers. Während nach § 93 Abs. 5 AktG der Gesellschaftsgläubiger keinen eigenen Anspruch, sondern denjenigen der Gesellschaft als Prozeßstandschafter geltend macht, macht der Gläubiger nach Art. 309 THGB seinen eigenen materiellen, neben der Gesellschaft bestehenden Anspruch gegen die verantwortlichen Mitglieder des Verwaltungsrats geltend.

3. Ein anderer Unterschied zwischen türkischem und deutschem Recht ergibt sich aus den Voraussetzungen für das Verfolgungsrecht des Gesellschaftsgläubigers. In § 93 Abs. 5 AktG ist nämlich die Geltendmachung des Ersatzanspruches durch den Gläubiger im Vergleich zu Art. 309 THGB erschwert. Demnach steht dem Gesellschaftsgläubiger ein Verfolgungsrecht - unter anderem - nur unter zwei alternativen Bedingungen zu, nämlich wenn das Vorstandsmitglied einen der schweren Verstöße des § 93 Abs. 3 AktG begangen hat oder in allen anderen Fällen, wenn es seine Sorgfaltspflicht gröblich verletzt hat. Dagegen kann der Gesellschaftsgläubiger nach türkischem Recht die Mitglieder des Verwaltungsrats in Anspruch nehmen, wenn infolge irgendeines pflichtwidrigen Verhaltens eines Verwaltungsratsmitglieds ein tatsächlicher Substanzverlust am Gesellschaftsvermögen entstanden ist. Diesbezüglich spielt somit im THGB weder die Art der Schadenszufügung noch die Art des Verschuldens des Schädigers eine Rolle.

4. Des weiteren unterscheidet sich das deutsche Recht vom türkischen auch darin, daß der Gesellschaftsgläubiger nach ersterem den Schadenersatzanspruch der Gesellschaft bis zur Höhe seiner eigenen Forderung einschließlich der damit verbundenen Unkosten und Zinsen geltend machen kann, und zwar unter Leistung an sich selbst, während nach türkischem Recht der Gesellschaftsgläubiger den kompletten Schaden, den die Gesellschaft erlitten hat, unter Leistung an die Gesellschaft einklagen kann.

Diese hervorgehobenen Unterschiede zwischen beiden Rechtsordnungen könnten allerdings auf den ersten Blick den Anschein erweckt haben, daß im türkischen Recht ein besserer gesetzlicher Schutz der Interessen der Gesellschaftsgläubiger gewährt wird. Es knüpft nämlich, wie ausgeführt, die Klage des Gläubigers nicht an die Voraussetzung, daß die Gesellschaft zahlungsunfähig oder überschuldet sein muß oder daß einer der besonderen Tatbestände des Abs. 3 des § 93 AktG vorliegen muß und ansonsten die Vorstandsmitglieder ihre Sorgfaltpflicht zumindest grobfahrlässig verletzt haben müssen. Die grundlegende Voraussetzung für ein Verfolgungsrecht des Gläubigers nach Art. 309 THGB bildet demgegenüber schließlich das Vorliegen eines infolge pflichtwidrigen Verhaltens der Verwaltungsratsmitglieder entstandenen Schadens am Gesellschaftsvermögen.

Dieser Anschein ist aber gewiß illusorisch. Dies ergibt sich eigentlich schon aus der Tatsache, daß der Gesellschaftsgläubiger den ganzen Schaden als Leistung an die Gesellschaft einzuklagen hat. Das heißt aber im Klartext, daß der Gläubiger auch bei einer Stattgabe der Klage, die er auf hohes eigenes Risiko erhebt, im Gegensatz zum deutschen Recht seine Forderung gegen die Gesellschaft immer noch nicht getilgt bekommen kann. Er muß sie gesondert nach allgemeinen Regeln des Schuldbetreibungsrechts geltend machen. Dieser Umstand führt wieder vor Augen, daß im türkischen Recht die Klage des Gläubigers in erster Linie dazu dient, daß die unabhängig vom Willen der Gesellschaft infolge pflichtwidrigen Verhaltens des Verwaltungsratsmitglieds verlorengegangenen Vermögensteile wieder realisiert werden, damit das Grundkapital erhalten und somit die Forderung des Gläubigers wenigstens in dieser Höhe weiterhin gesichert bleibt.

Dagegen funktioniert die Klage des Gläubigers gem. § 93 Abs. 5 AktG genau umgekehrt. Wird die Klage stattgegeben, kommt dies in erster Linie dem Gläubiger zugute. Er bekommt nämlich seine Forderung gegen die Gesellschaft, die wegen Zahlungsunfähigkeit oder Überschuldung ihre Gläubiger nicht mehr zu befriedigen vermag, von den verantwortlichen Mitgliedern des Vorstands. Davon profitiert aber auch die Gesellschaft, und zwar sekundär. Denn durch diese Klage wird verhindert, daß man den Gesellschaftsanspruch gegenüber den verantwortlichen Vorstandsmitgliedern unter den Tisch fallen läßt.

IX) Haftung gegenüber dem einzelnen Aktionär

1) Nach türkischem Aktienrecht

Der türkische Gesetzgeber hat das Klagerecht des Gesellschaftsgläubigers und des einzelnen Aktionärs aus mittelbarem Schaden in denselben Normen des THGB, und zwar in den Art. 336, 340 und 309 verankert. Aufgrund dieser Tatsache gelten für das Klagerecht des einzelnen Aktionärs grundsätzlich dieselben Erwägungen, die oben für den Gesellschaftsgläubiger aufgestellt wurden. Für die Klage des einzelnen Aktionärs sind zusätzlich noch folgende Ausführungen zu machen:

a) Die Voraussetzungen der Klage des einzelnen Aktionärs

Die Klage des einzelnen Aktionärs aus mittelbarem Schaden setzt grundsätzlich folgendes voraus:

1. Die Grundlage der Klage des einzelnen Aktionärs - wie die der Klage des Gläubigers - bildet der Substanzverlust im Gesellschaftsvermögen, d.h. der unmittelbare Schaden der Gesellschaft. Denn aufgrund seiner Rechtsbeziehung zur Gesellschaft wirkt dieser Schaden der Gesellschaft reflexweise (mittelbar) auf die finanzielle Situation des einzelnen Aktionärs, indem der innere Wert seiner anteilsmäßigen Beteiligung vermindert wird.[1] Erlangt dagegen die Gesellschaft Ersatz des ihr entstandenen Schadens, so ist nicht nur der Schadenersatzanspruch der Gesellschaft, sondern auch jener des einzelnen Aktionärs erloschen, weil in diesem Fall der mittelbare Schaden wiederum mittelbar beseitigt wird.

2. Die Klage des Aktionärs setzt weiterhin voraus, daß der Klagende zur Zeit der Erhebung der Klage die Eigenschaft eines „Aktionärs" besitzt.[2] Der Aktionär verliert somit mit dem Verkauf seiner Aktie nicht nur seinen Anteil am Gesellschaftsvermögen, sondern auch das Klagerecht. Bezüglich der Aktivlegitimation des neuen Aktionärs, der nach der Schädigung der Gesellschaft die Aktie erworben hat, ist es dagegen irrelevant, ob sein Vorgänger klageberechtigt war oder nicht. Hat er aber die Aktie in Kenntnis des Entlastungsbeschlusses oder Vergleichs erworben, so ist er für die Klage nicht aktivlegitimiert.[3]

---

[1]Aufgrund der eindeutigen Regelung des Art. 309 THGB geht wie die Klage des Gesellschaftsgläubigers auch die Klage des einzelnen Aktionärs auf Leistung an die Gesellschaft. Könnte nämlich jeder einzelne Aktionär aus mittelbarem Schaden einen anteiligen Ersatz an sich einklagen, käme dies dem Fall des Art. 336 Abs. 1 Nr. 1 THGB (d.h. der Einlagenrückgewähr) oder der Nr. 2 (d.h. der unechten Gewinnverteilung) gleich.

[2]Im Falle einer Nutznießung an einer Aktie steht das Klagerecht sowohl dem Aktionär als auch dem Nutznießer zu. Vgl. Lanz. Diss. S. 180; Kendigelen, Diss. S. 329, 330.

[3]Schiess, Diss. S. 68.

b) Praktische Bedeutung der Klage des einzelnen Aktionärs

Aufgrund der Möglichkeit, daß nicht nur die direkt geschädigte Gesellschaft, sondern auch jeder einzelne Aktionär den Ersatz des Schadens gerichtlich verlangen kann, wird der Schutz der Interessen der Minderheit gegenüber der Mehrheit realisiert.[1] Es kommt nämlich in den Publikumsgesellschaften sehr häufig vor, daß die Mehrheit der Aktionäre (d.h. die Gesellschaft) aus diversen Gründen auf den Ersatzanspruch gegenüber den verantwortlichen Verwaltungsratsmitgliedern verzichtet. In einem solchen Fall kommt die Klage des Gesellschaftsgläubigers sehr selten zu Hilfe, denn der Gläubiger als außenstehender Dritter erfährt von den Umständen, die die Verantwortlichkeit des Verwaltungsratsmitglieds begründen, entweder gar nicht oder zu spät. So kommt also die Aktionärsklage als einziges Mittel in Frage, die infolge des pflichtwidrigen Verhaltens eines Verwaltungsratsmitglieds der Gesellschaft verlorengegangenen Vermögenswerte wieder ins Gesellschaftsvermögen zurückzubringen.

c) Aktionärsklage de lege ferenda

Aufgrund der Regelung des Art. 309 THGB kann jeder einzelne Aktionär, der die oben genannten Voraussetzungen erfüllt, jedoch unabhängig von der Höhe seiner Beteiligung am Gesellschaftsvermögen, von dem Klagerecht Gebrauch machen.[2] Diese sehr großzügige Klagegewährung des Gesetzgebers wird allerdings dadurch abgeschwächt, daß sich der Streitwert nach dem Gesamtschaden, welche die Gesellschaft erlitten hat, bestimmt und daß dementsprechend die Prozeßkosten grundsätzlich sehr hoch sind,[3] obwohl die auf den klagenden Aktionär entfallende finanzielle Quote eines Prozeßerfolgs davon je-

---

[1]Plüss M., Diss. S. 148 ff.

[2]Im französischen Recht kann aufgrund der Art. 244 und 245 des Gesetzes für Handelsgesellschaften von 1966 (Code de Commerce) der Ersatz des Schadens, der infolge des pflichtwidrigen Verhaltens der Verwaltungsmitglieder dem einzelnen Aktionär oder der Gesellschaft entstanden sind, durch *action individuelle* und *action sociale* verlangt werden. Mit der action individuelle kann der einzelne Aktionär den Ersatz seines unmittelbaren Schadens geltend machen. Er kann aber auch die action sociale(ut singuli) gem. Art. 245 verfolgen und den kompletten, der Gesellschaft zugefügten Schaden geltend machen. In diesem Fall geht aber die Ersatzleistung an die Gesellschaft. Dazu ausführlich Bernard, Diss., insbesondere S. 33 ff. und 81 ff. Nach italienischem Recht kann nur der einzelne Aktionär, der durch vorsätzliche oder fahrlässige Handlung eines Verwalters unmittelbar geschädigt worden ist, den Ersatz des unmittelbaren Schadens geltend machen (Codice Civile Art. 2395).

[3]Vgl. Schiess, Diss. S. 125.

denfalls nur einen kleinen Bruchteil beträgt. Das Kostenrisiko steht also in keinem vernünftigen Verhältnis zu seinen Chancen.

Aufgrund dieser Tatsache ist in der türkischen im Gegensatz zur amerikanischen Aktienrechtspraxis die Aktionärsklage kaum anzutreffen. Die Geläufigkeit der Aktionärsklage in den Vereinigten Staaten ist allerdings auf den Umstand zurückzuführen, daß im amerikanischen Recht das Anwaltshonorar aufgrund vorheriger Vereinbarung zwischen klagendem Aktionär und seinem Anwalt vom Prozeßerfolg abhängig gemacht werden kann. Es kann wiederum die Höhe des Honorars als ein fester Prozentsatz des Streitwertes festgesetzt werden. Eine derartige Vereinbarung ist jedoch weder im türkischen noch im deutschem Recht zulässig.

Zur Popularisierung der Aktionärsklage im türkischen Aktienpraxis könnten „de lege ferenda" folgende Lösungen vorgeschlagen werden:

1. Wie es im englischen Recht bereits der Fall ist, könnte jedem Aktionär sowie jedem Gesellschaftsgläubiger die Befugnis eingeräumt werden, sich zur Erhebung einer Klage aus mittelbarem Schaden an das Handelsministerium zu wenden. Fände das Handelsministerium die Aufforderung des Aktionärs schlüssig, so sollte es Klage auf Ersatz des mittelbaren Schadens, und zwar auf Leistung an die Gesellschaft erheben.[1] Dadurch könnten vor allem diejenigen mißbräuchlichen Aktionärsklagen, die zum Zweck der Beeinträchtigung des Ansehens der Gesellschaft erhoben werden, weitgehend verhindert werden.

2. Es könnte aber auch die schweizerische Lösung ins türkische Recht rezeptiert werden. Demnach könnte der Richter bei Abweisung der Klage die Prozeßkosten nach seinem Ermessen auf den klagenden Aktionär und die Gesellschaft verteilen, wenn der Aktionär tatsächlich aufgrund der Sach- und Rechtslage begründeten Anlaß zur Klage hat[2] (Art. 756 Abs. 2 OR). Begründeten Anlaß zur Klage hat ein Aktionär allenfalls dann, wenn er vorgängig seine Informationsmittel ausgeschöpft hat.[3]

Bei der Verteilung der Verfahrenskosten hat der Richter gem. Art. 4 TZGB seine Entscheidung nach Recht und Billigkeit zu treffen. Er soll dem konkreten Einzelfall Rechnung tragen. In diesem Sinne hat er insbesondere die Umstände, wie z.B. die Erfolgschancen

---

[1]Ansay, zitiert bei Camoglu, Doz. S. 130 Fn. 89d.

[2]Dazu ausführlicher Stoffel, Klagen S. 30 ff.

[3]Forstmoser, Aktienrecht § 36 Anm. 124 S. 434.

des Aktionärs bei der Einleitung der Klage, seiner finanziellen Interessen am Prozeßerfolg zu berücksichtigen.

2) Nach deutschem Aktienrecht

a) Allgemeine Bemerkungen

In den vorstehenden Ausführungen wurde mehrmals zum Ausdruck gebracht, daß das deutsche Aktiengesetz keine den Regelungen des Art. 309 THGB sowie des Art. 756 OR entsprechende Bestimmung enthält, die es explizit vorschreibt, daß der einzelne Aktionär den ihm infolge der Schädigung der Gesellschaft entstandenen Schaden (den Reflexschaden, mittelbaren Schaden) gegen die verantwortlichen Vorstandsmitglieder einklagen kann.[1] In diesem Zusammenhang sind das türkische und das schweizerische für das deutsche Aktienrecht vorbildlich.

Es befinden sich jedoch im AktG von 1965 zwei Bestimmungen, die sich mit dem Schadenersatzanspruch des einzelnen Aktionärs gegenüber dem Schädiger befassen. Das sind §§ 117 Abs. 1 Satz 2 und 317 Abs. 1 Satz 2 AktG. In diesen Bestimmungen ist aber nur vom Ersatz des unmittelbaren Schadens, der durch die Veranlassung der Mitglieder der Verwaltung zu einem schädlichen Verhalten entstanden ist, die Rede. Der sogenannte Reflexschaden ist hier ausdrücklich ausgenommen.

b) Die Klage des Einzelaktionärs im deutschen Schrifttum

In der deutschen Literatur wird diese Frage, also ob der einzelne Aktionär (der Gesellschafter) den Ersatz des Schadens, den er durch die Schädigung der Gesellschaft erlitten hat, weil der innere Wert seiner Beteiligung dadurch ebenfalls gemindert ist, mit Erfolg geltend machen kann, verschieden beantwortet. Nach einer Ansicht in der Literatur steht dem einzelnen Aktionär keine Befugnis zu, seinen Reflexschaden geltend zu machen.[2] Als Begründung wird von Golling[3] ausgeführt, die Aktionäre als Gesellschafter könnten ihre

---

[1]Im deutschen Aktiengesetz findet sich wohl keine ausdrückliche Bestimmung über ein Klagerecht des einzelnen Aktionärs, aber dies bedeutet nicht, daß der einzelne Aktionär bzw. die Aktionärsminderheit der Mehrheit schutzlos ausgeliefert ist. Der Gesetzgeber hat für den Schutz des einzelnen Aktionärs gegenüber dem Mehrheitsaktionär Sorge getragen und räumt ihm in § 245 Abs. 1 Nr. 1, 2, 3 AktG in Verbindung mit § 243 AktG die Befugnis zur Anfechtung des Mehrheitsbeschlusses (HV-Beschlusses) ein.

[2]Hefermehl, § 93 Anm. 96 Komm. AktG; Godin-Wilhelmi, § 93 Anm. 32 Aktiengesetz; Golling, Diss. S. 96 ff.

[3]Golling, Diss. S. 96, 97.

Interessen nur in den gesetzlich zugelassenen Formen wahrnehmen, und zwar durch Ausübung des Stimmrechts in der Hauptversammlung. Ansonsten, so Golling, also wenn man dem einzelnen Aktionär einen Ersatzanspruch im Sinne des § 93 AktG gewähren würde, wäre die Vorschrift des § 147 AktG (d.h. Minderheitsverlangen) überflüssig und unverständlich.

Dieser Argumentation ist folgende Erwägung entgegenzuhalten: vor allem steht fest, daß das Aktiengesetz in keiner Vorschrift die Aktionärsklage im Sinne von Art. 309 THGB (eine Klage wegen Reflexschadens, jedoch auf Leistung an die Gesellschaft gerichtet) offensichtlich verpönt. Man könnte aber wohl bei grober Betrachtung zum Ergebnis gelangen, das Minderheitsverlangen eines 10% igen Anteilbesitzes gem. § 147 AktG verdränge die Klage des einzelnen Aktionärs im Sinne des Art. 309 THGB nach dem Grundsatz des „argumentum a contrario“. Das ist aber im deutschen Recht nicht der Fall, denn das Minderheitsverlangen und die Klage des einzelnen Aktionärs sind aus verschiedenen Gesichtspunkten inhaltlich kein identisches Schutzmittel für die Interessen der Aktionäre, obwohl die beiden im Vordergrund demselben Zweck, dem Ersatz des Gesellschaftsschadens, dienen. Zuerst ist das Minderheitsverlangen keine Ersatzklage, es ersetzt nur einen dahingehenden HV-Beschluß. Es stellt einen Spezialbeschluß (Minderheitsbeschluß) dar und bürdet der Verwaltung die Verpflichtung auf, eine Klage für die Gesellschaft gegen die verantwortlichen Vorstandsmitglieder zu erheben[1], wobei die Minderheit, die den Beschluß veranlaßt hat, dadurch keine Prozeßkosten tragen muß. Demgegenüber macht der einzelne Aktionär durch eine Klage (im Sinne von Art. 309 THGB) den Ersatz des Schadens der Gesellschaft, und zwar auf eigene Kosten geltend.[2]

Dementsprechend hält eine Mehrzahl der Autoren[3] die Klage des Einzelaktionärs, also das Recht, Leistungsansprüche der Gesellschaft für dieselben gegenüber den verantwortlichen Mitgliedern der Verwaltung geltend zu machen, im allgemeinen für möglich. Inso-

---

[1]Diese Klage ist allerdings keine Minderheitsklage, sondern eine normale Gesellschaftsklage im Sinne von § 93 AktG.

[2]Die Klage des Einzelaktionärs ist für die Gesellschaft von sehr großer praktischer Bedeutung, denn durch ihn wird unter anderem die gerichtliche Kontrolle der Leitung der Gesellschaft realisiert.

[3]Vgl. Brandes, Ersatz, FS für Fleck S. 13 ff.; Martens, Anzeigepflicht, ZGR 1972 S. 276 ff.; Baums, Reflexschaden, ZGR 1987 S. 554; Wiedemann, Dubai-Entscheidung, JZ 1987 S. 784 ff.; ders., Organverantwortung S. 46 ff.; Raiser, Verantwortlichkeit S. 41; Grossfeld-Brondics, Aktionärsklage, JZ 1982 S. 589 ff.

fern scheint die Ausführung von Wiedemann[1] besonders überzeugend zu sein. Er geht dabei von einem Klagerecht des Einzelaktionärs der beherrschten Gesellschaft im Konzernrecht aus. Demnach gewährt der Gesetzgeber in §§ 309 Abs. 4, 310 Abs. 4, 317 Abs. 4, 318 Abs. 4 AktG dem einzelnen Aktionär den Ersatzanspruch der beherrschten Gesellschaft gegenüber den Verantwortlichen (gegenüber der Verwaltung der herrschenden oder der beherrschten Gesellschaft). Er stellt danach unter Berufung auf die herrschende Lehre[2] fest, daß diese Klage des Einzelaktionärs in der abhängigen Gesellschaft im Wege der analogen Anwendung für alle Ersatzansprüche aus abhängigkeitsrelevantem Handeln im Rahmen eines Beherrschungsverhältnisses, auch für die Ansprüche aus §§ 93, 117 AktG, zuerkannt werden kann.[3] Zur Begründung der Analogie führt Wiedermann zu Recht aus: „Wenn der außenstehende Gesellschafter im Konzernverbund besondere Rechtsmittel erhalten soll, weil die abhängige Gesellschaft ihre Interessen nicht mehr wirksam wahrnehmen kann, so muß dies für alle Ansprüche der abhängigen Gesellschaft gelten, nicht nur für diejenigen, die auf dem Unternehmensverbund beruhen." Der Einzelaktionär, so Wiedermann, hat nämlich - wegen des Einflusses der herrschenden Gesellschaft - keine Chance, die qualifizierte Minderheit gem. § 147 Abs. 1 AktG zu erreichen.

In seinen Ausführungen gelangt Wiedemann letzten Endes zum Schluß, daß eine Klage des Einzelaktionärs auch in der selbständigen AG - im Wege der Analogie - zulässig sein muß, wenn die Voraussetzungen vorliegen, die der Situation des § 309 Abs. 4 AktG vergleichbar sind. Zur Begründung weist er zu Recht darauf hin, daß in einer Gesellschaft, in der mehr als 90% aller Aktien in einer Hand oder einer stabil organisierten Mehrheitsgruppe sind, der einzelne Aktionär in derselben schutz- und hilflosen Lage wie der Aktionär der abhängigen Gesellschaft ist. Es ist nicht anzunehmen, so Wiedemann, daß der Gesetzgeber den schutzbedürftigen Kleinaktionär der willkürlichen Entscheidung einer überwältigenden Mehrheit ausliefern will.

---

[1]Wiedemann, Organverantwortung S. 46 ff.

[2]Vgl. Wälde, Anwendbarkeit, DB 1972 S. 2291; Neuhaus, Schadenersatzanspruch, DB 1971 S. 1196; Kropff, § 117 Anm. 37 Komm. AktG; Mertens, § 117 Anm. 42 Kölner Komm.

[3]Auch die Regierungsbegründung zu § 309 AktG spricht für eine Analogie, wenn es dort sinngemäß heißt, eine andere Regelung würde der besonderen Interessenlage innerhalb einer beherrschten AG nicht gerecht. Schutzwürdig sind gerade die Kleinaktionäre. Sie sollen von sich aus in der Lage sein, die Ersatzansprüche geltend machen zu können, weil wegen der Machtverhältnisse innerhalb der Gesellschaft von Seiten der Gesellschaft selbst bzw. deren Mehrheit in dieser Hinsicht nichts zu erwarten ist. Zitiert bei Neuhaus, Schadenersatzanspruch, DB 1971 S. 1196.

c) Die Klage des Einzelaktionärs in der deutschen Rechtsprechung

Nach der Rechtsprechung des Reichgerichts[1] und der älteren des Bundesgerichtshofs[2] bestehen die Ansprüche des einzelnen Gesellschafters und der Gesellschaft unabhängig voneinander und der Gesellschafter kann den Schädiger auf Zahlung des ihm durch die Schädigung der Gesellschaft zugefügten Schadens an sich selbst in Anspruch nehmen, wenn die Gesellschaft in dieser Richtung untätig bleibt.[3] Ohne auf die Einzelheiten der genannten Rechtsprechung einzugehen, könnte man auf den ersten Blick feststellen, daß sie auf folgende aktienrechtlichen Bedenken stößt: Einerseits kommt die Zahlung des Schadenersatzes an den einzelnen Gesellschafter der unzulässigen Einlagenrückgewähr bzw. der unzulässigen Gewinnverteilung gleich. Andererseits ist der in § 117 Abs. 1 Satz 2 AktG geregelte Ausschluß des Ersatzes von sogenannten Reflexschäden nicht darauf abgestellt, daß die Gesellschaft den ihr zustehenden Ersatzanspruch geltend machen will oder kann. Trotz dieser Bedenken ist dieser höchstrichterlichen Rechtsprechung insoweit eine praktische Bedeutung beizumessen, als der Bestand und die Erstattungsfähigkeit des Reflexschadens eindeutig anerkannt wird.

Der Bundesgerichtshof hat sich in der Folgezeit auf den Standpunkt gestellt, jedoch ohne zu diesen beiden vorherigen Entscheidungen Stellung zu nehmen, daß der Gesellschafter den Ersatz des ihm durch die Verwaltung oder durch einen Mitgesellschafter zugefügten Reflexschadens prinzipiell nicht für sich selbst, sondern nur für die Gesellschaft geltend machen kann.[4] Demnach soll der Gesellschafter den Verantwortlichen auf Zahlung von Schadenersatz an die Gesellschaft in Höhe der der Gesellschaft zugefügten gesamten Vermögensminderung in Anspruch nehmen können. In seinem berühmten Dubai-Urteil[5] hat der BGH zur Begründung dafür, warum der einzelne Gesellschafter den Schädiger auf Zahlung des Schadenersatzes an die Gesellschaft in Höhe des der Gesellschaft entstandenen Schadens in Anspruch nehmen kann und soll, den Grundsatz der Zweck- und Kapitalbindung des Gesellschaftsvermögens herangezogen: Könnte jeder Aktionär die Zah-

[1]RGZ 115, 289, 295, 296;157, 213, 221.

[2]BGH, WM 1967, S. 287, 288; BGH, WM 1969 S. 1081 ff.

[3]Im Ergebnis genauso vgl. Schlegelberger-Quassowski, § 84 Anm. 30 AktGKomm. 1937; Schilling, § 93 Anm. 73 Großkomm.; Baums, Geschäftsleitervertrag S. 215 ff.

[4]BGHZ 65, 15 (ITT-Urteil vom 5. Juni 1975); BGH, WM 1987 S. 13 (Dubai-Urteil vom 10. November 1986); BGH, WM 1987 S. 1193.

[5]BGH, WM 1987 S. 13 (Dubai-Urteil vom 10. November 1986).

lung des anteiligen Schadenersatzes an sich verlangen, so käme dies einer unzulässigen Einlagenrückgewähr oder Gewinnverteilung gleich.

Dagegen ist eine derartige rechtsdogmatische Begründung dem genauso berühmten ITT-Urteil, das sich auch mit dem Reflexschaden auseinandersetzt, nicht zu entnehmen. Nach herrschender Lehre[1] steht hinter diesem Urteil die Überlegung, daß der einzelne Gesellschafter nach dem Grundsatz der Naturalrestitution in § 249 BGB von dem Schädiger (dem Verantwortlichen) nur verlangen kann, daß der gleiche wirtschaftliche Zustand hergestellt wird, der vor dem schädigenden Ereignis bestand. Mit anderen Worten, der Gesellschafter kann nur verlangen, daß sein Schaden dort ausgeglichen wird, wo er eingetreten ist.

d) Zusammenfassendes Ergebnis

Aufgrund des oben erwähnten Schrifttums sowie der höchstrichterlichen Rechtsprechung ist als Ergebnis festzuhalten, daß im deutschen Recht im Wege der Rechtsfortbildung die Klage eines einzelnen Aktionärs wegen eines Reflexschadens anerkannt werden kann. Der einzelne Aktionär muß jedoch - wie im türkisch-schweizerischen Recht - den Schädiger in Höhe des kompletten der Gesellschaft zugefügten Schadens und auf Leistung an die Gesellschaft in Anspruch nehmen. In diesem Zusammenhang kann dem Klagerecht der Einwand des in § 117 Abs. 1 Satz 2 AktG normierten Ausschlusses der Erstattungsfähigkeit eines Reflexschadens nicht entgegengebracht werden. Denn diese Vorschrift verpönt nur die Zahlung des Reflexschadenersatzes an den einzelnen Aktionär und bezweckt die Realisierung des Grundsatzes von „Zweck- und Kapitalbindung des Gesellschaftsvermögens".

Andererseits bildet die Regelung des § 147 AktG auch kein rechtliches Hindernis für eine Klage des einzelnen Aktionärs. Denn man kann nicht davon ausgehen, daß der Gesetzgeber tatsächlich den einzelnen Aktionär, insbesondere in dem Fall, in dem nur eine theoretische Möglichkeit zur Bildung der qualifizierten Minderheit (Minderheitsblockade) besteht, schutz- und rechtlos gegenüber der erdrückenden Aktionärsmehrheit lassen wollte. Daher muß durch eine analoge Anwendung des § 309 Abs. 4 AktG dem einzelnen Aktionär das Recht gewährt werden, den Ersatz seines Schadens zumindest mittelbar zu verlangen, soweit das Minderheitsverlangen in § 147 AktG praktisch nicht realisierbar ist.

---

[1] Mertens, Die Geschäftsführungshaftung, FS für Fischer S. 474; ders., § 43 Anm. 111 Hachenburg; Baums, Reflexschaden, ZGR 1987 S. 560; Rehbinder, Durchgriff, FS für Fischer S. 593.

KAPITEL V

NICHTEINTRITT UND WEGFALL DER ERSATZPFLICHT EINES MITGLIEDS DES VORSTANDS/VERWALTUNGSRATES

I) Infolge Verjährung

1) Nach deutschem Recht

a) Allgemeine Bemerkungen

Abs. 6 des § 93 AktG enthält eine Vorschrift lediglich über die Dauer der Verjährungsfrist. Demnach verjähren die Ansprüche aus § 93 AktG in fünf Jahren. Dies bedeutet, daß alle Ansprüche, sowohl der Anspruch der Gesellschaft als auch der des Gesellschaftsgläubigers, ohne Rücksicht darauf, ob der Anspruch auf einer einfachen oder auf einer der in § 93 Abs. 3 AktG genannten besonderen Pflichtverletzungen beruht oder aber auch, ob die Pflichtverletzung vorsätzlich oder nur fahrlässig begangen wurde, nach fünf Jahren nicht mehr durchgesetzt werden können. Mangels weiterer besonderer aktienrechtlicher Bestimmungen finden die allgemeinen Vorschriften des BGB über die Verjährung auch hier Anwendung. In diesem Sinne kommen in erster Linie die Normen über Beginn, Hemmung und Unterbrechung der Verjährung in Betracht. Auf sie wird im folgenden eingegangen.

b) Beginn der Verjährung

Nach deutschem Recht beginnt die Verjährung gem. § 198 Satz 1 BGB zum Zeitpunkt der Entstehung des Schadenersatzanspruchs. Die Entstehung des Anspruchs kann mit der pflichtwidrigen Handlung zusammenfallen. Dies ist bereits dann der Fall, wenn etwa das Vorstandsmitglied eine der in § 93 Abs. 3 AktG genannten Handlungen vornimmt, z.B. wenn es trotz fehlender Bonität des Kreditnehmers ohne entsprechende Sicherheit einen Kredit vergibt.[1] Sie beginnt aber auf keinen Fall vor dem Abschluß der pflichtwidrigen Handlung.[2]

---

[1]Schilling, § 93 Anm. 59 Großkomm.

[2]Mertens, § 93 Anm. 162 Kölner Komm.; Hefermehl, § 93 Anm. 85 Komm. AktG; Godin-Wilhelmi, § 93 Anm. 31 Aktiengesetz.

Nach der Rechtsprechung des RG[1] und des BGH[2] sowie nach herrschender Lehre[3] entsteht der Anspruch im Sinne des § 198 BGB in dem Moment, in dem der Berechtigte den Schuldner rechtlich auf ein Tun oder Unterlassen in Anspruch nehmen kann. Dies ist aber grundsätzlich der Fall, wenn ein Schaden bereits dem Grunde nach entstanden ist.[4] Es ist jedoch nicht erforderlich, daß er beziffert und zum Gegenstand eine Leistungsklage gemacht werden kann. Nach der Rechtsprechung des BGH[5] genügt dafür die Möglichkeit, eine die Verjährung unterbrechende Feststellungsklage zu erheben. Diese Möglichkeit braucht nur objektiv zu bestehen. Im Gegensatz zu Art. 309 THGB ist es also für den Beginn der Verjährung nicht nötig, daß die Ersatzberechtigten (Gesellschaft, Gläubiger) vom Schaden und Schädiger (vom Anspruch) Kenntnis erlangen.[6]

Nach Auffassung Schillings[7] hat der Gesetzgeber den Umstand, daß die Verjährung nicht zum Zeitpunkt der Kenntniserlangung der Ersatzberechtigten beginnt, bewußt in Kauf genommen, und zwar aus dem Grund, daß die baldige Klarheit der Rechtsbeziehungen zwischen der Gesellschaft und ihren Organen realisiert wird. Außerdem stehen, so Schilling, der Gesellschaft weitgehende Kontrollmittel zur Verfügung, so z.B. die Prüfung der Jahresabschlüsse, die die frühzeitige Aufdeckung einer Gesellschaftsschädigung ermöglichen können, so daß sich eine Verlegung des Verjährungsbeginns auf den Zeitpunkt der Kenntnis der Berechtigten erübrigt.

Dieser Argumentation ist im Hinblick auf die Gesellschaft durchaus beizupflichten. Es bestehen aber Bedenken hinsichtlich der Gesellschaftsgläubiger. Denn die Gläubiger besitzen als Außenstehende im Gegensatz zu der Gesellschaft keine ausreichenden Kontrollmechanismen, die der Aufdeckung des Geschehens in der Gesellschaft dienen. Daher kann es durchaus vorkommen, daß die Gläubiger vom Schaden und den Schädigern erst nach Ablauf dieser fünfjährigen Frist erfahren und wegen der Verjährung keinen Anspruch

---

[1]RGZ 83, 354, 356; 152, 273; 153, 101, 107.

[2]BGHZ 55, 340, 341; 100, 228, 231.

[3]Vgl. Godin-Wilhelmi, § 93 Anm. 31 Aktiengesetz; Baumbach-Hueck, § 93 Anm. 19 AktG Komm.; Hüffer, § 93 Anm. 37 AktienG; Schilling, § 93 Anm. 59 Großkomm.; Mertens, § 93 Anm. 161 Kölner Komm.; Henze, Rechtsprechung S. 153 ff.; Fleck, Dienstverhältnis, WM 1994 S. 1963.

[4]BGHZ 100, 228, 231; 124, 27, 29 ff.

[5]BGHZ 55, 340, 341; 73, 363, 365; 79, 176, 177, 178; 96, 290, 294.

[6]RGZ 83, 354, 356; 153, 101, 107; BGHZ 73, 363, 365; 100, 228, 231; Hüffer, § 93 Anm. 37 AktienG; Schilling, § 93 Anm. 60 Großkomm.

[7]Schilling, § 93 Anm. 60 Großkomm.

gegen die Verantwortlichen geltend machen können. Deshalb wäre eine Regelung, wonach die Verjährung zu dem Zeitpunkt beginnt, an dem der Gläubiger von dem Schaden und den schädigenden Personen Kenntnis erlangt, für die Interessen der Gläubiger angemessener.[1]

Zum Schluß ist noch die Frage zu beantworten, wie die Rechtslage der Berechtigten gegenüber der Einrede der Verjährung sein wird, die infolge der Verschleierung des gesellschaftsschädigenden Verhaltens der Vorstandsmitglieder eingetreten ist. Dazu vertritt die herrschende Lehre[2] unter Berufung auf die Rechtsprechung des RG[3] zu Recht die Auffassung, daß die Berechtigten (Gesellschaft und Gläubiger) dieser Verjährungseinrede den Einwand der unzulässigen Rechtsausübung entgegensetzen können. Zudem könnte auch in der Verschleierungshandlung eine neue, selbständige Pflichtverletzung zu sehen, die den Verlauf einer neuen Verjährung in Gang setzt, heißt es.

c) Hemmung und Unterbrechung der Verjährung

Für die Hemmung und Unterbrechung der Verjährung des Anspruchs der Gesellschaft - sowie des Gläubigers - gelten die allgemeinen Bestimmungen der §§ 202 ff. BGB. Jedoch kommt der für natürliche Personen gedachte § 206 BGB für den Anspruch der Gesellschaft nicht zur Anwendung. Demnach wird für den Anspruch der Gesellschaft die Verjährungsfrist nicht während der Zeit gehemmt, in der die Gesellschaft nicht in der Lage ist, ihren Anspruch geltend zu machen, weil es an der für die Vertretung im Prozeß erforderlichen Zahl von Vorstandsmitgliedern, die sich an der pflichtwidrigen Handlung nicht beteiligt haben, fehlt.[4]

Im Zusammenhang mit der Verjährung stellt sich hier die Frage, wie die von einem Ersatzberechtigten veranlaßte Unterbrechung oder Hemmung der Verjährung für die anderen wirkt. Nach fast einheitlicher Lehre[5] wirkt ein durch die Gesellschaft veranlaßter Un-

---

[1]Vgl. § 852 BGB und Art. 309 THGB.

[2]Statt vieler vgl. Schilling, § 93 Anm. 60 Großkomm.; Hefermehl, § 93 Anm. 86 Komm. AktG; Mertens, § 93 Anm. 162 Kölner Komm.

[3]RGZ 78, 389; 133, 33, 39.

[4]Hefermehl, § 93 Anm. 86 Komm. AktG; Mertens, § 93 Anm. 165 Kölner Komm.; Godin-Wilhelmi, § 93 Anm. 31 Aktiengesetz; Schilling, § 84 Anm. 63 Großkomm. von 1937.

[5]Baumbach-Hueck § 93 Anm. 19 AktG Komm.; Hefermehl, § 93 Anm. 86 Komm. AktG; Hüffer, § 93 Anm. 37 AktienG; Mertens, § 93 Anm. 166, 168 Kölner Komm.; Schilling, § 93 Anm. 53 Großkomm.; Godin-Wilhelmi, § 93 Anm. 31 Aktiengesetz.

terbrechungs- und Hemmungsakt auch zugunsten der Gesellschaftsgläubiger.[1] Nach dieser Lehre gilt aber nicht die Umkehrung. Zur Begründung wird zu Recht auf die Regelung von §§ 425 Abs. 2, 429 Abs. 3 BGB hingewiesen, wonach die Unterbrechung der Verjährung durch einen Gesamtgläubiger nicht für anderen wirkt. Demnach wirkt die von einem einzelnen Gesellschaftsgläubiger veranlaßte Unterbrechung oder Hemmung nur für ihn selbst und den Konkursverwalter, und nicht für anderen Gesellschaftsgläubiger und die Gesellschaft.[2] [3]

d) Das Verhältnis der Regelung des § 93 Abs. 6 AktG zur Regelung des § 852 BGB

Eine letzte im Rahmen der Verjährung eines Verfolgungsrechts der Gesellschaft und der Gläubiger noch zu behandelnde Frage ist, ob neben der Verjährung nach § 93 Abs. 6 AktG noch eine besondere Verjährung, und zwar aus § 852 BGB eintreten kann, wenn die pflichtwidrige Handlung eines Vorstandsmitglieds zugleich den Tatbestand einer unerlaubten Handlung erfüllt. Die herrschende Lehre[4] ist der Auffassung, daß in einem solchen Fall die Frage der Verjährung allein nach § 93 Abs. 6 AktG und auf keinen Fall nach § 852 BGB zu beurteilen sei, denn § 93 AktG schließe als „lex specialis“ die Anwendung des § 852 BGB aus.[5] Nach dieser Lehre - in Anlehnung an die Rechtsprechung des Reichsgerichts -[6] ist die Rechtslage anders, wenn die Handlung des Vorstandsmitglieds ohne Rücksicht auf seine diesbezügliche Eigenschaft (d.h. seine Organstellung) selbständig den Tatbestand einer unerlaubten Handlung erfülle, wie z.B. Diebstahl oder Unterschlagung. In diesem Fall sei § 852 BGB anzuwenden, so daß beide Verjährungsfristen nebeneinander laufen würden (Anspruchskonkurrenz).

---

[1]Zum gegenteiligen Standpunkt vgl. Schlegelberger-Quassowski, § 84 Anm. 19 AktGKomm. 1937.

[2]Baumbach-Hueck § 93 Anm. 19 AktG Komm.; Hefermehl, § 93 Anm. 86 Komm. AktG; Hüffer, § 93 Anm. 37 AktienG; Mertens, § 93 Anm. 166, 167, 168 Kölner Komm. (jedoch nicht unmißverständlich).

[3]Schilling und Godin-Wilhelmi sind aber dieser herrschenden Lehre entgegengetreten. Sie meinen, jede von einem einzelnen Gläubiger veranlaßte Unterbrechung wirke auch zugunsten der anderen Berechtigten, also der Gesellschaft, des Konkursverwalters sowie der anderen Gläubiger. Diese Unterbrechung wirke aber nur in der Höhe, in der die Forderung mit dem Unterbrechungsakt geltend gemacht wird. Schilling, § 93 Anm. 48 Großkomm.; Godin-Wilhelmi, § 93 Anm. 31 Aktiengesetz.

[4]Hefermehl, § 93 Anm. 87 Komm. AktG; Schilling, § 93 Anm. 56 Großkomm.; Zöllner, § 43 Anm. 31 GmbH-Gesetz.

[5]Vgl. Schilling, § 93 Anm. 56 Großkomm.

[6]Vgl. RGZ 87, 306, 309.

Dieser herrschenden Lehre tritt aber der BGH[1] in seiner relativ aktuellen Rechtsprechung unter Berufung auf die von Mertens vertretene Auffassung[2] entgegen. Demnach ist die Frage der Verjährung nach § 852 BGB zu beurteilen, wenn eine Handlung des Vorstandsmitglieds sowohl den Tatbestand des § 93 AktG als auch den des § 823 BGB erfüllt, und zwar ohne Rücksicht darauf, ob die Handlung des Vorstandsmitglieds auch ohne seine diesbezügliche Eigenschaft ein Delikt wäre. Der BGH führt zu Recht unter anderem als Begründung an, daß die Lösung der herrschenden Lehre, wonach die Verjährung sich nach § 93 Abs. 6 AktG richtet, zur ungerechtfertigten Privilegierung eines Verwaltungsratsmitglieds als Täter einer unerlaubten Handlung führt, wenn die betreffende Handlung beide Tatbestände erfüllt. Dies kommt nämlich schon in dem Fall vor, in dem es ihm gelingt, sein pflichtwidriges Tun oder Unterlassen über einen Zeitraum von mehr als fünf Jahren vor der Gesellschaft zu verbergen.

In der Literatur hat sich in jüngster Zeit eine Mehrzahl der Autoren[3] dieser Auffassung des BGH angeschlossen. Von dieser Tendenz der Literatur ausgehend könnte man die jeweilige Auffassung der herrschenden Lehre sowie die Rechtsprechung des RG als überholt ansehen.[4]

Nach § 852 BGB verjährt aber die Schadenersatzpflicht nach drei Jahren, und die Verjährung beginnt nicht mit der Entstehung des Anspruchs, sondern erst nach Kenntnis der Gesellschaft von dem Schaden und der Person des Ersatzpflichtigen. Er verjährt ohne Rücksicht auf diese Kenntnis innerhalb von dreißig Jahren nach Begehung der Handlung an.

2) Nach türkischem Recht

a) Gesetzliche Grundlage

Hinsichtlich der Verjährung eines Verfolgungsrechts der Gesellschaft und des mittelbar geschädigten Aktionärs sowie des Gläubigers gegen verantwortliche Verwaltungsratsmit-

---

[1]BGHZ 100, 190, 200 ff.

[2]Mertens, § 93 Anm. 75 (1. Aufl.) Kölner Komm. und § 93 Anm. 156 Kölner Komm.; ders., § 43 Anm. 93 Hachenburg.

[3]Vgl. beispielsweise Hüffer, § 93 Anm. 36 AktienG; Fleck, Dienstverhältnis, WM 1994 S. 1963; Scholz/Schneider, § 43 Anm. 202; Koppensteiner, § 43 Anm. 51 GmbHGKomm.; Lutter/Hommelhoff, § 43 Anm. 23 GmbHG.; Meyer-Landrut/Miller/Niehus, § 43 Anm. 20, Kommentar zum GmbHG.

[4]Vgl. auch BGHZ 100, 190, 200 ff.

glieder findet sich anders als im deutschen AktG in der speziellen aktienrechtlichen Haftungsvorschrift, also in Art. 336 THGB keine einheitliche Bestimmung. In Art. 309 Abs. 4 THGB, der die gemeinsamen Bestimmungen über die Haftung der Gründer einer AG vorschreibt, befindet sich eine Bestimmung über die Verjährung. Aufgrund des Verweises in Art. 340 THGB findet diese Bestimmung auch für die gegen die ersatzpflichtigen Verwaltungsratsmitglieder erhobene Klage Anwendung. Es ist jedoch in der Literatur umstritten, ob diese in Art. 309 THGB geregelte Verjährungsfrist für die Klagen aller Klageberechtigten (der Gesellschaft, des einzelnen Aktionärs und des Gesellschaftsgläubigers) anwendbar ist.

Nach einer Mindermeinung[1] im türkischen Schrifttum kommt diese Verjährungsfrist für eine Klage der Gesellschaft nicht in Betracht. Für sie gilt vielmehr die Bestimmung des Art. 126 Abs. 1 Nr. 4 TOG. Diese Nr. 4 regelt eine allgemeine fünfjährige Verjährungsfrist für die Klagen, die innerhalb einer Gesellschaft, die aufgrund eines Gesellschaftsvertrages gegründet worden ist, erhoben werden, und zwar zwischen den Parteien Gesellschafter-Gesellschafter oder Gesellschafter-Gesellschaft sowie Gesellschafter-Verwaltungsmitglieder. Die Vertreter dieser Mindermeinung stützen sich auf die Marginalie des Art. 340 THGB, der auf den Art. 309 THGB verweist. Die Marginalie des Art. 340 THGB spricht nur von *„anderen Vorschriften über Ersatzklagen der Gesellschafter und Gesellschaftsgläubiger“*, von der Ersatzklage der Gesellschaft ist hier keine Rede.

Nach heute überwiegender und richtiger Ansicht[2] kommt die in Art. 309 THGB vorgeschriebene Verjährungsfrist nicht nur für Klagen des einzelnen Aktionärs und des Gesellschaftsgläubigers, sondern auch für die Klage der Gesellschaft zur Anwendung. Für die Richtigkeit der Ansicht liefert das THGB im Text des Art. 340 einen wesentlichen Beweis. Dort ist nämlich vorgeschrieben: *„Auf die Haftung, welche die Verwaltungsratsmitglieder nach den Vorschriften der Art. 336, 337 THGB trifft, findet auch die Bestimmung des Art. 309 THGB Anwendung“*. Der Gesetzgeber verweist somit, ohne die Haftung gegenüber der Gesellschaft auszunehmen, für sämtliche Haftungsfälle, mit anderen Worten, für sämtlichen speziellen Haftungsvorschriften, auf die Regelung des Art. 309 THGB. Daher könnte man die Marginalie des Art. 309 THGB als gesetzgeberischen Redaktionsfehler be-

---

[1] Ansay, ASH S. 148; Poroy/Tekinalp/Tekinalp, Organlarin Sorumlulugu S. 386, 387; Türk, Zamanasimi ve Baslangici S. 5 ff.

[2] Camoglu, Doz. S. 225 ff.; ders., Zamanasimi S. 266 ff.; Atan, Diss. S. 73; Mimaroglu, Diss. S. 123; Helvaci, Diss. S. 109; Arslanli, AS Organizasyonu S. 194; Imregün, Kara Ticaret S. 364; Domanic, Serh S. 692 ff.; Tandogan, Mururu Zaman S. 122 ff.; Tekil, ASH S. 163 ff.

trachten. Ansonsten läßt sich kein gesetzgeberischer Grund erkennen, weshalb für die Klage der Gesellschaft eine andere Verjährungsfrist als die in Art. 309 THGB gelten soll.

Auch der Kassationsgerichtshof der Türkei hat in seinen Entscheidungen[1] geäußert, daß die Verjährungsfrist in Art. 309 THGB auch für die Ersatzklage der Gesellschaft Geltung hat.

b) Das dreischichtige Verjährungssystem des Art. 309 Abs. 4 THGB

Es wurde in den vorangehenden Ausführungen festgestellt, daß im türkischen Recht für die Verjährung des Schadenersatzanspruchs aller Geschädigten (der Gesellschaft, des einzelnen Aktionärs und des Gesellschaftsgläubigers) die Regelung des Art. 309 Abs. 4 THGB zur Anwendung kommt. Diese Vorschrift beinhaltet ein dreischichtiges Verjährungssystem. Demnach verjährt der Anspruch aller Ersatzberechtigten (bzw. Geschädigten) zwei Jahre nach dem Zeitpunkt, an welchem der Ersatzberechtigte von dem Schaden und der Person des verantwortlichen Mitglieds Kenntnis erlangt hat, auf jeden Fall aber nach Ablauf von fünf Jahren, von dem Tage der schädigenden Handlung an gerechnet. Stellt diese schädigende Handlung jedoch gleichzeitig eine strafbare Handlung dar und unterliegt sie nach dem Strafgesetzbuch einer längeren Verjährungsfrist, so kommt auch für die Schadenersatzklage diese Verjährungsfrist zur Anwendung.

Das dreischichtige Verjährungssystem gilt aufgrund des Art. 60 Abs. 1 und 2 TOG auch für Ersatzansprüche aus unerlaubter Handlung. Art. 309 Abs. 4 THGB ist nämlich hinsichtlich des Wortlautes dem Art. 60 Abs. 1 und 2 TOG nachgebildet. Dort in Art. 60 TOG sind jedoch andere Fristen, und zwar für die zweijährigen Frist eine einjährige und für die fünfjährige Frist eine zehnjährige vorgesehen.

aa) Die ordentliche zweijährige Verjährungsfrist und deren Beginn

Die ordentliche zweijährige Verjährungsfrist beginnt nach dem klaren Wortlaut des Art. 309 Abs. 4 THGB zunächst zu laufen, wenn der Geschädigte (Kläger) von seinem Schaden und der Person des verantwortlichen Mitglieds Kenntnis erlangt hat. Nach der ständigen Rechtsprechung des schweizerischen Bundesgerichts[2] sowie des Kassationsge-

[1]Vgl. beispielsweise Yargitay 11. HD. 30.12.1972 T. E. 1972/3561 K. 1972/5858 in Batider, 1973 C. VII S. 184 ff; Y. 11. HD. 4.12.1974 T. E. 1974/3448 K. 1974/3423 in YKD 1975 C.I S. 134 ff.; Y. 11. HD. 2.6.1975 T. E. 1974/5185 K. 1975/3636 in YKD 1976 C. II S. 505 ff.

[2]Vgl. BGE, 96 II 39; 92 II 4; 100 II 341; 93 II 502.

richtshofes[1] der Türkei hat der Geschädigte Kenntnis vom Schaden, wenn er „die Beschaffenheit und die wesentlichen Merkmale, d.h. alle tatsächlichen Umstände kennt, die geeignet sind, eine Klage zu veranlassen und zu begründen". Demnach liegt keine Kenntnis des Geschädigten vom Schaden vor, wenn er nur vermutet oder die bloße Möglichkeit hat, zu erfahren, daß er geschädigt wurde. Es muß also konkrete Kenntnis vorhanden sein.[2] Dagegen ist es für den Lauf der Frist nicht erforderlich, daß die Höhe des Schadens ziffernmäßig feststeht.[3]

Die Kenntnis der Person des verantwortlichen Mitglieds (bzw. der Person des Ersatzpflichtigen) liegt dann vor, wenn der Geschädigte die Tatsachen kennt, die auf ein pflichtwidriges Verhalten des Schädigers hinweisen, der einen Schaden verursacht haben kann. Insofern ist es aber nicht nötig, daß der Geschädigte auch die Einzelheiten des schädigenden Verhaltens kennt. Andererseits ist aber auch nicht „die Kenntnis der Person des Ersatzpflichtigen" schon für den Fall zu bejahen, daß der Geschädigte bloß die Vermutung hat, daß die jeweilige Person der Ersatzpflichtige sein könnte.[4]

Bei mehreren Ersatzpflichtigen ist der Beginn des Laufs der Verjährung für jeden von ihnen persönlich zu bestimmen. Dies folgt aus dem Umstand, daß gem. Art. 336 Abs.1 THGB zwischen dem Geschädigten und jedem einzelnen Solidarschuldner ein selbständiges Forderungsverhältnis besteht.[5] Es ist folglich nicht erforderlich, daß der Geschädigte von der Person aller Ersatzpflichtigen Kenntnis hat.[6] Die Verjährung beginnt schon, wenn der Geschädigte vom Schaden und der Person eines der Ersatzpflichtigen Kenntnis hat. Für die übrigen Ersatzpflichtigen beginnt die Verjährungsfrist erst mit dem Tag zu laufen, an welchem sie dem Geschädigten bekannt werden.

Im Rahmen der Frage nach dem „Beginn der ordentlichen Verjährungsfrist" bleibt noch zu beantworten, ob für den Beginn der Verjährungsfrist hinsichtlich aller Geschädigten allein die Kenntnis der Aktiengesellschaft - als Hauptgeschädigte - entscheidend ist, oder ob die Kenntnis jedes einzelnen Geschädigten gesondert für den Beginn der Verjährung seines

---

[1]Vgl. Yargitay 4. HD. 4.12.86 T. E. 6073/K. 8188 in YKD 1987 C.III. S. 395; Y. 4. HD. 13.12.1987 T. 7532/485 in IKID; Y. 4. HD. 22.11.1988 T. E. 8031/K. 9943.

[2]Vgl. BGE 109 II 435; 112 V 158.

[3]Vgl. BGE 112 V 268.

[4]Vgl. Bürgi, Art. 760 Anm. 11 Züricher Komm.; Forstmoser, Verantwortlichkeit Anm. 503 S. 163, 164.

[5]Vgl. Art. 142 TOG.

[6]Vgl. Domanic, Doz. S. 106, 107; Mimaroglu, Diss. S. 122; Camoglu, Doz. S. 227.

Verfolgungsrechts ausschlaggebend ist. Nach Auffassung einiger Autoren im Schrifttum[1] beginnt der Lauf der Verjährung auch für mittelbar geschädigte Aktionäre und Gesellschaftsgläubiger mit der Kenntnis der Gesellschaft vom Schaden und der Person der Ersatzpflichtigen. Ihre eigenen Kenntnisse würden dabei keine Rolle spielen. Die Vertreter dieser Auffassung führen zur Begründung an, daß der Aktionär und der Gesellschaftsgläubiger nicht aus eigenem Recht, sondern aus dem Recht der Gesellschaft auf Leistung an die Gesellschaft klagt.[2] Übrigens würde die Annahme, wonach für den Beginn des Laufs der Verjährung eigene Kenntnis des einzelnen Aktionärs und Gläubigers entscheidend sein soll, dem Zweck des Instituts der Verjährung widersprechen.[3] [4]

Diese Auffassung ist aus folgenden Gründen abzulehnen:

1. Vor allem läßt sich dem Wortlaut des Art. 309 Abs. 4 THGB gar kein Anhaltspunkt entnehmen, der die Richtigkeit dieser Auffassung bestätigt. Dort ist nur von der Kenntnis des Klägers die Rede, aber nicht von der Kenntnis der Gesellschaft.

2. Der einzelne Aktionär und der Gläubiger der Gesellschaft klagen im Gegensatz zu dieser erwähnten Auffassung nach türkischem Recht - wie bereits erwähnt - aus eigenem Recht. Daran ändert auch der Umstand nichts, daß die Klage auf Leistung an die Gesellschaft geht.

3. Schließlich würde mit der Annahme dieser Auffassung die praktische Bedeutung der Klage des einzelnen Aktionärs sowie des Gläubigers aus mittelbarem Schaden abgeschwächt oder gar beseitigt. Denn für eine Gesellschaft (d.h. einen Mehrheitsaktionär), die den Ersatzanspruch gegen die verantwortlichen Mitglieder unter den Tisch fallen lassen will, wird auf diese Weise eine besonders günstige Gelegenheit dafür geschaffen. Sie könnte zur Vermeidung der Klage des einzelnen Aktionärs und des Gläubigers ohne irgendeine Maßnahme die zweijährige Verjährungsfrist ablaufen lassen. Sie könnte aber auch, damit ihr Vorhaben nicht auffällt, kurz vor Ablauf der Verjährungsfrist die Aktionäre und die Gläubiger über den Gesellschaftsschaden und über die verantwortlichen Mitglie-

---

[1]Vgl. Domanic, Doz. S. 105; Atan, Diss. S. 73; Camoglu, Zamanasimi S. 270, 271.

[2]Bürgi, Art. 760 Anm. 14 Züricher Komm.

[3]Denn in diesem Fall wäre es nicht zu vermeiden, daß die Aktionäre und Gläubiger massenhaft Verantwortlichkeitsklage erheben und somit lange Zeit die Realisierung der Rechtssicherheit und gesellschaftlichen Frieden verhindern.

[4]Vgl. Domanic, Doz. S. 105; Atan, Diss. S. 73; Camoglu, Zamanasimi S. 270, 271.

der in Kenntnis setzen und somit die Möglichkeit des Aktionärs oder des Gläubigers zur Erhebung einer Klage auf kurze Zeit beschränken.

Auf welchen Zeitpunkt der Beginn der ordentlichen Verjährungsfrist fällt, läßt der Wortlaut des Art. 309 Abs. 4 THGB unzweideutig erkennen. Wenn es dort heißt, daß die Schadenersatzforderung zwei Jahre nach dem Zeitpunkt, an welchem der Kläger vom „Schaden und der Person der Verantwortlichen" Kenntnis erlangt hat, so ist sogleich festzuhalten, daß der Lauf der Verjährungsfrist für jeden einzelnen Kläger gesondert mit seiner subjektiven Kenntnis von seinem Schaden und der Person der Verantwortlichen beginnt. Insofern hat die Kenntnis der Gesellschaft für die Klage des einzelnen Aktionärs und des Gläubigers keine Bedeutung und umgekehrt.

Da die AG als juristische Person am Rechtsverkehr teilnimmt, bedarf die Kenntnis der Gesellschaft näherer Präzisierung. Der von Gierke entwickelten „Organtheorie" entsprechend könnte man grundsätzlich die Kenntnis der Aktiengesellschaft annehmen, wenn das zur Beschlußfassung über die Klageerhebung berechtigte Organ vom Schaden und der Person der Verantwortlichen im oben erwähnten Sinne die Kenntnis erlangt hat.[1] [2] Dieses Organ ist nach türkischem Aktienrecht die Generalversammlung.[3]

bb) Fünfjährige absolute Verjährungsfrist

Neben der zweijährigen ordentlichen Verjährungsfrist hat Art. 309 Abs. 4 THGB eine subsidiäre fünfjährige Verjährungsfrist angeordnet. Diese Verjährungsfrist gilt aber absolut, ohne Rücksicht auf die Kenntnis des Schadens und der Person des Ersatzpflichtigen. Sie beginnt nicht wie in § 198 BGB von dem Zeitpunkt an zu laufen, an dem der Schaden entstanden ist, sondern wie in § 852 BGB von demjenigen an, an dem die pflichtwidrige Handlung stattgefunden hat. Daher kann es in der Praxis durchaus vorkommen, daß die

---

[1]Ähnlich auch Imregün, zitiert bei Camoglu, Doz. S. 229 Fn. 18. Vgl. auch Yargitay 11. HD. 31.5.1976 T. E. 1976/430 K. 1976/2933. Zitiert bei Türk, Zamanasimi ve Baslangici S. 35.

[2]Zur Diskussion über die Frage, wie weit der Gesellschaft das Wissens ihrer Organe zuzurechnen ist, vgl. Reichwein, Wissensvertrag, SJZ 1970 S. 1 ff.

[3]Der Kassationsgerichtshof der Türkei hat in seinen mannigfaltigen Entscheidungen geäußert, daß der Beschluß der GV zur Klageerhebung gem. 341 Abs. 1 THGB eine Zulässigkeitsbedingung für die Klage bildet. Vgl. Y. 11. HD. 12.1.1970 T. E. 69/3679 K. 97; Y. 11. HD. 17.6.1974 T. E.1974/1920 K. 19741962 in YKD C I S. 132; Y. 11. HD. 12.6.1989 T. E. 6367 K. 3541 in IKID Yil 30 sa. 349 S. 6960; Y. 11. HD. 14.11.1994 T. E. 4599/K. 8574: Eris, AS Hukuku, S. 327. Vgl. auch Atalay, Yöneticilerin Sorumlulugu S. 19 ff.; Doganay, Idare Meclisi Aleyhine Dava S. 723 ff.; Postacioglu, Azalarin Mesuliyeti S. 479, 490 ff.

Schadenersatzansprüche der Gesellschaft und der anderen Ersatzberechtigten verjähren, bevor sie entstanden sind.

cc) Längere Verjährungsfrist bei strafbarer Handlung

Stellt die pflichtwidrige Handlung des verantwortlichen Verwaltungsratsmitglieds zugleich eine strafbare Handlung dar und unterliegt diese nach dem TStGB einer längeren Verjährungsfrist als die zivilrechtliche fünfjährige Frist, so gilt gem. Art. 309 Abs. 4 THGB für die Ersatzansprüche aller Berechtigten diese längere strafrechtliche Verjährungsfrist. Diese Bestimmung beruht wohl auf der Überlegung, daß es widersinnig wäre, wenn man dem Geschädigten das Recht zur Geltendmachung seiner Ersatzansprüche versagen würde, während die für den Täter noch härtere strafrechtliche Verfolgung möglich wäre.[1] Die Voraussetzung hierzu ist nicht die Bestrafung des Täters, sondern die Strafbarkeit seiner Handlung. Sie muß also die objektiven und subjektiven Merkmale des Straftatbestands erfüllen.

c) Hemmung und Unterbrechung der Verjährung

Aufgrund des Fehlens einer besonderen Regelung in Art. 309 THGB gelten die allgemeinen Bestimmungen über Hemmung (bzw. Hinderung und Stillstand) und Unterbrechung der Verjährung in Art. 132 ff. TOG auch für die Verjährung der Ersatzansprüche der Gesellschaft, des Aktionärs und des Gläubigers, solange sie sich mit dem Wesen der aktienrechtlichen Bestimmungen in Harmonie befinden.

3) Nach schweizerischem Recht

Das alte schweizerische Obligationenrecht sah in Art. 760 auch ein dreischichtiges Verjährungssystem vor. Das schweizerische System weicht aber hinsichtlich der Fristen vom türkischen ab. Dort waren längere Fristen angeordnet, und zwar statt der zweijährigen ordentlichen Verjährungsfrist eine fünfjährige und statt der fünfjährigen absoluten Verjährungsfrist eine zehnjährige. Der Art. 760 aOR ist bei der Revision des OR von 1991 unverändert geblieben. Dieser Artikel weicht aber von Art. 60 OR, in welchem die allgemeinen Bestimmungen über die Verjährung der Ersatzansprüche aus unerlaubter Handlung vorgeschrieben sind, in einer Frist ab: statt der fünfjährigen ordentlichen Verjährungsfrist ist in Art. 60 OR eine einjährige Frist vorgesehen.

---

[1] Meier-Wehrli, Diss. S. 146; Forstmoser, Verantwortlichkeit Anm. 522 S. 168.

4) Zusammenfassende Gegenüberstellung der drei Rechtssysteme hinsichtlich der Verjährung

Wie in den vorangegangenen Ausführungen mehrmals erwähnt, unterliegen die Ansprüche der Gesellschaft sowie des einzelnen Aktionärs und des Gläubigers gegen verantwortliche Verwaltungsratsmitglieder nach türkischem und schweizerischem Aktienrecht - abgesehen von unterschiedlichen Fristen - einem fast wörtlich übereinstimmenden dreischichtigen Verjährungssystem. Demnach verjährt der Anspruch der Ersatzberechtigten nach zwei (fünf) Jahren, von dem Zeitpunkt an, an dem der Berechtigte von seinem Schaden und der Person des Ersatzpflichtigen Kenntnis erlangt hat und unabhängig davon nach fünf (zehn) Jahren von dem Zeitpunkt an, an dem die pflichtwidrige Handlung stattgefunden hat. Stellt dagegen diese Handlung eine strafbare Handlung dar, und sieht für sie das StGB eine längere Verjährungsfrist vor, so gilt diese längere Verjährungsfrist.

Demgegenüber sieht das deutsche AktG grundsätzlich für die Ersatzansprüche der Gesellschaft sowie des Gläubigers ein einfaches Verjährungssystem vor: Sie beginnt mit dem Entstehung des Anspruchs und beträgt fünf Jahre. Es könnte aber für die Ersatzansprüche ausnahmsweise eine andere Verjährungsfrist zur Anwendung kommen; erfüllt die pflichtwidrige Handlung des Vorstandsmitglieds die Tatbestandsmerkmale einer unerlaubten Handlung, so ist die Verjährungsfrist in § 852 BGB anzuwenden. Nach § 852 BGB beginnt die Verjährung mit der Kenntnis des Geschädigten von seinem Schaden und der Person des Ersatzpflichtigen und beträgt unabhängig davon dreißig Jahre.

Unter der Verjährungsregelungen nach diesen drei Rechtsystemen ist m.E. die schweizerische Regelung vorzuziehen, denn die in Art. 760 OR angeordneten Verjährungsfristen sind im Vergleich zu denen in Art. 309 THGB und § 93 Abs. 3 AktG die angemesseneren. Dies ergibt sich aus folgenden Überlegungen:

Eine ideale Verjährungsfrist soll einerseits dem Zweck dienen, verschleppte Streitigkeiten zu bereinigen und somit die Klarheit der Rechtsbeziehungen unter den Rechtsgenossen sowie die Sicherheit und den Frieden des Rechtsverkehrs zu realisieren. Andererseits aber soll dem Gläubiger die Gelegenheit eingeräumt werden, seine Forderungen innerhalb einer vernünftigen Frist geltend zu machen. Mit anderen Worten: durch die angemessenen Verjährungsfristen sollen das öffentliche Interesse der Rechtssicherheit und das Interesse der Gläubiger abgewogen werden. Dieser Tatsache trägt das schweizerische Aktienrecht aufgrund der in Art. 760 OR angeordneten fünf- und zehnjährigen Verjährungsfristen am besten Rechnung. Dagegen hat der türkische und der deutsche Gesetzgeber durch die Anordnung der kürzeren Verjährungsfristen die Interessen der Öffentlichkeit den Interessen der Gläubiger (bzw. Geschädigten) gegenüber vorgezogen.

Die fünfjährige absolute Verjährungsfrist, die mit der Begehung der Handlung zu laufen beginnt, ist verhältnismäßig kurz. Deswegen kann es vorkommen, daß der Schadenersatzanspruch der Gesellschaft und des einzelnen Aktionärs sowie des Gläubigers aufgrund der Verjährung undurchsetzbar wird, bevor er entstanden ist.[1] In dem Regierungsentwurf betrug diese Frist wie im Art. 760 aOR zehn Jahre. Der jeweilige Rechtsausschuß der Regierung der Türkei hat aber diesen Vorschlag abgelehnt. Insofern läßt sich aus dem Amtlichen Bericht des Rechtsausschusses als Grund erkennen, daß die Bedürfnisse (bzw. Verhältnisse) des Landes eine fünfjährige Verjährungsfrist erforderlich machen[2] (!). Für die Frage, um welche Bedürfnisse des Landes es sich dabei handelt, liefert aber der Amtliche Bericht des Rechtsausschusses keinerlei Anhaltspunkte. Meines Wissens sind jedoch besondere Bedürfnisse, die eine unverhältnismäßig zum Nachteil des Geschädigten wirkende fünfjährige Verjährungsfrist rechtfertigen, nicht (oder nicht mehr) vorhanden. Daher ist eine substantielle und förmliche Nachahmung des Art. 760 OR bei der nächstmöglichen Revision des türkischen Aktienrechts sinnvoll und empfehlenswert.[3]

Dabei ist insbesondere wünschenswert, daß die für das türkische Handelsrecht nahezu charakteristische Methode der Ausformulierung der handelsrechtlichen Vorschriften mittels „Verweisung auf andere Vorschriften", welche auf dem Grundsatz der „Sprachökonomie" beruht, aufgegeben wird. Statt dessen sollte der Gesetzgeber seinen Willen in separaten Artikeln des Gesetzes detailliert äußern, auch wenn diese separaten Artikel fast dasselbe beinhalten. Dadurch könnten mehrdeutige und Verwirrung stiftende Bestimmungen, die infolge nicht eindeutiger Verweisung entstehen, verhindert werden.[4]

---

[1]In Art. 60 TOG beträgt diese absolute Verjährungsfrist zehn und in Art. 852 BGB dreißig Jahre.

[2]Vgl. Amtlicher Bericht des Rechtsausschusses, zitiert bei Camoglu, Doz. S. 233 ff.

[3]So auch Tandogan, Mururu Zaman S. 123; Camoglu, Zamanasimi S. 276 ff.; ders., Doz. S. 233; Atan, Diss. S. 75.

[4]Die Bestimmungen des Art. 309 und des Art. 320 THGB bilden ein gutes Beispiel für solche fehlgeschlagene Verweisungen. Zu Art. 320 THGB vgl. unter Kapitel II, II, 3, „a) Im allgemeinen".

II) Infolge Entlastung (Dechargeerteilung)

1) Entlastung der Vorstandsmitglieder

a) Allgemeine Bemerkungen

§ 120 AktG befaßt sich mit der Entlastung der Vorstands- und Aufsichtsratsmitglieder. Für die Entscheidung der Entlastung ist gem. § 119 Abs. 1 Nr. 3 AktG ausschließlich die Hauptversammlung zuständig. Für den Entlastungsbeschluß genügt (§ 133 AktG) einfache Stimmenmehrheit. Demnach ist die Entlastung erteilt, wenn der darauf gerichtete Antrag diese Stimmenmehrheit erreicht hat. Ansonsten ist sie verweigert. In der Satzung können aber - für die Entlastung der Organmitglieder - aufgrund des § 23 Abs. 5 AktG auch eine qualifizierte Mehrheit und zusätzliche Bedingungen vorgesehen werden.

Gem. § 120 Abs. 1 AktG hat die Hauptversammlung in den ersten acht Monaten des Geschäftsjahres über die Entlastung zu beschließen. Diese achtmonatige Frist entspricht der, die in § 175 Abs.1 AktG für die Entgegennahme des festgestellten Jahresbeschlusses und des Lageberichts für den Gewinnverwendungsbeschluß vorgesehen ist. Sie ist zwingend und darf durch Satzungsbestimmung nicht verlängert werden.[1]

Aufgrund des § 120 AktG kann die Entlastung der Vorstands- und Aufsichtsratsmitglieder nach zwei verschiedenen Verfahren erfolgen:

1. Gesamtentlastung: sie stellt, wie dem § 120 Abs. 1 Satz 1 AktG zu entnehmen ist, den Regelfall dar. Von der Gesamtentlastung ist dann die Rede, wenn über die Entlastung der Vorstandsmitglieder oder über die der Aufsichtsratsmitglieder jeweils in einem Abstimmungsgang entschieden wird.[2] Hierbei ist es aber nach fast einheitlicher Lehre[3] unzulässig, daß die Entlastung sämtlicher Mitglieder des Vorstands und des Aufsichtsrats in einem Abstimmungsgang zusammengefaßt wird. Es sind also zwei Entlastungsbeschlüsse erforderlich.

2. Einzelentlastung: sie liegt vor, wenn über die Entlastung der Mitglieder des Vorstands oder des Aufsichtsrats getrennt, d.h. personenbezogen entschieden wird. Aufgrund des §

---

[1] Godin-Wilhelmi, § 120 Anm. 1 Aktiengesetz; Barz, § 120 Anm. 14 Großkomm.; Eckardt, § 120 Anm. 11 Komm. AktG.

[2] Hüffer, § 120 Anm. 7 AktienG; Eckardt, § 120 Anm. 17 Komm. AktG.

[3] Baumbach-Hueck, § 120 Anm. 4 AktG Komm.; Hüffer, § 120 Anm. 7 AktienG; Eckardt, § 120 Anm. 17 Komm. AktG.

120 Abs.1 Satz 2 AktG kann eine Einzelentlastung nur dann erfolgen, wenn dies entweder die Hauptversammlung beschließt oder eine Minderheit dies verlangt, die 10 % des Grundkapitals vertritt oder deren Aktien einen Wert von 2 Millionen DM erreichen.

Weiterhin setzt § 120 Abs. 3 Satz 1 AktG für das Vorliegen einer zulässigen Entlastung der Verwaltungsmitglieder voraus, daß die Verhandlung über die Entlastung mit derjenigen über die Verwendung des Bilanzgewinns verbunden werden. Diese Verbindung wird in der Weise verwirklicht, daß die zu verbindenden Punkte der Tagesordnung gleichzeitig oder zumindest unmittelbar nacheinander aufgerufen werden.[1]

Die letzte Voraussetzung für eine zulässige Entlastung ergibt sich aus § 120 Abs. 3 Satz 2 AktG. Demnach hat der Vorstand der Hauptversammlung, die über die Entlastung beschließt, den Jahresabschluß, den Lagebericht und den Bericht des Aufsichtsrats vorzulegen. Diese Vorlagepflicht dient nach der Begründung des Regierungsentwurfs[2] grundsätzlich dazu, daß sich die Aktionäre in der Hauptversammlung vor der Entscheidung über die Entlastung über die Tätigkeit des Vorstands und des Aufsichtsrats informieren und schlüssig werden können, ob sie die Verwaltung der Gesellschaft billigen.

b) Rechtsdogmatische Einordnung der Entlastung der Mitglieder des Vorstands

Zu der Zeit des aHGB und des AktG von 1937 wurde im Schrifttum über die rechtssystematische Qualifikation des körperschaftsrechtlichen (bzw. verbandsrechtlichen) Institutes der „Entlastung der Verwaltung" sehr heftig gestritten. Dieser Streit um die rechtsystematische Qualifikation der Entlastung war grundsätzlich darauf zurückzuführen, daß die sog. Verzichtwirkung der Entlastung im Schrifttum zum damaligen Recht fast einhellig als wichtigster Anhaltspunkt für die Ermittlung ihres rechtlichen Wesens betrachtet wurde.[3] In diesem Zusammenhang wurde zum Beispiel die Entlastung als eine Quittung über die ordnungsgemäße rechenschaftspflichtige Geschäftsführung und die Rechenschaftsablage selbst bewertet (im Sinne von § 368 BGB).[4] Zum damaligen Zeitpunkt bewertete aber die herrschende Auffassung in der Rechtsprechung des RG und des BGH sowie im einschlägigen Schrifttum die Entlastung der Verwaltungsmitglieder von Körperschaften dahinge-

---

[1]Eckardt, § 120 Anm. 28 Komm. AktG.

[2]Begründung des Regierungsentwurfs, Kropff, Aktiengesetz S. 167.

[3]Tellis, Entlastungsklage S. 43.

[4]Dazu ausführlich Barner, Entlastung S. 68 ff.; Tellis, Entlastungsklage S. 68 ff.; Schönle, Entlastungsbeschluß, ZHR 1964 S. 208, 209.

hend, daß sie einen Erlaßvertrag im Sinne von § 397 Abs. 1 BGB oder einen negativen Schuldanerkenntnisvertrag im Sinne von § 397 Abs. 2 BGB darstelle, durch den die Gesellschaft anerkenne, daß Ansprüche aus mangelhafter Geschäftsführung oder Aufsichtsführung nicht bestünden.[1] Das RG und der BGH vertraten dagegen in der neueren Rechtsprechung hierzu die Auffassung, daß die Entlastung nicht unter den Tatbestand des § 397 BGB zu subsumieren sei, sondern daß sie eine einseitige, nichtempfangsbedürftige Erklärung sei, die allerdings wie ein Verzicht oder ein negatives Schuldanerkenntnis wirke.[2]

Mit dem Inkrafttreten des AktG von 1965 hat die rechtsdogmatische Einordnung der Entlastung an Bedeutung verloren. Das neue AktG erkennt nämlich der Hauptversammlung durch die Regelung des § 120 Abs. 3 AktG ganz eindeutig jede Verzichtwirkung eines Entlastungsbeschlusses ab. Nach heute wohl herrschender Lehre[3] wird die Entlastung der Verwaltungsmitglieder als „körperschaftsrechtliche, einseitige Erklärung" qualifiziert.

c) Rechtliche Wirkung der Entlastung der Mitglieder des Vorstands

aa) Negative Wirkung

In § 104 AktG von 1937 befand sich keine Bestimmung über die rechtliche Wirkung der Entlastung. Diese Problematik war im Schrifttum heftig umstritten. Seit dem Inkrafttreten des AktG von 1965 wurde - im Anschluß an die bis dahin herrschende Lehre - unter diesen Streit ein Schlußstrich gezogen. § 120 Abs. 2 Satz 2 AktG bestimmt nämlich eindeutig, daß die Entlastung keine Verzichtwirkung auf die bereits vorhandenen Ersatzansprüche der Aktiengesellschaft, die aus dem pflichtwidrigen Handeln der Vorstandsmitglieder entstanden sind, entfaltet.

Im Gegensatz dazu enthält das aktuelle GmbHG keine dem § 120 Abs. 2 Satz 2 AktG entsprechende Vorschrift. Nach heute wohl herrschender Auffassung der Rechtspre-

---

[1]Für diese damalige herrschende Lehre ausführlich vgl. Schönle, der Entlastungsbeschluß S. 205 ff.; Barner, Entlastung S. 57 ff.

[2]Hierzu ausführlich Tellis, Entlastungsklage S. 49 ff.

[3]Brox, Probleme, BB 1960 S. 1226; Hueck, zitiert bei Brox, Probleme, BB 1960 S. 1226 Fn. 3; Tellis, Entlastungsklage S. 84; Hüffer, § 120 Anm. 3 AktienG; Schmidt, Entlastungsrecht, ZGR 1978 S. 432 ff.; Eckardt, § 120 Anm. 33 Komm. AktG.

chung[1] und des Schrifttums[2] hat aber die nach § 46 Nr. 5 GmbHG beschlossene Entlastung, anders als im Aktienrecht, eine *Präklusionswirkung*. Das bedeutet, daß die Gesellschaft nach der Entlastung von Ersatzansprüchen ausgeschlossen ist, die innerhalb des Entlastungszeitraums entstanden sind, sofern ihre Existenz aufgrund der von den Geschäftsführern abgelegten Rechenschaft bei sorgfältiger Prüfung erkennbar war.[3]

In diesem Zusammenhang ist es für die Aktiengesellschaft denkbar, der von allen Aktionären (einstimmig) erteilten Entlastung die Wirkung eines Anspruchsverzichts beizumessen, wenn die für den Verzicht vorgesehene dreijährige Sperrfrist zum Zeitpunkt des Entlastungsbeschlusses schon abgelaufen ist und nicht eine Minderheit, deren Anteil zusammen den zehnten Teil des Grundkapitals erreicht, gegen den Verzicht Widerspruch erhebt. In einer Entscheidung[4] zur Zeit des früheren Rechts hat der BGH für eine einstimmige Entlastung die Verzichtswirkung anerkannt, wobei die damalige fünfjährige Sperrfrist in § 84 Abs. 4 Satz 3 AktG von 1937 verstrichen war. Er hat zur Begründung darauf hingewiesen, daß diese Sperrfrist zum Schutz der Minderheitsaktionäre dient. Nach Auffassung der Mehrheit der Autoren[5] der einschlägigen Literatur dient aber diese Sperrfrist nicht dem Schutz der Minderheit (zumindest nicht nur), sondern der Gesellschaft und ist daher unverzichtbar. Selbst für die einstimmig erteilte Entlastung erkennt die heutige Lehre[6] fast einstimmig zu Recht keine Verzichtswirkung an, auch wenn die dreijährige Sperrfrist zum Zeitpunkt des Entlastungsbeschlusses bereits abgelaufen ist. Der ausdrückliche Wortlaut des § 120 Abs. 2 Satz 2 AktG schließt eine solche Wirkung nämlich für alle Fälle aus.

---

[1]Vgl. beispielsweise RGZ 106, 258, 262; 115, 246, 250; BGHZ 94, 324, 327; 97, 382, 384 ff.; OLG Hamm, GmbHRsch. 1992 S. 802, 803.

[2]Tellis, Entlastungsklage S. 86 ff.; Buchner, Entlastung, GmbHRsch 1988 S. 14; Fleck, Haftung, GmbHRsch 1974 S. 228 ff.; Schmidt, Entlastungsrecht, ZGR 1978 S. 429, 436 ff.; Zöllner, § 46 Anm. 26 GmbH-Gesetz; Koppensteiner, § 46 Anm. 24 GmbHGKomm.

[3]Hüffer, § 120 Anm. 13 AktienG; Schmidt, Entlastungsrecht, ZGR 1978 S. 437.

[4]BGHZ 29, 385, 390.

[5]Vgl beispielsweise Brox, Probleme, BB 1960 S. 1228; Schilling, § 93 Anm. 39 Großkomm.; Barz, § 120 Anm. 9 Großkomm. m.w.N.

[6]Tellis, Entlastungsklage S. 113; Barner, Entlastung. S. 104; Zimmermann, Vereinbarungen, FS Duden, S. 777 ff.; Hüffer, § 120 Anm. 13 AktienG; Barz, § 120 Anm. 9 Großkomm.; Eckardt, § 120 Anm. 35 Komm. AktG; Zöllner, § 120 Anm. 31 Kölner Komm.

bb) Positive Wirkung

Neben dieser negativen Bedeutung - d.h. keine Verzichtswirkung, bzw. keine Präklusionswirkung - kommt der Entlastung im deutschen Aktienrecht organisationsrechtlich weiterhin eine positive Bedeutung zu. Diese ergibt sich aus der Regelung des § 120 Abs. 2 Satz 1 AktG. Danach bedeutet die Entlastung die *Billigung der Verwaltung* der Mitglieder des Vorstands und des Aufsichtsrats.

Nun stellt sich die Frage, ob die Billigung ein gesetz -und satzungsmäßiges Verhalten der Vorstandsmitglieder voraussetzt oder ob für die Hauptversammlung bei der Dechargeerteilung die Zweckmäßigkeit deren Verhalten maßgebend ist. Im Gegensatz zur Entlastung des Geschäftsführers der GmbH richtet sich die Hauptversammlung - nach herrschender Lehre[1] - bei der Entlastung der Vorstandsmitglieder nach der Zweckmäßigkeit der Gesellschaftsleitung des Vorstands. Demzufolge kann sie zum Beispiel Decharge erteilen, auch wenn ihr Satzungs- oder Gesetzesverstöße bekannt sind. Demgegenüber ist die Hauptversammlung bei der Dechargeerteilung wiederum frei, selbst wenn ihr gar keine Verstöße der Vorstandsmitglieder gegen das Gesetz oder die Satzung bekannt waren.[2] Aufgrund dessen ist aus der Entlastung (bzw. der Billigung der Verwaltung) auch nicht die tatsächliche Vermutung abzuleiten, daß die Gesellschaftsleitung der Vorstandsmitglieder für den Zeitraum bis zur Entlastungserteilung (d.h. im Abrechnungszeitraum) ordnungsgemäß war und deswegen die Gesellschaft, die die Vorstandsmitglieder auf Schadenersatz in Anspruch genommen hat, die Verletzung der Sorgfaltspflicht durch Vorstandsmitglieder (Umkehr der Beweislastregelung des § 93 Abs. 2 Satz 2 AktG) darzulegen und zu beweisen hat.[3]

---

[1]Statt vieler vgl. Schuler, Klage auf Entlastung, NJW 1960 S. 601 ff.; Eckardt, § 120 Anm. 30, 40 Komm. AktG.

[2]Nach herrschender und richtiger Ansicht ist eine Klage auf Erteilung der Entlastung unzulässig, denn die Hauptversammlung entscheidet nach freiem Ermessen, und zwar nicht über die Gesetzmäßigkeit der Gesellschaftsleitung, sondern über die Zweckmäßigkeit. Deswegen kann ein Urteil des Gerichts über die Zweckmäßigkeit nicht an die Stelle der Beurteilung der Hauptversammlung treten. Vgl.Eckardt, § 120 Anm. 40 Komm. AktG; Barz, § 120 Anm. 10, 11 Großkomm.; Hüffer, § 120 Anm. 18 AktienG; Zöllner, § 120 Anm. 45 Kölner Komm.; Baumbach-Hueck, § 120 Anm. 11 AktG Komm.; Begründung des Regierungsentwurfs, Kropff, Aktiengesetz S. 167. Dagegen wird in der Türkei allgemein eine Klage auf Erteilung der Entlastung für zulässig gehalten. Vgl. Camoglu, Doz. S. 214, 215, Tekinalp, Iptal Davasi S. 165 ff.; Arslanli, AS Organizasyonu, S. 200 ff.

[3]Vgl. Barz, § 120 Anm 8 Großkomm.; Eckardt, § 120 Anm. 36 Komm. AktG.

Schließlich ergibt sich aus der Entlastungserteilung eine mittelbare Auswirkung auf die Organstellung der Vorstandsmitglieder. Dies ist folgender Argumentation zu entnehmen:

§ 84 Abs. 3 Satz 2 AktG ermöglicht dem Aufsichtsrat, den Vertrauensentzug durch die Hauptversammlung zum Anlaß für den Widerruf der Bestellung der Vorstandsmitglieder aus wichtigem Grund zu nehmen. Verweigert die Hauptversammlung die Dechargeerteilung, so kommt dies einem Vertrauensentzug gleich. Hat daher die HV die Entlastung erteilt, so entfällt der Vertrauensentzug als Widerrufsgrund.[1] Insofern stellt die Dechargeerteilung eine Art Vertrauenskundgabe dar. Fraglich ist aber nun, ob umgekehrt der Aufsichtsrat trotz der verweigerten Entlastung die Vorstandsmitglieder im Amt lassen kann. Die Antwort folgt aus der strengen gesetzlichen Abgrenzung der Kompetenzen der Organe einer Aktiengesellschaft. Demnach ist der Aufsichtsrat ein Organ der AG, das über die den Vorstand betreffenden Fragen unbeschränkbare, eigenverantwortliche Prüfungs- und Entscheidungskompetenzen hat. Daher kann der Aufsichtsrat nicht als verpflichtet zur Abberufung des Vorstands angesehen werden, wenn die Hauptversammlung keine Entlastung erteilt hat.[2] Vielmehr muß er die Entscheidung aus seiner eigenen Verantwortung treffen.

Aufgrund dieser Ausführungen ist zusammenfassend festzustellen: die Dechargeerteilung im deutschen Aktienrecht hat keine materiellrechtliche Wirkungen (d.h. keine Wirkung der Präklusion von Schadenersatzansprüchen). Sie bringt im Grunde genommen ihrem Inhalt nach nur die Billigung der Geschäftsführung und das Vertrauen in diese zum Ausdruck.

2) Entlastung der Verwaltungsratsmitglieder im türkischen Aktienrecht unter Berücksichtigung des schweizerischen Rechts

a) Allgemeine Bemerkungen

Auch im türkischen Aktienrecht fällt die Entlastung der Mitglieder des Verwaltungsrats sowie der Kontrollstelle unter die ausschließlichen Kompetenzen der Generalversammlung.

---

[1]Hat dagegen die Hauptversammlung trotz der ihr bekannten Verfehlungen der Geschäftsführung des Vorstands Decharge erteilt, so ist der Aufsichtsrat nicht gehindert, die Bestellung der Vorstandsmitglieder zu widerrufen. Denn die Maßstäbe für den Widerruf der Bestellung und die Verweigerung der Decharge sind nicht identisch. In diesem Sinne bildet die grobe Pflichtverletzung aufgrund des § 84 Abs. 3 Satz 2 einen Grund für den Widerruf, während sie für die Verweigerung der Decharge nicht unbedingt als ein Grund gelten muß.

[2]Vgl. Hefermehl, § 84 Anm. 73 Komm. AktG; Barz, § 120 Anm. 6 Großkomm.; Meyer-Landrut, § 84 Anm. 33 Großkomm.; Mertens, § 84 Anm. 107 Kölner Komm.

Dies ergibt sich aus dem Wesen der Generalversammlung als oberstes Organ der Aktiengesellschaft.

Das Institut der Entlastung der Mitglieder der Verwaltungs- und Kontrollorgane ist im türkischen Aktienrecht - im Gegensatz zum deutschen - nicht in einem Artikel komplett angeordnet, so daß man die Voraussetzungen für eine zulässige Entlastung sowie die Rechtswirkung derselben auch nicht ohne weiteres erkennen kann. Statt dessen befinden sich in verschiedenen Artikeln des THGB Bestimmungen über die Entlastung der Mitglieder beider Organe.[1] Insofern sind die Bestimmungen des Art. 374 Abs. 2 und 380 THGB von erheblicher Bedeutung. Aus diesen Bestimmungen ergibt sich, daß im türkischen Aktienrecht zwei verschiedene Arten der Entlastung möglich sind:

1. Die fiktive Entlastung (bzw. Vermutung der Entlastung): Aufgrund des Art. 380 THGB umfaßt der GV-Beschluß über die Bestätigung der Bilanz[2], falls nicht ausdrücklich das Gegenteil gesagt ist, die Entlastung der Mitglieder des Verwaltungsrates sowie der Direktoren und der Kontrolleure.[3] Demzufolge braucht für das Vorliegen einer fiktiven Entlastung nicht „die Entlastung" als Behandlungsgegenstand in der Tagesordnung aufgeführt zu sein. Diese Regelung des Art. 380 THGB bildet in Bezug auf das Verbot in Art. 369 Abs. 2 THGB, wonach die in der Tagesordnung nicht aufgeführten Gegenstände nicht behandelt werden dürfen, eine Ausnahme. Des weiteren brauchen die Aktionäre in der GV nicht zu wissen bzw. vorzuhaben, daß sie mit der Bestätigung der Bilanz die Entlastung der Organmitglieder veranlassen. Wollen sie jedoch diese Bestätigungswirkung ausschließen, so müssen sie dies im Beschluß offensichtlich zum Ausdruck bringen.[4]

---

[1]Vgl. beispielsweise Art. 310, 313, 347, 374, 380 THGB.

[2]Nach einheitlicher Lehre muß das Wort „Bilanz" weit interpretiert werden. Demnach fällt unter diesen Begriff auch die Gewinn- und Verlustrechnung und der Jahresbericht (bzw. Geschäftsbericht) des Verwaltungsrats. Die beiden stellen nämlich einen Teil der Bilanz dar und ergänzen sich gegenseitig. Vgl. Camoglu, Doz. S. 200; Ansay, Sirketin Ehliyeti S. 426; Helvaci, Diss. S. 102; Aytac, Ibra S. 140; Eris, AS Hukuku S. 434.

[3]Eine dem Art. 380 THGB entsprechende Bestimmung findet sich im schweizerischen OR nicht. Dennoch hat das Bundesgericht in einem Entscheid zum aOR festgestellt, daß eine vorbehaltlose Abnahme der Gewinn-Verlustrechnung und des Geschäftsberichts die Vermutung der Entlastung entstehen läßt. Vgl. Bürgi, Art. 698 Anm. 73 Züricher Komm.

[4]Aytac, Ibra S. 139; Camoglu, Doz. S. 200.

Die Entlastungswirkung einer Bestätigung der Bilanz tritt aber gem. Art. 380 Satz 2 THGB nicht ein, wenn in der Bilanz einige Umstände nicht offengelegt sind oder diese Unrichtigkeiten[1] enthält, welche die wirkliche Lage der Gesellschaft nicht erkennen lassen.

2. Die offene (förmliche) Entlastung: Auch im türkischen Aktienrecht ist eine offene Entlastung durch Abstimmung im Verlauf der Tagung der Hauptversammlung möglich. Diese Art der Entlastung sowie deren Modalitäten werden aber durch das THGB nicht wie in § 120 AktG detailliert geregelt. Art. 374 Abs. 2 THGB, der das Stimmverbot der Verwaltungsratsmitglieder bei Beschlüssen über eine Entlastung regelt, liefert allerdings ein Indiz für die Existenz einer solchen Entlastung.

In der aktienrechtlichen Praxis der Türkei ist überwiegend die offene Entlastung anzutreffen. Die Erteilung der offenen Entlastung erfolgt meistens bei der ordentlichen Tagung der Generalversammlung.[2] Dafür muß selbstverständlich die Entlastung als Behandlungsgegenstand in der Tagesordnung aufgeführt sein (Art. 369 Abs. 2 THGB). Bei der offenen Entlastung der Organmitglieder ist für die Beschlußfassung gesetzlich keine besondere Mehrheit vorgesehen. Daher gilt auch hier die Mehrheit für die üblichen Beschlüsse der Generalversammlung[3] (Art. 372 THGB).

Auch im türkischen Aktienrecht ist es möglich, einzelnen Mitgliedern des Verwaltungsrats die Entlastung zu erteilen und sie anderen zu verweigern.[4] Dies ist nämlich die logische Konsequenz aus dem Umstand, daß jedes Mitglied des Verwaltungsrates trotz des Grundsatzes der Solidarität der Haftung für sein Tun oder Unterlassen persönlich einzustehen hat. Aus Zweckmäßigkeitsgründen geschieht allerdings die Entlastungserteilung in der Praxis meistens in einer einzigen, alle Mitglieder umfassenden Abstimmung.

b) Grundlage des Beschlusses zur Entlastung der Verwaltungsratsmitglieder

Eine Entscheidung der Aktionäre der Gesellschaft über die Entlastung der Mitglieder des Verwaltungsrats ist zunächst sinnvoll, wenn sie sich darüber gründlich informieren, wie die Geschäfte der Gesellschaft sich in demjenigen abgelaufenen Geschäftsjahr entwickelt

---

[1]Vgl. Y. 11. HD. 16.12.1962 T. E. 454/K. 4384 in ABD. XX/1 S.123; Y. 11. HD. 24.1.1973 T. E. 35/K. 67: Eris, AS Hukuku S. 437.

[2]Auch die Dechargeerteilung bei der außerordentlichen Tagung der Generalversammlung ist im türkischen Aktienrecht zulässig. Vgl. Camoglu, Doz. S. 203; Helvaci, Diss. S. 103.

[3]Camoglu, Doz. S. 204.

[4]Camoglu, Doz. S. 199.

haben, auf das sich der Entlastungsbeschluß bezieht, und welche Maßnahmen durch die Verwaltungsratsmitglieder getroffen worden sind. Deshalb setzt die Entlastung eine Rechenschaftsablegung des Verwaltungsrats voraus. Diese geschieht jedoch in jeder ordentlichen Tagung der Generalversammlung, und zwar durch die Vorlage der Bilanz (Art. 325, Art. 362 Abs. 1, Art. 369 Abs. 1 Nr. 2 THGB), der Gewinn- und Verlustrechnung (Art. 362 Abs. 1 THGB), des Jahresberichts (Geschäftsbericht) (Art. 362 Abs. 1 THGB) sowie die Vorlage des Jahresberichts über die Tätigkeit des Verwaltungsrats durch die Kontrollstelle (Art. 354 THGB).

Des weiteren können sich die Aktionäre Informationen über die Geschäfte der Gesellschaft beschaffen, indem sie ihr Fragerecht bei der Tagung der Generalversammlung in Anspruch nehmen.[1] Auf Fragen des Aktionärs haben die Verwaltungsratsmitglieder einschlägige Auskunft mündlich oder gegebenenfalls schriftlich zu erteilen[2], falls dies keinen Verstoß gegen die ihnen im Interesse der Gesellschaft auferlegte Geheimhaltungspflicht darstellt und dies insbesondere bei Großunternehmen aus zeitlichen Gründen nicht unzumutbar ist.

Schließlich dienen auch die vom Verwaltungsrat oder der Kontrollstelle während der Tagung der Generalversammlung freiwillig gemachten Äußerungen über ihre Tätigkeiten als ein wichtiges Informationsmittel für die Aktionäre.

c) Materielle Tragweite der Entlastung

Die Generalversammlung kann durch ihren Beschluß bei der ordentlichen Tagung dem Verwaltungsrat eine generelle Decharge erteilen. Damit ist jedoch nicht der Verwaltungsrat als Organ, sondern werden sämtliche Mitglieder des Verwaltungsrats entlastet. Sie kann aber auch zugunsten mancher Mitglieder die Entlastung erteilen, für andere hingegen verweigern. Insofern ist es auch zulässig, daß die Entlastung für einzelne besonders wichtige Geschäfte der Verwaltungsratsmitglieder erteilt wird.[3] Genauso gut kann die Entlastung auf einen bestimmten Zeitraum der Tätigkeit des Verwaltungsrats beschränkt werden.

---

[1]Camoglu, Doz. S. 201 Fn. 25; Aytac, Ibra S. 70 ff.

[2]Forstmoser, Verantwortlichkeit Anm. 443 S. 148.

[3]Camoglu, Doz. S. 199; Forstmoser, Verantwortlichkeit Anm. 435 S. 146; Bürgi, Art. 698 Anm. 72 Züricher Komm. Für deutsches Recht vgl. Eckardt, § 120 Anm. 39 Komm. AktG; Barz, § 120 Anm. 5 Großkomm.

Im Zusammenhang mit dem Umfang der Entlastung tauchen Probleme in der Praxis bei der sogenannten „allgemeinen Decharge" auf. Hierbei geht nämlich aus dem konkreten Inhalt der von der Generalversammlung abgegebenen Erklärung die materielle Tragweite der Entlastung nicht deutlich hervor. Hierzu ist denkbar, daß der materielle Geltungsbereich der allgemeinen Entlastung im voraus durch statutarische Bestimmung präzisiert wird.[1] Ist dies jedoch nicht der Fall, so gilt nach einheitlicher und richtiger Auffassung im Schrifttum[2] und in der Rechtsprechung folgender Grundsatz:

Die Entlastung erstreckt sich nur auf diejenigen Geschäftshandlungen der Verwaltungsratsmitglieder, die aus der Vorlage des Verwaltungsrats und der Kontrollstelle sowie aus den freiwilligen und auf Fragen im Verlauf der Tagung der Generalversammlung hin erfolgten Äußerungen derselben bekannt wurden oder zumindest hätten erkannt werden können.[3] [4] Demnach sind die Transaktionen, welche der GV fahrlässig oder vorsätzlich verheimlicht worden sind, von der Entlastung nicht gedeckt.[5]

Erkennbar ist allerdings für die Generalversammlung alles, was sie, also die einzelnen Aktionäre, bei der Untersuchung der jeweiligen Unterlagen in den Vorlagen und weiteren Hilfsmitteln unter Anwendung der ordnungsgemäßen Sorgfalt hätte erkennen können.[6] In diesem Zusammenhang ist aber vom einzelnen Aktionär nicht die Sorgfalt eines ordentlichen Geschäftsmannes zu verlangen. Denn er tritt grundsätzlich nicht als Kaufmann, sondern als Geldgeber der Gesellschaft auf. Nach überwiegender Auffassung im Schrifttum[7]

---

[1]Forstmoser, Verantwortlichkeit Anm. 436 S. 147.

[2]Camoglu, Doz. S. 201; ders., Ibra Edilen Yönetim Kurulu S. 307; Helvaci, Diss. S. 102; Aytac, Ibra S. 84-101; Ansay, Sirketin Ehliyeti S. 426, 427; Atan, Diss. S. 64; Sungurbey, Ibranin Kapsami S. 175 ff.; Pulasli, Sirketler Hukuku S. 267 ff.; Meier-Wehrli, Diss. S. 125; Forstmoser, Verantwortlichkeit Anm. 437 S. 147; Bürgi, Art. 698 Anm. 99 Züricher Komm.; Kunz, Diss. S. 155.

[3]Den Umfang eines generellen Entlastungsbeschlusses bestimmt das revidierte OR ganz eindeutig in Art. 758 Abs. 1: er umfaßt nur die bekanntgegebenen Tatsachen.

[4]Ist dem Entlastungsbeschluß nicht eindeutig zu entnehmen, welchen Zeitraum er umfaßt, so ist allgemein anzunehmen, daß er sich auf die Geschäftsführung während des letzten abgelaufenen Geschäftsjahres erstreckt. Vgl. Arslanli, AS Organizasyonu S. 198; Aytac, Ibra S. 101.

[5]Forstmoser, Verantwortlichkeit Anm. 439 S.147; Bürgi, Art. 698 Anm. 99 Züricher Komm.; Aytac, Ibra S. 86.

[6]Vgl. Biggel, Diss. S. 75.

[7]Ansay, Sirketin Ehliyeti S. 426; Arslanli, AS Organizasyonu S. 197; Camoglu, Doz. S. 202; Forstmoser, Verantwortlichkeit Anm. 446 S. 149; Meier-Wehrli, Diss. S. 127. Vgl. auch Yargitay 11. HD. 16.12.1962 T. E. 454/K. 4384 in ABD XX/1 S. 123; Y. 11. HD. 27.1.1984 T. E. 101/K. 331: Eris, AS Hukuku S. 442.

ist als Maßstab die Sorgfalt eines ordentlichen Hausvaters bei der Überprüfung seiner Kapitalanlagen anzuwenden.

Im Zusammenhang mit der Abgrenzung des materiellen Umfangs einer generellen Entlastung stellt sich nun die Frage, ob die subjektive Kenntnis des einzelnen Aktionärs berücksichtigt werden kann. Dazu wird im Schrifttum fast einheitlich die Auffassung[1] vertreten, daß bei der Ermittlung des Umfangs der Entlastung das privaten Wissens des einzelnen Aktionärs über die pflichtwidrige Verwaltungshandlungen unbedeutend sein muß. M.E. ist diese Auffassung zutreffend, denn dies ergibt sich aus dem Umstand, daß die Generalversammlung als Gesamtorgan die Entlastung erteilt. Deswegen können nicht die den einzelnen Aktionären bekannten Tatsachen, sondern müssen die dem Gesamtorgan, also der Gesamtgeneralversammlung bekannten Tatsachen bei der Abgrenzung des Umfangs der Entlastung maßgeblich sein.

Da die Mitglieder der Kontrollstelle aufgrund ihrer Tätigkeiten von den pflichtwidrigen Handlungen der Mitglieder des Verwaltungsrats meistens mehr und schneller Kenntnis erhalten, als es der Generalversammlung erkennbar ist, ist es wohl denkbar, daß das Wissen der Mitglieder der Kontrollstelle als Wissen der Generalversammlung gewertet werden kann. Dies wird zu Recht von der überwiegenden Mehrheit in der Lehre[2] abgelehnt. Die Richtigkeit dieser Auffassung folgt aus der Kompetenzabgrenzung zwischen der GV und der Kontrollstelle. Da ausschließlich die Generalversammlung als oberstes Organ der Aktiengesellschaft für die Dechargeerteilung zuständig ist, kann ihr das Wissen eines Mitglieds eines anderen selbständigen Organs, also der Kontrollstelle, nicht zugerechnet werden. Relevant für die Entlastung sind nur die der Generalversammlung bekannten oder erkennbaren Tatsachen.

Zudem würde die Annahme, wonach das Wissen der Kontrollstelle als solches der Generalversammlung zu werten ist, zu Mißbräuchen führen. Demnach könnten beispielsweise die Mitglieder der Kontrollstelle in Vereinbarung mit dem Verwaltungsrat die ihr bereits bekannten pflichtwidrigen Handlungen desselben verschweigen und somit auf Kosten der Generalversammlung eine mögliche Verantwortungsklage unter den Tisch fallen lassen.[3] [1]

---

[1]Camoglu, Doz. S. 202; Ansay, Sirketin Ehliyeti S. 428; Aytac, Ibra S. 99; Bürgi, Art. 698 Anm. 109 Züricher Komm.; Meier-Wehrli, Diss. S. 127; Forstmoser, Verantwortlichkeit Anm. 448, 449 S. 150.

[2]Vgl. Camoglu, Doz. 203; Aytac, Ibra S. 100, 101; Bürgi, Art. 698 Anm. 110 Züricher Komm.; Forstmoser, Verantwortlichkeit Anm. 451 S. 150.

[3]Vgl. Meier-Wehrli, Diss. S. 128.

d) Rechtliche Natur und Bedeutung der Entlastung

Nach einheitlicher Auffassung im türkisch-schweizerischen Schrifttum[2] handelt es sich beim Entlastungsbeschluß der Generalversammlung um ein negatives Schuldanerkenntnis. Mit diesem Beschluß spricht die Generalversammlung aus, daß gegen die Mitglieder des Verwaltungsrats während des mit der Beschlußfassung in Zusammenhang stehenden Zeitraums keine Forderung der Gesellschaft wegen fahrlässiger oder vorsätzlich mangelhafter Geschäftsführung entstanden ist. Eine derartige Aussage der Generalversammlung ist in aktienrechtlicher Hinsicht von doppelter Bedeutung:

Hiermit bewilligt die Generalversammlung die Geschäftsführung des Verwaltungsrats während des Zeitraums, für welchen die Rechnungslegung erfolgt. Im Gegensatz zum deutschen Recht erfolgt diese Bewilligung und Anerkennung der Geschäftsführung des Verwaltungsrats nicht nur hinsichtlich der Zweckmäßigkeit der Geschäfte der Verwaltungsratsmitglieder (d.h. die von der GV erkannten oder erkennbaren Tatsachen), sondern auch im Hinblick auf die Rechtmäßigkeit.[3] Daher beschränkt sich die Bedeutung der Entlastung nicht wie im deutschen Recht auf eine quasi „platonische Vertrauenskundgebung".

Überdies kommt der Entlastung eine materiellrechtliche Bedeutung zu. Die wirksame Entlastung bringt eventuelle aktienrechtliche Schadenersatzansprüche der Gesellschaft zum Erlöschen.

e) Rechtswirkung der Entlastung auf die Schadenersatzansprüche der Gesellschaft

Das revidierte OR beinhaltet eine explizite Bestimmung über die rechtliche Auswirkungen der Entlastung auf Schadenersatzansprüche der Gesellschaft; gem. Art. 758 Abs. 1 OR läßt die Decharge allfällige Schadenersatzansprüche untergehen. Im türkischen HGB befindet sich dagegen keine dem Art. 758 Abs. 1 OR entsprechende Bestimmung. Jedoch

---

[1]Zur Rechtswirkung der Entlastung vgl. unter Kapitel V, II, 2, „e) Rechtswirkung der Entlastung auf die Schadenersatzansprüche der Gesellschaft".

[2]Vgl. Camoglu, Doz. S. 217; ders., Ibra Edilen Yönetim Kurulu S. 329; Ansay, Sirketin Ehliyeti S. 422; Aytac, Ibra S. 48; Helvaci; Diss. S. 107; Arslanli, AS Organizasyonu S. 196; Atan, Diss. S. 59; Eris, AS Hukuku S. 432; Arik, Ibra Meselesi S. 695; Bürgi, Art. 698 Anm. 78 Züricher Komm.; Meier-Wehrli, Diss. S. 116; Biggel, Diss. S. 72; Fehr, Diss. S. 156; Sauber, Diss. S. 129. Vgl. auch Y. 11. HD. 24.6.1976 T. 4. YKD 1149, 1978.

[3]Camoglu, Doz. S. 216, 217.

erkennt die einheitliche Lehre im türkischen Schrifttum[1] der Entlastung eine solche schadensersatzanspruchsvernichtende Wirkung zu. Nach der Dechargeerteilung darf also gegen die Mitglieder des Verwaltungsrats aufgrund von seitens der Gesellschaft erkannten oder erkennbaren Geschäften während des Zeitraums, für welchen die Rechnungslegung erfolgt, kein Ersatz für daraus entstandenen Schaden mehr in Anspruch genommen werden. Die Decharge übt somit wie das Institut der „Verjährung" hauptsächlich die Funktion aus, die -periodische - Klarheit über die gegenseitigen Rechtsbeziehungen zwischen der Aktiengesellschaft und den Mitgliedern des Verwaltungsrats zu schaffen und realisiert zugleich den Rechtsgrundsatz der „Sicherheit im Rechtsverkehr".

f) Rechtswirkung der Entlastung auf Schadenersatzansprüche des einzelnen Aktionärs

Das revidierte OR regelt in Art. 758 Abs. 1 die Rechtswirkung einer zulässigen Entlastung auf die aufgrund mittelbarer Schädigung der Gesellschaft entstandenen Schadenersatzansprüche des einzelnen Aktionärs. Demnach ist zuerst danach zu unterscheiden, ob ein Aktionär der Entlastung bei der Tagung der GV zugestimmt bzw. die Aktien seither in Kenntnis der Beschlußfassung erworben hat. Hat folglich ein Aktionär dem Entlastungsbeschluß zugestimmt oder hat er die Aktien seither in Kenntnis des Beschlusses erworben, so ist sein Klagerecht gegen die verantwortlichen Mitglieder des Verwaltungsrats untergegangen. Insofern reicht aber für den Untergang des Klagerechts das Wissen um den formellen Entlastungsbeschluß allein nicht, vielmehr ist es hierzu noch erforderlich, daß der Erwerber über die Tragweite der Entlastung sowie die konkreten Umstände, welche dem Entlastungsbeschluß als Grundlage gedient haben, Bescheid weiß.[2]

Aufgrund des Art. 758 Abs. 2 OR erfährt das Klagerecht des nicht zustimmenden Aktionärs eine zeitliche Beschränkung. Danach muß der Aktionär innerhalb von sechs Monaten seit dem Entlastungsbeschluß Klage erheben. Hierbei handelt es sich nicht um eine Verjährungs-, sondern um eine Verwirkungsfrist.[3]

---

[1]Vgl. Camoglu, Doz. S. 217; ders., Sorumluluk Davasi S. 329; Ansay, Sirketin Ehliyeti S. 422; Aytac, Ibra S. 48; Helvaci; Diss. S. 107; Arslanli, ASH S. 196; Atan, Diss. S. 59; Eris, AS Hukuku S. 432; Pulasli, Sirketler Hukuku S. 268.

[2]Meier-Wehrli, Diss. S. 95; Forstmoser, Verantwortlichkeit Anm. 486 S. 155; Senn, Diss. S. 141.

[3]Bürgi, Art 757 Anm. 10 Züricher Komm.

Der türkische Gesetzgeber hat die Lösung der Frage nach der Rechtswirkung der Entlastung auf Schadenersatzansprüche des einzelnen Aktionärs der Rechtslehre sowie der Rechtsprechung überlassen. Betreffend dieser Frage gehen jedoch die Meinungen weit auseinander. Nach einer Mindermeinung[1] im türkischen Schrifttum geht der Anspruch auch des nicht zustimmenden Aktionärs auf Schadenersatz mit dem Entlastungsbeschluß unter. Zur Begründung dieser Meinung werden jedoch verschiedene Auffassungen angeführt. Insofern geht beispielsweise Atan[2] von der Regelung des Art. 379 THGB aus: da aufgrund des Art. 379 THGB die GV-Beschlüsse auch für und gegen diejenigen Aktionäre, die auf der Tagung nicht anwesend waren oder gegen den Beschluß gestimmt haben, wirke, so habe der Entlastungsbeschluß eine rechtsvernichtende Wirkung auch auf die nicht zustimmenden und auf der Tagung nicht anwesenden Aktionäre. Ihnen stehe, so Atan, das Klagerecht erst dann zu, wenn sie den Entlastungsbeschluß gem. Art. 381 THGB anfechten.

Arslanli[3], ein weiterer Anhänger dieser Mindermeinung führt hierzu folgendes aus: Der Entlastungsbeschluß bringe das Klagerecht der Gesellschaft und auch der einzelnen Aktionäre zum Erlöschen, denn das Klagerecht des einzelnen Aktionärs sei nicht ein selbständiges als solches, sondern ein vom Klagerecht der Gesellschaft abhängiges. Wenn die Gesellschaft als primär Berechtigte auf ihre Forderung aufgrund des Erlaßvertrags oder des Entlastungsbeschlusses verzichte, so Arslanli, dann gehe damit das Klagerecht des einzelnen Aktionärs als sekundärem Berechtigten unter.

M. E. Ist weder der Begründung von Atan noch der von Arslanli zu folgen. Die Begründungen von beiden Autoren geben zu folgenden rechtlichen Bedenken Anlaß: vor allem ist das Klagerecht des einzelnen Aktionärs - aus mittelbarem Schaden - nicht ein vom Klagerecht der Gläubigers abhängiges Recht, sondern es ist ein selbständiges Recht. Daran ändert der Umstand nichts, daß die Schadenersatzklage des Aktionärs auf Leistung an die Gesellschaft gerichtet ist. Daher hat der Verzicht der Gesellschaft auf ihr Recht keine Auswirkung auf das Recht des einzelnen Aktionärs.

Gegen die Begründung von Atan läßt sich dagegen folgendes anführen. Die Regelung von Art. 379 THGB, wonach die GV-Beschlüsse für jeden Aktionär der Gesellschaft, ohne

---

[1]Atan, Diss. S. 66; Arslanli, AS Organizasyonu S. 185; Ansay, Sirketin Ehliyeti S. 423; Mimaroglu, Diss. S. 117.

[2]Atan, Diss. S. 66.

[3]Arslanli, AS Organizasyonu S. 185.

Rücksicht auf die Richtung seiner Stimme oder auf tatsächliche Abwesenheit, die Geltung hat, nur diejenigen Beschlüsse umfaßt, die den Kompetenzbereich der GV als Organ fallen. Sie ist dagegen für das Klagerecht des einzelnen Aktionärs, das als ein selbständiges Recht zu qualifizieren ist, nicht anzuwenden. Die Generalversammlung darf also durch ihren Beschluß über das selbständige Klagerecht des einzelnen Aktionärs nicht verfügen.[1] Letztendlich gehört das Klagerecht des Aktionärs zu den wohlerworbenen Rechten. Daher ist es ohne Willen des Aktionärs nicht zu entziehen.[2]

Übrigens beseitigt die Annahme der Mindermeinung die praktische Bedeutung der Aktionärsklage und somit den Schutz der Minderheit und erleichtert der Gesellschaft bzw. Aktionärsmehrheit den Rechtsmißbrauch. Die Aktionärsmehrheit konsumiert nämlich den Schadenersatzanspruch der Gesellschaft sowie der einzelnen Aktionäre durch Erteilung der Decharge, die durch einfachen Mehrheitsbeschluß erfolgt, auf Kosten der Minderheit. Diese Folge ist aber gewiß nicht der Zweck, den der Gesetzgeber mit dem Institut der Entlastung erreichen wollte. Infolgedessen ist die Anwendung der diesbezüglichen Lösung des schweizerischen Aktienrechts auch für das türkische Aktienrecht angemessen und gerecht.

Ohnehin sind in der Türkei herrschende Lehre[3] und Rechtsprechung[4] der Meinung, daß die zulässige Entlastung nur Schadenersatzansprüche der Gesellschaft und des zustimmenden Aktionärs untergehen läßt, und daß Schadenersatzansprüche des nicht zustimmenden Aktionärs von der Entlastung unberührt bleiben. Demnach kann auch der neue Aktionär wie in Art. 758 Abs. 1 OR mit Erteilung der Entlastung keinen Ersatzanspruch aus mittelbarem Schaden geltend machen, falls er die Aktien seither in Kenntnis der Entlastung erworben hat. Dies entspricht dem auch hier viel zitierten Postulat des „Verbots des Rechtsmißbrauchs" in Art. 2 TZGB. Da das Gesetz im Gegensatz zu Art. 758 Abs. 2 OR keine Verwirkungsfrist vorsieht, sind die ein- und die fünfjährige Verjährungsfrist für die Klage des nicht zustimmenden Aktionärs sowie des neuen Aktionärs anzuwenden.[5]

---

[1]Camoglu, Sorumluluk Davasi S. 340; ders., Doz. S. 220; Aytac, Ibra S. 213.

[2]Camoglu, Sorumluluk Davasi S. 340; ders., Doz. S. 220; Aytac, Ibra S. 213.

[3]Camoglu, Sorumluluk Davasi S. 338 ff.; ders., Doz. 219 ff.; Aytac, Ibra S. 213; Helvaci, Diss. S. 108.

[4]Y. 11. HD. 22.10.1972 T. E. 2112/K. 6456: Eris, AS Hukuku, S. 437; Y. 11. HD. 25.4.1994 T. E. 5132/K. 3441: Eris, AS Hukuku S. 447.

[5]Vgl. Aytac, Ibra S. 214.

g) Rechtswirkung der Entlastung auf Schadenersatzansprüche des Gläubigers

Das türkische Handelsgesetzbuch enthält wiederum keine Bestimmung über die Auswirkung der Entlastung auf den Ersatzanspruch des Gläubigers aus mittelbarem Schaden. Die herrschende Lehre[1] vertritt hierzu die Meinung, daß der Entlastungsbeschluß den Anspruch des Gesellschaftsgläubigers aus mittelbarem Schaden nicht berührt. Dieser herrschenden Lehre kann man sich ohne Bedenken anschließen. Ihre Richtigkeit basiert nämlich auf dem Umstand, daß dem Gesellschaftsgläubiger unabhängig vom Ersatzanspruch der Gesellschaft ein Ersatzanspruch aus mittelbarem Schaden zusteht.[2] Deswegen kann die Gesellschaft durch die Entlastung nur ihren Anspruch gegen die Verantwortlichen konsumieren. Des weiteren bestätigt der Umstand die Richtigkeit der herrschenden Lehre, daß der Gesellschaftsgläubiger als außenstehender Dritter im Gegensatz zu dem Aktionär keine Mitwirkungsmöglichkeit bezüglich der Entlastung hat. Eine anders lautende Lösung wäre daher unbillig und würde die praktische Bedeutung der Gläubigerklage aufheben.

III) Infolge von Verzicht und Vergleich

1) Nach deutschem Recht

a) Allgemeine Bemerkungen

Das deutsche Aktiengesetz enthält in § 93 Abs. 4 noch einen weiteren Untergangsgrund für die Schadenersatzansprüche. Demnach kann der Aufsichtsrat als zur Vertretung berechtigtes Organ der Gesellschaft auf die Ersatzpflicht des infolge der pflichtwidrigen Handlung der Vorstandsmitglieder entstandenen Schadens verzichten oder sich über sie vergleichen. Ein zulässiger Verzicht oder Vergleich zwischen Aufsichtsrat und Vorstandsmitgliedern erfordert aber die Erfüllung einiger Voraussetzungen. Diese sind aus dem eindeutigen Wortlaut des § 93 Abs. 3 Satz 3, 4 AktG zu schließen.

---

[1] Vgl. Camoglu, Doz. S. 222; Atan, Diss. S. 66; Aytac, Ibra S. 221; Ansay, ASH S. 145; Helvaci, Diss. S. 108; Eris, AS Hukuku S. 436.

[2] Hierzu vertritt dagegen Arslanli die Auffassung, daß der Ersatzanspruch des Gesellschaftsgläubigers von dem der Gesellschaft abhänge. Daher gehe sein Ersatzanspruch mit dem Entlastungsbeschluß unter. Arslanli, AS Organizasyonu S. 189. So auch Mimaroglu, Diss. S. 119.

b) Voraussetzungen für das Vorliegen eines zulässigen Verzichts und Vergleichs

aa) Dreijahresfrist

Nach § 93 Abs. 4 Satz 3 AktG kann die Gesellschaft auf Ersatzansprüche zulässigerweise erst dann verzichten oder sich über sie vergleichen, wenn drei Jahre seit der Entstehung des Anspruchs verstrichen sind. Diese Dreijahresfrist ist nach allgemeiner Meinung[1] vorgesehen, um die Gefahr zu vermeiden, daß die Gesellschaft über Schadenersatzansprüche zu einem Zeitpunkt frei verfügt, zu dem sich die Auswirkungen der die Gesellschaft schädigenden, pflichtwidrigen Handlungen der Vorstandsmitglieder noch nicht endgültig überschauen lassen. Im AktG vom 1937 betrug diese Frist fünf Jahre. Die Kürzung dieser Sperrfrist ist darauf zurückzuführen, daß die Ansprüche der Gesellschaft meistens nach § 84 Abs. 6 AktG von 1937 ohnehin verjährt waren.

bb) Zustimmung der Hauptversammlung zu Verzicht oder Vergleich

§ 93 Abs. 4 Satz 3 AktG setzt ferner voraus, daß die Hauptversammlung dem zwischen dem Aufsichtsrat und den verantwortlichen Vorstandsmitgliedern abgeschlossenen Verzicht bzw. Vergleich zustimmt. Da hierzu keine qualifizierte Stimmenmehrheit vorgesehen ist, genügt die einfache Stimmenmehrheit gem. § 133 AktG. Durch statutarische Bestimmung kann aber eine qualifizierte Stimmenmehrheit vorgesehen werden. Ist das ersatzpflichtige Vorstandsmitglied, mit dem der Verzicht oder Vergleich geschlossen wird, ein Aktionär der Gesellschaft, so darf es gem. § 136 Abs. 1 AktG bei der Abstimmung sein Stimmrecht nicht ausüben. Ebensowenig sind diejenigen Mitglieder stimmberechtigt, die für denselben Anspruch als Gesamtschuldner in Anspruch genommen werden können.[2]

cc) Kein Widerspruch einer Minderheit, deren Anteile den zehnten Teil des Grundkapitals erreichen

Die Berechnung des Hundertsatzes erfolgt nach dem Nennbetrag des überhaupt vorhandenen, nicht des in der Hauptversammlung vertretenen Grundkapitals. Ebensowenig kommt es auf das Stimmrecht des Aktionärs an. In diesem Sinne kann ein einziger (Groß)Aktionär den Beschluß über den Verzicht oder Vergleich widersprechen. Die in § 93

---

[1]Hefermehl, § 93 Anm. 59 Komm. AktG; Mertens, § 93 Anm. 127 Kölner Komm.; ders., Einschränkung, FS. Fleck S. 210.

[2]Hefermehl, § 93 Anm. 60 Komm. AktG; Mertens, § 93 Anm. 125 Kölner Komm.; ders., Einschränkungen, FS Fleck S. 215.

Abs. 4 Satz 3 AktG erwähnte Minderheit kann auch gem. § 147 AktG die Geltendmachung von Ersatzansprüchen der Gesellschaft verlangen. Nach eindeutigem Wortlaut des § 93 Abs. 4 Satz 3 AktG reicht jedoch die Stimmabgabe gegen Verzicht oder Vergleich nicht, daneben muß der Widerspruch zur Niederschrift des amtierenden Beamten (also eines Notars) erklärt werden.[1]

c) Vergleich und Verzicht im Falle der Zahlungsunfähigkeit des ersatzpflichtigen Vorstandsmitglieds

Gem. § 93 Abs. 4 Satz 4 AktG gilt die zeitliche Beschränkung nicht, wenn das ersatzpflichtige Vorstandsmitglied zahlungsunfähig ist und sich zur Abwendung oder Beseitigung des Insolvenzverfahrens mit seinen Gläubigern vergleicht. In diesem Zusammenhang kann es sich um einen außergerichtlichen Vergleich (§ 779 BGB) handeln.[2] [3]Dagegen setzt das Gesetz nicht voraus, daß das ersatzpflichtige Vorstandsmitglied sich mit allen Gläubigern vergleicht. Die übrigen Voraussetzungen für Verzicht oder Vergleich, nämlich Zustimmung der Hauptversammlung sowie kein Widerspruch einer Minderheit von 10 % des Grundkapitals gelten dagegen in diesem Fall auch.

d) Wirkungen eines Verzichts oder Vergleichs

Verstößt der Aufsichtsrat als vertretungsberechtigtes Organ (gem. § 112 AktG) beim Vergleich oder Verzicht gegen die Bestimmungen des § 93 Abs. 4 Satz 3, so ist der geschlossene Verzicht oder Vergleich nichtig. Dies folgt aus dem zwingenden Charakter dieser Bestimmungen. Hat der Aufsichtsrat vor Ablauf der Dreijahresfrist einen Verzicht oder Vergleich geschlossen, so werden sie auch nicht mit Ablauf der dreijährigen Frist wirksam; die nachträgliche Genehmigung der Hauptversammlung reicht nicht aus. Ferner erfordert es einen neuen Zustimmungsbeschluß durch die Hauptversammlung.[4]

Erfüllt demgegenüber der vom Aufsichtsrat geschlossene Verzicht oder Vergleich die in § 93 Abs. 4 Satz 3 AktG vorgesehenen Voraussetzungen, so geht der Anspruch der Gesell-

---

[1]Hefermehl, § 93 Anm. 61 Komm. AktG.

[2]Mertens, § 93 Anm. 138 Kölner Komm.; Hefermehl, § 93 Anm. 63 Komm. AktG; Hüffer, § 93 Anm. 30 AktienG.

[3]Zwangsvergleich (früher nach §§ 173 ff. KO) und gerichtlicher Vergleich (früher nach §§ 66 ff. VerlO) sind im Insolvenzplanverfahren (§§ 217 ff. InsO) aufgangen. Dessen Bestätigung (§248 InsO) führt nach Eintritt ihrer Rechtskraft zur Aufhebung des Verfahrens (§ 258 InsO).

[4]Hefermehl, § 93 Anm. 62 Komm. AktG; Mertens, § 93 Anm. 136 Kölner Komm.

schaft gegenüber demjenigen Vorstandsmitglied unter, mit dem der Verzicht oder Vergleich geschlossen worden ist, jedoch ohne Rücksicht darauf, ob der Schadenersatzanspruch infolge einer vorsätzlichen oder fahrlässigen Verletzung der organschaftlichen Verpflichtungen durch das jeweilige Mitglied entstanden ist.

Ein zulässiger Verzicht oder Vergleich hat dagegen keinerlei Auswirkungen auf den Ersatzanspruch des Gesellschaftsgläubigers. Dies regelt explizit § 93 Abs. 5 Satz 4 AktG. Genausowenig wirkt sich ein Vergleich oder Verzicht auf den Ersatzanspruch des Aktionärs aus unmittelbarem Schaden aus. Dies läßt sich aus dem Wesen des Rechtsinstituts „Verzicht und Vergleich" ableiten. Demnach hat der Verzicht sowie der Vergleich ausschließlich unter den Parteien eine Rechtsauswirkung.

2) Nach türkischem Recht

a) Rechtsgrundlage des Instituts „Vergleich" im türkischen Aktienrecht

Im türkischen HGB befindet sich im Gegensatz zu § 93 Abs. 4 und 5 AktG keine ausdrückliche Bestimmung, aus der sich schließen ließe, ob und wenn ja, unter welchen Voraussetzungen die Gesellschaft auf ihre Schadenersatzansprüche gegenüber den ersatzpflichtigen Verwaltungsratsmitgliedern verzichtet oder sich darüber vergleicht. Das Fehlen einer derartigen Bestimmung bedeutet aber gewiß nicht, daß die Gesellschaft über ihre Ersatzansprüche nicht disponieren darf. Ein solches Verbot würde vor allem dem Wesen des türkisch-schweizerischen Zivilrechtssystems, in dem das Prinzip der „Privatautonomie" fast immer im Vordergrund steht, widersprechen. Des weiteren ist der Vergleich aufgrund seiner großen praktischen Bedeutung für die Gesellschaft unentbehrlich: Durch den Vergleich werden nämlich hohe Klagekosten und langwierige Prozeßverfahren vermieden, und die Öffentlichkeit weiß grundsätzlich überhaupt nichts von der Existenz eines Rechtsstreits. Dies kommt selbstverständlich sowohl den ersatzpflichtigen Verwaltungsratsmitgliedern als auch dem Ansehen der Gesellschaft zugute.

Trotz des Fehlens einer dem § 93 Abs. 4 und 5 AktG funktionsähnlichen Bestimmung beinhaltet das türkische HGB eine weitere Regelung, die die Zulässigkeit eines Vergleichsvertrags zwischen Gesellschaft und ersatzpflichtigen Verwaltungsratsmitgliedern präjudiziert, nämlich der Art. 310 THGB. Nach diesem Artikel kann die Haftung (bzw. Schadenersatzpflicht) der Gründer, der Mitglieder des Verwaltungsrats sowie der Kontrollstelle durch Vergleich oder Verzicht (bzw. Entlastung) erst dann beseitigt werden, wenn vier Jahre nach der Gründung der Gesellschaft verstrichen sind und wenn nach Ablauf dieser Frist

Vergleich oder Entlastung (Verzicht) durch die GV bestätigt werden und eine Aktionärsminderheit, welche den zehnten Teil des Grundkapitals vertritt, dem nicht widerspricht. M. E. ist diese Bestimmung auch für den zwischen Gesellschaft und ersatzpflichtigen Verwaltungsratsmitgliedern abgeschlossenen Vergleich *per analogiam* anzuwenden. Freilich sind diese in Art. 310 THGB vorgesehenen Wirksamkeitsvoraussetzungen auch hier anwendbar.

b) Rechtliche Wirkungen eines Vergleichs auf den Schadenersatzanspruch der Gesellschaft sowie des einzelnen Aktionärs

Sind die Voraussetzungen eines wirksamen Vergleichs gegeben, also Ablauf der Vierjahresfrist, Bestätigungsbeschluß der Generalversammlung sowie kein Widerspruch der Aktionärsminderheit, deren Anteile den zehnten Teil des Grundkapital erreichen, so geht der Ersatzanspruch der Gesellschaft gegenüber demjenigen ersatzpflichtigen Mitglied des Verwaltungsrats, mit dem der Vergleich abgeschlossen wurde, im vereinbarten Maß unter. Dies ergibt sich aus der Funktion des Vergleichs.

Viel problematischer ist jedoch die Auswirkung des Vergleichs auf den Ersatzanspruch bzw. das Klagerecht des einzelnen Aktionärs aus mittelbarem Schaden. Diese Problematik wurde meines Wissens weder im Schrifttum noch in der Rechtsprechung zum Gegenstand einer Diskussion gemacht.

M.E. ist auch für diese Problematik die für die Frage nach den Auswirkungen einer Entlastung auf den Anspruch des einzelnen Aktionärs gefundene Lösung naheliegend. Dies läßt sich aus der „Wesensverwandtschaft" zwischen Entlastung und Vergleich ableiten. Es handelt sich nämlich bei beiden Instituten um Feststellungsgeschäfte, welche die Beseitigung des Rechtsstreits zwischen der Gesellschaft und deren Organmitgliedern und somit die Herbeiführung einer klaren rechtlichen Situation bezwecken. In diesem Sinne verzichtet die Gesellschaft beim Vergleich gegen einen teilweisen Ersatz auf ihre Schadenersatzansprüche, während sie bei der Entlastung ohne irgendeinen Ersatz ihren ganzen Schadenersatzansprüchen entsagt. Daher kann der Vergleich als partielle Decharge bezeichnet werden.

Demzufolge bleiben beim Vergleich wie bei der Entlastung diejenigen Aktionäre, die dem Vergleichsbeschluß nicht zugestimmt haben und die ihn auch nicht in der Weise billigen, daß sie in Kenntnis des Beschlusses Aktien erwerben, zur Schadenersatzklage legitimiert. Es steht jedoch jenen Aktionären im türkischen Aktienrecht zusätzlich die Möglichkeit einer Schadenersatzklage offen. Sie können den Vergleichsbeschluß aufgrund des Art. 381 THGB im Wege der Anfechtung aus der Welt schaffen und dann aufgrund des Art. 309 THGB eine Schadenersatzklage auf Leistung an die Gesellschaft erheben.

Für die Rechtswirkungen des Vergleichs im Hinblick auf den Schadenersatzanspruch des Gesellschaftsgläubigers sei auf die Ausführungen unter Kapitel IV, VIII, 2, ii, „aaa) Auswirkung eines Vergleichs auf die Klage des Gläubigers“ verwiesen.

GESAMTERGEBNISSE UND SCHLUßBEMERKUNGEN

Aufgrund der in der vorliegenden Arbeit gewonnenen Erkenntnissen lassen sich folgende wichtige Ergebnisse zusammenfassend aufführen:

1) Im deutschen Aktienrecht steht das Vorstandsmitglied in einem doppelten Rechtsverhältnis zur Aktiengesellschaft. Das erste Rechtsverhältnis wird als körperschaftsrechtliches Bestellungsverhältnis (Organverhältnis) und das zweite als schuldrechtliches Anstellungsverhältnis bezeichnet. Die sich aus dem § 93 AktG ergebende Haftung beruht auf dem organ- bzw. körperschaftsrechtlichen Verhältnis.

Die gesetzlich zwingend normierte Hauptpflicht der „eigenverantwortlichen Leitung der Gesellschaft" durch das Vorstandsmitglied in § 76 Abs. 1 AktG erfordert die Wahrnehmung sämtlicher durch die organisationsrechtlichen Normen begründeten Pflichten (durch Aktiengesetz, Satzung oder Geschäftsordnung des Vorstands). Da diese Pflicht ihm mit der Zustimmung zur Bestellung ipso iure zufällt, können sämtliche Organpflichten des Vorstandsmitglieds als gesetzlich begründete Pflichten qualifiziert werden. Von daher müssen Pflichtverletzungen der Vorstandsmitglieder als Gesetzesverstöße betrachtet werden. Verletzt das Vorstandsmitglied eine sich aus dem Anstellungsvertrag ergebende Pflicht, so kommt keine Anspruchskonkurrenz in Betracht, da dies in § 93 AktG als der weiteren gesetzlichen Anspruchsgrundlage mit umfaßt wird.

Durch die anstellungsvertraglichen Vereinbarungen kann die Haftung der Vorstandsmitglieder weder vermindert noch ausgeschlossen noch - im Sinne einer Erfolgshaftung - verschärft werden.

Eine deliktsrechtliche Haftung der Vorstandsmitglieder wegen einer Pflichtverletzung läßt sich grundsätzlich nur aus § 823 Abs. 2 BGB in Verbindung mit der Verletzung eines Schutzgesetzes oder aus § 826 BGB begründen. Bei Vorliegen der Voraussetzungen des § 826 BGB können nicht nur Aktionäre, sondern jeder sonstige Dritte die Vorstandsmitglieder in Anspruch nehmen.

Beginn und Ende der sich aus § 93 AktG ergebenden Haftung richtet sich nach der Bestellung.

2) Die Auffassung der türkisch-schweizerischen herrschenden Lehre, es bestehe zwischen dem Verwaltungsratsmitglied und der Aktiengesellschaft ein einheitliches, zwei Komponenten implizierendes Vertragsverhältnis, das auftragsrechtlicher Rechtsnatur ist, weist dogmatisch unüberwindbare Bedenken auf und ist daher nicht mehr haltbar. Dieses

Vertragsverhältnis ist lediglich eine fiktive Konstruktion begriffjuristischen Denkens. Diese insbesondere für das türkische gesellschaftsrechtliche Schrifttum charakteristische Intention, sämtliche privatrechtlichen Verhältnisse unter eines der im Obligationenrecht vorgeschriebenen Schuldverhältnisse zu subsumieren, verhindert die Rechtsfortbildung in der Literatur. In diesem Sinne beeinträchtigen solche Bestrebungen die Verselbständigung und somit die Weiterentwicklung des privatrechtlichen Organisationsrechts, insbesondere in Hinblick auf den Begriff der Organe der Körperschaften.

Im Gegensatz zur herrschenden Lehre entsteht aufgrund der Wahl durch die Generalversammlung und der Zustimmung zur Wahl durch das gewählte Verwaltungsratsmitglied zwischen diesem und der Aktiengesellschaft ein einziges körperschaftsrechtliches (d.h. organschaftliches) Rechtsverhältnis. Dieses zum Privatrecht gehörende Verhältnis erlischt mit dem Ende des Amtes ohne weiteres. Das organschaftliche Rechtsverhältnis kann im wesentlichen durch zwingende gesetzliche Bestimmungen umrissen und in diesem Rahmen durch Satzung, Hauptversammlungsbeschlüsse und Reglemente detailliert ausgestaltet werden.

Die aus Art. 336 THGB und Art. 754 aOR sowie Art. 754 OR fließende Haftung beruht nicht auf der auftragrechtlichen, vertraglichen Haftungsgrundlage. Sie ergibt sich der in der vorliegenden Arbeit vertretenen Ansicht entsprechend aus dem organschaftlichen Verhältnis. Sie ist somit eine eigenständige (d.h. aktienrechtliche) Haftung, ex lege für sämtliche Anspruchsberechtigten. Diese Tatsache wird im jüngeren Schrifttum in der Schweiz auch bestätigt.[1]

Die Gesellschaft kann prinzipiell ihre Verwaltungsratsmitglieder aufgrund der deliktischen Haftungsgrundlage des Art. 41 TOG in Anspruch nehmen. Diese Anspruchsgrundlage kommt jedoch wegen des lex specialis-Charakters des Art. 336 THGB nur subsidiär in Anwendung.

Sowohl im deutschen als auch im türkischen und schweizerischen Aktienrecht beginnt die Haftung des Verwaltungsratsmitglieds mit der Entstehung des organschaftlichen Verhältnisses und endet dann wieder mit der Beendigung desselben.

3) Die in § 93 Abs. 1 AktG geregelte Sorgfaltspflicht eines Vorstandsmitglieds ist eine über die in § 276 BGB, in 347 HGB und in § 241 Abs. 1 aHGB vorgeschriebene Sorgfalt hi-

---

[1]Vgl. Böckli, Schweizer Aktienrecht, Anm. 2014 S. 1095. Ähnlich auch Guhl/Kummer/Druey, Grundzüge S. 711.

nausgehende, erhöhte und objektivierte Sorgfalt. Demnach hat das einzelne Vorstandsmitglied bei seiner Geschäftsführung diejenige Sorgfalt walten zu lassen, die ein seinen Aufgaben gewachsener, in der verantwortlich leitender Position befindlicher Verwalter eines fremden Vermögens gerade bei einem nach Größe und Branche gleichartigen Unternehmens nach allgemeinen Verkehrsanschauungen zu beachten hat.

Der Sorgfaltsmaßstab, der in Bezug auf ein Verwaltungsratsmitglied bei der Leitung der Gesellschaft angewandt wird, ist auch im türkischen Aktienrecht ein objektiver. Demnach hat es die Sorgfalt eines vernünftigen und gewissenhaften Geschäftsmannes unter gleichen Umständen walten zu lassen. Zu diesem Ergebnis gelangt man auf Grund des langwierigen und irreführenden Verweises in Art. 320 THGB. Bei nächstmöglicher Revision des THGB ist naheliegend, daß der Maßstab der geforderten Sorgfalt, wie es in § 93 Abs. 1 AktG der Fall ist, in einem Artikel und möglichst gegenständlich und präzise bestimmt wird. Es kann nämlich nur dadurch der wichtigste Zweck der Gesetzgebung, derjenige der „Sicherheit im Rechtsverkehr" erreicht werden.

Auch im alten und revidierten OR ist das Maß der von den Verwaltungsratsmitgliedern zu erwartenden Sorgfalt ein objektives. Sie müssen diejenige Sorgfalt, die ein gewissenhafter und vernünftiger Mensch desselben Verkehrskreises wie sie unter gleichen Umständen als erforderlich ansehen würde, anwenden.

4) Wie im vertraglichen und deliktischen Schadensersatzrecht setzt auch die aktienrechtliche Schadensersatzpflicht der Vorstands-/Verwaltungsratsmitglieder in allen drei Ländern eine pflichtwidrige Handlung, die den verantwortlichen Mitgliedern vorwerfbar ist und die adäquat kausal für einen Vermögensschaden war, voraus. Alle diese vier Voraussetzungen bzw. Begriffe decken sich grundsätzlich bezüglich ihres Inhalts in den drei Rechtssystemen.

5) In einem Haftungsprozeß in Deutschland hat die klagende Aktiengesellschaft eine schädigende Handlung des Vorstandsmitglieds, die ziffernmäßige Höhe des Vermögensschadens und schließlich adäquate Kausalität zwischen der Handlung des Vorstandsmitglieds und dem Vermögensschaden zu beweisen. Demgegenüber obliegt dem verklagten Vorstandsmitglied die Beweislast dafür, daß es weder objektiv noch subjektiv pflichtwidrig gehandelt hat.

Im türkischen und schweizerischen Aktienrecht tragen dagegen die Gesellschaft und weitere Anspruchsberechtigte, die Aktionäre und Gläubiger der Gesellschaft die Beweislast für eine Pflichtverletzung des in Anspruch genommenen Verwaltungsratsmitglieds, die ziffernmäßige Höhe des Gesellschaftsschadens und die Kausalität zwischen beiden. Die Beweislast des verklagten Verwaltungsratsmitglieds ist im Vergleich zum deutschen Recht in einem erheblichen Maße gelockert; es soll zu seiner Haftungsabwendung (Exkulpation) nur nachweisen, daß es bei seiner Geschäftsführung die erforderliche Sorgfalt angewandt hat.

6) § 93 Abs. 3 AktG hebt neun besondere Tatbestände hervor, die grundsätzlich die Verstöße gegen die Vorschriften, die der Sicherung und Erhaltung des Grundkapitals dienen, enthalten. Diesen Tatbeständen kommen eine beweisrechtliche und eine materiellrechtliche Bedeutung: zum einen wird in diesen Tatbeständen die Beweislast für den Schaden gesetzlich umgekehrt, zum anderen haften die Vorstandsmitglieder in den besonderen Tatbeständen des Abs. 3 gegenüber den Gläubigern der Gesellschaft nur bei grober Fahrlässigkeit.

Art. 336 Abs. 1 THGB zählt vier besondere Haftungstatbestände enumerativ auf. Die rechtliche Bedeutung dieser besonderen Tatbestände ist eine doppelte. Auf der einen Seite enthalten sie eine grobe Verletzung der verschiedenen wichtigen Verwaltungsratspflichten, denen unvermeidbare Grundsätze des Aktienrechts zugrundeliegen oder deren Einhaltung in beweisrechtlicher Hinsicht von besonderer Bedeutung ist. Auf der anderen Seite bleibt die gesamtschuldnerische Haftung bestehen, auch wenn die Erfüllung dieser in Art. 336 Abs. 1 THGB aufgezählten Pflichten auf ein Verwaltungsratsmitglied übertragen worden ist.

7) Die förmliche Maßnahmen zur Aufteilung und Delegation der Verwaltungsratskompetenzen bewirken im türkischen und schweizerischen Recht in der Regel eine Haftungsbeschränkung. Die Konsequenzen lassen sich folgendermaßen zusammenfassen:

a) Die Bestellung des Verwaltungsratspräsidenten und die darauf beruhende interne Aufgabenverteilung haben weder die vorrangige Haftung des Präsidenten noch die Befreiung seiner Verwaltungsratskollegen von ihrer Haftung zur Folge.

b) Der Verwaltungsrat kann aus seiner Mitte Ausschüsse bilden, denen die Vorbereitung und Ausführung von Verwaltungsratsbeschlüssen oder die Überwachung von Geschäften zugewiesen werden. Die Maßnahme der Bildung solcher Ausschüsse ruft keine Haftungsbeschränkung hervor. Die Haftung bleibt mithin ungeteilt, also dem Gesamtverwaltungsrat solidarisch.

c) Die zulässige Arbeitsaufteilung unter den Verwaltungsratsmitgliedern bedeutet grundsätzlich eine Beschränkung der Haftung auf den eigenen Kompetenzbereich. Jedes Verwaltungsratsmitglied ist im Prinzip nur für seinen eigenen Kompetenzbereich verantwortlich, jedoch trifft das einzelne Verwaltungsratsmitglied eine allgemeine Überwachungspflicht für den Kompetenzbereich seiner Verwaltungsratskollegen. Der Gesamtverwaltungsrat trägt für die Zweckmäßigkeit der Aufgabenverteilung die solidarische Verantwortung, wenn die Verteilung nicht durch die statutarische Bestimmung erfolgt ist.

Werden die Kompetenzen unter den Mitgliedern des Verwaltungsrats lediglich faktisch (ohne statutarische Ermächtigung) verteilt, so begründet diese Verteilung weder die erstgradige Haftung des dem bestimmten Bereich zugewiesenen Mitglieds noch befreit sie die übrigen Mitglieder von ihrer Haftung; alle Verwaltungsratsmitglieder haften für den einem von ihnen zugewiesenen Kompetenzbereich solidarisch.

d) Die zulässige Kompetenzdelegation gem. Art. 319 Abs. 2 THGB erfordert zwei formelle Voraussetzungen, nämlich einerseits die statutarische Ermächtigung des die Delegation vornehmenden Organs (d.h. des Verwaltungsrats oder der Generalversammlung) und andererseits den jeweiligen Beschluß des ermächtigten Organs. Durch diesen auf statutarischer Ermächtigung basierenden Beschluß des zuständigen Organs entsteht - wie bei der Bestellung der Mitglieder des Verwaltungsrats - zwischen den Delegierten (bzw. Direktoren) und der Aktiengesellschaft ein organschaftliches (körperschaftsrechtliches) Verhältnis. Die Delegierten (ebenso wie Direktoren) erlangen also durch diesen Beschluß die Eigenschaft von Trägern einer selbständigen Organstellung.

Weder das THGB noch aOR bestimmt die materielle Voraussetzung der Kompetenzdelegation (d.h. die Grenze der Delegierbarkeit der Verwaltungsratskompetenzen). Dennoch ist de lege lata festzustellen, daß manche grundsätzlichen Verwaltungsratskompetenzen nicht Gegenstand selbst der weitgehendsten Delegation sein dürfen. Sie müssen beim Gesamtverwaltungsrat bleiben. Undelegierbare Kompetenzen sind diejenigen, welche wirklich den Kern der gesellschaftsrechtlichen Funktion des Verwaltungsrates ausmachen (d.h. dem Verwaltungsrat die Existenzberechtigung gewährleisten): Oberleitung der Gesellschaft und Oberaufsicht über den Geschäftsgang.

Bei der nächstmöglichen Revision des THGB ist diesbezüglich vom Gesetzgeber zu erwarten, in Nachahmung des Art. 716 a OR die Begriffe der Oberleitung und Oberaufsicht inhaltlich zu konkretisieren. Dies sollte jedenfalls ohne doppeldeutige Begriffe und ohne auslegungsbedürftige Generalklausel erfolgen. Eine gegenständliche und präzise Konkretisierung liegt nämlich im Interesse der Rechtssicherheit.

Auch die Kompetenzdelegation an Delegierte und Direktoren wirkt sich auf die Haftung beschränkend bzw. verlagernd aus. Werden die Kompetenzen des Verwaltungsrats (im Rahmen ihrer Delegierbarkeit) an Delegierten und/oder Direktoren übertragen, so haften diese Delegationsempfänger gem. Art. 331-341 THGB für den Schaden, der infolge der Verletzung einer ihnen delegierten Aufgabe entstanden ist, wegen ihrer selbständigen Organstellung grundsätzlich persönlich. Der Gesamtverwaltungsrat ist dagegen für die Verletzung der bei ihm verbliebenen Aufgaben weiterhin gem. Art. 336 ff. THGB gesamtschuldnerisch verantwortlich. Werden aber die Verwaltungsratskompetenzen komplett an Delegierte und/oder Direktoren übertragen, so beschränkt sich die Haftung des Gesamtverwaltungsrats auf die Sorgfalt bei der Auswahl, Instruktion und Überwachung der Delegationsempfänger (cura in eligendo, in instruendo und in custodiendo).

e) Im türkischen besteht anders als im deutschen und schweizerischen Aktienrecht die Möglichkeit, einen Teil der Gesellschaftsangelegenheiten, welche die Ausführung betreffen, dem Direktor im Sinne von Art. 346 THGB zu übertragen. Der Direktor haftet grundsätzlich für den Schaden, den er bei der Erfüllung der ihm auferlegten Pflichten verursacht hat, persönlich. Die Haftung der Verwaltungsratsmitglieder beschränkt sich dagegen auf die Auswahl, Überwachung und unzulässige Betrauung des Direktors. Die Haftung trifft aber nur der Gesellschaft gegenüber ein.

Auch im deutschen Aktienrecht ist es zulässig, die Aufgaben des Vorstands unter seinen Mitgliedern zu verteilen. Das setzt aber formell eine diesbezügliche Bestimmung in der Satzung oder der Geschäftsordnung des Vorstands voraus. Die materielle Grenze der Aufgabenverteilung (bzw. Geschäftsverteilung) bilden organschaftliche Mindestzuständigkeiten.

Im deutschen Aktienrecht wirkt die Geschäftsverteilung auch haftungsbeschränkend. Jedes Mitglied des Vorstands trägt in erster Linie für den ihm zugewiesenen Arbeitsbereich die volle Verantwortung. Es hat in diesem Bereich die laufende Geschäfte mit der Sorgfalt eines ordentlichen und gewissenhaften Geschäftsleiters auszuführen. Die Haftung der übrigen Mitglieder des Vorstands beschränkt sich auf eine allgemeine Überwachungspflicht in diesem für sie an sich fremden Bereich.

Bei faktischer (unzulässiger) Arbeitsteilung ändert sich prinzipiell nichts an dem Grundsatz der gesamtschuldnerischen aktienrechtlichen Haftung aller Vorstandsmitglieder.

Im deutschen Aktienrecht hat der Vorstand keine Befugnis, die Angelegenheiten der Geschäftsführung im Ganzen oder in Teilbereichen an eine oder mehrere Personen, also an Mitglieder des Vorstands im Sinne des türkisch-schweizerischen Models zu delegieren. Es können jedoch laufende Verwaltungsaufgaben des Tagesgeschehens sowie die Vorbereitung und Ausführung von Führungsentscheidungen an leitende Angestellte delegiert werden. Die leitenden Angestellten sind die Erfüllungsgehilfen der Gesellschaft. Die Vorstandsmitglieder haften für den der Gesellschaft durch die leitenden Angestellten zugefügten Schaden nur, wenn sie bei der Auswahl, der Anweisung und der Überwachung der Angestellten die Sorgfalt eines ordentlichen und gewissenhaften Geschäftsleiters nicht angewandt haben.

8) Im deutschen Aktienrecht hat sich jedes einzelne Vorstandsmitglied bei der Mehrheitsgeschäftsführung an allen Phasen des Zustandekommens eines Beschlusses aktiv zu beteiligen. Das Handeln des einzelnen Vorstandsmitglieds gilt schon dann als pflichtwidrig, wenn dieses unentschuldbar an der Beratung in der Sitzung nicht teilnimmt oder trotz der Teilnahme keinen Beitrag zu Diskussionen leistet.

Verstößt der mit der Stimmenmehrheit gefaßte Beschluß gegen das Gesetz oder die Satzung oder ist er für die Gesellschaft schädlich, so ist das überstimmte Mitglied des Vorstands verpflichtet, alle zur Verfügung stehenden Mittel zu ergreifen, um die Ausführung des Beschlusses zu verhindern. Darunter fällt aber nicht die Amtsniederlegung.

Die Haftungslage des einzelnen Verwaltungsratsmitglieds stimmt bei Mehrheitsgeschäftsführung im türkisch-schweizerischen Aktienrecht mit der im deutschen grundsätzlich überein.

9) Besteht der Vorstand/Verwaltungsrat aus mehreren Personen, so haften sie in allen drei Rechtssystemen (AktG, aOR, OR, THGB) für den eingetretenen Schaden während der Geschäftsleitung solidarisch bzw. gesamtschuldnerisch. Diese solidarische Haftung ist grundsätzlich eine absolute. Wegen der unbilligen und unhaltbaren Folgen der absoluten Solidarität ist aber eine gewisse Einschränkung der Solidarität im Außenverhältnis naheliegend. Demnach darf sich der Solidarschuldner auf eine Minderung des Schadensersatzes wegen geringen Verschuldens berufen und muß dann den eingetretenen Schaden nicht in vollem Umfang ersetzen. Das revidierte OR weicht von der absoluten Solidarität ab und sieht eine differenzierte vor. Demnach wird die Solidarität des einzelnen Solidarschuldners auf den Betrag plafoniert, welcher ihm vom Richter aufgrund seines eigenen Verschuldens und anderen besonderen Umstände zugerechnet wird.

De lege ferenda ist die Aufnahme einer gleichlautenden Norm ins THGB besonders empfehlenswert. Somit würde die Stellung des einzelnen Solidarschuldners in immenser Weise verbessert, was wiederum einen enormen Beitrag zu mehr Entscheidungsfreudigkeit (bzw. Risikofreudigkeit) der Verwaltungsratsmitglieder und somit zugleich zur Beschleunigung der Geschäftsabwicklung im Wirtschaftsleben leisten würde.

De lege lata hat der Richter im türkischen Aktienrecht den Schadensersatz im Innenverhältnis hauptsächlich nach dem Grad des Verschuldens unter den Ersatzpflichtigen zu verteilen. Dabei spielen der Grad der Kausalität, die Funktion des Ersatzpflichtigen im Organ u.ä. auch eine gewichtige Rolle.

Im deutschen Recht haftet das einzelne Vorstandsmitglied in jedem Fall für den ganzen Schaden. Dabei kommt weder ein geringes Verschulden noch mitwirkendes Verschulden der Gesellschaft im Außenverhältnis zur Anwendung. Im Innenverhältnis bestimmt sich die Höhe des Ausgleichsanspruchs in erster Linie nach dem Maß der Verursachung und erst in zweiter Linie nach dem Grad des Verschuldens.

10) Im deutschen Aktienrecht haften die Vorstandsmitglieder der Gesellschaft gegenüber nicht, wenn infolge der Ausführung eines gesetzmäßigen Beschlusses der Hauptversammlung ein Schaden eingetreten ist. Gesetzmäßig sind in diesem Sinne die Beschlüsse, wenn sie weder nichtig noch anfechtbar sind und wenn sie die Hauptversammlung im Rahmen ihrer Zuständigkeiten gefaßt hat. Die Ausführung der unanfechtbar gewordenen Beschlüsse befreit die Vorstandsmitglieder von ihrer Haftung nicht, wenn sie anfänglich für die Gesellschaft schädlich waren und trotzdem nicht angefochten worden sind.

Die Vorstandsmitglieder trifft die Haftung wegen der Ausführung der auf Verlangen des Vorstands erfolgten Hauptversammlungsbeschlüsse über die Geschäftsführung, wenn die Beschlüsse offensichtlich den Interessen der Gesellschaft zuwiderlaufen. Die Vorstandsmitglieder können sich dabei weder auf einen vom Vorstand pflichtwidrig herbeigeführten noch einen ohne Verlangen des Vorstands von der Hauptversammlung über die Geschäftsführung gefaßten Beschluß noch auf die nachträgliche Billigung von Geschäftsführungsmaßnahmen durch die Hauptversammlung berufen und so der Haftung entziehen.

Wie dies schon im alten und später dann im revidierten Obligationenrecht der Fall ist, ist auch im türkischen Aktienrecht das oberste Organ der Gesellschaft die Generalversammlung. Ihr steht grundsätzlich die Kompetenz zu, über die mit wirtschaftlichen und dem rechtlichen Aufbau der Gesellschaft zusammenhängenden Angelegenheiten Beschlüsse zu fassen. Weiterhin steht ihr Befugnis zu, über bestimmte Fragen der Geschäftsführung auf Verlangen des Verwaltungsrates zu entscheiden.

Die Verwaltungsratsmitglieder haben im türkischen Aktienrecht die Beschlüsse der Generalversammlung auszuführen, wenn sie weder anfechtbar noch nichtig noch offensichtlich für die Gesellschaft schädlich sind. In allen drei Punkten treffen die Vorstandsmitglieder eine summarische Überprüfung. Ist der Beschluß der Generalversammlung rechtmäßig und mit den Interessen der Gesellschaft konform, so haften die Verwaltungsratsmitglieder für den aus der Ausführung folgenden Schaden der Gesellschaft gegenüber nicht. Haben dagegen die Verwaltungsratsmitglieder die Anfechtung des anfechtbaren Beschlusses pflichtwidrig unterlassen, so haften sie für den aus der Ausführung des unanfechtbar gewordenen Beschlusses entstandenen Schaden sowohl der Gesellschaft als auch der Aktionären und Gläubigern gegenüber. Stellt sich nach der summarischen Überprüfung heraus, daß der Beschluß den Interessen der Gesellschaft zuwiderläuft, so haben die Verwaltungsratsmitglieder unverzüglich die Generalversammlung darauf hinzuweisen und einen neuen Beschluß zu verlangen. Besteht die Generalversammlung trotzdem auf den alten Beschluß, so haben sie diesen alten Beschluß auszuführen, ohne daß sie wegen der Ausführung zur Verantwortung gezogen werden könnten. Die Verwaltungsratsmitglieder können sich nur gegenüber der Gesellschaft und den Aktionären, welche dem Beschluß zugestimmt haben, auf einen gesetzmäßigen und mit den Interessen der Gesellschaft in Einklang stehenden Beschluß berufen und so einer Haftung entgehen.

11) Im deutschen Aktienrecht können die Gläubiger den der Gesellschaft zustehenden Ersatzanspruch geltend machen, wenn sie trotz Fälligkeit der Forderung von der Gesellschaft keine Befriedigung erlangen können und -jedenfalls grundsätzlich- eine gröbliche Verletzung der Sorgfalt eines ordentlichen und gewissenhaften Geschäftsleiters gegeben ist. Beim Verfolgungsrecht des Gläubigers handelt es sich um einen Fall von Prozeßstandschaft. Der Gläubiger der Gesellschaft macht den Anspruch der Gesellschaft in eigenem Interesse und in eigenem Namen geltend. In diesem Zusammenhang besteht zwischen der Aktiengesellschaft und ihrem Gläubiger keine Gesamtgläubigerschaft im Sinne des § 428 BGB. Die Beweislast des Gläubigers ist mit der der Gesellschaft identisch. Der Gläubiger kann dabei gleich auf Leistung an sich selbst klagen. Unter den Gläubigern einerseits und zwischen Gläubigern und Gesellschaft andererseits besteht kein Vorrangverhältnis.

Außer in den § 93 AktG vorgesehenen Ausnahmen kann das durch den Gläubiger in Anspruch genommene Vorstandsmitglied alle Einreden, die ihm gegenüber der Gesellschaft zustehen, auch dem klagenden Gläubiger entgegenhalten.

Im türkisch-schweizerischen Aktienrecht können die Gläubiger der Gesellschaft auch den ihnen durch die Schädigung der Gesellschaft reflexweise entstandenen Schaden (mittelbaren Schaden) geltend machen. Dieses Klagerecht des Gläubigers sowie des Aktionärs ist im Gegensatz zum deutschen Recht ein selbständiges Forderungsrecht. Die entsprechende Klage richtet sich dabei auf Leistung an die Gesellschaft. Sowohl der Gläubiger der Gesellschaft als auch der einzelne Aktionär können den ganzen Schaden einklagen.

12) Die Verwaltungsratsmitglieder haften dem Gläubiger und dem einzelnen Aktionär ex lege. Die Beweislast bei beiden verhält sich wie die der Gesellschaft. In allen drei Ländern vernichtet ein zwischen der Gesellschaft und den ersatzpflichtigen Vorstands-/Verwaltungsratsmitgliedern abgeschlossener Vergleich das Klagerecht des Gläubigers nicht.

Im Gegensatz zum schweizerischen ist es im türkischen Aktienrecht für die Klage des Gläubigers und des einzelnen Aktionärs im Konkursfall nicht erforderlich, daß die Konkursverwaltung auf die Geltendmachung des Schadens verzichtet.

Das Klagerecht des einzelnen Aktionärs dient vor allem dazu zu verhindern, daß die Mehrheit der Aktionäre den Schadensersatzanspruch gegenüber den Verwaltungsratsmitgliedern unter den Tisch fallen läßt. Trotz dieser praktischen Bedeutung stellt sich die Aktionärsklage in der Gerichtspraxis als eine Seltenheit dar. Zur Popularisierung der Aktionärsklage könnten de lege ferenda folgende Wege beitragen:

(1) Jedem einzelnen Aktionär und jedem Gläubiger wird die Befugnis eingeräumt, sich zur Erhebung einer Klage aus mittelbarem Schaden an das Handelsministerium. Befindet das Handelsministerium dieses Ersuchen für schlüssig, so sollte es Klage auf Leistung an die Gesellschaft erheben.

(2) Bei Abweisung der Klage könnten die Prozeßkosten durch den Richter nach seinem freien Ermessen auf den klagenden Aktionär oder Gläubiger sowie die Gesellschaft verteilt werden.

Im deutschen Recht könnte im Wege der Rechtsfortbildung die Klage eines einzelnen Aktionärs wegen eines Reflexschadens anerkannt werden. Der klagende Aktionär muß dann die Verantwortlichen in Höhe des Gesamtschadens der Gesellschaft und auf Leistung an die Gesellschaft in Anspruch nehmen.

13) Die Ansprüche der Gesellschaft und des Gläubigers verjähren im deutschen Aktienrecht in fünf Jahren. Die allgemeinen Normen des BGB über Beginn, Hemmung und Unterbrechung der Verjährung finden grundsätzlich hierzu Anwendung.

Die Ansprüche aller Berechtigten, wozu auch die Gesellschaft gerechnet wird, verjähren im türkischen Aktienrecht zwei Jahre nach dem Zeitpunkt, an welchem der Ersatzberechtigte von dem Schaden und der Person des verantwortlichen Mitglieds Kenntnis erlangt hat, auf jeden Fall aber nach Ablauf von fünf Jahren von dem Tage der schädigenden Handlung an gerechnet. Stellt diese schädigende Handlung jedoch gleichzeitig eine strafbare Handlung dar und unterliegt sie nach dem Strafgesetzbuch einer längeren Verjährungsfrist, so kommt für die Schadensersatzklage diese Verjährungsfrist zur Anwendung. Der Lauf der Verjährung beginnt für jeden einzelnen Kläger gesondert mit seiner subjektiven Kenntnis vom Schaden und der Person der Verantwortlichen.

Im schweizerischen Aktienrecht werden längere Fristen vorgesehen, und zwar statt der zweijährigen ordentlichen Verjährungsfrist eine fünfjährige und statt der fünfjährigen absoluten Verjährungsfrist eine zehnjährige.

Diese längere Fristen sind für das türkische Aktienrecht de lege ferenda ebenfalls empfehlenswert, da sie angemessener sind. Es könnte im türkischen Recht nämlich wegen der kurzen Fristen vorkommen, daß die Schadensersatzansprüche der Berechtigten verjähren, bevor sie überhaupt erst entstanden sind.

14) Im deutschen Aktienrecht hat die Entlastung der Mitglieder des Vorstands im Gegensatz zum GmbH-Recht keine materiell-rechtlichen Wirkungen, es gibt also keine Präklusionswirkung bei Schadensersatzansprüchen. Die Erteilung der Entlastung bringt grundsätzlich ihrem Inhalt nach nur die Billigung der Geschäftsführung und das Vertrauen in diese zum Ausdruck.

Im türkisch-schweizerischen Aktienrecht hat die Entlastung der Verwaltungsratsmitglieder eine schadensersatzanspruchsvernichtende Wirkung. Mit dem Entlastungsbeschluß bringt die Generalversammlung zum Ausdruck, daß gegen Verwaltungsratsmitglieder während des mit der Beschlußfassung in Zusammenhang stehenden Zeitraums keine Forderung der Gesellschaft wegen fahrlässig oder vorsätzlich mangelhafter Geschäftsführung entstanden ist. Die Schadensersatzansprüche der nicht zustimmenden Aktionäre und Gläubiger der Gesellschaft bleiben dagegen von der Erteilung der Entlastung unberührt.

15) Der Aufsichtsrat kann als zur Vertretung berechtigtes Organ der Gesellschaft auf die Ersatzpflicht des infolge der pflichtwidrigen Handlung der Vorstandsmitglieder entstandenen Schadens verzichten oder sich darüber vergleichen. Ein zulässiger Verzicht oder Vergleich läßt die Ansprüche der Gesellschaft gegenüber demjenigen Vorstandsmitglied, mit dem der Vergleich oder Verzicht geschlossen worden ist, untergehen. Ein zulässiger Verzicht oder Vergleich hat keinerlei Auswirkungen auf den Ersatzanspruch der Gläubiger der Gesellschaft.

Auch im türkischen und schweizerischen Aktienrecht gehen durch den zulässigen Verzicht oder Vergleich die Ansprüche der Gesellschaft gegenüber dem Verwaltungsratsmitglied, mit dem der Verzicht oder Vergleich abgeschlossen wurde, unter. Die aus mittelbarem Schaden herrührenden Ansprüche derjenigen Aktionäre, die den Verzicht oder Vergleich nicht zugestimmt haben sowie die der Gläubiger der Gesellschaft bleiben davon unberührt.

LITERATURVERZEICHNIS

I) Die der vorliegenden Arbeit zugrundeliegende deutschsprachige Literatur

BAAS, Dieter: Leitungsmacht und Gemeinwohlbindung des Vorstandsmitglieds der AG, Diss., Frankfurt und München 1976 (*Diss.*).

BALTZER, Johannes: Der Beschluß als rechttechnisches Mittel organschaftlicher Funktion im Privatrecht, Köln und Berlin 1965 (*Beschluß*).

BÄR, Hans J.: Der Verwaltungsrat der herrschenden bzw. der abhängigen Gesellschaft im Konzern -aus der Sicht eines Praktikers, in Verantwortung des Verwaltungsrates in der AG, S. 95 ff., Zürich 1978.

BÄR, Rolf: Funktionsgerechte Ordnung der Verantwortlichkeit des Verwaltungsrats, SAG 1986 S. 57 ff. (*Funktionsgerechte Ordnung, SAG 1986*).

BÄR, Rolf: Verantwortlichkeit des Verwaltungsrates der AG, ZBJV 1970 S. 457 ff. (*Verantwortlichkeit, ZBJV 1970*).

BARNER, Friedrich: Entlastung als Institut des Rechtsverbandes, Berlin 1990 (*Entlastung*).

BARTL/HENKES/SCHLARB: GmbH-Recht, Handbuch und Kommentar, Heidelberg 1990 (*Bartl/Henkes/Schlarb, GmbH-Recht*).

BARZ/BRÖNNER/KLUG/MELLEROWICZ/MEYER-LANDRUT/SCHILLING/WIEDEMANN/WÜRDINGER: Aktiengesetz, Großkommentar, Band I/1 §§ 1-75) 3. Aufl., Berlin usw. 1975, und Band I/2 (§§ 76-147), 3. Aufl., Berlin usw. 1970 ff. (*Bearbeiter, Großkomm.*).

BARZ/FISCHER/KLUG/MELLEROWICZ/ MEYER-LANDRUT/SCHILLING/SCHMDT: Aktiengesetz (von 1937), Großkommentar, Band 1 (§§ 1-144), Berlin 1961 (*Bearbeiter, Großkomm. von 1937*).

BASTUCK; Burkhart: Enthaftung des Managements, Köln usw. 1986 (*Enthaftung*).

BÄTTIG, Kurt: Die Verantwortlichkeit der Kontrollstelle im Aktienrecht, Diss., St. Gallen 1976 (*Diss.*).

BAUER, Jobst-Hibertus: Rechtliche und taktische Probleme bei der Beendigung von Vorstandsverhältnissen, DB 1992 S. 141 ff. (*Beendigung, DB 1992*).

BAUMBACH, Adolf/HUECK, Alfred: Aktiengesetz, 13. Aufl., München 1968 (*Baumbach-Hueck, AktG Komm.*).

BAUMBACH/HUECK/HUECK/SCHULZE-OSTERLOH/ZÖLLNER: GmbH-Gesetz, 16. Aufl., München 1996 (*Bearbeiter, GmbH-Gesetz*).

BAUMS, Theodor: Der Geschäftsleitervertrag. Habil-Schr., Köln 1987 (*Geschäftsleitervertrag*).

BAUMS, Theodor: Ersatz von Reflexschaden in der Kapitalgesellschaft, ZGR 1987 S. 554 ff. (*Reflexschaden, ZGR 1987*).

BAUMS, Theodor: Schadenersatzanspruch der GmbH gegen den Geschäftsführer wegen Nichteinhaltung der vereinbarten Dienstzeiten, ZIP 1988 S. 568 ff.

BECKER, H: Berner Kommentar. Schweizerisches Zivilgesetzbuch, Obligationenrecht, Band VI/1 Allgemeine Bestimmungen (Art. 1-183), Bern 1941 (*Berner Kommentar*).

BECKER, Helmut: Der ordentliche Geschäftsleiter- im deutschen und ausländischen Recht, FS für Georg Döllerer, Düsseldorf 1988.

BENZE/LICHTENSTEIN/FÖHR/SCHWEGLER/KEHRMANN/ KIESER/UNTERHINNINGHOFEN: Mitbestimmungsgesetz`76, Kommentar für die Praxis, Bochum usw. 1977 (*Bearbeiter, MitbestG Komm.*).

BERGMANN, Friedrich: Die rechtliche Abhängigkeit des Anstellungsvertrages der Vorstandsmitglieder einer AG von der Bestellung und den für sie geltenden Bestimmungen, Diss., Münster 1971 (*Diss.*).

BERNARD, Marie-Christine: Vergleich der Ansprüche der Gesellschafter gegen die Geschäftsführer bei der AG und der GmbH im deutschen und französischen Recht, insbesondere im Hinblick auf die „action individuelle“ und die „action sociale exerercee „ut singuli“, Diss., Köln 1977 (*Diss.*).

BIGGEL, Hans: Die Verantwortlichkeit des Verwaltungsrates, Diss., Zürich 1940 (*Diss.*).

BOESEBECK, Ernst: Unklarheit in der Geschäftsführung und Verantwortung bei der AG, JW 1938 S. 2525 ff. (*Unklarheit, JW 1938*).

BÖCKLI, Peter: Das neue Aktienrecht, Darstellung für den Praktiker, Zürich 1992 (*Neues Aktienrecht*).

BÖCKLI, Peter: Schweizer Aktienrecht, Darstellung für den Praktiker, 2. Aufl., Zürich 1996 (*Schweizer Aktienrecht*).

BORRMANN, Gero-Falk: Beendigung der Geschäftsführerstellung in der GmbH, Diss., Frankfurt 1972 (*Diss.*).

BRANDES, Helmut: Ersatz von Gesellschafts- und Gesellschafterschaden, FS für HJ Fleck, Berlin usw. 1988 S. 13 ff. (*Ersatz, FS für Fleck*).

BRINKMANN, Thomas: Unternehmensziele im Aktienrecht, AG 1982 S. 122 ff.

BROX, Hans: Allgemeiner Teil des BGB, 20. Aufl., Köln usw. 1996 (*AT des BGB*).

BROX, Hans: Allgemeines Schuldrecht, 23. Aufl., München 1996 (*Allgemeines Schuldrecht*).

BROX, Hans: Probleme der Entlastung im Gesellschaftsrecht, BB 1960 S. 1226 ff. (*Probleme, BB 1960*).

BUCHNER, Herbert: Die Entlastung des Geschäftsführers in der GmbH, GmbHRsch 1988 S. 9 ff. (*Entlastung, GmbHRsch. 1988*).

BURCKHARDT, Mathias: Die Pflichten und die Verantwortlichkeit der Verwaltung der Aktiengesellschaft nach schweizerischem, französischem und deutschem Recht, Diss., (Masch-Schrf.) Basel 1969 (*Diss.*).

BÜRGI, F. Wolfhart/NORDMANN-ZIMMERMANN, U.: Kommentar zum Schweizerischen Zivilgesetzbuch, Band V5b3, Art. 739-771, Zürich 1979 (*Züricher Komm.*).

BÜRGI, F. Wolfhart: Kommentar zum Schweizerischen Zivilgesetzbuch, Band V5b2, Art. 698 -738, Zürich 1969 (*Züricher Komm.*).

BUSCH, Martin: Der Vorstand als Führer der AG, Diss., Erlangen 1935.

CANARIS, Claus-Wilhelm: Hauptversammlungsbeschlüsse und Haftung der Verwaltungsmitglieder im Vertragkonzern, ZGR 1978 S. 207 ff. (*HVBeschlüsse, ZGR 1978*).

CASPER, Matthias; Die Heilung nichtiger Beschlüsse im Kapitalgesellschaftsrecht, 1998 Köln (*Heilung*).

CUNIO, Hermann: § 84 Aktiengesetz, Ersatz oder Schadenersatz? AG 1958 S. 63 ff. (*Ersatz, AG 1958*).

DHONAU, Hans-Gebert: Die Befugnis des Gläubigers zur Geltendmachung des Ersatzanspruches der AG gegen ihr Organmitglied, Diss., Mainz 1981 (*Diss.*).

DIETEL, Peter: Der Widerruf der Bestellung zum Vorstandsmitglied bei der Vertrauensentzug der Hauptversammlung, Diss., Köln 1965 (*Diss.*).

DIEZI, Alfred: Versicherbarkeit der aktienrechtlichen Verantwortlichkeit, Diss., Zürich 1982 (*Diss.*).

DORNBURG-SCHULZ, Stefan: Verwaltung der AG in Deutschland und der Schweiz, Diss., Zürich 1966 (*Diss.*).

DOSE; Stefan: Die Rechtsstellung der Vorstandsmitglieder einer Aktiengesellschaft, 3. Aufl. Köln 1975 (*Rechtsstellung*).

DOSE; Stefan: Zivilrechtliche Haftung und Aufgabendelegation auf Ausschüsse im Aufsichtsrat der AG, ZGR 1973 S. 300 ff. (*Haftung, ZGR 1973).*

DREHER, Meinrad: Die persönliche Verantwortlichkeit von Geschäftsleitern nach außen und die innergesellschaftliche Aufgabenteilung, ZGR 1992 S. 22 ff. (*Verantwortlichkeit, ZGR 1992*).

DRUEY, Jean-Nikolas: Die materielle Grundlagen der Verantwortlichkeit des Verwaltungsrats, in Verantwortlichkeit des Verwaltungsrates, S. 45 ff., Zürich 1994 *(Materielle Grundlage*).

DRUEY, Jean-Nikolas: Organ und Organisation zur Verantwortlichkeit aus aktienrechtlicher Organschaft, SAG 1981 S. 77 ff. (*Organ und Organisation, SAG 1981*).

EBENROTH, Carsten Thomas/LANGE, Knut Werner: Die Sorgfaltspflichten und Haftung des Geschäftsführers einer GmbH nach § 43 GmbHG, GmbHRsch. 1992 S. 69 ff. (*Sorgfaltspflichten, GmbHRsch 1992*).

EISENHARDT, Ulrich: Zum Problem der Haftung der Aufsichtsratmitglieder von AG und GmbH gegenüber der Gesellschaft , Jura 1982 S. 289 ff. (*Problem der Haftung, Jura 1982*).

ERMAN, Walter: Handkommentar zum Bürgerlichen Gesetzbuch, 8. Aufl. Band I (§§ 1-853), Münster 1989 (*Bearbeiter- Erman BGB*).

ESSER, Josef/WEYERS, Hans-Leo: Schuldrecht, Band II, Besonderer Teil, 7. Aufl., Heidelberg 1991 (*Schuldrecht Band II*).

FISCHER, Robert: Die Verantwortung des Aufsichtsrates bei Interessenkollisionen, Memorian Konrad Duden S. 56 ff., Mannheim usw. 1981 (*Interessenkollisionen, Memorien K. Duden*).

FITTING/WLOTZKE/WIßMANN: Mitbestimmungsgesetz mit Wahlordnung, Kommentar, 2. Aufl., München 1978 (*Fitting/Wlotzke/Wißmann, KommMitbestG*).

FLECK, Hans-Joachim: Das Organmitglied - Unternehmer oder Arbeitnehmer ?, FS Hilger-Stumpf S. 197 ff., München 1983 (*Organmitglied, FS Hilger-Stumpf*).

FLECK, Hans-Joachim: Das Dienstverhältnis der Vorstandsmitglieder und Geschäftsführer von Kapitalgesellschaften in der Rechtsprechung des BGH, WM 1968 Sonderbeilage 3 S. 3 ff. (*Dienstverhältnis, WM 1968*).

FLECK, Hans-Joachim: Das Dienstverhältnis der Vorstandsmitglieder und Geschäftsführer von Kapitalgesellschaften in der Rechtsprechung des BGH, WM 1981 Sonderbeilage 3 S. 3 ff. (*Dienstverhältnis, WM 1981*).

FLECK, Hans-Joachim: Das Dienstverhältnis der Vorstandsmitglieder und Geschäftsführer in der Rechtsprechung des BGH, WM 1994 S. 1957 ff. (*Dienstverhältnis, WM 1994*).

FLECK, Hans-Joachim: Die Drittanstellung des GmbH-Geschäftsführers, ZHR 1985 (149) S. 387 ff. (*Drittanstellung, ZHR 1985*).

FLECK, Hans-Joachim: Zur Haftung des GmbH Geschäftsführers, GmbHRsch 1974 S. 224 ff. (*Haftung, GmbHRsch 1974*).

FLUME, Werner: Allgemeiner Teil des Bürgerlichen Rechts, Band I/2, Juristische Person, Berlin usw. 1983 (*Juristische Person*).

FORSTMOSER, Peter/MEIER-HOYOZ, Arthur/NOBEL, Peter: Schweizerisches Aktienrecht, Bern 1996 (*Forstmoser, Aktienrecht*).

FORSTMOSER, Peter/MEIER-HOYOZ, Arthur: Einführung in das schweizerische Aktienrecht, 3. Aufl., Bern 1983 (*Einführung ins SAR*).

FORSTMOSER, Peter: Die aktienrechtliche Verantwortlichkeit, Zürich 1987 (*Verantwortlichkeit*).

FORSTMOSER, Peter: Der mittelbare Schaden im aktienrechtlichen Verantwortlichkeitsrecht und seine Geltendmachung im Konkurs, SAG 1986 S. 60 ff. (*Mittelbarer Schaden, SAG 1986*).

FORSTMOSER, Peter: Der Organbegriff im aktienrechtlichen Verantwortlichkeitsrecht, FS für Arthur- Meier Hoyoz S. 125 ff, Bern 1982 (*Organbegriff, FS für Meier-Hayoz*).

FORSTMOSER, Peter: Die aktienrechtliche Verantwortlichkeit nach Schweizer Recht-Risiken und Möglichkeit ihrer Vermeidung, LJZ 1984 S. 1 ff. (*Risiken, LJZ 1984*).

FORSTMOSER, Peter: Solidarität, Kausalzusammenhang und Verschulden im aktienrechtlichen Verantwortlichkeitsrecht, SJZ 1982 S. 369 ff. (*Solidarität, SJZ 1982*).

FORSTMOSER, Peter: Verantwortlichkeit der Verwaltungsräte, in Verantwortlichkeit des Verwaltungsrates S. 27 ff., Zürich 1978 (*Verantwortlichkeit der Verwaltungsräte*).

FORSTMOSER, Peter: Vom alten zum neuen Aktienrecht, SJZ 1992 S.137 ff., S. 157 ff.

FRELS, Harro: Die Geschäftsverteilung im Vorstand der Aktiengesellschaft, ZHR 1959 (122) S. 8 ff. (*Geschäftsverteilung, ZHR 1959*).

FRELS, Harro: Überweisung von Vertretungsmacht an einzelne Mitglieder des Vorstands der Aktiengesellschaft, ZHR (122) 1959 S. 173 ff.

FRELS, Harro: Zur Behauptungs- und Beweislast bei § 84 Abs. 2 AktG, AG 1960 S. 296 ff. (*Behauptungslast, AG 1960*).

FRICK, Emil: Der unmittelbare und mittelbare Schaden im Verantwortlichkeitsrecht der Aktiengesellschaft, Diss., Zürich 1953 (*Diss.*).

GERKAN, Hartwin v.: Die Beweislastverteilung beim Schadenersatzanspruch der GmbH gegen ihren Geschäftsführer, ZHR 1990 (154) S. 39 ff. (*Beweislastverteilung, ZHR 1990*).

GERLACH, Hans W.: Die Anstellung eines Vorstandsmitgliedes einer Aktiengesellschaft ohne Beschluß des Aufsichtsrates und deren Folgen, AG 1965 S. 251 ff. (*Anstellung, AG 1965*).

GESSLER, Ernst: Einberufung und ungeschriebene Hauptversammlungszuständigkeiten, FS für Stimpel S. 771 ff., Berlin usw. 1985 (*Einberufung, FS für Stimpel*).

GESSLER, Ernst: Vorstand und Aufsichtsrat im neuen Aktiengesetz, JW 1937 S. (497) 63 ff. (*Vorstand, JW 1937*).

GEßLER/HEFERMEHL/ECKHARDT/KROPFF/ BUNGEROTH/FUHRMANN/HÜFFER/SEMLER: Aktiengesetz, Kommentar, Band I (§§ 1-75), München 1973 ff. (*Bearbeiter, Komm. AktG*).

GESSLER/HEFERMEHL/ECKARDT/KROPFF: Aktiengesetz, Kommentar, Band II, (§§ 76-147) München 1973 ff. (*Bearbeiter, Komm. AktG*).

GESSLER/HEFERMEHL/ECKARDT/KROPFF: Aktiengesetz, Kommentar, Band III, (§§148-178) München 1973 (*Bearbeiter, Komm. AktG*).

GESSLER/HEFERMEHL/ECKARDT/KROPFF/BUNGEROTH/FUHRMANN/ GRUNEWALD/HÜFFER/KAROLLUS/SEMLER: Aktiengesetz, Kommentar, Band IV, (§§ 179-240), München 1989 ff. (*Bearbeiter, Komm. AktG*).

GESSLER/HEFERMEHL/ECKARDT/KROPFF/ BUNGEROTH/FUHRMANN/GRUNEWALD/HÜFFER/SEMLER: Aktiengesetz, Kommentar, Band V, (§§ 241-290), München 1984 ff. (*Bearbeiter, Komm. AktG*).

GEßLER/HEFERMEHL/HILDEBRANDT/SCHRÖDER: Schlegelberger Handelsgesetzbuch, 5. Aufl., Band IV (§§ 343-372), München 1976 (*Bearbeiter, HGB Schlegelberger*).

GIERKE, Otto v.: Das deutsche Genosssenschaftsrecht, Band 1, Darmstadt 1954 (*Genossenschaftsrecht*).

GLANEGGER/GÜROFF/NIEDNER/PEUKER/RUß/STUHLFELNER: Heidelberger Kommentar zum Handelsgesetzbuch, 4. Aufl., Heidelberg 1996 (*Bearbeiter, Komm. HGB*).

GODIN, Reinhardt Freiherr v.: Besitzt der Aktionär einer vorsätzlich durch unerlaubte Handlung eines Dritten geschädigten Aktiengesellschaft einen unmittelbaren Schadenersatzanspruch gegen den Schädiger auf Ersatz des durch die Entwertung seiner Aktien entstandenen Vermögensverlustes? AcP (141) 1935 S. 212 ff.

GODIN, Reinhardt Freiherr v.: Über die Natur des Vorstandsvertrages, ZAKDR 1938 S. 596 ff. (*Natur, ZAKDR 1938*).

GODIN/WILHELMI: Aktiengesetz, Kommentar, 4. Aufl. Band I (§§ 1-178), Berlin usw. 1971 (*Godin-Wilhelmi, Aktiengesetz*).

GOETTE, Wulf: Zur Verteilung der Darlegungs- und Beweislast der objektiven Pflichtwidrigkeit bei der Organhaftung, ZGR 1995 S. 648 ff. (*Verteilung, ZGR 1995*).

GOLDSCHMIDT, Robert: Die zivilrechtliche Verantwortlichkeit der Verwaltungsmitglieder der AG, ZHR (113) 1950 S. 33 ff. (*Zivilrechtliche Verantwortlichkeit, ZHR 1950*).

GOLLING, Hans-Joachim: Sorgfaltspflicht und Verantwortlichkeit der Vorstandsmitglieder für ihre Geschäftsführung innerhalb der nicht konzerngebundenen AG, Diss., Köln 1968 (*Diss.*).

GREYERZ, Christoph v.: Die Verwaltung in der privaten AG, in Verantwortlichkeit des Verwaltungsrates in der AG, S. 57 ff., Zürich 1978.

GREYERZ, Christoph v.: Schweizerisches Privatrecht, Kapitalgesellschaften, Band VIII/2, Basel 1982 (*Privatrecht*).

GREYERZ, Christoph v.: Über Urteil des BG (BGE 100 II S. 384 ff.), SAG (46) 1976 S. 163 ff.

GROSS, Kurt-Jean: Analyse der haftpflichtrechtlichen Situation des Verwaltungsrates (Praxis, kritische Prüfung), Diss., Zürich 1990 (*Diss.*).

GROSSFELD; Bernhardt/BRONDICS, Klaus: Die Aktionärsklage -nun auch im deutschen Recht-, JZ 1982 S. 589 ff. (*Aktionärsklage, JZ 1982*).

GRUNEWALD, Barbara: Die Haftung von Organmitglieder nach Deliktsrecht, ZHR 1993 (157) S. 451 (*Haftung nach Deliktsrecht, ZHR 1993*).

GUATSCHI, Georg: Berner Kommentar, Schweizerisches Zivilgesetzbuch, das Obligationenrecht, Band VI/2, der einfache Auftrag (Art. 394-406), Bern 1971 (*Berner Kommentar*).

GUATSCHI; Georg: Fiduziarische Rechtsverhältnisse besonderer Art, SJZ (1949) 45 S. 301 ff. (*Rechtsverhältnisse, SJZ 1949*).

GUHL/MERZ/KUMMER: Das schweizerische Obligationenrecht, 7. Aufl., Zürich 1980 (*Obligationenrecht*).

GUHL/KUMMER/DRUEY: Grundzüge des schweizerischen Aktienrechts, 8. Aufl., Zürich 1995 (*Grundzüge*).

HAAS, Ulrich: Geschäftsführerhaftung und Gläubigerschutz, unternehmerische Verhaltenspflichten des GmbH-Geschäftsführers zum Schutz Dritter, München 1997 (*Geschäftsführerhaftung*).

HABSCHEID, J. Walter: Prozessuale Probleme hinsichtlich der „Geltendmachung von Gläubigerrecht" durch den Konkursverwalter beim Konkurs einer Aktiengesellschaft (§ 93 Abs. 5 AktG), FS für F. Weber S. 197 ff. , Berlin, New York 1975 (*Prozessuale Probleme, FS für Weber*).

HACHENBURG, Max: Kommentar zum Gesetz betreffend die Gesellschaften mit beschränkter Haftung, Band 2 (§§ 35-84), 6. Auflage, Berlin 1959 (*Bearbeiter, Hachenburg, 6. Aufl.*)

HACHENBURG, Max: Gesetz betreffend die Gesellschaften mit beschränkter Haftung, Großkommentar, Band 2 (§§ 13-52), 7. Aufl., Berlin usw. 1979 (*Bearbeiter, Hachenburg*).

HEERMANN, Peter W.: Unternehmerisches Ermessen, Organhaftung und Beweislastverteilung, ZIP 1998 S. 761 ff. (*Beweislastverteilung, ZIP 1998*).

HEFERMEHL, Wolfgang: Zur Haftung der Vorstandsmitglieder bei Ausführung von Hauptversammlungsbeschlüssen, FS für W. Schilling S. 159 ff., Berlin, New York 1973 (*Haftung, FS für Schilling*).

HEFERMEHL, (ohne Vorname): Zur Höchstdauer der Vorstandsverträge bei Aktiengesellschaften, DJ 1942 S. 619 ff. (*Vorstandsverträge, DJ 1942*).

HEISSE, Matthias: Die Beschränkung der Geschäftsführerhaftung gegenüber der GmbH, Köln 1988 (*Beschränkung*).

HENGGELER, J und E: Die zivilrechtlichen Verantwortlichkeiten im Bankgesetz und im neuen schweizerischen Aktienrecht, Diss., Zürich 1937 (*Diss.*).

HENN, Günter: Handbuch des Aktienrechts, 5. Aufl., Heidelberg 1994 (*Handbuch*).

HENN, Günter: Rechtsstellung des Vorstands nach §§ 70, 71 AktG 1937, MDR 1957 S. 392 ff.

HENSSLER, Martin: Das Anstellungsverhältnis der Organmitglieder, RdA 1992 S. 289 ff. (*Anstellung, RdA 1992*).

HENZE, Hartwig: Höchstrichterliche Rechtsprechung zum Aktienrecht, 2. Aufl., Köln 1994 (*Rechtsprechung*).

HIRMER, Hans-Peter: Zivil- und strafrechtliches Verbot pflichtwidriger Schädigung für Vorstandsmitglieder von unabhängigen und durch Beherrschungsvertrag gebundenen Aktiengesellschaften, Diss., Augsburg 1984 (*Diss.*).

HIRSCH, E. Ernst/TEKINALP, Ünal: Das türkische Aktien- und GmbH-Recht, 2. Aufl., Baden-Baden 1993.

HIRSCH, Ernst: Das schweizerische Zivilgesetzbuch in der Türkei, SJZ 1954 S. 337 ff. (*Zivilgesetzbuch in der Türkei, SJZ 1954*).

HIRSCH, Ernst: Der Einfluß des schweizerischen Rechts auf das neue türkische Handelsgesetzbuch, SJZ 1956 S. 325 ff. (*Einfluß des schweizerischen Rechts, SJZ 1956*).

HOBER, Felix: Die Kompetenzdelegation beim Verwaltungsrat der AG und ihre Auswirkungen auf die aktienrechtliche Verantwortlichkeit, Diss., Zürich 1986 (*Diss.*).

HOFFMANN/LEHMANN/WEINMANN: Mitbestimmungsgesetz, Kommentar, München 1978 (*Hoffmann/Lehmann/Weinmann, MitbestG*).

HOMBURGER, Eric: Kommentar zum Schweizerischen Zivilgesetzbuch, Obligationenrecht, Teilband V 5b, Verwaltungsrat, Art. 707-726, Zürich 1997 (*ORKomm.*)

HÖLTERS, Wolfgang: Die zustimmungspflichtigen Geschäftsführungsmaßnahmen im Spannungsfeld zwischen Satzung und Aufsichtsratautonomie, BB 1978 S. 640 (*Geschäftsführungsmaßnahmen, BB 1978*).

HOLZACH, Christoph: Der Ausschuß der Verwaltungsrates der Aktiengesellschaft und die Haftungsverhältnisse bei Verwaltungsrats-internen Delegation, Diss. (Masch-Schr.), Basel 1960 (*Diss.*).

HOPT/BAUMBACH/DUDEN: Handelsgesetzbuch, 29. Aufl., München 1995 (*Hopt/Baumbach/Duden, HGB Komm.*).

HÜBNER, Ulrich: Managerhaftung, München 1992 (*Managerhaftung*).

HUECK, Alfred: Die Rechtsstellung der Mitglieder von Organen der juristischen Personen, DB 1954 S. 274 ff. (*Rechtsstellung, DB 1954*).

HUECK, Götz: Bemerkungen zum Anstellungsverhältnis von Organmitgliedern juristischen Personen, FS für Marie Luise Hilger und Hermann Stumpf S. 365 ff., München 1983 (*Anstellungsverhältnis, FS Hilger/Stumpf*).

HÜFFER, Uwe: Aktiengesetz, 2. Aufl., München 1995 (*Hüffer, AktienG*).

HÜFFER, Uwe: Organpflichten und Haftung in der Publikums-Personengesellschaft, ZGR 1981 S. 348 ff. (*Organpflichten, ZGR 1981*).

HÜTTE, Klaus: Die Sorgfaltspflichten der Verwaltung und Geschäftsleitung im Lichte der aktienrechtlichen Verantwortlichkeit, ZGR 1986 S. 1 ff. (*Sorgfaltspflichten, ZGR 1986*).

HÜTTE, Klaus: Gründerhaftung und Bedeutung der Einwilligung für den Gesellschaft-/Gläubiger-/Aktionärsschaden, ST 59 1985 S. 222 ff. (*Gründerhaftung, ST 1985*).

JÄGGI, Peter: Ein Gerichtsurteil über den abhängigen Verwaltungsrat, SJZ 1960 S.1 ff. (*Ein Gerichtsurteil, SJZ 1960*).

KAESLIN, Theodor: Die Aktiengesellschaft und die Verantwortlichkeit der Verwaltung nach revidiertem Obligationenrecht, Diss., Bern 1941 (*Diss.*).

KASTNER, Walther: Grundriß des österreichischen Gesellschaftsrechts, Wien 1979 (*Gesellschaftsrecht*).

KASTNER, Walther: Zur dienstrechtlichen Stellung der Vorstandsmitglieder der Aktiengesellschaft, ÖJZ 1949 S. 7 ff. (*Stellung, ÖJZ 1949*).

KELLER, Alfred: Haftpflicht im Privatrecht, 3. Aufl., Bern 1978 (*Haftpflicht*).

KEMAHLIOGLU, Güner: Generalversammlung bei der Aktiengesellschaft im türkischen Recht mit Vergleich des deutschen und schweizerischen Rechtes, Diss., München 1964 (*Diss.*).

KEUK-KNOBBE, Brigitte: Das Klagerecht des Gesellschafters eine Kapitalgesellschaft wegen gesetz- und satzungswidrige Maßnahmen der Geschäftsführung, FS. Ballerstedt S. 239 ff, Berlin 1975.

KION, Hans-Jürgen: Die Haftung des GmbH Geschäftsführers, BB 1984 S. 864 ff. (*Haftung, BB 1984*).

KLEINER, Beat: Die Organisation der großen Aktiengesellschaft unter dem Aspekt der Verantwortlichkeit, SAG 1978 S. 3 ff. (*Organisation, SAG 1978*).

KNÖPFLE, Robert: Zur Problematik der Beurteilung einer Norm als Schutzgesetz im Sinne des § 823 Abs. 2 BGB, NJW 1967 S. 697 ff. (*Schutzgesetz, NJW 1967*).

KOLB, Alfred: Die rechtliche Stellung der Mitglieder der Verwaltung nach schweizerischem Aktienrecht, Diss., Zürich 1935 (*Diss.*).

KÖLNER KOMMENTAR: Kölner Kommentar zum Aktiengesetz, Band 1 (§§ 76-94), 1. Aufl. Köln usw. 1970 (*Bearbeiter, (1. Aufl.) Kölner Komm.*).

KÖLNER KOMMENTAR: Kölner Kommentar zum Aktiengesetz, Band 1 (§§ 23-53), 2. Aufl., München 1986 (*Bearbeiter, Kölner Komm.*).

KÖLNER KOMMENTAR: Kölner Kommentar zum Aktiengesetz, Band 1 (§§ 53a-75), 2. Aufl., Köln usw. 1988 (*Bearbeiter, Kölner Komm.*).

KÖLNER KOMMENTAR: Kölner Kommentar zum Aktiengesetz, Band 2 (§§76-117) 2. Aufl., Köln usw. 1996 (*Bearbeiter, Kölner Komm.).*

KÖLNER KOMMENTAR: Kölner Kommentar zum Aktienrecht, Band 3 (§§ 118-147) 2. Aufl., Köln usw.

KÖNIGSBERGER, Arthur: Das Haftungsproblem von Vorstand und Aufsichtsrat bei der Aktiengesellschaft, Diss., Erlangen 1927 (*Diss.*).

KONOW, Karl-Otto: Probleme der Geschäftsführerhaftung bei der GmbH, GmbHRsch. 1968 S. 219 ff. (*Probleme, GmbHRsch. 1968*).

KOSSEN, Klaus: Haftung des Vorstandes und des Aufsichtsrates einer Aktiengesellschaft für Pflichtverletzung, DB 1988 S. 1785 ff. (*Haftung, DB 1988*).

KRIEGER, Gerd-Werner: Personalentscheidung des Aufsichtsrates, Köln usw. 1981 (*Personalentscheidung*).

KROPFF, Bruno: Aktiengesetz, Düsseldorf 1965 (*Aktiengesetz*).

KÜBLER, Friedrich: Erwerbschancen und Organpflichten, FS für W. Werner S. 437 ff., Berlin usw. 1984.

KÜBLER, Friedrich: Gesellschaftsrecht, 4. Aufl., Heidelberg 1994 (*Gesellschaftsrecht*).

KUNZ, Peter: Rechtsnatur und Einredeordnung der aktienrechtlichen Verantwortlichkeitsklage, Diss., Bern 1993 (*Diss.*).

KUST, Egon: Zur Sorgfaltspflicht und Verantwortlichkeit eines ordentlichen und gewissenhaften Geschäftsleiter, WM 1980 S. 758 ff. (*Sorgfaltspflicht, WM 1980*).

LANG/WEIDMÜLLER/METZ/SCHAFFLAND: Genossenschaftsgesetz, Kommentar, 33. Aufl., Berlin usw. 1997 (*Bearbeiter, GenG Komm.*).

LANZ, Ulrich-Paul: Delegation der Befugnisse des Verwaltungsrates, Diss., Bern 1969 (*Diss.*).

LARENZ, Karl: Lehrbuch des Schuldrechts Band I, Allgemeiner Teil, 14. Aufl., München 1987.

LARENZ, Karl: Lehrbuch des Schuldrechts Band II, Besonderer Teil, 12. Aufl., München 1981.

LEHMANN, Karl: Das Recht der Aktiengesellschaften, Aalen 1964 (*Aktiengesellschaft*).

LEHNER, Georg-Rudolf: Die Verantwortlichkeit der Leitungsorgane von Aktiengesellschaften in rechtsvergleichenden und internationalprivatrechtlicher Sicht , Diss., Zürich 1981 (*Diss.*).

LENZE, Jürgen: Amtsniederlegung durch das Vorstandsmitglied einer AG, Diss., Münster 1982 (*Diss.*).

LEWERENZ, Karl-Johen: Leistungsklagen zwischen Organen und Organmitgliedern der Aktiengesellschaft, Berlin 1977 (*Leistungsklagen*).

LINDACHER, Walter: Haftung des GmbH-Geschäftsführers und Einwand des Auswahl- und Überwachungsmitverschuldens- BGH, NJW 1983 S. 1856, JuS 1984 S. 672 ff. (*Haftung des GmbH-Geschäftsführers, JuS 1984*).

LITTBARSKI, Sigurd: Zur Versicherbarkeit des Unternehmensrisiko, Berlin 1980.

LOCHER, Kurt: Die rechtliche Stellung und der Schutz der Gesellschaftsgläubiger im schweizerischen Aktienrecht, Diss., Bern 1941 (*Diss.*).

LOEPER, Lutz v.: Leitungsorgane der Aktiengesellschaft im französischen und deutschen Recht Diss., Göttingen 1970 (*Diss.*).

LOOCK, Jann Dirk: Zur Verantwortung des Vorstands der AG nach § 76 Abs. 1 AktG 1965, Diss., Hamburg 1977 (*Diss.*).

LUSTENBERGER, Thomas: Die Verwaltung der Aktiengesellschaft und ihre Sorgfaltspflichten im englischen und schweizerischen Recht, Diss., Bern 1983 (*Diss.*).

LUTHER, Markus/HOMMELHOFF, Peter: GmbH-Gesetz Kommentar, 14. Aufl., Köln 1995 (*Lutter/Hommelhoff, GmbHG.*).

LUTTER, Markus: Zur persönlichen Haftung des Geschäftsführers aus deliktischen Schäden im Unternehmen, ZHR 1993 (157) S. 464 ff. (*Haftung von Organmitgliedern, ZHR 1993*).

MACK, Wolfgang: Die Begründung und Beendigung der Rechtsstellung von Organmitgliedern der juristischen Personen im Handelsrecht, Diss., Mainz 1974 (*Diss.*).

MARTENS, Klaus-Peter: Der Grundsatz der gemeinsamen Vorstandsverantwortung, FS für H.J. Fleck, S. 191 ff., Berlin usw. 1988 (*Grundsatz, FS für Fleck*).

MARTENS, Klaus-Peter: Die Anzeigepflicht des Verlustes des Garantiekapitals nach dem Aktiengesetz und dem GmbHG, ZGR 1972 S 254 ff. (*Anzeigepflicht, ZGR 1972*).

MARTENS, Klaus-Peter: Die außerordentliche Beendigung von Organ- und Anstellungsverhältnis, FS für W. Werner S.495 ff., Berlin usw. 1984 (*Beendigung, FS für Werner*).

MARTENS, Klaus-Peter: Die Vergütung der Aufsichtsratsmitglieder, DB 1965 S. 1388 ff. und 1429 ff.

MARTENS, Klaus-Peter: Entscheidungsautonomie des Vorstandes und die „Basisdemokratie" in der Aktiengesellschaft, ZHR 1983 (147) S. 377 ff. (*Entscheidungsautonomie, ZHR 1983*).

MEDICUS, Dieter: Schuldrecht I, Allgemeiner Teil, 9. Aufl., München 1996 (*Schuldrecht I*).

MEDICUS, Dieter: Schuldrecht II, Besonderer Teil, 7. Aufl. München 1995 (*Schuldrecht II*).

MEIER-WEHRLI, Jörg: Die Verantwortlichkeit der Verwaltung einer Aktiengesellschaft bzw. einer Bank gemäß Art. 754 ff. OR/ 41 ff. BkG, Diss., Zürich 1968 (*Diss.*).

MERTENS, Hans-Joachim: Berichtspflicht des Vorstands gegenüber dem Aufsichtsrat, AG 1980 S. 67 ff.(*Berichtspflicht, AG 1980*).

MERTENS, Hans-Joachim: Geschäftsführungshaftung in der GmbH und das ITT-Urteil FS für R. Fischer S. 461 ff., Berlin, New York 1979 (*Geschäftsführungshaftung, FS Fischer*).

MERTENS, Hans-Joachim: Liquidationsvergleich über das Gesellschaftsvermögen und Ersatzanspüche nach § 93 Abs. 5 AktG, AG 1977 S. 66 ff. (*Liquidationsvergleich, AG 1977*).

MERTENS, Hans-Joachim: Organstreit in der Aktiengesellschaft? ZHR (154) 1990 S. 24 ff.

MERTENS, Hans-Joachim: Die gesetzliche Einschränkungen der Disposition über Ersatzansprüche der Gesellschaft durch Verzicht und Vergleich in der AG und konzernrechtliche Organhaftung, FS H-J Fleck S. 209 ff., Berlin usw. 1988 (*Einschränkungen, FS Fleck*).

MESSER, Herbert: Die Abberufung des Vorstandes der AG wegen Vertrauensentzugs durch die Hauptversammlung , FS für Rudolf Nirk S. 681 ff., München 1992 (*Abberufung, FS für Nirk*).

MESTMÄCKER, Ernst-Joachim: Die Verwaltung, Konzerngewalt und Rechte der Aktionäre, Karlsruhe 1958 (*Verwaltung*).

MEYER, Kurt: Die rechtliche Stellung des Delegierten des Verwaltungsrates nach schweizerischem Recht, Diss., Zürich 1946 (*Diss.*).

MEYER-LANDRUT/MILLER/NIEHUS: Gesetz betreffend die Gesellschaften mit beschränkter Haftung, Berlin usw. 1987 (*Meyer-Landrut/Miller/Niehus, Kommentar zum GmbHG*).

MEYER/MUELENBERGH/BEUTHIEN: Genossenschaftsgesetz, 12. Aufl., München 1983 (*Meyer/Muelenbergh/Beuthien, GenGK.*).

MIELKE, Werner: Die Leitung der unverbundenen Aktiengesellschaft, Frankfurt/Main usw. 1990 (*Leitung*).

MOLITOR, Erich: Rechtsverhältnisse der Vorstandsmitglieder, AG 1957 S. 193 ff. (*Rechtsverhältnisse, AG 1957*).

MÜHLBAUER, Adolf: Die Verantwortlichkeit des Vorstandes gegenüber der Gesellschaft in neuem Aktienrecht, Diss., München 1941 (*Diss.*).

MÜLLER, Gerd: Gesellschafts -und Gesellschafterschaden, FS Alfred Kellermann S. 317 ff., Berlin usw. 1991.

MÜLLER, Klaus: Kommentar zum Gesetz betreffend die Erwerbs- und Wirtschaftsgenossenschaften, Band. 1 (§§1-42), Bielefeld 1976 (*Müller, KommGenG.*).

MÜNCHENER HANDBUCH: Münchener Handbuch des Gesellschaftsrecht, Band 4. Aktiengesellschaft, München 1988 (*Bearbeiter, Münchener*).

MÜNCHENER KOMMENTAR: Münchener Kommentar zum BGB, Band I (§§ 1-240) und Band II (§§ 241-432), 3. Aufl., München 1994 (*Bearbeiter, Münchener BGB*).

NAGEL, Bernhard: Privatautonomie und Unternehmenspolitik, in Unternehmensverfassung S.95 ff. Recht und BWL, Hrsg. Krießler/Kittner/Nagel, 1983.

NATZEL, Benno: Das Rechtsverhältnis zwischen Aufsichtsratsmitglied und Gesellschaft unter besonderer Berücksichtigung des Mitbestimmungsrechts, DB 1959 S. 171 ff. und 201 ff. (*Rechtsverhältnis, DB 1959*).

NATZEL, Benno: Die Vergütung der Aufsichtsratsmitglieder, DB 1965 S. 1388 ff. und S. 1429 ff. (*Vergütung, DB 1965*).

NATZEL, Bruno: Beendigung des Aufsichtsratsamtes durch Widerruf oder Abberufung, DB 1964 S. 1143 ff. und S. 1180 ff.

NATZEL, Bruno: Die Bestellung von Aufsichtsratsmitgliedern insbesondere von Arbeitsnehmervertretern, AG 1959 S. 93 ff. (*Bestellung, AG 1959*).

NEUHAUS, Jürgen: Der Schadenersatzanspruch des außenstehenden Aktionärs gegenüber dem Vorstand seiner faktischen Aktiengesellschaft nach § 93 AktG 65, DB 1971 S. 1193 ff. (*Schadenersatzanspruch, DB 1971*).

OFTINGER, Karl: Schweizerisches Haftpflichtrecht, Band I, 4. Aufl., Zürich 1975 (*Haftpflichtrecht, Band I*).

OFTINGER, Karl: Schweizerisches Haftpflichtrecht, Band II/I, Besonderer Teil, 4. Aufl., Zürich 1987 (*Haftpflichtrecht Band BII/I*).

PALANDT, Otto: Bürgerliches Gesetzbuch, 56. Aufl., München 1997 (*Palandt, BGBKomm.*).

PELTZER, Martin: Ansprüche der Gläubiger einer AG gegen Vorstands- und Aufsichtsratmitglieder nach §§ 93 Abs. 5, 116 AktG im Falle eines gerichtlichen Vergleiches der AG, AG 1976 S. 100 ff. (*Ansprüche, AG 1976*).

PFLUGRADT, Michael: Leistungsklagen zur Erzwingung rechtmäßigen Vorstandsverhaltens der AG, München 1990.

PICKHARDT, Walter: Zivilrechtliche Haftung des Vorstands der abhängigen AG, Diss., Hamburg 1973.

PLANDER, Harro: Zur Bestellung der Geschäftsführer einer mehrgliedrigen GmbH, GmbHRsch. 1968 S.197 ff. (*Geschäftsführer, GmbHRsch 1968*).

PLANTA, Andreasson v.: Die Haftung des Hauptaktionärs, Basel, Frankfurt am Main 1981 (*Haftung des Hauptaktionärs*).

PLÜSS, Adrian: Die Rechtsstellung des Verwaltungsratsmitglieds, Diss., Zürich 1990 (*Diss. Zürich 1990*).

PLÜSS, Martin: Der Schutz der freien Aktionäre im Konzern, Diss., 1977 St. Gallen (*Diss.*).

RAISER, Thomas: Die Verantwortlichkeit von Vorstand- und Aufsichtsratmitgliedern einer Aktiengesellschaft, Unternehmensverfassung Recht und BWL, S. 39 ff., Hrsg. Kießler/ Kittner/ Nagel, 1983 (*Verantwortlichkeit*).

RAISER, Thomas: Mitbestimmungsgesetz nebst Wahlordnung, Kommentar, 2. Aufl., Berlin usw. 1984 (*Raiser, MitbestGK*).

RAISER, Thomas: Recht der Kapitalgesellschaften, 2. Aufl., München 1992 (*Kapitalgesellschaften*).

RECHENBERG, Freiherr Wolf-Georg v.: Die Hauptversammlung als oberstes Organ der Aktiengesellschaft, Heidelberg 1986 (*Hauptversammlung*).

REHBINDER, Eckardt: Zehn Jahre Rechtsprechung zum Durchgriff im Gesellschaftsrecht, FS für Fischer S. 579 ff., Berlin, New York 1979 (*Durchgriff, FS für Fischer*).

REICH, Norbert: Die zivil -und strafrechtliche Verantwortlichkeit des faktischen Organmitgliedes im Gesellschaftsrecht, DB 1967 S.1663 ff. (*Faktisches Organmitglied, DB 1967*).

REICHWEIN, Heinz: Über die Solidarhaftung der Verwaltungsmitglieder der AG und ihre Beschränkung , SJZ 1968 S.129 ff. (*Solidarhaftung, SJZ 1968*).

REICHWEIN, Heinz: Wie weit ist der AG und anderen juristische Personen das Wissen ihrer Organe zuzurechnen (sog. Wissensvertretung)?, SJZ 1970 S.1 ff. (*Wissensvertretung, SJZ 1970*).

REIMANN, Robert: Kommentar zum Bundesgesetz über die Banken und Sparkassen vom 8. November 1934 und zur Vollziehungsverordnung vom 30. August 1961 mit der Verordnung des Bundesgerichts betreffend das Nachlaßverfahren von Banken und Sparkassen, Zürich 1963 (*Kommentar zum schweizerischen Bankengesetz*).

RITTER, Carl/RITTER, Justus: Aktiengesetz mit Einführungsgesetz, Durchführungsverordnungen und Einführungsverordnungen für Österreich und die sudetendeutschen Gebiete, Berlin und München 1939 (*Ritter, AktG 1937*).

RITTNER, Fritz: Zur Verantwortung des Vorstands nach § 76 Abs. 1 AktG 1965, FS Ernst Gessler S. 139 ff., München 1971 (*Verantwortung, FS für Gessler*).

RITTNER, Fritz: Zur Verantwortung des Vorstands nach § 76 Abs. 1 AktG 1965, AG 1973 S. 113 ff. (*Verantwortung nach § 76 Abs. 1 AktG, AG 1973*).

ROSENBERGER, Hans-Peter: Bindung des Vorstands und Ausschluß seiner Haftung bei Hauptversammlungsbeschlüssen über Fragen der Geschäftsführung, Bad Schwartau 1972 (*Bindung*).

ROTH, Holger/ALTMEPPEN, Günther: Gesetz betreffend die Gesellschaften mit beschränkter Haftung, 3. Aufl., München 1997 (*Roth/Altmeppen, Kommentar*).

ROWEDDER/FUHRMANN/KOPPENSTEINER/RASNER/ RITTNER/WIEDMANN/ZIMMERMANN: Gesetz betreffend die Gesellschaften mit beschränkter Haftung, 2. Aufl., München 1989 (*Bearbeiter, GmbHGKomm.*).

RUMPFF, Klaus: Zur Verantwortlichkeit des Vorstands bei der Verletzung der am Unternehmensleben beteiligten Interessen (Belegschaft und Öffentlichkeit), DB 1971 S. 1400 ff. (*Belegschaft und Öffentlichkeit, DB 1971*).

SAAGE, Gustav: Die Haftung des Aufsichtsrates für wirtschaftliche Fehlentscheidungen des Vorstandes nach AktG, DB 1973 S.115 (*Haftung des Aufsichtsrats, DB 1973*).

SÄCKER, Franz-jürgen: Kompetenzstrukturen bei Bestellung und Anstellung von Mitgliedern des unternehmerischen Leitungsorgan, BB 1979 S. 1321 ff. (*Kompetenzstrukturen, BB 1979*).

SAMSON-HIMMELSTJERNA, Marc v.: Persönliche Haftung der Organe von Kapitalgesellschaften ZVglRWiss 1990 (89) S. 288 ff. (*Persönliche Haftung, ZVglRWiss 89 1990)*.

SAUBER, Thomas: Zur aktienrechtlichen Verantwortlichkeit stiller und verdeckter Verwaltungsmitglieder, Diss., Zürich 1987 (*Diss*).

SCHELLHAMMER, Kurt: Zivilrecht nach Anspruchsgrundlagen, Heidelberg 1994 (*Zivilrecht*).

SCHIESS, Maya: Das Wesen aktienrechtlicher Verantwortlichkeitsansprüche aus mittelbarem Schaden und deren Geltendmachung im Gesellschaftskonkurs, Diss., Zürich 1978 (*Diss.*).

SCHIESS, Maya: Geltendmachung der Gläubigerschaden im Verantwortlichkeitsprozess, SJZ 1982 S. 373 ff. (*Gläubigerschaden, SJZ 1982)*.

SCHILLING, Wolfgang: Macht und Verantwortung in der Aktiengesellschaft (oder das Prinzip der Interesseneinheit), FS Ernst Gessler S.159 ff., München 1971 (*Macht, FS für Gessler*).

SCHLECHTRIEM, Peter: Schadenersatzhaftung der Leitungsorgane von Kapitalgesellschaften, in Haftung der Leitungsorgane von Kapitalgesellschaften, S. 9 ff., Baden-Baden 1991 (*Schadenersatzhaftung*).

SCHLEGELBERGER/QUASSOWSKI/HERBIG/GEẞLER/HEFERMEHL: Aktiengesetz. Gesetz über Aktiengesellschaften und Aktien vom 30. Januar 1937, Berlin 1939 (*Schlegelberger-Quassowski, AktGKomm. 1937*).

SCHLUEP, Walter-Rene: Die wohlerworbenen Rechte des Aktionärs und ihr Schutz nach schweizerischem Recht, Zürich usw. 1955 (*Wohlerworbene Rechte*).

SCHMERSCHNEIDER, Hans: Zivilrechtliche Vorstandsverantwortlichkeit im geltenden und kommenden deutschen, schweizerischen und italienischen Recht, Diss., Berlin 1933 (*Diss.*).

SCHMID, Wieland: Die Verantwortlichkeit von Verwaltung, Geschäftsführung und Kontrolle gegenüber Geschäftsgläubiger im Konkurs der AG nach geltendem und künftigem schweizerischen Recht, SJZ 1985 S. 241 ff. (*Verantwortlichkeit nach geltendem Recht, SJZ 1985*).

SCHMIDT, Karsten: Gesellschaftsrecht, 3. Aufl., Köln 1997 (*Gesellschaftsrecht*).

SCHMIDT, Karsten: Entlastung, Entlastungsrecht und Entlastungsklage des Geschäftsführers einer GmbH -Versuch einer Neuorientierung-, ZGR 1978 S. 425 ff. (*Entlastungsrecht, ZGR 1978*).

SCHMIDT-LEITHOFF, Christian: Die Verantwortung der Unternehmensleitung, Habil.-Schr., Tübingen 1989 (*Unternehmensleitung*).

SCHMIDT, Walter: Die Verfassung der Aktiengesellschaft, in Beiträge zur Aktienreform, S. 42 ff, Heidelberg 1959 (*die Verfassung der Aktiengesellschaft*).

SCHNEIDER, Uwe: Haftungsmilderung für Vorstandsmitglieder und Geschäftsführer bei fehlerhafter Unternehmensleitung? FS Winfried Werner S. 795 ff., Berlin usw. 1984 (*Haftungsmilderung, FS für Werner*).

SCHÖLER, Gerd: Ausgestaltung und Durchsetzung der Treupflichten eines Vorstands, Bonn 1978 (*Diss.*).

SCHOLZ, Franz: Kommentar zum GmbH, Band I (§§ 1-44) 8. Aufl., Köln 1993 (*Scholz/Bearbeiter*).

SCHÖNLE, Herbert: Der Entlastungsbeschluß im deutschen Gesellschaftsrecht, ZHR (126) 1964 S. 199 ff. (*Entlastungsbeschluß, ZHR 1964*).

SCHUCANY, Emil: Verantwortlichkeit wegen Absenz und Stimmenthaltung im Verwaltungsrat, SJZ 1964 S. 229 ff. (*Stimmenthaltung, SJZ 1964*).

SCHULER, (ohne Vorname): Die Klage auf Entlastung im Aktienrecht, NJW 1960 S. 601 ff. (*Klage auf Entlastung, NJW 1960*).

SCHULZ-DORNBURG, Stefan: Die Verwaltung der Aktiengesellschaft in Deutschland und der Schweiz, Diss., Zürich 1966 (*Diss.*).

SCHUSTER-BONNOT, Walther: Die Rechtsnatur des zwischen AG und Vorstandsmitglieder geschlossenen Anstellungsvertrages, FS Walther Kastner S. 421 ff., Wien 1972 (*Rechtsnatur, FS für Kastner*).

SCHWARZ, Christian: Bestellung und Anstellung der Verwaltungsmitglieder von Kapitalgesellschaften, Diss., Berlin 1983 (*Diss.*).

SEMLER, Johannes: Rechtsfragen der divisionalen Organstruktur in der unabhängigen Aktiengesellschaft, FS für Georg Döllerer S. 571 ff, Düsseldorf 1988 (*Rechtsfragen, FS Döllerer*).

SEMLER, Johannes: Einschränkung der Verwaltungsbefugnisse in einer Aktiengesellschaft, BB 1983 S. 1566 ff. (*Einschränkung, BB 1983*).

SENN, Guido: Die Verantwortlichkeit der Organe einer Aktiengesellschaft und einer Kommanditaktiengesellschaft gegenüber der Gesellschaft, den Aktionären und Gläubigern, Diss., (Masch-Schr), Basel 1947 (*Diss.*).

SIEGWART, Alfred: Die Verantwortlichkeit der Organe der Aktiengesellschaft, NZZ Nr. 303, 21 Februar 1936, Blatt 6.

SIMON, Hans-Arno: Die Rechte der Gläubiger einer AG gegenüber Aktionären, Organen und herrschenden Unternehmen in dogmatischer und prozessualer Sicht, Diss., Göttingen 1970 (*Diss.*).

SOERGEL: Kommentar zum Bürgerlichen Gesetzbuch, Band I, Allgemeiner Teil, (§§ 1-240) 11. Aufl., Stuttgart usw. 1978. (*Soergel-Bearbeiter*).

SONNENBERGER, Hans, J.: Gesellschaftsrechtliche Verantwortlichkeit geschäftsführender Organe von Kapitalgesellschaften, GmbHRsch.1973 S. 25 ff. (*Geschäftsführende Organe, GmbHRsch. 1973*).

SPIEKER, Wolfgang: Die haftungsrechtliche Verantwortlichkeit der Mitglieder eines mehrköpfigen Vorstands in der nicht konzerngebundenen Aktiengesellschaft, DB 1962 S. 927 ff. (*Verantwortlichkeit, DB 1962*).

SPIRO, Karl: Verwaltungsrat und Aktienbuch, SAG (31) 1958/1959 S. 1 ff. (*Aktienbuch, SAG 1958/1959*).

STAHELIN, Thomas: Das Verwaltungsrat einer privaten Aktiengesellschaft, in Haftung des Verwaltungsrats, S. 77 ff., Zürich 1986 (*Private Aktiengesellschaft*).

STEIGER, F. v.: Das Recht der Aktiengesellschaft in der Schweiz, 4. Aufl., Zürich 1970 (*das Recht*).

STEIN, Ursula: Das faktische Organ, Köln usw. 1984 (*Faktisches Organ*).

STODOLKOWITZ, Heinz, Dieter: Gerichtliche Durchsetzung von Organpflichten in der Aktiengesellschaft, ZHR 1990 (154) S. 1 ff. (*Durchsetzung, ZHR 1990*).

STOFFEL, A. Walter: Klagen und Einreden in der Organverantwortlichkeit, in Verantwortlichkeit des Verwaltungsrates S. 15 ff., Zürich 1994 (*Klagen*).

SUDHOFF, Heinrich: Gesellschaftsvertrag der GmbH, 8. Aufl., München 1992 (*Gesellschaftsvertrag*).

SUNDERMANN, Michael: Die Verantwortlichkeit der Vorstandsmitglieder in der Aktiengesellschaft, Diss., Erlangen 1972 (*Diss.*).

TELLIS, Nikolaos: Die Rechtsnatur der gesellschaftsrechtlichen Entlastung und die Entlastungsklage, München 1988 (*Entlastungsklage*).

THÜMMEL, Roderich/SPARBERG, Michael: Haftungsrisiken der Vorstände, Geschäftsführer, Aufsichtsräte und Beiräte sowie deren Versicherbarkeit, DB 1995 S. 1013 ff. (*Haftungsrisiken, DB 1995*).

TUHR, Peter v.: Allgemeiner Teil des schweizerischen Obligationenrechts, Band I, Zürich 1979 (*Obligationenrecht*).

ÜNAL, Mustafa: Die funktionsgerechte Verteilung von Leitungs- und Kontrollaufgaben nach deutschem und schweizerisch-türkischem Aktienrecht, Diss., Berlin 1977 (*Diss.*).

VAROL, Reyhan/BAETGE, Dietmar: Gesellschaftsrecht in der Türkei, 1. Aufl., München 1996.

VEITH, Günther: Fehlerhafte Anstellung von Vorstandsmitgliedern, DB 1965 S. 807 ff. (*Anstellung, DB 1965*).

VISCHER, Frank: Die Stellung der Verwaltung und die Grenzen der Delegationsmöglichkeiten bei der großen AG, Festgabe für Wilhelm Schönenberger S. 344 ff., Freiburg 1968 (*Delegationsmöglichkeiten*).

VISCHER, Frank: Zur Stellung und Verantwortung des Verwaltungsrates in der Großaktiengesellschaft, in Verantwortung des Verwaltungsrates in der AG, S. 71 ff., Zürich 1978 (*Stellung*).

VISCHER, Wolfgang: Die Abberufung von Vorstandsmitgliedern der Aktiengesellschaft, Diss., Köln 1965 (*Diss.*).

VOLLMAR, Jürg: Grenzen der Übertragung von gesetzlichen Befugnissen des Verwaltungsrats an Ausschüsse, Delegierte und Direktoren, Diss., Bern 1985 (*Diss.*).

WAGNER, Jürgen: Gesellschaftsrecht in der Schweiz und in Lichtenstein, 1. Aufl. München 1995.

WÄLDE, Thomas: Die Anwendbarkeit des § 31 BGB und der Begriff des „gesetzlichen Vertreters“ im Rahmen konzernrechtlicher Haftungstatbestände des faktischen Konzerns, DB 1972 S. 2289 ff. (*Anwendbarkeit, DB 1972*).

WERTH, Heinz-Jürgen: Vorstand und Aufsichtsrat in der AG, Diss., Berlin 1959 (*Diss.*).

WESEMANN, Clemens: Das Vorstandsmitglied im mehrgliedrigen Vorstand des rechtsfähigen Vereins und der handelsrechtlichen Kapitalgesellschaften, Diss., Münster 1940.

WESTERMANN, Harm-Peter: Freistellungserklärung für Organmitglieder im Gesellschaftsrecht, FS für Beusch, S. 871 Berlin usw. 1993 (*Freistellungserklärung, FS für Beusch*).

WESTERMANN, Herry: Die unternehmerische Leitungsmacht des Vorstands der Genossenschaft nach geltendem und zukünftigem Genossenschaftsrecht im Vergleich zur Leitungsmacht des Vorstands der AG, FS für Rudolf Reinhardt S. 359 ff., Köln 1972 (*Leitungsmacht, FS für Reinhardt*).

WESTERMANN, Herry: Die Verantwortung des Vorstandes der Aktiengesellschaft, FS für Vits, S. 251 ff., Frankfurt 1963 (*Vorstand, FS für Vits*).

WIEDEMANN, Herbert: Dubai Entscheidung, JZ 1987 S. 784 ff. (*Dubaientscheidung, JZ 1987*).

WIEDEMANN, Herbert: Gesellschaftsrecht, München 1980 (*Gesellschaftsrecht*).

WIEDEMANN, Herbert: Organverantwortung und Gesellschafterklagen in der AG, S. 7 ff., Opladen 1989 (*Organverantwortung*).

WIEDEMANN, Herbert: Unternehmerische Verantwortlichkeit und formale Unternehmensziele in einer zukünftigen Unternehmensverfassung, FS für Carl Hans Barz S. 561 ff., Berlin, New York 1974.

WILHELMI, Carl-Heinz und Sylvester: Sind Vorstandsmitglieder von Aktiengesellschaften und GmbH-Geschäftsführer nach dem Angestelltenversicherungsgesetz versicherungspflichtig?, BB 1968 S.137 ff. (*Versicherungspflicht, BB 1968*).

WIMPHEIMER, Heinrich: Zum Begriff der Sorgfaltspflicht von Aufsichtsrat und Vorstand, FS für Albert Pinner S. (235), 637 ff., Berlin und Leipzig 1932 (*Begriff der Sorgfaltspflicht, FS für Pinner*).

WOLFERS, Arnold: Die Verwaltungsorgane der Aktiengesellschaft, in Züricher Beiträge zur Rechtswissenschaft LXVI, Arau 1917 (*Verwaltungsorgane*).

WOLLF, Hans-J.: Organschaft und juristische Person, Band 2, Berlin 1934 (*Organschaft*).

WÜRDINGER, Hans: Aktien- und Konzernrecht, Karlsruhe 1972 (*Aktienrecht*).

YILMAZ, Aysen-Lerzan: Die Verantwortlichkeit im Konzern nach schweizerischem, türkischem und deutschem Recht, Diss., Bern 1988 (*Diss.*).

ZELLWEGER, Hans-Jakob: Haftungsbeschränkung und Solidarhaftung im Verantwortlichkeitsrecht der AG, Diss., Bern 1972 (*Diss.*).

ZEMPELIN, Günther: Fragen der Aufsichtsratshaftung, AcP (155) 1956 S. 209 ff. (*Aufsichtsratshaftung*).

ZIMMERMANN, Klaus: Vereinbarungen über die Erledigung von Ersatzansprüchen gegen Vorstandsmitglieder von Aktiengesellschaften, FS für Duden S. 773 ff., München usw. 1977 (*Vereinbarungen, FS Duden*).

ZOBL, Dieter: Probleme der organschaftlichen Vertretungsmacht, ZBJV 1989 (125) S. 289 ff.

II) Die der vorliegenden Arbeit zugrundeliegende türkischsprachige Literatur

AKALIN, Hasan-Tahsin: Anonim Sirket Idare Meclisi Azalarinin Hukuki Mesuliyeti ve Sartlari, Izmir Baro Dergisi 1968, s. 3 vd. (*Mesuliyet*).

ANSAY, Tugrul: Anonim Sirketler Hukuku, 6. Baski, Ankara 1982 (*ASH*).

ANSAY, Tugrul: Anonim Sirketlerin Ehliyeti, Idare Meclisinin Ibrasi, Idare Meclisi Aleyhine Mesuliyet Davasi ve Yargitay Hukuk Genel Kurulu, Batider 1966 C. III/3 s. 407 vd. (*Sirketin Ehliyeti*).

ANSAY, Tugrul: Yargitay Uygulamasinda Anonim Sirketler Hukuku, Yargitay`in 1975-1980 Yillari Arasinda Verdigi Kararlar, Ankara 1981.

ARIK, Fikret: Anonim Sirket Idare Meclisinin Ibrasi Meselesi, Ileri Hukuk 1949 C. 4 s. 45 vd. (*Ibra Meselesi*).

ARKAN, Sabih: Ticari Isletme Hukuku, Ankara 1993.

ARSLAN, Ibrahim: Anonim Sirketlerde Yönetim Yetkisinin Sinirlandirilmasi, Doktora Tezi, Konya 1994 (*Diss.*).

ARSLANLI, Halil: Anonim Sirketler, C. II-III, Anonim Sirketlerin Organizasyonu ve Tahviller, Istanbul 1960 (*AS Organizasyonu*).

ATALAY, Özcan: Sirket Yöneticilerinin Sorumlulugu ve Genel Kurul Kararlari, Ankara Baro Dergisi 1976, s. 19 vd. (*Yöneticilerin Sorumlulugu*).

ATAN, Turhan: Türk Ticaret Kanununa Göre Anonim Sirketlerde Idare Meclisi Azalarinin Hukuki Mesuliyeti, Doktora Tezi, Ankara 1967 (*Diss.*).

AYTAC, Zühtü: Anonim Sirketlerde Ibra, Ankara 1982 (*Ibra*).

BOZER, Ali: Anonim Sirket Idare Meclisi Üyesinin Kazanc Paylari, Batider 1968 C. IV s. 675 vd. (*Kazanc Paylari*).

CAMOGLU, Ersin: Anonim Ortaklik Yönetim Kurulu Üyelerinin Hukuki Sorumlulugu, Docentlik Tezi, Istanbul 1972 (*Doz.*).

CAMOGLU, Ersin: Anonim Ortaklik Yönetim Kurulu Üyelerinin Ortaklikla Islem Yapma Yasagi, Ikt. Mal. XVII/2 s. 77 vd. (*Islem Yapma Yasagi*).

CAMOGLU, Ersin: Anonim Ortaklik Yönetim Kurulu Üyelerinin Rekabet Yasagi, Ikt. Mal. XVI/9 s. 357 vd. (*Rekabet Yasagi*).

CAMOGLU, Ersin: Anonim Sirket Idare Meclisi Üyelerine Karsi Acilacak Mesuliyet Davalarinda Zamanasimi, Batider III/2 s. 266 vd. (*Zamanasimi*).

CAMOGLU, Ersin: Anonim Sirket Idare Meclisi Üyelerinin Özen Borcu, Öktem`e Armagan, s. 379 vd., Ankara 1970 (*Özen Borcu*).

CAMOGLU, Ersin: Anonim Sirket Idare Meclisi Üylerinin Umumi Heyet Kararlarinin Icrasindan Dogan Mesuliyeti, Batider III/3 s. 523 vd. (*Umummi Heyet Kararlari*).

CAMOGLU, Ersin: Anonim Sirket Yönetim Kurulu Üyelerinin Ibrasinin Sorumluluk Davasina Etkisi, IHFM 1971 s. 323 vd. (*Sorumluluk Davasi*).

CAMOGLU, Ersin: Ibra Edilmis Yönetim Kurulu Üyeleri Aleyhine Ortaklikca Sorumluluk Davasi Acilabilir mi? Ikt. Mal. 1972 sa. 7 s. 302 vd. (*Ibara Edilen Yönetim Kurulu*).

CERRAHOGLU, Fadil: Bir Mahkeme Karari Dolayisiyla TK m. 342 Göre Anonim Sirket Müdürlerinin Hukuki Sorumlulugu, Ist. ITIA 1974 sa. 1 s. 259 vd. (*Müdürlerin Sorumlulugu*).

DOGANAY, Ismail: Anonim Sirketlerde Daha Önce Alinmis Bir Karar Olmadan, Idare Meclisi Azalari Aleyhine Acilan Davalar Icin, Sirket Genel Kurulunun Sonradan Icazet Vermesi Hali, Kararsiz Olarak Acilmis Olan Davayi Muteber Hale Sokabilir mi ? Batider C V 1970 s. 710 vd. (*Idare Meclisi Aleyhine Dava*).

DOMANIC, Hayri: Anonim Sirketler Hukuku ve Uygulamasi, TTK Serhi, Istanbul 1988 (*Serh*).

DOMANIC, Hayri: Türk Ticaret Hukukuna Göre Anonim Sirket Kurulusundan Dogan Mesuliyet, Docentlik Tezi, Istanbul 1964 (Doz).

ERBEK, Cevdet: Anonim Sirketlerde ve Bankalarda Idare Meclisi Ile Ilgili Bazi Meseleler, Ticaret ve Banka Hukuku Haftasi, s. 118 vd., Ankara 1959 (*Idare Meclisi*).

EREN, Fikret: Borclar Hukuku, Genel Hükümler C I, 5. Baski, Istanbul 1994 (*BH C I*).

EREN, Fikret: Borclar Hukuku, Genel Hükümler C II, 4. Baski, Istanbul 1994 (*BH C II*).

EREN, Fikret: Borclar Hukuku, Genel Hükümler C III, 4. Baski, Istanbul 1994 (*BH C III*).

ERIS, Gönen: Anonim Sirketler Hukuku, Ankara 1995 (*AS Hukuku*).

HELVACI, Mehmet: Anonim Ortaklikta Yönetim Kurulu Üyesinin Hukuki Sorumlulugu, Doktora Tezi, Istanbul 1995 (*Doc.*).

IMREGÜN, Oguz: Anonim Sirketlerde Münferit Pay Sahibinin Umumi Heyet Kararlari Aleyhine Iptal Davasi Acma Hakki, Batider 1961-1962 C. 1 s. 149 vd. (*Iptal Davasi*).

IMREGÜN, Oguz: Anonim Sirketlerde Pay Sahipleri Arasinda Umumi Heyet Kararlarindan Dogan Menfaat Ihtilaflari ve Bunlari Telif Careleri, Istanbul 1962.

IMREGÜN, Oguz: Kara Ticaret Hukuku Dersleri, Genel Hükümler, Ortakliklar, Kiymetli Evrak, Istanbul 1991 (*Kara Ticaret*).

IZVEREN, Adil: Iscinin Ihtimam Mükellefiyeti, Adalet Dergisi 1953, s. 1308 vd., Adalet Dergisi 1954, s. 17 vd. (*Iscinin Ihtimami*).

KALPSÜZ, Turgut: Anonim Sirket Idare Meclisi Üyelerinin Sirketle Rekabet Teskil Eden Davranislari, Oguzluoglu`na Armagan, s. 347 vd., Ankara 1972 (*Rekabet Teskil Eden Davranislar*).

KAPLAN, Ibrahim: Banka Idare Meclisi Üyeleri ve Müdürlerinin Hukuki Sorumlulugu, Ticaret Hukuku ve Yargitay Kararlari Sempozyumu XI , s. 119 vd., Ankara 1994 (*Banka Idare Meclisi*).

KARAYALCIN, Yasar: Anonim Sirket Ehliyeti, Özel Hukuk Meseleler Görüsler s. 77 vd., Ankara 1983.

KARAYALCIN, Yasar: Anonim Sirket Yönetim Kurulu Kararlarina Karsi Hangi Davalar Acilabilir? Ticaret Hukuku ve Yargitay Kararlari Sempozyumu III, s. 243 vd. s., 280 vd., Ankara 1986.

KENDIGELEN, Abuzer: Anonim Ortaklik Payi Üzerinde Intifa Hakki, Doktara Tezi, Istanbul 1994 (*Diss.*).

KENDIGELEN, Abuzer: Isvicre Hukukunda Oy Hakkinda Imtiyazli Paylar, Prof. Dr. O. Imregün´e Armagan, Istanbul 1998 (*Imregün Armagani*).

KENDIGELEN, Abuzer: Isvicre Hukukunda Farkli Pay Sahibi Kategori veya Gruplarinin Sirket Organlarinda Temsili (OR, Art. 709),Prof. Dr. E. Moroglu`na Armagan, Istanbul 1999 (*Moroglu Armagani*).

KENDIGELEN, Abuzer: Anonim Ortaklikta Yönetime Katilma Haklarinda Imtiyaz, Docentlik Tezi, Istanbul 1999 (*Doz.*).

KURU/ASLAN/YILMAZ: Medeni Usul Hukuku, Ders Kitabi, Ankara 1986 (*MUH*).

MIMAROGLU, Salt-Kemal: Anonim Sirketlerde Idare Meclisi Azalarinin Hukuki Mesuliyeti, Doktora Tezi, Ankara 1967 (*Diss.*).

MOROGLU, Erdogan: Türk Ticaret Kanununa Göre Anonim Ortaklikta Genel Kurul Kararlarinin Hükümsüzlügü, 2. Baski, Ankara 1993 (*Kararlarin Hükümsüzlügü*).

OGUZMAN, Kemal: Borclar Hukuku Dersleri, C I, Istanbul 1987 (*BH Dersleri*).

ÖZTAN, Bilge: Medeni Hukuk Tüzel Kisilerinde Organ Kavrami ve Organlarin Fiillerinden Dogan Sorumluluk, Doktora Tezi, Ankara 1970.

POROY/TEKINALP/CAMOGLU: Ortakliklar ve Kooperatif Hukuku, 5. Baski, Istanbul 1993 (*Ortakliklar*).

POROY/TEKINALP/TEKINALP: Ortakliklar Hukukunda Organlarin Sorumlulugu, IHFM 1979-1980-1981, C. XLV-XLVII, s. 348 vd. (*Organlarin Sorumlulugu*).

POSTACIOGLU, Ilhan E.: Anonim Sirketlerde Idare Meclisi Azalarinin Hukuki Mesuliyeti Ile Ilgili Bazi Meseleler, Arslanliya Armagan, s. 479 vd., Ankara 1978 (*Azalarin Musuliyeti*).

PULASLI, Hasan: Sirketler Hukuku, 2. Baski, Konya 1995 (*Sirketler Hukuku*).

SUNGURBEY, Ismet: Anonim Sirket Yönetim Kurulu ya da Tasfiye Memurlarinin Ibrasinin Hukuki Niteligi, Kapsam ve Etkisi Üzerine, Medeni Hukuk Sorunlari, C. II s. 163 vd., (*Ibranin Kapsami*) Istanbul 1974.

TANDOGAN, Haluk: Anonim Sirket Idare Meclisi Azalarina Karsi Mesuliyet Davalarinin Mururu Zamani Hakkinda Bazi Düsünceler, Batider III/1 1965 s. 122 vd. (*Mururu Zaman*).

TANDOGAN, Haluk: Borclar Hukuku, Özel Borc Iliskileri C. I/I, 5. Baski, Istanbul 1992.

TANDOGAN, Haluk: Borclar Hukuku, Özel Borc Iliskileri, C. II, 4. Baski, Istanbul 1989 (*Borclar*).

TANDOGAN, Haluk: Türk Mesuliyet Hukuku, Ankara 1961 (*Mesuliyet Hukuku*).

TANDOGAN, Haluk: Üctüncü Sahsin Zararini Tazmin, Ankara 1963 (*Ücüncü Sahsin Zarari*).

TEKIL, Fehiman: Anonim Sirketler Hukuku, 7. Baski, Istanbul 1993 (*ASH*).

TEKINALP, Ünal: Halka Acik Anonim Ortakliklarda Genel Kurulda Güc Boslugu Sorununun Cözüm Önerileri, Muh. Huk. Ar. D. sa. 11 s. 467 vd.

TEKINALP, Ünal: Ibra Edilmeyen Yönetim Kurulu Üyelerinin veya Denetcilerin Iptal Davasi Acabilip Acamayacaklari Sorunu, Ikt. Mal. 1976 C. XXIII s. 165 vd. (*Iptal Davasi*).

TEKINAY/AKMAN/BURCUOGLU/ALTOP: Borclar Hukuku, Genel Hükümler, Istanbul 1993 (*Borclar Hukuku*).

TEOMAN, Ömer: Anonim Ortaklik Yönetim Kurulu Üyelerinin Özen Borclarina Aykiriliktan Dogan Sorumluluk, Ikt. Mal. 1974 C.XXI sa. 2 s. 60 vd.

TEOMAN, Ömer: Anonim Ortakliklarda Yönetim Kurulu Üyelerinin Genel Kurul Toplantilarina Bizzat Katilmak Yükümü Var midir? Ikt. Mal. 1979-80 sa. 3 s. 128 vd.

TONGALOGLU, Hasan: Sirketler ve Bankalarda Idare Meclisleri, Ikt. Mal. C. VII 1960 sa. 5 s. 249 vd. (*Banka Idare Meclisleri*).

TÜRK, Hikmet-Sami: Anonim Ortaklik Genel Kurul Toplantilarinda Gündeme Baglilik Ilkesi ve Yönetim Kurulu Üyelerinin Azil ve Secimi, Ticaret Hukuku ve Yargitay Kararlari Sempozyumu I, s. 177 vd., Ankara 1984 (*Gündeme Baglilik*).

TÜRK, Hikmet-Sami: Anonim Sirket Yönetim Kurulu Üyelerine Karsi Acilacak Sorumluluk Davalarinda Zamanasimi ve Baslangici, Ticaret Hukuku ve Yargitay Kararlar Sempozyumu IV, s. 1 vd., s. 52 vd., Ankara 1989 (*Zamanasimi*).

ÜNAL, Mustafa: Anonim Ortakliklarda Yönetim ve Yönetim Görevlerinin Murahhaslara Birakilmasi, Batider. 1982 C. XI, 1 s. 49 vd. (*Murahhaslara Birakma*).

YAVUZ, Cevdet: Türk Borclar Hukuku, Özel Hükümler, 2. Baski, C II, Istanbul 1993 (*Borclar H.*).

FSC
www.fsc.org
MIX
Papier | Fördert
gute Waldnutzung
FSC® C083411

Kolibri 360 GmbH
Ferdinand-Jühlke-Straße 7
99095 Erfurt, Deutschland
produktsicherheit@kolibri360.de

Druck:
CPI Druckdienstleistungen GmbH
im Auftrag der
Kolibri 360 GmbH
Ferdinand-Jühlke-Str. 7
99095 Erfurt